# 신한국경제론

이 재 기 저

청목출판사

# 머리말

1990년대 초 구소련을 중심으로 한 사회주의 진영이 몰락한 이후 세계정세는 주지하는 바와 같이 미국이 주도하는 단극체제(unipolar system)로 재편되었다. 그 이후 세계는 미국이 주도하는 단극체제가 공고해질수록 이에 대한 반작용도 강화되고 있다. 이러한 세계정세의 전개양상에 따라서 세계화의 방향과 강도도 상이해진다. 향후 세계정세가 미국이 주도하는 단극체제를 지속할 것인지 아니면 유럽, 일본, 중국, 러시아가 미국의 단극체제를 견제하면서 다극체제(multipolar system)로 이행될 것인지의 여부가 지극히 불투명하다고 할 수 있다.

1995년 세계무역기구(WTO)가 출범하면서 국가간 경쟁은 더욱 더 치열해지고 있다. 냉전 종식에 따른 세계 각국의 경제우선주의 강화, 정보통신 및 교통수단의 급속한 발달에 따른 기업들의 세계화로 인해 경제적 국경(economic border)의 의미는 상실되고 세계경제가 단일시장으로 통합되는 추세가 가속화되고 있다.

1997년 발표된 「부즈 · 앨런 & 해밀턴 보고서」에서는 한국을 일본과 중국 사이에 끼인 넛크래커(nutcracker)와 같은 존재로 비유한 바 있다. 동 보고서는 일본의 경우 첨단고급기술 산업에서 한국을 상당부분 추월하고 있으며 중국의 경우에도 중하급기술 산업은 물론 첨단기술부문도 급속도로 발전하고 있어서 한국이 국가경쟁력을 업그레이드시키지 않는다면 조만간 중국에도 뒤처질 가능성이 큰 것으로 지적하였다.

한국경제가 재도약을 하기 위해서는 기존의 요소투입형 성장에서 탈피하여 혁신에 기반을 둔 발전모델(innovation-based development model)의 구축이 필요하다. 중소기업은 '일자리 창출'과 '성장동력 강화'를 통한 혁신주도형 경제로의 이행에 있어 중요한 역할을 수행할 수 있다.

한국경제가 직면하고 있는 성장동력 저하 및 성장잠재력(growth potentials) 약화에 대처하기 위해서는 경제환경 변화에 대해 기동성과 유연성, 창조성을 발휘할 수 있는 경제주체들의 역할이 매우 중요하다. 중소기업은 시장에서 압도적 다수를 차지하며 시장경쟁(market competition)을 활성화하고 혁신(innovation)을 통해 다양한 재화와 서비스를 제공하며 유연한 분업구조를 형성할 뿐만 아니라 매력적인 고용창출의 원동력으로서의 역할을 수행해오고 있다. 따라서 중소기업은 한국경제에서 혁신적 성장동력을 갖춘 경제활력(econmic vitality)의 원천으로 고용창출의 주체로서의 역할을 수행하여 향후 30,000달러 시대를 가능하게 할 주체가 되어야 한다.

한편, 중소기업은 성장성과 수익성 등에서 대기업과 양극화가 확대되는 양상을 보이고 있다. 기업의 성장성 지표인 매출액 증가율과 수익성 지표인 매출액 경상이익률 격차가 2003년 이후 대기업과 중소기업간 확대되는 추세를 보이고 있어 이를 개선하기 위한 정책적 노력이 필요하다.

본서는 한국경제를 이해하는 데 있어서 저자를 비롯한 여러 학자들의 시각과 논리, 그리고 관련참고문헌과 자료를 될 수 있는 대로 다양하게 소개하려고 시도하였다. 경우에 따라서는 논리적인 비약도 있으리라 생각된다. 본서가 가지고 있는 내용상의 미흡함에 대해서는 넓은 아량으로 이해해 주기 바란다. 선배 제현과 독자 여러분의 아낌없는 질타와 조언을 기대해 보며 오류로 지적되는 부분이 있으면 차후에 이를 수정할 계획이다.

본서가 나오기까지 여러 동료 교수님들의 성원과 도움이 있었으며 이에 깊은 감사의 말씀을 드리는 바이다. 또한, 원고정리에 많은 수고를 아끼지 않았던 본교 사회과학대학에 재학하고 있는 이상범 군과 유대석 군에게 각별히 고마운 마음을 전한다.

출판계의 어려운 사정에도 불구하고 본서의 출판을 흔쾌히 허락해 주신 청목출판사의 유성렬 사장님과 편집에 여러모로 수고해 주신 편집부 여러분에게 진심으로 감사의 말씀을 드린다. 본서의 집필기간 동안 가정에 소홀했음에도 불구하고 항상 사랑과 격려를 보내주고 편안한 안식처를 제공해 준 사랑하는 아내 경심과 군 복무에 열중하고 있는 소중한 아들 형진에게 무한한 감사의 마음을 전한다.

2008년 1월 20일
안서동 연구실에서
이 재 기

# 차 례

## 제 3 편 한국경제의 주요 이슈

## 제4편 한국의 FTA 추진현황

## 제 6 편 남북 경제협력과 과제

제1편

# 한국경제의 동향과 전망

1
chapter

# 한국경제의 동향

## 제 1 절 국내총생산

2007년 2분기 실질 국내총생산(GDP : Gross Domestic Product)은 제조업 및 수출호황에 힘입어 증가세가 확대되었다.

1. 2007년 2분기 실질 국내총생산(GDP)은 전년동기 대비 5.0% 증가하였으며 계절조정 전기대비 증가율로는 1.8%를 기록하여 2003년 4분기 이후 가장 높은 수준임

실질구매력(real purchasing power)을 나타내는 국내총소득(GDI : Gross Domestic Income)의 전년동기 대비 증가율은 4.6%(전분기 3.5%)를 기록하여 증가세가 확대되었다. 계절조정 전기대비 증가율은 전분기의 감소세에서 1.5% 증가로 반전된 것으로 나타났다.

### 2. 지출측면

지출항목별로 보면 설비투자와 상품수출이 전분기에 이어 높은 증가세를 지속하였다.

#### 2.1 민간소비

민간소비는 전년동기 대비 4.2% 증가하여 전분기(4.1%)와 비슷한 수준을 유지하였다. 계절조정 전기 대비로는 0.8% 증가하여 전분기에 비해 하락한 것으로 나타났다.

### 2.2 투자

설비투자는 전년동기 대비 11.9% 증가하며 전분기(10.8%)에 이어 높은 증가세를 지속하였다. 계절조정 전기 대비 증가율로도 3.4% 증가한 것으로 나타났다.

### 2.3 상품 수출입

상품수출과 상품수입은 각각 전년동기 대비 10.6%, 11.3% 증가한 것으로 나타났다. 계절조정 전기 대비로는 상품수출 및 상품수입이 각각 5.2% 및 6.5% 상승하며 전분기에 이어 증가세가 확대되었다.

〈표 1-1〉 국내총생산에 대한 지출

(단위 : 전년동기 대비 증가율, %)

| | 2005 | | | 2006 | | | | 2007 | |
|---|---|---|---|---|---|---|---|---|---|
| | 2분기 | 3분기 | 4분기 | 1분기$^{P}$ | 2분기$^{P}$ | 3분기$^{P}$ | 4분기$^{P}$ | 1분기$^{P}$ | 2분기$^{P}$ |
| 국내총생산(GDP) | 3.4<br>(1.6) | 4.8<br>(1.6) | 5.5<br>(1.7) | 6.3<br>(1.0) | 5.1<br>(0.8) | 4.8<br>(1.2) | 4.0<br>(0.9) | 4.0<br>(0.9) | 5.0<br>(1.8) |
| 총소비 | 3.9<br>(1.9) | 4.8<br>(1.0) | 4.9<br>(1.1) | 5.2<br>(1.3) | 4.3<br>(0.8) | 4.3<br>(1.1) | 4.3<br>(1.1) | 4.3<br>(1.3) | 4.5<br>(1.1) |
| 민간소비 | 3.6<br>(1.9) | 4.4<br>(1.0) | 4.8<br>(1.2) | 5.2<br>(1.2) | 4.1<br>(0.6) | 4.0<br>(0.9) | 3.7<br>(1.0) | 4.1<br>(1.5) | 4.2<br>(0.8) |
| 총고정투자 | 2.1<br>(3.2) | 2.2<br>(-1.1) | 4.3<br>(1.4) | 3.5<br>(-0.2) | 0.1<br>(0.5) | 4.6<br>(2.8) | 4.5<br>(1.2) | 7.0<br>(2.0) | 6.7<br>(0.8) |
| 설비투자 | 3.1<br>(2.0) | 5.0<br>(0.9) | 10.8<br>(5.2) | 7.0<br>(-1.0) | 7.2<br>(2.2) | 11.1<br>(3.8) | 5.3<br>(0.1) | 10.8<br>(4.4) | 11.9<br>(3.4) |
| 건설투자 | 1.1<br>(4.4) | -0.1<br>(-2.6) | 0.4<br>(-1.3) | 0.2<br>(0.0) | -5.0<br>(-0.9) | -0.1<br>(2.0) | 3.2<br>(1.9) | 3.9<br>(0.8) | 3.2<br>(-1.3) |
| 총수출 | 5.2<br>(0.6) | 11.3<br>(5.5) | 10.6<br>(2.0) | 11.1<br>(2.6) | 15.7<br>(4.9) | 12.4<br>(2.2) | 10.5<br>(0.5) | 11.0<br>(3.1) | 10.7<br>(4.6) |
| 상품수출 | 6.2<br>(0.9) | 13.3<br>(5.9) | 11.7<br>(1.7) | 11.1<br>(2.3) | 16.0<br>(5.4) | 13.1<br>(2.9) | 10.4<br>(-0.5) | 10.8<br>(2.7) | 10.6<br>(5.2) |
| 총수입 | 6.4<br>(3.6) | 11.0<br>(3.6) | 5.8<br>(0.2) | 11.4<br>(3.8) | 12.8<br>(4.5) | 11.3<br>(2.2) | 10.1<br>(-0.6) | 11.7<br>(5.4) | 12.3<br>(4.9) |
| 상품수입 | 4.3<br>(3.8) | 10.9<br>(4.4) | 6.9<br>(0.7) | 10.7<br>(1.8) | 13.6<br>(6.1) | 11.2<br>(2.0) | 7.7<br>(-2.1) | 10.4<br>(4.5) | 11.3<br>(6.5) |
| 국내총소득(GDI) | 0.8<br>(1.0) | 0.7<br>(0.5) | 1.9<br>(1.2) | 1.9<br>(-0.5) | 1.5<br>(0.5) | 2.0<br>(0.5) | 3.0<br>(2.6) | 3.5<br>(-0.5) | 4.6<br>(1.5) |

주 : 1) ( )안은 계절조정 전기 대비 증가율(%)
자료 : 한국은행

## 3. 생산측면

경제활동별로 보면 건설업이 부진한 가운데 제조업은 호조를 보이고 서비스업은 견조한 증가세를 유지하였다.

### 3.1 제조업

제조업은 전년동기 대비 5.9% 증가하며 2005년 4분기 이후 처음으로 증가세가 확대되었으며 계절조정 전기 대비로는 1분기의 0.9% 감소에서 3.6% 증가로 반전되었다.

### 3.2 건설업

건설업은 2007년 2분기 중 전년동기 대비 3.3%의 증가율을 기록하며 2006년 2분기 이후 점차 확대되었던 증가세가 둔화되는 양상을 나타냈다.

### 3.3 서비스업

2007년 2분기 중 서비스업은 금융보험업을 중심으로 전년동기 대비 4.7% 증가하였다.

〈표 1-2〉 경제활동별 국내총생산

(단위 : 전년동기 대비 증가율, %)

| | 2005 | | | 2006 | | | | 2007 | |
|---|---|---|---|---|---|---|---|---|---|
| | 2분기 | 3분기 | 4분기 | 1분기P | 2분기P | 3분기P | 4분기P | 1분기P | 2분기P |
| 국내총생산(GDP) | 3.4<br>(1.6) | 4.8<br>(1.6) | 5.5<br>(1.7) | 6.3<br>(1.0) | 5.1<br>(0.8) | 4.8<br>(1.2) | 4.0<br>(0.9) | 4.0<br>(0.9) | 5.0<br>(1.8) |
| 농림어업 | 3.1<br>(0.1) | 1.9<br>(-0.1) | -0.5<br>(0.6) | 0.9<br>(-2.2) | -3.3<br>(-0.7) | -4.7<br>(-0.4) | -2.0<br>(-0.6) | 4.0<br>(1.8) | 4.3<br>(0.7) |
| 제조업 | 5.1<br>(2.0) | 7.5<br>(2.8) | 10.1<br>(3.9) | 9.9<br>(0.8) | 9.3<br>(1.6) | 9.0<br>(2.2) | 5.7<br>(1.0) | 3.8<br>(-0.9) | 5.9<br>(3.6) |
| 전기가스수도업 | 7.4<br>(1.9) | 5.7<br>(-1.0) | 10.6<br>(4.2) | 4.6<br>(-0.3) | 3.4<br>(0.7) | 5.4<br>(0.6) | 0.5<br>(-0.4) | 2.4<br>(1.7) | 2.8<br>(0.8) |
| 건설업 | 0.7<br>(2.9) | 0.6<br>(-1.8) | 0.3<br>(-0.8) | -0.3<br>(-0.2) | -4.3<br>(-1.4) | 1.4<br>(3.6) | 2.6<br>(0.6) | 4.1<br>(1.4) | 3.3<br>(-1.8) |
| 서비스업 | 2.9<br>(1.2) | 3.7<br>(1.2) | 4.4<br>(1.0) | 4.6<br>(1.1) | 4.1<br>(0.7) | 3.9<br>(0.9) | 4.1<br>(1.2) | 4.1<br>(1.2) | 4.7<br>(1.3) |

주 : 1) 도소매 및 음식숙박업, 운수창고 및 통신업, 금융보험업, 부동산 및 사업서비스업, 공공행정 국방 및 사회보장, 교육서비스업, 보건 및 사회복지사업, 기타서비스업 포함

2) ( )안은 계절조정 전기 대비 증가율(%)

자료 : 한국은행

(1) 금융보험업(전년동기 대비, %) : (2006. 4분기) 3.9 → (2007. 1분기) 4.3 → (2분기) 9.7
(2) 운수창고 및 통신업(전년동기 대비, %) : (2006. 4분기) 4.4 → (2007. 1분기) 6.2 → (2분기) 5.5
(3) 부동산 및 사업서비스업(전년동기 대비, %) : (2006. 4분기) 5.5 → (2007. 1분기) 3.9 → (2분기) 3.7

# 제2절 경 기

산업생산 및 재고 증가세가 확대되는 가운데 경기종합지수도 상승세를 유지하는 등 경기확장세가 유지되었다.

## 1. 산업생산

산업생산은 2007년 7~8월 중 전년동기 대비 12.7% 증가하여 증가세가 대폭 확대되었다.

### 1.1 산업생산지수

산업생산지수는 2007년 2분기 이후 증가세가 확대되는 추세를 보이고 있으며 계절조정 생산지수도 전분기에 이어 4%대의 높은 증가세가 유지되었다.

(1) 산업생산(원지수 전년동기 대비, %) : (2006. 4분기) 5.2 → (2007. 1분기) 3.3 → (2분기) 7.0 → (7~8월) 12.7
(2) 산업생산(계절조정 전기 대비, %) : (2006. 4분기) 2.7 → (2007. 1분기) -0.7 → (2분기) 4.4 → (7~8월) 4.0

### 1.2 부문별 동향

부문별로는 반도체 부문과 자동차 부문의 생산이 확대되고 영상음향통신 부문 생산도 감소세에서 증가로 전환하는 등 전반적으로 생산증가세가 확대되었다.

(1) 반도체(전년동기 대비, %) : (2006. 4분기) 23.1 → (2007. 1분기) 9.6 → (2분기) 18.2 → (7~8월) 27.8

(2) 자동차(전년동기 대비, %) : (2006. 4분기) 3.4 → (2007. 1분기) 0.2 → (2분기) 8.5 → (7~8월) 27.5

(3) 영상음향통신(전년동기 대비, %) : (2006. 4분기) -18.6 → (2007. 1분기) -16.5 → (2분기) -12.3 → (7~8월) 5.0

(4) 반도체 · IT · 자동차 제외(전년동기 대비, %) : (2006. 4분기) 1.4 → (2007. 1분기) 3.4 → (2분기) 4.4 → (7~8월) 5.0

### 1.3 제조업 평균가동률

2007년 7~8월 중 제조업 평균가동률은 83.4%를 기록하여 2007년 들어 지속적으로 상승하였다.

〈표 1-3〉 산업활동 동향

(단위 : 전년동기 대비 증가율, %)

| | 비중 | 2006 | | | | 2007 | | | | |
|---|---|---|---|---|---|---|---|---|---|---|
| | | 연간 | 2분기 | 3분기 | 4분기 | 1분기 | 2분기 | 7~8월 | 7월 | 8월 |
| 산업생산지수 | 10,000 | 10.1 | 11.5 | 11.3 | 5.2 | 3.3 | 7.0 | 12.7 | 14.3 | 11.2 |
| | | (-) | (0.8) | (0.5) | (2.7) | (-0.7) | (4.4) | (4.0) | (2.0) | (0.8) |
| 반도체 · IT산업 제외 | 8,188 | 4.2 | 3.8 | 5.6 | 1.7 | 3.0 | 5.0 | 7.4 | 9.7 | 5.2 |
| 자동차 제외 | 9,084 | 10.2 | 11.8 | 11.7 | 5.4 | 3.7 | 6.9 | 11.6 | 12.6 | 10.7 |
| 경공업 | 2,391 | 1.1 | 0.3 | 2.4 | -1.7 | -1.2 | 1.1 | 2.0 | 4.0 | 0.1 |
| 중공업 | 6,972 | 12.6 | 14.7 | 13.9 | 7.0 | 4.3 | 8.3 | 15.4 | 16.9 | 14.0 |
| 반도체 | 932 | 35.4 | 44.1 | 35.8 | 23.1 | 9.6 | 18.2 | 27.8 | 26.1 | 29.4 |
| IT산업[2)] | 880 | -0.9 | 4.5 | -1.5 | -11.7 | -9.5 | -8.0 | 6.3 | 12.3 | 0.8 |
| 자동차 | 916 | 8.6 | 8.6 | 7.6 | 3.4 | 0.2 | 8.5 | 27.5 | 38.3 | 18.1 |
| 출하지수 | 10,000 | 7.8 | 9.0 | 9.2 | 3.8 | 4.4 | 7.2 | 11.7 | 14.9 | 8.7 |
| | | (-) | (0.7) | (0.0) | (2.9) | (0.9) | (3.3) | (3.2) | (2.8) | (-1.5) |
| 내 수 | 6,567 | 4.5 | 4.9 | 3.8 | 2.2 | 2.7 | 4.9 | 8.6 | 12.6 | 4.8 |
| 수 출 | 3,433 | 11.9 | 14.2 | 15.7 | 5.6 | 6.7 | 10.0 | 15.1 | 17.3 | 13.0 |
| 재고지수[3)] | | 6.2 | 7.5 | 6.5 | 6.2 | 5.7 | 2.8 | 5.8 | 3.1 | 5.8 |
| | | - | (3.0) | (-0.6) | (0.9) | (2.7) | (-0.1) | (1.5) | (0.9) | (0.6) |
| 재고율[4)] | | - | - | - | - | - | - | - | 88.7 | 90.7 |
| 제조업 평균가동률 | | 81.1 | 80.7 | 80.6 | 81.3 | 81.6 | 82.8 | 83.4 | 83.1 | 83.7 |

주 : 1) ( )안은 계절조정 전월(전기) 대비임
2) IT산업은 사무계산 및 회계용기계, 통신기기 및 방송장비, 방송수신기 및 기타영상 · 음향기기제조업을 포함하며 반도체부문은 제외
3) 재고는 연말, 분기말 기준임
4) 제조업재고율 = (계절조정재고지수/계절조정출하지수)×100

자료 : 통계청, 산업활동동향, 각호

## 2. 출하

2007년 7~8월 중 생산자제품출하는 수출 및 내수출하의 호조로 11.7%의 높은 증가세를 기록하였다.

### 2.1 계절조정 출하지수

계절조정 출하지수도 전기 대비 3.2% 증가하여 전분기에 이어 높은 수준을 유지하였다.

(1) 생산자제품출하(전년동기 대비, %) : (2006. 4분기) 3.8→(2007. 1분기) 4.4→(2분기) 7.2 →(7~8월) 11.7

(2) 생산자제품출하(계절조정 전기 대비, %) : (2006. 4분기) 2.9→(2007. 1분기) 0.9→(2분기) 3.3→(7~8월) 3.2

### 2.2 수출출하 및 내수출하

수출출하의 호조가 지속된 가운데 내수출하 증가세도 자동차를 중심으로 상당 폭 확대된 것으로 나타났다.

(1) 수출출하(전년동기 대비, %) : (2006. 4분기) 5.6→(2007. 1분기) 6.7→(2분기) 10.0 → (7~8월) 15.1

(2) 내수출하(전년동기 대비, %) : (2006. 4분기) 2.2→(2007. 1분기) 2.7→(2분기) 4.9→ (7~8월) 8.6

## 3. 재고

생산자제품재고는 전년동기 대비 5.8% 증가하여 전분기에 비해 증가세가 소폭 확대되었다.

### 3.1 계절조정재고지수

계절조정재고지수도 전분기 감소에서 1.5% 증가로 전환되었다.

(1) 생산자제품재고(전년동기 대비, %) : (2006. 4분기) 6.2→(2007. 1분기) 5.7→(2분기) 2.8

→(7~8 월) 5.8

(2) 생산자제품재고(계절조정 전기 대비, %) : (2006. 4분기) 0.9→(2007. 1분기) 2.7→(2분기) -0.1→(7~8월) 1.5

### 3.2 부문별 동향

부문별로는 자동차 부문의 재고 증가세가 소폭 둔화된 반면 반도체·IT 부문의 재고는 증가로 전환되었다. 반도체·IT·자동차를 제외한 부문의 재고 증가세도 일시적 요인에 의해 다소 확대된 것으로 나타났다.

(1) 자동차(전년동기 대비, %) : (2006. 4분기) 26.6→(2007. 1분기) 9.4→(2분기) 13.4→(7~8월) 8.0

(2) 반도체·IT(전년동기 대비, %) : (2006. 4분기) 19.4→(2007. 1분기) 18.6→(2분기) -2.2→(7~8월) 5.3

(3) 반도체·IT·자동차 제외(전년동기 대비, %) : (2006. 4분기) 0.6→(2007. 1분기) 1.8 →(2분기) 2.9→(7~8월) 5.7

### 3.3 제조업부문 재고율

2007년 8월 중 제조업부문 재고율(=계절조정재고지수/계절조정출하지수)은 재고 증가와 출하 감소로 인해 전월(88.7)보다 상승한 90.7을 기록하였다.

(1) 제조업재고지수(계절조정) : (2007. 6월) 139.1→(7월) 140.3→(8월) 141.1

(2) 제조업출하지수(계절조정) : (2007. 6월) 153.6→(7월) 158.2→(8월) 155.5

## 4. 생산·재고 순환

최근의 생산·재고 순환은 생산과 재고 증가세가 모두 확대되면서 경기확장국면이 유지되고 있음을 나타낸다.

## 5. 서비스업 활동

2007년 7~8월 중 서비스업활동지수는 대부분 업종에서 증가세가 확대되면서 전년동기 대비

8.6%의 높은 증가세를 유지하였다.

**5.1** 계절조정 서비스업활동지수도 전분기 대비 2.4% 증가하였음

(1) 서비스업활동지수(전년동기 대비, %) : (2006. 4분기) 4.8→(2007. 1분기) 5.6→(2분기) 6.4→(7~8월) 8.6

(2) 서비스업활동지수(계절조정 전기 대비, %) : (2006. 4분기) 2.8→(2007. 1분기) 1.1→ (2분기) 1.7→(7~8월) 2.4

(3) 도·소매업, 숙박 및 음식점업, 운수업, 금융 및 보험업, 부동산 및 임대업, 의료업, 오락, 문화·운동 서비스업 등 대부분 업종에서 전분기에 비해 증가세가 확대되었음

① 도·소매업

도·소매업은 도매업, 소매업의 견실한 증가세가 지속된 가운데 기저효과(2006년 7~8월 파업)로 자동차판매·차량연료 소매업의 증가세가 대폭(13.5%) 확대되면서 2007년 7~8월 중 5.5%의 높은 증가율을 기록하였다.

② 숙박 및 음식점업

숙박 및 음식점업은 음식점업 매출이 전분기와 비슷한 수준의 증가세를 유지한 반면, 숙박업이 기저효과(2006년 7월 집중호우)로 높은 증가세(5.0%)를 보이면서 전분기(2.3%)에 비해 증가세가 소폭 확대된 2.8%를 기록하였다.

③ 운수업

운수업은 전년동기 대비 9.8% 증가하여 전분기(5.5%)에 비해 증가세가 상당 폭 확대된 것으로 나타났다.

④ 금융 및 보험업

금융 및 보험업도 금융·보험관련 서비스업을 중심으로 대부분의 업종에서 호조를 보이면서 전년동기 대비 21.2% 증가하여 확대된 증가세가 유지되었다.

⑤ 부동산 및 임대업

부동산 및 임대업은 2007년 7~8월 중 부동산공급업을 중심으로 전년동기 대비 6.2% 증가하여 전분기(3.3%)에 비해 증가세가 소폭 확대되었다. 오락·문화 및 운동관련 서비스업도 전년동기 대비 13.2% 증가하여 전분기 6.8%에 비해 증가세가 대폭 확대된 것으로 나타났다.

(4) 통신업, 사업서비스업은 전분기와 비슷한 수준의 증가세를 유지한 반면, 교육서비스업은 전분기에 비해 다소 부진한 양상을 나타내었음[1)]

〈표 1-4〉 서비스업활동 동향

(단위 : 전년동기 대비 증가율, %)

| | 비중 | 2006 | | | | 2007 | | | | |
|---|---|---|---|---|---|---|---|---|---|---|
| | | 연간 | 2분기 | 3분기 | 4분기 | 1분기 | 2분기 | 7~8월 | 7월 | 8월 |
| 서비스업활동지수 | 1000.0 | 5.2 | 5.4 | 4.5 | 4.8 | 5.6 | 6.4 | 8.6 | 9.9 | 7.3 |
| | | (-) | (0.9) | (0.7) | (2.8) | (1.1) | (1.7) | (2.4) | (0.8) | (0.1) |
| 도·소매업 | 276.0 | 4.0 | 4.2 | 4.3 | 3.7 | 4.9 | 3.8 | 5.5 | 7.0 | 4.1 |
| 숙박 및 음식점업 | 76.8 | 2.1 | 2.4 | 2.3 | -0.2 | 1.6 | 2.3 | 2.8 | 3.0 | 2.7 |
| 운수업 | 88.2 | 6.3 | 6.3 | 5.9 | 6.9 | 6.7 | 5.5 | 9.8 | 10.7 | 9.0 |
| 통신업 | 58.0 | 2.8 | 2.9 | 3.2 | 2.6 | 3.3 | 3.2 | 3.1 | 3.1 | 3.1 |
| 금융 및 보험업 | 176.0 | 7.9 | 9.2 | 4.9 | 4.8 | 9.1 | 15.6 | 21.2 | 23.0 | 19.4 |
| 부동산 및 임대업 | 53.8 | 10.2 | 8.2 | 7.4 | 14.3 | 5.8 | 3.3 | 6.2 | 7.5 | 4.8 |
| 사업서비스업 | 84.6 | 5.9 | 5.7 | 5.7 | 6.4 | 5.3 | 6.7 | 6.7 | 6.8 | 6.5 |
| 교육서비스업 | 85.6 | 2.3 | 2.5 | 1.4 | 4.4 | 2.7 | 1.7 | 0.6 | 5.5 | -4.1 |
| 보건 및 사회복지 | 39.5 | 10.0 | 8.1 | 11.9 | 8.9 | 9.6 | 9.6 | 10.2 | 8.1 | 12.4 |
| 오락, 문화 및 운동 | 35.1 | 2.5 | 2.7 | -0.9 | 3.7 | 5.7 | 6.8 | 13.2 | 14.8 | 11.6 |
| 기타 | 26.6 | 3.8 | 4.1 | 3.9 | 2.5 | 1.9 | 1.2 | 2.5 | 2.8 | 2.3 |

주 : ( )안은 계절보정 전월(전기) 대비임

자료 : 통계청, 서비스업활동동향, 각호

## 6. 경기종합지수

2007년 8월 중 동행지수 순환변동치 및 선행지수 전년동월비는 상승세를 유지하면서 최근 경기확장세가 유지되고 있음을 나타내고 있다.

### 6.1 동행지수 순환변동치

동행지수 순환변동치는 서비스업활동지수, 수입액, 산업생산지수 등이 증가함에 따라 전월에 비해 0.3포인트 상승하여 3개월 연속 상승세를 유지하였다.

※ 동행지수 순환변동치 : (2007. 6월) 100.9→(7월) 101.4→(8월) 101.7

1) 교육서비스업은 학원의 매출감소세(-2.6%)가 지속된 가운데 초·중·고등 및 대학교의 증가세 둔화로 전년동기 대비 0.6% 증가에 그쳤다(KDI, KDI 경제전망, 제24권 제2호, 2007. 10. 요약·재구성).

### 6.2 선행지수 전년동월비

선행지수 전년동월비는 건설수주액, 종합주가지수, 구인구직비율 등의 증가로 전월에 비해 0.4%포인트 상승하여 5개월 연속 상승세를 유지하였다.

※ 선행지수 전년동월비의 전월차(%포인트) : (2007. 6월) 0.5→(7월) 0.4→(8월) 0.4

〈표 1-5〉 경기종합지수 동향

(2000 = 100)

| | 2007 | | | | | | |
|---|---|---|---|---|---|---|---|
| | 2월 | 3월 | 4월 | 5월 | 6월 | 7월 | 8월 |
| 동행지수 순환변동치 | 100.7 | 100.5 | 100.6 | 100.5 | 100.9 | 101.4 | 101.7 |
| 전월차(포인트) | 0.1 | -0.2 | 0.1 | -0.1 | 0.4 | 0.5 | 0.3 |
| 선행지수 전년동월비(%) | 4.9 | 4.8 | 5.1 | 5.1 | 5.6 | 6.0 | 6.4 |
| 전월차(%포인트) | 0.2 | -0.1 | 0.3 | 0.0 | 0.5 | 0.4 | 0.4 |

자료 : 통계청, 산업활동동향, 각호

## 7. 기업경기

2007년 9월 중 기업체감경기는 계절적 요인으로 전월에 비해 소폭 상승하였으며 10월 전망 BSI는 혼조세를 보였다.

**7.1** 2007년 9월 중 한국은행 업황 BSI는 계절적 요인에 부분적으로 영향을 받아 상승하였으며 10월 전망 BSI는 대기업을 중심으로 소폭 하락하였음

(1) 제조업 부문별로는 대기업이 전월보다 2포인트 상승한 반면 중소기업은 전월과 동일한 수준을 유지하였으며, 수출기업은 전월에 비해 2포인트 하락, 내수기업은 3포인트 상승하였음

(2) 제조업 항목별로는 매출, 자금사정, 인력사정 등에서 하락한 반면 채산성, 원자재구입가격 등에서 증가하였으며, 비제조업 항목별로는 인력사정을 제외한 대부분 항목에서 증가를 기록하였음

(3) 2007년 10월 전망 BSI는 중소기업, 내수기업이 전월과 동일한 수준을 유지한 반면 대기업, 수출기업은 3포인트씩 하락하였음

〈표 1-6〉 기업경기실사지수(한국은행)

| | 2007 | | | | | | | | |
|---|---|---|---|---|---|---|---|---|---|
| | 2월 | 3월 | 4월 | 5월 | 6월 | 7월 | 8월 | 9월 | 10월 |
| 제 조 업 | 80<br>(83) | 83<br>(89) | 85<br>(91) | 87<br>(91) | 87<br>(91) | 87<br>(86) | 85<br>(89) | 86<br>(95) | -<br>(94) |
| 수 출 기 업 | 84<br>(86) | 83<br>(89) | 84<br>(89) | 89<br>(91) | 89<br>(96) | 87<br>(90) | 93<br>(93) | 91<br>(100) | -<br>(97) |
| 내 수 기 업 | 78<br>(81) | 83<br>(89) | 85<br>(92) | 87<br>(91) | 86<br>(88) | 86<br>(84) | 81<br>(87) | 84<br>(93) | -<br>(93) |
| 대 기 업 | 84<br>(87) | 88<br>(90) | 89<br>(94) | 90<br>(97) | 94<br>(94) | 97<br>(92) | 93<br>(98) | 95<br>(103) | -<br>(100) |
| 중 소 기 업 | 78<br>(80) | 79<br>(88) | 83<br>(89) | 86<br>(87) | 83<br>(89) | 81<br>(83) | 81<br>(84) | 81<br>(91) | -<br>(91) |
| 비 제 조 업 | 83<br>(82) | 85<br>(89) | 88<br>(90) | 88<br>(93) | 87<br>(92) | 86<br>(87) | 84<br>(86) | 87<br>(89) | -<br>(91) |

주 : 1) ( )안은 전망 BSI(Business Survey Index)
2) 조사기간 : 2007. 9. 13~19.
자료 : 한국은행, 2007년 9월 기업경기조사 결과

**7.2** 대기업을 대상으로 한 전국경제인연합회 BSI(계절조정)는 2007년 9월 중 100.6을 기록하면서 전월(103.3)에 비해 하락한 반면 10월 전망 BSI는 전월(108.1)에 비해 대폭 상승한 113.4를 기록하였음

〈표 1-7〉 기업경기실사지수(전국경제인연합회)

| | | 2007 | | | | | | | | |
|---|---|---|---|---|---|---|---|---|---|---|
| | | 2월 | 3월 | 4월 | 5월 | 6월 | 7월 | 8월 | 9월 | 10월 |
| 종합경기 | 원지수 | 87.5<br>(93.4) | 109.4<br>(112.3) | 105.8<br>(107.7) | 104.1<br>(110.9) | 104.4<br>(105.6) | 95.8<br>(97.6) | 94.4<br>(102.5) | 101.5<br>(111.8) | -<br>(116.3) |
| | 계절조정 | 93.3<br>(100.5) | 95.8<br>(99.6) | 98.4<br>(100.2) | 103.7<br>(100.9) | 103.1<br>(106.9) | 103.1<br>(107.9) | 103.3<br>(112.8) | 100.6<br>(108.1) | -<br>(113.4) |
| 내수 | 원지수 | 88.1<br>(95.3) | 118.3<br>(121.4) | 110.2<br>(111.4) | 107.6<br>(113.2) | 104.4<br>(104.5) | 93.6<br>(97.6) | 95.3<br>(100.2) | 100.6<br>(117.8) | -<br>(121.9) |
| 수출 | 원지수 | 94.3<br>(100.2) | 111.0<br>(111.3) | 106.9<br>(108.3) | 104.9<br>(110.9) | 105.1<br>(106.0) | 101.3<br>(105.3) | 101.1<br>(101.7) | 100.8<br>(106.6) | -<br>(112.7) |

주 : 1) ( )안은 전망 BSI(Business Survey Index)
2) 조사기간 : 2007. 9. 17~21.
자료 : 전국경제인연합회

# 제3절 소 비

최근 소비관련지표들은 2007년초 이후의 증가세가 완만하게 확대되는 양상을 나타내고 있다.

## 1. 민간소비

2007년 들어 증가세가 서서히 확대되고 있는 민간소비는 2분기 중 전년동기 대비 4.2%의 증가율을 기록하였다.

1.1 민간소비는 2007년 2분기 중 전년동기 대비 4.2%의 증가율을 기록하였으며 계절조정 전기대비로는 0.8% 증가하였음

**(1) 소비재 소비**

소비재의 경우 전분기보다 증가세가 소폭 둔화된 전년동기 대비 3.4%의 증가율을 기록하였다. 이는 내구재(durable goods)와 준내구재 소비 증가세의 둔화에 기인한 것으로 판단된다.

**(2) 서비스 소비**

서비스 소비는 전년동기 대비 3.9% 증가하여 2006년 4분기 이후 증가세를 지속하였다.

**(3) 해외소비**

해외소비는 전년동기 대비 21.4% 증가하여 높은 수준을 지속한 것으로 나타났다.

## 2. 소비관련지표

소비관련지표들은 2007년 7~8월 중 전분기에 이어 내구재 부문을 중심으로 전반적으로 증가세가 확대되는 모습을 보였다.

2.1 소비재판매액지수는 2007년 7~8월 중 모든 부문에서 증가세가 확대되어 전년동기 대비 8.5%의 증가율을 기록하였음

〈표 1-8〉 민간소비

(단위 : 전년동기 대비 증가율, %)

| | 비중[1)] | 2004 | 2005 | 2006 | | | | 2007 | |
|---|---|---|---|---|---|---|---|---|---|
| | | 연간 | 연간 | 연간P | 2분기[P] | 3분기[P] | 4분기[P] | 1분기[P] | 2분기[P] |
| 민간소비 | 100.0 | -0.3 | 3.6 | 4.2 | 4.1 | 4.0 | 3.7 | 4.1 | 4.2 |
| (계절조정[2)]) | | | | | (0.6) | (0.9) | (1.0) | (1.5) | (0.8) |
| 소비재[3)] | 39.9 | -2.0 | 2.5 | 3.5 | 4.2 | 3.5 | 2.3 | 3.6 | 3.4 |
| 내구재 | 8.0 | -5.3 | 5.2 | 7.1 | 7.1 | 6.8 | 4.4 | 11.1 | 9.2 |
| 준내구재 | 6.6 | -1.9 | 3.7 | 7.8 | 8.8 | 6.7 | 6.2 | 2.5 | 2.4 |
| 비내구재 | 25.4 | -1.0 | 1.5 | 1.4 | 2.2 | 1.8 | 0.4 | 1.5 | 1.9 |
| 서비스 | 54.6 | 0.1 | 2.9 | 3.4 | 3.1 | 3.3 | 3.2 | 3.6 | 3.9 |
| 해외소비[4)] | 3.4 | 31.1<br>[0.4] | 51.1<br>[0.9] | 32.6<br>[0.9] | 22.1<br>[0.6] | 22.4<br>[0.7] | 40.8<br>[0.9] | 17.8<br>[0.6] | 21.4<br>[0.7] |
| 가계에 봉사하는 비영리단체 | 2.1 | 1.0 | 3.7 | 3.2 | 4.1 | 3.1 | 3.6 | 3.2 | 3.2 |
| 정부소비 | | 3.7 | 5.0 | 5.8 | 5.2 | 5.8 | 6.8 | 5.6 | 5.9 |

주 : 1) 비중은 2006년 연간 기준임
2) 전기 대비임
3) 소비재는 민간소비 중 가계의 내구재, 준내구재 및 비내구재에 대한 소비의 합계임
4) [ ]안은 해외소비의 민간소비 기여분이며 순해외소비(=거주자의 해외소비 - 비거주자의 국내소비)의 전년동기 대비 증가율에 전년동기의 해외소비 비중(민간소비 대비)을 곱한 값임

자료 : 한국은행

#### (1) 내구재 판매

내구재 판매는 승용차, 가전제품 등의 판매호조로 전년동기 대비 18.5% 증가하여 2007년부터 지속적으로 높은 증가세를 보이고 있다.

#### (2) 준내구재 판매

준내구재 판매는 전년동기 대비 5.1% 증가한 것으로 나타났다.

#### (3) 비내구재 판매

비내구재의 경우는 전년동기 대비 4.0%의 증가율을 기록하였다.

**2.2** 내수용 소비재출하지수는 2007년 7~8월 중 내구소비재 부문을 중심으로 전년동기 대비 7.9% 증가한 것으로 나타났음

#### (1) 내구소비재 출하

내구소비재 출하는 2007년 7월 중에 크게 증가하여 전년동기 대비 21.2%의 증가율을 기록하였다.

〈표 1-9〉 소비재판매액지수

(단위 : 전년동기 대비 증가율, %)

| | 비중[1] | 2004 | 2005 | 2006 | | | | 2007 | | | | |
|---|---|---|---|---|---|---|---|---|---|---|---|---|
| | | 연간 | 연간 | 연간 | 2분기 | 3분기 | 4분기 | 1분기 | 2분기[P] | 7~8월[P] | 7월[P] | 8월[P] |
| 소비재판매액지수 | 1000 | 1.0 | 4.1 | 4.7 | 6.1 | 2.9 | 4.5 | 7.1 | 5.3 | 8.5 | 9.8 | 7.1 |
| (계절조정[2]) | | | | | (1.9) | (-0.2) | (3.0) | (2.5) | (-0.2) | - | (1.6) | (0.6) |
| 내구재 | 254.3 | 3.3 | 6.5 | 11.0 | 11.3 | 11.4 | 9.6 | 17.0 | 14.1 | 18.5 | 22.0 | 15.1 |
| 준내구재 | 240.3 | 3.9 | 7.9 | 5.1 | 6.7 | 2.9 | 3.6 | 6.4 | 3.6 | 5.1 | 5.0 | 5.2 |
| 비내구재 | 505.4 | -1.4 | 1.2 | 1.1 | 3.0 | -1.7 | 2.0 | 2.1 | 0.9 | 4.0 | 4.9 | 3.1 |

주 : 1) 비중은 2000년 연간 기준임
2) 전월(기)비임
자료 : 통계청

### (2) 비내구소비재 출하

비내구소비재의 경우 2007년 7~8월의 증가세는 전년동기 대비 2.3% 증가하였으나 8월 중에는 기상요인 등에 기인하여 증가율이 0.7%에 그쳤다.

### (3) 소비재 수입

소비재 수입은 전년동기 대비 20.0% 증가하여 높은 수준을 지속하였다.

〈표 1-10〉 소비재 출하 및 소비재 수입

(단위 : 전년동기 대비 증가율, %)

| | 2004 | 2005 | 2006 | | | | 2007 | | | | |
|---|---|---|---|---|---|---|---|---|---|---|---|
| | 연간 | 연간 | 연간 | 2분기 | 3분기 | 4분기 | 1분기 | 2분기[P] | 7~8월[P] | 7월[P] | 8월[P] |
| 내수용소비재출하 | -1.4 | 2.1 | 4.9 | 5.7 | 5.3 | 2.2 | 4.5 | 4.7 | 7.9 | 10.4 | 5.5 |
| 내 구 소 비 재 | -4.7 | 5.8 | 10.1 | 12.5 | 9.1 | 5.7 | 11.6 | 10.0 | 21.2 | 25.8 | 16.8 |
| 비 내 구 소 비 재 | -1.1 | 0.6 | 3.5 | 3.1 | 4.5 | 2.0 | 2.7 | 3.4 | 2.3 | 3.9 | 0.7 |
| 소비재 수입(명목) | 10.5 | 13.3 | 19.9 | 21.8 | 20.8 | 17.8 | 21.3 | 14.7 | 20.0 | 23.8 | 16.6 |

자료 : 통계청, 산업자원부

**2.3** 도소매판매액지수는 2007년 7~8월 중 모든 부문에서 증가세가 확대되어 전년동기 대비 6.1% 증가하였음

(1) 도매와 소매판매 부문은 각각 전년동기 대비 5.3%, 4.4% 증가하였음

(2) 자동차・연료판매 부문은 2007년 7월 중의 판매 호조 및 기저효과에 기인하여 전년동기 대비 13.9% 증가한 것으로 나타났음

〈표 1-11〉 도소매판매액지수

(단위 : 전년동기 대비 증가율, %)

| | 비중[1)] | 2004 | 2005 | 2006 | | | | 2007 | | | | |
|---|---|---|---|---|---|---|---|---|---|---|---|---|
| | | 연간 | 연간 | 연간 | 2분기 | 3분기 | 4분기 | 1분기 | 2분기[P] | 7~8월[P] | 7월[P] | 8월[P] |
| 도소매판매 | 100.0 | -0.4 | 2.9 | 4.2 | 4.5 | 4.4 | 4.0 | 5.3 | 4.5 | 6.1 | 7.7 | 4.5 |
| (계절조정[2)]) | | - | - | - | (2.2) | (0.4) | (2.8) | (0.2) | (1.0) | - | (0.4) | (0.5) |
| 도매 | 54.8 | 0.2 | 1.8 | 3.9 | 3.7 | 5.2 | 4.2 | 5.7 | 5.0 | 5.3 | 6.8 | 3.9 |
| 소매 | 32.4 | -0.3 | 4.3 | 4.9 | 6.4 | 4.5 | 4.1 | 4.4 | 3.0 | 4.4 | 4.3 | 4.6 |
| 자동차・연료 | 12.9 | -3.1 | 3.8 | 4.1 | 3.3 | 1.8 | 2.9 | 5.6 | 5.8 | 13.9 | 22.6 | 6.6 |

주 : 1) 비중은 2000년 연간 기준임

2) 전월(기)비임

자료 : 통계청

## 3. 소비심리

최근의 소비심리관련 지표는 상승 추세를 지속하여 경제상황을 긍정적으로 보는 소비자들이 지속적으로 증가하고 있음을 나타낸다.

**3.1** 소비자평가지수는 2007년 8월 중 전월과 동일한 91.4를 기록하였으며 소비자기대지수는 2007년 3월 이후 지속적으로 증가하여 103.0을 기록하였음

### (1) 소득계층별 소비자기대지수

소득계층별 소비자기대지수는 100~400만원 계층에서 전월보다 소폭 상승하였으며 100만원 미만 계층을 제외한 모든 계층에서 기준치 100을 상회한 것으로 나타났다.

### (2) 연령별 소비자기대지수

연령별 소비자기대지수는 50대 미만 연령에서 기준치 100을 상회하며 모든 연령층에서 전월보다 상승하거나 비슷한 수준을 유지하였다.

### (3) 소비자심리지수 및 소비지출계획

2007년 9월 중 조사된 3분기 중 소비자심리지수 및 소비지출계획은 각각 112, 114를 기록하여 2007년부터 지속적으로 기준치 100을 상회하였다. 특히, 소비자심리지수는 2002년 3분기 이후 최고치를 기록한 것으로 나타났다.

〈표 1-12〉 소비자심리 변화추이

| | 2006 | 2007 | | | | | | | | |
|---|---|---|---|---|---|---|---|---|---|---|
| | 4분기 | 1분기 | | | 2분기 | | | 3분기 | | |
| | 12월 | 1월 | 2월 | 3월 | 4월 | 5월 | 6월 | 7월 | 8월 | 9월 |
| 소비자평가지수[1)] | 77.1 | 79.3 | 82.3 | 83.3 | 87.4 | 89.6 | 90.4 | 91.4 | 91.4 | - |
| 소비자기대지수[2)] | 93.7 | 96.1 | 98.1 | 97.8 | 100.0 | 101.1 | 101.5 | 102.6 | 103.0 | - |
| (계절조정) | (94.9) | (94.0) | (96.0) | (95.0) | (97.6) | (100.2) | (101.2) | (103.8) | (105.6) | - |
| (경기)[2)] | (82.2) | (86.5) | (89.9) | (89.4) | (95.1) | (97.7) | (98.2) | (99.5) | (100.4) | - |
| 소비자심리지수[3)] | 98 | 103 | | | 108 | | | 112 | | |
| (소비지출계획[4)]) | (108) | (110) | | | (112) | | | (114) | | |

주 : 1) 6개월 전과 비교하여 현재의 경기, 생활형편 등에 대한 소비자들의 평가를 나타냄
2) 현재와 비교하여 6개월 후의 경기, 생활형편, 소비지출 등에 대한 소비자의 기대를 나타냄
3) 소비자동향조사시 집계하는 17개 개별변수 중 소비자심리를 종합적으로 판단하는 데 유용한 중요 지수(6개)를 선택, 이를 합성한 종합지수(CSI, Consumer Survey Index)
4) 향후 6개월 동안의 소비지출 전망

자료 : 통계청, 2007년 8월 소비자전망조사결과
한국은행, 2007년 3분기 소비자동향조사결과

〈표 1-13〉 소득계층 및 연령대별 소비자기대지수

| | | 2006 | | | | 2007 | | | | | | | |
|---|---|---|---|---|---|---|---|---|---|---|---|---|---|
| | | 9월 | 10월 | 11월 | 12월 | 1월 | 2월 | 3월 | 4월 | 5월 | 6월 | 7월 | 8월 |
| 소득계층 | 100만원 미만 | 87.6 | 87.3 | 89.0 | 88.7 | 89.1 | 92.0 | 93.2 | 96.1 | 92.8 | 94.7 | 97.0 | 95.0 |
| | 100~400만원 | 95.7 | 94.5 | 95.7 | 94.2 | 96.9 | 98.0 | 98.1 | 100.3 | 101.1 | 101.2 | 102.3 | 102.9 |
| | 400만원 이상 | 98.3 | 97.1 | 98.4 | 95.8 | 98.8 | 102.9 | 100.3 | 102.8 | 106.6 | 108.1 | 108.2 | 107.7 |
| 연령 | 20대 | 103.6 | 102.1 | 104.2 | 102.5 | 103.1 | 106.5 | 104.4 | 105.9 | 110.4 | 114.9 | 107.9 | 108.5 |
| | 30~40대 | 97.2 | 96.4 | 96.9 | 95.0 | 97.9 | 100.4 | 100.5 | 101.9 | 102.6 | 103.2 | 105.1 | 105.1 |
| | 50대 이상 | 90.5 | 89.1 | 91.6 | 90.3 | 92.9 | 94.1 | 93.5 | 96.8 | 97.7 | 97.3 | 98.4 | 99.3 |

자료 : 통계청

# 제4절 투 자

설비투자 관련지표들의 증가세는 2007년 7~8월 중 전반적으로 둔화된 반면 선행지표들의 증가세는 확대되는 양상을 보였다.

## 1. 설비투자

설비투자(국민계정)는 2007년 2분기 중 전년동기 대비 11.9% 증가하며 전분기(10.8%)에 이어 높은 증가율을 기록하였다.

**1.1** 설비투자는 2007년 2분기 중 전년동기 대비 11.9% 증가하여 전분기에 비해 증가세가 확대되었으며 설비투자 계절조정 전기 대비 증가율은 3.4%를 기록하였음

(1) 설비투자(전년동기 대비, %) : (2006. 2분기) 7.2 → (3분기) 11.1 → (4분기) 5.3 → (2007. 1분기) 10.8 → (2분기) 11.9

(2) 설비투자(계절조정 전기 대비, %) : (2006. 2분기) 2.2 → (3분기) 3.8 → (4분기) 0.1 → (2007. 1분기) 4.4 → (2분기) 3.4

**1.2** 품목별로는 기계류 투자가 비교적 높은 증가율을 유지하고 있는 가운데 운수장비 투자도 대폭 상승하였음

**(1) 기계류**

기계류의 경우 반도체 제조용 장비, 정밀기기 등에 대한 투자가 증가하여 10.9%의 증가율을 기록하였다.

**(2) 운수장비**

운수장비에 대한 투자도 전년동기 대비 17.7% 증가하여 전분기(2.2%)에 비해 대폭 상승한 것으로 나타났다.

## 2. 설비투자 관련지표

2007년 7~8월 중 설비투자추계는 2분기에 비해 대폭 하락한 것으로 나타났다.

**2.1** 설비투자추계는 2007년 7~8월 중 전년동기 대비 1.4% 증가하여 전분기(12.1%)에 비해 대폭 하락하였음

운수장비(자동차)의 투자는 증가세를 유지하고 있으나 특수산업용기계(반도체장비)의 투자가

감소한 것으로 나타났다.

**2.2** 기계류내수출하는 2007년 7~8월 중 전년동기 대비 5.3% 증가하여 전분기(5.9%)에 비해 소폭 둔화된 양상을 나타내었음

2007년 8월 중 자동차(특장차)는 증가하였으나 기계장비 및 조립금속 등의 출하가 감소한 것으로 나타났다.

**2.3** 내수용 자본재수입액은 2007년 7~8월 중 전년동기 대비 7.4%를 기록하여 전분기(17.5%)에 비해 증가세가 둔화되었음

**2.4** 기계류수입액은 2007년 7~8월 중 11.1% 증가를 기록하며 전분기(15.0%)에 비해 증가세가 둔화되었음

기계류는 2007년 7~8월 중 9.1% 증가하여 전분기(9.9%)와 비슷한 수준을 유지하였으나 운수장비가 전분기의 96.5% 증가에서 7~8월 중 37.8%를 기록하며 대폭 하락하였다.

## 3. 설비투자 선행지표

설비투자 선행지표들은 2007년 7~8월 중 증가세가 확대되는 양상을 보였다.

**3.1** 설비투자 선행지표인 국내기계수주는 2007년 7~8월 중 전년동기 대비 16.5% 증가하여 전분기(7.4%)에 비해 증가세가 확대되었음

(1) 공공부문은 공공운수업(자동차), 지방자치단체(데스크탑PC) 등의 발주가 증가하였고, 민간부문은 운수창고통신(통신기계) 등의 발주가 증가하였음

(2) 기종별로는 기계류의 경우 사무자동처리기계와 통신기계 등은 감소하였으나 일반산업용기계 등의 투자증가로 2007년 7~8월 중 전년동기 대비 15.3% 증가하였으며 운수장비는 22.2% 증가한 것으로 나타났음

**3.2** 2007년 9월 중 설비투자 BSI는 전월과 동일한 99를 기록하였음

(1) 수출기업은 전월보다 3포인트 상승하였으나 내수기업은 전월보다 2포인트 하락하였음

〈표 1-14〉 설비투자동향

(단위 : 전년동기 대비 증가율, %)

| | 비중[1] | 2006 | 2006 | | | 2007 | | | | |
|---|---|---|---|---|---|---|---|---|---|---|
| | | 연간 | 2분기 | 3분기 | 4분기 | 1분기 | 2분기 | 6월 | 7월 | 8월 |
| 설비투자 | 1.00 | 7.6 | 7.2 | 11.1 | 5.3 | 10.8 | 11.9 | - | - | - |
| (계절조정) | - | - | (2.2) | (3.8) | (0.1) | (4.4) | (3.4) | - | - | - |
| 기계류 | 0.83 | 7.9 | 9.5 | 12.4 | 6.5 | 12.8 | 10.9 | - | - | - |
| 운수장비 | 0.17 | 5.9 | -3.5 | 4.8 | -0.2 | 2.2 | 17.7 | - | - | - |
| 설비투자추계 | - | 7.4 | 6.7 | 11.8 | 5.1 | 11.3 | 12.1 | 9.2 | 1.0 | 1.7 |
| 기계류 | - | 9.3 | 10.2 | 15.3 | 8.9 | 15.0 | 9.3 | 4.6 | -3.0 | -1.4 |
| 운수장비 | - | 4.1 | -1.4 | 5.6 | -7.1 | -5.0 | 19.9 | 24.3 | 11.1 | 7.6 |
| 기계류내수출하 | - | 4.7 | 3.2 | 4.0 | 6.7 | 6.5 | 5.9 | 6.8 | 11.6 | -0.7 |
| (계절조정) | - | - | (-1.7) | (3.0) | (4.3) | (0.9) | (-2.2) | (-1.0) | (3.7) | (-6.8) |
| 내수용자본재수입액 | - | 14.6 | 14.7 | 19.8 | 12.7 | 14.0 | 17.5 | 11.8 | 5.0 | 9.7 |
| 기계류수입액 | 1.00 | 11.3 | 13.5 | 12.3 | 7.6 | 12.6 | 15.0 | 10.1 | 9.1 | 13.1 |
| 기계류 | 0.94 | 10.3 | 13.5 | 11.3 | 7.1 | 13.2 | 9.9 | 4.7 | 7.5 | 10.8 |
| 운수장비 | 0.06 | 28.6 | 13.5 | 28.1 | 14.2 | 4.0 | 96.5 | 85.9 | 34.7 | 40.2 |
| 국내기계수주 | 1.00 | 18.8 | 24.4 | 21.0 | 16.7 | 15.3 | 7.4 | 4.1 | 30.2 | 4.7 |
| (기종별) 기계류 | 0.75 | 20.0 | 21.2 | 25.5 | 26.1 | 17.0 | 17.2 | 19.2 | 28.7 | 3.7 |
| 운수장비 | 0.25 | 14.2 | 36.3 | 5.5 | -8.5 | 8.2 | -25.2 | -37.9 | 36.7 | 9.3 |
| (수요자별) 공공수요 | 0.10 | 7.1 | 24.7 | 19.0 | 22.1 | 12.1 | -23.5 | -52.0 | 58.0 | -21.3 |
| 민간수요 | 0.90 | 20.4 | 24.4 | 21.3 | 15.8 | 15.6 | 10.5 | 13.7 | 27.7 | 8.1 |
| 제조업 | 0.42 | 32.3 | 30.0 | 35.0 | 32.8 | 7.0 | 5.8 | 11.0 | 30.2 | 5.7 |
| 비제조업 | 0.48 | 10.4 | 19.1 | 10.8 | 2.9 | 24.8 | 15.3 | 16.6 | 25.5 | 10.3 |

주 : 1) 비중은 2005년 연간 기준이며, (계절조정)은 전기 대비 증가율임

2) 2007년 1분기 설비투자는 속보치임

자료 : 한국은행, 관세청, 통계청

(2) 2007년 10월 전망 BSI는 전월보다 1포인트 높은 수준을 기록하였음

〈표 1-15〉 설비투자실행 BSI 동향

(2000=100)

| | 2006 | | 2007 | | | | | | | | | |
|---|---|---|---|---|---|---|---|---|---|---|---|---|
| | 11월 | 12월 | 1월 | 2월 | 3월 | 4월 | 5월 | 6월 | 7월 | 8월 | 9월 | 10월 |
| 설비투자실행 BSI | 97<br>(97) | 96<br>(97) | 96<br>(99) | 96<br>(98) | 97<br>(97) | 99<br>(97) | 100<br>(101) | 100<br>(102) | 100<br>(100) | 99<br>(100) | 99<br>(99) | (100) |
| 대기업 | 96<br>(97) | 96<br>(96) | 96<br>(97) | 95<br>(97) | 94<br>(96) | 100<br>(94) | 101<br>(101) | 102<br>(102) | 98<br>(101) | 96<br>(99) | 100<br>(97) | (102) |
| 중소기업 | 98<br>(98) | 96<br>(98) | 96<br>(100) | 96<br>(98) | 98<br>(98) | 98<br>(99) | 100<br>(101) | 99<br>(101) | 101<br>(99) | 101<br>(100) | 98<br>(100) | (99) |
| 중화학공업 | 97<br>(97) | 97<br>(98) | 96<br>(99) | 96<br>(98) | 97<br>(97) | 99<br>(96) | 100<br>(101) | 100<br>(102) | 100<br>(100) | 99<br>(100) | 99<br>(99) | (100) |
| 경공업 | 96<br>(96) | 94<br>(96) | 95<br>(98) | 97<br>(96) | 97<br>(98) | 99<br>(99) | 100<br>(101) | 101<br>(100) | 100<br>(100) | 100<br>(101) | 99<br>(102) | (99) |
| 수출기업 | 96<br>(97) | 96<br>(97) | 95<br>(96) | 95<br>(98) | 94<br>(96) | 97<br>(95) | 99<br>(104) | 101<br>(102) | 97<br>(100) | 95<br>(97) | 98<br>(95) | (99) |
| 내수기업 | 97<br>(97) | 97<br>(97) | 97<br>(100) | 97<br>(97) | 98<br>(98) | 100<br>(98) | 101<br>(100) | 100<br>(102) | 102<br>(100) | 102<br>(101) | 100<br>(102) | (101) |

주 : ( )안은 전망 BSI
자료 : 한국은행

# 제 5 절 수출입 · 교역조건

수출은 2007년 3분기 중 증가세를 지속하는 가운데 수입은 원유 등을 중심으로 증가세가 소폭 하락하여 무역수지는 흑자폭이 전년 동기에 비해 확대되었다.

## 1. 수출입

### 1.1 수출

수출은 2007년 3분기 중 철강제품, 일반기계 등을 중심으로 증가세를 지속하였다.

(1) 수출은 2007년 9월 중 전년동월 대비 0.4% 감소한 295.5억 달러를 기록하였으며 계절조정 일평균 수출액으로는 전월 대비 0.1% 감소하였음

이는 추석연휴에 따른 조업일수 감소 및 전년동월 수출호조에 따른 통계적 요인 등에 주로 기인한 것으로 분석된다.

(2) 이에 따라 2007년 3분기 중 수출은 전년동기 대비 증가율이 전기에 비해 축소된 9.9%를 기록하였으나 전반적인 증가세는 유지되고 있는 것으로 판단됨

| ※ 수출액증가율(전년동기 대비, %) : (2006년 4분기) 13.8 → (2007년 1분기) 14.7 → (2분기) 14.1 → (3분기) 9.9 |
|---|

### 1.2 품목별 수출

철강제품, 일반기계 등은 2007년 3분기 중 호조세를 지속하였으며 자동차, 반도체, 무선통신기기 등도 증가세를 유지하였다.

#### (1) 철강제품

철강제품은 대중동 수출을 중심으로, 일반기계는 대EU, 대중국 등을 중심으로 호조세를 지속하였다.

#### (2) 자동차

자동차는 대러시아, 대중동 수출의 호조로 증가세를 지속하였다. 자동차 수출에서 대미국 및 대EU 수출이 차지하는 비중은 점차 축소되는 반면, 대러시아 및 대중동 수출비중은 확대되는 추세를 보이고 있다.

| ※ 자동차 수출액 중 대러시아 수출비중 : (2006) 5.1% → (2007. 1~8월) 8.5% |
|---|

#### (3) 석유제품

석유제품은 전년동기 수출호조에 따른 통계적 요인 및 2007년 7~8월 중 국내 정제시설의 시설보수 등의 영향으로 감소세를 기록하였다.

### 1.3 지역별 수출

2007년 7월~9월 20일 중 대중국, 대EU, 대중동 수출은 호조세를 기록했으며 대중남미, 대ASEAN 수출도 증가세를 지속하였다.

#### (1) 중국

대중국 수출은 반도체, 석유화학 등을 중심으로 증가세를 지속하였다.

〈표 1-16〉 수출동향(통관기준)

(단위 : 전년동기 대비 증가율, %)

| | 비중[1] | 2006 | | | 2007 | | | | | |
|---|---|---|---|---|---|---|---|---|---|---|
| | | 연간 | 3분기 | 4분기 | 1분기 | 2분기 | 3분기[2] | 7월 | 8월 | 9월[2] |
| 수출 | 100.0 | 14.4 | 16.3 | 13.8 | 14.7 | 14.1 | 9.9 | 17.3 | 14.0 | -0.4 |
| (반도체제외) | (88.5) | (13.2) | (15.9) | (10.0) | (13.9) | (15.3) | (14.2) | (17.4) | (13.9) | (-0.2) |
| 중화학제품 | 90.7 | 15.8 | 17.7 | 15.1 | 15.9 | 15.3 | - | 18.1 | 14.6 | - |
| 반도체 | 11.5 | 24.6 | 19.6 | 48.1 | 20.8 | 4.2 | 9.5 | 16.7 | 14.6 | -1.6 |
| 무선통신기기 | 8.3 | -1.7 | 1.8 | -7.4 | -0.5 | 8.9 | 9.8 | 27.9 | 7.2 | -2.2 |
| 컴퓨터 | 3.9 | -10.9 | -14.5 | -9.6 | -4.5 | 12.4 | 19.5 | 22.1 | 23.1 | 14.1 |
| 자동차 | 10.1 | 11.6 | 15.3 | 13.4 | 3.4 | 20.2 | 18.7 | 65.5 | 45.8 | -19.1 |
| 석유화학 | 7.4 | 15.8 | 25.8 | 20.7 | 23.0 | 21.5 | 15.5 | 23.0 | 12.5 | 11.5 |
| 일반기계 | 7.3 | 7.9 | 2.9 | 0.8 | 17.8 | 23.3 | 27.0 | 42.5 | 34.0 | 7.1 |
| 석유제품 | 6.3 | 32.8 | 47.9 | 2.2 | 20.8 | 9.6 | -7.9 | -10.2 | -12.5 | 0.3 |
| 철강제품 | 6.0 | 16.2 | 18.3 | 34.9 | 36.3 | 22.8 | 21.2 | 22.3 | 23.1 | 18.4 |
| 선박 | 6.8 | 24.8 | 11.6 | 41.0 | 30.5 | 40.4 | 6.3 | -23.9 | 6.9 | 49.7 |
| 경공업제품 | 7.7 | -0.4 | 1.9 | -0.6 | 1.6 | 3.6 | - | 5.0 | 5.9 | - |

주 : 1) 전체 수출에서 차지하는 품목별 비중(2006년 기준)
 2) 2007년 3분기 및 9월 중 총수출은 기간 중 전체기준이며, 품목별 수출은 산업자원부 추정치
자료 : 산업자원부, 2007년 9월 상품 수출입 동향

#### (2) 미국

대미국 수출은 그동안 수출증가세를 견인했던 석유제품 및 철강제품 등이 감소세를 기록하며 증가세가 둔화되는 양상을 나타냈다.

#### (3) EU

대EU 수출은 일반기계, 무선통신기기, 철강제품 등을 중심으로 전기에 비해 증가세가 확대되었다.

#### (4) ASEAN

대ASEAN 수출은 석유화학, 철강제품 등을 중심으로 증가세를 지속하였으나 최대수출품목인 반도체, 석유제품 등의 수출은 감소세를 기록하며 증가폭은 다소 축소되었다.

#### (5) 중남미

대중남미 수출은 철강제품 및 선박수출 등을 중심으로 증가세를 지속하였다.

#### (6) 중동

대중동 수출은 자동차 수출 호조 등으로 높은 증가세를 지속하였다.

〈표 1-17〉 지역별 수출동향(통관기준)

(단위 : 전년동기 대비 증가율, %)

| | 비중[1] | 2006 | | | 2007 | | | | | | |
|---|---|---|---|---|---|---|---|---|---|---|---|
| | | 연간 | 3분기 | 4분기 | 1분기 | 2분기 | 3분기[2] | 7월 | 8월 | 9월 | |
| | | | | | | | | | | 전체 | 1~20일 |
| 수 출 | 100.0 | 14.4 | 16.3 | 13.8 | 14.7 | 14.1 | 9.9 | 17.3 | 14.0 | -0.4 | 20.3 |
| 중 국 | 21.3 | 23.1 | 11.8 | 13.2 | 18.9 | 14.4 | 19.3 | 22.1 | 15.2 | - | 21.7 |
| E U | 15.1 | 23.8 | 15.4 | 10.1 | 13.3 | 15.8 | 23.5 | 39.1 | 15.8 | - | 15.0 |
| 미 국 | 13.3 | 14.6 | 9.0 | -1.0 | 11.0 | 7.8 | 1.8 | 5.7 | -0.9 | - | -0.3 |
| ASEAN | 9.9 | 28.0 | 17.1 | 25.4 | 27.4 | 25.3 | 16.7 | 6.5 | 6.2 | - | 49.1 |
| 일 본 | 8.2 | 21.6 | 13.3 | 7.8 | -1.6 | -1.4 | -0.1 | 3.2 | -4.6 | - | 2.3 |
| 중남미 | 6.3 | 52.5 | 47.3 | 26.1 | 37.0 | 12.5 | 26.1 | 14.6 | 27.6 | - | 45.3 |
| 홍 콩 | 5.8 | 34.8 | 26.0 | 11.6 | -3.2 | -4.8 | 0.2 | 12.5 | -6.9 | - | -6.1 |
| 중 동 | 4.4 | 30.2 | 14.6 | 25.4 | 31.8 | 40.8 | 48.5 | 49.4 | 44.7 | - | 53.0 |

주 : 1) 전체수출에서 차지하는 지역별 비중(2006년 기준)
2) 총수출은 기간 중 전체기준이며, 지역별 수출은 7월~9월 20일 기준
자료 : 산업자원부, 2007년 9월 상품 수출입 동향

### 1.4 OECD경기선행지수

국내 수출과 유사한 움직임을 보이는 OECD경기선행지수의 경우 증가세가 다소 둔화되는 양상을 보였다. OECD경기선행지수의 전년동월 대비 증가율은 2007년 3월 이후 지속되던 증가세가 7월 들어 소폭 둔화되었다.

> ※ OECD경기선행지수 증가율(전년동월 대비, %) : (2007. 3월) 1.1 → (4월) 1.4 → (5월) 1.8 → (6월) 2.1 → (7월) 1.9

### 1.5 수입

수입은 2007년 3분기 중 소비재 수입은 확대되었으나 원유 등 원자재 및 자본재 수입 증가세가 다소 둔화되며 증가세는 전기에 비해 다소 축소되었다.

(1) 2007년 9월 중 수입은 전년동월 대비 2.1% 감소한 270.6억 달러를 기록하였으며 계절조정 일평균 수입액으로는 전월 대비 0.2% 감소하였음

(2) 이에 따라 2007년 3분기 중 수입은 전년동기 대비 7.1%의 증가율을 기록하며 전기에 비해 증가세가 다소 축소되었음

※ 수입액 증가율(전년동기 대비, %) : (2006. 4분기) 13.0→(2007. 1분기) 13.4→(2분기) 14.4 → (3분기) 7.1

(3) 2007년 7월~9월 20일 중 원자재 수입은 철강제품 수입 증가세는 지속되었으나 원유의 경우 도입물량 축소로 감소세를 기록하며 전기에 비해 증가세가 하락하였음

(4) 자본재(capital goods)는 반도체제조용장비 등 기계류 수입이 감소되며 전기에 비해 증가세가 대폭 둔화되었으며 소비재는 농산물 등을 중심으로 증가세를 지속하였음

〈표 1-18〉 수입동향(통관기준)

(단위 : 전년동기 대비 증가율, %)

| | 비중[1] | 2006 | | | 2007 | | | | | | |
|---|---|---|---|---|---|---|---|---|---|---|---|
| | | 연간 | 3분기 | 4분기 | 1분기 | 2분기 | 3분기[2] | 7월 | 8월 | 9월 | |
| | | | | | | | | | | 전체 | 1~20일 |
| 수 입 | 100.0 | 18.4 | 21.1 | 13.0 | 13.4 | 14.4 | 7.1 | 14.3 | 9.8 | -2.1 | 10.7 |
| 원자재 | 56.5 | 22.8 | 26.7 | 16.0 | 13.0 | 14.6 | 11.8 | 16.5 | 7.4 | - | 11.7 |
| 자본재 | 32.7 | 11.7 | 14.4 | 8.6 | 12.8 | 16.5 | 9.6 | 8.9 | 12.6 | - | 8.9 |
| 소비재 | 10.2 | 19.9 | 20.8 | 17.8 | 21.4 | 14.7 | 19.2 | 23.8 | 16.6 | - | 17.0 |

주 : 1) 전체수입에서 차지하는 비중(2006년 기준)
2) 총수입은 기간 중 전체기준이며, 성질별 수입은 2007년 7월~9월 20일까지 기준
자료 : 산업자원부, 2007년 9월 상품 수출입 동향

〈표 1-19〉 원유수입동향

| | 2006 | | | 2007 | | | | | |
|---|---|---|---|---|---|---|---|---|---|
| | 연간 | 3분기 | 4분기 | 1분기 | 2분기 | 3분기 | 7월 | 8월 | 9월 |
| 도입단가(달러/배럴) | 62.1 | 68.1 | 58.7 | 57.1 | 65.1 | 71.1 | 71.4 | 70.1 | 71.8 |
| 도입물량(백만배럴) | 900.2 | 224.6 | 230.9 | 222.9 | 217.5 | 207.4 | 71.2 | 69.6 | 66.6 |
| 수입액(억달러)<br>(전년동기대비증가율, %) | 588.6<br>(31.1) | 152.9<br>(31.7) | 135.5<br>(9.9) | 127.2<br>(-1.8) | 141.6<br>(0.7) | 147.4<br>(-3.6) | 50.8<br>(2.2) | 48.8<br>(-11.3) | 47.8<br>(-0.8) |

자료 : 산업자원부, 2007년 9월 상품 수출입 동향

### 1.6 무역수지

무역수지(통관기준)는 2007년 3분기 중 49.4억 달러로서 전년동기 25.0억 달러에 비해 증가하였다.

수출 증가세의 지속과 최대 수입품목인 원유 수입의 감소 등으로 2007년 3분기 중 무역수지 흑자(trade surplus) 폭은 전기 대비 24.4억 달러 확대되었다.

〈표 1-20〉 무역수지(통관기준)동향

(단위 : 억 달러, %)

| | 2005 | 2006 | | | 2007 | | | | | |
|---|---|---|---|---|---|---|---|---|---|---|
| | 연간 | 연간 | 3분기 | 4분기 | 1분기 | 2분기 | 3분기 | 7월 | 8월 | 9월 |
| 무역수지 | 160.8 | 231.8 | 25.0 | 74.9 | 24.5 | 52.5 | 49.4 | 10.3 | 14.2 | 24.9 |
| 수출<br>(증감률) | 3,254.6<br>(14.4) | 2,844.2<br>(12.0) | 827.1<br>(16.3) | 873.9<br>(13.8) | 847.1<br>(14.7) | 930.0<br>(14.1) | 908.7<br>(9.9) | 302.3<br>(17.3) | 311.0<br>(14.0) | 295.5<br>(-0.4) |
| 수입<br>(증감률) | 3,093.8<br>(18.4) | 2,612.4<br>(16.4) | 802.2<br>(21.1) | 799.1<br>(13.0) | 822.7<br>(13.4) | 877.5<br>(14.4) | 859.3<br>(7.1) | 292.0<br>(14.3) | 296.7<br>(9.8) | 270.6<br>(-2.1) |

자료 : 산업자원부, 2007년 9월 상품 수출입 동향

## 2. 교역조건

원유 등을 중심으로 수입단가가 상승함에 따라 2007년 7월 중 교역조건(terms of trade)은 전월에 비해 다소 하락하였다.

### 2.1 수출단가

수출단가는 반도체, 정보통신기기 등 중화학제품 및 석유제품의 상승으로 전월에 비해 소폭 증가하였다.

### 2.2 수입단가

수입단가는 곡물 등 소비재와 원유 등 원자재 수입단가의 상승으로 전월에 비해 증가하였다.

※ 곡물 수입단가(2000 = 100) : (2007. 1분기) 157.3 → (2분기) 169.8 → (7월) 182.0

〈표 1-21〉 수출입 단가 및 교역조건 동향

(2000=100)

| | 2005 | 2006 | | | 2007 | | | |
|---|---|---|---|---|---|---|---|---|
| | 연간 | 연간 | 3분기 | 4분기 | 1분기 | 2분기 | 6월 | 7월 |
| 수출단가 | 92.7<br>(1.3) | 92.4<br>(-0.3) | 93.8<br>(1.0) | 93.1<br>(0.2) | 91.9<br>(0.4) | 93.1<br>(2.1) | 93.4<br>(0.4) | 94.2<br>(1.1) |
| 석유제품 | 195.2<br>(35.9) | 235.7<br>(20.7) | 250.6<br>(17.5) | 215.3<br>(4.0) | 214.0<br>(-3.6) | 243.6<br>(-2.4) | 248.8<br>(-1.7) | 258.8<br>(0.9) |
| 중화학공업품 | 86.4<br>(-1.4) | 84.1<br>(-2.7) | 84.6<br>(-1.1) | 85.0<br>(-1.2) | 84.1<br>(0.0) | 84.1<br>(2.2) | 84.3<br>(0.6) | 84.8<br>(1.2) |
| 반도체 | 24.0<br>(-23.6) | 19.1<br>(-20.4) | 19.3<br>(-17.9) | 20.0<br>(-12.7) | 17.7<br>(-6.3) | 15.2<br>(-16.9) | 15.0<br>(-16.2) | 15.1<br>(-20.1) |
| 승용자동차 | 119.6<br>(0.4) | 125.6<br>(5.0) | 126.2<br>(6.9) | 127.7<br>(5.9) | 133.5<br>(8.9) | 134.5<br>(7.0) | 134.5<br>(6.4) | 134.2<br>(7.9) |
| 경공업품 | 103.5<br>(6.8) | 110.0<br>(6.3) | 110.9<br>(7.8) | 113.3<br>(9.2) | 114.0<br>(7.8) | 115.8<br>(5.1) | 115.9<br>(5.7) | 116.5<br>(5.9) |
| 수입단가 | 117.3<br>(9.3) | 126.3<br>(7.7) | 131.8<br>(10.1) | 126.5<br>(6.5) | 124.2<br>(1.9) | 130.6<br>(3.7) | 133.5<br>(5.1) | 134.9<br>(3.6) |
| 원자재 | 151.5<br>(22.1) | 174.0<br>(14.9) | 185.2<br>(16.7) | 173.8<br>(9.2) | 171.9<br>(4.6) | 184.1<br>(5.6) | 189.6<br>(7.5) | 191.7<br>(5.2) |
| 원유 | 180.0<br>(39.5) | 224.4<br>(24.7) | 245.3<br>(23.2) | 209.8<br>(7.5) | 199.8<br>(-5.2) | 228.4<br>(-1.6) | 236.9<br>(0.1) | 244.2<br>(1.6) |
| 자본재 | 73.6<br>(-8.5) | 70.2<br>(-4.6) | 70.9<br>(-1.8) | 70.7<br>(0.3) | 66.5<br>(-4.9) | 68.1<br>(-2.2) | 69.1<br>(-1.1) | 69.2<br>(-2.5) |
| 소비재 | 109.8<br>(0.5) | 112.0<br>(2.0) | 114.7<br>(3.6) | 112.6<br>(4.5) | 121.3<br>(8.4) | 118.4<br>(8.6) | 117.9<br>(8.1) | 123.2<br>(8.5) |
| 교역조건 | 79.0<br>(-7.4) | 73.2<br>(-7.3) | 71.2<br>(-8.2) | 73.6<br>(-5.9) | 74.0<br>(-1.5) | 71.3<br>(-1.5) | 70.0<br>(-4.4) | 69.8<br>(-2.5) |

주 : 1) ( )안은 전년동기 대비 증가율(%)
2) 교역조건 = (수출단가/수입단가)×100
자료 : 한국은행, 2007년 중 무역수지 및 교역조건 동향

# 제 6 절 국제수지

## 1. 경상수지

경상수지는 2007년 8월 중 서비스수지 적자폭이 확대됨에 따라 전월에 비해 흑자폭이 축소되었다. 이에 따라 8월 중 경상수지는 전월에 비해 9.4억 달러 축소된 6.1억 달러 흑자를 기록하였다.

### 1.1 상품수지

상품수지는 철강제품, 일반기계 등을 중심으로 수출이 확대되었으며 수입도 자본재, 소비재를 중심으로 증가세를 지속하여 흑자규모는 전월과 비슷한 수준인 29.4억 달러를 기록하였다.

### 1.2 서비스수지

서비스수지의 경우 여행수지는 전월과 비슷한 수준을 기록했으나 특허권(patent right) 등 사용료 지급액이 계절적 요인으로 증가하며 적자폭이 전월에 비해 7.6억 달러 확대된 24.5억 달러의 적자를 기록하였다.

※ 특허권 등 사용료 지급액은 2007년 2~3월 및 8월 중 확대되는 경향을 보이고 있음

〈표 1-22〉 경상수지 동향

(단위 : 억 달러, 전년동기 대비 증가율, %)

| | 2006 | | | | | 2007 | | | |
|---|---|---|---|---|---|---|---|---|---|
| | 연간 | 1분기 | 2분기 | 3분기 | 4분기 | 1분기 | 2분기 | 7월P | 8월P |
| 경상수지 | 60.9 | -11.2 | 6.9 | 3.7 | 61.4 | -16.6 | 0.3 | 15.5 | 6.1 |
| 상품수지 | 292.1 | 52.2 | 74.1 | 62.3 | 103.5 | 60.4 | 69.7 | 30.4 | 29.4 |
| 수출 | 3,318.4 | 758.0 | 821.3 | 852.8 | 886.4 | 864.7 | 929.0 | 318.0 | 318.7 |
| ( % ) | (14.8) | (11.4) | (16.3) | (17.9) | (13.7) | (14.1) | (13.1) | (19.7) | (13.4) |
| 수입 | 3,026.3 | 705.8 | 747.1 | 790.5 | 782.5 | 804.3 | 859.3 | 287.6 | 289.2 |
| ( % ) | (18.1) | (19.8) | (20.5) | (22.0) | (12.1) | (14.0) | (15.0) | (15.3) | (8.5) |
| 서비스수지 | -187.6 | -50.0 | -38.8 | -53.8 | -45.0 | -61.8 | -44.0 | -16.9 | -24.5 |
| 소득수지 | -5.4 | -4.8 | -16.5 | 6.1 | 9.8 | -6.9 | -15.4 | 5.3 | 4.4 |
| 경상이전수지 | -38.2 | -8.6 | -11.9 | -10.8 | -6.8 | -8.3 | -10.0 | -3.4 | -3.3 |

주 : p는 잠정추정치

자료 : 한국은행, 2007년 8월 중 국제수지 동향(잠정)

## 2. 자본수지

자본수지는 2007년 7~8월 중 예금은행 단기차입 증가에도 불구하고 외국인의 직접투자 회수로 0.6억 달러 유출초를 기록하였다.

### 2.1 직접투자수지

직접투자수지는 2007년 2분기 중 내국인의 해외직접투자가 지속된 가운데 외국인의 순투자(net investment)가 감소하여 28.7억 달러의 유출초를 기록하였으며 7~8월 중에도 유출초상태를 지속하였다.

### 2.2 증권투자수지

증권투자수지는 2007년 2분기 중 내국인의 해외주식투자와 외국인의 증권투자가 모두 증가하여 0.3억 달러의 유출초를 기록하였으나 7월 이후 외국인의 국내주식투자가 대폭 감소하면서 유출초 규모가 확대되었다.

(1) 내국인 해외 증권투자수지(억 달러) : (2007. 6월) -40.3→(7월) -40.4→(8월) -3.7
(2) 외국인 국내 증권투자수지(억 달러) : (2007. 6월) -3.4→(7월) -28.9→(8월) -58.3

### 2.3 기타투자수지

기타투자수지는 2007년 2분기 중 예금은행의 해외단기차입 증가 등에 기인하여 100.2억 달러의 유입초를 기록하였으며 7월 이후에도 유입초 상태가 지속되었다.

〈표 1-23〉 자본수지동향

(단위 : 억 달러)

| | 2005 | 2006 | | | | 2007 | | | |
|---|---|---|---|---|---|---|---|---|---|
| | 연간 | 연간 | 2분기 | 3분기 | 4분기 | 1분기 | 2분기 | 7월p | 8월p |
| 자본수지 | 47.6 | 186.2 | 36.8 | 47.7 | 36.4 | 53.1 | 64.4 | 5.4 | -6.0 |
| 직접투자 | 20.1 | -34.8 | 7.8 | -36.6 | 7.0 | -9.6 | -28.7 | -3.0 | -13.7 |
| (내국인) | -43.0 | -71.3 | -14.5 | -20.8 | -21.6 | -20.7 | -29.4 | -11.5 | -7.3 |
| (외국인) | 63.1 | 36.5 | 22.3 | -15.8 | 28.6 | 11.1 | 0.7 | 11.5 | -6.4 |
| 증권투자 | -17.3 | -225.4 | -141.8 | -74.0 | -24.1 | -104.9 | -0.3 | -69.3 | -61.9 |
| (주식) | -4.0 | -236.2 | -115.1 | -69.4 | -72.5 | -136.7 | -114.7 | -108.0 | -117.8 |
| (채권) | -13.3 | 10.7 | -26.7 | -4.6 | 48.4 | 31.7 | 114.5 | 38.8 | 55.9 |
| 기타투자 | 68.2 | 476.8 | 178.9 | 164.8 | 62.4 | 175.8 | 100.2 | 76.9 | 71.7 |
| (대출·차입) | 12.7 | 424.2 | 188.8 | 120.8 | 23.3 | 141.3 | 81.7 | 52.9 | 55.6 |
| (무역신용) | 82.3 | 115.1 | 26.8 | 43.8 | 40.5 | 20.9 | 19.4 | 17.9 | 20.9 |
| (예금·기타) | -26.9 | -62.5 | -36.7 | 0.2 | -1.4 | 13.6 | -0.9 | 6.2 | -4.8 |
| 기타자본수지 | -23.4 | -30.3 | -8.0 | -6.5 | -8.9 | -8.1 | -6.9 | -2.3 | -2.1 |

주 : p는 잠정추정치
자료 : 한국은행, 2007년 8월 중 국제수지 동향(잠정)

## 3. 준비자산증감

경상수지와 자본수지의 합에서 오차 및 누락을 감안한 준비자산 규모는 2007년 7~8월에 33.6억 달러 증가한 것으로 나타났다.

〈표 1-24〉 준비자산 증감 추이

(단위 : 억 달러)

| | 2005 | 2006 | | | | 2007 | | | |
|---|---|---|---|---|---|---|---|---|---|
| | 연간 | 연간 | 2분기 | 3분기 | 4분기 | 1분기 | 2분기 | 7월 | 8월 |
| 준 비 자 산 증 감 | 198.1 | 221.1 | 43.2 | 36.2 | 85.0 | 40.0 | 62.5 | 24.2 | 9.4 |
| 외환보유고 증감 | 113 | 286 | 71 | 38 | 108 | 49 | 68 | 41 | 5 |
| (외환보유고 잔액) | (2,104) | (2,390) | (2,244) | (2,282) | (2,390) | (2,439) | (2,507) | (2,548) | (2,553) |

주 : 외환보유고 잔액은 기말 기준, 외환보유고 증감에는 환율 변동에 따른 평가손익이 반영됨
자료 : 한국은행

## 4. 외채

2007년 2분기말 기준 총대외채무는 3,111억 달러로 2007년 1분기말 대비 256억 달러 증가한 것으로 나타났다.

**4.1** 2007년 2분기 총대외채무 증가는 은행부문 외채 증가에 주로 기인하였음

※ 은행부문 외채 증가(억 달러, 분기 중 증감) : (2006. 4분기) 62.4 → (2007. 1분기) 174.2 → (2분기) 147.6

**4.2** 만기구조로는 장기외채가 1,732억 달러로 2007년 2분기 중 169억 달러 증가하였으며 단기외채는 1,379억 달러로 87억 달러 증가한 가운데, 외환보유고(foreign exchange reserves) 대비 단기외채 비중이 경계수준에 접근해가고 있음

〈표 1-25〉 외채관련 지표

(단위 : 기말기준, %)

| | 2004 | 2005 | 2006. 2분기 | 2006. 3분기 | 2006. 4분기 | 2007. 1분기p | 2007. 2분기p |
|---|---|---|---|---|---|---|---|
| 단기외채/외환보유고[1] | 28.3 | 31.3 | 42.3 | 47.3 | 47.6 | 53.0 | 55.0 |
| 유동외채/외환보유고[2] | 38.6 | 41.5 | 52.1 | 57.8 | 58.2 | 63.4 | 65.9 |
| 총외채/외환보유고 | 86.5 | 90.2 | 102.5 | 109.3 | 110.2 | 117.1 | 124.1 |

주 : 1) 안정수준(60% 미만), 경계수준(60~100%), 위험수준(100% 초과)
2) 안정수준(100% 미만), 경계수준(100~200%), 위험수준(200% 초과)
유동외채 = 단기외채+상환기일이 1년 미만인 장기외채
3) p는 잠정치(preliminary)
자료 : 한국은행, 2007년 6월말 국제투자 현황(잠정)

## 5. 대외채권

총대외채권은 2007년 2분기말 기준 2007년 1분기말 대비 127억 달러 증가한 3,921억 달러를 기록하였다.

### 5.1 대외순채권

대외순채권은 2007년 2분기말 기준 810억 달러로 전분기말 대비 129억 달러 감소하였다.

### 5.2 외환보유고

외환보유고는 2007년 2분기말 기준 2,507억 달러로 전분기말 대비 68억 달러 증가하였다. 총대외채권에서 차지하는 비중은 64% 수준을 유지하였다.

〈표 1-26〉 외채 및 대외채권 추이

(단위 : 억 달러, %, 말 기준)

| | 총 대외채무 | | | | | 총 대외채권 | | | | |
|---|---|---|---|---|---|---|---|---|---|---|
| | 2004 | 2005 | 2006 | 2007 | | 2004 | 2005 | 2006 | 2007 | |
| | | | | 1분기$^{p}$ | 2분기$^{p}$ | | | | 1분기$^{p}$ | 2분기$^{p}$ |
| 계 | 1,723 | 1,879 | 2,634 | 2,855 | 3,111 | 2,842 | 3,086 | 3,680 | 3,794 | 3,921 |
| 일반정부 | 104<br>(6.0) | 85<br>(4.5) | 104<br>(3.9) | 116<br>(4.0) | 133<br>(4.3) | 58<br>(2.0) | 132<br>(4.3) | 170<br>(4.6) | 173<br>(4.6) | 174<br>(4.4) |
| 통화당국 | 60<br>(3.5) | 71<br>(3.8) | 96<br>(3.7) | 97<br>(3.4) | 100<br>(3.2) | 2,016<br>(70.9)<br>〈1,991〉 | 2,134<br>(69.2)<br>〈2,104〉 | 2,439<br>(66.3)<br>〈2,390〉 | 2,490<br>(65.6)<br>〈2,439〉 | 2,559<br>(65.3)<br>〈2,507〉 |
| 은행부문 | 745<br>(43.2) | 834<br>(44.4) | 1,369<br>(52.0) | 1,543<br>(54.0) | 1,690<br>(54.3) | 509<br>(17.9) | 530<br>(17.2) | 638<br>(17.3) | 646<br>(17.0) | 676<br>(17.2) |
| 기타부문 | 814<br>(47.3) | 889<br>(47.3) | 1,065<br>(40.5) | 1,100<br>(38.5) | 1,188<br>(38.2) | 260<br>(9.1) | 289<br>(9.4) | 433<br>(11.8) | 486<br>(12.8) | 512<br>(13.1) |
| 장 기 | 1,159<br>(67.3) | 1,220<br>(64.9) | 1,498<br>(56.9) | 1,563<br>(54.7) | 1,732<br>(55.7) | 346<br>(12.2) | 466<br>(15.1) | 699<br>(19.0) | 767<br>(20.2) | 811<br>(20.7) |
| 단 기 | 563<br>(32.7) | 659<br>(35.1) | 1,136<br>(43.1) | 1,292<br>(45.3) | 1,379<br>(44.3) | 2,496<br>(87.8) | 2,620<br>(84.9) | 2,981<br>(81.0) | 3,027<br>(79.8) | 3,110<br>(79.3) |
| 순 채 권 | | | | | | 1,119 | 1,207 | 1,046 | 939 | 810 |

주 : 1) 〈 〉안은 외환보유고
2) ( )안은 총대외채무 및 총대외채권에 대한 구성비
3) p는 잠정치(preliminary)
자료 : 한국은행, 2007년 6월말 국제투자현황(잠정)

# 제7절 물 가

소비자물가는 2007년 3분기 중 농축수산물가격의 불안정에도 불구하고 전반적으로는 안정세를 지속하였다.

## 1. 소비자물가

소비자물가는 2007년 3분기 중 전분기 대비 0.7% 상승한 것으로 나타났다.

### 1.1 농축수산물 가격

농축수산물 가격은 태풍과 빈번한 호우로 인한 채소류 출회 감소로 전분기 대비 2.2% 상승한

것으로 나타났다.

### 1.2 공업제품

공업제품은 경유 등 석유류와 내구재(durable goods) 가격의 상승으로 전분기 대비 0.7% 상승하였다.

### 1.3 공공서비스 물가 및 개인서비스 물가

공공서비스 물가는 도시가스 요금 인상의 영향으로 전분기 대비 0.8% 상승하였다. 개인서비스 물가도 공동주택관리비, 국제항공료 인상 등으로 전분기 대비 0.3% 상승하였다.

### 1.4 근원물가지수

근원물가지수(곡물 이외 농산물과 석유류 제외)는 전분기 대비 0.4% 상승하였다. 전년동기 대비로 근원물가지수는 2.3% 상승한 것으로 나타났다.

〈1-27〉 품목별 소비자물가 추이

(단위 : 전기 대비 증가율, %)

| | 가중치 | 2006 | | | 2007 | | | | | |
|---|---|---|---|---|---|---|---|---|---|---|
| | | 연간 | 3분기 | 4분기 | 1분기 | 2분기 | 3분기 | 7월 | 8월 | 9월 |
| 소비자물가 | 1000.0 | 2.2 | 0.8<br>(2.5) | -0.3<br>(2.2) | 0.9<br>(2.1) | 1.1<br>(2.4) | 0.7<br>(2.3) | 0.4<br>(2.5) | 0.1<br>(2.0) | 0.6<br>(2.3) |
| 근원물가 | 891.7 | 1.8 | 0.4<br>(2.1) | 0.1<br>(2.0) | 0.9<br>(2.3) | 0.9<br>(2.3) | 0.4<br>(2.3) | 0.2<br>(2.3) | 0.1<br>(2.3) | 0.1<br>(2.3) |
| 농축수산물 | 88.4 | -0.1 | 3.8 | -2.7 | 2.8 | -1.8 | 2.2 | 1.8 | 0.2 | 4.6 |
| 공업 제품 | 307.4 | 2.0 | 0.6 | -0.9 | 0.1 | 1.6 | 0.7 | 0.2 | 0.2 | 0.2 |
| 집세 | 97.5 | 0.4 | 0.2 | 0.6 | 0.6 | 0.4 | 0.4 | 0.1 | 0.2 | 0.1 |
| 공공서비스 | 163.1 | 3.5 | 1.3 | 0.6 | 0.4 | 1.1 | 0.8 | 0.4 | 0.0 | 0.7 |
| 개인서비스 | 343.6 | 3.0 | 0.3 | 0.0 | 1.4 | 0.3 | 0.3 | 0.3 | 0.1 | -0.1 |

주 : ( )안은 전년동기 대비 증가율

자료 : 통계청

## 2. 수입물가

수입물가는 2007년 7~8월 중 국제유가 상승의 영향으로 전분기 대비 0.9% 상승하였다.

**2.1** 원자재 가격은 유럽지역 작황 부진에 따른 곡물가격 상승으로 전분기 대비 1.1% 상승하

였음

(1) 원/달러 환율 : (2007. 5월) 928→(6월) 928→(7월) 919→(8월) 934
(2) 두바이유(달러/배럴) : (2007. 5월) 64.7→(6월) 65.9→(7월) 69.7→(8월) 67.4
(3) 로이터지수 : (2007. 5월) 2,340→(6월) 2,395→(7월) 2,485→(8월) 2,534

**2.2** 계약통화기준(환율효과 배제) 수입물가는 전분기 대비 1.1% 상승하였음

**2.3** 원화기준 수입물가(전년동월 대비)는 전월에 비해 하락폭이 증가하였으며 계약통화 기준으로도 상승세가 둔화되었음

(1) 원화기준 수입물가(전년동월 대비, %) : (2007. 6월) 1.6→(7월) -0.1→(8월) -1.0
(2) 계약통화기준 수입물가(전년동월 대비, %) : (2007. 6월) 4.8→(7월) 3.4→(8월) 1.6

## 3. 생산자물가

생산자물가는 2007년 7~8월 중 전분기 대비 0.5% 상승하였으며 전년동기 대비로는 1.8% 상승하였다.

### 3.1 농림수산품물가

농림수산품물가는 2007년 8월 이후의 호우 및 폭염의 영향에 따른 채소류 및 과실류 가격상승에도 불구하고 전체적으로는 전분기 대비 1.8% 하락한 것으로 나타났다.

### 3.2 공산품물가

공산품물가는 원유가격 상승과 비금속광물제품 가격인상으로 전분기 대비 0.8% 상승하였다.

〈표 1-28〉 수입물가 및 생산자물가 추이

(단위 : 전기 대비 증가율, %)

| | 가중치 | 2006 | | | 2007 | | | | | |
|---|---|---|---|---|---|---|---|---|---|---|
| | | 연간 | 3분기 | 4분기 | 1분기 | 2분기 | 3분기 | 6월 | 7월 | 8월 |
| 수 입 물 가 | 1000.0 | 5.3 | 2.8<br>(5.2) | -5.5<br>(-0.4) | -0.1<br>(1.2) | 5.9<br>(2.8) | 0.9<br>(0.9) | -0.1<br>(1.6) | 0.5<br>(-0.1) | 0.6<br>(-1.0) |
| 원 자 재 | 820.4 | 7.5 | 3.2 | -6.0 | -0.1 | 6.8 | 1.1 | -0.1 | 0.7 | 0.4 |
| 계약통화기준 | 1000.0 | 13.5 | 2.4<br>(13.6) | -3.8<br>(9.7) | -0.1<br>(5.2) | 7.0<br>(5.3) | 1.1<br>(3.9) | (0.0<br>(4.8) | 1.4<br>(3.4) | -1.2<br>(1.6) |
| 생 산 자 물 가 | 100.0 | 2.3 | 1.3<br>(3.1) | -0.9<br>(2.0) | 0.2<br>(1.8) | 1.9<br>(2.5) | 0.5<br>(1.8) | 0.2<br>(2.7) | 0.2<br>(2.4) | 0.1<br>(1.7) |
| 농 림 수 산 품 | 49.0 | -5.0 | 2.3 | -2.8 | 7.0 | -0.6 | -1.8 | -1.3 | -0.3 | 0.3 |
| 공 산 품 | 613.4 | 2.9 | 1.5 | -1.5 | -0.6 | 2.8 | 0.8 | 0.3 | 0.3 | 0.1 |
| 서 비 스 | 294.2 | 1.8 | 0.5 | 0.5 | 0.8 | 0.8 | 0.5 | 0.1 | 0.3 | 0.1 |

주 : ( )안은 전년동기 대비 증가율, 3분기 자료는 7~8월의 평균 수치임
자료 : 한국은행

# 제 8 절 금융시장

금융시장에서는 금리가 소폭 상승한 가운데 주식시장이 2007년 8월 중 발생한 미국발 서브프라임 모기지(subprime mortgage) 충격의 여파로부터 회복하는 양상을 보였다.

## 1. 금리

장기금리는 2007년 3분기 중 경기회복세 지속에 대한 기대감으로 상승하였다.

### 1.1 국고채 수익률

국고채 수익률은 미국의 서브프라임 모기지 부실에 따른 신용경색(credit crunch) 우려로 안전자산 선호경향이 강화되어 2007년 7월말 5.22%까지 하락하였으나 이후 신용경색 우려 완화와 경기회복세 지속에 대한 기대감 및 정책금리 인상 등에 기인하여 상승하였다.

### 1.2 회사채 수익률

회사채 수익률(AA-)도 최근의 국고채 수익률 상승세가 반영되면서 2007년 9월말 기준 전년말 대비 68bp 상승한 5.97%를 기록하였다.

### 1.3 장단기 금리차

장단기 금리차는 장기금리 하락의 영향으로 2007년 3분기 중 25bp(8/17)까지 축소되었으나 이후 장기금리가 상승하면서 금리차가 확대되어 2007년 9월말 기준 48bp를 기록하였다.

### 1.4 회사채 신용스프레드

회사채 신용스프레드는 2007년 3분기 중 지속적으로 축소되어 2007년 9월말 기준 266bp를 기록하였다.

〈표 1-29〉 금리

(단위 : 기말기준, %, %포인트)

| | 2006 | 2007 | | | | | | | | |
|---|---|---|---|---|---|---|---|---|---|---|
| | 12월 | 1월 | 2월 | 3월 | 4월 | 5월 | 6월 | 7월 | 8월 | 9월 |
| Call(1일) | 4.58 | 4.62 | 4.57 | 4.64 | 4.92 | 4.55 | 4.53 | 4.76 | 4.98 | 4.98 |
| CP(91일물) | 4.96 | 5.05 | 5.05 | 5.05 | 5.11 | 5.18 | 5.17 | 5.22 | 5.44 | 5.64 |
| 국고채(3년) | 4.92 | 5.02 | 4.86 | 4.76 | 5.05 | 5.17 | 5.26 | 5.22 | 5.43 | 5.46 |
| 회사채(3년, AA-) | 5.29 | 5.38 | 5.24 | 5.19 | 5.44 | 5.55 | 5.66 | 5.64 | 5.85 | 5.97 |
| 회사채(3년, BBB-) | 8.08 | 8.17 | 80.4 | 7.97 | 8.21 | 8.31 | 8.45 | 8.37 | 8.56 | 8.63 |
| 장단기 Spread[1)] | 0.34 | 0.40 | 0.29 | 0.12 | 0.13 | 0.62 | 0.73 | 0.46 | 0.45 | 0.48 |
| 신용 Spread[2)] | 0.37 | 0.36 | 0.38 | 0.43 | 0.39 | 0.38 | 0.40 | 0.42 | 0.42 | 0.51 |
| 신용 Spread[3)] | 2.79 | 2.79 | 2.80 | 2.78 | 2.77 | 2.76 | 2.79 | 2.73 | 2.71 | 2.66 |

주 : 1) 국고채-Call
2) 회사채(AA-)-국고채
3) 회사채(BBB-)-회사채(AA-)

## 2. 주가

주가는 2007년 3분기 중 주요 국가의 증시 상승과 주식형 펀드로의 자금 유입 등으로 인해 상승하였다.

### 2.1 종합주가지수

종합주가지수는 개인 및 기관투자자들의 매수세에 힘입어 상승세를 지속하다 2007년 7월말 이후 글로벌 신용경색 우려로 1,638(8/17)까지 급락하였으나 주요 국가의 증시 상승과 주식형 펀드로의 자금유입 지속 등의 영향으로 상승하여 2007년 9월말 기준 2006년말 대비 18.8% 상승한 1,946을 기록하였다.

※ 거래대금(기간 중 누적, 조원) : (2007. 2월) 63.7→(3월) 66.1→(4월) 93.9→(5월) 106.3→(6월) 146.3→(7월) 160.2→(8월) 135.9 →(9월) 96.2

### 2.2 외국인투자자의 순매도 규모

외국인투자자는 2007년 3분기 중 순매도 규모를 확대하여 당분기 중 외국인 투자자의 순매도 규모는 15.5조원을 기록하였다.

### 2.3 고객예탁금

고객예탁금은 2007년 3분기말 기준 전분기 대비 1.3조원 감소한 12.7조원을 기록하였다.

〈표 1-30〉 주가 동향

| | | 2007 | | | | | | | | |
|---|---|---|---|---|---|---|---|---|---|---|
| | | 1월 | 2월 | 3월 | 4월 | 5월 | 6월 | 7월 | 8월 | 9월 |
| KOSPI | | 1,360 | 1,417 | 1,453 | 1,542 | 1,701 | 1,744 | 1,933 | 1,873 | 1,946 |
| | | (-5.2) | (-1.2) | (1.3) | (7.5) | (18.6) | (21.6) | (34.8) | (30.6) | (36.0) |
| KOSDAQ | | 576 | 601 | 649 | 676 | 748 | 779 | 812 | 775 | 795 |
| | | (-4.9) | (-0.9) | (7.1) | (11.5) | (23.4) | (28.5) | (33.9) | (27.9) | (31.1) |
| DJIA | | 12,622 | 12,269 | 12,354 | 13,063 | 13,628 | 13,409 | 13,212 | 13,358 | 13,896 |
| | | (1.3) | (-1.6) | (-0.9) | (4.8) | (9.3) | (7.6) | (6.0) | (7.2) | (11.5) |
| NASDAQ | | 2,464 | 2,416 | 2,422 | 2,525 | 2,605 | 2,603 | 2,546 | 2,596 | 2,702 |
| | | (2.0) | (0.0) | (0.3) | (4.5) | (7.8) | (7.8) | (5.4) | (7.5) | (11.8) |
| 외국인 순매수 | 거래소 | 59 | 1,239 | -1,080 | 2,707 | 174 | -3,536 | -4,832 | -8,690 | -1,933 |
| | 코스닥 | 87 | 259 | 193 | -123 | 110 | 86 | 38 | -264 | -0 |
| 고객예탁금 | | 8.5 | 9.7 | 9.9 | 11.4 | 13.2 | 14.0 | 14.6 | 12.8 | 12.7 |

주 : 1) ( )안은 전년말 대비 증가율임
 2) 순매수 규모(월중누계)를 제외한 모든 자료는 말기준임
 3) 순매수 규모 및 고객예탁금 단위는 각각 십억원, 조원임

자료 : 금융감독원, 금융시장동향
 증권거래소, 주식

## 3. 통화

주요 통화지표 증가율은 2007년 2분기 중 전분기와 비슷한 수준을 유지하였으나 7월 들어 다소 하락하였다.

### 3.1 본원통화 증가율

본원통화 증가율(전년동기 대비)은 2007년 2분기 중 17.0%를 기록하면서 전분기(18.0%)보다 소폭 하락하였으며 7월 들어 하락폭이 커지며 13.2%를 기록하였다.

### 3.2 신M1-MMF 증가율

신M1-MMF 증가율(전년동기 대비)은 전분기보다 1.9%포인트 하락하여 2007년 2분기 중 3.9%를 기록하였고 2007년 7월 중 증가율은 1.3%에 그쳤다.

### 3.3 신M2 증가율

신M2 증가율(전년동기 대비)은 전분기보다 증가세가 둔화되어 11.0%를 기록한 후 2007년 7월에도 비슷한 수준을 유지하였다.

〈표 1-31〉 통화지표 증가율 추이(평잔)

(단위 : 전년동기 대비, 평잔기준, %)

| | 2006 | | | | 2007 | | | | | |
|---|---|---|---|---|---|---|---|---|---|---|
| | 1분기 | 2분기 | 3분기 | 4분기 | 1분기 | 2분기 | 4월 | 5월 | 6월 | 7월 |
| 본원통화 | 7.2 | 7.9 | 6.1 | 8.4 | 18.0 | 17.0 | 15.3 | 18.1 | 17.7 | 13.2 |
| 신M1-MMF[1)] | 9.6 | 8.1 | 6.8 | 8.7 | 5.8 | 3.9 | 5.1 | 3.6 | 2.9 | 1.3 |
| 신M2[2)] | 7.0 | 7.2 | 8.1 | 10.9 | 11.5 | 11.0 | 11.1 | 10.9 | 10.9 | 10.9 |
| Lf | 7.2 | 7.4 | 7.5 | 9.2 | 10.0 | 10.2 | 10.1 | 10.1 | 10.4 | 10.0 |

주 : 1) 법인 및 개인 MMF 전체가 제외된 M1임
2) 신M2 : 은행 및 비은행(생보, 증권금융 제외) 금융기관의 만기 2년 미만 예수금
자료 : 한국은행

## 4. 금융기관 수신

은행수신은 2007년 7~8월 중 계절적 요인으로 3.9조원 감소한 가운데 자산운용사 수신은 주식형 펀드를 중심으로 증가세를 유지하였다.

### 4.1 은행수신

은행수신은 2007년 7월 중 부가세(VAT) 납부 등 계절적 요인에 기인한 수시입출식 예금의 대폭 감소로 8.3조원 감소하였으나 8월에 단기시장성 수신의 증가폭이 확대되고 정기예금이 증

가로 전환됨에 따라 4.4조원 증가로 반전되었다.

(1) 은행의 자금수요 영향으로 2007년 8월 중 CD(Certificate of Deposit, 양도성 예금증서) 등 단기시장성 수신이 5.2조원 증가하였음

(2) 정기예금(기간 중 증감, 조원) : (2006. 12월) -2.2→(2007. 1월) -0.1→(2월) 2.8→(3월) 0.2→(4월) 4.0→ (5월) 4.5→(6월) 0.8→(7월) -3.6→(8월) 0.4

### 4.2 자산운용사 수신

자산운용사 수신은 2007년 2분기 중 주식형 펀드로의 자금 유입과 MMF 증가에 힘입어 전분기보다 증가폭이 확대된 16.4조원 증가를 기록하였으나 7월 이후 주식형 펀드로의 자금유입 둔화와 MMF 감소로 인해 증가폭이 축소되었다.

〈표 1-32〉 금융기관 수신 동향

(증감액 : 조원, 증가율 : %)

| | 2005 | 2006 | | | | 2007 | | | |
|---|---|---|---|---|---|---|---|---|---|
| | 4분기 | 1분기 | 2분기 | 3분기 | 4분기 | 1분기 | 2분기 | 7월 | 8월 |
| 은행 | 14.2<br>(6.9) | 4.2<br>(7.9) | 28.9<br>(8.4) | 18.8<br>(9.8) | 21.2<br>(10.6) | 11.6<br>(11.7) | 22.3<br>(10.3) | -8.3<br>(9.5) | 4.4<br>(9.1) |
| 저축성 예금 | -1.6<br>(1.6) | -7.9<br>(0.6) | 15.3<br>(2.6) | 5.4<br>(2.4) | 8.8<br>(4.6) | -7.1<br>(4.8) | 7.4<br>(3.0) | -10.1<br>(1.9) | -1.7<br>(1.2) |
| 정기예금 | -7.6<br>(-3.9) | 2.6<br>(-1.1) | 7.1<br>(0.8) | 8.8<br>(4.3) | -1.9<br>(5.8) | 2.8<br>(6.5) | 9.3<br>(7.4) | -3.6<br>(5.5) | 0.4<br>(3.9) |
| CD, RP, 표지어음 | -1.1<br>(31.5) | 6.4<br>(30.1) | -1.3<br>(10.3) | 2.5<br>(7.7) | 8.1<br>(18.7) | 13.5<br>(25.2) | 7.1<br>(35.0) | 1.9<br>(37.9) | 5.2<br>(37.4) |
| 자산운용사 | 7.5<br>(7.7) | 18.5<br>(14.6) | -0.5<br>(11.4 | 2.6<br>(20.6) | 9.7<br>(20.9) | 7.3<br>(13.9) | 16.4<br>(21.9) | 3.9<br>(17.7) | 4.0<br>(20.5) |
| MMF | -3.1<br>(8.4) | 7.9<br>(5.9) | -13.8<br>(-15.8) | -6.4<br>(-22.8) | 4.7<br>(-11.9) | 0.1<br>(-21.2) | 0.9<br>(-1.1) | -4.0<br>(-3.7) | -2.8<br>(-3.4) |
| 채권형 상품 | -4.6<br>(-32.5) | -2.5<br>(-26.1) | 1.0<br>(-23.2) | -0.1<br>(-11.4) | 0.6<br>(-2.0) | -4.7<br>(-6.8) | 1.0<br>(-4.3) | -0.3<br>(-3.8) | 0.3<br>(-1.3) |
| 주식형 상품 | 8.9<br>(223.9) | 8.7<br>(279.8) | 5.1<br>(248.5) | 3.7<br>(187.0) | 2.9<br>(92.8) | 5.2<br>(48.3) | 12.0<br>(59.3) | 10.9<br>(80.8) | 6.0<br>(89.3) |
| 혼합형 상품 | 3.9<br>(16.5) | 1.5<br>(39.5) | 3.6<br>(53.2) | 1.7<br>(54.7) | -1.4<br>(34.1) | -1.8<br>(5.2) | -3.1<br>(-9.3) | -1.9<br>(-14.7) | -0.1<br>(-14.4) |
| 금전신탁 | 0.7<br>(2.3) | 4.3<br>(9.4) | 4.2<br>(23.6) | 4.6<br>(30.4) | 1.6<br>(31.7) | 3.6<br>(27.5) | -1.3<br>(15.5) | 1.1<br>(15.5) | 27.7<br>(14.4) |
| 종금사 | 2.3<br>(24.4) | 0.1<br>(19.4) | 3.0<br>(47.8) | 3.4<br>(109.6) | 0.3<br>(65.4) | 2.0<br>(83.8) | 4.2<br>(74.0) | 1.1<br>(82.1) | 0.3<br>(59.3) |
| 증권사[1] | 0.1<br>(46.3) | -0.6<br>(12.4) | -1.4<br>(7.0) | -0.5<br>(-20.8) | -0.9<br>(-29.0) | 1.5<br>(-11.9) | 4.1<br>(30.0) | 0.5<br>(49.8) | -1.7<br>(33.5) |

주 : 1) 증권사의 수신은 고객예탁금임

2) ( )안의 수치는 기말수신잔액의 전년동기 대비 증가율임

자료 : 한국은행

## 5. 금융기관 여신 및 자산운용

은행의 기업대출은 2007년 7~8월 중 중소기업대출을 중심으로 증가세를 지속한 가운데 회사채는 순상환을 기록하였다.

### 5.1 기업대출

은행의 기업대출은 중소기업대출을 중심으로 증가세를 지속하여 2007년 7~8월 중 7.5조원 증가를 기록하였다.

※ 은행의 기업대출 증가율(전년동기 대비, 잔액기준, %) : (2007. 1월) 14.6→(2월) 15.5→(3월) 16.6→(4월) 18.1→(5월) 19.0→(6월) 21.0→(7월) 21.3→(8월) 22.0

### 5.2 가계대출

은행의 가계대출은 2007년 2분기 중 주택거래 위축 및 대출채권 매각 등으로 주택담보 대출이 감소함에 따라 전분기보다 증가폭이 축소된 2.3조원 증가를 기록하였으나 7월 이후 증가폭이 확대되었다.

※ 주택담보대출(기간 중 증감, 조원) : (2006. 12월) 3.2→(2007. 1월) 0.7→(2월) 0.4→(3월) 0.0→(4월) -0.0→(5월) -1.2→(6월) 0.7→(7월) 0.1→(8월) 0.6

### 5.3 회사채 및 주식발행

회사채는 0.2조원 순상환을 기록하였다. 주식발행을 통한 자금조달도 증가폭이 확대되어 2007년 8월 중 0.8조원 증가를 기록하였다.

〈표 1-33〉 은행여신 및 기업금융 동향

(단위 : 전기 대비 증감액, 조원)

| | | 2005 | 2006 | | | | 2007 | | | |
|---|---|---|---|---|---|---|---|---|---|---|
| | | 4분기 | 1분기 | 2분기 | 3분기 | 4분기 | 1분기 | 2분기 | 7월 | 8월 |
| 은행대출 | 대기업 | 1.3<br>(15.9) | -0.3<br>(15.0) | -0.8<br>(10.7) | -0.7<br>(-2.0) | 0.5<br>(-4.6) | 0.0<br>(-3.3) | 2.6<br>(8.8) | 0.6<br>(13.4) | 0.4<br>(14.7) |
| | 중소기업 | 2.6<br>(4.7) | 9.5<br>(7.5) | 12.1<br>(10.8) | 10.8<br>(14.4) | 11.1<br>(17.7) | 14.3<br>(18.8) | 23.2<br>(22.2) | 3.1<br>(22.1) | 4.4<br>(22.7) |
| | 가계 | 6.1<br>(10.7) | 5.0<br>(11.4) | 12.6<br>(11.3) | 8.6<br>(10.8) | 14.7<br>(13.4) | 2.4<br>(12.4) | 2.3<br>(8.7) | 1.8<br>(8.4) | 3.4<br>(8.5) |
| CP순발행 | | -1.6 | 0.8 | 0.5 | 3.3 | -1.8 | 4.4 | 0.5 | 2.2 | 0.6 |
| 회사채순발행[1)] | | -2.3 | -0.2 | -0.8 | -0.1 | -2.0 | -0.7 | -0.6 | -0.2 | 0.0 |
| 주식발행 | | 1.7 | 1.6 | 1.3 | 0.8 | 1.3 | 0.7 | 1.3 | 0.6 | 0.8 |

주 : 1) 일반기업 발행분

2) ( )안의 수치는 전년동기 대비 대출잔액 증가율

자료 : 한국은행

## 6. 가계신용

가계신용은 2007년 2분기말 기준 잔액이 전년동기 대비 9.3% 상승하여 증가세를 유지하였다.

### 6.1 가계대출

가계대출은 예금은행의 대출증가가 둔화되었으나 신용협동기구 등 비은행금융기관의 대출금이 증가하면서 전분기에 비해 증가폭이 확대되었다.

### 6.2 판매신용

판매신용은 신용카드사와 백화점 등의 판매신용 모두가 전분기 감소에서 증가로 전환되었다.

〈표 1-34〉 가계신용 동향

(단위 : 기간 중 증감액, 조원)

| | 2004 | 2005 | | 2006 | | | | 2007 | |
|---|---|---|---|---|---|---|---|---|---|
| | 4분기 | 3분기 | 4분기 | 1분기 | 2분기 | 3분기 | 4분기 | 1분기 | 2분기 |
| 가계신용 | 9.5<br>(6.1) | 12.2<br>(8.8) | 15.3<br>(9.9) | 7.3<br>(10.7) | 16.7<br>(10.4) | 13.3<br>(10.4) | 23.1<br>(11.6) | 4.6<br>(10.9) | 9.9<br>(9.3) |
| 가계대출 | 8.2<br>(6.8) | 12.0<br>(8.9) | 12.8<br>(9.8) | 7.4<br>(10.5) | 15.8<br>(10.2) | 12.8<br>(10.2) | 21.0<br>(11.5) | 4.8<br>(10.9) | 9.4<br>(9.3) |
| 판매신용 | 1.3<br>(-5.1) | 0.2<br>(6.3) | 2.5<br>(10.9) | -0.1<br>(13.5) | 0.9<br>(13.9) | 0.5<br>(15.1) | 2.2<br>(12.5) | -0.3<br>(11.9) | 0.5<br>(10.0) |

주 : ( )안의 수치는 전년동기 대비 잔액 증가율
자료 : 한국은행

# 제9절 재 정

통합재정수지는 2007년 상반기 11.3조원의 흑자를 기록하였으며 관리대상수지는 5.1조원의 적자를 시현하였다.

## 1. 통합재정수지

통합재정수지는 2007년 상반기에 전년 동기(-0.2조원)보다 양호한 11.3조원의 흑자를 기록한 것으로 나타났다.

1.1 수입(124.8조원)과 지출 및 순융자(113.4조원)가 전년동기 대비 각각 17.3%와 6.4%의 증가세를 보였음

※ 통합재정의 재정집행률은 53.6%(본예산 총지출 211.7조원 대비)로 집계됨

1.2 관리대상수지도 전년 동기(-8.4조원)보다 양호한 5.1조원의 적자를 시현하였음

1.3 총수입은 2007년 7월 중 28.5조원인 데 반해 총지출은 14.3조원에 그쳐 7월까지의 통합재정수지 흑자폭이 25.5조원으로 크게 증가하였음

| ※ 2007년 7월 중 총수입이 크게 나타난 것은 세수 호조 및 계절적 요인 등에 기인한 것으로 판단됨 |
|---|

## 2. 세수실적

세수실적은 2007년 상반기에 79.4조원을 기록하였다.

2.1 이는 연간 세입예산 139.4조원의 56.9%를 차지하고 전년동기 대비 15.5조원(24.3%) 증가한 수준임

2.2 이 같은 세수호조는 법인세(3월, 19.2%), 소득세(5월, 30.4%) 등 주요 세목의 자진납부 증가율이 경상성장률 및 민가소비증가율을 대폭 상회하고 신용카드/현금영수증 발급액이 크게 증가(2007년 증가율 전망 13.8/46.6%)한 것에 주로 기인한 것으로 볼 수 있음

2.3 2007년 약 11조원의 초과세수가 예상되어 통합재정수지는 계획(13.4조원 흑자)보다 상당 수준 개선될 가능성이 큼

| ※ 초과세수 활용방안 : 국채발행 축소(2007년 1.3조원, 2008년 2.7조원), 채무상환(2.8조원), 교부세 정산(2008년 4.2조원) |
|---|

## 3. 재정집행 실적(주요 사업비 기준)

2007년 상반기 주요 사업비의 재정집행 실적은 전년동기 대비 12.7조원(12.9%) 증가한 110.9조원으로 집계되었다.

3.1 연간계획 대비 재정집행률(실적/연간계획)은 56.0%로 전년동기(53.0%)에 비해 3.0%포인트 증가하였음

3.2 상반기계획 대비 재정집행률(실적/상반기계획)은 100.5%로 전년동기(101.9%)에 비해 소폭 낮은 수준임

〈표 1-35〉 통합재정수지

(단위 : 조원, %)

| | 2006 | | | | | | | 2007 | | | | |
|---|---|---|---|---|---|---|---|---|---|---|---|---|
| | 연간 실적 | 1~7월 | 상반기 | 1분기 | 2분기 | 3분기 | 4분기 | 예산 | 1~7월 | 상반기 | 1분기 | 2분기 |
| 총수입 | 209.6 | 129.0 | 106.4 | 55.3 | 51.1 | 48.2 | 55.0 | 225.1 | 153.2 | 124.8 | 53.0 | 71.8 |
| (GDP 대비, %) | (24.7) | | (26.4) | (28.4) | (24.7) | (22.5) | (23.7) | (24.9) | | (29.2) | (25.8) | (32.3) |
| 경상수입 | 208.1 | 128.2 | 105.7 | 55.0 | 50.7 | 47.9 | 54.6 | 223.5 | 152.3 | 123.9 | 52.5 | 85.3 |
| 자본수입 | 1.5 | 0.8 | 0.7 | 0.3 | 0.4 | 0.3 | 0.5 | 1.5 | 0.9 | 0.8 | 0.5 | 0.3 |
| 지출 및 순융자 | 205.9( | 123.3 | 106.6 | 48.3 | 58.3 | 55.0 | 44.4 | 211.7 | 127.7 | 113.4 | 52.2 | 61.2 |
| (GDP 대비, %) | 24.3) | | (26.4) | (24.8) | (28.2) | (25.6) | (19.1) | (23.4) | | (26.5) | (25.4) | (27.5) |
| 경상지출 | 173.7 | 104.9 | 90.3 | 44.3 | 46.0 | 46.0 | 37.4 | 170.5 | 106.3 | 93.4 | 43.7 | 49.8 |
| 자본지출 | 26.5 | 13.0 | 11.1 | 5.6 | 5.5 | 7.9 | 7.5 | 33.5 | 17.8 | 15.9 | 7.1 | 8.7 |
| 순융자 | 5.7 | 5.4 | 5.1 | -1.7 | 6.8 | 1.1 | -0.5 | 7.7 | 3.6 | 4.1 | 1.3 | 2.2 |
| 통합재정수지 | 3.6 | 5.7 | -0.2 | 7.0 | -7.2 | -6.8 | 10.7 | 13.4 | 25.5 | 11.3 | 0.8 | 10.5 |
| (GDP 대비, %) | (0.4) | | (0.0) | (3.6) | (-3.5) | (-3.2) | (4.6) | (1.5) | | (2.6) | (0.4) | (4.7) |
| 관리대상수지 | -10.8 | 0.3 | -8.4 | 1.0 | -9.4 | -9.0 | 6.6 | -13.6 | 7.1 | -5.1 | -5.2 | 0.1 |
| (GDP 대비, %) | (-1.3) | | (-2.1) | (0.5) | (-4.6) | (-4.2) | (2.9) | (-1.5) | | (-1.2) | (-2.5) | (0.0) |

(단위 : 전년동기 대비 증가율, %)

| | | | | | | | | | | | | |
|---|---|---|---|---|---|---|---|---|---|---|---|---|
| 총수입 | 9.5 | 16.6 | 13.5 | 16.4 | 10.5 | -4.6 | 16.6 | 7.4 | 18.8 | 17.3 | -4.2 | 40.5 |
| 경상수입 | 9.4 | 16.6 | 13.5 | 16.3 | 10.6 | -4.8 | 16.6 | 7.4 | 18.8 | 17.2 | -4.5 | 68.2 |
| 자본수입 | 15.7 | 10.5 | 9.8 | 26.4 | -0.5 | 43.8 | 10.1 | 0.0 | 9.9 | 14.3 | 66.7 | -25.0 |
| 지출 및 순융자 | 9.6 | 4.3 | 1.2 | -8.2 | 10.6 | 36.2 | 4.9 | 2.8 | 3.6 | 6.4 | 8.1 | 5.0 |
| 경상지출 | 8.4 | 6.2 | 2.9 | -0.5 | 6.4 | 31.5 | -0.3 | -1.8 | 1.4 | 3.4 | -1.4 | 8.3 |
| 자본지출 | 7.5 | -13.6 | -17.8 | -15.2 | -20.4 | 79.9 | 11.2 | 26.4 | 37.2 | 43.2 | 26.8 | 58.2 |
| 순융자 | 90.0 | 24.4 | 29.2 | -220.0 | 164.8 | 9.4 | -74.3 | 35.1 | -33.8 | -19.6 | -176.5 | -67.6 |

주 : 2006년, 2007년은 잠정치임
자료 : 재정경제부, 기획예산처

## 4. 예산(안)(2008년)

총수입 274.2조원, 총지출 257.3조원 규모로 편성되었다.

### 4.1 총수입

총수입은 전년 대비 9.4% 증가한 274.2조원의 규모로 편성되었다.

※ 2007년 세수실적이 당초 전망보다 호조를 보임에 따라 2008년도 세입예산이 2007년 대비 12.4% (전망 대비 4.6%) 증가된 규모로 편성되었으며 기금수입 규모도 3.9% 증가한 수준임

### 4.2 총지출

총지출은 257.3조원으로 전년 대비 7.9% 증가한 규모로 편성되었다.

(1) 사회투자 확대(기초노령연금, 행정도시 건설 등) 및 성장잠재력(growth potentials) 확충(FTA 대책 지원, R&D 투자확대 등)에 중점을 두어 예산은 2007년 대비 10.4%, 기금은 2.3% 증가한 수준임

(2) 분야별로 살펴보면 사회복지, 교육, 연구개발(R&D), 균형발전 등의 예산 증가가 두드러짐

① 증가율 기준 : 교육(13.6%), 균형발전(11.2%), 연구개발(11.2%), 사회복지·보건(10.0%), 환경(10.0%)

② 증가액 기준 : 사회복지·보건(6.1조원), 교육(4.3조원), 국방(2.2조원), 연구개발(1.1조원), 균형발전(0.9조원)

## 5. 국가재정운용계획(안)(2007~2011년)

총수입의 기간 중 평균 증가율은 7.4%, 총지출의 평균 증가율은 6.9%이다.

### 5.1 통합재정수지 및 관리대상수지

통합재정수지(2007~2011년)는 국내총생산(GDP) 대비 1~2% 수준 흑자를 유지하고, 관리대상수지 적자규모는 2008년 이후 GDP 대비 1% 내외로 안정화될 것으로 전망된다.

※ 통합재정수지, 관리대상수지 모두 점차 호전되어 통합재정수지의 흑자규모는 GDP 대비 2%에 근접하고, 관리대상수지의 적자규모는 2010년부터 GDP 대비 1% 이내가 될 것으로 추정됨

### 5.2 GDP 대비 국가채무 비율

GDP 대비 국가채무(national debt) 비율은 2007년 33.4%로 이후 점차 하락할 것으로 보임

※ 일반회계 국채 발행규모는 매년 8조원대로 유지됨

### 5.3 평균 국세수입 증가율

평균 국세수입 증가율(2007~2011년)은 약 6.7%로 전망된다.

(1) 2008년은 2007년 세수실적 호조에 따른 기저효과로 인해 국세수입 증가율이 4.6%로 다소 하락할 것으로 보이나 2009년 이후 7%대를 유지할 것으로 예상됨

(2) 조세부담률은 2007년 22.2%에서 이후 22%를 소폭 하회하는 수준으로 감소됨

〈표 1-36〉 국가재정운용계획(안) 상의 총수입 및 총지출(2007~2011년)

(단위 : 조원, %)

| | 2007 | 2008 | 2009 | 2010 | 2011 |
|---|---|---|---|---|---|
| 총수입 | 250.6 | 274.2 | 291.7 | 311.7 | 333.9 |
| (증가율) | | (9.4) | (6.4) | (6.8) | (7.1) |
| 총지출[1] | 238.4 | 257.3 | 274.1 | 292.1 | 311.2 |
| (증가율) | | (7.9) | (6.5) | (6.6) | (6.6) |
| 통합재정수지 | 12.2 | 16.9 | 17.6 | 19.6 | 22.7 |
| (GDP 대비) | (1.4) | (1.7) | (1.7) | (1.8) | (1.9) |
| 관리대상수지 | -14.8 | -11.1 | -10.8 | -9.9 | -7.4 |
| (GDP 대비) | (-1.6) | (-1.1) | (-1.0) | (-0.9) | (-0.6) |
| 국가채무[2] | 302.0 | 318.8 | 335.3 | 353.3 | 369.1 |
| (GDP 대비) | (33.4) | (32.9) | (32.3) | (31.8) | (31.0) |

주 : 1) 2007년 총지출은 교부금 선정산분 1.4조원 포함

2) 2007년 초과세수를 국가채무 축소에 활용시 2007년 33.3%, 2008년 32.3%

자료 : 기획예산처

〈표 1-37〉 국가재정운용계획(안) 상의 국세수입 전망(2007~2011년)

(단위 : 조원, %)

| | 2006 | 2007 | 2008 | 2009 | 2010 | 2011 |
|---|---|---|---|---|---|---|
| 총 국 세 | 138.0 | 158.3 | 165.6 | 177.1 | 190.4 | 205.1 |
| 증 가 율 | 8.3 | 14.7 | 4.6 | 7.0 | 7.5 | 7.7 |
| 조세부담률 | 21.2 | 22.2 | 21.8 | 21.7 | 21.8 | 21.9 |

주 : 경상성장률은 2006년 4.6%, 2007년 6.5%, 2008년 7.3%, 2009년 이후 7.1%로 전제

자료 : 재정경제부

2 chapter

# 한국경제의 전망

## 제 1 절 경제상황에 대한 인식

### 1. 경제성장

한국경제는 최근 경기확장 추세를 지속하고 있다.

1.1 2006년 이후 완만한 하락세를 보여 오던 전년동기 대비 성장률이 2007년 1분기 4.0%에서 2분기에 5.0%로 비교적 큰 폭으로 상승하였음

연율로 환산된 전분기 대비 성장률도 2006년 2분기 이후 4.0% 내외에서 유지되어 오다가 2007년 2분기에는 7%를 상회하는 높은 수준으로 상승하였다.

1.2 특히, 이번 경기회복은 2006년 하반기 이후 교역조건(terms of trade)이 안정됨에 따른 실질구매력(GNI)의 회복을 동반하고 있어 기업 및 소비자들이 경기회복을 체감하고 있음

### 2. 생산

생산측면에서는 서비스생산의 성장세가 다소 확대되는 가운데 2006년 하반기 이후 둔화되었던 산업생산이 회복되면서 전반적인 성장세가 확대되었다.

**2.1** 2005년 하반기 이후 5% 내외의 증가세를 지속하면서 국내경기의 안정을 뒷받침해 온 서비스 생산의 증가세가 2007년 3분기에는 7~8% 수준으로 확대되었음

**2.2** 2006년 하반기 이후 급속히 둔화되었던 반도체·IT 부문의 생산이 2007년 2분기 이후 회복세를 보이면서 전반적인 산업생산의 회복을 주도하고 있음

생산·재고의 순환국면으로 볼 때에도 산업생산 증가세가 유지되고 재고 증가세가 확대되는 경기상승국면의 특징이 나타나고 있다.

## 3. 수요

총수요 항목별로는 내수와 수출이 고른 호조세를 시현하고 있다.

### 3.1 민간소비

민간소비는 2003~2004년의 침체에서 벗어난 이후 4~5% 수준의 안정적인 증가세를 유지해 오고 있다. 2007년 초부터는 완만하나마 증가세가 확대되는 모습을 보이고 있다.

### 3.2 투자

투자의 경우 설비투자가 비교적 견실한 증가세를 유지하고 있는 반면 건설투자는 주택건설을 중심으로 상대적으로 저조한 편이다.

#### (1) 설비투자

설비투자는 기술적 요인 등으로 분기별 변화가 크기는 하나 전반적인 증가 추세를 유지하고 있는 것으로 보이며 최근에는 운수장비의 투자가 회복되는 양상을 나타내고 있다.

#### (2) 건설투자

건설투자는 토목공사의 증가세가 다소 확대되고 있음에도 불구하고 민간의 주택건설을 중심으로 부진한 양상을 보이고 있다.

### 3.3 수출

수출은 세계경제의 호황 지속 및 달러 인플레이션(미국의 인플레이션과 여타 통화에 대한 달러화의 가치 하락) 등으로 인해 15% 내외의 높은 증가세를 지속하였다.

## 4. 대외여건

최근 미국의 서브프라임 모기지(subprime mortgage) 사태에 따른 주택시장 침체와 이에 따른 국제금융시장의 불안정(instability of international financial market)이 확산됨에 따라 우리 경제의 대외환경에 다수의 변화가 발생하고 있다.

**4.1** 1990년대 말 이후 대다수 선진국의 주택가격은 이례적인 급등세를 지속해 왔음

**4.2** 특히, 미국의 경우 장기간 유입되어 온 막대한 규모의 해외자본이 주택가격 급등과 연계되면서 대규모 경상수지 적자(current account deficit)를 지속하고 있어 그 잠재적 위험(potential risk)에 대한 우려가 제기되어 왔음

**4.3** 상기한 상황 하에서 발생한 최근의 미국 서브프라임 모기지 사태는 전세계 금융시장에 큰 충격을 주었으며 이에 따라 지난 2~3년간 지속되어 온 주요 선진국들의 통화정책 기조도 변하고 있음

미국 연방준비제도이사회(FRB : Federal Reserve Board)는 2007년 9월 18일 단기금리를 5.25%에서 0.5%포인트 인하하여 2004년 7월 이후 3년간 지속되어 온 금리인상 및 유지 기조를 변경하였다.

## 5. 국제원자재 가격

미 달러화의 약세가 진행되면서 유가 등 국제원자재 가격의 상승세가 지속되고 있어 우리 경제에 부담요인으로 작용하고 있다.

**5.1** 2006년 하반기 이후 안정되었던 유가는 2007년 들어 다시 상승세로 반전되었으며 최근 미국의 금리인하에 따라 달러화의 약세가 심화되면서 다시 급등하는 양상을 보이고 있음

**5.2** 주요 원자재 가격도 세계경제의 호황이 장기화됨에 따라 비교적 빠른 상승세를 지속하고 있음

## 6. 세계경제의 향방

미국을 비롯한 선진국의 주택가격 조정과 유가상승세 지속은 당분간 세계경제의 하향위험(downside risk)을 증가시킬 가능성이 크다고 할 수 있다.

**6.1** 서브프라임 모기지의 연체율이 향후에도 당분간은 증가할 것으로 예상되고 있을 뿐만 아니라 서브프라임 모기지 충격의 근원으로 작용하고 있는 미국 주택가격의 조정도 충분히 진행되지 않았다는 인식이 경제전문가들 사이에 광범위하게 퍼져 있음

최근 주택가격 조정과정에서 증가한 서브프라임 모기지 연체율이 아직 2001~2002년의 수준을 하회하는 상황이며 일반적으로 연체율이 대출시점에서 2년여까지 상승한다는 점은 향후에도 당분간 연체율이 증가할 것임을 시사하고 있다.

**6.2** 미국의 인플레이션(inflation)이 다소 진정되고는 있으나 여전히 높은 수준을 유지하고 있어 IT거품의 붕괴로 경기가 하강하던 2001년과 같이 적극적으로 통화정책(monetary policy)을 수행하는 데 있어 부담요인이 되고 있음

**6.3** 이에 따라 주요 투자은행들(investment banks)은 미국을 비롯한 선진국들에 대한 경제성장률 전망을 부분적으로 하향 수정하고 있음

## 7. 한국경제에의 영향

미국을 중심으로 세계경제가 위축될 경우 한국경제도 그 충격에서 자유로울 수는 없으나 상대적으로 충격의 정도는 제한적으로 나타날 가능성이 있다.

**7.1** 한국경제는 미국 등 여타 국가의 주택시장과 관련된 금융상품에 직접적으로 노출된 정도가 미미하며 부동산과 관련된 금융시장의 위험도도 상대적으로 낮은 수준인 것으로 판단됨

〈표 2-1〉 주요 투자은행들의 2008년 경제성장률 전망 수정 추이

(단위 : %)

| 국제투자은행 | 전망시점 | 2007년 3월말 | 2007년 6월말 | 2007년 9월말 | 전망시점 | 2007년 3월말 | 2007년 6월말 | 2007년 9월말 |
|---|---|---|---|---|---|---|---|---|
| JP Morgan | 미국 | 2.8 | 2.9 | 2.6 | 일본 | 2.5 | 2.5 | 1.9 |
| Goldman Sachs | | 2.5 | 2.6 | 1.8 | | 2.7 | 2.5 | 2.1 |
| Deutsche Bank | | 2.4 | 2.4 | 2.2 | | 2.4 | 2.3 | 1.8 |
| Morgan Stanley | | 3.0 | 3.0 | 2.0 | | 2.5 | 2.5 | 2.1 |
| UBS Warburg | | 2.7 | 2.6 | 2.3 | | 2.2 | 2.2 | 1.8 |
| Merrill Lynch | | 2.6 | 2.4 | 1.5 | | 2.4 | 2.6 | 1.0 |
| Lehman Brothers | | 2.5 | 2.5 | 1.8 | | 2.5 | 2.3 | 1.9 |
| 경제성장률 평균 | | 2.6 | 2.6 | 2.0 | | 2.5 | 2.4 | 1.8 |
| JP Morgan | 유로 | 2.0 | 2.1 | 1.8 | 중국 | 9.5 | 9.5 | 10.5 |
| Goldman Sachs | | 2.4 | 2.4 | 2.0 | | 10.0 | 10.0 | 10.9 |
| Deutsche Bank | | 2.0 | 2.0 | 2.1 | | 9.2 | 9.7 | 10.2 |
| Morgan Stanley | | 2.4 | 2.4 | 2.0 | | 8.5 | 10.0 | 10.0 |
| UBS Warburg | | 2.1 | 2.4 | 2.1 | | 8.9 | 8.8 | 10.4 |
| Merrill Lynch | | 2.1 | 2.4 | 2.3 | | 9.3 | 9.8 | 10.5 |
| Lehman Brothers | | 1.7 | 2.0 | 1.8 | | 9.8 | 9.8 | 9.2 |
| 경제성장률 평균 | | 2.1 | 2.2 | 2.0 | | 9.3 | 9.7 | 10.2 |

자료 : 국제금융센터

서브프라임 모기지와 직접적으로 연결된 국내 금융기관의 투자금액은 10억 달러 미만인 것으로 집계되고 있다. 국내 주택가격도 일부 지역의 아파트를 중심으로 급등하기는 하였으나 전국적인 주택가격 상승률은 여타 국가에 비해 높지 않았던 것으로 나타나고 있다. 또한, 주택관련 대출의 위험도도 LTV 및 DTI 규제 등을 통해 상당히 관리되어 온 것으로 평가할 수 있다.

**7.2** 최근 우리의 거시경제 상황은 안정적인 내수를 기반으로 경기가 회복되는 국면에 있어 부분적인 충격(partial shock)에 의해 경제 전반이 크게 위축될 가능성은 크지 않을 것으로 전망됨

**7.3** 미국경제의 둔화 및 국제금융시장의 불안정이 우리의 수출수요(export demand)를 위축시키는 요인으로 작용할 수 있으나 한국경제의 대미 또는 대선진국 수출의존도(export dependence)는 이미 상당히 축소되어 있는 상황임

최근 4~5년간 지속되어 온 세계경제의 호황은 선진국보다 중국을 비롯한 개발도상국(developing country)의 급속한 신장에 기인한 측면이 크며 한국의 대개도국 수출비중도 점진적으로 증가해 왔다.

7.4 국제금융시장에 비교적 큰 충격이 발생할 경우에도 한국의 경우 이 같은 충격이 경제 전반에 파급·확산될 가능성을 완충시킬 수 있는 거시경제정책의 신축성(flexibility of macroeconomic policy)을 보유하고 있는 것으로 판단됨

충분한 외환보유고(foreign exchange reserves)를 동반한 변동환율제도(flexible exchange rate system)의 정착은 해외충격(external shock)이 국내경제를 교란시키는 정도를 축소시키는 중요한 기제로 작용하고 있다. 또한, 비교적 안정적인 인플레이션율이 유지되고 있어 예상하지 못한 큰 충격이 발생할 경우 통화정책이 신축적으로 반응할 수 있다.

## 8. 시사점

따라서 당분간 대외적인 경제여건의 변화를 예의주시하는 한편 대내적으로도 잠재적 불안요인이 증대되지 않도록 일관된 정책(consistent policy)을 펴는 것이 바람직하다.

8.1 한국의 최근 경제상황을 고려할 때 대외여건이 급격히 변화하지 않는 한 부분적인 충격에 의해 경제 전반이 급격히 위축될 가능성은 크지 않은 것으로 보이며 단기적인 거시경제 정책기조를 변경할 필요성도 크지 않은 것으로 판단됨

8.2 따라서 대외적인 경제여건의 변화를 주시하는 한편 대내적으로 각 부문에 산재해 있는 취약점들이 거시적 불안요인으로 확대되지 않도록 일관된 원칙에 따라 구조조정을 실시하는 것이 바람직한 것으로 판단됨

부동산시장 등 특정부문에서 발생하는 충격에 대한 정책당국(policy authorities)의 대응은 시장경제(market economy)의 기본적인 구조조정 원칙을 준수하는 범위 내에서만 수행된다는 확고한 기대를 형성시키는 것이 중장기적으로 우리 내부의 위험요인 확산을 제어하는 데 핵심적인 역할을 할 것으로 보인다.

# 제 2 절 경제전망

## 1. 대외여건에 대한 주요 전제

### 1.1 세계경제

미국경제가 부동산시장의 침체 및 이에 따른 금융시장의 불안정 등으로 인해 1%대의 성장에 그치는 등 세계경제 성장률이 2007년의 3%대 중반에서 2008년에는 3%대 초반으로 하락할 것으로 전제한다.

### 1.2 유가

2008년 원유도입단가는 2007년에 비해 다소 상승한 배럴당 연평균 75달러 내외를 기록할 것으로 가정한다.

### 1.3 실질실효환율

실질실효환율로 평가한 2008년 원화 가치는 연평균으로 2007년과 유사한 수준일 것으로 전제한다.

## 2. 경제전망

### 2.1 기본전망

#### (1) 경제성장

경제성장률은 2008년에 수출증가세가 소폭 둔화됨에도 불구하고 내수 증가세가 유지됨에 따라 2007년(4.9%)과 유사한 수준인 5.0%를 기록할 것으로 보인다.

① 소비

민간소비는 2007년(4.4%)에 이어 2008년에도 경기회복에 따른 고용여건 개선 및 실질구매력(real purchasing power) 증가로 인해 4%대 중반의 견실한 증가율을 기록할 것으로 보인다.

② 투자

가. 설비투자

설비투자는 IT부문의 투자 부진에도 불구하고 견실한 경제성장세가 지속됨에 따라 비IT부문 및 비제조업의 투자를 중심으로 2007년(7.6%)에 이어 2008년에도 6%대의 안정적인 증가세를 유지할 것으로 예상된다.

나. 건설투자

건설투자는 2005~2006년의 감소세에서 2007년에 완만한 증가(3.3%)로 반전된 추세를 이어가면서 2008년에는 비주거용 건물건설부문을 중심으로 4%대 초반의 증가율을 기록할 것으로 보인다.

③ 상품 수출입

가. 상품수출

상품수출(물량기준)은 2008년에 세계경제의 성장세가 다소 둔화될 것으로 보여 2007년의 11%대 초반에 비해 소폭 하락한 9%대 후반의 증가세를 기록할 것으로 예상된다.

나. 상품수입

상품수입(물량기준)은 2008년에도 내수 증가세가 유지될 것으로 보여 2007년과 비슷한 수준인 10% 초반대의 증가율을 기록할 것으로 예상된다.

### (2) 경상수지

경상수지는 2007년에 소폭 흑자를 기록한 후 2008년에는 소폭의 적자를 기록하면서 균형 내외에서 등락할 것으로 보인다.

① 상품수지

상품수지는 수출증가세 둔화 및 고유가 지속 등으로 인해 2007년(300억 달러 내외)보다 흑자폭이 다소 축소된 250억 달러 내외를 기록할 것으로 보인다.

가. 수출

수출(달러금액)은 세계경제 성장률의 하락으로 2007년의 13%대에 비해 다소 하락한 10%대 후반의 증가율을 기록할 것으로 예상된다.

나. 수입

수입(달러금액)은 2007년의 14%대 초반에 비해 소폭 하락한 13%대 초반의 증가율을 기록할 것으로 보인다.

② 서비스·소득·경상이전수지

서비스·소득·경상이전수지는 서비스수지 적자의 확대라는 최근 추세가 유지되어 적자규모가 2007년의 260억 달러 내외보다 소폭 확대된 280억 달러 내외를 기록할 것으로 보인다.

### (3) 실업

실업률(구직기간 4주 기준)은 경기호조세가 지속됨에 따라 2007년의 3.3%에서 소폭 하락한 3.2%를 기록할 것으로 보인다.

### (4) 물가

소비자물가 상승률은 2007년의 2.4%에서 2008년에는 2.8%로 완만한 확대추세를 보일 것으로 예상된다. 고유가의 지속이 공업제품 가격의 상승요인으로 작용하는 한편 내수경기 회복으로 서비스 물가에도 어느 정도 상승압력이 발생할 것으로 보여 2008년 물가상승률은 2%대 후반으로 다소 확대될 것으로 예상된다.

## 2.2 전망의 불확실성

2008년 전망에는 국내외적으로 다양한 불확실성(uncertainty) 요인들이 존재하나 미국을 비롯한 세계경제 여건에 대한 불확실성이 가장 중요한 요인이 되고 있다.

(1) 기본전망에서는 미국의 경제성장률이 1%대에 그치는 등 세계경제 성장률이 3%대 초반을 기록할 것으로 전제하였으나 이 같은 전제에는 상당한 불확실성이 존재하고 있음

(2) 미국의 성장률이 1%를 하회하는 수준으로 급락하거나 주택시장관련 불안이 여타 선진국으로 확대될 경우 한국경제의 2008년 성장률은 5%를 하회할 가능성이 있음

① 세계경제 성장률이 미국의 성장률에 여전히 상당부분 영향 받고 있는 것으로 분석되고 있어 미국의 경제성장률이 급락할 경우 이는 세계경제의 둔화를 통해 우리 수출 및 성장에 부정적인 영향을 미칠 것으로 예상됨

② 한편, 지난 5년여간 대부분의 선진국에서 주택가격의 급등이 발생했다는 점을 고려할 때 미국뿐만 아니라 여타 선진국에도 주택가격 조정의 위험이 존재하고 있음

(3) 상기한 요인들이 원만하게 해소되어 미국 및 세계경제 성장률이 예상보다 높아질 경우 한국경제의 2008년 성장률은 5%를 상회할 가능성도 존재하고 있음[1)]

---

1) KDI는 세계경제의 호황이 지속되면서 수출증가세가 당초의 예상을 상회하는 한편 내수 회복세도 다소 빠르게 진전됨에 따라 2007년 성장률 전망치를 4.4%에서 4.9%로 상향 조정하였다. 즉, 수출(물량기준 : 10.3%→11.3%)과 민간소비(4.2%→4.4%)를 상향 조정하였으며 예상보다 빠른 수출증가세를 반영하여 경상수지도 5억 달러 적자에서 39억 달러 흑자로 조정하였다(KDI, KDI 경제전망, 제24권 제2호, 2007. 10.

〈표 2-2〉 경제전망(2007~2008)

(단위 : 전년동기 대비, %, 억 달러)

| | 2007 | | | | | 2008 |
|---|---|---|---|---|---|---|
| | 1분기p | 2분기p | 3분기 | 4분기 | 연간 | 연간 |
| 국내총생산 | 4.0 | 5.0 | 5.4 | 5.1 | 4.9 | 5.0 |
| 총소비 | 4.3 | 4.5 | 4.8 | 4.8 | 4.6 | 4.7 |
| 민간소비 | 4.1 | 4.2 | 4.6 | 4.6 | 4.4 | 4.5 |
| 총고정투자 | 7.0 | 6.7 | 2.7 | 4.2 | 5.1 | 5.1 |
| 설비투자 | 10.8 | 11.9 | 1.5 | 6.2 | 7.6 | 6.2 |
| 건설투자 | 3.9 | 3.2 | 3.4 | 2.8 | 3.3 | 4.3 |
| 총수출(물량) | 11.0 | 10.7 | 9.2 | 14.0 | 11.3 | 9.7 |
| 상품수출 | 10.8 | 10.6 | 9.2 | 14.1 | 11.2 | 9.7 |
| 총수입(물량) | 11.7 | 12.3 | 6.2 | 14.6 | 11.2 | 10.5 |
| 상품수입 | 10.4 | 11.3 | 5.5 | 13.8 | 10.3 | 10.0 |
| 경상수지 | -17 | 0 | 19 | 36 | 39 | -26 |
| 상품수지 | 60 | 70 | 86 | 86 | 302 | 257 |
| 수출(금액) | 865 | 929 | 938 | 1,034 | 3,766 | 4,177 |
| (증가율) | (14.1) | (13.1) | (10.0) | (16.7) | (13.5) | (10.9) |
| 수입(금액) | 804 | 859 | 852 | 948 | 3,464 | 3,920 |
| (증가율) | (14.0) | (15.0) | (7.8) | (21.1) | (14.5) | (13.2) |
| 서비스 · 소득 경상이전수지 | -77 | -69 | -67 | -50 | -263 | -283 |
| 소비자물가 | 2.1 | 2.5 | 2.3 | 2.9 | 2.4 | 2.8 |
| 실업률 | 3.6 | 3.2 | 3.1 | 3.1 | 3.3 | 3.2 |
| (계절조정) | 3.2 | 3.3 | 3.3 | 3.2 | | |

주 : 1) p는 잠정실적치(preliminary)임
2) 실업률은 구직기간 4주 기준임

# 제 3 절 경제정책의 방향

## 1. 재정정책

### 1.1 최근의 경기회복세를 고려하여 재정지출은 당초 계획된 수준을 유지할 필요가 있음

(1) 2007년 상반기 재정집행률(주요 사업비 기준)은 당초 계획(55.7%)을 소폭 초과하는 56%를 시현하여 상대적으로 부진했던 상반기의 경기상황에 비교적 적절히 대응한 것으로 평가할 수 있음

---

요약 · 재구성).

(2) 최근의 경기 확장세를 고려할 때 당분간 재정측면에서의 경기대응이 필요하지 않을 것으로 보여 2007년의 세수호조가 재정지출의 확대로 이어지지 않도록 유의할 필요가 있음

현금영수증제도 확산에 따른 세원확대와 자진납부율 증가 등에 기인하여 2007년 세수실적이 예상보다 큰 폭(11조원 내외)으로 증가할 것으로 추정되고 있다. 이 같은 세수증가분을 추가적인 재정지출보다 국가채무 축소(reduction of national debt)에 활용하고자 하는 정부계획(국채발행 축소 4.0조원, 국채상환 2.8조원)은 바람직하다고 할 수 있다.

〈표 2-3〉 통합재정수지

(단위 : 조원, %)

| | 2004 | 2005 | 2006 | 2007 예산 |
|---|---|---|---|---|
| 총수입(A)<br>(전년 대비 증가율) | 178.8<br>(4.0) | 191.4<br>(7.0) | 209.6<br>(9.5) | 225.2<br>(7.4) |
| 총지출(B)<br>(전년 대비 증가율) | 173.5<br>(5.6) | 187.9<br>(8.3) | 205.9<br>(9.6) | 213.0<br>(3.8) |
| 통합재정수지(C=A-B) | 5.2 | 3.5 | 3.6 | 12.2 |
| 사회보장성기금 수지(D) | 21.2 | 23.6 | 26.4 | 27.0 |
| 공적자금상환(E) | 12.0 | 12.0 | 12.0 | - |
| 관리대상수지(C-D-E)<br>(GDP 대비 비중) | -4.0<br>(-0.5) | -8.1<br>(-1.0) | -10.8<br>(-1.3) | -14.8<br>(-1.6) |

자료 : 재정경제부, 기획예산처

**1.2** 경기전망을 고려할 때 2008년에도 추가적인 지출을 억제하고 세원확대 노력을 지속함으로써 재정수지 개선을 도모할 필요가 있음

(1) 예산안의 관리대상수지 규모로 판단할 때 2008년의 재정정책기조는 2007년에 비해 다소 긴축적이나 2007년도 세수호조에 따른 재정수지 개선전망을 고려할 경우 오히려 확장적인 것으로 평가할 수 있음

2008년도 관리대상수지 적자규모의 GDP 대비 비중(1.1%)은 2007년도 예산기준(1.6%)보다는 다소 낮은 반면, 2007년의 세수호조가 감안된 추정치(0.4% 내외)보다는 높은 수준이다.

(2) 재정규모도 비교적 빠른 속도로 확대되고 있음

2008년도 예산안의 총지출 연간 증가율(7.9%)은 2002년 이후 가장 높은 수준으로서 2006년에

작성된 『2006~2010 국가재정운용계획』의 2008년도 총지출 증가율(6.4%)을 상당 폭 상향 조정한 것으로 볼 수 있다.

(3) 따라서 추가적인 재정지출을 억제하고 2007년과 같은 세원확보 노력을 지속함으로써 재정이 경기확장적으로 운용되지 않도록 유의할 필요가 있음

〈표 2-4〉 예산상 총수입 및 총지출

(단위 : 조원, %)

| | 2005[1)] | 2006[1)] | 2007[2)] | 2008 |
|---|---|---|---|---|
| 총수입<br>(전년 대비 증가율) | 222.4 | 235.3<br>(6.1) | 250.6<br>(6.5) | 274.2<br>(9.4) |
| 총지출<br>(전년 대비 증가율) | 209.6 | 224.1<br>(7.4) | 238.4<br>(6.4) | 257.3<br>(7.9) |
| 통합재정수지<br>(GDP 대비 비중) | 0.8<br>(0.1) | -0.9<br>(-0.1) | 12.2<br>(1.4) | 16.9<br>(1.7) |
| 사회보장성기금 수지 | 25.8 | 26.0 | 27.0 | 28.0 |
| 관리대상수지<br>(GDP 대비 비중) | -13.1<br>(-1.6) | -14.9<br>(-1.7) | -14.8<br>(-1.6) | -11.1<br>(-1.1) |

주 : 1) 2005, 2006년은 추경예산 기준
2) 교부금 선(先)정산 반영
자료 : 기획예산처

**1.3** 중장기적으로는 안정적인 재정기반을 마련하기 위한 노력을 지속할 필요가 있음

(1) 관리대상수지는 2002년 5.1조원 흑자에서 이후 적자로 반전되어 2006년에는 적자 폭이 10.8조원까지 확대되었음

(2) 저출산·고령화사회에 대비하여 성장동력 확충 등에 필요한 재정소요는 향후 급속도로 증가할 것으로 보이며 BTO·BTL 등 민간투자사업 확대에 따른 재정부담도 상당할 것으로 추정되고 있음

2008년도 예산안 상에는 이미 기초노령연금(신규) 1.6조원, 한미 FTA 체결 보완대책 1.3조원, 사회서비스 확충사업 1.6조원, 2단계 국가균형발전대책 1.3조원 등의 대형 재정사업 예산이 책정되어 있다. 또한, 『2007~2011 국가재정운용계획 산업재정분야 종합보고서』에 의하면 협약 완료 또는 현재 추진·계획 중인 민간투자사업에 대한 재정부담이 최소운영수입보장 부담을 제외하더라도 2025년까지 연간 4~6조원(세출예산 최고 1.6%)에 이를 것으로 보인다.

(3) 상기한 여건 변화를 고려할 때 세입 및 세출 측면 모두에서 중장기적인 재정 안정화 기반을 지속적으로 확충하는 것이 바람직함

① 세입 측면

세입 측면에서는 비과세 감면과 소득 및 세액공제를 축소하고 세무행정 개선을 통해 개인 사업자의 소득파악률을 제고하는 등 최근에 추진해 온 조세체계 개선 노력을 지속·강화해야 한다.

② 세출 측면

세출 측면에서는 시장원리(아웃소싱, 바우처 등) 도입을 통해 공공서비스 전달체계를 효율화하고 성과평가 및 환류체계(feedback system) 구축을 통해 각종 재정사업을 정비하는 한편 민간투자사업 확대에 따른 향후의 재정부담에 대해서는 부담상한에 대한 재정규율을 도입·적용함으로써 재정건전성(fiscal soundness)을 유지할 필요가 있다.

## 2. 통화정책

**2.1** 통화정책은 국내 경기회복세의 진전과 대외경제여건의 불확실성이 향후 인플레이션에 미칠 영향을 주시하면서 당분간 신중히 운용할 필요가 있음

(1) 아직까지 전반적인 물가상승률이 높지는 않으나 경기회복세가 진전되면서 총수요 압력이 증가하고 있어 향후에도 물가상승세가 확대될 가능성이 있음

(2) 최근 불확실성이 확대되고 있는 대외경제여건의 전개방향에 따라 향후 한국경제의 경기확장세 및 인플레이션 압력(inflationary pressure)이 완충될 가능성도 상존하고 있음

(3) 따라서 대외경제여건의 변화추이를 주시하는 한편 한국경제에 대한 파급효과를 면밀히 분석하면서 당분간 통화정책을 신중히 운용할 필요가 있음

**2.2** 환율은 대외여건의 변동이 국내경제에 미치는 충격을 완화할 수 있도록 외환시장의 수급여건에 따라 신축성을 유지할 필요가 있음

(1) 2006년 이후 글로벌 달러화의 약세 국면에서 원/달러 및 원/엔 환율도 하락하였으나 원/유로 환율은 오히려 상승하면서 전반적인 실효환율에는 큰 변화가 나타나지 않고 안정적으로 유지되고 있음

(2) 시장수급에 따른 신축적인 환율변동은 국내외 거시경제여건에 괴리(乖離)가 발생할 경우

이를 완충시키는 역할을 수행하는 한편, 국내 거시경제의 안정성(macroeconomic stability)을 위한 통화정책의 독립성(independence of monetary policy)이 전제조건이라고 할 수 있음

(3) 따라서 대외경제여건에 불확실성이 제고되고 있는 현 시점에서는 시장수급에 의한 신축적인 환율조정이 국내경제의 안정에도 필요한 것으로 판단됨

## 3. 금융정책

### 3.1 비은행 금융기관들의 부동산 관련 여신운용에 대한 면밀한 모니터링을 지속하는 한편 구조조정 정책의 일관성(consistency of structural arrangement policy)을 유지할 필요가 있음

#### (1) 주택담보대출

주택담보대출의 경우 연체율과 담보인정비율(LTV)이 은행권에 비해 높은 것으로 알려져 있는 비은행권에서 최근까지도 증가세가 유지되어 왔다.

① 비은행권의 주택담보대출은 은행권에 비하여 연체율과 LTV가 높은 것으로 알려져 있으며, 특히 저축은행의 경우에는 LTV가 60%를 상회하고 연체율도 7~8%에 이르는 것으로 추산됨

② 최근 은행권의 주택담보대출은 증가세가 크게 둔화되었으나 비은행권의 경우에는 증가세를 지속하고 있음(2004년말 39.7조원→2005년말 44.7조원→2006년말 49.3조원→2007년 5월말 52.4조원)

#### (2) 프로젝트 파이낸싱 대출

프로젝트 파이낸싱(project financing) 대출의 경우에도 은행권에 비해 비은행권(저축은행 및 보험)의 연체율이 크게 높을 뿐만 아니라 전체 대출에서 차지하는 비중도 높은 편이다.

① 비은행권의 project financing 대출은 은행권에 비하여 총대출액에서 차지하는 비중과 연체율이 높은 편임

② 특히, 대출액의 29%(12조 5,000억원)를 project financing 대출로 운용하고 있는 저축은행의 경우에는 최근까지도 연체율이 여전히 높은 수준을 보이고 있음(2005년말 5.8%→2006년말 10.3%→2007년 3월말 14%→2007년 6월말 13%)

〈표 2-5〉 은행권 및 비은행권의 부동산 관련 여신운용 현황(2007년 6월말 측정치)

| | 주택담보대출 | | | project financing 대출 | |
|---|---|---|---|---|---|
| | 규모(조원) | LTV(%) | 연체율(%) | 규모(조원) | 연체율(%) |
| 은행권 | 217.1 | 49.1 | 0.5 | 31.2 | 0.2 |
| 비은행권[1] | 52.4 | 63.9 | 2.5 | 16.7 | 13.0[2] |

주 : 1) 비은행권은 총대출 규모순으로 보험, 여전사, 저축은행, 신협, 종금사를 포함
2) 저축은행에 대한 연체율임

(3) 그러나 비은행 금융기관의 부동산 관련 대출이 전체 금융기관 대출에서 차지하는 상대적 규모를 고려할 경우 해당 여신의 건전성이 국내 금융시장 전반을 교란시킬 정도의 위험 요인으로 판단하기는 어려운 편임

비은행권의 주택담보대출과 project financing 대출 전체 규모(69.1조원)는 금융권 총대출의 6.0%(총자산의 3.4%)를 하회하는 수준인 것으로 추정된다. 이 중에서도 연체율 측면에서 크게 우려할 만한 대출은 일부에 불과한 것으로 보인다.

(4) 금융시장에 존재하는 부분적인 불안요인이 구조조정 지연에 의해 오히려 확대될 가능성을 차단하기 위해 비은행금융기관들의 부동산 관련 여신운용에 대한 모니터링을 강화하는 한편 구조조정을 지속할 필요가 있음

**3.2** 장기 · 고정금리 주택담보대출을 활성화시키기 위해 금융시장의 안정성을 제고시키는 것이 바람직함

국내 주택담보대출 중 변동금리 대출이 대부분(2007년 5월말 기준 은행권 93.6%)을 차지하고 있어 금융소비자들이 금리변동과 같은 충격에 취약한 구조를 지니고 있으므로 이를 개선하기 위한 적극적 정책수단의 도입을 추진할 필요가 있다.

(1) 금융기관은 기본적으로 단기 · 변동금리로 수신된 재원을 기반으로 주택담보대출을 수행하고 있으므로 장기 · 고정금리대출을 활성화시키기 위해서는 이 같은 대출자산의 유동화를 통해 만기불일치(maturity mismatch) 문제를 해결하는 것이 바람직함
(2) 따라서 이를 위한 사전작업으로서 장기채권시장의 활성화를 통해 대출자산 유동화증권의 가격형성에 대한 불확실성을 축소시켜 나갈 필요가 있음
(3) 주택금융공사를 비롯한 금융기관은 고정금리대출의 장점에 대한 소비자 인지도를 제고시

키기 위해 장기·고정금리 상품에 대한 홍보노력을 강화·지속해야 함

**3.3** 급증세를 지속하고 있는 중소기업 대출이 금융기관의 신용위험(credit risk) 확대로 연결되지 않도록 기존의 감독을 지속할 필요가 있음

(1) 은행 및 비은행금융권의 중소기업대출은 여전히 증가세를 지속하고 있음

① 은행권의 중소기업대출잔액은 2007년 6월말 기준 327.6조원을 나타내고 있음(전년동기 대비 24.9% 증가)

② 저축은행의 중소기업대출잔액은 2007년 6월말 기준 35조원을 나타내고 있음(전년동기 대비 27% 증가)

(2) 중소기업대출 증가세가 대출자금의 오용이나 잠재부실기업에 대한 과대 신용공급으로 이어지지 않도록 모니터링을 지속적으로 강화할 필요가 있음

## 제2편

# 한국의 주요 산업 분석

3
chapter

# 산업총관

## 제 1 절 산업동향

통계청의 「산업활동동향」을 살펴보면 2007년 2분기 이후 경기회복 가능성을 보여주고 있다. 이에 따르면 국내산업의 생산, 출하, 소비 등 산업활동은 원화강세의 영향으로 2007년 1분기 중 전년 대비 둔화되었으나 4월 들어 대부분 1분기보다 개선되고 있다. 제조업 생산활동의 경우 1분기 중 증가율이 전년동기 대비 3.4% 증가에서 4월 들어 6.8%로 크게 상승했다. 다만 생산활동을 산업별로 살펴보면 중화학공업이 7.8% 증가한 데 반해 경공업은 1.8% 증가에 그쳐 산업간 경기의 양극화 현상이 해소되지 못하고 있음을 나타내고 있다.

출하증가율도 2007년 4월 들어 7.1%로 크게 개선되었다. 출하를 부문별로 살펴보면 내수와 수출이 각각 2007년 1분기 2.7%와 6.7%에서 4월 5.3%와 9.2%로 상승하였다. 소비도 4월 들어 내수용 소비재 출하가 1분기보다 개선되었다. 소비재판매액은 1분기 중 전년동기 대비 7.1% 상승하였다. 4월에는 증가율이 4.9%로 둔화되었으나 전년보다 높은 증가율을 유지하고 있다. 특히, 소비재판매액을 내구재(durable goods)와 비내구재(nondurable goods)로 구분하여 보면 자동차 등 내구재 판매액이 2007년 1~3월 중 17.0% 증가한 데 이어 4월에도 15.2%를 기록하여 호조를 보이고 있다. 반면 비내구재는 2007년 1분기에는 2.1%를 기록하였다가 4월 들어 0.3%로 하락하였다. 그러나 내구재 판매액이 증가하고 있는 것은 소비심리 회복의 가능성을 크게 하는 것으로 볼 수 있다.

〈표 3-1〉 주요 산업활동지표 추이

(단위 : %)

| | | 2005 | 2006 | 2007 | |
|---|---|---|---|---|---|
| | | | | 1분기 | 4월 |
| 생산 | 생산 | 6.3 | 10.1 | 3.3 | 6.7 |
| | 제조업 | 6.2 | 10.5 | 3.4 | 6.8 |
| | (중화학) | (8.4) | (12.6) | (4.3) | (7.8) |
| | (경공업) | (-2.8) | (1.1) | (-1.2) | (1.8) |
| | ICT | 16.9 | 22.8 | 3.9 | 7.5 |
| | 출하 | 5.6 | 7.8 | 4.4 | 7.1 |
| | (내수) | (2.3) | (4.5) | (2.7) | (5.3) |
| | (수출) | (10.3) | (11.9) | (6.7) | (9.2) |
| | 재고 | 2.4 | 6.2 | 5.8 | 5.9 |
| | 제조업평균가동률 | 79.8 | 81.1 | 81.6 | 82.3 |
| 소비 | 내수용소비재출하 | 2.1 | 4.9 | 4.5 | 6.0 |
| | 소비재판매액 | 4.1 | 4.7 | 7.1 | 4.9 |
| | (내구재) | (6.5) | (11.0) | (17.0) | (15.2) |
| | (비내구재) | (1.2) | (1.1) | (2.1) | (0.3) |

주 : 1) 전년동기 대비 증가율(제조업 평균가동률 제외)이며 2007년은 잠정치임
2) 재고는 기말기준임
자료 : 통계청, 산업활동동향, 각호

생산활동 전반이 대체적으로 2006년에 비해서는 위축된 상태를 탈피하지 못하고 있으나 2007년 4월 들어서는 비내구성 소비재 판매액 등 일부지표를 제외하고는 대부분 1분기보다 높게 나타나고 있다는 점에서 산업활동 양상도 부분적으로 국내경기의 회복조짐을 반영하고 있다고 할 수 있다.

## 제 2 절 무역수지 흑자규모의 축소

수출은 2007년 상반기 중 원화의 평가절상(appreciation of won) 등 어려운 여건 하에서도 미국 및 전세계 주요 시장에서 활성화되고 있다. 주요 시장별로 수출실적을 살펴보면 아시아, 유럽, 북미, 중남미, 중동, 대양주 등 사실상 전세계에 대하여 지역적으로 고른 수출증가세가 유지되었다. 최근 원화강세로 가격경쟁력(price competitiveness)이 하락하고 있는 점을 고려하면 이는 국내기업의 비가격경쟁력이 개선된 데 힘입은 것으로 판단된다. 그러나 수출의 증가세 지속에도 불구하고 수입의 증가속도가 빨라 2007년 상반기 중 무역수지 흑자(trade surplus) 규모는 크게 축소되고 있다.

수출동향을 살펴보면 2007년 1~5월 중 국내 수출은 유럽, 북미, 중동 등을 중심으로 호조를 지속하였다. 이를 자세히 살펴보면 아시아 지역에 대한 수출증가율은 전년 대비 다소 하락하였으나 중국과 ASEAN 지역에 대해서는 확대된 것으로 나타났다. 유럽에 대한 수출증가율은 유럽연합(EU)에 대해서는 전년도보다 하락한 반면 러시아와 동부 유럽권을 비롯한 기타 유럽지역에 대해서는 확대되었다. 또한 중국, 러시아에 대한 수출확대에 힘입어 브릭스(BRICs) 지역에 대한 수출증가율도 전년보다 높아졌다.

〈표 3-2〉 지역별 수출동향

(단위 : 백만 달러, %)

| | 2006 | | | 2007 | | | | |
|---|---|---|---|---|---|---|---|---|
| | | | | 5월 | | 1~5월 | | |
| | | 증가율 | 비중 | | 증가율 | | 증가율 | 비중 |
| 전체수출 | 325,465 | 14.4 | 100.0 | 31,118 | 11.4 | 145,757 | 14.4 | 100.0 |
| 아시아 | 168,447 | 14.7 | 51.8 | 15,242 | 8.3 | 73,443 | 13.2 | 50.4 |
| 중국 | 69,459 | 12.2 | 21.3 | 6,597 | 14.4 | 31,379 | 18.1 | 21.5 |
| 홍콩 | 18,979 | 22.2 | 5.8 | 1,465 | -6.5 | 7,185 | -3.5 | 4.9 |
| 일본 | 26,534 | 10.4 | 8.2 | 2,176 | -5.8 | 10,535 | -0.6 | 7.2 |
| ASEAN | 32,066 | 16.9 | 9.9 | 3,179 | 17.8 | 15,295 | 26.9 | 10.5 |
| 인도 | 5,533 | 20.3 | 1.7 | 487 | 1.7 | 2,486 | 9.7 | 1.7 |
| 유럽 | 60,282 | 14.1 | 18.5 | 6,465 | 8.8 | 27,888 | 15.3 | 19.1 |
| EU | 49,240 | 12.8 | 15.1 | 4,473 | 5.8 | 22,061 | 11.8 | 15.1 |
| 러시아 | 5,179 | 34.0 | 1.6 | 1,075 | 22.0 | 3,153 | 54.6 | 2.2 |
| 기타 | 5,863 | 10.3 | 1.8 | 917 | 10.1 | 2,674 | 10.7 | 1.8 |
| 북미 | 46,804 | 4.5 | 14.4 | 4,297 | 12.1 | 20,616 | 8.5 | 14.1 |
| 미국 | 43,184 | 4.5 | 13.3 | 399 | 13.7 | 19,249 | 11.1 | 13.2 |
| 중남미 | 20,591 | 37.4 | 6.3 | 2,141 | 22.6 | 10,074 | 29.5 | 6.9 |
| 브라질 | 3,063 | 27.1 | 0.9 | 284 | -8.2 | 1,222 | -11.9 | 0.8 |
| 중동 | 14,463 | 18.2 | 4.4 | 1,591 | 34.3 | 7,528 | 33.4 | 5.2 |
| 대양주 | 6,781 | 12.7 | 2.1 | 684 | 23.9 | 3,201 | 8.6 | 2.2 |
| 아프리카 | 7,730 | 24.6 | 2.4 | 563 | 3.4 | 2,683 | -2.8 | 1.8 |
| 브릭스(BRICs) | 83,234 | 14.4 | 25.6 | 8,443 | 13.5 | 38,240 | 18.5 | 26.2 |

주 1) 증가율은 전년동기 대비임

2) 브릭스는 브라질, 러시아, 인도, 중국의 합계임

자료 : 한국무역협회(www.kita.net)

반면 아시아 지역에서 홍콩, 일본에 대한 수출은 증가율이 마이너스를 기록하며 부진한 모습을 나타내었으며 인도에 대한 수출은 전년동기 대비 9.7%의 증가율을 기록하였으나 증가폭이 전년도의 20.3%에 비해 크게 둔화된 양상을 보였다. 유럽지역에서는 EU에 대한 수출증가폭이 전년 대비 약간 축소되었으며 중남미 지역은 브라질에 대한 수출이 부진을 보였으나 30% 가까운 수출증가율을 보이고 있다. 대양주에 대한 수출은 2006년보다 다소 높아진 8.6%의 증가율을

보인 반면에 아프리카에 대한 수출증가율은 마이너스를 기록하였다.[1]

한편, 수출이 지속적으로 호조를 지속하고 있음에도 불구하고 최근 수입이 급속히 증가하면서 2007년 2분기 들어 무역수지 흑자규모는 축소되고 있다. 2007년 1분기까지는 국내산업의 수출증가가 수입증가를 초과하여 무역수지가 25억 달러를 기록하여 전년동기 대비 증가하였다. 그러나 2분기 들어 양상이 크게 변하였다. 4월과 5월 수입증가율은 각각 20.1%와 13.4%를 기록하며 수출증가율을 2~3%포인트 정도 상회하여 무역수지 흑자규모를 축소시키고 있다.[2] 2007년 상반기 중 경상수지는 이미 적자를 기록하고 있다. 무역수지 흑자규모가 감소하고 서비스수지 및 이전수지의 적자규모가 증가하고 있어 경상수지 적자(current account deficit)가 발생될 것으로 예상된다.

〈표 3-3〉 수출입 및 무역수지 동향

(단위 : 백만 달러, %)

| | 2005 | 2006 | 2007. 1~5월 | | | |
|---|---|---|---|---|---|---|
| | | | | 1분기 | 4월 | 5월 |
| 수출 | 284,419<br>(12.0) | 325,465<br>(14.4) | 145,757<br>(14.4) | 84,705<br>(14.6) | 29,934<br>(17.0) | 31,118<br>(11.4) |
| 수입 | 261,238<br>(16.4) | 309,383<br>(18.4) | 141,307<br>(14.7) | 82,172<br>(13.3) | 29,411<br>(20.1) | 29,724<br>(13.4) |
| 무역수지 | 23,181<br>(-21.1) | 16,082<br>(-30.6) | 4,450<br>(6.7) | 2,533<br>(88.7) | 523<br>(-52.7) | 1,394<br>(-19.1) |

주 : 1) 통관기준임
2) ( )안은 전년동기 대비 증가율임
자료 : 한국무역협회(www.kita.net)

최근 수입실적을 수입용도별로 살펴보면 2007년 1~5월 중 수입비중 55.9%로 가장 큰 비중을 차지하는 원자재의 수입이 원유, 철강제품 등 국제원자재 가격의 상승 영향으로 전년동기 대비 13.3% 증가한 741억 달러를 기록하였다. 자본재(capital goods)는 2007년 1~5월 중국 내 설비투자가 호전되면서 수입증가세가 가속화되어 전년동기 대비 17.0%의 증가율을 기록하며 수입규모가 442억 달러에 달하였다. 소비재 수입은 동 기간 중 원화가치 상승에 따른 국내산제품의 가격경쟁력 하락 등으로 전년동기 대비 20.6% 증가한 139억 달러를 기록하였다.

1) 수출은 2007년 상반기 중 대체적으로 전세계를 대상으로 고르게 증가한 가운데 전형적인 선진공업국인 북미를 비롯하여 경제성장률이 높고 산업화(industrialization)가 급속히 진행되고 있는 아시아권 일부 국가, 동부 유럽권, 중동, BRICs 지역에 대한 수출이 괄목할 만한 호조세를 유지하였다. 따라서 2007년 상반기 수출은 이들 지역의 경제성장 및 소득증가에 따른 수요증가에 의해 견인되었다고 평가할 수 있다(산업은행, 산은조사월보, 2007. 6. pp. 2~76 요약 · 재구성).

2) 관세청 통관기준에 의한 무역수지 흑자규모는 2005년과 2006년에도 각각 전년 대비 21.1%와 30.6% 감소한 바 있으며 2007년 들어서도 이 같은 추세는 지속되고 있다.

〈표 3-4〉 용도별 수입동향

(단위 : 백만 달러, %)

| | 2006 | | | 2007 | | | | |
|---|---|---|---|---|---|---|---|---|
| | | | | 5월 | | 1~5월 | | |
| | | 증가율 | 비중 | | 증가율 | | 증가율 | 비중 |
| 전체수입 | 309,383 | 18.4 | 100.0 | 21,152 | 13.8 | 132,567 | 14.7 | 100.0 |
| 원자재 | 174,767 | 22.8 | 56.5 | 12,212 | 10.0 | 74,088 | 13.3 | 55.9 |
| 자본재 | 101,237 | 11.7 | 32.7 | 6,702 | 21.3 | 44,156 | 17.0 | 33.3 |
| 소비재 | 31,652 | 19.9 | 10.2 | 2,214 | 23.9 | 13,919 | 20.6 | 10.5 |

주 : 1) 증가율은 전년동기 대비임
2) 2007년 5월은 5. 1~20. 잠정치 기준임
자료 : 산업자원부, 2007년 5월 수출입 동향, 2007. 6. 1.

## 제 3 절 기업의 경기회복에 대한 기대심리 개선

국내기업들의 경기회복에 대한 기대심리도 2007년 2분기 들어 개선되고 있다. 산업은행이 발표하고 있는 경기전망지수의 경우 최근 장기간의 부진으로부터 탈피하여 상승하는 추세를 보이고 있다.[3] 이는 국내기업들의 경기회복 기대심리가 개선되고 있음을 보여준다. 이 중 제조업 사업개황 전망지수가 1년만에 100을 상회하였으며 제조업 사업개황 실적지수도 2006년 3분기 이후 지금까지 지속적으로 상승하고 있다. 제조업 사업개황 전망지수는 대체로 2002년 하반기 이후 매년 2분기~3분기경 전망지수가 양호하고 이후 하향추세가 나타나는 양상이 반복되어 왔음을 고려할 때 경기회복이 본격적인 단계에 진입했다고 낙관할 수는 없다. 그러나 최근의 경기전망지수 상승은 장기간의 부진을 탈피하는 추세를 보여줌과 동시에 연속적인 상승세를 보여주고 있다는 점에서 일시적 반등 이상의 의미를 지닌 것으로 해석할 수 있다.

2007년 3분기 경기전망 요인 분석 결과를 살펴보면 하반기의 경기회복 가능성이 부각된다. 즉, 3분기 중 제조업 사업개황 경기전망지수는 105를 기록하여 2분기에 이어 연속 100을 상회하여 기업들의 경기회복 기대심리가 개선되고 있음을 나타냈다. 특히, 내수증가와 수출증가를 경기호조 요인으로 보는 기업이 증가하고 있다. 기업규모별로는 대기업은 수출증가, 중소기업은 내수증가가 경기호조의 요인이 될 것으로 인식하는 경우가 많은 것으로 나타나고 있다.

3) 경기전망지수는 국내 2,000여개 기업에 대한 설문조사를 통하여 사업개황, 자금사정, 산업활동 등을 조사, 분석하여 지수로 나타낸 기업실사지수(BSI : Business Survey Index)를 의미한다. 동 지수는 제조업 21개 업종 1,298개 업체 및 비제조업 15개 업종 842개 업체를 대상으로 한 설문조사(회수율 81.3%) 결과를 기반으로 산출된다. 특히, 비제조업은 2007년 2분기부터 추가되었다.

주요 업종별로 살펴보면 조선, 전기전자, 시멘트 및 기계는 호조, 자동차, 석유화학, 철강은 보합, 제지 및 섬유는 부진할 것으로 예상되고 있다. 석유화학 및 철강은 전분기 호조에서 보합으로 하락하는 추세를 보이고 있으나 전반적으로 전분기 대비 지수가 상승 또는 동일한 수준으로 나타나고 있다.

〈표 3-5〉 제조업 주요 업종별 사업개황 BSI

| 업 종 | 2007 | | | 업 종 | 2007 | | |
|---|---|---|---|---|---|---|---|
| | 1분기 | 2분기 | 3분기 | | 1분기 | 2분기 | 3분기 |
| 전기전자 | 82 | 97 | 113 | 기 계 | 113 | 113 | 117 |
| 전자부품 | 77 | 91 | 113 | 석유화학 | 113 | 116 | 100 |
| 산업용전자 | 93 | 110 | 117 | 철 강 | 108 | 117 | 104 |
| 가정용전자 | 71 | 82 | 100 | 제 지 | 70 | 61 | 73 |
| 조 선 | 160 | 150 | 150 | 섬 유 | 76 | 82 | 88 |
| 자 동 차 | 101 | 99 | 98 | 시 멘 트 | 92 | 100 | 115 |

자료 : 산업은행, KDB 산업경기전망조사, 2007. 6.

수출기업과 내수기업으로 나누어 살펴보면 양쪽이 모두 개선되었으나 수출기업의 경기전망이 보다 높게 나타나고 있어 내수보다는 수출이 경기회복 기대의 주요 요인으로 인식되고 있음을 알 수 있다. 수출비중 50% 미만인 기업을 내수기업으로 구분할 경우 내수기업의 2007년 3분기 사업개황 경기전망지수는 104이며 수출기업은 107로 나타나고 있다.

## 제 4 절 일부 주요 산업의 수출이 경제성장의 견인차 역할을 함

국내산업은 2007년 하반기에 내수경기의 회복세와 함께 원화가치의 상승 등 어려운 여건 하에서도 일부 주력산업의 지속적인 수출확대에 힘입어 견조한 성장세를 유지할 수 있을 것으로 보인다.

산업별로 살펴보면 통신기기 내수가 전년 대비 9.0% 증가할 것으로 보이며 자동차와 가전의 내수도 각각 전년 대비 8.6%, 5.4% 증가할 것으로 예상된다. 특히, 가전은 2006년에 극심한 내수경기 부진으로 수요가 크게 감소(-18.6%)하였으나 2007년에는 플러스로 전환될 것으로 보인다. 소비자 경기에 민감한 서비스 부문인 통신서비스의 매출액도 전년도 매출증가율보다 다소 높은 4.4%를 기록하여 민간소비 개선을 반영할 것으로 보인다. 산업 투자수요와 밀접한 관계가 있는 반도체, 일반기계, 석유화학, 철강의 내수도 대체로 호조를 보일 것으로 예상된다. 그러나 내수증가폭은 전년도보다 크지 않은 경우가 대부분이며 가전 등 일부를 제외하고는 확대되더라도 그 폭이 크지는 않을 것으로 보인다.

주요 산업별 2007년 수출전망을 살펴보면 통신기기, 조선, 가전의 경우 수출이 전년도 증가율을 상회할 것으로 예상된다. 일반기계, 철강의 연간 수출은 전년도 보다 다소 하락하겠지만 14.0%와 8.8% 양호한 증가세를 나타낼 것으로 보인다. 통신기기는 원화강세에 따른 가격경쟁력 약화에도 불구하고 글로벌 휴대폰시장(global cellular phone market)에서 삼성전자와 LG전자 등 국내업체들의 경쟁력이 유지되어 수출이 전년 대비 3.8% 정도 증가할 것으로 예상된다. 조선은 2007년 5월까지 Big 3(현대중공업, 삼성중공업, 대우조선해양)가 수주 목표의 60% 이상을 수주하여 당초 수주목표를 상향조정할 것으로 예상되는 등 상반기 중 높은 실적을 기록하면서 국내산업의 성장을 견인하고 있다. 가전은 국내기업들이 평판TV, 양문형 냉장고, 드럼 세탁기, 시스템 에어컨 등 프리미엄 고가제품군에서 세계 최고수준의 품질경쟁력(quality competitiveness)을 확보하고 있어 전년 대비 3.5% 증가할 것으로 보인다. 반도체의 수출은 제품가격 하락으로 인해 수출증가율 둔화가 예상되나 전년 대비 9.6%의 수출증가율을 기록하며 여전히 국내산업 성장의 견인차 역할을 수행할 것으로 판단된다. 자동차의 수출은 원화가치 상승으로 인해 전년도 수준인 4% 초반의 증가율을 기록할 것으로 보인다. 석유화학의 수출은 전년동기 대비 마이너스 2.4%의 증가율을 기록하며 부진할 것으로 예상된다.

최근 수년간 국내산업 성장을 이끌어 온 주요 산업 중 조선은 활발한 성장을 지속하고, 반도체와 철강은 성장세가 다소 둔화되기는 하나 여전히 10%에 가까운 수출증가율을 유지할 것으로 예상된다. 자동차의 경우 예년의 증가율을 보이게 되나 4%대의 성장으로 여전히 국내 주력 수출산업으로서의 위상을 유지할 것으로 예상된다. 2006년까지 기업부실 및 경쟁국의 부상 등으로 부진을 보였던 통신기기 및 가전 수출은 2007년에 회복세를 보여 국내산업의 성장에 기여할 것으로 보인다. 이에 따라 국내산업은 2007년에도 12.7%의 수출증가율을 기록할 것으로 예상된다. 이 같이 원화가치 상승 등 수출환경이 악화되고 있음에도 불구하고 일부 주요 산업의 수출이 2007년 중 국내산업 성장의 견인차 역할을 수행할 것으로 예상된다. 제조업부문의 설비투자가 정체상태에 이른 시점에서 이루어지고 있는 현상이라는 점에서 특이할 만하다. 이는 최근의 설비투자 부진이 기업들의 경영실적이나 경기부진보다는 대기업들의 내실위주 경영방식의 채택에 따른 결과로 해석할 수 있다.

〈표 3-6〉 주요 산업의 전망(2007)

| | | 단위 | 2006 | | 2007 | |
|---|---|---|---|---|---|---|
| | | | | 증가율(%) | | 증가율(%) |
| 반 도 체 | 생 산 | 십억원 | 35,346 | 2.4 | 37,985 | 7.5 |
| | 수 출 | 백만 달러 | 37,362 | 16.7 | 40,946 | 9.6 |
| | 수 입 | 백만 달러 | 27,955 | 5.2 | 29,934 | 7.1 |
| 통 신 기 기 | 생 산 | 십억원 | 47,180 | -1.4 | 49,300 | 4.5 |
| | 수 입 | 백만 달러 | 5,438 | 27.3 | 6,300 | 15.9 |
| | 내 수 | 십억원 | 25,679 | 8.1 | 28,000 | 9.0 |
| | 수 출 | 백만 달러 | 27,939 | 0.5 | 29,000 | 3.8 |
| 자 동 차 | 생 산 | 천대 | 1,962 | 5.1 | 2,065 | 5.2 |
| | 내 수 | 천대 | 559 | 8.3 | 607 | 8.6 |
| | 수 출 | 천대 | 1,365 | 4.0 | 1,421 | 4.1 |
| 조 선 | 수 주 | 백만CGT | 20.1 | 4.5 | 21.0 | -11.5 |
| | 건 조 | 백만CGT | 10.8 | 1.9 | 11.0 | 1.8 |
| | 수 출 | 백만 달러 | 21,493 | 21.0 | 26,000 | 30.0 |
| | 수 주 잔 량 | 백만CGT | 43.9 | 20.9 | 53.1 | 20.9 |
| 일 반 기 계 | 생 산 | 십억원 | 82,441 | 13.3 | 91,345 | 10.8 |
| | 수 입 | 백만 달러 | 24,386 | 15.3 | 27,776 | 13.9 |
| | 내 수 | 십억원 | 81,670 | 13.5 | 90,477 | 10.8 |
| | 수 출 | 백만 달러 | 25,193 | 15.0 | 28,720 | 14.0 |
| 철 강 | 생 산 | 천M/T | 57,245 | 4.0 | 60,729 | 6.1 |
| | 내 수 | 천M/T | 49,640 | 5.3 | 52,547 | 5.9 |
| | 수 출 | 천M/T | 19,430 | 19.5 | 19,796 | 8.8 |
| 석 유 화 학 | 생 산 | 천M/T | 18,161 | 0.0 | 18,215 | 0.3 |
| | 수 입 | 천M/T | 897 | -3.7 | 886 | -1.2 |
| | 내 수 | 천M/T | 9,379 | -3.3 | 9,567 | 2.0 |
| | 수 출 | 천M/T | 9,679 | 3.1 | 9,534 | -1.5 |
| 가 전 | 생 산 | 십억원 | 41,002 | 18.9 | 42,352 | 3.3 |
| | 내 수 | 십억원 | 17,151 | -18.6 | 18,077 | 5.4 |
| | 수 출 | 백만 달러 | 14,553 | -0.70 | 15,062 | 3.5 |
| 통신서비스 | 전 체 | 매출액(십억원) | 50,626 | 3.1 | 52,853 | 4.4 |
| | 기 간 통 신 | 매출액(십억원) | 32,169 | 1.2 | 33,563 | 4.3 |
| | 별 정 통 신 | 매출액(십억원) | 2,018 | 6.9 | 2,114 | 4.8 |
| | 부 가 통 신 | 매출액(십억원) | 7,087 | 4.5 | 7,399 | 4.4 |
| | 방 송 | 매출액(십억원) | 9,351 | 8.3 | 9,777 | 4.6 |

## 제5절 과 제

국내경제는 2007년 상반기 내수가 1분기 중 경기부진이 지속된 가운데 회복이 지연되고 있다. 비록 2분기 들어 경기회복 기미가 나타나고 있으나 향후 국내 실물경제가 지속적으로 성장하기 위해서는 국내산업의 수출부문 역량 강화와 함께 민간소비를 중심으로 한 내수회복 기조를 정착시키기 위한 노력이 수반되어야 한다.

그러나 최근 유가 등 국제원자재 가격 상승, 원화가치 상승 등 수출여건은 우호적이지 않은 실정이다. 이 같은 수출제약 요소들을 해결하기 위해서 다음 3가지 측면을 고려해야 한다.

① 고부가가치제품의 개발 및 기업의 재무리스크 최소화

원화가치 상승에 대응하기 위한 고부가가치제품 개발과 해외 생산기지 활용 확대 등 가격경쟁력 하락에 대한 내성을 강화시켜야 한다. 또한, 환위험(foreign exchange risk) 헷지거래를 통한 기업의 재무리스크(financial risk)를 최소화할 필요가 있다.

② 연구개발 강화 및 비가격경쟁력 확보

국내산업 전반에서 핵심 부품·소재 및 차세대 제품의 연구개발(R&D) 강화, 부품·소재기업의 전문화 및 대형화, 첨단지식기반의 원천기술과 지적재산권(intellectual property rights) 확보를 통해 중국 등 후발개도국에 앞선 비가격경쟁력(nonprice competitiveness)을 확보하는 데 주력해야 한다.

③ 해외자원개발 투자 및 자원외교의 강화

고유가 등 원자재 가격 급등의 가능성에 대비하여 해외자원개발 투자를 적극적으로 도모해야 한다. 최근 들어 중국, 일본 등의 적극적인 자원외교 활동은 미래산업에 대비하기 위해 핵심자원의 확보가 절실한 우리에게 다수의 시사점을 제기하고 있다. 우리 정부와 업계도 해외자원개발 투자 및 자원외교에 적극적으로 나서야 하며 이와 관련된 금융기관의 지원도 효과적으로 이루어져야 한다. 또한, 각종 제품의 소비 및 생산과정에서 연료절감 기술의 개발, 대체 에너지원 및 사용기술 개발, 에너지 저소비형 산업 육성 등의 노력이 병행되어야 한다.

한편, 내수회복을 위해서는 제조업 중심의 성장정책에서 탈피하여 서비스업의 활성화를 통해 내수를 진작시킬 필요가 있다. 최근 국내경제는 서비스수지 적자가 심화되고 있는 실정이다. 따라서 국내 서비스산업의 성장이 절실히 요구되고 있다. 양질의 서비스 공급기반을 구축하는 것은 경상수지 적자 문제를 해결하는 핵심요소가 될 수 있다. 주지하는 바와 같이 서비스산업은 경기변동 완화, 고용문제 해소, 지역격차 해소 및 제조업 등 타 산업의 발전에 기여하는 바가 크다. 또한, 제조업 생산설비 해외이전으로 성장동력이 약화되고 있는 현실에서 서비스산업의 경쟁력은 국내산업의 중장기 성장동력으로서 중요한 의미를 지니고 있다. 따라서 교육, 의료, 문화 등 고급 서비스산업의 발전이 가능하도록 사회여건 조성을 위한 대책마련이 그 어느 때보다 필요한 시점이다.

〈표 3-7〉 주요 산업의 당면과제 및 대책

| | 당면과제 | 대책 |
|---|---|---|
| 반 도 체 | · DRAM 가격의 급락으로 인한 수익성 악화<br>· 원가경쟁력 확보를 위한 생산성 제고 | · 수급상황에 따른 DRAM과 Flash 메모리의 설비전환을 통한 수익성 제고<br>· 8인치 생산 비중의 점진적 감소와 12인치 생산 비중 증대 |
| 통 신 기 기 | · 대만, 중국산 부품공급 확대로 국산 휴대폰 원가경쟁력 약화<br>· 세계시장에서 국산제품 시장점유율 축소 위기 | · 하청생산 확대 등 원가경쟁력 강화 노력<br>· 신흥시장(emerging market)에 대한 저가품 판매 확대 |
| 자 동 차 | · 원화의 평가절상에 따른 채산성 악화<br>· 주요 수출국의 환경규제 시행<br>· 수입자동차 국내시장 점유율 확대<br>· 중국 자동차산업의 급부상 | · 국산차 브랜드 고급화 및 마케팅 능력 강화<br>· 세계적 경쟁구조와 기술트렌드, 노동시장 변화 수용<br>· 환경 관련 기술 확대 및 하이브리드(hybrid) 자동차 등 신제품 개발<br>· 고객만족경영 및 기업가정신(entrepre-neurship) 강화 |
| 조 선 | · 해외(특히, 중국) 진출에 따른 기술유출 우려<br>· 중소형 조선사 선박건조시장 진출증가, 공격적인 투자에 따른 인력난 가중 및 공급과잉(oversurpply) 가능성 | · 기술자 관리 강화 및 보안시스템(security system) 구축<br>· 조선전문인력 양성체제 구축 및 업체별 선종 전문화 노력 지속 |
| 일 반 기 계 | · 원화의 평가절상 등으로 가격경쟁력 저하<br>· 특정 소수 국가에 편중된 수출구조 | · M&A를 통한 대형화 및 원천기술 확보<br>· 인도, 베트남 등 신흥시장으로 수출 다변화 |
| 철 강 | · 세계 철강산업의 통합화 추세<br>· 일부업계의 취약한 경쟁력<br>· 수입의존도가 높은 원자재 시장의 불안정성 | · M&A, 전략적 제휴(strategic alliance) 등으로 경쟁력 강화<br>· 선도적 기술확보로 글로벌 리더십(global leadership) 확보<br>· 일부 경쟁력 취약 업계의 구조조정<br>· 수입의존도가 높은 철광석, 고철 등 자재의 안정적 조달 방안 마련 |
| 석 유 화 학 | · 수입가격 하락에 따른 외산제품의 내수시장 잠식 가능성<br>· 유가상승 및 환율하락 등 수익성 악화 가능성 | · 공정개선을 통한 원가절감<br>· 환위험(foreign exchange risk) 헤지거래를 활용한 환위험 경감<br>· 에너지 절약 연구개발에 대한 적극적인 투자 |
| 가 전 | · 중국 가전의 급성장<br>· 디지털 가전 관련 핵심기술 확보 | · 디지털 가전 시장 선점<br>· 신제품의 핵심기술에 대한 지속적인 연구개발<br>· 디자인의 고급화 등으로 제품 프리미엄화, 브랜드의 세계화 등으로 경쟁국과 차별화 |
| 통신서비스 | · 유선통신시장 수익성 악화<br>· 유무선 가입자수 포화상태 | · TPS(Triple Play Services), QPS(Quadruple Play Services) 등 결합서비스의 활성화<br>· 산업 내 전략적 M&A 활성화 |

자료 : 산업은행

4 chapter

# 반도체산업

## 제 1 절 국내 반도체산업 동향

### 1. 가격

DRAM의 가격은 2007년 상반기에 급속히 하락하였다. 지난 2년간 DRAM 시장은 생산량 부족, 후발업체의 공정 전환 차질 등으로 인해 DRAM 가격이 안정적으로 유지되었다. 그러나 2007년부터는 DRAM 생산라인의 증설로 인해 공급량의 증가와 함께 신규수요 부진으로 가격하락이 급속하게 이루어지고 있다. 2007년 상반기에는 마이크로소프트(Microsoft)사의 새로운 운영체제인 윈도우 비스타(Window Vista)가 확산되면서 DRAM 수요가 크게 증가할 것으로 전망되었다. 그러나 예상에 못 미치는 실적으로 인해 DRAM 가격은 연초 대비 70%나 하락하는 급격한 가격하락 현상이 발생하였다.

한편, 낸드플래시 메모리의 가격은 2007년 1분기에 하락세를 보였으나 3월 중순 이후 가격이 반등하면서 안정세를 유지하고 있다. 낸드플래시 메모리 시장은 뮤직폰, DMB폰 등 다양한 신규 수요를 창출하면서 수요량이 증가하고 있다.

DRAM 시장은 2007년 하반기에 제한적인 회복세를 보일 것으로 예상된다. 우선 PC업체들이 PC에 탑재되는 기본 메모리량을 증대시킬 가능성이 크다. DRAM 가격의 급락으로 인해 PC 가격에서 메모리가 차지하는 비중이 크게 축소되었다. 이는 기본메모리를 현재의 1GB에서 2GB로 증대시키는 데 비용 부담이 크게 감소하는 것을 의미한다. 또한, DRAM과 플래시 메모리 간에 수익성(profitability) 격차가 확대됨에 따라 DRAM 생산시설을 플래시 생산으로 전환할 가능성이 커지고 있다. 그러나 성수기가 지난 후에는 DRAM 가격이 다시 약세로 전환될 가능성도 존재하고 있다.

### 2. 수요

플래시메모리 시장은 2007년 하반기에는 수요증가로 인해 강세가 지속될 것으로 예상된다. 2007년 하반기부터 고용량 플래시메모리를 탑재한 핸드셋 출시가 본격화되고 애플의 iPhone과 iPod Video 등이 출시되면서 수요가 증가할 것으로 보인다. 한편, DRAM의 수익성 악화로 인하여 DRAM 설비가 플래시 메모리 생산설비로 전환될 경우 공급량이 증가하면서 플래시 메모리의 업황에 영향을 미칠 가능성도 존재하고 있다.

## 제 2 절 국내외 반도체 수출입 동향

### 1. 국내

반도체 무역수지는 2007년 1~5월 중 31.3억 달러의 흑자를 기록하였다. 반도체 수출은 157.6억 달러, 수입은 126.2억 달러를 기록하여 2006년 동 기간의 반도체 무역수지 흑자규모인 25.5억 달러에 비해 5.8억 달러 증가한 것으로 나타났다.

그러나 반도체 수출증가율은 2007년 초부터 크게 하락하고 있다. 2006년말 50%까지 증가하였던 반도체 수출증가율은 2007년 1월에 30%대로 하락하였으며 2007년 4월에는 한 자리 숫자의 증가율을 보였다. 반면 반도체 수입증가율은 등락을 거듭하면서도 다소 증가하고 있다. 반도체 수출증가율의 급격한 감소는 우리의 주요 수출품목인 메모리 가격의 급락에 따른 것으로 메모리 가격의 안정세가 기대되는 2007년 하반기에는 다소 개선될 수 있을 것으로 기대된다.

〈표 4-1〉 반도체 수출입 현황

(단위 : 백만 달러, %)

| | 2006(1~5월) | | 2007(1~5월) | | 증감률 | |
|---|---|---|---|---|---|---|
| | 수출 | 수입 | 수출 | 수입 | 수출 | 수입 |
| 반도체 | 13,874 | 11,322 | 15,757 | 12,623 | 13.6 | 11.5 |
| 디지털IC | 13,015 | 9,621 | 14,776 | 10,624 | 13.5 | 10.4 |
| Logics | 5,382 | 8,084 | 5,185 | 7,514 | -3.7 | -7.1 |
| 메모리 | 6,127 | 561 | 9,222 | 1,829 | 50.5 | 226.0 |
| 기타반도체 | 859 | 1,701 | 981 | 1,999 | 14.2 | 17.5 |

자료 : 정보통신부, 2006. 6.

## 2. 국외

국가별 2007년 1~5월 중 반도체 수출동향을 살펴보면 중국(홍콩 포함), 대만을 제외한 대부분의 국가에서 전년 대비 두 자리 숫자의 높은 수출증가율을 기록하고 있다. 중국에 대한 반도체 수출증가율이 4.3%에 불과하고 반도체 수출국 중 차지하는 비중도 3% 정도 감소하였으나 여전히 30%가 넘는 높은 비중을 나타내고 있다. 대만의 경우에도 수출증가율은 4.9%에 불과하나 수출국 중 차지하는 비중이 13%로서 단일국가로는 높은 점유율을 차지하고 있다.

〈표 4-2〉 지역별 반도체 수출실적

(단위 : 백만 달러, %)

| 국가 | 2006. 1~5월 | | 2007. 1~5월 | | 증가율(B/A) |
|---|---|---|---|---|---|
| | 금액(A) | 비중 | 금액(B) | 비중 | |
| 중국(홍콩) | 5,471 | 39.4 | 5,708 | 36.2 | 4.3 |
| 미국 | 1,263 | 9.1 | 1,653 | 10.5 | 30.9 |
| 일본 | 1,344 | 9.7 | 1,696 | 10.8 | 26.2 |
| 대만 | 2,026 | 14.6 | 2,126 | 13.5 | 4.9 |
| 남미 | 25 | 0.2 | 46 | 0.3 | 84.0 |
| EU | 939 | 6.8 | 1,277 | 8.1 | 36.0 |
| 기타 | 2,805 | 20.2 | 3,250 | 20.6 | 15.9 |
| 합계 | 13,874 | 100.0 | 15,757 | 100.0 | 13.6 |

자료 : 정보통신부, 2006. 6.

# 제 3 절 국내외 반도체 설비투자 동향

## 1. 국내

국내 반도체산업의 2007년 설비투자는 전년 대비 18.3% 감소한 14조 583억원으로 예상된다. 2004~2005년 중 이미 대규모의 신·증설을 수행하여 2006년에 이어 2007년에도 설비투자규모는 감소하고 있다.

2007년 설비투자 내역을 동기별로 살펴보면 설비능력 증가를 위한 투자가 차지하는 비중이 86.6%로 전년도의 86.1% 보다 소폭 상승할 것으로 보이나 금액기준으로는 전년 대비 17.8% 하락한 12조 1,708억원 수준으로 예상된다. 합리화투자도 전년도의 8.5%와 비슷한 수준인 8.3%를 차지할 것으로 보이나 금액기준으로 전년 대비 20.5% 하락한 1조 1,684억원에 이를 것으로 전망된다. 연구개발(R&D) 투자도 전년 대비 22.3% 감소하면서 5,209억원 수준이 될 것으로 보인다.

주요 업체별 투자동향을 살펴보면 삼성전자는 반도체 부문에 5조 4,400억원을 투자할 계획이다. 삼성전자는 300㎜ D램 15라인을 증설하고 기존 200㎜ 11라인의 300㎜ 설비 전환을 추진하고 있으며 미국 텍사스 오스틴(Austin) 공장에 낸드플래시 300㎜ 라인을 증설한 바 있다.

반도체에 대한 설비투자가 2007년 1분기에 집중되면서 5조 4,400억원의 39.5%에 해당하는 2조 1,500억원이 투자되었다. 반면에 하이닉스(Hynix)는 중국 우시 공장 등 기존 공장증설과 설비 업그레이드 등을 포함하여 전년과 비슷한 4조 4,000억원을 투자할 계획이며, 청주 신규공장의 300㎜ 팹(M11)에 2009년 7월까지 3조 8,000억원을 투자할 것으로 예상된다.

〈표 4-3〉 반도체 · 디스플레이산업의 동기별 설비투자 동향 전망

(단위 : 억원, %)

| | 설비투자 | | | 구성비 | | | 증감률 | |
|---|---|---|---|---|---|---|---|---|
| | 2005 | 2006 | 2007 | 2005 | 2006 | 2007 | 2006/2005 | 2007/2006 |
| 합 계 | 184,893 | 171,977 | 140,583 | 100.0 | 100.0 | 100.0 | -7.0 | -18.3 |
| 설비능력 증가 | 155,929 | 148,045 | 121,708 | 84.3 | 86.1 | 86.6 | -5.1 | -17.8 |
| 신 제 품 생 산 | 77,057 | 75,117 | 71,712 | 41.7 | 43.7 | 51.0 | -2.5 | -4.5 |
| 설 비 확 장 | 78,872 | 72,928 | 49,996 | 42.7 | 42.4 | 35.6 | -7.5 | -31.4 |
| 국내수요대비 | 18,918 | 18,763 | 20,689 | 10.2 | 10.9 | 14.7 | -0.8 | 10.3 |
| 해외수요대비 | 137,011 | 129,282 | 101,019 | 74.1 | 75.2 | 71.9 | -5.6 | -21.9 |
| 합 리 화 | 21,573 | 14,695 | 11,684 | 11.7 | 8.5 | 8.3 | -31.9 | -20.5 |
| 유 지 보 수 | 20,895 | 14,284 | 11,035 | 11.3 | 8.3 | 7.8 | -31.6 | -22.7 |
| 자 동 화 | 609 | 386 | 644 | 0.3 | 0.2 | 0.5 | -36.6 | 66.8 |
| 에 너 지 절 약 | 69 | 25 | 5 | 0.0 | 0.0 | 0.0 | -63.8 | -80.0 |
| 공 해 방 지 | 39 | 60 | 60 | 0.0 | 0.0 | 0.0 | 53.8 | 0.0 |
| 연 구 개 발 | 4,521 | 6,702 | 5,209 | 2.5 | 3.9 | 3.7 | 48.2 | -22.3 |
| 기 타 | 2,831 | 2,475 | 1,922 | 1.5 | 1.4 | 1.4 | -12.6 | -22.3 |

주 : 반도체, 디스플레이, 기타 전자부품 업종이 포함된 수치임

## 2. 국외

시장조사기관인 가트너(Gartner)에 의하면 2007년 세계 반도체 자본설비투자는 406억 달러에 이를 것으로 전망하고 있다. 이는 2006년에 비해 3.2% 감소한 규모이다. 설비투자의 감소는 2006년에 높은 가동률을 위해 대규모 투자가 이루어져 2007년에는 상대적으로 투자가 위축된 것으로 볼 수 있다. 그러나 2008년에는 다시 회복세를 보이면서 14.9% 증가한 467억 달러의 투자가 이루어질 것으로 예상된다.

2007년 투자규모를 부문별로 살펴보면 웨이퍼 팹 장비 부문은 소폭 감소한 0.7% 하락할 것으로 예상되는 반면에 패키징과 조립 장비 및 자동화 테스트 장비는 각각 12.2%, 11.2% 감소할 것으로 예상된다.

〈표 4-4〉 세계 반도체 자본설비 투자전망

(단위 : 백만 달러, %)

| 구 분 | 2005 | 2006 | 2007 | 2008 | 2009 | 2010 | 2011 |
|---|---|---|---|---|---|---|---|
| 반도체 자본투자 | 47,197.1 | 56,056.3 | 55,230.4 | 61,146.4 | 57,418.6 | 56,183.0 | 64,860.6 |
| 성 장 률 | -2.7 | 18.8 | -1.5 | 10.7 | -6.1 | -2.2 | 15.4 |
| 자 본 설 비 | 34,141.1 | 41,950.2 | 40,627.5 | 46,669.0 | 41,854.0 | 42,848.1 | 49,408.2 |
| 성 장 률 | -10.0 | 22.9 | -3.2 | 14.9 | -10.3 | 2.4 | 15.3 |
| 웨이퍼 팹 장비 | 25,952.3 | 32,610.1 | 32,386.3 | 36,776.2 | 33,239.9 | 33,413.9 | 38,944.4 |
| 성 장 률 | -8.5 | 25.7 | -0.7 | 13.6 | -9.6 | 0.5 | 16.6 |
| 패키징과 조립장비 | 4,415.9 | 5,217.8 | 4,582.0 | 5,508.3 | 4,680.4 | 5,040.9 | 5,527.5 |
| 성 장 률 | -7.7 | 18.2 | -12.2 | 20.2 | -15.0 | 7.7 | 9.7 |
| 자동화 테스트 장비 | 3,772.9 | 4,122.3 | 3,659.2 | 4,384.5 | 3,933.7 | 4,393.3 | 4,936.3 |
| 성 장 률 | -21.2 | 9.3 | -11.2 | 19.8 | -10.3 | 11.7 | 12.4 |
| 기 타 투 자 | 13,056.0 | 14,106.1 | 14,602.9 | 14,477.4 | 15,564.6 | 13,334.9 | 15,452.5 |
| 성 장 률 | 23.7 | 8.0 | 3.5 | -0.9 | 7.5 | -14.3 | 15.9 |

자료 : Gartner Dataquest, 2007. 4.

## 제 4 절 세계 반도체시장 전망

### 1. 개관

WSTS에 의하면 반도체 시장은 2007년에 2.3% 증가한 2,536억 달러를 기록할 것으로 보인다. 이는 2005년의 성장률 8.9%에 비해 낮은 수준이다. WSTS는 당초 2007년 반도체시장 규모를 8.6% 성장한 2,679억 달러로 전망하였으나 반도체 가격이 급락함에 따라 성장률을 하향 조정하였다.

비메모리 분야는 2007년 2.4%, 메모리 분야는 2.2%의 성장을 전망하고 있다. 2005년 메모리 분야의 성장률이 20.5%를 기록했던 것을 고려하면 상대적으로 큰 폭의 둔화라고 할 수 있다. 플래시 메모리는 다양한 애플리케이션(application)의 적용을 기반으로 2006년 대비 5.5% 증가한 121억 달러를 기록할 것으로 보이나 DRAM은 공급과잉(oversupply)으로 인해 2006년 32.0%의 성장에서 4.6%의 성장에 그칠 것으로 예상된다.

반도체 경기는 2008년에는 전반적으로 2007년보다 양호하여 전체 반도체 시장은 10.2%의 성장을 기록할 것으로 기대된다. DRAM은 여전히 2.0%의 저성장을 지속할 것으로 보이나 플래시 메모리는 다양한 애플리케이션의 수요 증대로 27.8%의 대규모 성장을 시현할 것으로 기대되고 있다.

〈표 4-5〉 세계 반도체 시장전망

(단위 : 백만 달러, %)

| | 2006 | 2007 | 2008 |
|---|---|---|---|
| 반도체<br>(증감률) | 247,716<br>(8.9) | 253,606<br>(2.3) | 279,243<br>(10.2) |
| 비메모리<br>(증감률) | 189,243<br>(5.7) | 193,853<br>(2.4) | 215,175<br>(11.0) |
| 메모리<br>(증감률) | 58,473<br>(20.5) | 59,753<br>(2.2) | 64,068<br>(7.2) |
| DRAM<br>(증감률) | 33,787<br>(32.0) | 35,327<br>(4.6) | 36,019<br>(2.0) |
| Flash 메모리<br>(증감률) | 11,519<br>(8.7) | 12,149<br>(5.5) | 15,478<br>(27.8) |

자료 : WSTS

반도체 응용분야별 비중은 PC·컴퓨터 부문이 39.6%, 가전 부문이 20.5%, 휴대폰(cellular phone) 부문이 19.5%를 차지할 것으로 예상된다. 단일시장으로는 가장 큰 반도체 수요처인 PC 부문은 10%의 성장을 시현할 것으로 보인다. PC 판매량의 성장에도 불구하고 경쟁심화와 단가 하락으로 마이크로프로세서(microprocessor)의 성장은 다소 감소할 것으로 예상된다.

한편, 가전 부문에서는 PMP와 MP3의 생산량이 215백만대를 초과하여 20%가 넘는 고성장을 보이면서 플래시메모리에 대한 수요가 대폭 증가할 것으로 예상된다. 시장이 성숙단계에 진입하고 있는 휴대폰 부문에서는 성장률이 다소 둔화되겠으나 3G 휴대폰의 수요를 중심으로 10% 수준의 성장률을 기록할 것으로 보인다.

〈표 4-6〉 반도체 응용분야별 비중 전망

(단위 : %)

| PC·컴퓨터 | 가전 | 휴대폰 | 산업 · 군사 | 자동차 | 무선통신 |
|---|---|---|---|---|---|
| 39.6 | 20.5 | 19.5 | 8.2 | 6.3 | 6.0 |

자료 : SIA, 2007. 6.

## 2. 생산능력

세계 반도체 업계의 생산능력은 지속적으로 증가하고 있다. 반도체 생산능력은 2004년 2분기에 1,297천매에서 2007년 1분기에 1,811.8천매로 확대되었다. 200㎜ 제조라인이 50%를 초과하는 비중을 차지하고 있는 가운데 300㎜ 제조라인의 생산능력이 급속히 증가하고 있다. 300㎜ 제조라인은 2004년 3분기에 전체라인의 생산능력에서 차지하는 비중이 10%를 초과한 이후 2006년 1분기에 20%, 2006년 4분기에 30%를 넘어서면서 비중이 급속히 증가하고 있다.

한편, 200㎜ 미만 제조라인은 2004년 4분기부터 생산능력이 감소하기 시작하였다. 전체 생산능력에서 차지하는 비중도 2004년 2분기 25.5%에서 2007년 1분기에는 10.3%로 축소되었다. 또한, 200㎜ 제조라인은 생산능력이 지속적으로 증가하여 왔으나 2007년 1분기에 감소세를 보이기 시작하였다. 2004년 2분기에는 비중이 65.6%를 차지하였으나 2007년 1분기에는 비중이 56.9%로 감소되었다.

5
chapter

# 통신기기 및 정보통신서비스 산업

## 제 1 절　통신기기산업

### 1. 국내 통신기기산업 동향

국내 통신기기산업의 2006년 생산은 전년 대비 1.4% 감소하였다. 이 같은 감소의 주요 요인으로 수요측면에서의 통신기기 수출정체와 공급측면에서의 통신기기 수입증가를 지적할 수 있다. 특히, 통신기기 수출감소의 주요 요인으로는 통신기기산업에서 큰 비중을 차지하는 휴대폰(cellular phone)의 수출이 11% 감소한 것을 들 수 있다. 최대 수출시장인 미국으로의 수출이 2004년까지 매년 40% 정도 지속적으로 증가하다가 2005년 28.7% 감소세로 전환된 이후 2006년에도 20.3%나 감소하였다. 대유럽 수출도 GSM 방식 휴대폰에 대한 국내기업들의 경쟁력(competitiveness) 강화로 2005년까지 증가하였으나 2006년 들어 감소세로 전환되었다.

#### 1.1 수요

국내 통신기기업계는 2007년 상반기에 2006년도 대비 회복세를 보일 것으로 예상된다. 이는 수요측면에서 내수회복세가 유지되는 가운데 수출의 경우에도 활발할 것으로 기대되기 때문이다. 2007년 상반기 내수 증가율은 10.1%로 2006년의 8.1%에 비하여 확대될 것으로 보인다. 이는 HSDPA폰 등 신규서비스 출시에 따른 휴대폰 및 통신장비의 매출확대에 주로 기인한 것으로 분석된다. 2007년 상반기 수출 역시 삼성전자, LG전자 등 국내 휴대폰 제조업체들의 수출호조에 힘입어 전년동기 대비 4.0% 증가한 14,080백만 달러를 기록할 것으로 보인다.

### 1.2 공급

공급측면을 보면 생산은 2007년 상반기 수출회복과 내수호조의 영향으로 전년동기 대비 4.4% 증가한 23조원을 기록하여 2006년의 침체에서 다소 탈피할 것으로 기대된다. 한편, 수입은 15.3% 증가한 2,850백만 달러를 기록하여 전년의 증가세가 이어질 것으로 보이나 그 증가폭은 전년의 27.3%에서 다소 감소할 것으로 예상된다.

〈표 5-1〉 통신기기 수급동향

(단위 : 생산·내수는 억원, 수출입은 백만달러, %)

| | | 2005(A) | 2006(B) | | 2007 | 증가율 | |
|---|---|---|---|---|---|---|---|
| | | | | 상반기(C) | 상반기(D) | B/A | D/C |
| 공급 | 생산 | 478,571 | 471,795 | 220,206 | 230,000 | -1.4 | 4.4 |
| | 수입 | 4,271 | 5,438 | 2,471 | 2,850 | 27.3 | 15.3 |
| 수요 | 내수 | 237,547 | 256,790 | 113,535 | 125,000 | 8.1 | 10.1 |
| | 수출 | 27,801 | 27,939 | 13,534 | 14,080 | 0.5 | 4.0 |

주 : 2007년은 산업은행 추정

자료 : 한국정보통신산업협회, 정보통신산업월보, 각호

## 2. 전망

내수는 2007년에 HSDPA폰 등 3.5세대 폰에 대한 교체수요와 3세대 통신시스템에 대한 장비수요로 전년 대비 9.0%의 증가를 시현할 것으로 예상된다. 또한, 2007년 통신기기의 수출도 원화의 평가절상(appreciation of won)에 따른 가격경쟁력 약화에도 불구하고 글로벌 휴대폰시장(global cellular phone market)에서 삼성전자와 LG전자 등 국내업체들이 양호한 실적을 거두어 전년 대비 3.8% 증가한 29,000백만 달러를 기록할 것으로 보인다. 이 같이 2007년 통신기기 업계는 내수 및 수출 모두 전년 대비 호조를 보일 것으로 예상된다.

특히, 통신기기산업의 생산에서 70%가 넘는 비중을 차지하고 있는 휴대폰 부문의 경우 세계시장 점유율 2위 업체인 모토롤라(Motorola)가 레이저폰으로 큰 성공을 거둔 이후 후속 히트모델의 부재(不在)로 실적부진을 거듭하면서 2007년 1분기 중 적자로 전환된 반면에 삼성전자와 LG전자는 2007년 1분기 중 매출과 영업이익률 모두 양호한 실적을 거두고 있다. 삼성전자와

LG전자 양사 모두 선진국시장에 대해서는 기존의 프리미엄 전략(premium strategy)을 유지하면서 신흥시장(emerging market)에도 저가폰을 적절히 공급하는 데 성공함으로써 2006년도의 부진에서 탈피하기 위한 전략변화가 성공하고 있는 것으로 판단된다.

### 2.1 생산 및 수요

국내 통신기기산업의 생산은 2007년에 국내외 수요호조에 따라 전년 대비 4.5% 증가한 493,000억원을 기록할 것으로 기대되며 수입은 15.9% 증가한 6,300백만 달러를 기록할 것으로 보인다.

〈표 5-2〉 통신기기산업의 수급동향 및 전망

(단위 : 생산・내수는 억원, 수출입은 백만달러, %)

| | 2005 | 2006 | 2007 | 증가율 | |
|---|---|---|---|---|---|
| | | | | 2006/2005 | 2007/2006 |
| 생산 | 478,571 | 471,795 | 493,000 | -1.4 | 4.5 |
| 수입 | 4,271 | 5,438 | 6,300 | 27.3 | 15.9 |
| 내수 | 237,547 | 256,790 | 280,000 | 8.1 | 9.0 |
| 수출 | 27,801 | 27,939 | 29,000 | 0.5 | 3.8 |

주 : 2007년은 산업은행 추정

자료 : 한국정보통신산업협회, 정보통신산업월보, 각호

한편, 세계 휴대폰시장의 수요를 지역별로 보면 미국, 유럽 등 선진국 시장의 휴대폰 보급률은 이미 포화상태에 이르러 대부분 교체수요 상태에 있다. 반면에 중국은 2006년 중 전년 대비 33.1% 성장한 1억 2,000만대의 출하량을 기록하였으며 인도도 전년 대비 121.4% 증가한 8,000만대의 출하량을 보이는 등 신흥시장(emerging market)의 중요성이 갈수록 증대되고 있다. 결국 연간 4억대의 물량을 공급하며 규모의 경제(economies of scale)를 통해 신흥시장에서의 가격경쟁력(price competitiveness)을 확보한 노키아(Nokia)에 대응하여 국내업체들이 저가폰의 가격경쟁력 확보여부가 향후 국내 통신기기산업의 지속적 성장을 위한 핵심 요건이라고 할 수 있다.

국내 휴대폰 부품업체들의 경우 저가폰 시장의 비중 확대에 수반되는 완성품 제조업체들의 단가인하 압력과 중국, 대만 기업에 비해 불리한 원가경쟁력으로 수익성(profitability) 악화가 우려되는 상황에 직면해 있다. 노키아가 2006년에 FIH, BYD 등 대만, 중국 기업으로부터 조달한 부품의 비중은 전체의 30~40%였으나 2007년에는 65~75%로 대폭 증가할 것으로 전망되고 있다. 더욱이 국내 휴대폰 제조업체들마저 그동안 뒤처져 왔던 저가폰 시장을 공략하기 위해 중국 등 해외에서의 생산을 확대하고 대만, 중국 부품업체로부터 부품 조달을 증대시킬 계획으로 있어 국내 부품업체들의 경쟁력 제고가 시급한 것으로 판단된다.

## 2.2 투자

국내 통신기기산업의 2007년 설비투자금액은 전년 대비 82.5% 증가한 9,203억원을 기록할 것으로 보이며 휴대폰 Big 3 업체가 동 설비투자금액의 84.3%인 7,761억원을 차지하는 것으로 나타났다. 한편, 중소 휴대폰 제조업체의 설비투자는 계속 부진할 것으로 예상된다. 이는 중견·중소 휴대폰 제조업체의 경우 주력 수출시장인 신흥시장의 경쟁이 심화되면서 세계시장 판도가 글로벌 Big 5 위주로 재편되고 있어 중소업체의 적극적인 설비투자를 어렵게 하고 있기 때문이다.

설비투자 전망을 동기별로 살펴보면 2007년에는 설비능력 증가를 위한 투자가 전년 대비 100.3% 증가할 것으로 보인다. 이를 분야별로 보면 신제품생산과 설비확장 투자가 각각 165.5%, 57.0% 증가할 것으로 보인다. 또한, 국내외 수요별 투자내역을 살펴보면 국내수요 대비 투자는 전년 대비 73.7% 증가하고 해외수요 대비 투자는 전년 대비 114.0% 증가할 것으로 보인다. 2005년부터 수요증가가 지속되고 있는 WCDMA폰과 DMB폰 및 2007년부터 서비스가 개시된 HSDPA폰 관련 설비확충이 기대되고 있으며 최근의 수출환경 악화에도 불구하고 수출수요에 대비한 설비투자가 대폭 증가할 것으로 기대된다.

합리화 투자금액은 2007년에 전년 대비 69.3% 증가한 1,853억원이 될 것으로 보이나 합리화 투자의 투자비중은 2006년 21.7%에서 2007년 20.1%로 소폭 감소할 것으로 전망된다. 이는 2007년 휴대폰 선도기업의 투자가 HSDPA 등 3.5G 통신서비스 실시에 따른 신제품 개발을 위한 설비능력 증가에 초점을 맞춘 데 따른 것으로 판단된다.

한편, 연구개발(R&D) 투자는 2006년의 37.1% 감소에서 2007년에는 5.7%의 증가세로 전환될 것으로 보이나 금액기준으로는 2006년의 700억원에서 소폭 늘어난 740억원에 그칠 것으로 예상된다.

이 같이 통신기기산업의 설비투자는 2007년에 연구개발보다는 기존 시설의 유지보수를 위한 합리화 투자와 설비능력 증가 투자가 활성화될 것으로 보이며 설비능력을 증가시키는 투자는 설비확장보다는 신제품생산에 치중할 것으로 예상된다.

〈표 5-3〉 통신기기산업의 동기별 설비투자 동향 및 전망

(단위 : 억원, %)

| | 설비투자 | | | 구성비 | | | 증감률 | |
|---|---|---|---|---|---|---|---|---|
| | 2005 | 2006 | 2007 | 2005 | 2006 | 2007 | 2006/2005 | 2007/2006 |
| 합 계 | 7,552 | 5,043 | 9,203 | 100.0 | 100.0 | 100.0 | -33.2 | 82.5 |
| 설비능력증가 | 4,577 | 3,004 | 6,016 | 60.6 | 59.6 | 65.4 | -34.4 | 100.3 |
| 신제품생산 | 2,729 | 1,199 | 3,183 | 36.1 | 23.8 | 34.6 | -56.1 | 165.5 |
| 설비확장 | 1,848 | 1,805 | 2,833 | 24.5 | 35.8 | 30.8 | -2.3 | 57.0 |
| 국내수요대비 | 2,214 | 1,021 | 1,773 | 29.3 | 20.3 | 19.3 | -53.9 | 73.7 |
| 해외수요대비 | 2,363 | 1,983 | 4,243 | 31.3 | 39.3 | 46.1 | -16.1 | 114.0 |
| 합리화 | 971 | 1,094 | 1,852 | 12.9 | 21.7 | 20.1 | 12.7 | 69.3 |
| 유지보수 | 921 | 1,082 | 1,806 | 12.2 | 21.5 | 19.6 | 17.5 | 66.9 |
| 자동화 | 50 | 12 | 46 | 0.7 | 0.2 | 0.5 | -76.0 | 283.3 |
| 에너지절약 | 0 | 0 | 0 | 0.0 | 0.0 | 0.0 | 0.0 | 0.0 |
| 공해방지 | 3 | 0 | 0 | 0.0 | 0.0 | 0.0 | 0.0 | 0.0 |
| 연구개발 | 1,113 | 700 | 740 | 14.7 | 13.9 | 8.0 | -37.1 | 5.7 |
| 기타 | 888 | 245 | 595 | 11.8 | 4.9 | 6.5 | -72.4 | 142.9 |

자료 : 산업은행, 설비투자계획조사, 2007. 5.

## 3. 세계 휴대폰시장의 동향

세계 휴대폰시장은 2006년에 10억대가 넘는 출하량을 기록하며 전년 대비 20.3%의 성장을 기록하였다. 당초 휴대폰 시장이 성숙기에 진입함에 따라 한 자리 수의 성장이 기대되었으나 신흥시장에서의 수요 급증으로 인해 고성장세가 지속되고 있다. 또한 중국, 인도, 아프리카 등 아직 이동통신의 보급률이 30%에 그치고 있는 신흥시장(emerging market)을 중심으로 신규수요가 꾸준히 증가하고 있다.

세계시장에서 휴대폰 수요가 호조를 보이는 것과 달리 국내 제조업체들의 세계시장 점유율은 2006년 들어 소폭 감소하였다. 삼성전자와 LG전자의 세계시장 점유율은 2006년에 각각 2005년의 12.2%(3위), 6.5%(4위)에 비해 하락한 11.6%(3위), 6.3%(5위)를 기록하였다. 반면에 노키아와 모토롤라는 점유율 34.3%와 21.4%로서 3위와의 격차를 확대시키며 세계 휴대폰시장 양강의 위치를 확고히 구축하였다. 이는 세계 휴대폰 시장의 성장을 주도하는 신흥시장이 저가폰 위주로 형성되고 있어 규모의 경제(economies of scale)를 갖추고 생산원가 측면에서 강점이 있는 노키아와 모토롤라의 우위가 지속되는 데 기인하고 있다. 노키아와 모토롤라의 경우 자체생산 비율이 60% 수준이나 국내업체의 경우 90%를 초과하는 것으로 추정되고 있어 국내업체의 원가경쟁력을 제고시키기 위해서는 하청생산 비율이 확대되어야 한다.

한편, 지멘스(Siemens)를 이수한 대만의 벤큐와 한국의 VK 등 후발주자들이 경쟁대열에서 이탈하면서 글로벌 Big 5 위주의 시장구조는 더욱 확고히 구축되고 있다. Big 5를 제외한 기타 업체의 비중이 2004년의 32.0%에서 2006년에는 18.9%로 감소하는 등 Big 5의 시장지배력은 점점 강화되고 있다. 이는 신흥시장에서 주로 판매되는 저가폰의 가격이 평균 30달러대, 최저 10달러대 수준으로 하락함에 따라 규모의 경제에 따른 가격경쟁력을 확보하기 어려운 후발업체들의 영업환경이 악화된 데 기인한 것으로 판단된다. 따라서 2006년에 이어 2007년에도 선도기업 중심의 시장구조는 지속될 것으로 보인다.

〈표 5-4〉 휴대폰의 세계 시장점유율 추이

(단위 : 천대, %)

| 순위 | 2004 | | | 2005 | | | 2006 | | |
|---|---|---|---|---|---|---|---|---|---|
| | 업체명 | 판매량 | 점유율 | 업체명 | 판매량 | 점유율 | 업체명 | 판매량 | 점유율 |
| 1 | 노키아 | 207,600 | 29.1 | 노키아 | 265,200 | 31.5 | 노키아 | 347,500 | 34.3 |
| 2 | 모토롤라 | 104,500 | 14.7 | 모토롤라 | 146,000 | 17.3 | 모토롤라 | 217,400 | 21.4 |
| 3 | 삼성전자 | 87,100 | 12.2 | 삼성전자 | 102,900 | 12.2 | 삼성전자 | 118,000 | 11.6 |
| 4 | LG전자 | 43,100 | 6.0 | LG전자 | 54,900 | 6.5 | LG전자 | 74,800 | 7.4 |
| 5 | 소니에릭슨 | 42,500 | 6.0 | 소니에릭슨 | 51,100 | 6.1 | 소니에릭슨 | 64,400 | 6.3 |
| | 기타 | 228,200 | 32.0 | 기타 | 222,900 | 26.4 | 기타 | 192,200 | 18.9 |
| 합계 | | 713,000 | 100.0 | | 843,000 | 100.0 | | 1,014,300 | 100.0 |

## 4. 휴대폰 시장의 주요 이슈

휴대폰 시장의 주요 이슈로는 3가지(① 컨버전스화, ② 슬림화, ③ 디자인 및 소재의 다양화)를 지적할 수 있다.

### 4.1 컨버전스화

#### (1) 카메라 및 MP3 Player 기능 부착

휴대폰은 이전에는 단순한 음성전달을 위한 포터블 기기에 불과하였으나 다양한 IT 기술이 발달하면서 다양한 기능이 결합된 컨버전스화가 광범위하게 이루어지고 있다. 이 중 대표적인 기능으로 카메라 기능과 MP3 Player 기능 부착을 지적할 수 있다.

삼성전자가 2000년에 최초로 카메라폰을 출시한 이후 세계시장에서 2006년에 출시된 휴대폰의 50% 이상이 카메라 기능을 가진 것으로 조사되었다. 또한, 카메라 기능도 점차 고사양화가 진행되어 2004년까지의 카메라 모듈은 VGA급이 주류를 이루었으나 2006년 들어서는 VGA급의 비중이 45%로 감소하고 1M급 이상이 주류를 차지한 것으로 조사되었다. MP3 Player 기능의 경우 소니에릭슨의 워크맨폰과 국내업체의 뮤직폰 판매가 증가하고 있으며 2007년 이후 부터는 뮤직폰이 휴대폰 하이앤드 시장(highend market)을 주도할 것으로 보인다.

#### (2) 모바일 방송의 도입

또다른 휴대폰 컨버전스화 경향으로는 모바일 방송의 도입을 들 수 있다. 한국이 주도하는 DMB가 2005년 12월 상용화되었으며 유럽 중심의 DVB-H는 2006년 6월에 상용화 되었다. 미국 중심의 Media-Flo는 2007년에 상용화가 이루어질 것으로 보인다.

### 4.2 슬림화

휴대폰의 기능이 아닌 외형상에 있어 중요한 변화는 2004년 모토롤라의 레이저(RAZR)폰 출시로 시작된 슬림화 추세이다. 한때 삼성전자에 세계 2위 자리를 위협받던 모토롤라가 초슬림폰인 레이저폰의 성공으로 2위 자리를 굳건히 하며 세계 양강 체제를 구축하였다. 모토롤라의 성공에 자극받은 삼성전자와 LG전자의 슬림폰인 울트라 에디션과 초콜릿폰이 인기를 모으고 있어 슬림화 추세는 당분간 지속될 것으로 보인다.

### 4.3 디자인 및 소재의 다양화

1990년대 말 휴대폰은 바(Bar) 타입이었으나 이후 개폐식 플립(Flip)형/폴더(Folder)형으로 변화하였다가 최근 슬라이드(Slide)형으로 진화하였다. 또한 스윙형, 게임기형, 복합형 등의 디자인도 최근 출시되는 등 디자인의 다양화가 이루어지고 있다. 한편, 소재의 경우 플라스틱 일변도에서 최근 금속 소재의 채용이 증가하고 있는 상황이다. 삼성전자의 울트라에디션 모델은 마그네슘에 금속 도금을 하였으며, LG전자 샤인폰의 경우 스테인리스 스틸 소재를 사용하였다. 경쟁업체인 모토롤라의 레이저도 알루미늄 케이스를 이용하는 등 당분간 다양한 소재의 채용 시도가 이루어질 것으로 보인다.

# 제 2 절 정보통신서비스산업

## 1. 국내 정보통신서비스산업의 동향

정보통신서비스 매출액은 2007년 1분기 총 12조 8,045억원을 기록하여 전년 동분기 대비

11.0% 증가한 것으로 나타났다.

이를 세부 영역별로 살펴보면 다음과 같다.

### 1.1 기간통신서비스

기간통신서비스의 매출액은 유선 및 무선통신서비스의 매출액이 전반적으로 증가하여 전년 동분기 대비 각각 7.6% 및 15.2% 증가한 8조 3,108억원을 기록하였다. 특히, 무선통신서비스 영역의 매출 증대는 KTF 및 SKT의 HSDPA 서비스 개시로 인한 가입자 수 증가에 기인한 것으로 분석된다.

### 1.2 별정통신서비스

별정통신서비스의 경우에도 설비보유재판매, 설비미보유재판매 및 구내통신서비스 영역의 매출액이 전년 동분기 대비 각각 2.9%, 31.1% 및 109.7% 증가하여 전년 동분기 대비 31.1% 증가한 5,715억원을 기록하였다.

### 1.3 부가통신서비스

부가통신서비스 영역은 1조 8,401억원의 매출을 기록하여 전년 동분기 대비 9.6% 증가한 결과를 나타내고 있다. 이는 인터넷접속관리서비스, 부가통신응용서비스 및 컨텐츠제공서비스 영역의 매출증대에 기인한 것으로 판단된다.

### 1.4 방송서비스

방송서비스는 전년 동분기 대비 12.8% 매출 증대를 기록한 위성방송서비스 영역의 호조로 2조 821억원의 매출을 달성하여 전년 동분기 대비 5.6% 증가한 것으로 나타났다.

## 2. 전망

국내 통신서비스산업의 설비투자는 2006년에 전년 대비 12.0% 증가한 6조 7,328억원을 기록한 것으로 조사되었다. 이는 WiBro, HSDPA 등 신규 서비스 도입에 따른 망구축이 본격화되어 투자가 확대되어 2006년 통신서비스 부문 설비투자가 집중된 데 따른 것으로 판단된다.

동기별 2006년 설비투자동향을 살펴보면 설비능력증가를 위한 투자는 전체 설비투자액의 80.1%인 5조 3,928억원으로 전년 대비 19.0% 증가하였다. 합리화를 위한 투자는 전년 대비

2.9% 감소한 것으로 나타났으며 연구개발에 대한 투자도 전년 대비 62.2% 감소한 594억원을 기록하여 연구개발 투자를 통한 성장성 활성화가 이루어지지 못한 것으로 나타났다.

〈표 5-5〉 부문별 매출액 추이

(단위 : 억원, %)

| | 2005(A) | 2006(B) | | 2007 | 증가율 | |
|---|---|---|---|---|---|---|
| | | | 1~3월(C) | 1~3월(D) | B/A | D/C |
| 기간통신서비스 | 317,767 | 321,693 | 74,265 | 83,108 | 1.2 | 11.9 |
| 유선통신서비스 | 138,321 | 134,903 | 31,992 | 34,418 | -2.5 | 7.6 |
| 무선통신서비스 | 179,446 | 186,790 | 42,273 | 48,690 | 4.1 | 15.2 |
| 별정통신서비스 | 18,872 | 20,182 | 4,358 | 5,715 | 6.9 | 31.1 |
| 설비보유재판매 | 3,345 | 3,675 | 802 | 825 | 9.9 | 2.9 |
| 설비미보유재판매 | 13,794 | 14,737 | 3,267 | 4,284 | 6.8 | 31.1 |
| 구내통신서비스 | 1,733 | 1,770 | 289 | 606 | 2.1 | 109.7 |
| 부가통신서비스 | 67,834 | 70,871 | 16,973 | 18,401 | 4.5 | 9.6 |
| 네트워크서비스 | 5,806 | 5,830 | 1,187 | 1,578 | 0.4 | 32.9 |
| 인터넷접속관리서비스 | 10,469 | 10,106 | 2,341 | 2,668 | -3.5 | 14.0 |
| 부가통신응용서비스 | 17,505 | 17,482 | 4,376 | 4,647 | -0.1 | 6.2 |
| 컨텐츠제공서비스 | 39,917 | 37,323 | 8,831 | 9,507 | 10.0 | 7.7 |
| 기타서비스 | 137 | 130 | 58 | 29 | -5.1 | -5.0 |
| 방송서비스 | 86,358 | 93,512 | 19,718 | 20,821 | 8.3 | 5.6 |
| 지상파방송 | 35,078 | 34,563 | 7,586 | 7,801 | -1.5 | 2.8 |
| 위성방송 | 3,602 | 4,828 | 1,099 | 1,240 | 34.0 | 12.8 |
| 기타방송서비스 | 47,678 | 54,121 | 11,033 | 11,781 | 13.5 | 6.8 |
| 합계 | 490,831 | 506,258 | 115,314 | 128,045 | 3.1 | 11.0 |

자료 : 한국정보통신산업협회, 정보통신산업 월보 및 정보통신산업 연보, 각호

국내 통신서비스산업의 설비투자는 2007년에 초고속인터넷 등 기존서비스의 포화상태에도 불구하고 WiBro 및 HSDPA 등 신규 서비스 도입으로 전년 대비 18.0% 증가한 7조 9,441억원을 기록할 것으로 예상된다.

### 2.1 주요 업체의 설비투자 전망

주요 업체의 2007년 설비투자 전망을 살펴보면 이동통신 부문에서는 SKT와 KTF 등이 3.5세대 서비스인 HSDPA의 전국망 서비스를 활성화시키기 위해 각각 4,000억원과 4,611억원 정도를 투자할 것으로 추정된다. LGT는 SKT 및 KTF의 HSDPA 서비스 시장 선도전략에 대응하여 EV-DO Rev. A 서비스를 채택하였다. LGT의 동 서비스 관련 투자액은 시장상황에 따라 변동될 것으로 보이나 2007년에는 2,000~2,500억원 정도가 투자될 것으로 예상된다.

## 2.2 투자동기별 전망

### (1) 설비능력증가 투자

기존 설비확장을 통한 설비능력증가 투자는 전년 대비 13.3% 증가한 6조 1,119억원을 기록하여 전년 대비 활발한 투자가 기대된다. 이 중 설비의 확장 및 국내수요 대비 투자는 각각 21.4% 및 13.5% 증가하고, 신제품 생산 및 국외수요 대비 투자는 각각 8.4% 및 34.8% 감소할 것으로 보인다.

### (2) 합리화 투자

합리화 투자는 1조 177억원으로 전년 대비 7.9% 증가할 것으로 보인다. 이 중 유지보수 투자와 자동화 투자가 전년 대비 각각 6.4%, 26.9% 증가할 것으로 예상된다.

### (3) 연구개발 투자

연구개발을 위한 투자는 전년 대비 18.5% 증가할 것으로 보인다.

〈표 5-6〉 통신서비스 산업의 동기별 설비투자 동향 및 전망

(단위 : 억원, %)

| | 설비투자 | | | 구성비 | | | 증가율 | |
|---|---|---|---|---|---|---|---|---|
| | 2005 | 2006 | 2007 | 2005 | 2006 | 2007 | 2006/2005 | 2007/2006 |
| 설비능력증가 | 45,331 | 53,928 | 61,119 | 75.4 | 80.1 | 76.9 | 19.0 | 13.3 |
| 신제품생산 | 9,205 | 14,633 | 13,398 | 15.3 | 21.7 | 16.9 | 59.0 | -8.4 |
| 설비 확장 | 36,126 | 39,295 | 47,721 | 60.1 | 58.4 | 60.1 | 8.8 | 21.4 |
| 국내수요대비 | 44,888 | 53,698 | 60,969 | 74.7 | 79.8 | 76.8 | 19.6 | 13.5 |
| 해외수요대비 | 443 | 230 | 150 | 0.7 | 0.3 | 0.2 | -48.1 | -34.8 |
| 합리화 | 9,715 | 9,433 | 10,177 | 16.2 | 14.0 | 12.8 | -2.9 | 7.9 |
| 유지보수 | 9,428 | 8,759 | 9,320 | 15.7 | 13.0 | 11.7 | -7.1 | 6.4 |
| 자동화 | 287 | 674 | 855 | 0.5 | 1.0 | 1.1 | 134.8 | 26.9 |
| 에너지절약 | 0 | 0 | 2 | 0.0 | 0.0 | 0.0 | 0.0 | 0.0 |
| 공해방지 | 0 | 0 | 0 | 0.0 | 0.0 | 0.0 | 0.0 | 0.0 |
| 연구개발 | 1,570 | 594 | 704 | 2.6 | 0.9 | 0.9 | -62.2 | 18.5 |
| 기타 | 3,493 | 3,373 | 7,441 | 5.8 | 5.0 | 9.4 | -3.4 | 120.6 |
| 합계 | 60,109 | 67,328 | 79,441 | 100.0 | 100.0 | 100.0 | 12.0 | 18.0 |

자료 : 산업은행, 설비투자계획조사, 각호

## 2.3 통신서비스별 전망

2007년 3월말 이후 WiBro와 HSDPA와 같은 신규 통신 서비스가 치열하게 경쟁할 것으로 전망된다. HSDPA에 대한 투자는 2006년에 최고치를 기록한 이후 2007년 이후 점차 감소할 것으

로 예상된다. 한편, WiBro 서비스 관련 투자는 KT에 이어 SKT가 본격적으로 투자를 실행할 것으로 예상되는 2007년에 최고치를 기록할 것으로 보인다. 이 같이 이동통신사업자 중심의 HSDPA와 유선통신사업자 중심의 WiBro가 본격적으로 대중화되기 시작하여 2007년은 전년도에 이어 신규 서비스와 관련한 투자가 다소 활성화될 것으로 보인다.

정보통신서비스 시장은 2007년 상반기 기간통신서비스를 비롯한 별정통신서비스, 부가통신서비스, 방송서비스 등 전 부문에서 매출이 증가하면서 전체적으로 24조 3,865억원의 매출을 기록하여 전년동기 대비 4.4% 증가할 것으로 보인다.

#### (1) 기간통신서비스

기간통신서비스의 2007년 상반기 매출액은 15조 5,884억원으로 전년동기 대비 4.4% 증가할 것으로 보인다. 유선통신서비스가 전년동기 대비 5.3% 감소한 6조 795억원, 무선통신서비스가 11.6% 증가한 9조 5,089억원이 될 것으로 추정된다. 이러한 무선통신서비스 부문의 매출 증가는 2007년 3월말부터 개시된 3.5G 이동통신서비스 영역인 HSDPA 가입자수 증가에 기인한 것으로 판단된다.

#### (2) 별정통신서비스

별정통신서비스 매출액은 8,503억원으로 전년동기 대비 4.8% 증가할 것으로 보인다. 별정통신서비스의 시장진입이 완화되면서 설비보유재판매, 설비미보유재판매 및 구내통신서비스의 매출액도 전반적으로 증가할 것으로 기대된다.

#### (3) 부가통신서비스

부가통신서비스 매출액은 2007년도 상반기에 4조 4,955억원으로 전년동기 대비 4.4% 성장할 것으로 예상된다. 부가통신서비스의 가장 큰 비중을 차지하는 유·무선 인터넷 정보제공 부문이 데이터통신, 인터넷포털서비스(internet portal service), 전자상거래(e-Commerce) 및 인터넷방송·게임 등의 성장에 힘입어 부가통신서비스 매출 증가세를 주도할 것으로 보인다.

#### (4) 방송서비스

방송서비스의 2007년 상반기 예상 매출액은 4조 4,523억원으로 전년동기 대비 4.5% 증가함으로써 양호한 성장세를 시현할 것으로 전망된다. 또한, 2007년 전체적으로는 IPTV 출시를 앞두고 유선전화서비스, 이동통신서비스 및 초고속인터넷서비스가 합쳐진 경합상품 출시가 위성방송 및 케이블방송을 포함하는 전반적인 방송서비스에 대한 수요증가를 촉진시켜 매출이 증대될 것으로 기대된다.

〈표 5-7〉 정보통신서비스산업의 매출액 동향과 전망

(단위 : 억원, %)

| | 2006 | | 2007 | | 증가율 | |
|---|---|---|---|---|---|---|
| | 2006(전체)(A) | 2006(상반기)(B) | 2007(전체)(C) | 2007(상반기)(D) | (C)/(A) | (D)/(B) |
| 정보통신서비스 | 506,258 | 233,570 | 528,533 | 243,865 | 4.4 | 4.4 |
| 기간통신서비스 | 321,693 | 149,380 | 335,631 | 155,884 | 4.3 | 4.4 |
| ( 유 선 ) | (134,903) | (64,174) | (130,896) | (60,795) | -2.8 | -5.3 |
| ( 무 선 ) | (186,790) | (85,206) | (204,735) | (95,089) | 9.6 | 11.6 |
| 별정통신서비스 | 20,182 | 8,117 | 21,141 | 8,503 | 4.8 | 4.8 |
| 부가통신서비스 | 70,871 | 33,483 | 73,994 | 34,955 | 4.4 | 4.4 |
| 방 송 서 비 스 | 93,512 | 42,590 | 97,767 | 44,523 | 4.6 | 4.5 |

주 : 2006년 한국정보통신산업협회, 정보통신산업 월보, 2007년은 산업은행 전망치

## 3. 정보통신서비스산업의 주요 이슈

최근 들어 전세계 정보통신서비스 영역의 주요 이슈는 2가지(① 통신서비스 사업자들 간의 적극적인 M&A 추진, ② 신규 서비스 개시로 인한 경쟁구도의 개편)로 요약할 수 있다. 이 같은 배경에는 주요 선진국 시장을 중심으로 한 유선 및 음성 서비스 시장의 급속한 축소, 경쟁 심화에 기인한 마케팅 비용 증가 등에 따른 수익성(profitability) 악화 등이 있다. 이에 따라 상기한 문제의 해결과 새로운 생존전략을 수립하기 위해 통신 서비스 사업자들은 미국과 유럽의 선진시장을 중심으로 M&A(Merger and Acquisition)를 적극적으로 추진하고 있다.

한편, 국내 정보통신서비스 역역의 주요 이슈는 하나로텔레콤에 대한 M&A라고 할 수 있다. 이는 통신부문의 한미 FTA 체결로 인한 산업구조 변화 측면과 M&A를 통한 결합서비스 활성화 측면에서 그 의미가 있다.

최근 골드만삭스(Goldman Sachs)를 주간사로 선정하고 하나로텔레콤에 대한 매각작업에 착수한 뉴브릿지컨소시움(해외법인)이 하나로텔레콤에 대한 보유지분 40%를 뉴브릿지코리아(국내법인)로 전환하게 되면 외국인의 하나로텔레콤에 대한 투자한도가 크게 증가하여 외국인 투자 가능성 및 M&A 가능성이 증대되므로 외국계 기업에 의한 M&A 가능성이 커지게 된다.

또한 유선전화, 이동통신, 초고속인터넷 및 IPTV 등이 합쳐진 결합상품의 경쟁력을 강화하기 위하여 국내 이동통신  사업자들이 하나로텔레콤에 대한 M&A를 추진할 수 있는 가능성이 존재하고 있다. 하나로텔레콤은 유선기반의 전화, 초고속인터넷 및 VOD 서비스 등을 보유하고 있어 자사의 TPS(Triple Play Services) 경쟁력도 높지만 이동통신과 결합한 QPS(Quadruple Play Services)에서도 상당한 전략적 가치(strategic value)를 지니고 있는 것으로 평가된다. 결합서비

스가 활성화될 경우 정보통신서비스 산업 내 결합서비스는 3강 구도(① KT-KTF, ② LG데이콤(파워콤)-LG텔레콤, ③ SKT-하나로텔레콤(MSO 참여 가능))로 형성될 것으로 예상된다.

하나로텔레콤에 대한 M&A 가능성은 다음 3가지 유형으로 예상해 볼 수 있다.

### 3.1 LG그룹의 하나로텔레콤 인수

LG데이콤(파워콤)이 하나로텔레콤을 M&A할 경우 이로 인해 동사의 가치가 상승하고 수익성이 25~28% 정도 증대되는 등의 시너지 효과(synergy effect)가 창출될 수 있을 것으로 보인다.

### 3.2 SKT의 하나로텔레콤에 대한 M&A

SKT는 현재 하나로텔레콤에 대한 M&A를 부인하고 있으나 유무선 결합서비스, 통신방송 결합서비스 및 이를 근간으로 하는 4G 이동통신 서비스 개시에 대비해야 하는 상황에 직면하고 있다. 또한, 동사는 WiBro, 홈네트워킹 및 BcN 등 대규모 투자에 보다 효과적으로 대응해야 할 필요가 있어 하나로텔레콤에 대한 M&A를 추진할 가능성이 큰 것으로 판단된다.

### 3.3 외국 통신업체의 하나로텔레콤 M&A

미국의 최대 통신회사인 AT&T와 동남아 통신사업자인 싱가포르텔레콤 또한 하나로텔레콤에 대한 M&A에 참여할 것으로 예상되나 국내기업에 비해 현실화 가능성은 작은 것으로 평가된다.

하나로텔레콤에 대한 M&A가 성사될 경우 국내 통신업계의 연쇄적 M&A가 이루어질 것으로 예상된다. 즉 KT-KTF, LGT-LG데이콤의 M&A 또한 언제든지 가능할 것으로 전망된다. 하나로텔레콤에 대한 M&A는 하나로텔레콤을 인수하는 통신업체, 그리고 그 경쟁업체까지도 경쟁력(competitiveness)을 강화시켜 궁극적으로는 정보통신서비스산업 자체의 경쟁력 강화를 촉진시키게 된다. 따라서 산업 내 모든 사업자가 상생(相生)할 수 있는 기회가 제공될 것으로 기대된다.

6
chapter

# 자동차 및 조선산업

## 제 1 절 자동차산업

### 1. 국내 자동차산업 동향

#### 1.1 내수 및 수출

자동차산업은 2007년 상반기에 국내판매 호조와 수출증가로 생산, 내수, 수출이 각각 전년동기 대비 5.2%, 8.6%, 4.1% 증가하여 전년도 연간 증가율과 비교하여 성장세를 기록하였다. 2006년에는 전년 대비 내수증가 1.9%, 수출증가 2.4% 및 생산증가 2.4%의 성장률을 시현한 바 있다.

수급 부문별로 살펴보면 다음과 같다.

**(1) 내수**

내수는 소비심리 회복 및 차량과 노후화에 따른 대체수요와 업계의 판촉강화로 2007년 1분기 중 전년동기 대비 6.1% 증가한 데 이어 8%대의 성장률을 지속하고 있다.

**(2) 수출**

수출은 미국 및 서유럽의 경기둔화에 따른 자동차 수요의 정체와 원고현상, 현지 공장 생산증가에 따라 2007년 1분기 중 전년동기 대비 1.2% 감소하는 등 하락세를 보였다. 그러나 주력차종(라세티, 아반떼 등)의 수출증가와 SUV(Sports Utility Vehicle) 신차 등 수출차종 확대에 따라 2분기 들어 성장세로 전환되었다. 이에 따라 2007년 상반기 전체 수출성장률은 4%대를 기록하였다.

〈표 6-1〉 자동차 수급동향

(단위 : 천대, %)

| | | 2006 상반기(A) | | 2007 상반기(C) | | 증가율 | |
|---|---|---|---|---|---|---|---|
| | | | 1~5월(B) | | 1~5월(D) | D/B | C/A |
| 생 산 | 승 용 차 | 1,777 | 1,484 | 1,877 | 1,567 | 5.6 | 5.6 |
| | 상 용 차 | 185 | 155 | 188 | 156 | 0.1 | 1.6 |
| | 합 계 | 1,962 | 1,639 | 2,065 | 1,723 | 5.1 | 5.2 |
| 내 수 | 승 용 차 | 443 | 364 | 490 | 403 | 10.7 | 10.6 |
| | 상 용 차 | 116 | 94 | 117 | 93 | -1.1 | 1.0 |
| | 합 계 | 559 | 458 | 607 | 496 | 8.3 | 8.6 |
| 수 출 | 승 용 차 | 1,300 | 1,081 | 1,347 | 1,120 | 3.6 | 3.6 |
| | 상 용 차 | 65 | 53 | 74 | 60 | 13.2 | 13.8 |
| | 합 계 | 1,365 | 1,135 | 1,421 | 1,180 | 4.0 | 4.1 |

주 : 1) KD부문은 제외됨
2) 1~5월은 실적치임
3) 2007년 상반기 수치는 산업은행 전망치임
자료 : 한국자동차공업협회, 자동차통계월보, 각호

### 1.2 생산

국내 자동차 생산은 2006년 7월 현대자동차의 부분파업으로 큰 폭의 하락세를 보인 이후 월별로는 증가와 감소를 반복하였다. 그러나 2007년 들어 완만한 상승세를 보이고 있다. 2006년 하반기에는 업계의 적극적인 판매활동에도 불구하고 경제상황의 불확실성에 따른 소비위축 및 수출부진으로 인해 성장이 둔화되는 모습을 보였으나 2007년 들어 경기개선에 대한 기대감이 커지면서 내수가 회복세를 보이고 GM대우, 쌍용, 르노삼성이 높은 수출증가세를 보임에 따라 성장폭이 커지는 추세를 보이고 있다.

자동차 생산추이를 차종별로 살펴보면 인기차종이었던 SUV/CDV는 2006년 하반기 동안 자동차산업의 전반적인 침체와 자동차세 부과 확대로 인해 감소하였으나 최근 뉴카이런 등과 같은 신차효과와 휘발유가격의 상대적 상승에 따른 반사이익으로 증가세로 전환되었다. 상용차는 예년 수준을 지속적으로 유지하고 있다. 업체별로는 현대와 기아가 2006년 하반기 감소추세에서 2007년 상반기에 증가추세로 전환된 반면에 GM대우는 지속적인 성장세를 보이고 있다.

### 1.3 수입 승용차 시장

수입 승용차 국내 판매실적은 2007년 1~4월 중 13,000대로 전년동기 대비 30.8% 정도 증가하였다. 이는 다수의 요인(① 국내 수입차 시장점유율 상위업체인 BMW, 도요타(TOYOTA), 렉서스(LEXUS), 메르세데스 벤츠(Mercedes Benz)의 적극적인 마케팅 활동, ② 다양한 모델 출시, ③ 가격대의 조정으로 국산차와 비슷한 가격대 차종 출시, ④ 국내 차량수요자들의 수입차에 대한 인식 변화)에 기인하고 있다. 최근 원화가치가 평가절상(appreciation)되면서 수입 자동차의 상대적 가격이 하락할 것으로 기대되어 하반기에는 수입차 판매가 더욱 증가할 것으로 보인다.

〈표 6-2〉 수입차 판매 추이

(단위 : 천대, %)

| | 2006. 1~4월 | 2007. 1~4월 | 증가율 |
|---|---|---|---|
| 수입차 판매(점유율) | 13(4.5) | 17(5.3) | 30.8 |
| 내수 | 291 | 318 | 9.3 |

주 : 수입차는 상용차를 제외함
자료 : 한국자동차공업협회, 자동차통계월보, 각호

수입차 시장점유율은 시장전체로는 5% 정도에 불과하나 수입차종을 3,000cc 이상급 차종에 국한하여 살펴보면 15% 수준을 나타내고 있다. 따라서 중대형급 차종을 위주로 내수 판매하는 승용차 제조업체에게는 심각한 위협임을 인식할 수 있다.

## 2. 국내 자동차 시장의 판매현황

### 2.1 승용차

승용차 수요는 2007년 상반기 중 내수와 수출이 각각 전년동기 대비 10.7%, 3.6% 증가할 것으로 추정되어 수출 대비 내수가 대폭 증가한 것으로 나타났다. 승용차 내수는 차급별로 중형 차급이 전년동기 대비 4.8% 감소한 것을 제외하고 경형, 소형, 대형, 다목적형 모든 차급이 각각 30.0%, 23.3%, 11.3%, 12.2%로 크게 증가하였다. 중형 승용차는 2006년 인기차종인 현대 소나타와 GM대우 토스카의 판매저조로 2007년 상반기 동안 판매량이 지속적으로 감소하였다. 소형과 경형 차급은 최근 고유가로 인해 저연비 차량을 구매하려는 경향을 반영하여 차급 중 가장 높은 증가율을 보였다. 다목적형은 CDV(미니밴)의 감소에도 불구하고 SUV가 뉴카이런의 신차효과와 휘발유가격의 상대적 상승에 따른 반사이익으로 높은 증가세를 보여 12%대의 증가율을 기록하였다.

한편, 수출은 원고현상과 해외생산의 확대에도 불구하고 GM대우, 쌍용, 르노삼성의 높은 수출 증가세에 따라 2007년 2분기 이후 지속적인 상승세를 보이고 있다. 차급별로 보면 2006년의 약

2배에 이르는 토스카의 수출증가세에 힘입어 중형차의 수출이 호조세를 시현할 것으로 보이며 대형 차량의 수출은 전년동기 대비 20% 정도 감소할 것으로 예상된다.

〈표 6-3〉 승용차 판매현황

(단위 : 천대, %)

| | 2006 상반기 | | | | 2007 상반기 | | | | 증가율 (B/A) | |
|---|---|---|---|---|---|---|---|---|---|---|
| | 내수 | | 수출 | | 내수 | | 수출 | | | |
| | 수량(A) | 점유율 | 수량(A) | 점유율 | 수량(B) | 점유율 | 수량(B) | 점유율 | 내수 | 수출 |
| 경 형 | 20 | 5.8 | 57 | 4.4 | 26 | 5.4 | 65 | 4.8 | 30.0 | 14.0 |
| 소 형 | 103 | 24.0 | 682 | 52.5 | 127 | 25.9 | 700 | 52.0 | 23.3 | 2.6 |
| 중 형 | 126 | 26.4 | 83 | 6.4 | 120 | 24.4 | 105 | 7.8 | -4.8 | 26.5 |
| 대 형 | 71 | 14.0 | 30 | 2.3 | 79 | 16.2 | 22 | 1.6 | 11.3 | -26.7 |
| 다목적형 | 123 | 29.8 | 446 | 34.4 | 138 | 28.1 | 455 | 33.8 | 12.2 | 2.0 |
| 합 계 | 443 | 100.0 | 1,300 | 100.0 | 490 | 100.0 | 1,347 | 100.0 | 10.7 | 3.6 |

주 : 2007년 상반기 수치는 산업은행 전망치임
자료 : 한국자동차공업협회, 국내자동차산업 동향, 각호

### 2.2 상용차

상용차 내수는 2007년 상반기 중 전년동기 대비 1.0% 감소할 것으로 추정되며 수출은 13.8% 증가할 것으로 보인다. 차종별로는 버스 내수가 전년동기 대비 2.8% 감소하는 반면 트럭은 2.5% 증가할 것으로 전망된다. 수출의 경우에는 중동, 아시아 및 동유럽에 대한 버스 수출증가로 13%대의 증가세를 시현할 것으로 보인다.

〈표 6-4〉 상용차 판매현황

(단위 : 천대, %)

| | 2006 상반기 | | | | 2007 상반기 | | | | 증가율 (B/A) | |
|---|---|---|---|---|---|---|---|---|---|---|
| | 내수 | | 수출 | | 내수 | | 수출 | | | |
| | 수량(A) | 점유율 | 수량(A) | 점유율 | 수량(B) | 점유율 | 수량(B) | 점유율 | 내수 | 수출 |
| 버 스 | 36 | 31.0 | 17 | 26.2 | 35 | 29.9 | 24 | 32.4 | -2.8 | 41.2 |
| 트 럭 | 80 | 69.0 | 48 | 73.8 | 82 | 70.1 | 50 | 67.6 | 2.5 | 4.2 |
| 합 계 | 116 | 100.0 | 65 | 100.0 | 117 | 100.0 | 74 | 100.0 | -1.0 | 13.8 |

주 : 2007년 상반기 수치는 산업은행 전망치임
자료 : 한국자동차공업협회, 국내자동차산업 동향, 각호

### 2.3 지역별 수출현황

지역별 수출현황을 살펴보면 최대 수출시장인 북미시장에 대한 수출이 2007년 1~4월 중 물량 기준으로 전년동기 대비 6.8% 감소한 것으로 나타났다. 제2의 수출시장인 EU(서유럽)에 대한 수출은 전년동기 대비 25.9% 감소하여 대폭 하락하였다. 아시아와 중동시장에 대한 수출도 동기간 중 각각 전년동기 대비 2.6%, 0.6% 감소하였다.

2006년 1~4월 중 수출이 호조를 보인 지역으로는 금액기준으로 전년동기 대비 103.4%로 가장 큰 폭으로 증가한 동유럽을 비롯하여 중남미(51.7%), 아프리카(22.3%) 등 대부분 소득수준이 급속히 향상되고 있는 지역으로 나타났다.

〈표 6-5〉 지역별 자동차 수출동향

(단위 : 대, 백만 달러 %)

| | 2006. 1~4월 | | | 2007. 1~4월 | | | 증가율 |
|---|---|---|---|---|---|---|---|
| | 승용차 | 상용차 | 합계(B) | 승용차 | 상용차 | 합계(B) | (B/A) |
| 서 유 럽 | 257,033<br>(29.8) | 3,126<br>(7.3) | 260,159<br>(28.7) | 191,242<br>(21.8) | 1,565<br>(3.3) | 192,807<br>(20.8) | -25.9 |
| 동 유 럽 | 62,445<br>(7.2) | 2,281<br>(5.3) | 64,726<br>(7.1) | 128,283<br>(14.7) | 3,401<br>(7.0) | 131,684<br>(14.2) | 103.4 |
| 아프리카 | 39,226<br>(4.5) | 8,875<br>(20.7) | 48,101<br>(5.3) | 45,599<br>(5.2) | 11,235<br>(23.0) | 58,834<br>(6.4) | 22.3 |
| 아 시 아 | 26,074<br>(3.0) | 2,845<br>(6.6) | 28,919<br>(3.2) | 25,522<br>(2.9) | 2,648<br>(5.5) | 28,170<br>(3.0) | -2.6 |
| 중 동 | 83,132<br>(9.6) | 11,987<br>(27.9) | 95,119<br>(10.5) | 84,003<br>(9.6) | 10,571<br>(21.7) | 94,574<br>(10.2) | -0.6 |
| 태 평 양 | 36,208<br>(4.2) | 973<br>(2.3) | 37,181<br>(4.1) | 38,009<br>(4.3) | 398<br>(0.1) | 38,407<br>(4.1) | 3.3 |
| 북 미 | 307,149<br>(35.6) | 1,732<br>(4.0) | 308,881<br>(34.1) | 285,154<br>(32.6) | 2,727<br>(5.7) | 287,881<br>(31.1) | -6.8 |
| 중 남 미 | 51,113<br>(5.9) | 11,146<br>(25.9) | 62,259<br>(6.9) | 78,110<br>(8.9) | 16,358<br>(33.5) | 94,468<br>(10.2) | 51.7 |
| 총수출량 | 862,380 | 42,965 | 905,345 | 875,922 | 48,903 | 924,825 | 2.2 |
| 총수출액 | 9,380 | 502 | 9,882 | 10,188 | 225 | 10,764 | 8.9 |

주 : ( )안은 총 수출량 중 해당지역의 수출비중임
자료 : 한국자동차공업협회, 자동차통계월보, 각호

미국, 유럽연합(EU), 아시아 등 주력 수출시장에 대한 수출은 부진하였으나 신흥시장(emerging market)을 중심으로 수출이 상승세를 지속함에 따라 전체 수출은 전년동기 대비 2.2% 증가하였다.

전체적인 수출증가가 이루어졌음에도 주력 시장에서의 수출부진은 주목해야 할 것으로 판단된다. 미국, EU, 아시아 등 주력 시장은 세계 주요 메이커들의 최첨단 자동차를 출시하며 치열한 경쟁을 전개하고 있어 유행과 기업경쟁력(corporate competitiveness)을 가장 잘 반영하고 있는 시장으로 평가할 수 있다. 주력 시장에서의 국내기업들의 부진은 최근 환율하락으로 가격경쟁력이 하락하여 도요타(TOYOTA), 혼다(HONDA) 등 엔저 및 기술력으로 뒷받침된 일본업체에 뒤처지고 중국에서는 중국 현지업체의 공세로 인해 시장을 잠식당하는 소위 넛크래커(nutcracker) 상황에 직면한 국내 자동차 업계의 현실이 나타난 것으로 볼 수 있다.

## 3. 투자 전망

설비투자계획 규모는 2007년에 4조 3,414억원으로 전년 대비 6.6% 증가할 것으로 전망된다. 설비투자 증가 요인으로 2가지(① 신차 출시에 따른 엔진 및 자동차 생산라인 업그레이드, ② 하이브리드차 및 연료전지차 등 차세대 자동차 연구개발)를 지적할 수 있다.

### 3.1 투자동기 및 유형

#### (1) 투자동기

설비투자의 동기를 살펴보면 설비능력증가를 위한 설비투자가 전년 대비 7.1% 증가한 2조 9,655억원에 이를 것으로 보인다.

#### (2) 투자유형

유형별로는 신제품생산을 위한 투자가 전년 대비 19.3% 증가한 2조 581억원이 될 것으로 보이며, 설비확장을 위한 투자계획 규모는 전년 대비 감소할 것으로 예상된다. 이는 주요 업체가 해외생산기반 구축에 주력하고 있기 때문으로 판단된다.

〈표 6-6〉 자동차산업의 동기별 설비투자 동향 및 전망

(단위 : 억원, %)

| | 설비투자 | | | 구성비 | | | 증감률 | |
|---|---|---|---|---|---|---|---|---|
| | 2005 | 2006 | 2007 | 2005 | 2006 | 2007 | 2006/2005 | 2007/2006 |
| 합계 | 43,344 | 40,738 | 43,414 | 100.0 | 100.0 | 100.0 | -6.0 | 6.6 |
| 설비능력 증가 | 26,651 | 27,693 | 29,655 | 61.5 | 68.0 | 65.1 | 3.9 | 7.1 |
| 신제품생산 | 22,587 | 17,245 | 20,581 | 52.1 | 42.3 | 48.6 | -23.7 | 19.3 |
| 설비확장 | 4,064 | 10,448 | 9,074 | 9.4 | 25.6 | 16.5 | 157.1 | -13.2 |
| 국내수요대비 | 10,342 | 16,974 | 18,826 | 23.9 | 41.7 | 27.7 | 64.1 | 10.9 |
| 해외수요대비 | 16,309 | 10,719 | 10,829 | 37.6 | 26.3 | 37.4 | -34.3 | 1.0 |
| 합리화 | 4,719 | 7,694 | 7,110 | 10.9 | 18.9 | 10.6 | 63.0 | -7.6 |
| 유지보수 | 3,955 | 3,669 | 3,493 | 9.1 | 9.0 | 9.8 | -7.2 | -4.8 |
| 자동화·기타 | 764 | 4,025 | 3,617 | 1.8 | 9.9 | 0.8 | 426.8 | -10.1 |
| 연구개발 | 9,695 | 3,058 | 3,989 | 22.4 | 7.5 | 19.4 | -68.5 | 30.4 |
| 기타 | 2,279 | 2,293 | 2,660 | 5.3 | 5.6 | 4.9 | 0.6 | 16.0 |

자료 : 산업은행, 설비투자계획조사, 2007. 5.

### 3.2 투자계획

2007년 투자계획에는 국내경기의 회복과 대체수요에 대한 업계의 기대가 반영되어 국내수요에 대비한 투자계획이 전년 대비 10.9% 증가한 1조 8,826억원을 나타내고 있다. 수출수요에 대비한 투자계획은 전년도 수준에 그쳐 1조 829억원으로 조사되었다. 이는 해외공장 본격가동 등의 결과로 판단된다. 반면 연구개발투자는 선진국 자동차 업계와의 경쟁력 제고를 위해 반드시 필요한 디자인 개발, 첨단엔진 및 부품 개발, 하이브리드(hybrid) 분야를 중심으로 전년 대비 30.4% 증가한 3,989억원에 이를 것으로 보인다.

## 4. 자동차 수급 전망

### 4.1 내수

국내 자동차산업의 내수는 2007년에 고유가에 따른 차량 유지비용 급증에도 불구하고 업계의 마케팅 강화 및 설비투자 증가 등으로 8.9%의 성장률을 시현할 것으로 보인다. 2007년 2분기부터 낙관적 경기전망이 점차 강해지면서 국내 소비심리가 회복되고 있어 자동차의 내수는 하반기 들어 더욱 증가할 것으로 보인다. 그러나 2007년 신차의 경우 모델 수가 적고 차급도 판매비중이 낮은 소형과 대형 SUV에 집중되어 있어 신차효과는 약할 것으로 보인다. 또한, 경유, 교통세 및 7~10인승 다목적 차량의 등록세 및 자동차세 등이 인상되었거나 인상될 것으로 보여 관련 차량판매는 위축될 것으로 예상된다.

〈표 6-7〉 자동차 수급전망

(단위 : 천대, %)

| | | 2006(A) | | 2007(C) | | 증가율 | |
|---|---|---|---|---|---|---|---|
| | | | 하반기(B) | | 하반기(D) | C/A | D/B |
| 생산 | 승용차 | 3,489 | 1,712 | 3,695 | 1,818 | 5.9 | 6.2 |
| | 상용차 | 351 | 166 | 355 | 167 | 1.1 | 0.6 |
| | 합계 | 3,840 | 1,878 | 4,050 | 1,985 | 5.5 | 5.7 |
| 내수 | 승용차 | 936 | 493 | 1,043 | 548 | 11.4 | 11.2 |
| | 상용차 | 228 | 112 | 225 | 113 | -1.3 | 1.0 |
| | 합계 | 1,164 | 605 | 1,268 | 661 | 8.9 | 9.3 |
| 수출 | 승용차 | 2,530 | 1,230 | 2,622 | 1,275 | 3.6 | 3.7 |
| | 상용차 | 118 | 53 | 145 | 71 | 22.9 | 34.0 |
| | 합계 | 2,648 | 1,283 | 2,767 | 1,346 | 4.5 | 4.9 |

주 : 1) KD부문은 제외됨 2) 2007년 수치는 산업은행 전망치임

자료 : 한국자동차협회, 자동차통계월보, 각호

### 4.2 수출 · 생산 · 수입차 시장

#### (1) 수출

수출은 2007년 1분기까지는 생산량이 감소하였으나 해외 경기회복세와 동유럽, 중남미 지역 등 개발도상국(developing country) 시장의 자동차 수요확대 및 국산차의 품질 제고에 힘입어 4.5% 수준의 성장을 보일 것으로 전망된다. 그러나 현대 · 기아자동차의 수출 둔화와 일본 및 유럽 지역 업계와의 품질격차, 중국, 인도 등 후발 경쟁업체의 도약 등으로 하반기 수출을 낙관할 수만은 없는 상황이다.

#### (2) 생산

생산규모는 2007년에 전년 대비 5.5% 증가한 약 405만대가 될 것으로 보인다. 생산증가율이 5%에 그치는 것은 내수증가 폭 확대에도 불구하고 생산기반의 해외이전 효과가 가시화되는 것도 주요 요인으로 지목할 수 있다.

#### (3) 수입차 시장

수입차 판매는 해외 업계가 가격경쟁 면에서 유리한 중저가대의 모델 판매를 확대하는 한편, 다양한 마케팅 활동을 전개하고 있고 원화가치 상승에 따른 수입차 가격인하 효과가 상승작용하여 2007년 하반기에는 더욱 증가할 것으로 보인다. 또한, 한미 FTA 타결로 인해 이 같은 변화는 더욱 빠르게 나타날 것으로 판단된다.

## 5. 국내 자동차산업의 과제

국내 자동차산업은 수년간 브랜드 가치(brand value) 제고와 가격 대비 우수한 품질에 힘입어 국내 산업발전의 견인차 역할을 해왔다. 자동차산업은 주지하는 바와 같이 대표적인 종합공업분야로서 산업간 전후방효과가 큰 만큼 국민경제에 미치는 영향이 지대하다. 더욱이 범세계적 산업의 특징을 지니고 있어 자동차는 국제시장에서 가장 부가가치(value added)가 높은 업종 중의 하나로 평가할 수 있다. 그러나 2007년 상반기 실적 및 하반기 전망을 살펴보면 수입차의 국내시장 잠식, 해외 주력시장에서의 국내 자동차 위상 하락으로 자동차산업의 미래가 그리 양호하지만은 않은 실정이다. 또한, 국제적으로도 거대기업간 합병으로 인해 가격경쟁(price competition)이 치열해지고 환경에 대한 관심이 커지면서 자동차에 사용하는 연료 및 배기가스 등에 대한 각국의 규제가 강화되는 등 격변하는 글로벌 환경에 대한 적절한 대응이 국내 자동차 업계의 과제가 되고 있다.

따라서 산업정책 당국과 국내 자동차 업계는 국내 자동차산업이 세계 최고 대열에 동참할 수 있도록 산업발전 전략 추진에 전력을 기울여야 한다.

### 5.1 선진업체와의 제휴 및 전문 부품업체의 육성 지원을 통해 핵심기술을 확보하는 한편, 연구개발 투자확대를 통하여 품질경쟁력을 제고해야 함

특히, 업계는 최근 세계적으로 관심이 고조되고 있는 친환경 기술(environment-friendly technology) 확보에 주력해야 한다. 도요타(TOYOTA)가 10년전부터 하이브리드 자동차 개발에 나서 2007년 5월에는 세계시장에서 누적판매 1백만대를 돌파하는 성과를 거두는 등 세계 유수의 자동차 업계들이 하이브리드 자동차 기술의 확보 및 개발을 위해 역량을 결집시키고 있다. 그러나 국내 업계는 아직 가시적인 성과를 거두지 못하고 있어서 향후 국내기업의 적극적인 대응이 요구된다.

### 5.2 노사간 화합 및 정부의 효율적 지원

국내 자동차산업의 괄목할 만한 발전은 노·사·정의 화합이 있었기에 가능하였다. 자동차산업이 최근 당면하고 있는 위험에 맞서 과거 성장세를 회복하기 위해서는 노사 간의 화합과 정부의 효율적 지원이 필요하다. 그리고 직원들의 사기진작 및 노사화합을 이끌어내기 위해서는 기업가정신(entrepreneurship)을 부활시키고, 인화단결을 도모할 수 있는 기업문화(corporate culture)를 조성하여야 한다.

**5.3** 세계브랜드로 도약하기 위해서는 국산차 경쟁력의 질적 개선을 통한 브랜드 고급화와 마케팅 전략이 필요함

디자인 혁신, 승차감 개선, 차량 안전도를 세계 최고 수준으로 제고시키고 세계 수요에 적극 대응할 수 있는 현지 마케팅 전략이 실행되어야 일본 및 미국의 선진국 기업들과의 경쟁이 가능하게 된다.

# 제 2 절 조선산업

## 1. 국내 조선산업 동향

국내 조선산업은 2007년 상반기 수주량 · 건조량 · 수출액 등 주요 업황 지표에서 호조세를 보였다.

### 1.1 수주량

수주량은 전년 동기실적(10.5백만 CGT) 대비 19.0% 증가한 12.5백만 CGT를 기록할 것으로 보인다. 2007년 4월까지 수주량에서 중국(8.5백만 CGT)이 한국(6.9백만 CGT)을 추월하였으나 한국은 5월에만 4.8백만 CGT를 수주하여 5월까지 수주량은 한국과 중국 모두 11.7백만 CGT를 기록하고 있다. 선종별로는 벌크(31%), 컨테이너(27%), 탱커(21%), LNG(7%), 화학제품운반선(4%) 순으로 전년동기 대비 탱커 비중이 감소한 반면, 벌크 및 컨테이너 비중은 증가한 것으로 나타났다.

### 1.2 건조량

건조량은 5.3백만 CGT를 기록할 것으로 예상되어 전년과 비슷한 수준을 보일 것으로 예상된다. 한편, 2007년 상반기 국내 조선산업의 수출액은 전년동기 대비 12.5% 증가한 125억 달러를 기록할 것으로 보인다.

### 1.3 수출액

국내 조선산업의 2007년 상반기 수주잔량은 건조량을 크게 상회하는 수주실적에 힘입어 전년 동기 대비 16.7% 증가한 50.5백만 CGT를 기록할 것으로 보인다. 이는 조선소별로 차이는 있으나 평균적으로 약 3.5~4.5년 정도의 안정적인 조업물량으로 국내 조선산업의 교섭력(bargaining power) 강화에 기여할 것으로 판단된다.

〈표 6-8〉 선박 수급동향

(단위 : 백만 CGT, 백만 달러, %)

| | 2005 | 2006 | | 2007 | 증가율 | |
|---|---|---|---|---|---|---|
| | | | 상반기 | 상반기 | 2006/2005 | 2007상/2006상 |
| 수 주 량 | 12.2 | 20.1 | 10.5 | 12.5 | 64.8 | 19.0 |
| 건 조 량 | 9.3 | 10.8 | 5.2 | 5.3 | 16.1 | 1.9 |
| 수 출 액 | 17,231 | 21,493 | 11,109 | 12,500 | 24.7 | 12.5 |
| 수 주 잔 량 | 34.6 | 43.9 | 43.1 | 50.3 | 26.9 | 16.7 |

주 : 1) 2007년 상반기는 산업은행 추정치임
2) 수출액은 HSK Code 89 선박과 수상구조물 기준
자료 : Clarkson 및 무역협회

## 2. 세계 조선산업 동향

신조선가는 2007년 상반기 중 벌크 캐리어를 중심으로 전(全) 선종에서 강세가 유지되었다. 이는 충분한 조업물량을 확보한 주요 조선소들의 선별수주전략 및 세계 물동량 증가에 따른 선박의 수요증가에 영향을 받은 것으로 판단된다. 국내 조선업계는 2000년 이후 컨테이너선과 LNG선, 탱커 수요 급증으로 상대적으로 부가가치(value added)가 떨어지는 벌크선을 거의 수주하지 않았다. 그러나 최근 폭발적인 신조선 발주와 신조선가 상승으로 벌크선 수주에도 주력하고 있다. 신조선가를 선종별로 살펴보면 17만 DWT급과 75,000 DWT급 벌커는 각각 86백만 달러, 43백만 달러로 전년말 대비 각각 26.5%, 7.5% 상승하였다. 탱커도 선형별로 전년말 대비 2.3%에서 5.6% 상승한 것으로 나타났다. 컨테이너선과 LNG선은 2007년 4월까지 보합세를 유지하다가 5월 이후 가격이 상승하고 있다.

〈표 6-9〉 주요 선종별 신조선가 변화 추이

(단위 : 백만 달러, %)

| 구분 | | 2004. 12 | 2005. 12 | 2006.12 | 2007. 05 | 증가율 |
|---|---|---|---|---|---|---|
| 탱 커 | 300천DWT | 110.0 | 120.0 | 129.0 | 136.0 | 5.4 |
| | 150천DWT | 71.0 | 71.0 | 80.5 | 85.0 | 5.6 |
| | 110천DWT | 59.0 | 58.5 | 65.5 | 67.0 | 2.3 |
| | 47천DWT | 40.0 | 43.0 | 47.0 | 48.5 | 3.2 |
| 벌크캐리어 | 170천DWT | 64.0 | 59.0 | 68.0 | 86.0 | 26.5 |
| | 75천DWT | 36.0 | 36.0 | 40.0 | 43.0 | 7.5 |
| 컨테이너선 | 3,500TEU | 53.0 | 52.5 | 57.0 | 58.0 | 1.8 |
| | 1,000TEU | 22.5 | 23.0 | 22.0 | 23.0 | 4.5 |
| L N G 선 | 147,000㎥ | 185.0 | 205.0 | 220.0 | 225.0 | 2.3 |

주 : 증가율은 2007년 5월 신조선가의 2006년말 대비 증가율임
자료 : Clarkson, World Shipyard Monitor, 2007. 6.

### 2.1 중국

중국은 세계시장 점유율이 2000년에는 10%에도 못 미쳤으나 불과 몇년 사이에 양적으로 한국을 위협할 정도로 성장하였다. 질적인 면에서는 한국과 일정한 격차를 보이고 있으나 중국은 정부 지원 하에 2007년 들어 4월까지 수주물량에서 한국을 추월한 바 있다. 수주잔량에서도 2006년말 한국, 일본에 이어 3위였으나 2007년 5월 기준 일본을 추월하고 2위가 되었으며 세계 10위권 내에 대련선박중공(5위), 외고교조선(8위), 후동중화(9위) 3개사가 포진하고 있는 등 양적인 면에서 크게 성장하였다. 또한, 세계 100대 조선소에 한국이 15개, 일본이 30개 기업을 보유하고 있는데 비해 중국은 가장 많은 35개 기업을 보유하고 있다.

### 2.2 일본

일본 조선업계는 1970년대 후반 이후 오일쇼크(oil shock), 엔고 등으로 경쟁력이 하락하여 생산설비를 계속 감소시켜 왔으나 그간의 임금억제와 엔저로 한일간 생산비용 격차가 축소되면서 2007년부터 설비투자에 주력하고 있어 향후 공급과잉(oversupply) 가능성 증대와 함께 한·중·일 3국간 경쟁이 더욱 심화될 것으로 보인다.

## 3. 국내 조선산업 전망

### 3.1 수주량

국내 조선산업의 수주량은 2007년 하반기에 전년동기 대비 11.5% 감소한 8.5백만 CGT를 기

록할 것으로 보인다. 이는 국내 조선업계가 충분한 조업물량을 확보하여 가스운반선(LNG, LPG선), 해양플랜트 등 고부가가치 선박에 대한 수주전략을 강화할 것으로 전망되기 때문이다. 또한, 2007년 8월부터 국제해사기구의 연료탱크 보호규칙이 발효되어 컨테이너선을 중심으로 2007년 상반기에 미리 발주한 것이 많았던 점을 고려할 경우 하반기까지 수주 호조세가 지속되기는 힘들 것으로 보이기 때문이다. 그러나 2007년 5월까지 Big 3(현대중공업, 삼성중공업, 대우조선해양)의 수주실적이 목표치 대비 60% 이상을 달성해 당초 수주목표를 상향조정할 것으로 예상되는 등 고부가가치선 수주물량을 최대한 확보하는 전략은 하반기에도 지속될 것으로 판단된다.

〈표 6-10〉 선박 수급동향

(단위 : 백만 CGT, 백만 달러, %)

| | 2005 | 2006 | | 2007 | | 증가율 | |
|---|---|---|---|---|---|---|---|
| | | | 하반기 | | 하반기 | 2007/2006 | 2007하/2006하 |
| 수 주 량 | 12.2 | 20.1 | 9.6 | 21.0 | 8.5 | 4.5 | -11.5 |
| 건 조 량 | 9.3 | 10.8 | 5.6 | 11.0 | 5.7 | 1.9 | 1.8 |
| 수 출 액 | 17,231 | 21,493 | 10,384 | 26,000 | 13,500 | 21.0 | 30.0 |
| 수 주 잔 량 | 34.6 | 43.9 | 43.9 | 53.1 | 53.1 | 20.9 | 20.9 |

주 : 1) 2007년은 산업은행 추정치임
2) 수출은 HSK Code 89 선박과 수상구조물 기준
자료 : Clarkson 및 무역협회

### 3.2 건조량

선박 건조량은 2007년 하반기에 조선소별로 이미 완전가동 상태이므로 전년 대비 크게 증가하지는 않을 것으로 보인다. 그러나 업계의 지속적인 설비투자 확대, 생산성(productivity) 제고와 공법 개선에 따른 생산능력 확충으로 실질적인 건조능력이 확대되고 있다. 따라서 2007년 하반기 건조량은 전년동기 대비 1.8% 증가한 5.7백만 CGT를 기록할 것으로 예상된다.

### 3.3 수출액

수출액은 2007년 하반기에 충분한 조업량 및 선가상승을 기반으로 전년동기 대비 30.0% 증가한 135억 달러에 이를 것으로 보인다.

### 3.4 수주잔량

선박 수주잔량(2007년말 기준)은 연간 건조량을 상회하는 신규수주에 힘입어 전년말 대비 20.9% 증가한 53.1백만 CGT를 기록할 것으로 보인다. 이는 국내업계의 연간 건조능력 기준으로

약 5년분에 해당하는 안정적인 조업물량으로 평가할 수 있다.

### 3.5. 신조선가

신조선가는 2007년 하반기에 보합세를 유지할 것으로 보인다. 대량의 신조선 인도로 인한 선복량 증가 등은 선가상승에 부정적 요인으로 작용하게 된다. 그러나 2007년 하반기 신조선가는 충분한 조업물량을 확보한 조선사들이 선별 수주전략을 강화시킬 것으로 보여 신조선가의 급락 가능성은 작은 편이며 보합세를 유지할 것으로 보인다.

### 3.6 투자

국내 조선업계의 설비투자규모는 2007년에 1조 9,067억원으로 전년 대비 18.7% 증가하여 2002년 이후 지속된 설비투자 확장기조가 이어질 것으로 판단된다. 이는 국내 조선업계의 2006년 선박 수주량이 1,959만 CGT로 2005년 연간 수주실적 1,197만 CGT를 크게 상회하였기 때문이다.

동기별 투자동향을 살펴보면 다음과 같다.

#### (1) 설비능력 증가

설비능력 증가를 위한 투자가 1조 209억원으로 전년 대비 11.5% 증가할 것으로 나타났다. 특히, 설비확장을 위한 투자는 전년 대비 21.7% 증가하였다. 이 같은 설비투자의 확대는 세계시장에서 선박의 대형화, 고속화 추세가 나타나고 환경친화적인 선박수요가 증가하여 업체별로 공급능력의 증가 필요성이 증대되었기 때문으로 판단된다. 한편, 국내수요를 대비한 투자가 전년 대비 34% 증가하여 수출수요에 대비한 투자(9.3%)를 크게 초과하는 것으로 조사되었다.

#### (2) 합리화

합리화 투자는 5,976억원으로 전년 대비 25.5%의 증가율을 기록하며 2006년에 이어 투자규모가 확대될 것으로 보인다. 이는 주요 증설계획 마무리 이후 기존설비의 개체보완 등 합리화 투자를 보다 강화하려는 조선업계의 투자동기가 반영된 것으로 분석된다. 유형별로 유지보수 투자가 전년 대비 31.5% 증가한 5,176억원으로 합리화 투자를 주도할 것으로 예상되며 자동화 및 에너지절약 투자는 각각 전년 대비 2.8%, 7% 감소할 것으로 조사되었다.

#### (3) 공해방지

공해방지 투자는 전년 대비 19.1% 감소할 것으로 예상된다.

#### (4) 연구개발

연구개발 투자는 전년 대비 41.9% 증가할 것으로 조사되었다. 연구개발 투자의 증가는 국내 조선업계의 LNG선, 해양구조물 등의 고부가가치 제품의 수주가 크게 증가하여 동 부문에 대한 연구개발 투자의 필요성이 증대된 데 주로 기인한 것으로 판단된다.

### (5) 기타

기타부문의 투자가 증가한 것은 우수인력 확보를 위한 기숙사 건립 등 복리 후생설비에 대한 투자증가에 기인한 것으로 보인다.

〈표 6-11〉 국내 조선산업의 동기별 설비투자 동향 및 전망

(단위 : 억원, %)

| | 설비투자 | | | 구성비 | | | 증감률 | |
|---|---|---|---|---|---|---|---|---|
| | 2005 | 2006 | 2007 | 2005 | 2006 | 2007 | 2006/2005 | 2007/2006 |
| 합 계 | 12,082 | 16,064 | 19,067 | 100.0 | 100.0 | 100.0 | 33.0 | 18.7 |
| 설비능력 증가 | 8,238 | 9,156 | 10,209 | 68.2 | 57.0 | 53.5 | 11.1 | 11.5 |
| 신 제 품 생 산 | 2,482 | 5,435 | 5,682 | 20.5 | 33.8 | 29.8 | 119.0 | 4.5 |
| 설 비 확 장 | 5,756 | 3,721 | 4,527 | 47.6 | 23.2 | 23.7 | -35.4 | 21.7 |
| 국내수요대비 | 2,563 | 805 | 1,079 | 21.2 | 5.0 | 5.7 | -68.6 | 34.0 |
| 해외수요대비 | 5,675 | 8,351 | 9,130 | 47.0 | 52.0 | 47.9 | 47.2 | 9.3 |
| 합 리 화 | 2,481 | 4,760 | 5,976 | 20.5 | 29.6 | 31.4 | 91.9 | 25.5 |
| 유 지 보 수 | 2,090 | 3,935 | 5,176 | 17.3 | 24.5 | 27.1 | 88.3 | 31.5 |
| 자 동 화 | 238 | 782 | 760 | 2.0 | 4.9 | 4.0 | 228.6 | -2.8 |
| 에 너 지 절 약 | 153 | 43 | 40 | 1.3 | 0.3 | 0.2 | -71.9 | -7.0 |
| 공 해 방 지 | 235 | 257 | 208 | 2.0 | 1.6 | 1.1 | 9.4 | -19.1 |
| 연 구 개 발 | 314 | 234 | 332 | 2.6 | 1.5 | 1.7 | -25.5 | 41.9 |
| 기 타 | 814 | 1,657 | 2,342 | 6.7 | 10.3 | 12.3 | 103.6 | 41.3 |

자료 : 산업은행, 설비투자계획조사, 2007. 5.

7
chapter

# 일반기계 및 철강산업

## 제 1 절 일반기계산업

### 1. 국내 일반기계산업 동향

국내 일반기계산업은 2007년 상반기에 내수와 수출의 지속적인 성장으로 생산도 높은 증가세를 보이면서 2006년의 성장세가 지속되었다.

부문별로 살펴보면 다음과 같다.

#### 1.1 생산

생산은 고유가, 원자재가격 상승 등에 따른 가격경쟁력 약화에도 불구하고 전년 대비 9.6% 증가한 44조 4,690억원을 기록할 것으로 보인다. 2007년 1~4월 중 품목별 생산을 보면 조선산업의 호조로 인한 선박용엔진과 반도체장비, 건설기계 등이 2006년에 이어 호조세를 보인 반면에 전용공작기계, 수지식연삭기, 콤바인 등은 부진한 양상을 나타내었다.

#### 1.2 내수

내수는 국내기업의 노후설비 교체 증가로 인한 설비투자 호조로 인해 전년 대비 10.3% 증가한 44조 840억원이 될 것으로 예상된다.

〈표 7-1〉 일반기계 수급동향

(단위 : 십억원, 백만 달러, %)

| | | 2005(A) | 2006(B) | | 2007상반기(D) | 증감률 | |
|---|---|---|---|---|---|---|---|
| | | | | 상반기(C) | | B/A | D/C |
| 공급 | 생산 | 72,779 | 82,441 | 40,572 | 44,469 | 13.3 | 9.6 |
| | 수입 | 21,153 | 24,386 | 11,953 | 13,575 | 15.3 | 13.6 |
| 계 | | 94,442 | 105,742 | 52,093 | 57,164 | 12.0 | 9.7 |
| 수요 | 내수 | 71,962 | 81,670 | 39,982 | 44,084 | 13.5 | 10.3 |
| | 수출 | 21,898 | 25,193 | 12,565 | 13,986 | 15.0 | 11.3 |
| 수출비율 | | 33.0 | 33.9 | 33.0 | 33.7 | - | - |

주 : 1) 한국표준산업분류상 29(달리 분류되지 않는 기계 및 장비제조업) 기준임
2) 2006년 및 2007년은 잠정 및 추정치임
3) 생산과 내수의 단위는 십억원이며, 수입과 수출의 단위는 백만 달러임

자료 : 한국기계산업진흥회(www.koami.or.kr)

### 1.3 수출

수출은 중국, 미국, 일본 등 주요 수출대상국으로의 수출이 증가세를 유지하고 있고 사우디아라비아, 인도 등 신시장의 수요가 대폭 확대되면서 전년동기 대비 11.3% 증가한 140억 달러를 기록할 것으로 추정된다. 이에 따라 수출비율도 2006년 상반기 33.0%에서 소폭 상승한 33.7%를 기록할 것으로 보인다. 2007년 4월까지 품목별 수출을 보면 2006년 하반기에 이어 조선산업의 호황과 중국, 인도 등의 건설투자 붐이 지속되어 내연기관 및 터빈, 건설광산기계, 가공공작기계, 운반하역기계의 수출은 증가하였으나 금속성형기계, 농업용기계 등은 부진한 양상을 나타내었다.

### 1.4 수입

수입은 일본, 미국, 독일, 중국 등으로부터의 수입이 증가세를 유지하고 있고 프랑스, 네덜란드 등 유럽연합(EU) 국가들로부터의 수입이 급증하면서 전년동기 대비 13.6% 증가한 136억 달러를 기록할 것으로 보인다. 2007년 1~4월 중 품목별 수입을 보면 운반하역기계, 냉동공조기계, 금속성형기계 등이 증가한 반면에 산업용 로봇, 펄프 및 종이가공기계 등은 감소한 것으로 나타났다.

〈표 7-2〉 주요 기종별 수출입 동향

(단위 : 백만 달러, %)

| | | | 2006 | 2007 | 증감률 |
|---|---|---|---|---|---|
| | | | 1~4월(A) | 1~4월(B) | B/A |
| 수 출 | 내연기관 및 터빈 | 1,174 | 320 | 461 | 44.3 |
| | 펌프 및 압축기 | 1,352 | 436 | 530 | 21.6 |
| | 운반하역기계 | 1,247 | 353 | 441 | 24.9 |
| | 냉동공조기계 | 1,889 | 809 | 871 | 7.7 |
| | 가공공작기계 | 2,191 | 625 | 796 | 27.3 |
| | 건설광산기계 | 3,660 | 1,248 | 1,576 | 26.3 |
| | 섬유기계 | 1,575 | 524 | 676 | 28.9 |
| | 반도체제조기계 | 835 | 257 | 302 | 17.4 |
| | 금형 | 938 | 310 | 327 | 5.5 |
| | 기타 | 2,609 | 750 | 1,020 | 35.9 |
| | 합계 | 17,470 | 5,632 | 7,000 | 24.3 |
| 수 입 | 내연기관 및 터빈 | 1,617 | 479 | 548 | 14.4 |
| | 펌프 및 압축기 | 2,244 | 715 | 981 | 37.1 |
| | 운반하역기계 | 1,233 | 370 | 498 | 34.6 |
| | 냉동공조기계 | 404 | 127 | 169 | 33.4 |
| | 가공공작기계 | 3,965 | 1,287 | 1,426 | 10.8 |
| | 건설광산기계 | 434 | 138 | 180 | 30.1 |
| | 섬유기계 | 348 | 90 | 114 | 26.6 |
| | 반도체제조기계 | 3,539 | 1,342 | 1,719 | 28.2 |
| | 금형 | 99 | 29 | 31 | 7.6 |
| | 기타 | 2,785 | 890 | 1,049 | 17.8 |
| | 합계 | 16,668 | 5,467 | 6,715 | 22.8 |

자료 : 한국기계산업진흥회(www.koami.or.kr)

## 2. 국가별 교역현황 및 무역수지

### 2.1 국가별 교역현황

2007년 1~4월 중 주요 수출대상국으로의 수출현황을 보면 중국으로의 수출이 1,846백만 달러를 기록하여 국내 일반기계 최대 수출국 지위를 유지하였다. 2006년 1~4월 중 전년동기 대비 15.5% 증가를 기록하였던 대중국 수출은 2007년에는 전년동기 대비 18.2%를 기록하며 증가세가 더욱 확대되었다. 반면 미국으로의 수출은 2006년 1~4월 중 기록한 전년동기 대비 24.9% 증가에는 못 미치나 2007년에도 전년동기 대비 14.2% 증가하며 1,806백만 달러를 기록하여 증가세를 유지한 것으로 나타났다.

국가별 교역 추이를 살펴본다.

### (1) 중국

① 수출

2003년부터 급증한 대중 수출은 동년에 3,235백만 달러를 기록하면서 전체 일반기계 수출의 21.2%를 차지하여 16.5%를 기록한 미국을 추월하여 최대 수출대상국으로 부상하였다. 대중국 수출은 2006년에 4,859백만 달러를 기록하여 총 수출액의 19.2%를 차지한 데 이어 2007년 들어서도 4월까지의 수출비중이 18.6%를 기록하는 등 여전히 가장 높은 비중을 차지하고 있다.

이는 일반기계 중에서도 중국의 건설투자붐으로 인한 건설광산기계 및 운반하역기계의 수출 급증과 조선산업의 급성장으로 인한 선박용 엔진 등 조선기자재 수출급증에 의해 주도되었다. 양국간 교역확대 추세에 따라 수출증가세는 향후에도 지속될 것으로 전망된다.

② 수입

중국으로부터의 수입 역시 중저급 기종 및 관련 부품을 중심으로 증가하고 있다. 주요 수입품목으로는 냉동공조기계, 운반하역기계, 베어링 등이 있다.

〈표 7-3〉 주요 국가와의 일반기계 교역현황

(단위 : 백만 달러)

| | | 2002 | 2003 | 2004 | 2005 | 2006 | 2007. 1~4월 |
|---|---|---|---|---|---|---|---|
| 미국 | 수출 | 2,249 | 2,514 | 3,079 | 4,038 | 4,540 | 1,806 |
| | 수입 | 2,637 | 3,306 | 3,781 | 4,355 | 5,109 | 2,432 |
| | 무역수지 | -388 | -792 | -702 | -317 | -569 | -626 |
| 중국 | 수출 | 2,052 | 3,235 | 4,155 | 4,163 | 4,859 | 1,846 |
| | 수입 | 479 | 640 | 947 | 1,453 | 2,002 | 828 |
| | 무역수지 | 1,573 | 2,595 | 3,208 | 2,711 | 2,857 | 1,018 |
| 일본 | 수출 | 923 | 1,054 | 1,455 | 1,780 | 1,947 | 675 |
| | 수입 | 4,299 | 5,744 | 7,965 | 7,888 | 8,850 | 3,229 |
| | 무역수지 | -3,376 | -4,690 | -6,510 | -6,108 | -6,903 | -2,554 |
| 독일 | 수출 | 237 | 272 | 332 | 470 | 609 | 240 |
| | 수입 | 1,670 | 2,064 | 2,571 | 2,646 | 3,229 | 1,224 |
| | 무역수지 | -1,433 | -1,792 | -2,239 | -2,176 | -2,620 | -984 |
| 기타 | 수출 | 6,942 | 8,153 | 10,279 | 11,447 | 13,358 | 5,356 |
| | 수입 | 2,976 | 3,364 | 4,037 | 4,811 | 5,168 | 2,103 |
| | 무역수지 | 3,966 | 4,789 | 6,242 | 6,636 | 8,190 | 3,253 |
| 계 | 수출 | 12,403 | 15,228 | 19,300 | 21,898 | 25,313 | 9,923 |
| | 수입 | 12,061 | 15,118 | 19,301 | 21,153 | 24,358 | 9,816 |
| | 무역수지 | 342 | 110 | -1 | 745 | 995 | 107 |

자료 : 한국기계산업진흥회(www.koami.or.kr)

### (2) 미국

① 수출

대미 수출은 일반목적용기계 부문에서 중국산 저가품에 시장을 상실당하고 있으나 특수목적용기계를 중심으로 경쟁력이 크게 제고되어 전체적으로는 지속적인 증가세를 보이고 있다. 또한, 건설중장비의 경우 현재까지는 중국이 최대 수출대상국이나 미국으로의 수출이 점차 증가하는 추세를 보이고 있다. 한편, 국내 일반기계산업은 미국과의 교역에서 지속적으로 적자를 기록하고 있으며 2006년 1~4월 중에도 629백만 달러의 적자를 기록하였다.

② 수입

미국으로부터는 반도체제조용 기계류, 전자응용 가공공작 기계류를 중심으로 수입이 증가하고 있는 추세를 보이고 있다.

### (3) 일본 및 독일

미국과 마찬가지로 국내 일반기계산업이 만성적인 무역수지 적자(trade deficit)를 보이고 있는 일본 및 독일과의 교역에 있어서는 2006년에도 큰 변화가 나타나지 않았다. 2006년 일본, 독일과의 무역수지는 각각 6,903백만 달러, 2,620백만 달러의 적자를 기록하였다. 2007년 4월까지도 각각 2,554백만 달러, 984백만 달러의 적자를 보이고 있다.

## 2.2 무역수지

일반기계산업의 2006년 무역수지는 미국, 일본, 독일에 대한 무역수지 적자폭이 확대되었음에도 불구하고 대중국과의 무역수지 흑자폭 증가와 인도, 사우디아라비아로의 수출증가로 인해 995백만 달러의 흑자를 기록하였다. 2007년 4월까지의 무역수지도 107백만 달러 흑자를 기록하여 일반기계산업 전체의 무역수지는 당분간 흑자를 유지할 것으로 기대된다.

# 3. 국내 일반기계산업 전망

일반기계산업의 2007년 총수요는 내수시장과 수출수요의 증가세 지속으로 전년 대비 10.6% 증가한 116조 8,990억원을 기록할 것으로 보인다.

## 3.1 내수

내수는 조선산업의 호조세를 중심으로 수요확대가 견조하게 이루어질 것으로 보여 전년 대비

10.8% 증가한 90조 4,770억원을 기록할 것으로 전망된다.

### 3.2 생산

내수와 수출이 증가세를 지속할 것으로 전망되면서 생산도 전년 대비 10.8% 증가한 91조 3,450억원을 기록할 것으로 보인다.

### 3.3 수출

수출의 경우 2007년에도 원화강세와 달러 및 엔화 약세 지속으로 인해 미국, 일본과의 수출경쟁이 심화될 것으로 보인다. 그러나 2007년 수출은 중국 조선산업의 급성장과 중동 국가들의 산업인프라 투자수요가 증가하고 있고 금속공작기계, 건설기계류의 수출이 ASEAN 등의 신흥시장(emerging market)과 미국, 유럽 등의 선진국시장에서 균형적으로 성장세를 보이고 있어 14.0%의 견조한 성장세로 287억 달러를 기록할 것으로 보인다. 또한 반도체장비, 수치제어공작기계, 내연기관 등도 수출증가에 기여할 것으로 예상되고 있다. 이 같은 수출증가세는 국내 일반기계 업체들의 적극적인 해외시장 개척 및 마케팅 강화, 활로개척을 위한 신제품 출시 등에 기인하였다고 진단할 수 있다.

### 3.4 수입

수입은 국내시장에서의 중저가 중국산 제품 확산, 첨단설비에 대한 일본, 미국, 독일 제품의 수입확대 등으로 증가세를 유지하여 왔다. 수입은 2007년에 평판디스플레이업체의 대규모 투자 지속과 중국 현지진출기업의 반제품수입 확대로 반도체장비, 수치제어공작기계, 내연기관을 중심으로 증가세가 지속되어 전년 대비 13.9% 증가한 278억 달러를 기록할 것으로 예상된다.

### 3.5 투자

국내 일반기계산업의 설비투자는 2007년에 전년 대비 21.2% 증가한 1조 3,886억원을 기록할 것으로 예상되어 제조업 평균 증가율(0.8%)을 크게 상회할 것으로 보인다. 이는 2007년에도 내수침체와 원화강세가 지속될 것으로 전망되나 2006년 중 큰 폭의 설비투자 증가를 이끌었던 수출이 선박용 내연기관의 수출확대, 해외건설 수주 및 플랜트 수주 증가세 확대 등으로 인해 증가세를 유지할 것으로 전망되기 때문이다. 부문별로는 일반산업용기계, 공작기계, 특수산업용기계 부문의 설비투자가 전년 대비 각각 27.5%, 16.5%, 13.9% 증가할 것으로 전망되는 등 일반기계 전 부문에서 증가세를 기록할 것으로 보인다.

〈표 7-4〉 일반기계산업의 수급전망

(단위 : 십억원, 백만 달러, %)

| | 2005 | 2006 | 2007 | 증감률 | |
|---|---|---|---|---|---|
| | | | | 2006/2005 | 2007/2006 |
| 생산 | 72,779 | 82,441 | 91,345 | 13.3 | 10.8 |
| 수입 | 21,153 | 24,386 | 27,776 | 15.3 | 13.9 |
| 계 | 94,442 | 105,742 | 116,899 | 12.0 | 10.6 |
| 내수 | 71,962 | 81,670 | 90,477 | 13.5 | 10.8 |
| 수출 | 21,898 | 25,193 | 28,720 | 15.0 | 14.0 |
| 수출비율 | 33.0 | 33.9 | 34.2 | - | - |

주 : 1) 한국표준산업분류상 29(달리 분류되지 않는 기계 및 장비제조업)
2) 2006년과 2007년은 산업은행 잠정 및 추정치임
3) 생산, 계, 내수의 단위는 십억원이며, 수입과 수출의 단위는 백만 달러임
자료 : 한국기계산업진흥회(www.koami.or.kr)

〈표 7-5〉 일반기계산업의 부문별 설비투자 동향

(단위 : 억원, %)

| | 설비투자 | | | 증감률 | |
|---|---|---|---|---|---|
| | 2005 | 2006 | 2007 | 2006/2005 | 2007/2006 |
| 합 계 | 6,529 | 11,466 | 13,886 | 75.6 | 21.1 |
| 일반산업용기계 | 3,765 | 5,942 | 7,574 | 57.8 | 27.5 |
| 공 작 기 계 | 768 | 806 | 939 | 4.9 | 16.5 |
| 특수산업용기계 | 1,996 | 4,718 | 5,373 | 136.4 | 13.9 |

자료 : 산업은행, 설비투자계획조사, 2007. 5.

투자동기별로 살펴보면 다음과 같다.

### (1) 설비능력 증가

설비능력 증가를 위한 투자가 전년 대비 14.6% 증가할 것으로 보인다. 이 중 신제품 생산을 위한 투자와 기존 설비확장을 위한 투자는 각각 14.1%, 14.8% 증가할 것으로 예상된다. 수요별로 보면 2006년과 마찬가지로 수출 대비 투자증가율(21.8%)이 내수에 대비한 투자증가율(5.4%)보다 높게 나타났다.

### (2) 합리화

합리화투자는 투자의 대부분을 차지하고 있는 유지보수의 증가율이 7.2%에 그칠 것으로 전망되어 2006년보다 투자규모가 축소될 것으로 보인다.

### (3) 공해방지

공해방지에 대한 투자는 2006년 67.8%의 감소율을 보였으나 기업들의 환경에 대한 관심이 제

고되면서 82.5%의 높은 증가율을 시현할 것으로 보인다.

〈표 7-6〉 일반기계산업의 동기별 설비투자 동향 및 전망

(단위 : 억원, %)

| | 설비투자 | | | 구성비 | | | 증감률 | |
|---|---|---|---|---|---|---|---|---|
| | 2005 | 2006 | 2007 | 2005 | 2006 | 2007 | 2006/2005 | 2007/2006 |
| 합계 | 6,529 | 11,466 | 13,886 | 100.0 | 100.0 | 100.0 | 75.6 | 21.1 |
| 설비능력 증가 | 3,914 | 6,701 | 7,677 | 59.9 | 58.4 | 55.3 | 71.2 | 14.6 |
| 신제품생산 | 986 | 1,905 | 2,173 | 15.1 | 16.6 | 15.6 | 93.2 | 14.1 |
| 설비확장 | 2,928 | 4,796 | 5,504 | 44.8 | 41.8 | 39.6 | 63.8 | 14.8 |
| 국내수요대비 | 2,184 | 2,958 | 3,118 | 33.5 | 25.8 | 22.5 | 35.4 | 5.4 |
| 해외수요대비 | 1,730 | 3,743 | 4,559 | 26.5 | 32.6 | 32.8 | 116.4 | 21.8 |
| 합리화 | 1,670 | 2,957 | 3,381 | 25.6 | 25.8 | 24.3 | 77.1 | 14.3 |
| 유지보수 | 1,297 | 2,518 | 2,699 | 19.9 | 22.0 | 19.4 | 94.1 | 7.2 |
| 자동화 | 347 | 417 | 660 | 5.3 | 3.6 | 4.8 | 20.2 | 58.3 |
| 에너지절약 | 26 | 22 | 22 | 0.4 | 0.2 | 0.2 | -15.4 | 0.0 |
| 공해방지 | 177 | 57 | 104 | 2.7 | 0.5 | 0.7 | -67.8 | 82.5 |
| 연구개발 | 350 | 677 | 1,281 | 5.4 | 5.9 | 9.2 | 93.4 | 89.2 |
| 기타 | 418 | 1,074 | 1,443 | 6.4 | 9.4 | 10.4 | 156.9 | 34.4 |

자료 : 산업은행, 설비투자계획조사, 2007. 5.

## 4. 과제

국내 일반기계산업은 최근 자동차 등 제조업 전통·주력 품목의 성장세가 약화되고 있는 가운데서도 성장을 지속하며 국내경제의 주력산업으로서 발전 가능성을 보여주고 있다. 이 중 조선, 특수목적용 기계, 플랜트 부문의 약진이 일반기계산업 전체의 성장세를 이끌고 있다. 조선은 세계 조선산업의 호황과 국내 조선산업의 우수한 설계능력으로 인해 세계시장에서 최대 점유율을 차지하고 있다. 특수목적용 기계에서는 수출비중이 급상승세를 보이고 있어 내수중심에서 수출산업으로 변하고 있다. 플랜트 부문의 경우에도 중동 등에서 수요가 급증하고 있어 해외수주가 연평균 50%를 상회하고 있는 것으로 나타났다.

국내 일반기계산업이 당면한 과제를 다음 4가지 측면에서 살펴본다.

### 4.1 제품화 능력 및 기술경쟁력 제고

원화강세, 원자재 가격 상승, 고유가의 지속으로 인해 국내 일반기계 업체의 가격경쟁력(price competitiveness) 약화가 전망되는 가운데 달러 및 엔화 약세 지속으로 인해 미국, 일본 일반기

계 업체의 가격경쟁력이 제고되어 수출경쟁이 심화될 것으로 보인다. 국내 일반기계산업은 조선 부문을 제외하면 핵심기술 부족과 설계능력 미흡으로 인하여 일본, 미국, 독일 등 기술선진국에 비해 제품화 능력과 기술경쟁력(technological competitiveness)이 취약하기 때문에 수출경쟁이 심화될 경우 심각한 타격을 입을 수 있다.

### 4.2 수출시장의 다변화

우리의 일반기계 수출은 현재 중국을 비롯하여 일부 국가에만 편중된 현상을 보이고 있다. 현재 국내 일반기계 1, 2위 수출시장인 중국과 미국경기의 연착륙(soft landing) 가능성이 크고, 특히 중국의 경우 자체적인 기계산업 육성방안을 마련하는 등 기계류의 자급도를 제고시키기 위해 노력하고 있어 향후 중국과 미국의 수요가 감소할 가능성이 상존하고 있다.

### 4.3 글로벌 M&A를 통한 원천기술 확보

국내 일반기계산업이 글로벌 시장에서 한 단계 도약하기 위해서는 원천기술(source technology) 확보와 수출시장 확대에 주력해야 한다. 원천기술 개발을 위한 방법으로는 국내에서의 산학연 공동기술개발을 확대하는 것이 효과적이다. 그러나 이 방법은 시간이 많이 소요된다는 단점이 있으므로 선진기업들과의 인수합병(M&A) 및 전략적 제휴(strategic alliance)를 모색해 볼 수 있다. 이미 현대중공업이 발전기 사업을 강화하기 위해 미국의 아이디얼일렉트릭을 인수하고 두산중공업이 원천기술을 확보하기 위해 일본의 미쓰이밥콕을 인수하는 등 국내 일반기계산업은 글로벌 M&A를 통해 부족한 원천기술을 확보하기 위해 노력하고 있다.

### 4.4 신흥시장 개척

수출시장을 확대하기 위해서는 인도, 베트남 등 신흥기계류 수요국에 대한 시장개척을 강화해야 한다. 이를 위해서는 정부와 업계가 협력하여 해당 지역에 시장개척관, 지원센터 등을 설립하여 기업들의 시장개척을 지원해야 한다.

# 제 2 절 철강산업

## 1. 국내 철강산업 동향

국내 철강재 생산 및 소비는 2007년 상반기 중 수요산업의 호조 등으로 큰 폭의 성장세를 보일 것으로 예상된다.

### 1.1 조강 생산

조강 생산은 전년동기 대비 3.6% 증가한 24,767천 M/T을 기록할 것으로 보인다.

#### (1) 전로 생산

전로 생산은 포항제철소의 2제강 탈린로 신설에 따른 설비능력 증가로 전년동기 대비 2.5% 증가한 13,232천 M/T을 기록할 것으로 전망된다.

#### (2) 전기로 생산

전기로는 현대제철의 전기로 재가동과 세아베스틸 등 특수강업계의 신증설 가동 등으로 전년동기 대비 4.8% 증가한 11,535천 M/T을 기록할 것으로 보인다.

〈표 7-7〉 조강 생산 동향

(단위 : 천M/T, %)

| | 2005(A) | 2006(B) | | 2007 상반기(D) | 증가율 | |
|---|---|---|---|---|---|---|
| | | | 상반기(C) | | B/A | D/C |
| 합계 | 47,820 | 48,433 | 23,914 | 24767 | 1.3 | 3.6 |
| 전로 | 26,728 | 26,293 | 12,911 | 13,232 | -1.6 | 2.5 |
| 전기로 | 21,092 | 22,140 | 11,003 | 11,535 | 5.0 | 4.8 |

주 : 2007년 상반기 자료는 추정치임

자료 : 한국철강협회, 철강산업주요지표, 2007.

### 1.2 철강재 생산

철강재 생산은 수요산업 호조로 전년동기 대비 7.7% 증가한 29,954천 M/T을 기록할 것으로 보인다. 품목별로 살펴보면 봉형강류인 철근과 형강은 제품가격 인상으로 인하여 소폭 증가가 예상되며 판재류인 냉연강판과 석도강판은 포스코(POSCO)의 냉연설비 보수공사와 석도강판 사업철수 등으로 감소할 것으로 전망되는 반면에 중후판은 조선산업의 호조로, 아연도강판은 2006년 하반기 가동된 포스코 No. 6CGL과 현대하이스코 당진공장의 완전 가동으로 대폭 증가할 것으로 예상된다.

### 1.3 철강재 내수

철강재 내수는 전년동기 대비 8.9% 증가한 26,390천 M/T을 기록할 것으로 보인다. 품목별로 살펴보면 철근이 건설경기의 본격적인 회복이 없음에도 불구하고 제조업체들의 연속적인 가격 인상에 따른 가수요로 전년동기 대비 증가가 기대되며 형강은 중국의 부가가치세(VAT) 환급 폐지에 따라 국내기업이 조기에 수입량을 확대하여 전년동기 대비 대폭 증가할 것으로 보인다. 판재류는 냉연강판 등의 품목이 부진하나 조선, 기계산업 등 수요산업 호조로 중후판 및 아연도강판을 중심으로 전년동기 대비 대폭 증가할 것으로 전망된다.

### 1.4 철강재 수출

철강재 수출은 전년동기 대비 6.9% 증가한 9,617천 M/T을 기록할 것으로 보인다. 봉형강류를 살펴보면 철근은 내수의 대폭 증가에 따른 수출여력 부족으로 감소가 예상되나 형강은 중동지역을 중심으로 H형강이 호조를 보이고 있어 전년동기 대비 대폭 증가할 것으로 전망된다. 판재류는 핫코일 및 냉연강판이 각각 국내 수요 증가와 원화강세의 영향으로 수출이 감소하였음에도 불구하고 중후판과 아연도강판, 칼라강판의 수출증가로 소폭 증가할 것으로 보인다.

### 1.5 철강재 수입

철강재 수입은 저가의 중국산 제품의 수입이 급증하여 전년동기 대비 11.7% 증가한 6,053천 M/T을 기록할 것으로 보인다. 봉형강류는 철근, 형강, 봉강 등 대부분의 품목이 호조를 보일 것으로 전망되며 판재류는 국내공급이 부족한 열연강판을 중심으로 수입이 크게 증가할 것으로 예상된다.

〈표 7-8〉 철강 수급동향

(단위 : 천M/T, %)

| | 2006 | | 2007 상반기(B) | 증가율(B/A) |
|---|---|---|---|---|
| | | 상반기(A) | | |
| 생 산 | 57,245 | 27,812 | 29,954 | 7.7 |
| 수 입 | 10,591 | 5,417 | 6,053 | 11.7 |
| 합 계 | 67,836 | 33,229 | 36,007 | 8.4 |
| 내 수 | 49,640 | 24,230 | 26,390 | 8.9 |
| 수 출 | 18,196 | 8,999 | 9,617 | 6.9 |

주 : 철강재생산 = 봉형강류 + 판재류 + 주단강 + 강선(수출분) + 반제품(수출분)

자료 : 1) 한국철강협회, 철강주요지표, 2007.

2) POSRI, 철강수급전망, 2007. 4.

## 2. 국내 철강산업 전망

### 2.1 투자

산업은행의 설비투자계획조사(2007년 2월)에 따르면 2007년 국내 철강산업의 설비투자는 전년 12.0% 증가에 비해 둔화된 0.7% 증가에 그칠 것으로 보인다. 이는 현대제철의 신규 고로사업 진출에 따른 당진공장의 투자증가에도 불구하고 포스코(POSCO)의 2007년 파이넥스 준공 등 대규모 프로젝트 공사의 완료와 국내 특수강 생산업체의 투자완료에 따른 것으로 판단된다.

업종별로 살펴보면 전기로 업종은 현대제철의 신규 고로사업 투자를 중심으로 높은 증가세를 보일 것으로 전망된다. 일관제철 업종은 2006년 포스코의 Finex 신설, 코크스 공장 증설 사업 추진으로 높은 증가세를 나타낸 데 반해 2007년에는 Finex 신설 사업 준공으로 2006년에 비해 다소 하회할 것으로 예상된다. 또한, 냉연표면처리 업종도 현대하이스코의 당진공장 정상화 투자가 완료되어 상대적 감소세를 나타낼 것으로 보인다.

동기별 투자동향을 살펴보면 다음과 같다.

#### (1) 설비능력 증가

설비능력 증가를 위한 투자가 전년 대비 3.2% 증가한 3조 9,643억원에 이를 것으로 나타났다. 이를 유형별로 살펴보면 기존설비 확장투자는 전년 대비 5.1% 감소한 2조 5,313억원에 그쳤으나 비중면에서는 전년과 비슷한 48.0%를 기록하여 설비확장 투자가 2007년도에도 동기별 투자동향에서 높은 비중을 차지할 것으로 나타났다. 신제품 생산을 위한 투자는 전년 대비 21.9% 증가한 1조 4,330억원을 기록할 것으로 보이며 비중면에서는 27.2%에 이를 것으로 보인다. 설비능력 증가를 위한 투자를 수요별로 보면 국내수요 대비 투자가 전체 투자의 60.7%를, 수출수요 대비 투자가 전체투자의 14.5%를 차지하였으며 증가율 면에서도 국내수요 대비 투자(8.2%)가 수출수요 대비 투자(-13.7%)보다 활성화된 것으로 조사되었다.

#### (2) 합리화

합리화투자는 전년 대비 4.0% 감소한 1조 444억원을 기록할 것으로 보인다. 세부적으로 살펴보면 유지보수를 위한 투자는 전년 대비 1.0% 감소한 9,118억원을 기록할 것으로 예상된다. 이는 2005년도에 대규모 유지보수 투자가 일단락된 데 따른 것으로 판단된다. 자동화(automation), 에너지절약 투자는 각각 전년 대비 20.1%, 20.4% 감소할 것으로 보이며 비중 자체도 각각 0.4%, 2.1%에 그쳐 이 부문에 대한 업계의 관심이 점차 축소되고 있다.

#### (3) 공해방지 및 연구개발

공해방지 투자 및 연구개발 투자는 전년 대비 각각 14.0%, 2.6% 감소할 것으로 전망되나 비중면에서는 2006년과 비슷한 2.4%, 2.1%를 기록할 것으로 보인다.

〈표 7-9〉 철강산업의 동기별 설비투자 동향 및 전망

(단위 : 억원, %)

| | 설비투자 | | | 구성비 | | | 증감률 | |
|---|---|---|---|---|---|---|---|---|
| | 2005 | 2006 | 2007 | 2005 | 2006 | 2007 | 2006/2005 | 2007/2006 |
| 합계 | 45,988 | 52,417 | 52,765 | 100.0 | 100.0 | 100.0 | 14.0 | 0.7 |
| 설비능력증가 | 27,756 | 38,424 | 39,643 | 60.4 | 73.3 | 75.1 | 38.4 | 3.2 |
| 신제품생산 | 12,616 | 11,758 | 14,330 | 27.4 | 22.4 | 27.2 | -6.8 | 21.9 |
| 설비확장 | 15,140 | 26,666 | 25,313 | 32.9 | 50.9 | 48.0 | 76.1 | -5.1 |
| 국내수요대비 | 21,915 | 29,583 | 32,010 | 47.6 | 56.4 | 60.7 | 35.0 | 8.2 |
| 수출수요대비 | 5,841 | 8,841 | 7,633 | 12.7 | 16.9 | 14.5 | 51.4 | -13.7 |
| 합리화 | 14,370 | 10,875 | 10,444 | 31.2 | 20.7 | 19.8 | -24.3 | -4.0 |
| 유지보수 | 12,670 | 9,210 | 9,118 | 27.6 | 17.6 | 17.3 | -27.3 | -1.0 |
| 자동화 | 125 | 264 | 211 | 0.3 | 0.5 | 0.4 | 111.2 | -20.1 |
| 에너지절약 | 1,575 | 1,401 | 1,115 | 3.4 | 2.7 | 2.1 | -11.0 | -20.4 |
| 공해방지 | 1,312 | 1,452 | 1,248 | 2.9 | 2.8 | 2.4 | 10.7 | -14.0 |
| 연구개발 | 1,957 | 1,113 | 1,084 | 4.3 | 2.1 | 2.1 | -43.1 | -2.6 |
| 기타 | 593 | 553 | 346 | 1.3 | 1.1 | 0.7 | -6.7 | -37.4 |

자료 : 산업은행, 설비투자계획조사, 2007. 5.

### 2.2 생산

국내 철강재 생산은 2007년 하반기 중 판재류의 설비증설 요인으로 소폭 증가가 예상되며 수요도 국내 건설경기 회복 지연에 따른 내수 부진으로 소폭의 증가세를 보일 것으로 예상된다.

#### (1) 조강생산

조강생산은 전년동기 대비 3.5% 증가한 25,380천 M/T을 기록할 것으로 보인다.

① 전로생산

전로생산은 포스코의 광양 제3고로 합리화에도 불구하고 파이넥스 설비가동에 따라 전년동기 대비 2.4% 증가한 13,703천 M/T을 기록할 것으로 보인다.

② 전기로 생산

전기로 생산은 현대제철의 전기로 재가동 및 세아베스틸 등 특수강업계의 신증설 설비 가동 등으로 전년동기 대비 4.8% 증가한 11,677천 M/T을 기록할 것으로 예상된다.

#### (2) 철강재 생산

철강재 생산은 내수회복 및 판재류의 설비증설 영향으로 전년동기 대비 4.6% 증가한 30,775천 M/T을 기록할 것으로 보인다.

① 봉형강류

봉형강류는 건설경기의 회복에 따라 증가가 예상된다.

② 판재류

판재류는 설비증설에 따른 신규 가동으로 열연코일 및 아연도강판을 중심으로 생산이 증가할 것으로 보인다.

### 2.3 수요

철강재 내수는 전년동기 대비 2.9% 증가한 26,157천 M/T을 기록할 것으로 보인다.

#### (1) 봉형강류

봉형강류는 수요산업인 건설경기 회복 지연과 재고누적 등으로 인해 봉강, 선재부문의 수요가 소폭 증가에 그칠 것으로 예상된다.

#### (2) 판재류

판재류는 자동차, 조선, 일반기계 등 수요산업이 호조를 보일 것으로 예상되어 열연강판, 중후판, 아연도강판, 냉연강판 등 대부분의 품목이 증가할 것으로 보인다.

〈표 7-10〉 조강생산 및 철강 수급전망

(단위 : 천M/T, %)

| | | 2006(A) | | 2007(C) | | 증가율 | |
|---|---|---|---|---|---|---|---|
| | | | 하반기(B) | | 하반기(D) | C/A | D/B |
| 조강생산 | | 48,433 | 24,519 | 50,147 | 25,380 | 3.5 | 3.5 |
| | 전기 | 26,293 | 13,382 | 26,935 | 13,703 | 2.4 | 2.4 |
| | 전기로 | 22,140 | 11,137 | 23,212 | 11,677 | 4.8 | 4.8 |
| 공급 | 생산 | 57,245 | 29,433 | 60,729 | 30,775 | 6.1 | 4.6 |
| | 수입 | 10,591 | 5,174 | 11,614 | 5,561 | 9.7 | 7.5 |
| 철강계 | | 67,836 | 34,607 | 72,343 | 36,336 | 6.6 | 5.0 |
| 수요 | 내수 | 49,640 | 25,410 | 52,547 | 26,157 | 5.9 | 2.9 |
| | 수출 | 18,196 | 9,197 | 19,796 | 10,179 | 8.8 | 10.7 |

자료 : 1) 한국철강협회, 철강주요지표, 2007.
2) POSRI, 철강수급전망, 2007. 4.

### 2.4 수출

철강재 수출은 전년동기 대비 10.7% 증가한 10,179천 M/T을 기록할 것으로 보인다.

#### (1) 판재류

판재류는 표면처리강판 분야의 설비증설에도 불구하고 중국의 판재류 수출증가에 따른 해외시장에서의 경쟁심화로 전년동기 대비 수출이 소폭 증가할 것으로 보인다.

#### (2) 봉형강류

봉형강류는 국내 건설경기 둔화에 따른 상대적인 수출증대로 대폭 증가할 것으로 보인다.

### 2.5 수입

철강재 수입은 중국제품의 수입수요 지속으로 전년동기 대비 7.5% 증가한 5,561천 M/T을 기록할 것으로 보인다.

#### (1) 봉형강류

봉형강류는 2006년 수입급증에 따른 재고 누적 및 건설경기 둔화 등으로 철근을 중심으로 감소할 것으로 보인다.

#### (2) 판재류

판재류에서는 냉연강판 및 칼라강판은 전년동기 대비 감소가 예상되나 중간재인 열연강판 및 중후판은 전년동기 대비 대폭 증가할 것으로 보인다.

## 3. 국제철강재 가격 전망

국제철강재 가격은 2006년 이후 상승세를 지속하고 있으며 당분간 강세 현상을 나타낼 것으로 보인다. 2003년 말부터 강세를 보여온 국제철강재 가격은 수요증가세 둔화 및 공급과잉(oversupply)으로 2005년 들어 약세로 반전하였으나 주요 철강업체들의 적극적인 감산, 철강재 수요증가, 철강 원재료 가격의 상승으로 2006년 들어 상승세를 지속하였다. 최근에는 CIS 및 중동지역 등 신흥시장(emerging market)의 고도성장에 따른 신규 수요 증가가 철강가격 강세의 주요 요인으로 작용하고 있다. 즉, 최근 중국이 공급과잉으로 수출이 증가하고 있고 선진국의 철강재고가 높은 상황인 데도 불구하고 이들 신흥시장의 신규수요가 크게 증가함으로써 철강가격이 상승하고 있다.

〈표 7-11〉 철강재 가격 추이

(단위 : 달러/톤, %)

| | 2005. 12월 (A) | 2006. 12월 (B) | 2007. 5월 (C) | 상승률 | |
|---|---|---|---|---|---|
| | | | | B/A | C/B |
| 철근 | 445 | 585 | 735 | 31.5 | 25.6 |
| 후판 | 627 | 749 | 791 | 19.5 | 5.6 |
| 열연 | 400 | 557 | 592 | 39.3 | 6.3 |
| 냉연 | 530 | 684 | 695 | 29.1 | 1.6 |

주 : EU 수출가격(FOB) 기준임
자료 : CRU Monitor

EU의 수출가격 추이를 살펴보면 대부분의 품목에서 2005년 12월 이후 현재까지 상승흐름을 지속하고 있는 것으로 나타났다. 특히, 철근의 상승률이 가장 높은 것으로 나타났다. 이는 터키와 중동지역의 특수와 함께 이 지역의 건설붐에 따른 영향으로 분석된다.

국제철강재 가격은 2007년에 상승세를 지속할 것으로 전망된다. 이는 신흥시장의 성장에 따른 세계 철강수급의 타이트한 상황이 당분간 지속될 것으로 기대되고 2007년 들어 가격상승세가 이어져 온 철광석 등 원재료 가격의 상승추세가 향후에도 지속될 것으로 전망되기 때문이다.

## 4. 과제

세계 1위 철강사인 Mittal Steel은 2006년 6월 세계 2위 철강사인 Arcelor사를 합병하여 세계 최대의 철강사로 탄생하는 등 통합화가 세계 철강업계의 시대적 조류로 부상하였다.

세계 철강산업의 통합화는 2000년대 들어 전후방산업의 통합화에 맞서 교섭력(bargaining power)을 제고하고 시장지배력을 강화하기 위해 본격적으로 추진되었다. 즉, 전방산업인 철광석 산업은 상위 3개사의 시장집중도가 74%, 대표적 후방산업인 자동차산업은 상위 6개사의 시장집중도가 76%를 기록하는 등 통합화의 정도가 강하여 철강사들도 이에 맞서 통합화하지 않으면 가격교섭력 약화로 인한 수익성(profitability) 악화를 피할 수 없는 상황이었다.

이 같은 시대적 배경으로 2002년 세계 1위 철강업체인 Arcelor사의 탄생 등 다수의 통합화가 추진되었으나 아직도 전후방산업보다 통합화의 정도가 약하여 price-taker로서의 한계에 직면하고 있다.

2000년대 중반 들어서는 전술한 배경 이외에 선진국의 고급강 제조 기술력과 개발도상국(developing country)의 우수한 원가경쟁력을 결합하여 생산능력의 극대화(maximization of production capacity)를 추구하기 위해 통합이 추진되었다. 2004년부터 이어져 온 세계 철강경기 호조를 기반으로 풍부한 자금력을 보유한 철강사를 중심으로 적대적 인수합병(hostile M&A)을 통해 통합화가 이루어진 것이 특징으로 지적할 수 있다. 이의 대표적인 예로 Mittal Steel이 Arcelor사를 합병하여 탄생한 초대형 철강사인 Arcelor-Mittal Steel을 들 수 있다.

세계 철강업계의 통합화로 세계 철강업체의 조강생산능력이 대형화 추세를 보이고 있다. 즉, 세계 10대 철강업체의 평균 조강생산량은 1994년 14.8백만 M/T에서 2006년 31.6백만 M/T으로 약 2배 증가한 것으로 나타났다. 이에 따라 세계 5대 업체의 2000~2005년 중 세계 조강생산 증가에 대한 기여율은 23.9%로 나타나 6~10대 기업의 기여율 4.2%보다 크게 높은 것으로 나타났다.

향후 세계 철강산업의 통합화 전망을 살펴보면 원료의 편중화에 따른 자원민족주의(resource nationalism) 확산과 원료가격의 고수준 지속으로 원료광산을 보유한 철강사를 중심으로 활성화될 것으로 전망된다. 또한, 원가경쟁력을 보유한 개발도상국 기업과 우수한 기술력을 보유한 선진국 기업 간의 M&A를 통해 경쟁력을 극대화하기 위한 방향으로 통합이 추진될 것으로 보인다. Arcelor-Mittal의 독주가 예상되는 가운데 세계 조강순위 10위 이내에 있는 철강사들의 본격적 대형화 작업도 활발하게 진행될 것으로 판단된다.

또한, 최근에는 2004년부터 철강 경기 호조를 기반으로 풍부한 현금을 보유한 기업을 중심으로 적대적 M&A가 통합화의 새로운 전략이 될 것으로 예상된다. 특히, 최근 포스코(POSCO)는 Arcelor-Mittal Steel에 의한 적대적 M&A 위협이 현실화되자 자사주 매입, 현대중공업 등과 지분맞교환을 통한 우호지분 확대 등을 통해 적대적 M&A에 대비하고 있다.

〈표 7-12〉 세계 철강산업의 주요 M&A 현황

| 연도 | 업체명 | 내용 |
|---|---|---|
| 1997 | Thyssen-Krupp스틸<br>Corus | · 독일 Thyssen사와 Krupp사의 합병<br>· British Steel과 네덜란드 Hoogovens사의 합병 |
| 2002 | Arcelor | · Usinor, Arbed, Acelaria의 합병으로 탄생 |
| 2003 | JFE Steel Corp. | · 일본 내 2, 3위 철강기업인 NKK와 가와사키 제철의 합병으로 탄생 |
| 2005 | Mittal Steel | · LNM과 ISG사의 합병으로 탄생 |
| 2006 | Arcelor-Mittal | · Mittal Steel과 Arcelor사의 합병으로 탄생 |
| 2007 | Tata-Corus | · Corus를 인수함 |

세계 철강산업의 통합화에 대응하기 위해 국내 철강업계는 다양한 과제에 직면해 있다.

4.1 냉연업계 등 경쟁력이 취약한 국내 철강업계의 조속한 구조조정 추진을 통해 경쟁력을 확보해야 함

4.2 최근 준공한 포스코의 세계적 철강기술인 Finex 공법과 같은 기술개발을 통해 세계 기술시장을 선도하여 글로벌 리더십(global leadership)을 확보해야 함

4.3 글로벌 기업과 경쟁하기 위해서는 인수합병(M&A)이 기업경쟁력(corporate competitiveness)을 제고시킬 수 있는 유용한 수단임을 인식하고 적극적 활용이 필요함

4.4 수입의존도(import dependence)가 큰 철광석과 고철 등 원료의 안정적 조달이 필요함

4.5 철강업체간 및 철강업체와 수요업체와의 전략적 제휴(strategic alliance) 등 유대관계 강화 노력이 필요함

4.6 포스코 등 한국기업에 대한 적대적 인수합병 움직임에 대응하여 기업가치(corporate value) 제고, 우호지분 확대 및 전략적 제휴 등 국가기간산업을 보호하기 위한 다양한 대응책 마련이 필요함

8
chapter

# 석유화학 및 가전산업

## 제 1 절 석유화학산업

### 1. 국내 석유화학산업 동향

국내 석유화학산업은 2007년 상반기에 전년과 마찬가지로 전반적인 성장률이 둔화되면서 보합수준의 실적을 기록하였다. 석유화학산업의 성장 둔화는 2006년부터 발생하고 있다. 이는 실적 부진이라기보다는 2002~2005년 동안 대폭 증가했던 수출이 일정 부분 성장의 한계에 이르면서 나타난 현상으로 판단된다. 즉, 중국시장의 석유화학제품에 대한 급격한 수입증가를 기반으로 호조를 보였던 수출이 중국시장의 자급률 상승과 중국시장 내부에서의 경쟁 심화로 더 이상 대규모 성장을 시현하기는 어려운 상황에 이르게 되었다. 또한, 국내 석유화학산업의 전체적인 생산능력을 고려하더라도 추가적인 수출확대를 기대하기에는 다소 어려운 상황이라고 볼 수 있다. 그러나 최근의 수출 둔화에도 불구하고 전반적인 수급실적은 현재 석유화학산업의 공급능력 및 가동률을 고려할 때 비교적 양호한 수준으로 판단된다.

#### 1.1 공급

공급측면을 살펴보면 수출 및 내수가 모두 감소세를 나타내면서 생산은 전년 수준을 약간 하회하는 보합세를 기록하였으며 수입은 비교적 큰 폭으로 감소하였다. 생산은 2007년 상반기에 전년동기 대비 1.0% 감소한 9,170천 M/T을 기록할 것으로 보인다. 이는 최근 일부 품목의 신증설이 있었음에도 불구하고 내수 부진이 예상보다 장기화되어 관련산업의 수요가 정체 상태를 보였고 수출 역시 합성수지의 대중국 수출이 부진한 양상을 나타내면서 소폭 감소하였기 때문으로 볼 수 있다. 수입은 내수위축에 따른 수입수요 감소와 내수부족 품목을 중심으로 한 업계의 증설투자 영향으로 전년동기 대비 10.2% 감소한 430천 M/T에 그칠 것으로 보인다. 이에 따라 전체 공급규모는 전년동기 대비 1.5% 감소한 9,600천 M/T을 기록할 것으로 전망된다.

〈표 8-1〉 석유화학 수급동향

(단위 : 천M/T, %)

| | | 2005 (A) | 2006(B) | | 2007상반기 (D) | 증가율 | |
|---|---|---|---|---|---|---|---|
| | | | | 상반기(C) | | B/A | D/C |
| 공급 | 생산 | 18,154 | 18,161 | 9,263 | 9,170 | 0.0 | -1.0 |
| | 수입 | 931 | 897 | 479 | 430 | -3.7 | -10.2 |
| 수요 | 내수 | 9,700 | 9,379 | 4,803 | 4,778 | -3.3 | -0.5 |
| | 수출 | 9,384 | 9,679 | 4,939 | 4,822 | 3.1 | -2.4 |

자료 : 산업은행(2007년 상반기 추정), 한국석유화학공업협회

### 1.2 수요

수요측면에서는 내수와 수출 모두 전년 대비 소폭 감소한 실적을 기록할 것으로 보인다. 내수는 당초 완만한 성장세를 나타낼 것으로 전망되었다. 그러나 국내 경기의 침체가 다소 장기화되면서 전년동기 대비 0.5% 감소한 4,778천 M/T에 그칠 것으로 보인다. 이 같은 내수실적의 부진은 국내 건설경기의 부진과 섬유산업의 업황 부진으로 건설업과 화섬산업의 수요가 감소하였고, 전기전자 및 자동차의 경우에도 별다른 수요확대가 나타나지 않았기 때문으로 분석된다. 수출의 경우에도 전년동기 대비 2.4% 감소한 4,822천 M/T에 그칠 것으로 전망된다. 수출의 경우 2003년 이후 매년 큰 폭의 증가세를 기록하였으나 2006년 이후 증가율 둔화 현상이 지속되고 있다. 현재 국내 석유화학업계의 공급능력 및 중국의 수입수요를 고려할 때 향후에도 수출실적이 대폭 개선되기는 어려운 것으로 보인다.

### 1.3 부문별 수급실적

수급실적을 부문별로 살펴보면 다음과 같다.

#### (1) 합성수지

합성수지는 내수가 다소 증가하기는 하였으나 올레핀계 제품의 수출부진으로 전년 수준의 수

출실적이 전망된다. 생산이 전년동기 대비 0.1% 감소한 5,175천 M/T을 기록할 것으로 보이는 가운데 내수는 전년동기 대비 5.0% 증가한 2,450천 M/T, 수출은 전년동기 대비 4.9% 감소한 2,797천 M/T을 기록할 것으로 보인다. 합성수지는 전통적으로 석유화학산업의 가장 중요한 수출품목이었으나 최근 에틸렌계 제품의 수출경쟁력(export competitiveness)이 지속적으로 하락하면서 수출실적이 감소하고 있다.

#### (2) 합섬원료

합섬원료는 생산이 전년동기 대비 2.7% 감소한 3,698천 M/T을 기록할 것으로 전망되는 가운데 내수는 전년동기 대비 5.6% 감소한 2,210천 M/T, 수출은 0.1% 증가한 1,823천 M/T을 기록할 것으로 보인다. 합섬원료의 내수는 2000년 이후 수요산업인 화섬업종의 장기 부진에 따라 침체국면을 보이고 있다. 최근에는 국내 화섬산업의 업황이 미국의 중국제품에 대한 수입억제 등으로 인해 다소 개선되고는 있으나 합섬원료 업계의 실적개선을 유인할 수준에는 못 미치는 것으로 판단된다. 그러나 수출은 합섬원료 수출물량의 70% 이상을 차지하는 TPA의 대중국 수출이 지속적인 호조를 보이고 있어 향후에도 완만한 증가세를 시현할 수 있을 것으로 보인다. 특히, 증가율 수준 자체는 보합세에 그쳤으나 전년 상반기 수출실적이 사상 최대 수준이었다는 점을 고려하면 물량기준의 수출실적은 여전히 양호한 것으로 판단된다.

#### (3) 합성고무

합성고무는 생산이 전년동기 대비 5.3% 증가한 297천 M/T을 기록할 것으로 보이는 가운데 내수는 전년동기 대비 8.5% 감소한 118천 M/T, 수출은 전년동기 대비 14.1% 증가한 202천 M/T에 이를 것으로 예상되어 3대 유도품 중 가장 큰 호조세를 나타냈었다.

## 2. 국제가격 동향

석유화학제품의 국제가격은 2007년 상반기 중 국제유가의 상승에도 불구하고 전반적으로 안정적인 수준을 유지하였다.

### 2.1 유가 및 석유화학제품 가격

#### (1) 유가

유가는 두바이(Dubai)유를 기준으로 2006년 하반기 이후 지속적인 하락세를 나타내면서 2007년 1월에는 배럴당 50.76달러를 기록하여 단기적인 가격 저점을 형성하였다. 그러나 국제유가는 미국 석유재고량 감소, 이란 및 나이지리아의 원유 공급차질에 대한 우려 등으로 다시 상승세로 전환되어 4월에는 배럴당 64.35달러까지 상승하였다.

#### (2) 석유화학제품 가격

석유화학제품 가격은 유가에 연동되는 특징이 있기 때문에 일반적으로 유가 상승은 곧 유화제품 국제가격의 상승으로 이어지게 된다. 그러나 2007년 상반기 유화제품 가격은 2006년 하반기의 가격하락세에서는 벗어났으나 유가 상승 추세와는 다르게 비교적 보합수준의 안정화 단계에 진입하는 양상을 보여주었다. 이는 전반적으로 석유화학제품에 대한 수요증가가 크게 나타나지 않는 가운데 아시아 각국의 석유화학 기업들이 중국시장을 목표로 비교적 활발한 증설투자에 나서면서 확대된 공급규모에 따라 수급측면에서 제품가격의 상승압력이 낮아졌기 때문인 것으로 판단된다.

기초 원료인 납사 및 에틸렌의 경우 납사는 유가 상승의 영향으로 비교적 높은 가격 상승을 기록한 반면 최근 아시아 주요 기업의 증설투자 완료로 공급규모가 확대된 에틸렌은 오히려 가격이 하락하는 상반된 양상을 나타냈다.

① 납사

납사는 유가 저점기였던 2007년 1월 톤당 521달러의 저점을 기록한 이후 단기간에 급등 추세를 나타내면서 2007년 4월에는 톤당 687달러까지 상승하였다.

② 에틸렌

에틸렌은 2006년 10월 톤당 1,214달러를 기록한 이후 단기적인 등락은 있었으나 전반적으로 하락추세를 보여 2007년 4월에는 톤당 1,078달러를 기록하였다.

국내 업체의 경우 납사는 전량 수입에 의존하고 에틸렌은 수출하는 구조이기 때문에 이 같은 가격 추세는 기업의 채산성에 악영향을 미칠 것으로 판단된다.

### 2.2 주요 제품별 국제가격

주요 제품의 2006년 10월~2007년 4월 중 국제가격을 살펴보면 제품별로 다소 등락의 차이가 있었으나 비교적 안정적인 가격수준을 유지하였다. 2006년 이후 석유화학제품의 국제가격은 월별 등락률이 10% 내외의 수준을 나타내면서 하향 안정화 추세를 보였다. 이 같은 추세는 2007년에 들어서도 지속되고 있다.

주요 제품의 동 기간 중 국제가격 변동추이를 살펴보면 합성수지의 경우 LDPE가 1,326달러에서 1,338달러로 0.9% 상승, HDPE가 1,304달러에서 1,255달러로 3.8% 하락, PP가 1,284달러에서 1,250달러로 2.7% 하락, PS가 1,300달러에서 1,390달러로 6.9% 상승, PVC가 923달러에서 903달러로 2.2% 하락, ABS가 1,588달러에서 1,599달러로 0.7% 상승하는 등 PS를 제외한 모든 제품의 가격이 비교적 안정적인 추세를 나타내었다. 다만 합섬원료의 경우 EG가 809달러에서 901달러로 11.4% 상승하여 비교적 높은 증가율을 기록하였다.

〈표 8-2〉 주요 석유화학 제품별 가격 동향

(단위 : 달러/톤)

| | | 2006. 10월 | 11월 | 12월 | 2007. 1월 | 2월 | 3월 | 4월 |
|---|---|---|---|---|---|---|---|---|
| 기초원료 | 납사 | 531 | 535 | 572 | 521 | 588 | 644 | 687 |
| | 에틸렌 | 1,214 | 1,115 | 1,176 | 1,348 | 1,260 | 1,094 | 1,078 |
| 합성수지 | LDPE | 1,326 | 1,258 | 1,301 | 1,334 | 1,320 | 1,328 | 1,338 |
| | HDPE | 1,304 | 1,265 | 1,286 | 1,258 | 1,246 | 1,252 | 1,255 |
| | PP | 1,284 | 1,248 | 1,278 | 1,275 | 1,250 | 1,250 | 1,250 |
| | PS | 1,300 | 1,331 | 1,381 | 1,418 | 1,373 | 1,376 | 1,390 |
| | PVC | 923 | 808 | 803 | 843 | 860 | 875 | 903 |
| | ABS | 1,588 | 1,582 | 1,594 | 1,586 | 1,588 | 1,532 | 1,599 |
| 합섬원료 | EG | 809 | 842 | 861 | 863 | 866 | 884 | 901 |

주 : 동남아시아 C&F 가격 기준임
자료 : 한국석유화학공업협회

그러나 상기한 석유화학제품의 가격안정화(price stabilization)는 국내 석유화학 업체의 수익성(profitability)에는 좋지 않은 영향을 미칠 것으로 보인다. 이는 기초원료인 납사 가격은 높은 상승률을 나타내고 있는 반면에 국내 업체의 주력 수출품목인 에틸렌 및 합성수지의 제품 가격은 원료 가격의 상승분을 충분히 반영하지 못하고 있기 때문이다.

이 같은 추세는 향후에도 지속될 가능성이 매우 큰 편이다. 향후에도 고유가가 지속될 것으로 예상되고 있어 납사 가격의 하락을 예상하기 어려운 반면에 세계 석유화학산업은 점진적으로 공급우위 구조로 전환되어 제품가격의 하락이 전망되고 있다.

## 3. 국내 석유화학산업 전망

### 3.1 동기별 투자동향 및 전망

#### (1) 동기별 투자동향

국내 석유화학산업의 설비투자는 2006년에 전년 대비 24.6% 증가한 2조 9,238억원으로 나타나

2005년에 이어 2년 연속 20%를 상회하는 설비투자 증가율을 기록하였다. 이는 국제 주요 석유화학 업체들이 일부 수요확대 품목을 중심으로 비교적 공격적인 설비투자를 시행한 데 따른 것으로 판단된다. 다만 2006년 10월 조사 당시 3조원을 상회하는 설비투자를 시행할 것으로 조사된 것에 비해서는 다소 조정된 수치이다. 이는 주요 석유화학 업체들이 일부 투자계획을 2007년 이후로 연기시킨 데 기인한 것으로 보인다.

동기별 투자동향을 살펴보면 다음과 같다.

① 설비능력 증가

설비능력의 증가를 위한 투자가 전년 대비 41.0% 증가한 1조 9,415억원을 기록하였다. 이를 세부적으로 살펴보면 유형별로는 설비 확장을 위한 투자 비중이 높게 나타난 반면 수요별로는 국내수요대비 투자와 수출수요대비 투자의 비중이 비슷하게 나타났다. 특히, 내수가 전년 대비 3.6% 감소하는 부진한 실적을 기록했음에도 불구하고 국내수요에 대비한 투자 비중이 비교적 높게 나타난 것은 페놀 등 내수부족 품목에 대한 대규모 투자가 이루어진 데 기인한 것으로 판단된다. 그러나 증가율 측면에서는 수출수요대비 투자가 전년 대비 100.9% 증가한 9,768억원에 이르는 것으로 나타나 최근 수출중심의 수급구조가 반영된 것으로 보인다.

② 합리화

합리화투자는 전년 대비 15.8% 증가한 7,187억원을 기록하였다. 세부적으로 살펴보면 자동화투자가 전년에 이어 감소한 가운데 유지보수투자와 에너지절약투자가 전년 대비 각각 15.7% 및 40.2%의 증가율을 기록하여 합리화투자를 주도한 것으로 나타났다.

③ 연구개발

연구개발투자는 전년 대비 4.3% 감소한 1,147억원을 기록하였으나 2년 연속 1,000억원대 투자규모를 보인 것으로 나타났다. 이는 석유화학업계에서 공정합리화를 통한 생산성 제고 노력이 활발하게 이루어지고 있는 것을 반영한 것으로 판단된다.

**(2) 동기별 투자전망**

석유화학산업의 설비투자는 2007년에 전년 대비 26.5% 증가한 3조 6,991억원에 이를 것으로 보여 사상 최대의 설비투자가 시행될 것으로 전망된다. 이는 당초 2006년에 시행할 예정이었던 증설투자의 일부가 2007년으로 연기되면서 투자규모가 증가하였기 때문이다. 이로써 2005년 이후 본격적으로 확장국면에 진입한 국내 석유화학산업의 설비투자는 2007년을 기해 정점에 이를 것으로 판단된다. 현재 각 업체들의 설비투자 계획을 살펴보면 추후 시행될 설비투자의 규모는 다소 감소할 가능성이 큰 편이다. 한편, 최근 국내 석유화학기업들의 공격적인 설비투자에 비해

외부환경은 세계 석유화학경기의 하강국면 진입, 중국 시장에서 국내제품의 경쟁력 저하, 중동 석유화학산업의 부상 등으로 악화되고 있어 향후 새로운 설비과잉 문제가 대두될 가능성이 크다. 따라서 이에 대한 업계의 대응방안 모색이 필요한 시점이다.

동기별 설비투자를 살펴보면 다음과 같다.

① 설비능력 증가

설비능력의 증가를 위한 투자는 전년 대비 34.1% 증가한 2조 6,027억원에 이를 것으로 보인다. 유형별로는 기존 설비의 확장투자를 중심으로, 수요별로는 국내수요에 대비한 투자 비중이 높아질 것으로 보인다. 국내 석유화학의 수급구조가 최근 수출중심으로 유지되고 있음에도 불구하고 국내수요에 대비한 투자가 활성화되고 있는 것은 주요 증설대상 품목들이 에틸렌, BTX와 같은 석유화학 기초원료에 집중되고 있기 때문으로 분석된다. 이들 품목은 국내 석유화학기업들에게 우선적으로 공급되는 전형적인 내수 중심 품목들로 간주할 수 있다.

② 합리화

합리화투자는 전년 대비 3.8% 증가한 7,457억원을 기록할 것으로 보인다. 세부적으로는 모든 부문의 투자가 증가할 것으로 나타났다. 특히, 전년에 감소했던 자동화투자가 다시 증가세로 전환되었다.

③ 공해방지

기후변화협약 및 환경보호(environmental protection)에 대한 인식 제고로 공해방지투자가 전년 대비 175.8% 증가한 742억원에 이를 것으로 보여 전년의 일시적 감소에서 탈피하여 다시 활발한 투자가 이루어질 것으로 전망된다.

④ 연구개발

연구개발투자는 전년 대비 0.5% 감소한 1,141억원을 기록하여 보합세를 나타낼 것으로 보인다.

### 3.2 수급실적 전망

석유화학산업은 2007년 하반기에 상반기와 마찬가지로 내수와 수출 모두 보합수준을 유지할 것으로 보인다. 다만 내수의 경우 관련 수요산업의 성장이 본격화되지는 않겠으나 자동차, 전기전자를 중심으로 수요가 다소 회복될 것으로 예상된다. 2006년 하반기 이후 업황이 다소 회복되고 있는 화섬업계의 수요도 개선될 것으로 기대되어 2002년 이후 5년 만에 증가세를 기록할 것으로 예상된다. 이에 비해 수출은 이미 포화상태에 도달한 가동률 수준과 중국시장 내의 경쟁심화를 고려할 때 전년 대비 소폭 감소할 것으로 예상된다. 또한, 석유화학제품의 국제가격이 하향 안정화 추세를 나타낼 것으로 보이며 대미환율 하락 및 고유가의 지속 등으로 교역조건(terms of trade) 역시 악화되고 있어 국내 석유화학기업들의 수익성은 다소 악화될 것으로 전망된다.

〈표 8-3〉 석유화학산업의 동기별 설비투자 동향 및 전망

(단위 : 억원, %)

| | 설비투자 | | | 구성비 | | | 증감률 | |
|---|---|---|---|---|---|---|---|---|
| | 2005 | 2006 | 2007 | 2005 | 2006 | 2007 | 2006/2005 | 2007/2006 |
| 합계 | 23,460 | 29,238 | 36,991 | 100.0 | 100.0 | 100.0 | 24.6 | 26.5 |
| 설비능력 증가 | 13,765 | 19,415 | 26,027 | 58.7 | 66.4 | 70.4 | 41.0 | 34.1 |
| 신제품생산 | 2,697 | 3,415 | 6,690 | 11.5 | 11.7 | 18.1 | 26.6 | 95.9 |
| 설비확장 | 11,068 | 16,000 | 19,337 | 47.2 | 54.7 | 52.3 | 44.6 | 20.9 |
| 국내수요대비 | 8,904 | 9,647 | 14,867 | 38.0 | 33.0 | 40.2 | 8.3 | 54.1 |
| 수출수요대비 | 4,861 | 9,768 | 11,160 | 20.7 | 33.4 | 30.2 | 100.9 | 14.3 |
| 합리화 | 6,206 | 7,187 | 7,457 | 26.4 | 24.6 | 20.2 | 15.8 | 3.8 |
| 유지보수 | 5,066 | 5,863 | 5,935 | 21.6 | 20.1 | 16.0 | 15.7 | 1.2 |
| 자동화 | 499 | 425 | 572 | 2.1 | 1.5 | 1.6 | -14.8 | 34.6 |
| 에너지절약 | 641 | 899 | 950 | 2.7 | 3.1 | 2.6 | 40.2 | 5.7 |
| 공해방지 | 392 | 269 | 742 | 1.7 | 0.9 | 2.0 | -31.4 | 175.8 |
| 연구개발 | 1,199 | 1,147 | 1,141 | 5.1 | 3.9 | 3.1 | -4.3 | -0.5 |
| 기타 | 1,898 | 1,220 | 1,624 | 8.1 | 4.2 | 4.4 | -35.7 | 33.1 |

자료 : 산업은행, 설비투자계획조사, 2007. 5.

### (1) 생산

생산은 내수 회복의 기대에도 불구하고 수출실적의 감소로 인해 전년 대비 0.3% 증가에 그친 18,215천 M/T을 기록할 것으로 보인다. 생산증가율은 2005년 이후 3년 연속 보합세를 기록할 것으로 예상된다. 이 같은 생산증가율은 석유화학산업의 투자자유화(investment liberalization)가 이루어진 1990년 이후 가장 낮은 수준으로 평가할 수 있다. 수입은 국내 석유화학업체들이 내수 부족 품목을 중심으로 비교적 활발한 설비투자를 시행함으로써 수입수요가 감소하여 전년 대비 1.2% 감소한 886천 M/T에 그칠 것으로 보인다.

### (2) 내수

내수는 국내 설비투자 및 민간소비가 점진적인 회복세를 보이고 있는 가운데 2007년 하반기 들어 관련 수요산업의 업황이 다소 호전될 것으로 보여 연간실적은 전년 대비 2.0% 증가한 9,567천 M/T을 기록할 것으로 보인다.

### (3) 수출

수출은 합성고무는 비교적 양호한 수준을 기록할 것으로 예상되나 전년도에 사상 최대의 수

출실적을 기록했던 합섬원료가 보합세에 그칠 것으로 전망되는 가운데 제품경쟁력(product competitiveness)이 점진적으로 약화되고 있는 합성수지의 수출이 부진한 실적을 나타낼 것으로 보여 전년 대비 1.5% 감소한 9,534천 M/T에 그칠 것으로 예상된다. 수출의 경우 최대 수출시장인 중국의 석유화학제품에 대한 수입추이를 고려할 때 당분간 큰 폭의 증가나 감소를 발생시킬 만한 변수는 없는 것으로 판단된다.

#### (4) 가격

유화제품의 가격은 2007년 상반기의 하향 안정화 추세가 지속될 것으로 보이나 급격한 하락세를 나타낼 것으로 보이지는 않는다. 다만 현재의 높은 유가수준이 2007년 하반기에도 지속될 경우 납사를 중심으로 한 유화원료 가격의 상승은 배제할 수 없는 상황이다.

〈표 8-4〉 석유화학 수급전망

(단위 : 천M/T, %)

| | | 2005 | 2006 | 2007 | 증가율 | |
|---|---|---|---|---|---|---|
| | | | | | 2006/2005 | 2007/2006 |
| 공 급 | 생 산 | 18,154 | 18,161 | 18,215 | 0.0 | 0.3 |
| | 수 입 | 931 | 897 | 886 | -3.7 | -1.2 |
| 수 요 | 내 수 | 9,700 | 9,379 | 9,567 | -3.3 | 2.0 |
| | 수 출 | 9,384 | 9,679 | 9,534 | 3.1 | -1.5 |

주 : 합성수지(LDPE, HDPE, PP, PS, ABS, PVC), 합섬원료(AN, CPLM, TPA, DMT, EG) 및 합성고무(SBR, BR) 기준임

자료 : 산업은행(2007년 전망치 추정), 한국석유화학공업협회

## 4. 과제

중국 석유화학시장의 급속한 성장으로 인해 세계 석유화학경기가 2000년 이후 상승 국면에 진입하면서 국내 기업들의 업황도 크게 호전된 것으로 나타났다. 내수가 비교적 장기간 부진했음에도 불구하고 수출이 호조를 보였다. 특히, 석유화학제품의 국제가격이 대폭 상승하면서 국내 업체들의 수익성이 크게 개선되었다. 이 같은 업황의 호전으로 2002년 이후 국내 석유화학산업은 1990년대 초·중반에 이어 2번째 호황국면에 진입하게 되었다. 국내 석유화학산업의 재무비율(financial ratio) 추이를 살펴보면 경기 저점기였던 2001년에 매출액영업이익률 5.4%, 부채비율 131.8%, 유동비율 85.9%에서 경기 고점기였던 2004년에는 매출액영업이익률 9.8%, 부채비율 81.3%, 유동비율 124.3%로 재무건전성(financial soundness)이 크게 개선되었다.

한편, 호황국면의 기간측면에 있어서는 석유화학산업의 평균적인 순환주기인 2년 수준을 초과

하는 장기호황국면(2002~2006년)을 유지하고 있다. 특히, 경기고점을 지나서 곧바로 경기하강국면에 진입하기 보다는 비교적 견조한 경기호조세가 유지되면서 점진적인 경기하락이 예상되고 있다는 점에서도 매우 이례적인 상황이라고 할 수 있다. 이 같은 장기호황 국면이 나타나고 있는 요인으로 다음 2가지를 지적할 수 있다.

① 중국의 고도 경제성장이 지속되면서 석유화학제품에 대한 수입수요가 지속되고 있음

② 중동지역의 석유화학 설비투자가 해당지역의 지정학적 리스크(geopolitical risk) 및 설비투자 비용의 급속한 상승으로 예상보다 지연되면서 본격적인 물량출하가 지연되고 있음

〈표 8-5〉 국내 석유화학산업의 재무비율 추이

(단위 : 천M/T, %)

| | 2000 | 2001 | 2002 | 2003 | 2004 | 2005 | 2006 |
|---|---|---|---|---|---|---|---|
| 매출액영업이익률 | 7.3 | 5.4 | 7.6 | 7.8 | 9.8 | 9.1 | 7.8 |
| 부채비율 | 131.4 | 131.8 | 117.2 | 87.2 | 81.3 | 73.5 | 73.4 |
| 유동비율 | 74.2 | 85.9 | 91.4 | 101.7 | 124.3 | 130.0 | 130.3 |

자료 : 산업은행, 재무분석, 각호

그러나 이 같은 호황국면도 2009년을 기점으로 종료되고 2010년 이후에는 본격적인 경기하강국면으로의 진입이 예상되고 있다. 이는 중국 석유화학산업의 자급률이 2010년 이후에는 대폭 개선될 것으로 전망되고 있으며 일부 프로젝트가 지연되고 있는 중동지역의 석유화학산업 역시 2009년부터는 본격적으로 물량을 출하할 것으로 기대되기 때문이다.[1] 특히, 중동지역은 2011년에 전세계 에틸렌 공급물량의 약 18%를 점유하는 최대 석유화학 공급지역으로 부상할 것으로 보인다. 즉, 2010년 이후에는 중국의 수입수요 감소와 중동의 공급증대에 따른 본격적인 경기하강 국면이 발생할 가능성이 큰 편이다.

국내 석유화학산업이 당면한 과제를 다음 3가지 측면에서 살펴본다.

① 산업구조 개편

국내 석유화학산업은 향후 경기 하강국면에 본격적으로 진입하기 이전에 산업고도화를 위한 산업구조 개편을 적극적으로 도모해야 한다. 현재 국내 석유화학산업은 범용 석유화학제품 중심의 단순한 제품구조, 기초원료인 납사에 대한 100% 해외 의존, 중동 석유화학제품에 대한 절대적인 가격경쟁력(price competitiveness) 열위, 중국 석유화학시장에 대한 과도한 의존도 등 향후 중국 시장 축소와 중동지역과의 경쟁 구도 하에서 새로운 성장 모멘텀(new growth momentum)을 찾기 어려운 상황에 직면해 있다.

1) 일본 경제산업성의 전망에 의하면 중국의 석유화학 자급률은 2005년 54.4%에서 2011년에는 77.0%로 제고될 것으로 예측되고 있다.

〈표 8-6〉 중국의 제품별 자급률 변화 전망

(단위 : 백만M/T, %)

| | | 에틸렌계 | 프로필렌계 | 방향족계 | 합계 |
|---|---|---|---|---|---|
| 2005 | 생 산 | 7.4 | 7.2 | 4.7 | 19.3 |
| | 수 요 | 17.3 | 10.6 | 7.6 | 35.5 |
| | 자 급 률 | 42.8 | 67.9 | 61.8 | 54.4 |
| 2011 | 생 산 | 16.5 | 14.2 | 10.7 | 41.4 |
| | 수 요 | 26.1 | 17.5 | 10.2 | 53.8 |
| | 자 급 률 | 63.2 | 81.1 | 104.9 | 77.0 |

② 구조개편 추진 방법의 명확화

산업고도화를 위한 구조개편의 방향은 비교적 명확한 데 반해 이를 현실적으로 추진해 나갈 방법론은 여전히 불명확하다. 국내 석유화학산업의 구조개편 방안은 크게 2가지, 즉 석유화학산업의 대형화와 정밀화학산업으로의 전문화로 요약될 수 있다. 이를 위해서는 과감한 인수합병(M&A)을 통한 대형 석유화학 기업의 출현과 특정부문의 경쟁력 강화를 위한 외국 기업과의 기술제휴, 독자적 원천기술 확보를 위한 연구개발(R&D) 투자의 강화가 본격적으로 이루어져야 한다.

③ 자율적 M&A 추진

이 같은 구조개편 방안을 실제 시행하는 데 있어 다수의 장애요인이 존재하고 있다. 우선 국내 기업문화(corporate culture) 자체가 새로운 사업영역의 구축을 위해 기존의 사업부문을 경쟁기업에 매각하는 자율적 M&A 방식에 대해 우호적이지 않다. 또한, 기업간 M&A를 통한 대형화의 추구는 현행 공정거래법상 시장지배적 사업자의 규정에 의해 그 추진이 용이하지 않은 상황이다. 즉, 성숙산업화하고 있는 범용제품 중심의 석유화학산업은 M&A를 통해 소수의 대형기업 중심으로 재편하고 기존의 석유화학기업들은 정밀화학분야로 특화하기 위한 기초단계로서 반드시 추진되어야 할 자율적 M&A가 기업문화와 법적·제도적 측면 모두를 고려할 때 즉각적인 시행이 용이하지 않은 실정이다.

따라서 이 같은 제반 문제를 해결하기 위한 석유화학산업 자체의 활발한 논의와 함께 산업구조개편을 원활하게 추진할 수 있는 시스템 구축을 위한 광범위한 논의가 그 어느 때보다 필요한 시점이다.

# 제 2 절 가전산업

## 1. 국내 가전산업 동향

국내 가전업계는 2007년 상반기에 내수가 호조세를 보이는 가운데 수출은 다소 하락할 것으로 나타났다.

### 1.1 내수

국내 가전산업의 내수는 2007년 상반기에 전년동기 대비 5.8% 증가할 것으로 보인다. 이는 디지털 TV, 노트북 등 주요 가전제품의 급속한 가격하락 및 혼수 특수에 따른 수요증가에 기인한다. 특히, 국내 소비심리가 완만한 회복을 보이는 가운데 디지털 제품의 지속적인 가격하락 정책은 신규 및 교체 수요를 창출한 것으로 판단된다.

2007년 상반기 중 내수실적을 주요 제품별로 보면 컬러TV가 디지털TV 가격 인하로 전년동기 대비 3.4% 증가할 것으로 보인다. 또한, 에어컨은 사상 최고의 무더위로 예약판매율이 급상승하면서 전년동기 대비 7.8% 증가할 것으로 예상된다. 한편, 냉장고 및 세탁기는 양문형 냉장고, 드럼세탁기 등 프리미엄 가전제품을 중심으로 판매 호조를 보여 각각 7.5%, 5.9% 증가할 것으로 기대된다. 이 밖에 VCR, 전자레인지 등은 중국산 저가 제품군을 비롯하여 외산업체들의 공략으로 전년동기 대비 각각 6.1%, 5.1% 감소할 것으로 보인다.

### 1.2 수출입

수출은 프리미엄 제품군을 중심으로 한 주요 업체들의 해외시장 공략 확대에도 불구하고 환율하락, 가격경쟁(price competition) 심화로 전년동기 대비 약 5.3% 하락할 것으로 예상된다. 수입은 중국산 저가제품의 수입 증가 등으로 전년동기 대비 2.1% 증가한 약 22억 달러로 추정된다.

전체 가전제품 수출은 2007년 1~4월 중 전년동기 대비 7.7% 감소한 약 45억 달러를 기록하였다. 최대 수출시장인 미국의 경우 큰 비중을 차지했던 영상기기 품목의 수출이 부진하여 전년동기 대비 12.0% 감소한 것으로 나타났다. 또한, 일본에 대한 수출은 영상기기 및 음향기기 등 주요 가전제품의 수출이 모두 감소하여 전년동기 대비 15.1% 감소하였다. 한편, 중국으로의 수출은 냉장고, 에어컨, 세탁기 등 프리미엄 백색가전 품목의 수출호조에도 불구하고 하이얼

(Haier) 등 저가 자국 가전업체들의 판매확대 등으로 전년동기 대비 2.9% 감소하였다.

〈표 8-7〉 가전 수급동향

| | 2005(A) | 2006(B) | | 2007 상반기(D) | 증가율(%) | |
|---|---|---|---|---|---|---|
| | | | 상반기(C) | | B/A | D/C |
| 생산(십억원) | 34,495 | 41,002 | 26,815 | 27,432 | 18.9 | 2.3 |
| 수입(백만달러) | 4,196 | 4,369 | 2,174 | 2,219 | 4.1 | 2.1 |
| 내수(십억원) | 21,064 | 17,151 | 8,096 | 8,563 | -18.6 | 5.8 |
| 수출(백만달러) | 14,656 | 14,553 | 7,224 | 6,843 | -0.70 | -5.3 |

주 : 2007년은 산업은행 추정치임
자료 : 1) 한국전자산업진흥회
2) 한국무역협회

〈표 8-8〉 주요 제품별 가전 수급동향

(단위 : 수출은 백만 달러, 내수는 십억원, %)

| | | 2006 상반기 | 2007 상반기 | 증가율 |
|---|---|---|---|---|
| 컬 러 T V | 수출 | 3,261 | 3,121 | -4.3 |
| | 내수 | 2,060 | 2,130 | 3.4 |
| V C R | 수출 | 232 | 223 | -3.9 |
| | 내수 | 270 | 253 | -6.3 |
| 냉 장 고 | 수출 | 845 | 943 | 11.7 |
| | 내수 | 837 | 900 | 7.5 |
| 세 탁 기 | 수출 | 279 | 297 | 6.5 |
| | 내수 | 408 | 432 | 5.9 |
| 에 어 컨 | 수출 | 439 | 462 | 5.3 |
| | 내수 | 845 | 911 | 7.8 |
| 전 자 레 인 지 | 수출 | 121 | 117 | -3.3 |
| | 내수 | 37 | 35 | -5.4 |

주 : 2007년은 산업은행 추정치임
자료 : 1) 한국전자산업진흥회
2) 한국무역협회

한편, 수출실적을 품목별로 보면 컬러TV는 디지털TV의 수요확대에도 불구하고 환율하락으로 인한 수출채산성 악화, 글로벌 경쟁(global competition) 심화로 증가세가 다소 둔화될 것으로 보인다. 백색가전 품목은 프리미엄 가전제품을 중심으로 수출호조세가 예상되는 데 냉장고는 양문형 냉장고, 3도어 냉장고 등의 수출확대로 전년동기 대비 11.7%의 수출증가가 기대된다. 또한, 세탁기는 드럼세탁기가 해외시장에서 판매호조를 보이면서 수출이 전년동기 대비 6.5% 증가할 것으로 보인다. 한편, 에어컨은 유럽과 중앙아시아 지역을 중심으로 시스템 에어컨의 판매비중이 급증하면서 전년동기 대비 5.3% 증가가 예상된다.

〈표 8-9〉 지역별 가전 수출동향

(단위 : 백만 달러, %)

| | 2006. 1~4월(A) | | 2007. 1~4월(B) | | 증가율(B/A) |
|---|---|---|---|---|---|
| | 금액 | 비중 | 금액 | 비중 | |
| 합계 | 4,843 | 100.0 | 4,471 | 100.0 | -7.7 |
| 미국 | 753 | 15.5 | 663 | 14.8 | -12.0 |
| 중국 | 650 | 13.4 | 631 | 14.1 | -2.9 |
| 일본 | 179 | 3.7 | 152 | 3.4 | -15.1 |
| 유럽 | 1,223 | 25.3 | 1,181 | 26.4 | -3.4 |
| 기타 | 2,038 | 42.1 | 1,844 | 41.2 | -9.5 |

자료 : 한국무역협회(www.kita.net)

## 2. 국내 가전산업 전망

### 2.1 투자

국내 가전산업의 설비투자 규모는 2006년에 전년 대비 4.6% 증가한 1조 9,531억원을 기록한 것으로 나타났다. 이 같은 설비투자의 증가는 프리미엄 가전제품의 해외수요 증가로 인한 업계의 적극적인 설비투자에 기인한 것으로 판단된다.

동기별 투자동향을 살펴보면 설비능력의 증가를 위한 투자가 전년 대비 3.2% 감소한 1조 3,411억원을 기록한 것으로 나타났다. 합리화투자는 유지보수투자가 전년 대비 64.6% 증가한 3,087억원을 기록하였고 자동화투자는 297.2% 증가한 866억원을 기록하였다. 연구개발투자는 전년 대비 7.8% 증가한 1,163억원을 기록하였다.

한편, 2007년 국내 가전산업의 설비투자는 전년 대비 8.8% 감소한 1조 7,813억원을 기록할 것으로 예상된다. 이 같은 설비투자 감소는 가전산업의 설비투자 규모에 지대한 영향을 미치는 설비능력 증가용 투자가 대폭 감소한 데 기인한다.

투자동기별로 살펴보면 다음과 같다.

#### (1) 설비능력 증가

설비능력 증가를 위한 투자는 전년 대비 12.1% 감소한 1조 1,791억원을 기록할 것으로 보인다. 이 중 신제품 생산을 위한 투자는 전년 대비 40.3% 감소한 3,588억원을 기록할 것으로 보이며 2004~2005년간 매년 8,000억원 규모의 신제품 생산관련 투자가 이루어진 후 매년 감소세를 보이고 있다. 반면 설비확장을 위한 투자는 10.9% 증가한 8,203억원을 기록할 것으로 예상된다. 이는 업계가 새로운 모델 생산보다는 디지털TV, 프리미엄 백색가전 등 해외시장에서 각광을 받고 있는 주요 가전제품에 대한 증산에 역점을 두고 있음을 나타낸다. 또한, 수요별로 살펴보면 국내수요 및 해외수요에 대비한 설비투자가 각각 6.1%, 15.0% 감소할 것으로 전망된다. 특히, 해외수요 대비 설비투자는 2005~2006년 디지털TV 및 프리미엄 가전제품의 해외진출 호조로 9,021억원의 대규모 투자가 이루어진 이후 감소세로 전환되었다.

#### (2) 합리화

합리화투자는 전년 대비 13.9% 증가한 4,501억원에 이를 것으로 보인다. 유형별로는 유지보수투자가 34.2% 증가한 4,143억원을 기록할 것으로 예상되며 자동화투자는 59.4% 감소한 352억원을 나타낼 것으로 보인다.

#### (3) 연구개발

연구개발투자는 전년 대비 8.9% 감소한 1,060억원을 기록할 것으로 보인다. 가전업계에 붐이 조성되고 있는 HD, Full HD화 추세를 고려하면 지속적인 연구개발투자가 이루어져야 할 것으로 판단된다.

〈표 8-10〉 가전산업의 동기별 설비투자 동향 및 전망

(단위 : 억원, %)

| | 설비투자 | | | 구성비 | | | 증감률 | |
|---|---|---|---|---|---|---|---|---|
| | 2005 | 2006 | 2007 | 2005 | 2006 | 2007 | 2006 | 2007 |
| 합 계 | 18,678 | 19,531 | 17,813 | 100.0 | 100.0 | 100.0 | 4.6 | -8.8 |
| 설비능력 증가 | 13,853 | 13,411 | 11,791 | 74.2 | 68.7 | 66.2 | -3.2 | -12.1 |
| 신 제 품 생 산 | 8,359 | 6,012 | 3,588 | 44.8 | 30.8 | 20.1 | -28.1 | -40.3 |
| 설 비 확 장 | 5,494 | 7,399 | 8,203 | 29.4 | 37.9 | 46.1 | 34.7 | 10.9 |
| 국내수요대비 | 7,715 | 4,390 | 4,124 | 41.3 | 22.5 | 23.2 | -43.1 | -6.1 |
| 해외수요대비 | 6,138 | 9,021 | 7,667 | 32.9 | 46.2 | 43.0 | 47.0 | -15.0 |
| 합 리 화 | 2,097 | 3,953 | 4,501 | 11.2 | 20.2 | 25.3 | 88.5 | 13.9 |
| 유 지 보 수 | 1,875 | 3,087 | 4,143 | 10.0 | 15.8 | 23.3 | 64.6 | 34.2 |
| 자 동 화 | 218 | 866 | 352 | 1.2 | 4.47 | 2.0 | 297.2 | -59.4 |
| 에 너 지 절 약 | 4 | 0 | 6 | 0.0 | 0.0 | 0.0 | -100.0 | na |
| 공 해 방 지 | 1 | 2 | 7 | 0.0 | 0.0 | 0.0 | 100.0 | 250.0 |
| 연 구 개 발 | 1,079 | 1,163 | 1,060 | 5.8 | 6.0 | 6.0 | 7.8 | -8.9 |
| 기 타 | 1,648 | 1,002 | 454 | 8.8 | 5.1 | 2.5 | -39.2 | -54.7 |

자료 : 산업은행, 설비투자계획조사, 2007. 5.

### 2.2 내수 · 수출

국내 가전업계는 2007년에 내수가 호조세를 이어갈 것으로 예상되는 가운데 상반기 다소 부진했던 수출은 하반기에 점차 회복될 것으로 기대된다.

#### (1) 내수

내수는 전년 대비 5.4% 증가한 18.1조원을 기록할 것으로 보인다. 이는 가격하락 지속에 따른 신규 및 교체수요 활성화에 기인한다.

제품별 2007년 내수전망을 살펴보면 컬러TV는 가격하락 지속에 따른 수요 증가로 전년 대비 3.4% 증가할 것으로 보인다. 특히, 2006년에 중소 가전업체들이 32인치 LCD TV를 100만원 미만에 판매하는 등 파격적인 가격인하를 단행하였으며 대기업들도 디지털TV 가격하락을 주도하며 시장수요를 견인하고 있다. 한편 냉장고, 세탁기 등이 혼수 특수로 판매가 급증하면서 각각 전년 대비 5.7%, 5.3% 증가할 것으로 보인다. 에어컨은 100년만의 무더위 효과로 예약판매가 급증하여 전년 대비 11.5%의 대규모 증가가 기대된다. 반면 VCR, 전자레인지 등의 가전제품은 저가 중국 제품의 수입 증대로 전년 대비 각각 6.6%, 22.2% 소폭 감소할 것으로 보인다.

#### (2) 수출

수출은 평판TV, 양문형 냉장고, 드럼 세탁기, 시스템 에어컨 등 프리미엄 고가제품군의 시장점유율(market share) 확대가 본격화되면서 전년 대비 3.5% 증가한 151억 달러를 기록할 것으로 보인다. 생산은 국내 수요가 증가하고 수출실적이 개선되면서 전년 대비 3.3% 증가할 것으로 보이며 수입은 에어컨, 청소기 등에서 중국산 저가제품 수입의 증대로 전년 대비 2.0% 증가한 45억 달러를 기록할 것으로 전망된다.

수출실적은 컬러TV의 경우 2007년 상반기 다소 부진했던 평판TV 수출이 하반기 IT 성수기 진입에 따라 회복될 것으로 전망되어 전년 대비 7.4% 성장할 것으로 보인다. 한편, 냉장고는 국내업체들이 양문형 냉장고, 3도어냉장고 등 고가의 프리미엄 가전제품군의 마케팅 강화전략을 본격적으로 전개하여 전년 대비 9.6% 증가할 것으로 보인다. 세탁기, 에어컨 품목은 드럼세탁기의 판매증가 및 시스템 에어컨의 판매 급증으로 전년 대비 각각 3.1%, 10.4% 증가할 것으로 예상된다. 반면 VCR, 전자레인지 품목은 중국으로부터 수입된 저가 가전제품의 영향으로 전년동기 대비 각각 1.9%, 2.1% 감소할 것으로 전망된다.

## 3. 과제

디지털가전 시장의 규모는 최근 들어 급속히 확대되고 있다. 2003년 873억 달러였던 디지털가전 시장규모는 2006년 1,520억 달러로 성장하였다. 2010년에는 2,376억 달러까지 확대될 것으로 보인다. 이에 따라 세계 각국 기업들이 디지털가전 시장의 선점과 관련하여 치열하게 경쟁하고 있는 가운데 국내기업들도 적절한 대응이 요구되고 있다.

〈표 8-11〉 가전 수급전망

| | 2006(A) | | 2007(C) | | 증가율(%) | |
|---|---|---|---|---|---|---|
| | | 상반기(B) | | 상반기(D) | C/A | D/B |
| 생산(십억원) | 41,002 | 26,815 | 42,352 | 27,432 | 3.3 | 2.3 |
| 수입(백만달러) | 4,369 | 2,174 | 4,458 | 2,219 | 2.0 | 2.1 |
| 내수(십억원) | 17,151 | 8,096 | 18,077 | 8,563 | 5.4 | 5.8 |
| 수출(백만달러) | 14,553 | 7,224 | 15,062 | 6,843 | 3.5 | -5.3 |

주: 2007년은 산업은행 추정치임
자료 : 1) 한국전자산업진흥회
2) 한국무역협회

〈표 8-12〉 주요 제품별 가전 수급전망

(단위 : 수출은 백만 달러, 내수는 십억원, %)

| | | 2006(A) | | 2007(C) | | 증가율 | |
|---|---|---|---|---|---|---|---|
| | | | 상반기((B) | | 상반기(D) | C/A | D/B |
| 컬 러 T V | 수출 | 6,734 | 3,261 | 7,230 | 3,121 | 7.4 | -4.3 |
| | 내수 | 4,166 | 2,060 | 4,360 | 2,130 | 4.7 | 3.4 |
| V C R | 수출 | 461 | 232 | 452 | 223 | -1.9 | -3.9 |
| | 내수 | 442 | 270 | 413 | 253 | -6.6 | -6.3 |
| 냉 장 고 | 수출 | 1,732 | 845 | 1,898 | 943 | 9.6 | 11.6 |
| | 내수 | 2,455 | 837 | 2,595 | 900 | 5.7 | 7.5 |
| 세 탁 기 | 수출 | 577 | 279 | 595 | 297 | 3.1 | 6.5 |
| | 내수 | 1,085 | 408 | 1,143 | 432 | 5.3 | 5.8 |
| 에 어 컨 | 수출 | 620 | 439 | 685 | 462 | 10.4 | 5.2 |
| | 내수 | 1,376 | 845 | 1,534 | 911 | 11.5 | 7.8 |
| 전자레인지 | 수출 | 243 | 121 | 238 | 117 | -2.1 | -3.3 |
| | 내수 | 158 | 37 | 123 | 35 | -22.2 | -5.4 |

주 : 2007년은 산업은행 추정치임
자료 : 1) 한국전자산업진흥회
2) 한국무역협회

일본 업체들은 평판TV를 향후 디지털가전 시장의 핵심으로 인식하고 있다. 소니(SONY)는 LCD TV 브랜드 브라이아의 매출이 급증하면서 2006년 10~12월 기준 전년동기 대비 영업이익이 2배나 증가한 1,774억엔으로 최고수준을 기록하였다. 샤프(SHARP)는 LCD TV의 대형화 추세에 따라 30인치대 패널 생산을 제한하고 세계 최초로 8세대 패널생산 공장을 완공하여 LCD TV의 대형화를 추진하고 있다. 특히, 일본업체들은 핵심부품의 직접생산을 통해 디지털가전 시장의 기술혁신(technological innovation)을 주도하고 있다. 마쓰시타의 경우 DVD Player 핵심부품 기술을 기반으로 가격을 9만엔에서 6만엔 수준으로 인하하였다. 한편, 미국 업계에서는 PC시장을 석권해 온 마이크로소프트(MICROSOFT)가 성장의 한계를 나타내고 있는 가운데 디지털 가전 시장을 도약의 발판으로 인식하고 있다. 마이크로소프트는 가정용 게임기기인 'Xbox360'을 출시하였다. 동 상품은 온라인서비스는 물론 MP3와 같은 휴대용기기와 용이하게 연결이 가능하도록 하여 가전제품에 디지털 컨버전스 개념(digital convergence concept)을 접목시킨 대표적 제품으로 평가받고 있다.

한국도 디지털가전 시장에서 IT강국의 위상을 확고히 할 수 있는 기회를 확보하고 있음에도 불구하고 일본 등 다른 나라에 비해 차별화된 전략을 전개하지 못하고 있는 실정이다. 국내 가전업체들은 매출증대 등 외형적인 성장과 가격경쟁에 치중한 결과 핵심 기술력 확보 등의 노력이 매우 미흡한 것으로 평가된다. 따라서 디지털가전 시장을 선점하기 위해서는 주도적으로 시장을 창조하여 트랜드(trend)를 만들어나가는 전략이 요구되고 있다. 특히, 핵심기술(core technology) 확보를 통한 제품혁신 및 복잡한 디지털 가전을 사용자들이 쉽게 이해할 수 있도록 하는 시장지향적 마케팅 전략(market-oriented marketing strategy)을 수립해야 한다.

# 제3편

# 한국경제의 주요 이슈

9
chapter

# 중소기업 인력난

## 제 1 절 중소기업 인력부족의 현황

### 1. 구직난과 구인난의 병존

#### 1.1 국내 실업자는 80만명을 상회하고 있음

실업자 수(2005년말 기준)는 88만 7,000명이고 2006년 7월 기준 82만 3,000명의 실업자가 존재하고 있다. 이 중 15~29세 청년실업자는 2006년 7월 기준 46만 5,000명으로 전체 실업자의 46.5%에 이르고 있다.

〈표 9-1〉 실업자 수 및 실업률 추이

(단위 : 천명, %)

| | 2000 | 2001 | 2002 | 2003 | 2004 | 2005 | 2006. 7 |
|---|---|---|---|---|---|---|---|
| 실 업 자 수 | 979 (44.0) | 899 (45.0) | 752 (48.2) | 818 (49.0) | 860 (47.9) | 887 (43.6) | 823 (46.5) |
| 실 업 률 | 4.4 (8.1) | 4.0 (7.9) | 3.3 (7.0) | 3.6 (8.0) | 3.7 (8.3) | 3.7 (8.0) | 3.4 (8.0) |

주 : ( )안은 전체실업자에서 15~29세 청년층 실업자가 차지하는 비중 및 실업률임
자료 : 통계청(www.nso.go.kr)

#### 1.2 다수의 실업자가 존재함에도 불구하고 기업의 부족인력은 20만명을 상회하고 있음

'2005년 노동력수요동향조사' 결과에 따르면 2005년 5월 1일 기준 상용근로자 5인 이상 사업체의 부족인원은 22만 5,000명(부족률 3.07%)을 기록하고 있다.1) 2002년 이후 실업자의 부족인력이 동시에 확대되면서 인력수급의 미스매치(mismatch)도 확대되는 경향을 보이고 있다.

〈표 9-2〉 실업률과 인력부족률

| | 2000 | 2001 | 2002 | 2003 | 2004 | 2005 |
|---|---|---|---|---|---|---|
| 실 업 자 | 979(8.1) | 899(4.0) | 752(3.3) | 818(3.6) | 860(3.7) | 887(3.7) |
| 부 족 인 력 | 72(1.3) | 76(1.3) | 150(2.5) | 141(2.2) | 180(2.5) | 225(3.1) |

주 : ( )안은 실업률과 인력부족률
자료 : 노동부, 최신노동경제동향 및 노동력수요동향조사보고서 2005

## 2. 중소기업 인력부족 현황

### 2.1 인력부족의 심화

'2005년 노동력수요동향조사' 결과에 따르면 300인 미만 중소규모 사업체의 부족인원은 212,000명(부족률 3.53%)으로 전체 부족인원의 94.2%를 차지하고 있다. 제조업만을 보면 300인 미만 중소제조업의 부족인원은 90,000명(부족률 4.25%)으로 전체 제조업의 91.8%를 차지하고 있으며 인력부족률은 규모가 작을수록 높은 것으로 나타나 5~9인 규모 사업체의 부족률(5.68%)은 300인 이상 규모의 부족률(0.99%)보다 5배 이상 높은 수준을 보이고 있다.

### 2.2 중소제조업의 인력부족 현황

'2005년 중소기업 인력실태조사'에 따르면 중소제조업 전체의 부족인원은 99,000명이고 인력부족률은 4.35%를 나타내고 있다.

#### (1) 직종별 현황

직종별로 보면 인력부족률은 전문가가 5.74%로 가장 높은 편이며 기능직이 5.58%, 단순노무직 4.62%, 기술직 및 준전문가 4.53% 등으로 전문가와 생산직의 인력부족률이 높은 것으로 나타났다.

1) 80만명이 넘는 실업자의 25%만 중소기업으로 가도 중소기업의 부족인원은 충분히 해소될 수 있으나 현실은 인력의 수요자인 기업의 능력과 필요가 인력의 공급자인 구직자의 능력과 필요에 부합되지 않아 미스매치(mismatch)가 존재하고 있다(대한상공회의소, 중소기업 인력난 원인과 고용증대 방안, 2006. 9. 요약 · 재구성).

〈표 9-3〉 기업규모별 인력부족현황

(단위 : 천명, %)

| | 전규모 (5인이상) | 중소기업 (5~299인) | 대기업 (300인 이상) |
|---|---|---|---|
| 전산업 | 225(3.07) | 212(3.53) | 13(0.99) |
| 5~9인 | | 78(5.68) | |
| 10~29인 | | 62(3.34) | |
| 30~99인 | | 40(2.41) | |
| 100~299인 | | 32(2.85) | |
| 제 조 업 | 98(3.50) | 90(4.25) | 81(1.18) |

주 : 인력부족률 = 부족인원 / (현원+부족인원)
자료 : 노동부, 2005년 노동력수요동향조사

〈표 9-4〉 직종별 부족인원 및 인력부족률

(단위 : 명, %)

| 구 분 | 사 무 관리직 | 전문가 | 생 산 직 | | | | 서비스 종사자 | 판 매 관리직 | 계 |
|---|---|---|---|---|---|---|---|---|---|
| | | | 기술직 및 준전문가 | 기능직 | 단 순 노무직 | 소 계 | | | |
| 현재인원 | 448,324 | 70,450 | 261,950 | 601,902 | 666,714 | 1,530,566 | 32,624 | 102,475 | 2,184,439 |
| 부족인원 | 10,425 | 4,294 | 12,442 | 35,555 | 32,289 | 80,286 | 875 | 3,414 | 99,294 |
| 부 족 률 | 2.27 | 5.74 | 4.53 | 5.58 | 4.62 | 4.98 | 2.61 | 3.22 | 4.35 |

주 : 인력부족률 = 부족인원 / (현원+부족인원)
자료 : 중소기업청, 2005년 중소기업 인력실태조사

### (2) 연도별 현황

연도별로 보면 중소제조업 인력부족률은 2002년의 9.36%를 정점으로 하여 지속적으로 감소추세를 보이고 있다. 이처럼 인력부족률이 감소 추세를 보이고 있는 것은 경기침체(recession)로 중소제조업의 평균가동률이 60%대의 낮은 수준을 보이고 있고 외국인 산업연수생 도입 확대 및 고용허가제 시행 등으로 기능직 및 단순노무인력의 공급확대가 이루어졌기 때문인 것으로 분석된다.

〈표 9-5〉 연도별 인력부족률 추이

(단위 : %)

| 2000 | 2001 | 2002 | 2003 | 2004 | 2005 |
|---|---|---|---|---|---|
| 4.80 | 3.98 | 9.36 | 6.23 | 5.06 | 4.35 |

자료 : 중소기업청, 2005년 중소기업 인력실태조사

### (3) 근로자 규모별 현황

근로자 규모별로는 기업의 규모가 작을수록 인력부족률이 높게 나타나 근로자수 5~19인의 소기업의 인력부족률(6.81%)은 100~299인의 인력부족률(1.33%)보다 5배 이상 높은 수준을 보이고 있다.

〈표 9-6〉 근로자 규모별 인력부족률

| 근로자수 | 5~19인 | 20~49인 | 50~99인 | 100~299인 | 전 체 |
|---|---|---|---|---|---|
| 인력부족률(%) | 6.81 | 4.44 | 2.50 | 1.33 | 4.35 |

### (4) 기업 성장단계별 현황

기업 성장단계별로 보면 성장단계에 있는 기업의 인력부족률이 5.18%로 가장 높은 편이며 다음으로 상업화단계(4.74%), 창업단계(2.71%), 성숙단계(2.39%)의 순으로 나타나고 있다.

〈표 9-7〉 기업 성장단계별 인력부족률

(단위 : 명, %)

| 구 분 | 창업단계 | 상업화단계 | 성장단계 | 성숙단계 | 기타 | 전체 |
|---|---|---|---|---|---|---|
| 기업구성비 | 4.8 | 30.2 | 45.3 | 15.8 | 3.9 | 100 |
| 근 로 자 수 | 75,458 | 545,754 | 1,026,220 | 436,453 | 100,554 | 2,184,439 |
| 인력부족률 | 2.71 | 4.74 | 5.18 | 2.39 | 2.91 | 4.35 |

## 2.3 중소제조업의 이직률

'2005년 중소기업 인력실태조사보고서'에 따르면 국내 중소제조업 근로자들의 이직률은 19.3%에 이르고 있는 것으로 나타났다. 가장 이직률이 높은 것으로 단순노무직(25.0%)과 기능직(21.8%)이지만 핵심인력이라고 할 수 있는 전문가(12.9%)와 기술직 및 준전문가(18.7%)의 이직률도 상당히 높은 수준을 보이고 있다. 이직의 사유로는 개인사정(38.1%), 근무조건 불일치(28.5%), 유사기업 스카우트(11.3%), 경영상 이유로 인한 인원감축(7.9%) 등으로 응답하였다.

이 같은 빈번한 이직으로 인해 중소기업 근로자들의 근속연수는 대기업에 비해 상당히 낮은 수준을 보이고 있다. 2003년의 경우 10~29인 규모의 근로자의 평균근속연수는 4.5년으로 500인 이상 9.3년의 절반 이하의 수준을 보이고 있다. 일본의 중소기업 근로자와 비교해도 평균근속연수가 절반 이하의 수준으로 양국 근로자의 숙련축적의 차이를 설명하는 주요 요인이 되고 있다.

〈표 9-8〉 직종별 이직자 수 및 이직률

(단위 : 명, %)

| 구 분 | 사무 관리직 | 전문가 | 기술직 및 준전문가 | 기능직 | 단순 노무직 | 서비스 종사자 | 판매 관리직 | 전 체 |
|---|---|---|---|---|---|---|---|---|
| 이직인원 | 53,566 | 8,856 | 40,872 | 131,295 | 166,591 | 4,868 | 15,023 | 421,071 |
| 이 직 률 | 11.9 | 12.6 | 15.6 | 21.8 | 25.0 | 14.9 | 14.7 | 19.3 |

주 : 이직률 = 이직인원/현재인원

〈표 9-9〉 제조업의 규모별 근속연수 추이

(단위 : 년)

| 구분 | 10~29인 | 30~99인 | 100~299인 | 300~499인 | 500인 이상 |
|---|---|---|---|---|---|
| 1995 | 4.1 | 4.3 | 5.4 | 6.0 | 6.8 |
| 2000 | 4.5 | 5.1 | 6.1 | 7.8 | 8.5 |
| 2003 | 4.5 | 5.3 | 6.4 | 7.8 | 9.3 |

자료 : 노동부, 임금구조기본통계조사, 각년도

〈표 9-10〉 한국과 일본의 사업체규모별 근속연수 비교

(단위 : 년)

| | 한국 | | | 일본 | | |
|---|---|---|---|---|---|---|
| | 대기업 | 중기업 | 소기업 | 대기업 | 중기업 | 소기업 |
| 남 자 | 10.5 | 7.4 | 5.1 | 16.8 | 13.0 | 11.1 |
| 여 자 | 5.8 | 4.7 | 3.4 | 10.3 | 8.7 | 8.6 |

### 2.4 중소기업청의 '2005년 중소기업 기술통계'(2004년 기준)

기술개발 전문인력의 학력별 구성비를 보면 학사(54.1%)가 가장 많은 편이며 기타 21.5%, 석사는 20.3%, 박사는 4.1% 등의 순으로 나타났다. 기술개발 전문인력 부족률은 평균 16.9%로 2003년의 20.9%보다는 하락하였으나 여전히 높은 수준을 보이고 있으며 고급인력(박사 31.7%, 석사 22.3%)의 부족현상이 심각한 것으로 나타났다.

최근 2년(2003~2004년)간 자체 기술개발시 애로요인으로는 기술개발인력확보 곤란(25.0%), 기술개발자금 부족(22.4%), 연구설비 · 기자재 부족(15.7%) 등으로 기술개발 자금조달 문제와 기술개발능력을 갖춘 전문인력의 확보가 가장 중요한 문제로 부각되었다.

〈표 9-11〉 기술개발 전문인력 학력별 구성 내용

(단위 : %)

| 학 사 | 석 사 | 박 사 | 기 타 |
|---|---|---|---|
| 54 | 20 | 4 | 22 |

〈표 9-12〉 학력별 기술개발 전문인력 부족률

(단위 : %)

| 중소제조업 | 기 타 | 학 사 | 석 사 | 박 사 |
|---|---|---|---|---|
| 16.9 | 12.2 | 15.1 | 22.3 | 31.7 |

주 : 부족률=[부족인원/(보유인원+부족인원)]×100

# 제 2 절 중소기업 인력수급 미스매치의 원인

## 1. 보상의 미스매치

### 1.1 기대임금과 현실임금의 괴리

한국노동연구원이 2004년 10월 전국 대학, 실업 · 인문계 고교 졸업자와 졸업 예정자 5,301명을 대상으로 조사한 '청년층 실업실태 파악 및 대상별 정책과제' 보고서에 따르면 학교 졸업예정자들의 희망임금은 4년제 대학이 2,095만원, 전문대가 1,858만원, 실업계 고등학교가 1,919만원으로 나타났다. 반면 현실임금은 경총의 '2004년 임금조정실태조사'에 따르면 초임금이 대졸은 1,783만원, 전문대졸이 1,546만원, 고졸 이하가 1,332만원으로 조사되었다. 이 수치는 대기업, 중소기업을 망라한 금액이기 때문에 중소기업만의 초임금은 이보다 상당수준 하회하고 있다.

현실임금과 희망임금을 비교하면 대졸은 85.1%, 전문대졸은 83.2%, 고졸은 69.4%의 수준을 보이고 있다.

### 1.2 대기업과의 근로조건의 격차로 인한 구직자의 대기업 선호 경향 강화

사업장 규모별 월평균 임금(2005년 기준)은 500인 이상을 100으로 했을 때 10~29인 58.5%, 30~99인 63.8%, 100~299인 71.7% 수준에 불과한 것으로 나타났다.

〈표 9-13〉 사업장 규모별 월평균 임금(2005년)

(단위 : 천원, %)

| 10~29인 | 30~99인 | 100~299인 | 300~499인 | 500인 이상 |
|---|---|---|---|---|
| 2,081<br>(58.5) | 2,259<br>(63.8) | 2,517<br>(71.7) | 2,822<br>(79.7) | 3,541<br>(100.0) |

자료 : 한국노동연구원, 2006 KLI 노동통계

복리후생이나 작업환경의 현저한 격차도 중소기업 선호를 약화시키는 요인으로 작용하고 있다. 잡링크가 2004년 6월 1년 이상 실업상태의 구직자 984명을 대상으로 조사한 바에 따르면 '월 100만원 주는 대기업과 월 150만원 주는 중소기업 중 어느 곳을 선택하겠느냐'는 질문에 66.9%(658명)가 월 100만원 주는 대기업을 선택하겠다고 응답하였는 데 대기업 선호의 첫 번째 이유는 잘 정비되어 있는 복지후생제도와 양호한 작업환경으로 지적되었다.

### 1.3 직장인들은 미래임금보다 현재임금을 선택하는 경향이 강함

직장선택시 가장 큰 영향을 미치는 요인은 현재 연봉인 것으로 나타났다. 온라인 리크루팅 업체 잡코리아(www.jobkorea.co.kr)가 2006년 9월 직장인 938명을 대상으로 '직장선택요인'에 대해 조사한 결과(복수응답) 직장 선택시 가장 중요하게 고려하는 요인으로 '연봉'이 응답률 72.7%로 가장 높게 나타났으며 뒤이어 '적성과 흥미'(62.3%), '고용의 안정성'(43.7%), '자기발전 추구'(43.2%), '근로환경'(37.7%)의 순으로 나타났다.

## 2. 숙련의 미스매치

### 2.1 진학률의 급격한 증가로 고학력 인력 공급의 대폭 확대

1980년 27.2%에 불과했던 대학진학률은 2005년에는 82.1%로 미국의 63.3%, 일본의 49.1%를 크게 앞지르며 대학교육의 양에서는 세계 최고 수준을 기록하였다. 특히, 실업계 고등학교의 진학률이 1980년 11.4%에서 2005년에는 67.6%로 급증하였고 취업률은 33%에 머물러 기능 인력의 공급이 크게 감소되었다.

〈표 9-14〉 고등교육 기관의 진학률 추이

(단위 : %)

| 구 분 | 대학 진학률 | | |
|---|---|---|---|
| | 전 체 | 인문계 | 실업계 |
| 1980 | 27.2 | 39.2 | 11.4 |
| 1985 | 36.4 | 53.8 | 13.3 |
| 1990 | 33.2 | 47.2 | 8.3 |
| 1995 | 51.4 | 72.8 | 19.2 |
| 2000 | 68.0 | 83.9 | 41.9 |
| 2002 | 74.2 | 86.9 | 49.8 |
| 2003 | 79.7 | 90.1 | 57.6 |
| 2004 | 81.3 | 89.8 | 62.3 |
| 2005 | 82.1 | 88.4 | 67.6 |

자료 : 교육부, 교육통계연보, 각년도

## 2.2 인력공급은 확대되었으나 전공과 취업의 일치도는 매우 낮은 편임

〈표 9-15〉 청년층 취업경험자의 최종학교 전공과 일자리의 불일치

(단위 : %)

| 구 분 | 매우 불일치 | 약간 불일치 | 그런대로 일치 | 매우 일치 |
|---|---|---|---|---|
| 고 졸 이 하 | 51.0 | 19.4 | 22.5 | 7.2 |
| 전 문 대 졸 | 33.4 | 15.2 | 28.0 | 23.3 |
| 대 졸 | 24.7 | 14.6 | 29.0 | 31.7 |
| 전 체 | 40.0 | 17.1 | 25.5 | 17.4 |

자료 : 통계청, 경제활동인구조사 청년층 부가조사, 2004. 5.

## 2.3 공급되는 인력에 대한 기업 측의 만족도도 매우 낮은 편임

전국경제인연합회가 2004년 6월 회원사 중 122개 기업의 인사담당 임직원을 대상으로 실시한 '기업에서 본 한국 교육의 문제점과 과제' 조사결과에 따르면 산업현장에서 요구하는 업무관련 기술·지식을 100으로 한 신입사원 평가에서 대학원 졸업 이상 71%, 대졸 64%, 전문대졸 63%, 고졸 60% 등으로 응답하였다. 신입사원이 기업에서 요구하는 지식과 기술을 갖추는 데 소요되는 평균기간으로는 기술직 30개월, 일반관리직은 23개월로 지적하였다.

## 2.4 중소기업의 경우에도 기업이 원하는 숙련과 취업시 근로자가 갖고 있는 숙련 사이에 커다란 괴리가 존재하고 있음

'2004년 중소기업 인력실태조사'에 따르면 신입인력의 직무 부합도는 대졸 인문계 5.7%, 이공

계 13.0%, 고졸 인문계 6.9%, 실업계 26.9%로 나타났다. 신규인력의 숙련이 기대에 못 미치기 때문에 채용에서 경력직을 보다 중시하고 있다.

중소기업청의 '2004년 중소기업 인력실태조사'에 따르면 중소기업의 신규 대졸자 채용은 1997년 61%에서 2002년에는 18%로 급격히 감소하였으며 경력자 채용은 동 기간 39%에서 82%로 급증하였다. 그러나 경력직에 대해서도 중소기업의 만족도는 높지 않은 것으로 나타났다. 인사컨설팅업체 한국인사전략연구소가 2004년 10월 1,253개 중소기업을 대상으로 조사한 결과에 따르면 경력직 채용의 가장 큰 불만으로 '예상보다 떨어지는 실무 능력'(38.5%), '사내 동화가 잘 안된다'(23.4%), '쉽게 이직'(21.8%), '업무에 비해 과다한 연봉 요구'(13.6%) 등을 지적하였다. 상기한 상황에도 불구하고 경력직을 채용하는 이유는 '업무환경에 적응이 빠르다'(59.2%), '신입사원 교육에 소요되는 시간과 비용을 절감하기 위해'(18.9%), '신입사원은 업무능력이 만족스럽지 못해서'(13.4%) 등으로 나타났다.

## 3. 정보의 미스매치

### 3.1 중소기업 취업정보의 부족

벤처기업들이 신규인력을 채용할 경우에 활용하는 채용경로 중 가장 비중이 높은 것은 '온라인 매체'이고 다음이 '임직원의 연고추천'으로 나타났다. 신문이나 각 대학의 취업 정보실로 대대적인 채용 공고를 내는 대기업과는 달리 중소기업의 경우 취업관련 사이트에 공지를 띄우거나 사내 추천이나 기타 인맥을 통해 채용이 이루어지는 경우가 많은 편이다.

〈표 9-16〉 벤처기업의 신규인력 채용 경로

(단위 : 평균(응답 기업 수))

| 항 목 | 채용 경로 활용정도 |
|---|---|
| 임직원의 연고추천 | 2.38 (3,222) |
| 관련 외부 기관에 추천 의뢰 | 2.19 (3,504) |
| 온라인 매체를 이용한 정식 모집 공고 | 3.48 (3,861) |
| 신문이나 방송을 이용한 정식 모집 공고 | 1.90 (3,484) |
| 정부 및 공공분야의 인력알선기관이나 행사 | 2.34 (3,578) |
| 민간부분의 헤드헌터 | 1.55 (3,407) |

주 : 5점 만점, 높을수록 효과적임

### 3.2 구직자들은 구직정보를 얻는 데 다수의 어려움에 직면해 있음

한국노동연구원의 '청년층 실업실태 파악 및 대상별 정책과제' 보고서에 따르면 구직정보수집에 '어려움이 없음'이라고 대답한 응답자는 13.8%에 불과한 것으로 나타났다. '정보를 구할 수 있는 곳이 여기저기 산재되어 있음'(42.0%), '어디 가서 일자리를 찾을지 모름'(30.9%) 등의 애로사항을 말하는 구직자들이 많은 것으로 조사되었다.

〈표 9-17〉 구직정보 수집시 어려운 점(졸업예정자)

(단위 : %)

| 구 분 | 전체 | 4년제 대학 | 전문 대학 | 실업계 고교 | 인문계 고교 |
|---|---|---|---|---|---|
| 정보를 구할 수 있는 곳이 여기저기 산재되어 있음 | 42.0 | 50.3 | 46.3 | 26.7 | 31.9 |
| 어디 가서 일자리를 찾을지 모름 | 30.9 | 22.6 | 26.0 | 43.2 | 46.9 |
| 어려움 없음 | 13.8 | 14.4 | 13.3 | 15.3 | 11.2 |
| 학교취업정보실에 갔는데 정보가 없음 | 7.4 | 6.6 | 8.1 | 9.4 | 4.2 |
| 기 타 | 6.0 | 6.1 | 6.3 | 5.3 | 5.8 |
| 전 체 | 100.0 | 100.0 | 100.0 | 100.0 | 100.0 |

자료 : 한국노동연구원, 청년층 실업실태 파악 및 대상별 정책과제, 2004.

### 3.3 고급 핵심인력의 노동시장도 활성화되어 있지 못한 상태임

경총의 아웃플레이스먼트센터가 전국 50인 이상 686개 기업을 대상으로 실시한 '2004년 산업기술인력 수요조사'에 따르면 중소기업의 기술인력의 취업경로로 가장 비중이 높은 것은 '취업사이트'(31.7%)이고 다음으로는 '지인을 통해'(24.4%)와 '공공직업안정기관'(14.8%)으로 조사되었다. 박사인력의 취업은 대부분 교수나 선배와 같은 개인적인 네트워크에 거의 전적으로 의존하고 있고 인력 DB나 헤드헌터(head hunter) 등 전문직업소개소를 통하는 경우는 거의 없는 것으로 나타났다.

### 3.4 우량중소기업에 대한 정보부족

중소기업 중에는 주택무료 제공, 전직원 해외여행, 1,000만원이 넘는 연말 성과급 지급, 대학까지 교육비 전액지원 등 대기업보다 나은 복리 혜택을 주고 있는 중소업체들이 상당수 있지만 제대로 인지되지 못하고 있는 실정이다.

### 3.5 인력수급을 매개하는 공공고용안정센터가 매우 취약함

고용안정센터의 시장점유율(센터알선 취업자/신규채용자)은 5% 미만, 실업급여 수급기간 중 재취업 비율은 19.2%(2004년)로 나타났다. 경제활동인구 대비 공공고용안정기관 직원의 비중이나 국내총생산(GDP) 대비 PES(고용지원서비스기관)에 대한 지출비율이 경제협력개발기구(OECD) 평균에 비해 현저히 낮은 수준을 보이고 있다. GDP 대비 PES 지출비율은 2002년에 OECD 평균 0.15%, 스웨덴 0.37%, 독일 0.23%, 호주 · 캐나다 0.2%, 프랑스 · 일본 0.18%, 한국 0.05%로 조사되었다.

각종 고용정보망간 연계가 미흡하여 고객의 니즈(customer needs)에 맞춘 종합정보서비스가 이루어지지 못하고 있다. 이처럼 양질의 고용지원서비스가 제공되지 못함에 따라 인력수요와 공급 간에 불일치가 존재하거나 일자리의 질이 열악하여 다시 실업과 빈곤에 직면하게 되는 것으로 판단된다.

〈표 9-18〉 주요 국가의 공공고용안정기관 직원 1인당 경제활동인구수

| | 한국(2004. 3) | 독일(2001) | 영국(1999) | 미국(1997) | 일본(1997) |
|---|---|---|---|---|---|
| 직원수(명) | 2,393 | 85,840 | 35,992 | 70,682 | 15,324 |
| 경제활동인구 (천명) | 22,906 | 40,121 | 29,470 | 143,006 | 67,650 |
| 직원 1인당 경제활동인구(명) | 9,572 | 467 | 819 | 2,023 | 4,415 |

자료 : ILO, The Public Employment Service in a Changing Labour Market, 2001.

## 4. 미스매치의 결과

### 4.1 구직자들의 중소기업 기피로 인력확보에 애로가 존재함

중소기업청의 '2005년 중소기업 인력실태조사'에 따르면 중소제조업체들이 부족 인력을 확보하는 데 겪는 애로요인은 '임금조건이 맞지 않아서', '중소기업 근무기피의식' 등으로 인하여 인력을 확보하는 데 다수의 난관에 직면하는 것으로 조사되었다. 전문직의 경우 '인력에 대한 정보부족'도 큰 애로요인이 되고 있는 것으로 나타났다.

〈표 9-19〉 직종별 인력확보 애로요인

(단위 : %)

| 구 분 | 전문가 | 기술직 및 준전문가 | 기능직 | 단 순 노무직 |
|---|---|---|---|---|
| 인력에 대한 정보부족 | 26.0 | 19.8 | 12.9 | 12.2 |
| 국내에 해당 인력이 없어서 | 7.7 | 10.8 | 9.7 | 7.6 |
| 중소기업 근무기피 의식 | 56.4 | 57.8 | 49.5 | 41.5 |
| 임금조건이 맞지 않아서 | 63.5 | 62.0 | 59.9 | 55.7 |
| 작업환경 열악 | 10.1 | 14.7 | 26.5 | 35.9 |
| 회사 소재지의 지역여건 | 19.3 | 19.4 | 24.4 | 28.9 |
| 기 타 | 4.1 | 4.1 | 7.3 | 9.3 |

주 : 중복응답
자료 : 중소기업청, 2005년 인력실태조사

### 4.2 최근 구직난이 심화되면서 중소기업 기피현상은 점차 완화경향을 보이고 있음

한국노동연구원이 2004년 10월 전국 대학, 전문대, 실업·인문계 고교 졸업자와 졸업예정자 5,301명을 대상으로 조사한 '청년층 실업실태 파악 및 대상별 정책과제' 보고서에 따르면 대학졸업자의 55%가 희망직장으로 300인 미만의 중소기업을 선호해 300인 이상 대기업(45%)보다 높은 것으로 나타났다. 본인이 원하는 직장에 취업이 잘 안될 경우에 30인 미만 중소기업 생산직 수용여부를 묻는 질문에는 졸업예정자(전문대, 고졸 포함)의 37%, 졸업자의 26%가 수용의사를 밝혔다.

〈표 9-20〉 대학졸업예정자 및 졸업자의 취업희망기업

(단위 : %)

| 구 분 | 대학졸업 예정자 | 졸업자(대학 이상) |
|---|---|---|
| 30인 미만 | 7.7 | 8.4 |
| 30인 이상 ~ 100인 미만 | 19.6 | 30.5 |
| 100인 이상 ~ 300인 미만 | 15.1 | 16.3 |
| 300인 이상 ~ 500인 미만 | 14.3 | 15.9 |
| 500인 이상 ~ 1,000인 미만 | 16.3 | 10.4 |
| 1,000인 이상 | 27.0 | 18.4 |
| 전 체 | 100.0 | 100.0 |

자료 : 한국노동연구원, 청년층 실업실태파악 및 대상별 정책과제, 2004.

구직자들은 급여와 복리후생제도, 직업의 안정성(job stability) 등을 고려해 대기업이나 공기

업 등의 입사를 원하지만 현실적으로는 중소기업밖에 취업이 안 된다는 사실을 알고 있는 것으로 조사되었다. 2004년 온라인 취업 포털인 스카우트가 전국의 대학 4학년생 1,144명에게 취업을 원하는 기업의 유형을 물어 본 결과 대기업 35.4%, 공기업 21.4%, 외국계 기업 7.3% 등의 순으로 나타났으나 현실적으로 취업이 가능한 기업을 묻는 질문에는 77.9%가 중소 · 벤처기업이라고 응답하였다. 온라인 리크루팅업체 잡코리아(www.jobkorea.co.kr)가 2005년 2월 졸업한 남녀 취업준비생 1,728명을 대상으로 기업형태별 구직활동현황을 살펴본 결과 대기업 취업이 어려워지면서 목표를 하향조정하여 중소기업을 주 대상으로 구직활동을 한 취업준비생이 많은 것으로 나타났다. 즉, 중소기업을 대상으로 구직활동을 한 취업준비생은 31.0%로 가장 많았고 다음으로 대기업(28.2%), 중견기업(23.3%), 공기업(10.3%), 외국계기업(7.2%) 순으로 조사되었다.

### 4.3 중소기업 기피현상 완화는 상위권 대학생에게서도 나타나고 있음

취업전문기업 리크루트가 2004년 12월 서울소재 상위권 대학생(연세대, 고려대. 서강대, 성균관대, 경희대 513명)을 대상으로 조사한 바에 따르면 첫 직장 목표기업은 대기업 40.7%, 외국계기업 22.6%, 공기업 15.9%, 중견기업 5.8%, 중소기업 1.9%, 벤처기업 2.5%, 창업 0.7%의 순으로 나타났다. 그러나 '실업상태에서도 대기업 지원을 지속할 것인가'라는 질문에 대해서는 26.7%만이 '그렇다'고 응답했고 '아니오'라고 응답해 상황에 따라 목표를 하향조정할 의사가 있는 것으로 나타났다. 실제 눈높이를 낮춰 중소기업을 지원할 의사가 있느냐는 질문에 대해 61.6%가 '낮춰 지원하겠다'고 응답하였다.

실업상태에서 대기업지원을 포기할 의사가 있는 대학생에게 '중소기업을 지원할 때 어려움이 있냐'는 질문에 대해 답변한 결과는 〈표 9-21〉에 나타나 있다.

〈표 9-21〉 중소기업 지원시의 어려움

| 질문 내용 | 응답결과 |
|---|---|
| 기업정보가 부족해 괜찮은 기업인지 아닌지 판단하기 어렵다 | 38.1% |
| 대기업보다 못하다는 사회적 인식으로 취업후 직장에 대한 자부심이 작다 | 21.4% |
| 경력을 쌓아 이직할 수 있다고 하나 확신이 서지 않는다 | 20.3% |
| 가족, 친지, 친구들이 모두 취직한 회사이름으로 사람을 평가한다 | 10.4% |
| 결혼시 직장규모로 사람을 평가하는 경향이 있어 사람가치가 폄하된다. | 9.7% |

# 제 3 절 중소기업 인력난 해소대책

## 1. 중소기업의 인적자원관리 혁신

### 1.1 인력난 해소를 위한 기업의 인적자원관리 혁신의 필요성

(1) 기업은 우수인재들이 입사하고 싶은 중소기업으로 만들기 위해 지속적인 혁신이 필요함

우수한 인재가 중소기업에 입사할 수 있도록 하기 위해서는 임금이나 장래 비전, 능력개발기회 등에서 양호한 여건을 제공해야 한다. 중소기업이 직면한 열악한 조건 때문에 매력있는 중소기업을 만드는 것이 불가능하다고 인식하는 것은 영원히 해법을 찾을 수 없는 순환론적 비관론으로 볼 수 있다. 열악한 조건에도 불구하고 경쟁력이 뛰어난 중소기업으로 성장한 사례는 무수히 많으며 이런 사례를 벤치마킹(benchmarking)하여 자신의 기업을 우수한 인재들이 입사하고 싶은 중소기업으로 만들기 위한 기업가정신(entrepreneurship)의 발휘가 무엇보다 중요하다.

### 1.2 보상시스템 혁신

(1) 보상체계(reward system) 개편을 통한 중소기업 근로자의 생애임금수준 제고

2000년 벤처붐(venture boom) 때 대기업 인력들이 높은 생애임금을 기대하고 대규모로 벤처기업으로 유입된 예에서 알 수 있듯이 중소기업의 현재임금수준이 낮더라도 생애에 걸친 임금이 높아질 가능성이 클 경우 우수인력의 중소기업 유입이 가능하다고 할 수 있다. 중소기업 근로자의 생애임금을 대기업수준으로 높이기 위해서는 '유망한 중소기업의 선택 + 성과에 따른 보상'이라는 조건이 충족되어야 한다. 유망한 중소기업의 선택은 우량중소기업 DB를 통해, 그리고 성과에 따른 보상은 근로자의 리스크를 최소화한 차입형 우리사주제도나 스톡옵션(stock option)형 우리사주제도를 통해 달성될 수 있다.

퇴직금 등의 산정기초로 되는 평균임금에 일시적 성과급이 포함되지 않도록 하여 임금지불의 유연성을 제고할 필요가 있으며 기업과 근로자의 필요가 일치하여 장기 근속하는 근로자에 대해 정부가 주택공급, 자녀학자금 지원, 휴양시설 등 복리후생 측면의 지원을 확대해야 한다.

(2) 낮은 수준의 임금을 보완하는 대체보상제도의 개발

① 명목상 월급이 높지 않아도 일할 만큼 가져가는 시스템을 구축하면 보상수준도 높이고 만족도도 제고시킬 수 있음

(주)다린은 입사한 지 1년 이상 된 직원 중 희망자는 원하는 규모만큼 투자하여 소사장이 되어 자신의 기계에서 발생한 수익을 별도의 수익으로 가져갈 수 있는데 대졸 초임은 1,600~1,700만원이나 소사장제에 참여한 직원들은 매월 50~70만원의 추가수익을 얻어 대기업 수준 이상의 월급을 받고 있다.

② 인간적인 기업문화의 구축으로 소속감 제고

도금전문업체 삼우금속공업은 전직원에게 '작업거부권'을 부여하여 작업환경이 안전하지 않다고 판단되면 누구든 회사측에 개선을 요구하고 해당 문제가 개선될 때까지 작업하지 않아도 불이익을 당하지 않는 무재해경영을 실행하고 있다. 주물업체 용암정밀의 경우에도 2002년부터 정부시책과 무관하게 주5일 근무제를 시행하고 있으며 직원들의 퇴직금을 은행에 100% 사외적립하고 사장이 스스로 화장실 청소까지 하는 등 직원중심의 사풍을 만들고 있다.

③ 개별 근로자의 니즈에 맞춘 생애경력설계를 통해 중소기업의 장점을 적극적으로 부각시킴

중소기업은 임금이나 복지혜택은 대기업에 비해 열악하나 승진속도, 업무를 보는 시야나 일을 처리하는 범위, 부하직원을 다스리는 리더십 등 비임금 요인에서 대기업보다 유리한 경우가 많다.

(3) 핵심인력에 대해서는 획기적인 보상을 제공하는 발상의 전환도 필요함

① 연구원들이 자신의 급여를 스스로 결정하는 반도체칩 전문업체 기호전자의 사례

이 회사의 연구개발 팀장은 대만 업체로부터 반도체 칩에 송수신안테나를 내장한 제품을 1개월 만에 개발해 달라는 요청을 받자 자신의 급여를 엄청나게 높게 결정하였다. 이 개발은 적어도 5개월 정도 소요되는 데 그는 한달반 만에 이 기술을 개발하는 데 성공하였다. 이 같은 월급프리미엄제도로 인해 동 사는 현재 자동차용 전자제어센서를 개발하여 미국의 GM과 FORD에 납품하고 있는가 하면 첨단액정(LCD)을 개발하며 일본 LIM테크에도 공급하고 있다.

### 1.3 적극적인 인력육성 노력

(1) 인력육성 노력과 기업성장 사이에는 높은 상관관계가 존재함

중소기업은 인력육성 여력이 크지 않고 인력육성을 해도 타 기업으로 이동할 가능성 때문에 인력육성에 소극적인 경우가 다수 존재하고 있는 것이 사실이다. 그러나 선행연구결과에 따르면 인력육성에 적극적인 중소기업들이 그렇지 않은 기업보다 매출성장과 고용창출에 훨씬 양호한

성과를 보인 것으로 나타났다. 이 같은 상관관계는 인재육성에 적극적인 기업에서 일하는 근로자는 능력이 개발되기 때문에 만족도가 높고 업무성과도 좋아지는 반면에 인재육성에 소극적인 기업에서는 능력을 제고시킬 기회가 적기 때문에 만족도도 낮고 업무성과도 나쁘게 나타나는 것으로 해석할 수 있다.

(2) 중소기업의 여건에 적합한 능력개발프로그램의 확대

① 동일한 교육을 다수에게 지원하며 개인별 맞춤 학습으로 반복 학습이 필요하지 않은 e-Learning의 장점은 중소기업에 적합함

한국은 세계 최고 수준의 정보통신 관련 인프라스트럭처로 e-Learning 효과를 가장 크게 볼 수 있는 유리한 위치에 있다. 따라서 편리한 시간에 언제 어디서나 접속해 학습할 수 있도록 e-Learning을 적극적으로 활성화하여 양질의 능력개발 기회를 제공할 필요가 있다. 특히, 대기업이 축적한 능력개발 노하우를 활용해 중소기업에 필요한 맞춤형 컨텐츠(tailored contents)를 제작해 e-Learning 형태로 공급할 경우 중소기업의 인력육성 비용을 크게 절감하여 중소기업의 인재확보에 크게 기여할 것으로 전망된다.

② 독서경영도 중소기업 근로자의 능력개발의 유력한 방법 중의 하나임

중소기업이 인재 육성을 위해 할 수 있는 투자는 제한적이나 독서경영은 적은 비용으로 직원들의 자기 계발 욕구를 충족시키고 업무 능력을 제고시킬 수 있는 효과적인 방법이다.

생명공학 관련 실험·연구 장비를 개발하는 업체인 서린바이오사이언스나 스토리지업체인 이메이션코리아 등이 대표적 성공사례로 지적될 수 있다.

(3) 개별기업이 아닌 업계 전체가 공동으로 인재양성하는 노력도 필요함

① 시계공업협동조합과 금형협동조합은 전문대에 관련학과를 개설하거나 재학생들에게 장학금을 제공하는 방식으로 맞춤인재를 양성하고 있음

② 조합, 연구회 등 공동체를 만들어 인재를 양성하는 독일 중소기업의 사례를 벤치마킹할 필요가 있음

독일의 경우 현재 50,000여개의 중소기업이 중소기업 기술연구회를 조직해 기술 인력을 공동으로 활용하고 기술 인력의 연구활동을 지원해 세계 최고 수준의 생산기술을 창출해 내고 있다.

(4) 대기업과의 협력을 통한 직업훈련컨소시엄사업도 전면적으로 확대할 필요가 있음

① 2001년부터 실시된 중소기업훈련컨소시엄사업은 OECD로부터도 성공모델로 평가받은 사업

으로 중소기업 인력육성의 바람직한 모델로 평가할 수 있음

이 같은 성공요인으로 대기업-중소기업 협력에 기초한 공동훈련모델이라는 점 외에도 훈련수요 파악, 현장지향적인 훈련과정 개발 및 대중소기업 네트워크 등에서 인력개발 담당자의 역할이 컸다는 점을 지적할 수 있다.

② 이 사업을 산업별, 지역별 인력개발체제의 기본모델로 정착시켜 중소기업 근로자의 능력개발을 획기적으로 확대시킬 필요가 있음

## 2. 유능한 중소기업 경영자 육성시스템 구축

### 2.1 중소기업 경영자와 인력난의 관련

(1) 중소기업에서의 우수인력 확보여부는 경영자의 능력에 좌우되는 경우가 많음

중소기업의 인력난이라고 하면 흔히 기술 인력이나 기능 인력의 부족을 상정하는 경우가 많지만 사실은 이보다 훨씬 중요한 것은 경영자이다. 경영자가 미래의 비전을 설득력 있게 제시하고 그것을 강력하게 추진해 갈 수 있는 능력이 있으며 그 성과를 다른 기업구성원들과 공유할 수 있는 시스템을 구축할 경우 보통의 인력들은 비록 현재의 임금수준이 낮더라도 미래소득(future income)의 상승을 기대해서 해당기업에 참여할 수 있다.

그러나 현재의 임금수준은 비록 높더라도 경영자의 비전이 명확하지 않고 기업구성원들에 대해 불투명하고 위압적인 경영을 하는 경영자라면 장래가 불안하여 참여를 삼가거나 이미 참여하고 있는 사람들도 기회가 주어진다면 이직을 생각하는 취약한 기업으로 전락하게 된다.

(2) 중소기업경영자의 경영혁신능력이 기업성장을 좌우함

흔히 기업성장은 기술혁신에 의해서 이루어지는 것으로 인식되는 경우가 많다. 외환위기(foreign exchange crisis) 이후의 벤처붐의 교훈은 기술혁신만으로는 기업성장이 이루어지지 않는다는 사실을 확인시켜 준다.

기술혁신(technological innovation)은 기업성장을 위한 중요한 요소이기는 하나 전부는 아니며 잠재력을 제대로 키우는 기업이 되려면 기술혁신 외에 경영에 필요한 제 요소를 결합하여 체계적으로 혁신하는 경영혁신이 요구된다. 따라서 중소기업의 인력난을 해소하기 위한 궁극적인 대책으로 유능한 경영자가 경영하는 중소기업을 다수 창출하는 것이 필요하다.

### 2.2 출신경력별 경영자 육성 시스템 구축

(1) 중소기업 장기근속자 출신 창업자에 대한 획기적인 지원체계 마련

국내 중소기업의 경쟁력 취약은 우수인력이 중소기업을 기피하고 중소기업에 취업한 인력도 장기간 근속하지 않고 빈번히 이직을 하기 때문으로 풀이된다. 중소기업 장기근속자의 창업에 대해 기대이익(expected benefit)을 현재의 수준보다 훨씬 높이면 우수인력이 중소기업에서 생애경력을 설계해 장기근속을 통해 숙련을 축적하고 적절한 시점에서 창업을 선택함으로써 생애임금을 극대화할 수 있다.

창업을 통한 높은 생애임금 기대는 전적으로 자신의 주도적 노력에 의해서 이루어지는 것이기 때문에 직업생애 전체에 걸쳐 기업가정신의 발휘가 이루어질 수 있다. 장기근속자의 창업에 대한 지원확대를 통한 우량중소기업의 육성은 준비없이 창업하여 과잉상태에 있는 자영업 문제에 대해서도 효과적인 해결책이 될 수 있을 것으로 판단된다.

(2) 대기업 출신 창업자에 대해서는 정부와 대기업이 리스크(risk)와 역할을 분담하여 공동지원할 필요가 있음

우량중소기업을 육성하기 위해서는 대기업이 가지고 있는 인력, 기술, 자금, 정보 등의 잠재적 자원(potential resources)이 중소기업의 창업이나 경영에 효과적으로 활용될 수 있도록 하기 위한 정책이나 제도설계가 필요하다. 현재 우량중소기업의 상당수는 대기업에서 능력을 축적한 다음 창업을 한 사람들이라는 점에서 대기업은 인재사관학교이자 우량중소기업의 산실로서의 역할을 하고 있다고 평가할 수 있다.

대기업이 장기간에 걸쳐 검증한 인력이 창업을 할 경우 정부와 대기업이 리스크와 역할을 분담하여 공동지원을 하면 충분한 평가정보 없이 이루어지는 정책지원에서 흔히 발생하는 도덕적 해이(moral hazard)도 예방할 수 있고 지원효율성도 크게 증대되게 된다. 이러한 대기업 출신 인력의 창업촉진을 통해 대기업으로서는 인력의 원활한 운영으로 조직의 신진대사를 활발히 할 수 있으며 경제 전체적으로는 우량중소기업의 육성에 필요한 우수인력의 양적, 질적 기반을 확충할 수 있는 일석이조의 효과를 거둘 수 있다.

(3) 연구소 출신자는 창업 이전에 경영능력이나 리스크관리능력을 훈련하는 과정이 필요함

연구소 출신자는 고도의 기술적 지식은 갖고 있는 대신 경영능력이나 리스크관리능력(risk

management ability)에서는 취약성을 보이는 경우가 흔히 존재하고 있다. 따라서 연구소 출신의 기술적 지식의 잠재력을 극대화시키기 위해서는 창업 이전에 경영능력이나 리스크관리능력을 훈련하는 과정이 필요하다.

이를 위한 방법으로는 산학연 협력을 통해 시장과 기업의 니즈를 파악하고 그에 기민하게 대응하는 훈련을 하거나 대학이 직접 기업을 만들어 운영하는 학교기업의 활성화를 통해 후에 창업했을 때의 성공확률을 크게 제고시킬 수 있다.

(4) 중소기업의 성장을 위해서는 유능한 경영자의 확보뿐만 아니라 지속적인 학습을 통한 혁신능력의 확충도 매우 중요함

환경변화가 급격하게 이루어지는 디지털경제(digital economy)에서는 능력신장의 속도가 환경변화의 속도보다 느리면 시장경쟁(market competition)에서 생존하기가 어렵게 된다. 따라서 중소기업의 경영자들이 변화되는 환경을 신속하게 인지하고 그에 대응하는 혁신경영을 효과적으로 수행하기 위해서는 경영능력의 확충에도 역량을 결집시켜야 한다.

그러나 중소기업의 경영자들은 일상의 경영활동만으로도 분주한 경우가 대부분이어서 능력강화를 위한 시간배분이 어렵고 효과적인 능력강화방법에 대해서도 잘 인식하지 못하는 경우가 많다. 이것을 보완해 주는 것은 정책의 영역으로 중소기업 경영자를 위한 최고수준의 능력강화 프로그램을 만들고 적절한 홍보 및 인센티브시스템(incentive system)과의 연계를 통해 경영자들이 용이하게 프로그램의 수혜를 받을 수 있도록 인프라를 구축하는 것이 매우 중요하다.

## 3. 잠재적 가용인력의 활용

### 3.1 여성인력의 활용

(1) 여성인력은 출산율 저하와 고령화시대의 도래에 따른 노동력 부족을 보완할 수 있는 유일한 노동공급원임

① 2005년말 기준 50.1%인 여성의 경제활동참가율을 55% 수준으로 제고시킬 경우 96만명의 추가노동력 공급이 가능하다. 경제협력개발기구(OECD) 평균인 70% 수준까지 상승시키게 되면 390만명의 노동력 공급이 가능하다.

② '2005 중소제조업 인력실태조사 결과'에 따르면 기업들은 인력부족을 타개하기 위한 대책으로 생산설비의 자동화 추진(27.4%), 외국인력 활용 확대(12.8%), 사무자동화(12.3%), 병

역대체복무요원 활용 확대(11.3%), 여성인력 활용확대(11.1%) 등의 순으로 응답하였다.

〈표 9-22〉 인력부족현상 타개 대책

| 구 분 | 생산설비 자동화 | 외국인력 활용 확대 | 사 무 자동화 | 병역 대체 요원 활용 | 여성인력 활용 확대 | 해외 이전 | 사업 전환 모색 | 실버인력 활용 확대 | 기 타 |
|---|---|---|---|---|---|---|---|---|---|
| 비율(%) | 27.4 | 12.8 | 12.3 | 11.3 | 11.1 | 9.2 | 6.1 | 5.6 | 4.2 |

③ 이 중 가용인력으로 외국인력과 병역대체복무요원은 쿼터나 활용기간이 정해져 있기 때문에 더 이상의 확대는 어려운 실정이며 결국 인력난 완화에 가능성이 있는 것은 여성인력의 활용임

(2) 출산 이후의 육아부담으로 여성의 노동시장 참여가 현실적으로 매우 어려운 상황임

① 통계청의 '2002년 사회통계조사보고서'에 따르면 여성의 취업 장애요인은 육아부담이 38.8%, 사회적 편견 · 차별적 관행 및 제도가 22.8%, 불평등한 근로 여건이 12.4%를 차지하고 있음

② '2005 중소제조업 인력실태조사 결과'에서도 중소제조업체 중 여성인력 활용에 있어 애로를 경험하는 기업은 64.9%에 이르고 있으며 애로요인으로는 작업조건이 맞지 않음(27.1%) 및 잔업 등 조업 한계(19.7%)가 대부분을 차지하고 있음

작업조건이 맞지 않는 이유는 가사 · 육아를 위한 시간제 근무 선호, 교대제 근무 곤란, 고강도 노동 곤란 등으로 나타났다.

〈표 9-23〉 여성인력 활용에 따른 애로요인

| 구 분 | 작업조건 불부합 | 잔업 등 조업한계 | 낮은 생산성 | 고용조건 등 관리어려움 | 별도시설 설치 부담 | 기 타 |
|---|---|---|---|---|---|---|
| 비 율(%) | 27.1 | 19.7 | 6.9 | 5.1 | 4.0 | 2.1 |

(3) 애로요인을 극복하기 위해서는 여성노동의 제약조건을 완화시켜줄 수 있는 정책지원이 매우 중요함

① 보육서비스에 시장 논리를 도입하여 보육서비스시장을 확대할 필요가 있음

현재 보육시장에서 민간시장은 개입사업자의 형태로만 존재할 수 있을 뿐만 아니라 이들의 공급서비스에 대해서도 가격규제가 존재하고 있다. 개인보육시설은 국공립시설의 가격을 100으

로 볼 때 최대 약 140 수준에서 가격을 통제받고 있는 실정이다.

양육서비스의 질을 제고시키기 위해서는 보육, 유치원, 학원 등 영유아서비스시장에 기업(영리법인)들의 진입을 허용할 필요가 있다. 보육서비스의 가격규제도 철폐하여 시장이 다양한 육아수요를 만족시킬 수 있도록 하여야 하며 중소기업 근로자에 대해서는 정부가 보육서비스에 대한 보조금을 지원하여 중소기업으로의 여성인력 유입을 촉진시킬 필요가 있다.

### 3.2 대기업인력의 활용

(1) 대기업의 잉여인력도 중소기업의 가용인력으로 커다란 잠재적 가능성이 있음

대기업은 그동안 우리의 고용창출(job creation) 및 인력육성에 지대한 기여를 하였으나 노동유연성(labor flexibility)이 부족한 노동시장과 '고용없는 성장'(jobless growth) 기조 하에서 이제는 상당수의 인력을 외부노동시장으로 배출해야 하는 상황이 되고 있다. 이들 중에는 중소기업에 가면 대기업에서 축적한 숙련을 전수하여 중소기업의 경쟁력 제고에 기여할 수 있는 인력들이 다수 존재하고 있다.

임금 조건 등이 맞지 않아 기존의 경력과는 무관한 길을 선택함으로써 창업에 실패하거나 숙련의 사장으로 개인적으로나 국가적으로나 커다란 손실을 가져오는 경우가 발생하고 있다. 이 같은 문제점을 예방하기 위해서는 대기업의 전문인력이 중소기업으로 연착륙할 수 있는 시스템을 구축할 필요가 있다.

(2) 대기업 배출인력을 효과적으로 활용하기 위한 중간경로로 중소기업컨설팅산업의 활성화

대기업 출신 인력이 중소기업에 기술이나 경영자문을 할 수 있는 컨설팅시장이 대폭 활성화되면 대기업이나 연구소 등에서 근무하는 고급인력도 컨설팅시장에 유입되어 중소기업 지원인력의 규모도 대폭 확대될 수 있다. 이러한 고급인력들은 중소기업컨설팅을 통해 중소기업에 직접적으로 기여할 수 있을 뿐만 아니라 컨설팅 경험을 통해 스스로 창업을 할 경우 시행착오(trial and error)를 최소화하는 기간과 경험을 가질 수 있다.

대기업 입장에서도 잉여인력을 배출할 수 있는 컨설팅시장이 있을 경우 숙련의 손실을 최소화하면서 내부노동시장의 유연성도 확보할 수 있는 이점을 가지고 있다는 점에서 중소기업컨설팅산업의 활성화는 대기업과 중소기업의 문제점을 동시에 해소할 수 있는 방안으로 평가된다.

### 3.3 외국인 인력의 활용

(1) 외국인 인력도입제도는 현재 산업연수생제와 고용허가제가 병존하고 있고 2007년부터 고용허가제로 통합 운영될 예정임

① 고용허가제는 산업연수생제에서 나타난 송출비리나 근로자 인권침해, 불법체류자 양산 등의 문제점을 해소하기 위해 2004년 8월에 도입된 바 있음

② 현재 시행 2주년을 맞이한 고용허가제는 아직 소기의 목적을 달성하지 못하고 있다는 평가를 받고 있음

국내 등록외국인 중 불법체류자는 2003년 68,000여명에서 2005년 102,000명으로 증가하였으며 외국인의 불법체류비율도 2003년 16%에서 2005년 21%로 증가하였다. 국가청렴위원회에서 송출비리가 만연해 있다는 보고서가 발표될 정도로 송출비리도 근절되지 않고 있는 실정이다.

③ 이 같은 상황으로 인해 현재 2007년으로 예정된 제도통합에 대해 비판과 의문이 제기되고 있는 실정임

감사원은 2006년 9월 '외국인 체류 및 이주관리 실태'에 관한 감사결과 처분요구서에서 고용허가제의 제도적 미비점을 이른 시일 내에 해결하지 못하면 통합 시행 여부가 불투명하다고 지적한 바 있다.

(2) 고용허가제의 본래 목적을 달성하기 위해서는 제도운영의 개선이 필요함

① 고용허가제로 제도를 통일하되 외국인 근로자 선정은 노동수요자인 기업이 직접 송출국에 가서 양질의 근로자를 선택할 수 있도록 함

송출국가에서 직업훈련을 먼저 받고 일정한 요건을 갖춘 사람 중에서 국내기업이 선발할 수 있도록 하는 것이 바람직하다. 기업이 원하는 근로자를 선발하면 불법체류자를 감소시키는 데 기여할 것으로 판단된다.

② 이를 위해 송출국가에 우리 정부와 사용자 단체가 공동출자하여 사무소를 설치해 사용자가 직접 근로자를 선택할 수 있는 체제를 구축하고 가능하면 영세사업자에게는 여비 및 통역 지원도 해 그러한 사용자들을 적극적으로 지원하는 방안 등을 검토할 필요가 있음

③ 고용기간도 숙련의 내용이나 수준에 따라 차이를 두는 것이 바람직함

### 3.4 산업기능요원의 활용

현재 연 4,500명에 불과한 산업기능요원을 연 10,000명 이상으로 대폭 확대해야 하며 현재

62,000여명에 이르는 공익요원 중 상당수를 산업기능요원으로 전환하는 것을 검토할 필요가 있다.

## 4. 중소기업 정보인프라 혁신

### 4.1 중소기업 DB 및 포털사이트 구축

#### (1) 우량중소기업 DB 구축

중소기업으로 인재가 유입되지 않는 이유 중의 하나는 300만개나 되는 중소기업 중 현실적으로 어느 기업이 우량중소기업인지를 판별하기 어려운 데 기인하고 있다. 따라서 중소기업에 대해 임금, 복지, 기업비전, 기술, 투명성, 최고경영자(CEO) 도덕성 등 모든 입수 가능한 평가정보를 DB화하여 홈페이지 형태로 구직자들이 용이하게 검색할 수 있도록 할 필요가 있다.

평가정보입력은 기본적으로 해당 중소기업이 입력하도록 하되 허위정보를 입력하거나 정보입력 자체를 소홀히 하는 기업은 모니터링 시스템(monitoring system)을 통해 불성실 또는 불투명 기업의 등급을 매겨 인재확보나 금융지원 등에서 불이익을 받도록 설계해야 한다.

현재 기업정보(corporate information)에 관한 DB는 대부분 비공개로 되어 있어 기업에 대한 정확한 판단이 어려운 데 비해 이처럼 기업 자신이 입력하는 형태로 평가 자료를 DB화하고 네티즌에 의해 검증되는 시스템을 구축하면 우량중소기업에 대한 판단이 훨씬 용이해질 것으로 판단된다. 이러한 기업정보가 충분히 축적되면 구직자 대상만이 아니라 금융지원을 할 경우에도 참고자료로 유용하게 활용될 수 있다. 이 같은 형태의 기업평가정보 DB는 온라인상의 공개적 기업평가라는 점에서 기업들이 자발적으로 참여할 유인이 있기 때문에 평가정보 구축의 속도도 신속하고 부수적으로 해당기업의 투명성(transparency)도 제고시키는 효과를 발생시킬 수 있다.

#### (2) 중소기업 포털 사이트의 구축

기업정보 DB가 효과를 발휘하기 위해서는 개별 중소기업에 대한 정보뿐만 아니라 중소기업 정책정보, 중소기업 구직연결, 중소기업 경영 컨설팅, 중소기업이 거래하는 대기업에 대한 평판 커뮤니티 등이 하나로 통합되어 중소기업과 관련된 모든 정보가 이 사이트 하나에서 유기적으로 연결되면서 유통되고 조직되는 포털사이트가 되어야 한다.

### 4.2 혁신형 중소기업 평가방식의 재검토

(1) 정부의 혁신형 중소기업 지원 = 기업의 혁신경영로드맵 = 우수인력의 경력비전이 일치되도록 혁신형 중소기업의 평가방식 재검토

① 벤처기업이나 이노비즈 기업 등 제도적으로 인증된 혁신형 중소기업은 미래의 성장 가능성 때문에 우수인력의 관심의 대상임

② 혁신형 중소기업들 중에는 기술혁신보다는 머니게임에 집중하다가 도태되기도 하고 생존한 기업들도 본래의 잠재력을 충분히 발휘하지 못한 채 근근이 명맥을 이어가는 기업들도 다수 존재하고 있음

③ 이것은 벤처기업이나 이노비즈기업 등의 혁신형 중소기업 평가방식에 적지 않은 문제가 있음을 시사하는 것으로 볼 수 있음

판정에 필요한 평가항목은 과도하게 많은 반면 각 항목별로 입수되는 정보의 양과 질은 불충분하고 평가자 역시 충분한 시간을 투입하기가 어려운 경우가 많아 진정으로 잠재력이 있는 혁신형 중소기업을 선택하는 것이 용이하지 않다.

④ 혁신형 중소기업 = 우수인력이 선호하는 기업이 일치하도록 하여 우수인력이 유입될 수 있도록 평가지표 및 평가방식의 개선이 필요함

(2) 대기업, 중소기업을 구분하지 않고 전체로 등급을 매기는 기업 평가제를 도입하는 방식도 검토해야 함

기업의 규모가 아니라 우량성을 중시하는 새로운 평가기준으로 기업을 등급화하고 대기업보다 훨씬 높은 등급을 받는 중소기업을 다수 배출함으로써 중소기업인의 자긍심을 제고시키면서 핵심인력들의 중소기업에 대한 적극적 관심을 유도할 필요가 있다.

10
chapter

# 산업공동화

한국의 해외직접투자(FDI : Foreign Direct Investment)가 1968년에 처음 시작된 이후 높은 증가율을 보여왔다. 이에 따라 1998년 이후 한국의 해외직접투자가 국내총생산(GDP)에서 차지하는 비중이 7%에 이르고 있다. 이 같은 수준은 1인당 국민소득이 한국보다 3배 이상 되는 일본과 유사하다고 할 수 있다. 이 결과 해외직접투자의 증가가 제조업의 공동화를 야기시킬 가능성이 증대될 수 있는 문제점이 제기되게 되었다.

한국의 FDI와 제조업 공동화와의 연관성을 분석한 국제지역연구 게재논문을 중심으로 살펴보고자 한다.

## 제 1 절 한국기업의 해외직접투자

### 1. 해외직접투자 현황

한국의 해외직접투자는 1968년부터 시작되었으며 1980년대까지는 완만한 증가세를 유지하다가 1990년대 들어 높은 증가세를 보였다.[1] 1980년대의 경우 절대금액 자체가 낮아 증가율이 높은 편이며 실제적으로 1990년대부터 본격적으로 증가하였다고 평가할 수 있다. 이에 따라 해외직접투자 잔액의 대GDP(경상가격 기준) 비중은 1997년까지는 2%대에 머물렀으나 외환위기

1) 1968년 한국남방개발(주)의 인도네시아 원목개발 투자가 한국기업 최초의 해외직접투자이다.

(foreign exchange crisis) 때인 1998년부터는 6.8%로 급증하여 2002년에는 7%를 기록하였다. 잔액기준으로 본 한국의 총투자(2002년 기준)는 308억 달러에 이르고 있다.

〈표 10-1〉 한국기업의 해외직접투자 추이

(단위 : 백만달러, %)

| | 1981~1989 | 1990~1999 | 2000~2002 | 1998 | 2002 |
|---|---|---|---|---|---|
| 동기간(년)투자액 | 1,782 | 26,033 | 12,919 | 4,725 | 3,031 |
| 연평균증가율(%) | 62.2 | 23.8 | 4.0 | 31.5 | -39.8 |
| 해외투자잔액 | 1,491 | 23,384 | 30,802 | 21,078 | 30,802 |
| (해외투자잔액/GDP)비중 | 0.6 | 3.0 | 6.8 | 6.5 | 7.0 |

자료 : 수출입은행

### 1.1 업종별 현황

한국 제조업의 해외투자[2] 비중이 높은 이유는 고임금(high wage) · 저효율(low efficiency)의 국내경영환경을 극복하고 선진국에 대한 우회수출기지를 확보하기 위해 섬유, 신발 등 노동집약적인 산업(labor-intensive industry)을 중심으로 한 중국 등 아시아에 대한 투자가 많았기 때문이다. 또한, 서비스업의 경우 선진국과의 통상마찰(trade conflict)을 피하고 안정적인 수출시장을 확보하기 위해 무역업을 중심으로 한 투자가 다수 존재하였다. 업종별로는 제조업, 도소매업, 부동산 및 서비스업의 투자가 높은 수준을 보였다.

제조업 내 해외투자도 1990년대 중반이후 경공업에서 중화학공업으로 급속하게 전환되고 있다. 투자업종이 섬유, 신발 등 경공업 위주에서 전자, 통신, 자동차, 조립금속, 기계장비 등 중화학공업으로 급속히 전환되고 있다. 이를 반영하여 1990년대 이후 해외투자는 경공업 부문(연평균 27.3%)보다는 중화학공업 부문(34.1%)에서 더욱 높은 증가세를 보였다. 특히, 비중면에서도 중화학공업의 해외투자자 전체 제조업 해외투자에서 차지하는 비중이 1980년대 75.8%에서 2000년대에는 85.3%로 크게 높아졌다.

2) 본장에서 해외투자는 해외직접투자를 의미한다. 해외직접투자란 국제간 장기자본이동의 한 형태로 자본, 기술 및 인력 등을 해외로 이전하는 것으로서 외화증권 취득, 외화대부채권 취득, 공동사업참여, 개인기업 영위의 방법으로 허용되고 있다. 해외간접투자는 경영참가 없이 이자, 배당 또는 시세차익만을 목적으로 하며 해외직접투자와 구분된다. 거주자가 해외직접투자를 할 경우 반드시 사전에 해당기관으로부터 신고수리를 받도록 되어 있다(한국외국어대학교 외국학종합연구센터, 국제지역연구 제8권 제1호, 2004. 4. pp. 333~370 요약 · 재구성).

〈표 10-2〉 기간별 · 산업별 해외직접투자 금액과 증가율

(단위 : %, 천달러)

| | 증가율 | | | 해외투자실적(총투자) | | |
|---|---|---|---|---|---|---|
| | 1981~1989 | 1990~1999 | 2000~2002 | 1980~1989 | 1990~1999 | 2000~2002 |
| 농 림 어 업 | 59.9 | -11.8 | 69.4 | 184,795 | 195,789 | 45,861 |
| 광 업 | 4,489.6 | 27.8 | 32.5 | 645,652 | 1,533,204 | 305,569 |
| 제 조 업 | 94.5 | 29.7 | 29.7 | 702,491 | 14,450,877 | 6,718,966 |
| 건 설 업 | 23.2 | 316.1 | 14.8 | 67,318 | 475,831 | 201,282 |
| 도 소 매 업 | 20.4 | 63.4 | -7.0 | 222,116 | 6,090,428 | 2,401,132 |
| 운 수 창 고 업 | 269.7 | 108.2 | -4.5 | 7,358 | 201,403 | 56,411 |
| 통 신 업 | 0.0 | 428.9 | 99.8 | 0 | 1,078,751 | 251,324 |
| 금 융 보 험 업 | 0.3 | -26.2 | 3,013.4 | 1,917 | 164 | 14,055 |
| 숙 박 음 식 점 | 840.9 | 71.2 | 83.7 | 57,581 | 674,635 | 310,175 |
| 부동산 등 서비스 | 185.4 | 89.1 | 383.8 | 37,692 | 1,301,509 | 2,612,798 |
| 기 타 | 0.0 | 3.2 | 1,251.2 | 0 | 420 | 1,681 |
| 평 균 및 합 계 | 62.2 | 23.8 | 4.0 | 1,926,920 | 26,003,011 | 12,919,254 |

주 : 증가율은 연간 증가율을 평균한 것임
자료 : 수출입은행

〈표 10-3〉 기간별 · 산업별 해외직접투자 금액과 증가율

(단위 : %, 천달러)

| | 증가율 | | | 해외투자실적(총투자) | | |
|---|---|---|---|---|---|---|
| | 1981~1989 | 1990~1999 | 2000~2002 | 1981~1989 | 1990~1999 | 2000~2002 |
| 경 공 업 | 81.3 | 27.3 | 3.9 | 169,873 | 3,165,918 | 987,320 |
| 중화학공업 | 269.2 | 34.1 | 36.6 | 532,618 | 11,284,959 | 5,731,646 |
| 제 조 업 | 94.5 | 29.7 | 29.7 | 702,491 | 14,450,877 | 6,718,966 |
| 중화학비중 | - | - | - | 75.8 | 78.1 | 85.3 |

자료 : 수출입은행

### 1.2 지역별 현황

지역별 투자현황을 살펴보면 한국의 해외투자는 주로 아시아, 북미, 유럽, 중남미 순으로 나타났다. 과거 1990년대에는 중국 등 아시아 지역에 대한 투자가 저임금을 활용한 투자 중심이었는 데 반해 북미, 유럽 등 선진국에 대한 투자는 시장유지 및 첨단기술 확보와 같은 목적이 주류를 이루었다. 2000년대 이후 한국의 대중국 수출 증가와 중국의 외국인투자 유치 활동이 맞물려 섬유, 가전 업종의 중국진출이 급증하고 있다. 이를 반영하여 2000년대 이후 해외투자 금액이 정체상태를 보이고 있음에도 불구하고 대중국 투자가 전년 대비 50% 이상의 높은 증가세를 시현하고 있다.

〈표 10-4〉 연도별 · 지역별 해외직접투자 동향

(단위 : %, 천달러)

| | 증가율 | | | 해외투자실적(총투자) | | |
|---|---|---|---|---|---|---|
| | 1981~1989 | 1990~1999 | 2000~2002 | 1980~1989 | 1990~1999 | 2000~2002 |
| 아 시 아 | 385.7 | 35.2 | 6.6 | 426,940 | 11,489,904 | 4,257,946 |
| 중 동 | 84.5 | 1.7 | 1,006.4 | 276,254 | 444,463 | 75,926 |
| 북 미 | 133.0 | 28.4 | -19.2 | 824,388 | 7,646,740 | 3,342,352 |
| 중 남 미 | 95.4 | 25.3 | 205.9 | 87,410 | 1,377,678 | 1,843,236 |
| 유 럽 | 463.6 | 63.9 | 187.4 | 108,318 | 3,960,325 | 3,044,167 |
| 아프리카 | 36.0 | 113.4 | 183.9 | 38,429 | 506,950 | 180,626 |
| 대 양 주 | 168.3 | 13.9 | 82.3 | 165,181 | 577,334 | 175,001 |
| 합 계 | 62.2 | 23.8 | 4.0 | 1,926,920 | 26,003,394 | 12,919,254 |

자료 : 수출입은행

## 2. 해외직접투자의 동기

산업자원부의 조사에 따르면 한국 기업들의 해외투자 동기는 ① 인건비 등 비용절감, ② 현지시장 개척, ③ 협력업체 해외이전, ④ 인력난, ⑤ 제3국 시장진출, ⑥ 원자재 등 현지자원 확보, ⑦ 현지기업과의 전략적 제휴(strategic alliance) 순으로 조사되었다.[3] 비중은 작지만 통상마찰 방지, 국내규제 과다, 국내 노사문제도 해외투자 이유로 지적되었다. 이들 해외투자동기 중 현지시장 개척이 30% 내외를 차지하고 있는데 기업들이 비용적인 측면보다는 전략적인 면을 고려했다는 점에서 긍정적으로 평가할 수 있다.

〈표 10-5〉 해외직접투자 동기

| 해외직접투자 동기 | 비중(%) | 원자재 등 현지자원 확보 | 2.4 |
|---|---|---|---|
| 인건비 등 비용절감 | 48.5 | 현지 기업과의 전략적 제휴 | 1.5 |
| 현지시장 개척 | 28.0 | 통상마찰 방지 | 0.5 |
| 협력업체 해외이전 | 10.1 | 국내 규제 과다 | 0.3 |
| 국내인력난 | 3.5 | 국내 노사문제 | 0.2 |
| 제3국 시장진출 | 2.6 | 기타 | 2.6 |

자료 : 산업자원부

3) 산업자원부, 해외 제조업 투자 실상 및 실태조사 결과 분석, 2003. 11.

## 2.1 기업규모별 투자동기

기업규모별 투자동기를 보면 대기업의 경우 ① 현지시장 개척(50.7%), ② 인건비 등 비용절감(37%), ③ 제3국 시장진출(2.7%), ④ 현지자원 확보(2.7%), ⑤ 현지기업과 전략적 제휴(1.4%) 순으로 투자가 이루어졌다. 반면에 중소기업은 ① 인건비 등 비용절감(51.2%), ② 현지시장 개척(24.3%), ③ 협력업체 해외이전(12%), ④ 인력난(5.3%), ⑤ 제3국 시장진출(2.4%) 순으로 나타났다. 결국 대기업이나 중소기업 모두 70~90%가 비용절감(cost reduction)이나 현지시장 개척이 해외투자의 주요 요인이 되고 있다. 특히, 기술력보다는 노동력에 의존했던 중소기업들의 경우 인건비에 대한 부담이 큰 것으로 판단된다.

〈표 10-6〉 기업규모별 해외직접투자 동기

| 중소기업 | 대기업 |
|---|---|
| ① 인건비 등 비용절감(51.2%) | ① 현지시장 개척(50.7%) |
| ② 현지시장 개척(24.3%) | ② 인건비 등 비용절감(37%) |
| ③ 협력업체 해외이전(12%) | ③ 제3국시장 진출(2.7%) |
| ④ 인력난(5.3%) | ④ 현지자원 확보(2.7%) |
| ⑤ 제3국시장 진출(2.4%) | ⑤ 현지기업과 전략적 제휴(1.4%) |

자료 : 산업자원부

## 2.2 업종별 투자동기

업종별로는 노동집약적 산업인 섬유의복, 신발, 비금속광물 등은 비용절감이 높은 비중을 나타내고 있는 반면에 수송기계, 1차금속(철강 등), 석유화학 등은 시장개척 비중이 높게 나와 현지시장 지향형 투자가 진행되고 있음을 알 수 있다. 이 같이 비용절감이 해외투자의 주요 요인인 업종은 산업공동화의 진행 가능성이 크다고 할 수 있다.

## 2.3 대중국 투자동기

최근 관심을 집중시키고 있는 중국에 대한 해외투자 동기도 조사되었다. 기업들이 중국에 투자할 때 고려하는 요인으로 인건비 등 비용절감(35.7%), 협력업체 해외이전(15.2%), 인력난(6.4%), 노사문제·규제과다 등(1.5%)의 순(順)으로 나타났다. 특히, 협력업체 해외이전이 상당부분을 차지하고 있는데 이는 일관 생산라인이 동시에 이동된다는 의미로 해석할 수 있다. 또한, 인건비 등 비용절감과 국내 인력난은 모두 노동문제로 간주할 수 있는데 결국 대중국 투자는 임금 등 인력문제가 주요 요인으로 판단된다.

〈표 10-7〉 업종별 해외직접투자 동기

| 업 종 | 가장 중요한 동기 | 두 번째로 중요한 동기 |
|---|---|---|
| 전자・통신 | 비용절감(42.9) | 현지시장 개척(26.0) |
| 수송기계 | 지시장 개척(46.7) | 비용절감(31.1) |
| 섬유의복 | 비용절감(77.9) | 현지시장 개척(13.7) |
| 석유화학 | 현지시장 개척(48.4) | 비용절감(26.6) |
| 기계장비 | 비용절감(47.0) | 현지시장 개척(27.3) |
| 1차금속 | 현지시장 개척(60.0) | 인력난(20.0) |
| 비금속광물 | 비용절감(50.0) | 현지자원 확보(18.8) |
| 조립금속 | 비용절감(41.0) | 현지시장 개척(30.8) |
| 신발가죽 | 비용절감(83.6) | 인력난(7.3) |
| 종이인쇄 | 현지시장 개척(44.4) | 비용절감(22.2) |

주 : ( )안은 응답비중(%)

〈표 10-8〉 한국기업의 대(對)중국 해외직접투자 동기

| 해외직접투자 동기 | 비중(%) |
|---|---|
| 현지시장 개척 | 36.6 |
| 인건비 등 비용절감 | 35.7 |
| 협력업체 해외이전 | 15.2 |
| 국내인력난 | 6.4 |
| 제3국 시장진출 | 2.4 |
| 원자재 등 현지자원 확보 | 1.2 |
| 현지 기업과의 전략적 제휴 | 0.9 |
| 노사문제, 규제과다 등 | 1.5 |

자료 : 산업자원부

상기한 조사결과를 통해서 볼 때 최근 한국의 대부분 기업들은 기업의 규모에 관계없이 해외투자 동기가 국내시장의 고임금 구조와 어려운 경영환경으로 지적할 수 있다. 해외투자가 시장확보나 통상마찰 예방측면의 전략적 의미에서 이루어지기 보다는 노사문제와 각종 규제로 인해 국내투자를 기피하고 제조업의 국외 이전을 야기시키고 있다는 점이 문제가 되고 있다. 특히, 삼성전자의 노트북 중국투자와 현대자동차의 미국 앨라배마 투자는 1990년대와는 달리 고임금과 대립적 노사분규라는 경영환경 측면의 고려가 컸다고 판단된다. 노트북이나 자동차는 섬유나 철강과 다른 고부가가치 산업이며 산업의 전후방효과가 아직은 큰 산업으로 인식되고 있다.

이 같이 현재 국내의 주력 산업들이 단순히 국내에서 기업경영환경이 어려워 해외로 진출해서 고용이 감소한다면 이를 산업공동화(industrial hollowization) 측면에서 살펴볼 필요가 있다.

산업공동화와 같은 개념으로 탈산업화(deindustrialization)를 지적할 수 있다. 일반적으로 산업공동화나 탈산업화는 제조업 부문의 해외직접투자가 지속적으로 증가하면서 생산 및 고용측면에서 서비스업의 비중이 확대되고 제조업의 비중은 지속적으로 하락하는 현상으로 파악할 수 있다. 산업공동화나 탈산업화의 결과 제조업의 생산과 고용 비중이 감소하고 서비스업이 증가하는 현상으로 해석할 경우 산업공동화나 탈산업화 자체를 반드시 부정적으로 볼 필요는 없다. 그러나 본장에서는 탈산업화와 산업공동화에 대한 개념 자체를 상이한 시각에서 살펴본다. 산업공동화와 탈산업화를 제조업의 생산 및 고용이 감소하여 자연스럽게 생산적인 서비스업으로 이동하는 것이 아니라 국내에서의 공장을 유지하는 것이 생산비면에서 불리하여 해외로 이전하는 것으로 인식하는 것이다. 따라서 해외직접투자의 동기에 따라서 산업공동화의 문제는 국가경제라는 시각에서 부정적으로 평가될 수 있다.

산업공동화가 야기시키는 또 다른 문제점은 자국 내에서 고용기회(employment opportunity)의 상실을 지적할 수 있다. 현재 한국이 경쟁력(competitiveness)을 가지고 있다고 인식하는 반도체, 철강, 자동차, 가전, 무선통신기기 등 주력 산업들은 시장대응 여부에 따라 상당기간 더 경쟁력을 유지할 수 있다는 것이 정설이다. 국내에서 활동하는 기업 하나가 해외로 진출할 경우 일자리가 수백 내지는 수천 개가 사라지게 된다. 따라서 이들 산업의 해외이전은 탈산업화라는 의미의 산업구조 고도화 측면에서 산업경쟁력(industrial competitiveness)을 유지하는 방향으로 진행되어야 한다. 결국 산업공동화는 이 같은 시각에서 그 문제점을 검토하고 대응책을 마련할 필요가 있다.

산업공동화와 탈산업화의 개념을 본장에서는 다소 달리 정립하였다. 긍정적 의미로 본 산업공동화나 탈산업화는 제조업 부문의 해외직접투자가 지속적으로 증가하면서 생산 및 고용측면에서 서비스업의 비중이 확대되고 제조업의 비중은 지속적으로 하락하는 현상으로 이해할 수 있다. 그러나 본장에서는 부정적인 의미를 반영해서 제조업 비중의 하락이 생산적 서비스업으로의 이전이 아닌 제조업의 지속적인 경쟁력 약화로 제조업 비중이 하락하는 현상을 의미한다.

## 제 2 절 한국의 산업구조 변화와 산업공동화

### 1. 산업구조의 변화

한국의 산업구조는 경제개발(economic development)이 본격화된 1970년대 이후 급격한 변화

양상을 보였다. 농림어업의 경우 1970년 국내총생산(GDP)에서 차지하는 비중이 22.7%를 기록하였으나 2002년에는 4.7%로 크게 하락하였다. 반면 제조업과 서비스업은 GDP에서 차지하는 비중이 지속적으로 확대되었다. 특히, 세계 최선진국들인 미국이나 일본의 경우 농림어업은 2% 미만이고 제조업의 경우도 서비스업에 비해 그 비중이 낮은 실정이다. 이 같은 상황을 고려하면 향후 한국도 경제성장이 진행되면서 농림어업과 제조업의 비중이 축소되고 서비스업부문의 확대가 예상된다.

〈표 10-9〉 주요 국가의 산업별 GDP 비중

(단위 : 구성비, %)

| GDP 비중 | 한국(1970) | 한국(1980) | 한국(1990) | 한국(2002) | 일본 | 대만 | 미국 |
|---|---|---|---|---|---|---|---|
| 농 림 어 업 | 22.7 | 12.7 | 7.7 | 4.7 | 1.6 | 2.5 | 1.7 |
| 제 조 업 | 12.3 | 23.6 | 28.7 | 34.2 | 22.6 | 28.2 | 17.2 |
| 건설/가스/수도 | 7.8 | 10.8 | 13.3 | 10.5 | 9.7 | 5.5 | 3.9 |
| 서 비 스 | 29.9 | 33.7 | 38.7 | 39.9 | 59.7 | 57.0 | 60.1 |

주 : 제조업은 광업과 제조업 ; 한국, 대만, 미국은 불변가격 2002년 기준, 일본은 불변가격 2001년 기준 ; 미국은 건설만 해당 ; 정부서비스 등 제외

자료 : CEIC, DB

그러나 1인당 국민소득 1,7000달러 수준인 현 시점에서 한국의 서비스업 비중(50.4%)은 미국(64.0%), 일본(69.4%) 뿐만 아니라 경쟁국인 대만(62.5%) 보다도 낮은 수준을 보이고 있다. 일반적으로 소득증가에 따라 제조업 비중이 감소하고 서비스업 비중이 증가하게 되나 우리의 경우는 그렇지 못하다. 또한, 서비스업 노동생산성(labor productivity)이 미국과 일본의 50% 수준에도 못 미치고 있고 그나마 비생산적 서비스업 비중이 높은 편이다. 물류나 제조업 지원 서비스 등 생산적 서비스업 비중이 미국, 영국, 독일 등 선진국과 2배 이상 차이를 보이고 있는 반면에 음식, 숙박업, 부동산 등 비생산적 서비스업 비중은 오히려 선진국을 크게 추월하고 있다. 따라서 한국은 서비스업의 성장 기여도가 낮아 미국과 달리 제조업의 기여 없이 서비스업만으로 경제성장을 지속하기는 어렵다고 할 수 있다.

우리보다 산업구조가 앞선 미국이나 일본, 경쟁국인 대만의 사례에서 알 수 있듯이 제조업의 고용비중 또한 시간이 경과하면서 지속적으로 하락하고 있다. 제조업의 경제 내 비중이 감소하는 것은 선진국에서 이미 공통적으로 나타나고 있는 현상이다. 미국의 제조업 고용비중은 1990년대 중반에 이미 16% 내외까지 하락하였으며 2002년에는 12.7%를 기록하였다. 이는 한국도 향후 과거 제조업이 흡수했던 고용능력이 크게 약화됨을 시사한다고 할 수 있다. 따라서 최근 우리가 경험하고 있는 청년실업(youth unemployment) 문제는 산업구조의 변화과정에서 나타나는

현상으로 일정 부분 설명이 가능하다고 할 수 있다. 이렇게 될 경우 제조업에서 이탈하는 노동력이나 경제활동에 새로 참여하는 노동력을 다른 분야에서 어떻게 효과적으로 흡수할 수 있겠는가 하는 문제에 직면하게 된다. 미국의 경우 서비스업 자체가 금융, 정보통신(IT), 문화 등 생산적인 부문에 집중되어 있어 제조업 부문의 생산 및 고용 감소분을 서비스업이 자연스럽게 흡수할 수 있으며 오히려 경쟁력을 유지하는 데 기여하고 있다. 반면에 한국은 서비스업 부문이 음식점, 숙박, 도소매 등으로 다소 비생산적인 구조로 이루어져 있어 제조업 부문의 생산 및 고용상실이 전체 경쟁력을 하락시키는 데 일조하고 있다.

〈표 10-10〉 주요 국가의 제조업 부가가치 및 고용비중

(단위 : 구성비, %)

| | 한국 | 일본 | 대만 | 미국 |
|---|---|---|---|---|
| 제조업 GDP비중 | 34.2 | 22.6 | 28.2 | 17.2 |
| 제조업의 고용비중 | 26.0 | 20.3 | 27.1 | 12.7 |

주 : 2002년 불변가격 기준으로 계산
자료 : CEIC, DB

상기한 바와 같이 경제가 발전함에 따라 제조업 비중이 감소되는 원인 및 서비스 부문으로의 비중이 증가하는 원인에 대해 살펴볼 필요가 있다. 오늘날에는 경제의 개방화와 정보화(informationization)가 가속화되어 지리적 위치(geographical location)에 따른 생산시설의 운영이 크게 제약을 받지 않는 상황이 되고 있다. 따라서 제조업의 비중이 하락하는 이유는 국내에서 제조업을 경영하는 것이 경쟁국에 비해 경쟁력이 저하되는 데 있다. 그리고 제조업의 경쟁력 하락의 가장 주요한 요인으로 투입요소의 국제경쟁력(international competitiveness) 상실을 지적할 수 있다.

해외투자의 문제점이 지적된다고 해서 기업들의 해외투자 시도 자체를 평가절하할 필요는 없다. 글로벌 경쟁(global competition)이 치열하게 전개되고 있는 상황에서 기업들의 생존전략도 국내외를 망라하는 보다 유연한 생산 및 판매 전략을 채택할 필요가 있다. 따라서 해외투자 증가에 따른 제조업 공동화 현상에 대한 대비책 역시 기업의 경영전략 측면과 국민경제의 발전이라는 관점에서 살펴볼 필요가 있다.

## 2. 산업공동화 현상

### 2.1 산업공동화의 개념

산업공동화(industrial hollowization)의 의미는 경제발전 과정(the process of economic development)에서 해외투자가 급속히 증가하고 자국 내 제조업의 국내에서의 생산, 투자, 고용이 감소하는 현상으로 이해할 수 있다. 동시에 국내설비의 해외이전이 확대되면서 국내 제조업의 생산기반이 약화되어 가는 상황을 의미한다. 결국 해외직접투자에 의해 자국의 생산부문이 해외로 이전되어 국내 제조업이 축소되거나 약화되는 것이 산업공동화이다. 정부는 산업공동화를 일반적으로 기업이 해외직접투자로 생산시설을 해외에 이전함으로써 제조업의 비중이 하락하고 경제의 성장잠재력(growth potentials)이 하락하는 상황을 의미하는 것으로 인식할 수 있다. 따라서 산업공동화는 해외생산 이전에 따른 해당산업에서의 고용감소, 자본의 유휴화가 광범위하게 진행되는 과정으로 이해할 수 있다.

우리보다 앞서서 이 같은 문제를 경험한 미국과 일본의 사례로부터 산업공동화 문제를 살펴보기로 한다.

① 미국

산업공동화의 문제는 1980년대 초 미국이 강한 달러정책(strong dollar policy)과 고금리 정책(high interest-rate policy)을 추진하는 과정에서 미국 내 제조업들이 비교우위(comparative advantage)를 상실하면서 발생했다. 당시에 미국은 부품뿐만 아니라 완제품을 모두 해외에서 조달하였다. 이에 따라 경제성장력이 하락한다는 우려 속에 산업공동화의 문제가 제기되었다. 그러나 미국 제조업의 장구한 역사로 볼 때 제조업의 구조조정이 1세기 이상 진행 중에 있으며 이 같은 과정에서 고용비중이 제조업에서 서비스업으로 크게 이동하였다. 그러나 미국 내에서 제조업의 고용비중 감소현상을 제조업의 쇠퇴로 인식하지는 않고 있다. 오히려 제조업을 여전히 미국경제의 성장에 기여하는 주요 엔진(the principal engine for growth)으로 간주하고 있다. 특히, 미국시장의 특징인 기술 및 경영혁신(business innovation), 노동자 숙련성, 신규시장 진입의 편리성 등이 미국 제조업이 미국 경제성장의 고부가가치 엔진으로 작용하고 있다고 지적한다.

〈표 10-11〉 미국의 산업별 고용 비중

(단위 : %)

| | 1910 | 2000 |
|---|---|---|
| 광공업 | 63.5 | 22.8 |
| 서비스업 | 36.5 | 77.2 |

자료 : 산업자원부

② 일본

일본의 경우에도 1985년 플라자 합의(Plaza Accord) 이후 엔화가치가 급격히 상승하면서 나타난 현상이다. 이 당시 대부분의 일본기업들은 엔고에 따른 자국 내 생산의 어려움을 극복하고 무역마찰을 회피하기 위해 생산시설을 급속도로 해외로 이전시켰다. 이 결과 일본 내에서는 제조업의 생산시설이 급속히 해외로 이전해가고 국내 고용이 감소하여 기술수준의 약화 가능성이 제기되었다. 또한, 2000년대 들어와서 동아시아 국가로의 해외투자가 급증하면서 다시 제조업 공동화에 대한 우려가 증대되었다. 문제는 플라자 합의 당시에는 엔고에 의해 타격을 입은 특정지역과 산업에 초점을 맞추어 대응해왔는 데 현재는 대항할 수 있는 적절한 정책수단이 없다고 보는 것이다. 오히려 정책담당자들이 산업공동화의 문제점을 금융시스템(financial system)의 개선, 산학협동, 벤처비즈니스(venture business)의 개발 등을 통해 해결하려고 하고 있다. 또한, 산업정책이 일본 국내뿐만 아니라 인접국가와의 시너지 효과(synergy effect)를 얻을 수 있는 산업집적지의 조성으로 대처하려고 하고 있다. 일본의 사례를 통해 산업공동화의 의미를 살펴보면 산업공동화란 일반적으로 국내에서의 산업활동의 일부가 해외로 이전함으로써 자국 내에서 고용기회와 부가가치(value added)가 감소하는 현상을 의미한다. 동시에 새로운 기술혁신을 발생시킬 기회를 상실함으로써 혁신(innovation)이 정체되고 일국의 경제성장이 둔화되는 동시에 실질소득(real income)이 감소하는 것을 의미한다. 일본에서의 산업공동화는 단기적으로 고용·소득수준이 감소하고 장기적으로 해당산업군이 쇠퇴하면서 기술적인 회복이 불가능하게 되어 커다란 경제적 손실(economic loss)이 발생하는 현상으로 이해할 수 있다. 또한, 2000년 들어 장기불황을 타개하기 위해 중국 등으로 해외투자가 증가하면서 산업공동화 문제가 새로운 논란으로 부상한 것으로 인식하고 있다.

상기한 산업공동화가 초래하는 결과를 수출입면에서 살펴본다.

① 수출유발효과

해외로 생산시설을 이전하게 되면 단기적으로 원자재, 자본재, 중간재의 수출이 증가하여 무역흑자가 증가하게 된다.

② 역수입효과

장기적으로는 해외에서 생산된 제품의 수입이 증가하게 된다.

③ 수출대체효과

자국 내 수출이 이전된 생산기지에서 수출한 제품으로 대체되는 결과가 발생한다.

④ 수입전환효과

수출이 감소함에 따라 수출용 원자재의 수입이 감소하게 된다.

⑤ 무역수지감소효과

결국 장기적으로는 무역수지가 감소하는 결과를 초래하게 된다.

여기에서 제조업의 쇠퇴로 인한 경제의 탈공업화 현상인 산업공동화와 산업구조 고도화 개념 간의 차이점을 살펴볼 필요가 있다. 본장에서 산업공동화란 경제의 성장과정에서 국부(national wealth)의 손실과 고용의 감소를 경험하는 현상으로, 산업구조 고도화는 선진국으로 진입하는 경제발전 과정에서 제조업의 비중이 감소하고 서비스산업의 비중이 확대되는 성장의 한 단계로 정의한다. 따라서 산업공동화는 자국 내 산업의 경쟁력이 약화되면서 해외이전으로 고용감소와 생산시설의 노후화를 급속히 진행시켜 경제적 손실이 발생한다는 점에서 경제발전에 따라 1차, 2차 산업의 비중이 저하되고 3차 산업의 비중이 상승하는 산업구조 고도화와는 구별된다. 산업의 구분도 산업의 정보화가 진행되면서 제조업과 서비스산업 등 기존 분류방식으로 구분이 어려워졌다. 서비스산업 내에도 금융, 무역, 통신, 방송, 문화 등 새롭게 확대될 산업이 존재하고 있으며 이들 산업이 제조업과 결합되는 이종(異種)산업으로 복합화가 불가피하게 초래된다.

따라서 산업의 발전을 이전처럼 1차, 2차, 3차 산업으로 구분하여 산업공동화를 판단하는 것은 문제가 있다. 산업구조가 고도화되어 가느냐 아니면 공동화되어 가느냐의 여부로 판단하는 것이 보다 바람직하다고 판단된다. 그러나 금융, 컨설팅 등 지식기반 서비스산업(knowledge-based service industry)이 중요하다고 해도 제조업이 지속적으로 발전하지 못하면 무역수지의 불균형이 발생하게 되고 결국은 국가경제가 불안정해지게 된다. 이는 영국의 사례에서 알 수 있는데 결국은 제조업의 비중이 감소하여도 경쟁력 있는 신산업의 육성을 통해 제조업과 서비스업이 균형있게 발전하는 모습을 보여야 한다는 점을 의미한다. 따라서 공동화에 대한 평가도 제조업 부문만이 아닌 전체 산업을 고려하여 판단할 필요가 있다. 본장에서는 제조업공동화보다는 전산업을 고려한 산업공동화 측면에서 공동화 문제를 분석해본다.

그러나 기업의 관점에서 산업공동화는 문제가 되지 않는 사안일 수 있다. 이는 생산시설을 어디에 두느냐의 입지의 선택도 경영전략 측면에서 고려하는 기업의 속성상 산업공동화의 문제는 기업이 의사결정할 때 고려해야 할 요소는 아니기 때문이다. 기업의 발전단계로 보면 다국적기업(MNCs : Multinational Corporations)이나 국제기업(international corporation)의 단계가 되면 국적이나 본사의 개념이 중요하지 않으며 전세계적인 최적의 생산·조달·판매체제를 통해 부가가치를 극대화하는 글로벌 경영(global management)이 주가 된다. 특히, 요소비용의 급증, 각종 규제, 환율변동 등은 국내의 경영환경을 급속히 악화시켜 사업활동의 기반을 국내에 제한해야 할 이유가 없게 된다. 이 경우 산업공동화의 문제는 전적으로 국민경제를 리드해야 하는 정부차원의 관심사항이 된다.

상기한 맥락에서 이윤극대화(profit maximization)를 추구하는 기업의 투자결정 메커니즘(investment decision mechanism)과 국민경제의 균형있는 발전이라는 국가의 산업정책 사이에서 해외투자에 따른 산업공동화의 문제가 국가와 기업의 이해관계로 갈등을 야기시키고 있다. 산업공동화의 측정문제에 대해 미국, 영국 등 서구 선진국을 중심으로 수출과 고용에 미치는 효과를 중심으로 논의되어 왔으나 아직까지 합의된 견해는 없다고 할 수 있다. 산업공동화를 측정하는 계량적인 지표로서 국내총생산(GDP) 및 총고용에서 제조업이 차지하는 비중이 활용된다. 이들 지표는 최적이라고는 할 수 없으나 제조업 생산 및 고용의 절대규모 변화를 기반으로 산업구조면에서 공동화수준을 측정할 수 있다는 장점이 있다.

한국의 경우 국내총생산 중 제조업의 비중은 2002년에 34.2%를 차지하였다. 총고용 중 광공업의 비중은 지속적으로 감소하여 2002년 26.0%를 기록하였다. 이 같이 국내총생산 중 제조업의 비중이 대폭 감소하고 있어 우리도 현 시점에서 산업공동화에 대한 점검이 필요하다. 특히, 최근 들어 국내 산업이 매우 급속도로 공동화되고 있다고 추정된다. 바이오기술(BT), 나노기술(NT) 등 첨단기술 확보, 신기술과 전통산업의 접목 등 산업구조의 변화보다 산업공동화가 훨씬 빠른 속도로 진행되고 있다. 주요 첨단산업과 제조업이 해외로 이전하고 있다는 우려가 제기되고 있다. 결국 수출기반이 붕괴되어 국부창출 능력 저하, 고용불안 등 부작용이 발생할 가능성이 증대되고 있다. 단순 조립공정과 저가품 생산기지뿐만 아니라 고부가제품 생산거점과 연구·개발(R&D) 등 핵심분야 마저 중국, 동남아시아 등 3국으로 이전하고 있다.

이 같은 상황을 인식하여 산업자원부가 발표한 자료에 따르면 조사대상 모기업들의 41.8%가 향후 5년 이내 공장을 폐쇄 또는 축소하겠다고 응답한 것으로 나타났다. 이는 산업공동화 측면에서 시급한 검토가 필요함을 시사한다고 할 수 있다. 또한, 업종별로는 신발가죽, 섬유·의복 등 경공업은 물론 첨단업종인 전자통신도 공장의 축소나 폐쇄를 46.8%로 응답했다. 수송기계의 경우 84.4%가 기업을 국내에서 유지, 확대할 것으로 답변하였다.

## 2.2 산업공동화의 원인

산업공동화가 발생하는 원인은 기업인들이 국내에서 기업활동을 영위하는 것보다는 해외에서 기업활동을 수행하는 것이 훨씬 유리하기 때문이다. 예를 들면, 국내에서 기업을 운영할 때 임금, 이자, 지대, 물류, 환율 등의 직접적인 비용 부담문제나 정부규제(government regulation) 등으로 인해 고비용·저효율의 구조를 가지게 되면 기업인은 해외로 투자처를 물색하게 되고 이를 통해 이윤극대화를 도모하게 된다. 이 같은 과정에서 국내생산이 해외생산으로 대체되고 수입이 증가됨으로써 국내고용이 감소하고 제조업이 축소되면서 산업공동화가 발생하게 된다.

그러나 이 경우에도 산업공동화의 여부에 대한 판단은 신중하게 접근할 필요가 있다. 즉, 수입을 적극적으로 활용하여, 다시 말하면 아웃소싱(outsourcing)을 통하여 오히려 자사 생산제품의 경쟁력을 도모하는 제품이 있다. 또한, 해외현지생산의 확대로 자본재(capital goods) 수출을 유발시키고 비가격경쟁력이 높은 제품의 수출이 증가하는 무역구조로의 변화도 발생하므로 결국 기업의 해외진출 자체를 공동화의 주요 원인으로 인식하는 것은 무리가 있다. 비교우위(comparative advantage)가 있는 기업의 해외진출에 따른 산업구조전환에 대하여는 학자들 간에 상반된 의견이 제기되고 있다. 기업이 비교우위를 위하여 생산기지를 해외로 이전한다는 견해와 국내에서의 어려운 경영환경 때문에 이 같은 상황을 회피하기 위해 해외진출을 시도한다는 정반대의 시각이 대립되고 있다. 최근 우리기업들의 해외진출 동기의 다수는 비교우위적 접근보다는 어려워진 경영환경에 대처하려는 측면이 강하다. 특히, 인접국 중국의 강력한 투자유치전략도 이러한 동향에 일조하고 있다고 판단된다.

또한, 과거 미국과 일본이 산업공동화를 우려했던 시기의 원인과도 상당히 상이하다. 미국과 일본은 공통으로 환율이 고평가되고 자국 내 생산여건이 어려워 기업의 해외이전을 도모했다는 것이 일반적인 시각이다. 반면에 최근 우리기업의 행태는 환율요인 보다는 생산요소비용, 특히 임금 등 노동문제가 해외이전 이유의 주요 부분을 차지하고 있다. 따라서 이 같은 상황에서 원/달러 환율의 급격한 하락(원화가치 상승)은 산업공동화에 새로운 동기를 부여하게 된다.

### (1) 생산요소 비용의 증가

국내 기업경영환경의 상황을 주요 국가들과 비교해 본다. 우선 최근 들어 가장 문제가 되고 있는 생산직 임금을 주요 국가와 비교해 보면 한국의 시간당 임금은 7.8달러로 중국의 0.9달러에 비해 무려 8배 이상이나 높은 수준을 나타내고 있다. 물류비의 경우에도 기업의 매출액에 대비한 물류비 비중이 한국은 8.8% 수준에 달해 동남아국가들의 평균에 비해 2.7배나 높은 수준으로 조사되었다. 또한, 공장입지를 좌우하는 토지가격에서도 한국은 이미 경쟁력(competitiveness)을 크게 상실하고 있는 것으로 평가되고 있다. 한국의 공장지가는 1㎡당 148.9달러로 중국의 4.2배, 동남아의 6.7배, 미국과 일본, 유럽연합(EU) 선진국들의 10.4배나 되어 입지면에서 경쟁력을 상실하고 있다. 최근 정부의 저금리 기조로 금융비용의 부담이 과거에 비해 상당부분 약화되었으나 아직도 국내 금리의 상대적 수준은 미국이나 일본, 중국 등에 비해 높은 수준이다. 상기한 바와 같이 한국은 기업경영환경면에서 기업하기가 그렇게 용이하지 않은 상황에 이른 점이 기업들이 해외진출을 시도하는 요인으로 작용하고 있다. 물론 국가 간의 생산요소만을 단순하게 비교하는 것은 해당국가가 보유하고 있는 생산성(productivity)이나 효율성(efficiency)과 같은 사항들을 고려하지 않는다는 한계가 있다. 예를 들면, 시간당 임금이 중국과 8배나 차이가 난다면 이는 한중 양국의 노동의 질(quality of labor)이 동일하다는 점을 전제로 하여야 한다. 그러나 양국의 노동의 질은 현실적으로 상당한 차이가 존재하고 있다.

〈표 10-12〉 주요 생산요소의 국제비교(2001년 기준)

| | 한국 | 미국 · 일본 | EU | 중국 | 동남아 |
|---|---|---|---|---|---|
| 임금($/시간당, 생산직) | 7.8 | 20.0 | 15.7 | 0.9 | 0.8 |
| 물류비(매출액비) | 8.8 | 4.3 | | 4.7 | 3.3 |
| 지가($/1㎡) | 148.9 | 14.3 | | 35.2 | 22.0 |
| 금리(%) | 7.6 | 5.5 | 7.3 | 5.6 | 8.4 |
| 법인세율(%) | 27.0 | 32.5 | 21.0 | 24.8 | 19.6 |
| 설립요건(서류건수) | 34.6 | 28.0 | 31.0 | 18.2 | 9.0 |

자료 : 전국경제인연합회, 한중 경쟁력 요소비용 실태비교, 2002. 5.

보다 구체적으로 생산요소면에서의 차이를 한국과 중국의 특정공단의 비교를 통해서 살펴본다. 한국과 중국의 국가 주요 산업단지 중 한국의 안산 반월 · 시화국가산업단지[4)]와 중국 청도기술개발구[5)]를 사례로 주요 인프라 환경을 비교해 본 결과 한국이 중국에 비해 임금 약 10배, 토지가격 약 40배, 법인세 약 2배, 공업용전기비 약 3배, 공업용수비는 약 1.5배가 높은 것으로 나타났다.

고용의 경우 안산 반월 · 시화 국가산업단지가 국내인력의 부족으로 외국인근로자 3만여명을 채용하고 있는데 반해, 중국 청도기술개발구는 매년 3만명의 고교인력 배출로 16만명의 취업가

4) 반월단지는 1977년 4월 산업기계개발구역으로 지정(건설부 고시 제73호)되어 총면적 154㎢, 인구수 55만에 이르고 있다. 시화단지는 1986년 9월 시화단지 확대지정(건설교통부 고시 제423호)되어 총면적 164㎢, 인구수 30만에 달한다. 이러한 안산 반월 · 시화단지는 한국의 9대 국가산업단지의 하나이다.

5) 중국 청도기술개발구는 중국국무원의 비준을 받아 1984년 10월 중국 최초로 설립된 14개 경제기술개발구 중의 하나이다. 중국 산동성 교주만 서해안에 위치하고 있으며 총면적 220㎢, 인구 32만에 이르고 6개의 기능구역(① 중화학공업구역, ② 임항공업구역, ③ 국제무역공업, ④ 농업구역, ⑤ 관광개발구역, ⑥ 행정 비즈니스 중심구역)으로 구성되어 있다.

능인력이 상존하고 있어 한국이 인력확보에서도 매우 불리한 상황이다. 특히, 투자유치관련 공무원 인센티브와 관련해서는 한국이 전무한 데 비해 중국 청도시의 경우 투자유치 알선 공무원에게 총투자금액의 1~5%를 지불하는 파격적인 인센티브 시스템(incentive system)을 도입하고 있다. 이 같은 제도가 최근 중국으로 투자가 집중하는 주요 요인 중의 하나로 평가된다.

〈표 10-13〉 한중 국가공단 주요 인프라 환경 비교

| 부 문 | 안산반월 · 시화국가산업단지(한국) | 청도기술개발구(중국) |
|---|---|---|
| 임 금[1)] | 100만원 | 7만~11만 2천원 |
| 토지가격[2)] | 2,000,000원 | 48,510원 |
| 인 력 | 국내인력부족으로 외국인 근로자 4,5000명 채용 | 16만명 취업가능 매년 30,000명의 고교인력 배출 |
| 투자유치 공무원 인센티브[3)] | 현재 산업자원부에서 강구 중 | 투자유치 알선 공무원에게 총투자금액의 1~5% 지불 |
| 법인세[4)] | 27% | 0% |
| 공업용 전기비[5)] | 5,090원/KW | 1,624원/KW |
| 공업용수[6)] | 260원 | 182원 |

주 : 1) 생산직근로자 월임금기준, 중국 500~800元을 원화로 환산
2) 평당 구입가(2003년 9월말) 기준, 중국 105위안/㎡을 평(坪)과 원화로 환산(1元당 140기준)
3) 한국 안산시와 중국 청도시를 비교한 사례
4) 다만 중국의 경우 법인세를 소득세로 전환하여 외투기업에 15% 징수
5) 한국 산업용 고압 A급 기본요금 기준, 중국 11.6元/KW
6) 톤(TON) 당 요금

자료 : 전국경제인연합회, 한중 국가공단 주요 투자환경 비교, 2003. 12.

이 같이 중국 정부가 외국인 투자유치를 위해 전력을 기울이고 있는 것과는 달리 한국 안산반월 · 시화산업단지의 다수의 중소기업인들은 환경 및 각종 인허가 규제 등으로 기업의욕이 저하되고 있다. 특히, 공권력이 노동자 등 폭력을 수반한 집단세력의 시위에 대하여는 관대하면서 기업주들에 대해서는 냉정하게 집행하고 있다는 상황을 지적하고 있다. 따라서 기술력이나 생산성에서 특별한 비교우위(comparative advantage)를 갖지 못한 대부분의 중소기업들에게는 상기한 요소비용(factor cost) 차이가 자사의 생산시설을 해외로 이전하는 주요 요인이 되고 있다.

### (2) 기업경영환경의 악화

기업의 경영환경을 지배하는 요인으로 정치적 상황, 시장의 안정성, 시장 내 과다한 규제, 환율변동 등을 들 수 있다.

#### ① 정치적 상황

정치적으로 한국은 정권이 교체될 때마다 정치자금과 관련한 혼란을 경험하였다. 이렇게 경제

가 신정부의 출범이나 정치적 변화에 영향을 받게 될 때 국내에서의 기업의 투자는 위축되어 그 해결책을 해외에서 구하게 된다. 따라서 경제를 위해서 정치적 안정(political stability)과 정치와 경제의 건전한 관계정립이 매우 절실한 상황이다.

② 시장의 안정성

시장의 안정성(market stability)도 주요한 요인이 된다. 한국은 2003년에 유난히 많은 노사분규를 경험하였다. 분규횟수면에서도 과거 어느 때보다 많아 외국인투자자들의 우려를 야기시켰다. 실제 외국인투자자들은 임금인상 보다는 임금인상 과정에서 발생하는 대립적 노사관계의 문화를 더욱 우려하고 있는 것으로 조사되었다.[6] 선진국에 비해 노동시장의 유연성(flexibility of labor market)이 부족하고 노사간 빈번한 분규발생, 법과 원칙을 무시한 불법 파업행위 등이 투자를 저해하는 가장 큰 요인으로 지적되고 있다. 또한, 노사분규와는 성격이 약간 상이하나 이해집단 간의 갈등이 빈번할 경우 이를 사회적 불안정(social instability)과 연결되어 투자를 저해하는 요인이 된다. 시장의 안정성은 다수의 외부 요인에 영향을 받고 있는데 이 같은 갈등요인들이 적절하게 조정되지 못할 경우 외국인들의 국내투자 기피현상은 물론이거니와 국내기업들도 해외로의 이전을 급속히 추진하게 된다.

③ 시장 내 과다한 규제

가. IMD

2003년 6월에 발표한 IMD의 '세계경쟁력보고서'에 의하면 한국의 국가경쟁력 순위는 인구 2,000만명 국가 30개 조사대상 중 15위로 2002년에 비해서 5단계나 하락한 것으로 나타났다. 특히, 주변 국가들과 비교해 보면 대만 6위, 일본 11위, 중국 12위와 비교해 봐도 상당히 낮은 수준으로 평가된다. 주요 비교지표 4가지 부문에서 중국과 비교해 보면 한국은 기업들의 효율성이나 인프라면에서는 중국에 비해 우위에 있으나 경제적 성과와 정부의 효율성면에서 크게 열세를 보이고 있다. 가장 취약한 부문으로 지적된 사항들을 살펴보면 외국인기업들에 대한 제도적 차별성과 노동운동의 호전성이 지적된다. 그리고 문화의 편협성과 사외이사제도의 감독기능 부족, 인종·성 등에서 차별이 존재하는 것도 경쟁력 약화의 요인으로 지적되었다. 또한, 대학교육이 산업현장의 요구에 부응하지 못한다는 점, 주주의 권한과 책임의식이 잘 이해되지 못한 점이 언급되었다.

6) 서울재팬클럽(SJC), 사업환경 개선을 위한 SJC의 건의사항, 2003. 6.

〈표 10-14〉 IMD의 주요 경쟁국가간 경쟁력 비교

| | 경쟁력 순위 | | 부문별 경쟁력 | | | |
|---|---|---|---|---|---|---|
| | 2002 | 2003 | 경제성과 | 정부효율성 | 기업효율성 | 인프라 |
| 중 국 | 12 | 12 | 2 | 9 | 24 | 17 |
| 일 본 | 11 | 11 | 14 | 17 | 21 | 5 |
| 한 국 | 10 | 15 | 18 | 18 | 20 | 11 |
| 대 만 | 7 | 6 | 11 | 6 | 4 | 7 |

주 : IMD는 국가간 경쟁력을 경제성과(economic performance), 정부효율성(government efficiency), 기업효율성(business efficiency), 인프라(infrastructure) 부문으로 나누어 평가한 다음 이를 합산해서 발표한다.
자료 : IMD, The World Competitiveness Yearbook 2002, 2003.

나. WEF

세계경제포럼(WEF : World Economic Forum)이 발표한 '2003년 글로벌경쟁력보고서'를 살펴보면 한국은 대만, 일본에 비해 경쟁력 수준이 낮은 것으로 나타났다. 이 중 주요 요인으로 정부(행정)가 이들 국가에 비해 효율성이 저하되어 있는 것이 지적되고 있다. 반면 중국의 경우 매년 경쟁력 순위가 향상되고 있으며 거시환경측면에서는 오히려 우월한 것으로 조사되었다.

〈표 10-15〉 WEF의 주요 경쟁국가간 경쟁력 비교

| | 경쟁력 순위 | | 부문별 경쟁력 | | |
|---|---|---|---|---|---|
| | 2001 | 2002 | 기술경쟁력 | 정부(행정) | 거시환경 |
| 대 만 | 7 | 3 | 2 | 27 | 6 |
| 일 본 | 21 | 13 | 5 | 25 | 29 |
| 한 국 | 23 | 21 | 18 | 32 | 10 |
| 중 국 | 39 | 33 | 63 | 38 | 8 |

자료 : WEF, The Global Competitiveness Report 2002~2003, 2003.

이들 국제평가기관의 경쟁력 평가에서 알 수 있듯이 한국은 정부의 효율성, 기술력 등에서 개선이 필요하다. 공장설립과 관련해 행정의 편의성면에서 주요 국가 간의 회사 설립시 필요한 서류건수를 비교해 본다. 이 경우 한국은 34.6건이 필요한 데 이는 최근 해외투자가 급증하고 있는 중국에 비해 월등히 많은 편이다. 기업들이 경영활동 과정에서 경험하게 되는 준조세, 기부금 등 기업의 추가부담도 자국 내 투자의욕을 저하시키는 요인이 된다. 상당부분 완화되기는 하였으나 한국의 경우에는 아직도 특별부담금, 분담금, 출연금, 기부금, 성금, 행정요금, 행정제재금, 사회보장성 부담금, 목적세 등 다양한 광의의 법정 준조세가 존재하고 있는 것이 현실이다. 또한, 법인세의 경우 한국이 27%인데 비해, 중국은 외국인투자기업에 법인세를 소득세로 전환하여 15%를 징수하여 실질적으로 약 2배의 차이가 발생하고 있다. 이 같이 시장을 둘러싼 환경이나 규제

면에서도 한국은 경쟁국들에 비해 열세를 보이고 있다. 이는 기업의 국내투자 의지를 약화시키고 해외진출을 촉진시키는 요인으로 작용하게 된다.

〈표 10-16〉 주요 생산요소의 국제비교(2001년 기준)

| | 한국 | 미국 · 일본 | EU | 중국 | 동남아 |
|---|---|---|---|---|---|
| 법인세율(%) | 27.0 | 32.5 | 21.0 | 24.8 | 19.6 |
| 설립요건(서류건수) | 34.6 | 28.0 | 31.0 | 18.2 | 9.0 |

자료 : 전국경제인연합회

④ 환율변동

또 다른 경영환경 요인으로 환율변동을 지적할 수 있다. 환율의 고평가는 기업의 해외진출을 촉진시키는 요인이 된다. 일본의 경우 1985년 플라자 합의 이후 지속되는 엔고과정에서 다수의 기업들이 해외직접투자를 대응전략으로 선택하였다. 그러나 환율과 같은 가격변수의 영향에 따른 생산시설의 이전은 직접적인 산업공동화의 현상보다는 산업구조의 고도화 과정으로도 이해될 수 있다. 현재의 환율수준으로 비교우위를 보이는 산업도 환율변동(fluctuation of exchange rate)이 심할 경우 장기적인 관점에서 생산기지를 해외로 이전하는 전략을 채택할 수 있다. 즉, 환율이 크게 하락하게 되면(원화가치 상승) 현재 국내에서 비교우위를 확보할 수 있는 기업도 해외로 이전하게 된다.

이 같이 환율의 급격한 변동은 국내경제에 지대한 영향을 미칠 수 있다. 따라서 정부는 적정수준에서 환율이 안정적으로 움직이도록 해야 한다. 예를 들면, 최근과 같은 급격한 환율인상(평가절하)의 경우에는 부정적인 면이 긍정적인 면보다 크다고 할 수 있다. 완만한 평가절상(appreciation)이 갖는 긍정적인 효과로 수출채산성을 개선해 경쟁력 제고에 기여하는 점을 지적할 수 있으나 외채(foreign debt)가 많을 경우 이에 따른 인플레이션, 환차손의 부담이 크다. 원화의 경우 지금까지의 추세로 볼 때 단기적으로 원/달러 환율의 평가절상 압력은 지속될 것으로 판단된다. 이러한 상황에서 정부는 환율의 변동성을 감소시키고 국내기업의 경쟁력 제고를 위해 장단기적인 환율안정을 도모하는 정책을 시행할 필요가 있다.

# 제3절 산업공동화의 수준 평가

## 1. 국가별 비교 평가

산업공동화의 진행상황을 평가하기 위해서는 우선 국내에서의 투자활동을 살펴볼 필요가 있다. 순수하게 국내에서 이루어진 투자금액을 계산하려면 국내기업의 국내투자액에다 외국인이 국내에 투자한 금액에서 국내기업이 해외에 투자한 금액을 차감해야 한다. 이 같은 광의의 개념으로 투자가 국내총생산(GDP)에서 차지하는 비중에 대해 살펴본다. 이 경우 투자의 범위에는 해외직접투자와 해외간접투자를 모두 포함하는 것으로 한다. 이를 기반으로 1990년대 이후 국내총생산 대비 국내투자 추이를 살펴보면 그 비중이 지속적으로 감소하고 있음을 알 수 있다. 1990년대 평균 15% 수준인 투자실적이 2002년에는 10%로 크게 하락하였다. 즉, 국내에서의 순수한 투자활동은 2000년대 들어 급격히 감소하고 있다고 볼 수 있다. 특히, 문제가 되는 것은 국내총생산에서 차지하는 투자비중이 급속도로 감소하고 있는 점이다.

〈표 10-17〉 한국 투자관련 지표 추이

(단위 : 경상가격, 백만달러)

| | 1990~1999 | 2000 | | 2001 | | 2002 | |
|---|---|---|---|---|---|---|---|
| | | 실적 | 비중 | 실적 | 비중 | 실적 | 비중 |
| 시설투자(A) | - | 59,520 | 12.9 | 47,320 | 11.0 | 51,111 | 10.7 |
| 외국인투자합계(B) | - | 21,239 | 4.6 | 16,169 | 3.8 | 5,883 | 1.2 |
| 해외투자합계(C) | - | 4,988 | 1.1 | 7,478 | 1.8 | 6,402 | 1.3 |
| 투자비중(A+B-C) | 14.9 | 75,771 | 16.4 | 56,011 | 13.1 | 50,592 | 10.6 |
| GDP(D) | 100.0 | 461,756 | 100.0 | 427,302 | 100.0 | 476,495 | 100.0 |

주 : GDP, 시설투자는 경상가격을 환율로 나누어 추정한 것임
자료 CEIC, DB

해외투자의 규모를 국가별 국민소득 수준에서 볼 때도 그 비중이 선진국들에 비해 매우 신속하게 진행되고 있다. 1인당 국민소득(per capita GNI) 10,000달러 수준인 한국이 1인당 국민소득 32,000달러 수준인 일본과 동일 수준의 해외투자 비중을 기록하고 있다. 따라서 현 시점에서 해외투자의 문제점은 너무 급속하고 광범위하게 해외투자가 증가하고 있다는 점이다.

〈표 10-18〉 주요 국가별 GDP 대비 해외직접투자의 비중

| | 한국 | 일본 | 대만 | 미국 | 독일 |
|---|---|---|---|---|---|
| GDP 대비 해외투자 비중(%) | 7.0 | 7.6 | 15.9 | 19.5 | 25.3 |
| 1인당 GNI(달러) | 10,013 | 31,868 | 12,900 | 36,307 | 23,988 |

주 : 2002년 기준으로 IFS 자료를 토대로 재추정하였음
자료 : IMF, International Financial Statistics Yearbook 2002, 2003.

# 제4절 시사점

한국의 산업공동화 수준을 평가하기에는 이를 뒷받침할 구체적인 자료가 부재하여 이를 적절하게 평가하는 데에는 한계가 있다. 본장에서는 산업연관표를 이용한 국내투자와 해외투자의 생산가능액을 기반으로 1998년 이후 한국 산업공동화 수준을 추정하여 나름대로 경제적 의미를 얻을 수 있었다. 이를 통해 섬유산업, 도소매 및 무역, 통신 및 방송, 광업은 이미 일정부분 산업공동화가 진행되었음을 확인할 수 있었다. 또한, 현재 한국의 주력산업이라고 할 수 있는 전기 및 전자, 컴퓨터, 반도체, 자동차, 조선 등도 산업공동화가 평균이상으로 진행되고 있음을 알 수 있었다. 특히, 농림어업은 음식점과 함께 급속도로 산업공동화가 진행되고 있음을 알 수 있었다. 농업부문이 갖는 정치·사회적 문제를 고려할 때 이에 대한 해결방안이 시급히 요청된다.

산업공동화 현상을 어떻게 대처하여야 산업구조 고도화의 방향으로 발전시킬 수 있는지 그 대책에 대해 살펴보면 우선 산업공동화의 원인에서 지적했듯이 기업경영환경을 둘러싼 외부적인 여건개선이 시급한 실정이다. 무엇보다도 정치환경이 경제에 영향을 미치지 않고 기업인들이 경영에만 전념할 수 없는 환경, 빈번하고 과격한 노사분규가 야기시키는 기업인들의 기업의욕 저하 현상, 일천한 자본주의(capitalism)의 역사와 부(wealth)에 대한 왜곡된 시각이 가져온 바람직스럽지 못한 반기업정서, 아직도 기업의 투자활동에 다수의 장애요인이 되고 있는 각종 규제(regulation) 등이 시급히 개선되어야 한다. 이 같은 기업경영환경의 외생적인 개선점 이외에도 기업들은 보다 나은 경쟁력을 확보할 수 있는 기업 내 구조조정 노력과 지속적인 연구·개발(R&D) 투자가 이루어져야 한다. 이 같은 점에서 생산성 향상 범위 내 임금 인상, 물류비 절감을 위한 사회인프라(social infrastructure)의 보완, 공장입지 확보과정에서 정부의 지원 등이 필요하다.

그러나 다국적기업 간에 전개되고 있는 치열한 글로벌 경쟁(global competition) 하의 산업구조 고도화 과정에서 기업의 해외이전은 경영전략적 측면에서 지속적으로 확대될 것으로 보인다.

이 경우 국내 산업구조를 고도화해 가면서 새로운 분야의 투자와 고용이 발생할 수 있도록 효과적인 산업정책(effective industrial policy)의 수립과 추진이 필요하다. 정부의 역할은 이러한 중장기적인 차세대 성장동력의 발전기반을 지원하고 부품·소재산업의 육성을 통해 지속적으로 산업구조 고도화와 고부가가치화를 지원해야 한다. 또한, 중소·벤처기업의 창업을 활성화하고 외국인투자의 적극적인 유치를 통해 기업의 해외이전 부문을 신속하게 조정하는 것도 정부의 주요 역할이라고 할 수 있다. 특히, 제조업과 서비스산업의 경계가 모호해지는 점을 고려하여 고용효과가 큰 서비스산업의 발전기반을 조성해야 한다. 이러한 서비스업으로는 의료, 교육, 비즈니스 서비스 분야가 해당된다. 또한 물류, e-Business, Contents 등 지식기반 서비스산업도 보다 적극적으로 개발할 필요가 있다.

현재 한국, 일본 대만 3국은 자국의 제조업이 공동화 현상에 직면해 있다고 보고 다각적인 대응책을 강구하고 있다. 일본의 경우 단순기술 생산라인부터 하이테크산업(high-tech industry), 연구·개발(R&D)에 이르기까지 해외이전이 광범위하게 진행되고 있다. 한국의 경우 일본, 대만에 비해 상대적으로 공동화의 우려는 작았으나 향후 4~5년 내에 제조업 공동화가 가속될 것으로 보고 있다. 대만의 경우 제조업 공동화가 상당히 진행된 상태로 판단된다. 대만은 OEM 생산방식이 많아 주요 고객인 미국, 일본의 다국적기업(MNCs)이 중국으로 이전할 경우 대만기업의 이전속도가 신속해질 것으로 보고 있다. 또한, 하이테크산업에 대한 대중국투자 억제조치도 2001년말 중국과 대만이 동시에 세계무역기구(WTO)에 가입하면서 더 이상 무의미해졌다. 특히, 홍콩이나 동남아를 경유하여 중국에 변칙적으로 진출하는 사례도 증가했는 데 노트북, PC가 대표적인 품목이라고 할 수 있다. 일본과 대만의 산업공동화 현상에서 알 수 있듯이 제조업 공동화의 핵심 대응조치는 경쟁력이 감소하는 분야를 보완하기 위한 신기술, 신산업의 지속적인 개발이다. 또한, 아시아 국가들은 자국 내 정책수단만을 고려할 것이 아니라 중국을 둘러싼 한국, 일본, 대만, 동남아시아 국가 간의 전체적인 상호 보완적이고 비교우위적인 네트워크를 구축해야 한다.

이 같은 상황을 고려하여 산업공동화에 대한 대책을 정리해보면 다음 4가지로 요약할 수 있다.

## 1. 산업평화의 정착과 생산성 향상 범위 내 임금인상의 정착

산업공동화를 방지하기 위해 시급한 대책은 대립적 노사관계 해소 및 노동시장의 유연성 제고, 대체산업 육성 및 산업의 고부가가치화, 고비용구조 개선을 지적할 수 있다. 특히, 불법노사분규에 대해서는 법과 원칙에 따라 엄정하게 대처해야 한다. 또한 파견근로제, 정리해고제에 대한 규제완화(deregulation) 등 노동시장의 유연성이 제고되어야 한다. 특히, 임금인상은 생산성(productivity) 향상 범위 내에서 이루어지는 관행이 정착되어야 한다.

## 2. 규제완화와 기업부담 완화를 통한 기업의 자유로운 경영활동 보장

수도권 입지규제 등 과다한 공장입지 관련 규제를 완화하고 출자총액제한제도 등 투자에 장애요인이 되고 있는 규제를 폐지해야 한다. 특히, 기업관련 행정조사 절차를 투명하고 간결하게 하여야 한다. 또한, 물류산업 관련 규제완화로 제조업 지원 서비스 산업의 발전을 도모해야 한다. 이와 함께 법인세율을 하향조정하고 개발부담금 등 각종 준조세 부담을 경감하여야 한다. 특히, 대규모로 기업이 입주한 공단지역은 이동 행정지원체계를 가동하여 공장의 설립에서 가동까지 기업에 대한 현장밀착 행정지원, 즉 원스톱서비스가 가능하도록 해야 한다.

## 3. 산업구조 고도화 및 고부가가치화

이를 위해 민관합동으로 미래 주력산업에 대한 장기 청사진 제시와 단계적 육성방안을 마련해야 한다. 첨단 기술과의 접목을 통한 전통 산업의 혁신 및 기초 핵심기술을 육성하고 기술개발에 대한 자금 및 세제지원도 확대해야 한다. 또한, 한계산업의 구조조정을 원활하게 진행시켜 중국 등 경쟁국과 국제분업(international division of labor)체제를 형성하는 등 산업의 장기적 발전 체계를 수입하고 이를 적극적으로 추진하여야 한다.

## 4. 투자활성화 등 정책적 배려와 친기업적 사회분위기 조성

이를 위해 국내기업의 투자활성화(investment vitalization) 및 외국인의 국내투자 유인책을 마련하여야 한다. 특히, 열심히 일하는 사람, 건전하게 부를 축적한 사람이 인정되는 사회분위기를 조성하여야 한다. 이러한 노력들이 가시화될 때 기업들도 '세계 제조업의 블랙홀'로 부상하여 세계의 투자자금을 흡수하고 있는 중국이나 여타 타 국가로 생산시설 이전을 삼가하고 산업구조 고도화 차원의 대안을 찾게 된다.

최근 높은 증가세를 보이고 있는 해외직접투자가 산업공동화와 어느 정도 밀접한 관련이 있고 관계가 있다면 생산 및 고용에 어느 정도 영향을 미치고 있는지를 분석한 국제지역연구 게재논문을 중심으로 살펴보았다. 해외직접투자의 증가가 산업공동화로 연결된다는 직접적인 인과관계(causal relationship)를 규명하기는 어렵다. 그러나 해외직접투자의 동기가 1980년대 시장접근형투자나 선진기술투자형 투자에서 최근에는 인건비 등 비용절감 측면에서 이루어지고 있음을 알 수 있다. 즉, 투자의 성격이 생산비 면에서 국내에서 유지가 어려워 해외로 공장을 이전하는 사례가 증가하고 있다.

따라서 해외투자가 보편적으로 생산비용 측면에서 이를 보완하기 위해 이루어진다면 이를 국내산업의 공동화 과정으로 인식해야 한다. 이 경우 산업정책 측면에서 서비스 산업으로 새로운 발전과 고용창출효과(job creation effect)를 만들어내지 못한다면 해당국가의 산업공동화는 더욱 가속화된다. 최근 한국의 해외직접투자 동기는 생산비용 측면과 전략적인 면이 혼재되어 있는 양상을 보이고 있다. 그러나 산업별로 보면 중화학공업의 성공적인 산업구조조정 이후 정체되어 서비스 산업으로 생산적인 이전이 이루어지지 못하고 있다. 이러한 과정에서 도소매, 정보통신 등 서비스 산업에서 조차 다수의 기업들이 공장을 해외로 이전하고 고용을 감소시키고 있는 것으로 판단된다.

11 chapter

# 수출고도화에 대한 진단

수출이 국민경제에서 차지하는 비중이 확대되고 이에 따른 경제성과(economic performance)로 인하여 수출과 경제성장 간의 유의적 관계(significant relationship)와 수출 결정요인을 분석하는 다수의 연구들이 진행되어 왔는데 주로 생산성(productivity)을 중심으로 설명되어 왔다. 이는 생산성이 경제성장(economic growth)과 가장 밀접한 관계를 가지고 있으며 가격변수(price variable)에 영향을 주는 가장 중요한 변수이기 때문이다. 생산성이 높은 품목의 생산은 실질환율(real exchange rate) 상승과 더불어 가격경쟁력(price competitiveness)을 제고시키고 수출증대로 연결됨으로써 유의적인 경제적 성과를 발생시킬 것으로 예상된다.

이러한 생산성을 중심으로 과거 우리의 수출증대와 이에 따른 경제성장을 설명하기 위해서는 우리의 수출증대 요인이 기존 수출 품목의 생산성이 지속적으로 제고된 데 기인하거나, 높은 생산성을 가진 수출품목으로 수출구조가 전환한 데 기인한 것으로 판단해야 한다. 이 중 우리의 주력 수출품목이 지속적으로 변화하여 왔다는 점을 고려한다면 과거 지속적인 수출증대는 수출구조의 변화와 무관하지 않다는 점을 추정할 수 있다. 그리고 수출구조의 변화가 생산성 증대방향과 일치한다면 현재의 수출구조의 특징을 파악하는 것이 향후 경제적 성과를 달성하기 위해 중요한 의미를 지닌다는 점을 시사한다.

수출구조의 변화와 함께 수출구조가 창출해 내는 부가가치수준 - 고도화 수준 - 을 파악(이하 수출생산성)하고 향후 지속적인 경제성장을 위한 수출구조 전환의 필요성을 분석한 산업연구원의 보고서를 중심으로 살펴보고자 한다.

# 제 1 절 수출구조 변화

우리의 수출구조를 주요 수출품목을 중심으로 살펴보면 1990년에는 의류와 반도체, 조선, 영상기기, 신발 등이 주력 수출품목이었다. 2000년에는 반도체와 컴퓨터, 자동차, 석유제품 등이 주요 수출품목을 구성하였다. 2005년에는 무선통신기기가 주력 수출품목군이 되었으며 자동차부품도 주요 수출품목군에 포함되었다. 반면에 의류와 신발 등은 2000년 이후 주력 수출품목군에서 제외되었다.

이 같은 수출구조 변화와 더불어 우리의 수출규모는 1990년 650억 달러에서 2000년 1,723억 달러, 2005년에는 2,844억 달러로 크게 증가하였다. 국민경제에서 차지하는 비중도 1970년 명목 국내총생산(GDP) 대비 10.0%에서 1980년 27.2%, 2000년 34.4%, 2005년에는 36.7%까지 증가하였다. 또한, 전체 국민경제 규모도 확대되어 실질GDP는 1990년에서 2005년 사이 2배 이상 증가하였다.

그러나 과거 우리의 경험에서처럼 지속적으로 수출이 증대되고 교역비중이 확대되면서 경제성장이 보장되는 것은 아니다. 이는 선진국을 제외한 다수의 국가들의 사례에서 알 수 있듯이 각국의 경제적 성과가 개선되지 않았다는 현실적인 사실들에 기인한다. 산업연구원의 분석에 따르면 각국의 교역규모 비중변화(GDP 대비 수출비중)와 1인당 GDP 증가율 간의 상관계수는 0.30으로 매우 낮은 상관관계를 나타내고 있다. 이론적으로는 비교우위(comparative advantage)에 의해 결정된 수출구조와 교역확대를 통해 더 나은 경제적 성과를 이루어야 하나 나타난 현상은 이론적 측면을 반영하지 못하고 있다. 이는 우리의 경우에도 예외일 수는 없다. 향후에 과거와 같은 수출증대를 통해 지속적인 경제적 성과를 유지할 것이라는 보장은 없다.

이에 일국의 경제적 성과를 달성하기 위한 수출품목의 특화 정도를 살펴보는 것은 중요한 의미가 있으며 동시에 수출에 의한 생산성 수준을 살펴보는 것도 중요하다. 이는 수출구조의 변화가 수출생산성 증가를 수반하지 않는다면 향후에도 지속적인 경제성장을 유지하기 어렵기 때문이다.

〈표 11-1〉 주요 수출품목 비중 추이

(단위 : %)

| 순위 | 1990 | | 2000 | | 2005 | |
|---|---|---|---|---|---|---|
| | 품목명 | 비중 | 품목명 | 비중 | 품목명 | 비중 |
| 1 | 의 류 | 11.7 | 반도체 | 15.1 | 반도체 | 10.5 |
| 2 | 반도체 | 7.0 | 컴퓨터 | 8.5 | 자동차 | 10.4 |
| 3 | 선 박 | 4.4 | 자동차 | 7.7 | 무선통신기기 | 9.7 |
| 4 | 영상기기 | 5.6 | 석유제품 | 5.3 | 선 박 | 6.2 |
| 5 | 신 발 | 6.6 | 선 박 | 4.9 | 석유제품 | 5.4 |
| 6 | 인조장섬유직물 | 3.6 | 무선통신기기 | 4.6 | 컴퓨터 | 5.0 |
| 7 | 컴퓨터 | 3.9 | 합성수지 | 2.9 | 합성수지 | 3.6 |
| 8 | 철 강 | 3.8 | 철 강 | 2.8 | 철 강 | 3.6 |
| 9 | 음향기기 | 3.8 | 의 류 | 2.7 | 자동차부품 | 3.0 |
| 10 | 자동차 | 3.0 | 영상기기 | 2.1 | 영상기기 | 2.6 |

주 : MTI 3단위 기준
자료 : 한국무역협회, KOTIS

## 제2절 교역재 생산성 산출

산업연구원은 수출특화(export specialization)에 따른 경제적 성과를 살펴보기 위해 우선 교역재(traded goods)의 수출특화에 따른 생산성을 파악하고 이를 통한 국가간 수출생산성을 분석하였다. 우선 교역재의 생산성은 다음 3단계를 통해 파악하였다.

① 펀더멘털 요소와 비용발견 과정을 통해 특화된 수출제품들은 현시비교우위(revealed comparative advantage)지수를 통한 그 특화 정도 파악

② 특화된 수출제품들을 생산하는 국가들의 1인당 GDP 파악

③ 각국의 현시비교우위지수와 1인당 GDP의 곱을 통해 해당 제품의 생산으로부터 얻은 소득 및 생산성 수준 파악[1)]

수출생산성 산식을 이용하여 HS코드 4단위 기준 각 품목별 생산성을 살펴보았으며 총 1,242

---

1) 산업연구원은 각국의 k교역재에 대한 수출액은 UN에서 공표하고 있는 COMTRADE를 이용하였으며 품목분류는 HS코드 4단위를 기준으로 분류한다. PPP기준 일인당 GDP는 World Development Indicators의 자료를 이용하였으며 총 국가 수는 관측기간(1994~2003년) 중 자료의 획득이 가능한 총 67개국을 선정하였고 동 국가들을 COMTRADE 내에 있는 국가와 일치시켰다(산업연구원, 산업경제분석, 2006. 7. pp. 63~71 요약·재구성).

개 품목 중 생산성이 높은 상위 10개 품목을 선택하여 살펴보았다. 품목별 생산성을 산출한 결과 2003년 기준 가장 높은 생산성을 보이고 있는 품목은 핵산 및 기타 헤테로고리 화합물로 나타났다.

〈표 11-2〉 교역재 수출생산성 수위(HS코드 기준 상위 10개 품목)(2003년 기준)

| 순위 | 품 명 | HS코드(4단위) |
|---|---|---|
| 1 | 핵산 및 그들의 염과 기타 헤테로고리 화합물 | 2934 |
| 2 | 군용화기 | 9301 |
| 3 | 니켈의 괴 | 7502 |
| 4 | 기타 유기-무기화합물 | 2931 |
| 5 | 기계적 및 화학적 펄핑공정을 결합하여 얻은 목재펄프 | 4705 |
| 6 | 서멧과 그 제품 | 8113 |
| 7 | 방향성 물질의 혼합물 및 당해 방향성 물질의 하나 이상을 기제로 한 혼합물, 방향성 물질을 기제로 한 기타 조제품 | 3302 |
| 8 | 우라늄광 또는 토륨광과 그 정광 | 2612 |
| 9 | 질소헤테로고리 화합물 | 2933 |
| 10 | 정형외고용 기기, 골절치료용의 부목과 기타 골절치료구, 인조의 인체부문, 보청기, 결함, 불구를 보정하기 위하여 착용 또는 휴대하거나 인체에 삽입하는 기기 | 9021 |

10위 이내에 포함되어 있는 품목들을 살펴보면 대부분 기술집약적 품목들(technology-intensive products)로 구성되어 있는 것으로 판단되며 MTI 2단위 기준으로 살펴볼 때 그 특징은 더욱 분명하게 나타났다. 32개 부문으로 구분한 MTI 기준 품목별 수출생산성을 살펴보면 상위 5개 품목에 기계류 품목과 화학제품이 높은 생산성을 보이는 것으로 나타났다. 이 중 무기류가 수출생산성이 가장 높은 것으로 나타났으며 2순위로는 기타화학제품, 3순위는 정밀기계가 차지하는 것으로 분석되었다.

〈표 11-3〉 교역재 수출생산성 순위(MTI기준 상위 5개 품목)(2003년 기준)

| 순 위 | 품 명 | MTI코드 |
|---|---|---|
| 1 | 무기류 | 97 |
| 2 | 기타화학제품 | 29 |
| 3 | 정밀기계 | 73 |
| 4 | 정밀화학 | 22 |
| 5 | 일반기계 | 71, 72, 75 |

## 제3절 수출생산성 분석

산업연구원은 전술한 각 제품의 소득·생산성 수준을 기반으로 각 국가의 수출생산성을 도출하였다. 국가간 수출생산성을 비교해 보면 1994년 기준 가장 높은 수출생산성을 기록한 국가는 아이슬란드이며 2위는 스위스, 3위는 일본 순으로 나타났다. 한국은 18위를 기록하였으며 중국은 35위를 기록하였다.

〈표 11-4〉 각국의 수출생산성 순위(1994년 기준)

| 국 가 | 수출생산성 | 순 위 | 국 가 | 수출생산성 | 순 위 |
|---|---|---|---|---|---|
| 아이슬란드 | 17250 | 1 | 오스트리아 | 15304 | 11 |
| 스위스 | 16642 | 2 | 싱가포르 | 15154 | 12 |
| 일본 | 16526 | 3 | 캐나다 | 15021 | 13 |
| 아일랜드 | 15992 | 4 | 프랑스 | 14765 | 14 |
| 독일 | 15848 | 5 | 네덜란드 | 14554 | 15 |
| 스웨덴 | 15812 | 6 | 스페인 | 14461 | 16 |
| 핀란드 | 15795 | 7 | 이탈리아 | 14324 | 17 |
| 미국 | 15792 | 8 | 한국 | 13884 | 18 |
| 덴마크 | 15409 | 9 | 뉴질랜드 | 13663 | 19 |
| 영국 | 15367 | 10 | 멕시코 | 13615 | 20 |

각국의 수출생산성(2003년 기준)을 측정한 결과에 따르면 가장 높은 수출생산성을 기록하고 있는 국가는 아일랜드로 나타났으며 2위는 스위스, 3위는 아이슬란드 순으로 나타났다. 총 67개의 조사대상국 중 G-7(Group of Seven, 미국·일본·독일·영국·프랑스·이탈리아·캐나다) 국가는 모두 17위 이내의 순위에 있는 것으로 나타났다. 한국의 경우 2003년 기준 수출생산성 순위는 14위를 기록하여 1994년보다 다소 높은 순위를 기록하였다.

〈표 11-5〉 각국의 수출생산성 순위(2003년 기준)

| 국 가 | 수출생산성 | 순 위 | 국 가 | 수출생산성 | 순 위 |
|---|---|---|---|---|---|
| 아 일 랜 드 | 21825 | 1 | 프 랑 스 | 17551 | 11 |
| 스 위 스 | 20795 | 2 | 오스트리아 | 17117 | 12 |
| 아이슬란드 | 20305 | 3 | 네 덜 란 드 | 17100 | 13 |
| 일 본 | 18787 | 4 | 한 국 | 17006 | 14 |
| 독 일 | 18602 | 5 | 캐 나 다 | 16993 | 15 |
| 스 웨 덴 | 18547 | 6 | 영 국 | 16933 | 16 |
| 싱 가 포 르 | 18528 | 7 | 이 탈 리 아 | 16917 | 17 |
| 미 국 | 18320 | 8 | 헝 가 리 | 16904 | 18 |
| 핀 란 드 | 18267 | 9 | 체 코 | 16890 | 19 |
| 덴 마 크 | 17570 | 10 | 스 페 인 | 16774 | 20 |

## 제 4 절 수출생산성과 경제성장의 관계

이 같은 수출생산성은 1인당 GDP(PPP 기준)와 밀접한 선형관계(linear relationship)를 나타냄으로써 수출생산성과 경제적 성과 간의 유의적 관계를 추정할 수 있다. 보다 명확히 살펴보기 위해 산업연구원은 단순회귀모형(simple regression model)을 설정하였으며 수출생산성이 경제성장에 미치는 영향을 살펴보기 위해 종속변수(dependent variable)로 1994년부터 2003년까지의 각국의 경제성장률을 설정하였고 이에 대해 초기치에 해당하는 1994년의 수출생산성을 설명변수(explanatory variable)로 설정하였다. 2단계 최소자승법을 이용하여 추정하였으며 도구변수(instrumental variable)로 인구증가율을 이용하였다. 이는 각국의 기술수준이나 인적자본(human capital) 수준이 모호한 상황에서 투자자 수는 생산성을 결정하는 유일한 변수로 작용할 것으로 예상되며 이에 인구증가율을 투자자 수의 대리변수로 이용하였다.

※ GDPrate = -3.5098 + 0.4026 · LEXY  D.W. = 1.83
(-3.122) (3.320)

추정결과에 의하면 경제성장이 수출생산성에 영향을 주는 가능성을 배제할 경우 수출생산성이 경제성장에 미치는 영향은 보다 높게 추정되는 것으로 나타난다. 즉, 초기 수출생산성이 기존보다 2배 이상 높아질 경우 각국의 GDP 증가율은 연평균 약 4%포인트 이상 증가하는 것으로 나타났다.

## 제5절 수출구조 변화의 필요성

상기한 수출생산성과 경제적 성과 간의 유의적 관계가 존재하는 가운데 우리의 수출생산성이 지속적으로 증대되어 왔다는 점은 고무적인 현상으로 평가할 수 있다. 그럼에도 불구하고 향후 지속가능한 경제적 성과(sustainable economic performance)를 이루기 위해서는 고려해야 할 문제점이 존재한다. 이는 최근 우리의 수출생산성 증가율이 1인당 GDP 증가율의 추이보다 낮다는 것이다. 1인당 GDP의 증가는 경제의 자원이 낮은 생산성에서 높은 생산성을 지닌 품목내지 산업으로 이동된다는 점을 의미하며 고도화된 수출품목을 생산하여 수출함으로써 얻어지는 이득이 노동이동과 더불어 경제전반에 파급됨을 나타낸다. 2003년까지 한국의 수출생산성 증가율은 1인당 GDP 증가율보다 낮은 수준을 지속하여 왔다.

이는 1인당 GDP가 현재의 수출구조에서 얻을 수 있는 생산성 또는 부가가치(value added) 수준에 점차 근접하고 있음을 의미한다. 즉, 부가가치가 높은 신규산업의 생성이 느리거나 생산성이 높은 산업으로의 신규진입이 이미 크게 진행되었다는 점을 예상할 수 있다. 이 같은 추세가 지속될 경우에는 특정 주요 품목의 기술수준의 혁신(innovation)이나 신제품, 신산업이 유발되지 않는 이상 향후 수출을 통한 경제성장이 둔화될 수 있음을 시사한다고 할 수 있다.

## 제6절 시사점

과거 우리의 경제성장은 높은 수출생산성 품목을 중심으로 구조전환하면서 현저한 경제적 성과를 이루었다. 그러나 현재 수출구조 하에서의 수출증대가 향후에도 높은 경제적 성과를 발생시킬 것이라는 보장은 없다. 우리의 수출생산성 순위(2003년 기준)는 전체 67개 비교대상 국가 중 14위로 상위에 위치하고 있다. 그러나 전술한 바와 같이 우리의 수출구조는 현재의 구조 하에서 창출될 수 있는 경제발전 수준에 근접한 것으로 판단된다. 또한, 품목별 수출생산성 측면에서 살펴보면 우리는 수출구조 면에서 수출생산성 상위품목의 비중이 상대적으로 크지 않은 것으로 추정된다. 따라서 향후 수출을 통한 지속가능한 경제적 성과를 이루기 위해서는 수출품목에 대한 생산성 제고가 필요하며 높은 생산성을 지니고 있는 수출품목으로의 구조변화가 요구되고 있다.

이를 위해서 다음 4가지 측면을 고려해야 한다.

1. 기존 사업에 대한 기술수준 및 기술체화 능력의 제고 및 신규 사업에 대한 진입 규제완화와 외국인투자에 의한 사업진입 규제완화

이 같은 요인들이 해소될 경우 기업들은 자유로운 창업과 시장진입을 통하여 기업의 창의성과 공정한 경쟁(fair competition)이 보장되고 사업진입에 따른 정보파급과 공유를 통하여 생산성이 높은 수출구조로의 변화를 촉진시킬 것으로 기대된다. 특히, 외국인투자에 의한 기존 사업 확장 및 신규 사업의 생성은 수출구조 변화 기간을 단축시킬 수 있다.

2. 중소기업의 기술경쟁력 제고를 위한 지원사업 강화

상위 수출품목군이 대부분 고기술 산업군에 속해 있고 부품·소재산업군임을 고려하여 동 산업군에 속한 중소기업의 기술경쟁력 제고를 위해 지원사업을 강화할 필요가 있다.

3. 인적 자본의 축적과 기술혁신에 의한 수출구조의 동태적 변화가 가능하므로 수출구조 변화 방향 설정을 위한 수출품목의 생산성 변화추이 파악

현재 높은 생산성을 유지하고 있는 수출품목들이 높은 기대수익을 보장하는 것은 아니다. 최상위 생산성 품목들이 항상 가장 높은 생산성 증가율을 나타내는 것은 아니며 증가폭이 점차 둔화될 수 있음을 인식해야 한다.

4. 상품 경쟁력 제고 및 수요변동요인 분석

천연자원(natural resources) 같은 펀더멘털 요인(fundamental factor)에 기초한 수출품목은 생산이 불가능하며 수출품목들의 생산성 변동은 상품의 경쟁력과 함께 수요변동 요인에도 영향을 받을 수 있다는 점을 고려해야 한다.

12 chapter

# 주력 수출시장 분석

최근 환율하락, 유가 및 원자재 가격 상승 등 3중고의 어려움 속에서도 수출이 지속적으로 증가하고 있으나 대일 무역적자(trade deficit) 규모의 증가, 대중 무역흑자(trade surplus) 규모의 축소, 대미 수출의 부진 등 3대 수출 주력시장에서 어려움에 직면해 있는 것으로 나타났다.[1) ]2006년 수출은 8월까지 전년 대비 14.2% 증가한 2,091.0억 달러를 기록하여 전년도 수출 증가율 11.6%를 상회하는 등 견조한 성장세를 보이고 있다. 수입은 19.8% 증가한 2,010.0억 달러를 기록하여 무역수지는 81.0억 달러를 나타내고 있다.

## 제 1 절 3대 주력 수출시장 현황

### 1. 일본

일본의 경우 2006년 1~7월간 대일 수출은 전년동기 대비 10.8% 증가한 151억 7,000만 달러, 수입은 7.8% 증가한 297억 7,000만 달러를 기록하여 대일 무역적자(trade deficit)는 6억 8,000만 달러 증가한 146억 달러를 나타내었다.

---

1) 산업자원부는 2006년 9월 11일 대일 무역적자 규모의 증가, 대중 무역흑자 규모의 감소, 그리고 대미 수출 정체 등 3대 주력시장의 과제가 안정적 무역 흑자기조 정착의 장애요인이 되지 않도록 적극적인 시장진출 전략을 수립·추진하겠다고 밝힌 바 있다(산업자원부 보도자료, 2006. 9. 11. 요약·재구성).

### 1.1 수출

대일(對日) 수출은 원/엔 환율 하락에도 불구하고 전체적으로는 전년 수준의 증가세를 지속하고 있다. 일반기계, 반도체 등 일부 자본재 품목은 호조를 보이고 있으나 여타 품목들은 수출이 둔화되고 있다.

### 1.2 수입

대일 수입은 자본재, 부품 · 소재는 상대적으로 안정된 반면에 엔(Yen)저, 소비고급화 등에 따른 승용차, 노트북, LCD TV 등 내구 소비재와 수산물 등 직접소비재 수입이 증가하고 있다.

### 1.3 무역수지

대일무역 적자폭 증가는 한국경제의 양적 성장 및 글로벌화(globalization)의 진전과 양국교역 규모의 확대에 따른 것으로 대일 수입의존도 감소 및 일본 부품소재의 투입비중 감소 등 개선되고 있는 긍정적 측면도 있다.

※ 대일 수입의존도(일본수입/총수입) : 1967년 44.5% → 2005년 18.5%

※ 일본 부품 · 소재의 투입 비중 : 2000년 12.3% → 2004년 8.4%

## 2. 중국

중국의 경우 2006년 1~7월간 수출은 전년동기 대비 10.9% 증가한 382억 1,000만 달러, 수입은 19.3% 증가한 261억 5,000만 달러를 기록하여 무역흑자(trade surplus)는 전년동기보다 4억 7,000만 달러 감소한 120억 6,000만 달러를 나타내었다.

### 2.1 수출

중국의 기술경쟁력 향상과 설비투자 증가로 인한 내수 공급 확대로 부품 · 소재 등 중간재의 중국 내 생산이 크게 증가하여 대중 수출의 80% 이상을 차지하는 우리의 부품 · 소재 등 중간재 수출증가율이 크게 둔화되고 있다. 경기연착륙(soft landing)을 위한 금리인상, 위안(Yuan)화 평가절상 등 중국 정부의 긴축정책으로 전체 대중 수출증가율도 하락한 것으로 나타났다.

※ 대중 수출증가율 변화 : (2005. 상반기) 22.9% → (2006. 상반기) 10.9%

※ 부품 · 소재 대중 수출증가율 : (2005) 29.0% → (2006. 상반기) 10.6%

※ 중국의 무역구조는 최종재 수출증가율(2005년 27.6%)이 중간재 수입증가율(2005년 17.3%)을 초과하는 구조로 전환되고 있음

이 같은 대중 수출증가율의 하락은 글로벌 산업구조(global industrial structure) 재편에 의한 무역패턴의 변화로 인한 조정과정으로 간주할 수 있다. 최근 중국 정부의 외국인기업에 대한 규제 강화 및 인센티브 축소도 글로벌 스탠더드(global standard)에 입각한 시장경제환경(market economic environment)을 조성하기 위한 노력으로 중국시장의 투자여건 악화로 볼 수 없다는 견해가 우세하다.

※ 중국진출 기업들은 중국의 경제상황 및 투자여건에 대해 낙관적으로 인식하고 있음(KOTRA 조사결과, 2006. 5)

### 2.2 수입

수입증가는 중국에 진출한 우리기업에 의한 역수입 증가와 의류 등 경공업제품 위주에서 중화학제품, IT 제품 등으로 중국산 수입품목이 다변화되는 것이 주요 요인으로 지적되고 있다.

## 3. 미국

### 3.1 수출

대미 수출 증가율은 2005년 -3.2%에 이어 2006년 7월까지도 6.1%에 그쳐 우리의 전체수출 증가율(13.3%)과 미국 수입시장 성장률(2006. 상반기 13.6%)에 미치지 못하고 있다. 이는 미국 경제의 성장세에도 불구하고 중국제품과의 경쟁심화, 원화 가치의 상승, 현지생산의 확대 및 멕시코 등을 통한 우회수출 등 경쟁 요소의 악화 때문으로 판단된다.

이에 따라 최근 4년간 우리의 수출에서 미국시장이 차지하는 비중도 지속적으로 감소되고 있다.

※ 대미 수출비중(%) : (2003) 17.7% → (2004) 16.9% → (2005) 14.5% → (2006. 상반기) 13.6%

품목별로는 섬유, 무선통신기기, 반도체, 일반기계 등 주력 수출품목의 수출증가율이 둔화되고 있다.

### 3.2 수입

대미 수입을 보면 휴대폰(cellular phone), 가전제품, 농산물 등 소비재 수입이 증가하는 추세를 보이고 있다.

〈표 12-1〉 대일 · 대중 · 대미 수출입 동향

(단위 : 백만 달러, %)

| | 대일본 | | | 대중국 | | | 대미국 | | |
|---|---|---|---|---|---|---|---|---|---|
| | 수출 (증가율) | 수입 (증가율) | 무역수지 (증감) | 수출 (증가율) | 수입 (증가율) | 무역수지 (증감) | 수출 (증가율) | 수입 (증가율) | 무역수지 (증감) |
| 2005. 1~7월 | 13,692 (10.3) | 27,606 (2.7) | △13,914 (552) | 34,440 (22.9) | 21,914 (38.0) | 12,526 (375) | 23,336 (△3.2) | 17,808 (10.3) | 5,527 (2,433) |
| 2006. 1~7월 | 15,173 (10.8) | 29,770 (7.8) | △14,597 (△683) | 38,210 (10.9) | 26,149 (19.3) | 12,061 (△465) | 24,751 (6.1) | 19,177 (7.7) | 5,574 (47) |
| 수입시장 성장률 | (2005. 1~6) 12.2% → (2006. 1~6) 23.1% | | | (2005. 1~7) 13.9% → ( 2006. 1~7) 21.1% | | | (2005. 1~6) 14.0% → (2006. 1~6) 13.5% | | |

## 제 2 절 3대 주력시장 수출부진 및 무역수지 감소 요인

이들 3대 주력시장에서의 수출 부진 및 무역수지 감소의 문제는 4가지 외부적 요인들(① 글로벌 무역환경의 변화, ② 각국의 시장환경 변화, ③ 우리 수출산업의 구조변화, ④ 국제기업의 선택)이 복합적으로 작용한 결과로 판단된다.

### 1. 글로벌 무역환경의 변화

국제적인 경쟁여건이 악화되고 있다. 세계화의 진전으로 인한 글로벌 경쟁(global competition)의 격화로 인해 중국, 인도, 동남아 등에서 생산된 저가품이 전세계 시장에 유통되고 가격경쟁력

(price competitiveness)에서 불리한 우리제품의 시장점유율이 위축되고 있다. 또한, 원화의 평가절상(appreciation), 유가 및 원자재 가격의 상승은 수출기업의 채산성과 생산비 부담을 가중시킬 뿐만 아니라 세계적인 수요위축에 따른 수출감소라는 간접효과까지 발생할 수 있다.

〈표 12-2〉 원/달러 환율 변화 추이

(단위 : 원)

| 2004년 평균 | 2005년 평균 | 2006. 1분기 평균 | 2006. 2분기 평균 |
|---|---|---|---|
| 1,144.67 | 1,024.31 | 976.38 | 949.89 |

〈표 12-3〉 분기별 수출채산성 변화

(단위 : 전년동기 대비, %)

| | 2005 | | | | 2006 |
|---|---|---|---|---|---|
| | 1분기 | 2분기 | 3분기 | 4분기 | 1분기 |
| 수출채산성 | -6.9 | -9.4 | -8.5 | -6.3 | -7.1 |
| 수출단가 | -4.7 | -7.4 | -7.5 | -6.1 | -4.3 |
| 생산비 | 2.4 | 2.2 | 1.1 | 0.2 | 3.1 |

자료 : 무역협회, 수출채산성 변동추이 조사 결과

## 2. 각국의 시장환경 변화

각국의 시장환경이 불리하게 변화하고 있다. 미국시장은 중국 및 미국과 FTA를 체결한 멕시코, 칠레 등의 시장점유율이 확대되는 반면에 프랑스, 일본 등 전통 수출 강국의 비중이 축소되는 추세를 보이고 있다. 중국의 경우 부품·소재의 자체생산 능력이 확대되고 금리인상 등 중국정부의 긴축 재정, 선진국으로 수출증가세 하락 등으로 우리 수출도 정체되고 있는 상황이다. 일본시장의 경우 원/엔 환율의 하락으로 인한 한국 상품의 경쟁력 저하와 일본 기업의 경쟁력 회복 등이 애로요인으로 지적할 수 있다.

## 3. 우리 수출산업의 구조변화

우리 수출산업의 구조변화에 따른 문제이다. 우리는 첨단산업분야의 대일 의존도가 높기 때문에 수입유발적 수출증가 구조를 가지고 있다. 반도체(선박) 수출이 증가하면 반도체제조용장비(철강판)의 수입이 증가하여 무역적자가 확대되는 결과가 나타나고 있다. 중국의 산업구조가 고도화되고 기술이 발전되면서 컴퓨터, TV부품, 반도체 등에서 우리와 일본뿐만 아니라 중국과의 수출경합 품목도 증가하는 추세를 보이고 있으며 미국 등 3국 시장에서 경쟁이 심화되어 우리 수출이 중국 수출로 전환되는 문제가 발생하고 있다.

| ※ 100대 수출품 중 한중간 중복 품목수 : (1995) 20개 → (2000) 22개 → (2005) 29개<br>※ 100대 수출품 중 한일간 중복 품목수 : (1995) 29개 → (2000) 29개 → (2005) 45개(HS 6단위 기준, 무역협회 2006년 6월) |
|---|

또한, 우리의 대중 수출의 대부분을 차지하는 부품소재 및 기계류 등 중간재는 중국의 수출이 감소하면 우리의 대중국 수출도 감소되는 결과가 초래되고 있다.

| ※ 중국의 수출증가율 : (2004) 35.4% → (2005) 28.4% → (2006. 7월까지) 24.7%<br>※ 대중 수출증가율(2005 → 2006. 1~7월) : 철강금속제품 21.9% → 16.5%, 기계류 19.2% → 16.0% |
|---|

### 4. 국제기업의 선택

글로벌 기업들(global corporations)의 자발적인 선택의 결과이다. 미국, 일본, 유럽연합(EU) 등 선진국 시장에서 경쟁이 격화되면서 기업들의 신흥시장(emerging market) 진출이 확대되고 있다.

| ※ 한국의 국가별 수출비중 변화(2005 → 2006. 1~8월) : 중남미 5.3% → 6.2%, 동유럽 3.1% → 3.8%, 인도 1.6% → 1.8%, 러시아 1.4% → 1.7% |
|---|

## 제 3 절 3대 주력 시장과 관련한 현안 및 대책

상기한 대내외적인 무역환경의 악화에도 불구하고 수출의존도(export dependence)가 높은 한국경제의 특성상 수출확대 및 안정적 무역흑자 기조의 정착이 매우 중요한 경제 현안이 되고 있다. 이에 따라 산업자원부는 이러한 현안 과제를 해결하기 위해 3대 시장별 특성에 맞는 대책 수립에 본격적으로 착수한다고 밝힌 바 있다.

## 1. 일본

일본시장 진출과 관련해서는 이미 2006년 4월 이후 동북아 지역전문가, 학계, 연구기관 및 수출기업인 등으로 T/F팀을 구성 · 운영하여 한 · 중 · 일 3국 간의 무역관계를 심층적으로 분석하고 '글로벌 전략 하의 대일역조 개선대책'을 수립한 바 있다. 이에 따라 2006년 하반기에 추진할 세부 Action Plan을 확정하고 9월부터 본격적으로 추진하기로 하였다.

'글로벌 전략 하의 대일역조 개선대책'을 통해 분석된 일본지역 전문가들의 견해에 따르면 최근 일본시장에서 한국기업의 글로벌 경쟁력이 제고되고 '한류(韓流)' 등으로 인한 국가이미지(country image)가 향상되고 있는 가운데, 10년 장기불황의 여파로 공고한 '채널의존형(생산-유통-영업-소비) 산업구조'가 약화되고 있는 등 변화가 인식되고 있어 지금이 한국기업의 일본 진출에 적기인 것으로 판단되고 있다. 그러나 대일 진출에 대한 자신감 및 기업가정신(entrepreneurship)의 약화가 장애요인이 되고 있는 상황이다.

① 단기적 대책

단기적으로는 한국상품 전시회 개최 및 시장개척단 파견 등 전략적 해외마케팅(strategic overseas marketing) 강화, 수출유망 품목의 발굴 등 수출증대를 통한 무역의 확대균형을 도모할 필요가 있다.

② 중장기적 대책

중장기적으로는 지속적인 기술개발 추진, 부품 · 소재 중핵기업의 육성, 일본 유망기업의 대한 투자유치 등 경쟁력 강화를 통한 산업의 체질개선이 필요할 것으로 판단된다.

한편, 2006년 하반기 중 대일수출 관심 제고 및 기업인 의욕 고취를 위해 '일본진출기업 간담회'를 개최하여 사회전반의 일본진출 분위기를 조성해 나가고 일본시장 진출 확대를 위해 월별로 특성화된 총력 해외마케팅을 전개해 나갈 계획으로 있다.

## 2. 중국

중국과 관련해서는 중국 정부의 정책변화와 산업구조 및 무역패턴 변화 등 시장여건 변화에 대응할 수 있는 '중장기 중국 진출 전략'을 2006년 하반기 중 수립하여 시행할 계획으로 있다. 이를 위해 정부는 각계 전문가들의 의견을 수렴하고 산업구조 및 무역패턴 연구를 강화하는 등 전략 수립의 기반을 공고히 해 나가는 한편 동북아 역내 산업 연관분석을 통해 동북아 분업구조에 적합한 산업구조의 정착 방안을 강구하고 있다.

즉, 유망품목 선정 · 발굴 및 마케팅 지원을 확대하고 'KOREA Premium'을 활용한 수출품의 고부가가치화 촉진, 중국 관련 정보 수집 · 제공 기능도 강화할 예정으로 있다.

또한, 중국진출 기업에 대한 적극적 애로 해소와 한중간 지적재산권 보호를 위한 외교협력 강화 등 경영리스크(business risk) 축소를 위한 정책적 지원 방안도 강구하고 있다.

## 3. 미국

현재 정체상태를 보이고 있는 대미수출은 '한미 FTA'를 돌파구로 활용하여 한국 기업들의 실질적인 수출확대의 계기로 만들어 나갈 예정이다. 이를 위해 미국시장 및 FTA 협상 전문가를 포함하여 학계, 연구기관, 무역지원기관으로 T/F팀을 구성하고 한미 FTA의 협상 진행 상황에 맞춰 'FTA를 활용한 미국시장 진출 확대 전략'을 수립하기로 하였다.

한미 FTA는 동북아 3국의 분업구조 형성과정에서 한국이 동북아의 허브(hub)로 도약하는데 중요한 계기가 될 것으로 판단된다. 중국, 일본의 글로벌 기업들(global corporations)은 한미 FTA가 성공하는 경우 한국시장을 미국 시장과 동일시하여 대한 진출 노력을 강화할 것으로 전망된다.

13
chapter

# BRICs 진출 분석

## 제1절 개 관

BRICs 국가들은 1990년대에 들어 성공적인 시장경제로의 체제전환과 개혁 · 개방정책의 성과에 힘입어 급속한 경제성장을 달성하여 세계경제의 성장엔진으로 부상하고 있다. 최근 5년(2001~2005년)간 BRICs 국가들은 세계경제의 연평균 성장률 2.7%를 크게 상회하는 6.2%의 경제성장을 달성하여 세계경제의 성장을 주도하고 있다. 다만 브라질은 여타 국가에 비해 다소 낮은 성장률을 기록하고 있다.

〈표 13-1〉 BRICs 국가의 경제성장 추이

(단위 : %)

| | 2001 | 2002 | 2003 | 2004 | 2005 | 5년 평균 |
|---|---|---|---|---|---|---|
| 브 라 질 | 1.3 | 1.9 | 0.6 | 4.9 | 2.3 | 2.2 |
| 러 시 아 | 5.1 | 4.7 | 7.3 | 7.2 | 6.4 | 6.1 |
| 인 도 | 5.2 | 4.1 | 8.6 | 7.5 | 8.4 | 6.8 |
| 중 국 | 8.3 | 9.1 | 10.0 | 10.1 | 9.9 | 9.5 |
| 세계 평균 | 1.5 | 1.8 | 2.7 | 4.0 | 3.5 | 2.7 |

자료 : Global Insight

급속한 경제성장으로 인해 이미 BRICs 국가들은 전세계 GDP 등 경제규모 면에서 위상을 확고히 하고 있다. BRICs 국가들의 명목GDP(2005년 기준)는 세계 10.3%를 차지하고 있으며 구매력 기준(PPP)으로는 26.5%에 달하여 BRICs 4국 모두 이미 세계 10위 내의 경제규모를 차지하는 등 거대 소비시장으로 부상하고 있다.[1] 이 같은 BRICs 국가의 잠재력을 반영해 골드만삭스(Goldman Sachs) 등 세계 유수의 경제전망기관들은 2050년에 BRICs 국가들이 미국, 일본과 더불어 세계 6대 경제대국으로 부상할 것으로 전망한 바 있다.

BIRCs 시장의 급성장과 더불어 최근 우리의 대(對)BRICs 진출도 크게 확대되고 있다. 최근 5년(2001~2005년)간 우리의 대BRICs 수출은 연평균 34.6% 증가해 동 기간 우리의 총수출 증가를 2배 이상 상회하였다.

대BRICs 해외직접투자(FDI)도 우리의 총 해외직접투자의 44.5%를 차지할 정도로 BRICs 국가는 우리의 주요 투자처로 부상하고 있다. 그러나 최근 BRICs 시장의 급속한 진출환경 변화에 따라 우리 기업들, 특히 중소기업들의 전반적인 대BRICs 진출전략도 수정이 불가피한 상황이다.

우선 BRICs 국가 중에서도 우리 기업의 최대 진출대상국인 중국에서는 고성장세 지속과 이에 따른 인건비 상승 등 공급부문에서의 비용 상승, 산업부문에서의 급진적인 구조조정 강화 등에 따라 우리 기업의 진출여건이 크게 악화되고 있다. 반면에 나머지 BRICs 경제의 급성장에 따라 우리 중소기업들 사이에서는 인도, 러시아, 브라질을 신흥소비시장이나 유망 투자처로 인식하는 경향이 뚜렷하게 나타나고 있다.

본장에서는 최근 중국시장의 변화, 인도 및 러시아 경제의 급성장 등 BRICs 시장의 급속한 진출환경 변화에 대응하여 우리 중소기업들이 BRICs 시장을 어떻게 인식하고 접근하고 있는지에 대해 수출, 투자, 수출과 투자로 진출방식을 대별해 2006년 9월 21일~10월 20일 기간 동안 국내 100개 중소기업을 대상으로 설문조사를 실시하고 그 결과를 분석한 대외경제정책연구원의 보고서를 중심으로 살펴본다.

## 제 2 절 진출방식 변화와 진출 애로요인

### 1. BRICs 진출 현황 및 계획

**1.1** 조사대상기업 중 58.2%가 현재 BRICs 국가에 진출하고 있으며 향후 94.2%가 진출을 확대하거나 신규 진출을 계획하고 있는 것으로 나타남

1) BRICs 국가들은 세계 인구 및 면적의 약 1/2, 1/3을 차지하고 있어 거대소비시장(great consumtion market)으로서의 잠재력을 보유하고 있으며 원유, 천연가스, 석탄, 철광석, 알루미늄, 주석 등 풍부한 부존자원을 보유하고 있다(대외경제정책연구원, KIEP 오늘의 세계경제, 제06-35호, 2006. 11. 6. 요약 · 재구성).

BRICs 국가에 진출한 기업의 비중을 국가별로 살펴보면 중국 51.4%, 인도 22.9%, 러시아 14.2%, 브라질 11.5%로 나타나 우리 기업들이 진출을 가장 선호하는 국가는 중국으로 조사되었다. 수출기업의 비중은 중국 23.4%, 인도 14.2%, 러시아 10.1%, 브라질 8.7%이며 투자기업의 비중은 중국 15.6%, 인도 5.0%, 러시아 2.3%, 브라질 1.4%이고, 수출과 투자를 모두 하는 기업의 비중은 중국 12.4%, 인도 3.7%, 러시아 1.8%, 브라질 1.4%로 나타났다.

종합적으로 우리 기업들의 진출방식은 수출 56.4%, 투자 24.3%, 수출과 투자 19.3% 순으로 나타났다. 이는 우리 기업들이 수출을 통한 진출을 가장 선호하고 다음으로 투자진출방식을 선호하며 수출과 투자를 통한 동시진출방식을 상대적으로 덜 선호하는 것으로 해석할 수 있다.

**1.2** 향후 진출계획을 조사해 본 결과 '수출' 62.3%, '투자' 6.2%, '수출과 투자' 31.5%로 나타남

'수출 고려'는 기존 비중을 유지했으나 '수출과 투자 동시 고려'는 12.3%포인트 증가한 반면에 '투자 고려'는 18.1%포인트가 감소하여 우리 기업들이 '투자를 통한 진출방식' 보다는 '투자와 수출을 동시에 고려하는 진출방식'을 선호하는 등 BRICs 국가에 대한 우리 기업의 진출방식에 커다란 변화가 있을 것으로 판단된다.

**1.3** 향후 진출계획을 국가별로 분류해서 조사한 결과 그 비중은 브라질 13.1%, 러시아 22.3%, 인도 31.5%, 중국 33.1%로 나타나 중국에 대한 진출은 감소하고 인도와 러시아에 대한 진출은 확대되며 브라질에 대한 진출은 현상 유지하는 것으로 나타남

'수출 고려'에서는 중국 23.4%→20.8%, 인도 14.2%→20.2%, 러시아 10.1%→13.1%, 브라질 8.7%→8.5%로 나타난 반면에 '투자 고려'는 중국 15.6%→0.8%, 러시아 2.3%→2.3%, 인도 5.0%→1.5%, 브라질 1.4%→1.5%로, '수출과 투자 고려'는 중국 12.4%→11.5%, 인도 3.7%→10.0%, 러시아 1.8%→6.9%, 브라질 1.4%→3.1%로 나타났다.

국가별로 진출방식을 조사한 결과 브라질의 경우 '수출' 및 '투자'는 현상유지, '수출과 투자 동시 고려'는 약간 증가한 것으로 나타났다. 러시아의 경우 '수출' 및 '수출과 투자 동시 고려'는 약간 상승, '투자 고려'는 현상유지로 조사되었다. 인도의 경우 '수출 고려'는 증가, '투자 고려'는 감소, '수출과 투자 동시 고려'는 증가로 나타났으며, 중국의 경우 '수출 고려' 및 '수출과 투자 동시 고려'는 감소, '투자 고려'는 대폭 감소로 조사되었다.

**1.4** 향후 진출 예정 연도는 1년 이내 53.1%, 2~3년 이내 39.5%, 5년 이내 6.2%, 5년 이후 1.2%로 나타나 우리 기업들은 이미 대부분 3년 이내에 BRICs 국가에 대한 진출계획을

가지고 있는 것으로 조사됨

〈표 13-2〉 BRICs국가 진출 예상연도

| | 1년 이내 | 2~3년 이내 | 5년 이내 | 5년 이후 |
|---|---|---|---|---|
| 업체수 | 43 | 32 | 5 | 1 |
| 비율 | 53.1 | 39.5 | 6.2 | 1.2 |

**1.5** 상기한 조사내용을 종합해보면 우리 중소기업들은 현재 '수출 위주의 진출'에서 '수출과 투자를 동시에 고려하는 진출'로 진출방식을 다각화하고 있으며 대중 투자를 감소시키는 대신에 대인도 투자를 상대적으로 크게 확대하고 러시아와 브라질에 대한 투자도 소폭 확대시켜나갈 것으로 예상됨

향후 우리 기업들은 수출의 경우 현 상태를 유지하되 투자 중심의 단순 진출방식보다는 수출과 투자를 동시에 고려하는 방식으로 진출을 전환해나갈 것으로 판단된다.

## 2. 진출동기 및 진출 장애요인

**2.1** 우리 중소기업의 BRICs 시장 진출동기로는 '내수시장 진출'과 '저렴한 원자재 및 인건비'가 가장 중요한 요소로 지적되었으며 '바이어 요구'와 '제3국 수출', '한국의 기업환경 악화', '현지투자우대조치' 등도 중요한 진출동기로 지적되었음

〈표 13-3〉 BRICs 국가 진출동기

(단위 : %, 복수응답)

| | 응답업체 | 비율 |
|---|---|---|
| 내수시장 진출 | 46 | 35.7 |
| 저렴한 원자재 및 인건비 | 27 | 20.9 |
| 제3국 수출 | 15 | 11.6 |
| 현지투자우대조치 | 5 | 3.9 |
| 바이어 요구 | 19 | 14.7 |
| 한국 기업환경 악화 | 14 | 10.9 |
| 기타 | 3 | 2.3 |

**2.2** 조사대상 중소기업 중 아직까지 약 40%가 BRICs 국가에 진출(수출 또는 투자)하지 않은 것으로 조사되었는 데 이의 가장 큰 이유로는 '유통망 미확보'가 지적되었으며, 다음으로

'협소한 현지시장', '정치적 불안 및 비효율적인 관료제도' 등의 순으로 나타남

국가별로 진출방식을 구분해 진출하지 않은 이유를 조사해 본 결과는 전체 BRICs 국가를 대상으로 한 조사결과와 차이가 없는 것으로 나타났다.

〈표 13-4〉 BRICs 국가에 수출 및 투자를 하지 않는 이유

(단위 : %)

| | 브라질 | 러시아 | 인도 | 중국 | 합계 |
|---|---|---|---|---|---|
| 협소한 현지시장- 수요부족 | 5.1 | 5.1 | 4.7 | 4.7 | 19.6 |
| 정치적 불안, 비효율적인 관료제도 | 3.4 | 3.4 | 3.0 | 2.1 | 11.9 |
| 생산비 상승 | 0.0 | 0.0 | 0.0 | 0.0 | 0.0 |
| 대금결제방식의 불안 | 2.6 | 2.6 | 2.1 | 2.6 | 9.8 |
| 수출시장에서의 경쟁 심화 | 0.0 | 0.0 | 0.0 | 0.0 | 0.0 |
| 다양하고 복잡한 현지시장구조 | 1.7 | 1.7 | 1.7 | 1.3 | 6.4 |
| 언어 및 문화적 차이 | 1.7 | 1.7 | 1.3 | 1.3 | 6.0 |
| 유통망 미확보 | 8.5 | 8.5 | 8.1 | 7.2 | 32.3 |
| 부족한 인프라 설비 | 0.9 | 0.9 | 0.4 | 0.4 | 2.6 |
| 미래의 불확실성 | 0.9 | 0.9 | 0.4 | 0.0 | 2.1 |
| 가격경쟁력 | 1.7 | 1.7 | 0.9 | 1.7 | 6.0 |
| 기타 | 0.9 | 0.9 | 0.9 | 0.9 | 3.4 |
| 합계 | 27.2 | 27.2 | 23.4 | 22.1 | 100.0 |

**2.3** 다음으로 우리 중소기업들이 현지 기업활동에서 직면하는 애로사항은 '정보습득', '현지화', '마케팅', '투자결정', '재정확보', '현지정부와의 관계' 등의 순으로 나타남

〈표 13-5〉 투자기업 중 현지 기업활동에서 가장 어려운 요인

(단위 : %, 복수응답)

| | 응답업체 | 비율 |
|---|---|---|
| 투자결정 | 16 | 12.4 |
| 정보습득 | 28 | 21.7 |
| 노동관리 | 12 | 9.3 |
| 현지화 | 26 | 20.1 |
| 재정확보 | 14 | 10.8 |
| 현지정부와의 관계 | 14 | 10.8 |
| 마케팅 | 19 | 14.7 |
| 기타 | 0 | 0.0 |
| 합계 | 129 | 100.0 |

**2.4** 우리 중소기업의 BRICs 진출시 가장 큰 애로사항인 정보습득과 관련 우리 기업의 정보습득채널 및 정보습득능력에 대하여 질문한 결과 우리 기업의 정보수집능력은 매우 낮음이 27.8%를 나타내는 등 우리 기업의 전반적인 정보습득 능력수준은 대체로 낮은 것으로 평가됨

우리 중소기업들의 현지 기업활동과 관련된 정보수집채널은 '인적 네트워크', '외부전문기관', '신문 등 간행물', '현지정부', '주변 한국계 기업' 등의 순으로 나타났다.

〈표 13-6〉 국내 기업의 BRICs 시장진출 정보습득 수준

(단위 : %)

| 매우 높음 | 약간 높음 | 약간 낮음 | 매우 낮음 |
|---|---|---|---|
| 5.6 | 34.7 | 31.9 | 27.8 |

〈표 13-7〉 우리 기업의 BRICs 시장 진출 정보습득채널

(단위 : %)

| 인적 네트워크 | 외부 전문기관 | 신문 등 간행물 | 현지정부 | 주변 한국계기업 | 기타 |
|---|---|---|---|---|---|
| 38.6 | 22.7 | 15.9 | 11.4 | 10.2 | 1.1 |

**2.5** 향후 BRICs 시장 진출시 우리 중소기업이 가장 필요로 하는 정보는 BRICs 국가에서 모두 '세관 및 통관정책' 20.8%, '각종 산업정보' 19.6%, '무역투자정책' 16.1% 등의 순으로 나타남

국가별로는 필요정보가 약간 상이한 것으로 나타났다. 브라질, 러시아, 중국에 진출하려는 기업들은 향후 추진될 자유무역협정(FTA : Free Trade Agreement)에 대한 정보가 추가적으로 필요하다고 응답하였다. 반면에 인도 진출기업들은 금융시장제도에 대한 정보가 추가적으로 필요하다고 지적하였다.

〈표 13-8〉 진출시 가장 필요한 정보

(단위 : %, 복수응답)

| | 브라질 | 러시아 | 인도 | 중국 | 평균 |
|---|---|---|---|---|---|
| 무역투자정책 | 21.2 | 18.0 | 10.6 | 12.4 | 16.1 |
| 세관 및 통관정책 | 18.2 | 18.0 | 22.4 | 20.2 | 20.8 |
| 자유무역협정관련 | 15.2 | 13.1 | 8.2 | 12.4 | 9.5 |
| 경제특구제도 | 9.1 | 6.6 | 8.2 | 5.6 | 5.4 |
| 사회·문화·정치 일반 | 3.0 | 3.3 | 7.1 | 5.6 | 6.0 |
| 금융시장제도 | 6.1 | 4.9 | 14.1 | 5.6 | 9.5 |
| 각종 산업정보 | 24.2 | 26.2 | 17.6 | 21.3 | 19.6 |
| 근로 및 노조 등 인력 관리 | 0.0 | 3.3 | 3.5 | 9.0 | 6.5 |
| 경제 일반 정보 | 3.0 | 4.9 | 5.9 | 4.5 | 4.8 |
| 기타 | 0.0 | 1.6 | 2.4 | 3.4 | 1.8 |

## 제 3 절 시사점

1. 우리 중소기업들은 아직까지 BRICs 국가 중 중국을 가장 투자 매력도(investment attractiveness)가 높은 국가로 인식하고 있으나 이번 조사결과 이러한 인식에 차츰 변화가 있는 것으로 조사되었으며 다수의 중소기업이 향후 중국에 대한 진출을 감소시키는 대신에 인도 등 나머지 BRICs 국가에 대한 진출을 확대할 계획인 것으로 나타남

아직까지 BRICs 국가 중 우리 중소기업들의 진출은 중국에 편중되어 있으며 나머지 BRICs 국가에 대한 진출수준은 매우 미미한 수준을 보이고 있다. 우리 중소기업들의 진출이 중국에 편중될 수밖에 없는 이유는 보완적 무역구조(complementary trade structure)를 형성하기 용이하고, 풍부하고 저렴한 생산요소를 쉽게 활용할 수 있으며, 부품 등에 대한 수요가 지속적으로 창출되고 지리적으로 인접해 있는 등 장점이 풍부하기 때문으로 분석된다. 반면에 나머지 BRICs 국가는 아직 수출시장으로서나 투자대상지로서 성숙하지 못한 것으로 인식하고 있다.

2. 진출방식에서도 우리 중소기업들은 순수한 '투자' 방식보다는 '투자와 수출'을 동시에 고려하는 보완적 진출방식으로 전환하고 있어 BRICs 시장에 대한 진출방식도 크게 변하고 있는 것으로 나타남

우리 중소기업들은 중국에 대한 수출과 투자를 대폭 감소시키는 대신에 인도나 러시아에 대해서는 '수출과 투자'를 동시에 증대시키는 계획을 갖고 있는 것으로 조사되었다. 특히, 중국을 제외한 나머지 BRICs 국가에 대해 좀 더 적극적으로 진출하려는 의도가 있는 것으로 조사되었다. 이는 인도, 러시아, 브라질 시장에 대한 우리 중소기업들의 인식 전환을 반영한 것으로 해석할 수 있다. 반면에 우리 중소기업들이 중국 진출에 적극적이지 않은 이유는 중국시장이 이미 경쟁 격화로 더 이상 이윤을 창출하는 데 한계에 이르렀다는 인식을 반영한 것으로도 판단된다.

3. 더욱이 우리 중소기업들의 BRICs 국가 진출은 저렴한 원자재 및 인건비를 활용하고 이를 통해 내수시장을 확보하는 '요소추구형(resource or efficiency seeking)'과 '내수시장추구형(market seeking)'을 동시에 도모하는 형태를 나타내고 있음

이는 상대적으로 열악한 제조업을 가진 반면 잠재력이 큰 내수시장을 공략하기 위해서는 단순투자형 진출보다는 수출과 투자를 동시에 고려하는 진출전략을 선택하고 있는 것으로 판단된다. 즉, 우리 중소기업들은 진출국가의 저렴한 생산요소를 적극적으로 활용하면서 새롭게 부상하고 있는 BRICs 국가의 내수시장을 공략하기 위해 투자를 전개하고 있으나 현지국가의 미약한 제조업 기반으로 인해 부품 및 소재를 현지에서 조달하는 것보다는 한국에서 조달하고 대신에 제품 생산 및 조립은 현지화하는, 즉 수출과 투자의 보완적 관계 구축을 통한 진출 전략을 구사하는 것으로 평가할 수 있다.

따라서 우리 중소기업들은 현지의 풍부하고 우수한 인력과 자원을 충분히 활용하여 비용을 절감함과 동시에 현지 시장수요에 적합한 신제품 개발 및 제품 개조 등의 차별화된 내수시장 진출전략을 적극적으로 추진할 필요가 있다. 한편, 우리 중소기업의 수출과 투자를 동시에 고려한 대BRICs 진출 전략은 현재 가속화되고 있는 국내의 산업공동화(industrial hollowization) 속도를 점차 감소시킬 가능성도 큰 것으로 해석된다.

4. 우리 중소기업의 BRICs 시장 진출시 가장 중요하게 고려하는 요인은 내수시장 형성 여부로 조사되었으며 현재 BRICs 시장에 진출하지 않는(전체 대상기업의 약 40%) 이유는 각 국가에서의 유통망 미확보로 밝혀졌는 데 이 2가지 요인을 동시에 고려할 경우 우리 중소기업의 BRICs 시장진출의 실질적인 결정요인은 시장접근의 용이성에 있다고 평가할 수 있음

BRICs 국가들은 공통적으로 아직 시장이 성숙되지 못하고 독특한 상관행이 상존하고 있으며 유통 구조 및 시설이 매우 낙후되어 있는 것으로 평가된다. 이는 진출지역의 시장성도 중요하나

실질적으로는 해당 지역에 대한 시장접근 및 관련 네트워크가 우리 중소기업에 매우 중요한 진출요인으로 작용하고 있다는 점을 시사한다고 할 수 있다.

**5.** 아직까지도 우리 중소기업들은 정보이용채널을 '인적네트워크'에 의존하고 있으며 외부전문기관이나 정부 관련기관 등으로부터는 정보를 활용하지 못하고 있는 실정임

이는 주로 3가지 요인(① BRICs 국가들의 정보에 대한 비체계화, ② BRICs 관련 전문기관 부족 및 기능 미비, ③ 각 기업의 지역전문가 양성 미흡 및 부족)에 의한 것으로 해석할 수 있다.

**6.** 이에 따라 국가별 특성에 따른 맞춤형 정보(tailored information) 제공 및 관련 정보지원센터 설립이 필요함

우리 중소기업들이 BRICs 국가에 대한 정보 중 가장 필요로 하는 내용은 무역투자정책(trade investment policy), 세관 및 통관 절차, 각종 산업정보(industrial information)로 나타났다. 또한, 일부 국가에 대해서는 자유무역협정(FTA) 등의 정보가 요구되는 것으로 조사되었는 데 국가별 수요 및 특징에 맞는 정보를 제공해야 할 것으로 판단된다. 한편, 우리 기업들이 정보수집을 인적 네트워크에 의존한다는 사실은 그만큼 정보 제공 관련 기관들이 효율적으로 운용되고 있지 않거나 이를 지원하는 기관의 부재(不在)에 따른 것으로 평가할 수 있다.

따라서 최근 대외경제정책연구원(KIEP)이 주관이 되어 구축한 'BRICs Information Center(www.bricsinfo.org/bricsinfo)'를 적극적으로 활용하는 한편 이를 가칭 BRICs 지원센터로 확대 개편하는 등 BRICs 국가에 대한 정보 활용을 다각화해 나가야 할 필요가 있다. 대외경제정책연구원의 설문조사에서도 대BRICs 국가에 진출하기 위해서 가장 중요한 것은 'BRICs 지역전문가 상담기구 설립'인 것으로 나타났다.

| 정부지원관련 설문조사 결과 'BRICs 지역전문가 상담기구 설립' 30.3%, '해외투자자금 지원 확대' 21.2%, '전문가 파견', '무역관, 상무관, 기타 정부 관련기관 설치 확대' 각각 9.1%, 이외 '안정적 자금결제방식 마련' 6.1%, '현지 인력 연수 확대' 6.1%, '장기비자발행 및 편리한 영사지원' 6.1%, '현지 공단 건설' 3% 등으로 나타남 |
|---|

**7.** BRICs 진출을 용이하기 위해서는 금융지원 확대가 필요함

BRICs 국가에 대한 진출은 자원개발(resource development), 플랜트 수출 등 막대한 자금과

장기간의 회수기간이 요구되고 있는 데다 현지 금융조달도 어려운 실정이다. 따라서 수출입은행이나 수출보험공사 등 공적 수출신용기관을 중심으로 재원을 확대하여 진출기업의 금융조달을 원활하게 해줌으로써 우리 기업의 진출을 보다 용이하게 해 주어야 할 필요가 있다.

14 chapter

# 외환보유고의 적정성

## 제 1 절 외환보유고 다변화

### 1. 외환보유고의 동향

#### 1.1 외환보유고의 증가세

(1) 세계 외환보유고(foreign exchange reserves)는 2002년 이후 급속한 증가세를 보이고 있음[1)]

세계 외환보유고는 2006년말 약 5.1조 달러로 2002년말 2.5조 달러 대비 104%의 성장세를 보였다. 외환보유고 증가는 주로 아시아를 중심으로 개발도상국(developing country)에서 급증세를 보였다. 동 지역은 2002년말 대비 119% 증가한 3.4조 달러를 기록하며 전체 외환보유고 중 66.7%를 차지하였다. 원유수출국의 외환보유고 증가가 상당히 저조한 것으로 나타난 데는 다수의 원유수출국들이 별도의 공적투자기관에서 오일머니(oil money)를 관리하고 있어 중앙은행의 외환보유고에는 포함되지 않는 데서 기인한다.

1) 외환보유고는 교환성 있고 유동성과 시장성이 높은 자산으로서 통화당국(monetary authorities)인 중앙은행과 정부가 항상 사용할 수 있는 대외 외화 금융자산을 의미한다(산업은행, 산은조사월보, 2007. 2. pp. 48~57 요약 · 재구성).

(2) 외환보유고 상위 10개국 중 러시아와 멕시코를 제외하면 8개국 모두가 아시아 국가임

외환보유고는 2000년말 대비 중국이 5.9배, 러시아가 11배 증가한 것으로 나타났다. 한국을 비롯한 주요 아시아 국가는 1997년 동아시아 외환위기(East Asian Foreign Exchange Crisis) 이후 외환보유고가 급증하는 현상을 보이고 있다. 이는 환율안정과 국가 대외신인도 제고를 위한 각국 정부의 노력의 결과로 해석할 수 있다.

〈표 14-1〉 외환보유고 누적 상위 10개국

(단위 : 십억 달러)

| | 2000(A) | 2001 | 2002 | 2003 | 2004 | 2005 | 2006(B) | B/A(배) |
|---|---|---|---|---|---|---|---|---|
| 중국 | 169 | 216 | 291 | 408 | 613 | 822 | 990 | 5.9 |
| 일본 | 356 | 396 | 461 | 662 | 832 | 835 | 879 | 2.5 |
| 러시아 | 25 | 33 | 44 | 74 | 121 | 176 | 280 | 11.2 |
| 대만 | 107 | 123 | 162 | 207 | 242 | 254 | 265 | 2.5 |
| 한국 | 96 | 103 | 121 | 155 | 198 | 210 | 233 | 2.4 |
| 인도 | 38 | 46 | 68 | 99 | 127 | 132 | 168 | 4.4 |
| 싱가포르 | 80 | 75 | 82 | 95 | 112 | 116 | 134 | 1.7 |
| 홍콩 | 107 | 111 | 111 | 118 | 123 | 124 | 132 | 1.2 |
| 멕시코 | 36 | 45 | 50 | 59 | 64 | 74 | 77 | 2.1 |
| 말레이시아 | 28 | 30 | 33 | 44 | 66 | 70 | 79 | 2.8 |
| 세계 | 2,065 | 2,187 | 2,560 | 3,193 | 3,909 | 4,288 | 5,130 | 2.5 |

자료 : IFS, 한국은행

### 1.2 외환보유고 급증의 원인

(1) 미국의 대규모 무역수지 적자에서 비롯된 개발도상국의 경상수지 흑자

미국의 무역수지 적자(trade deficit)는 2002년 아시아의 외환보유고 증가 시기와 맞물려 대폭 증가하였으며 2006년말 기준 7,630억 달러를 기록하고 있다. 이는 아시아 개발도상국이 대부분 수출주도형 경제(export-driven economy)인 것에서 기인한다.

(2) 통화당국의 외환시장 개입

자국통화의 평가절상 속도(speed of appreciation)가 비정상적으로 신속할 경우 통화당국(monetary authorities)이 외환시장에서 자국통화를 매도하고 외환을 매입하게 되면 외환보유고

가 증가하게 된다. 중국 및 원유수출국을 제외한 한국, 대만 등 아시아 국가들은 2004년초 이후 외환시장 개입이 크게 감소한 것으로 평가된다.

(3) 외환보유고의 운용수익 및 환율변동

① 운용수익

외환보유고의 운용수익은 외환보유고 증가분의 1/3인 약 2,000억 달러로 수익률은 4.4% 수준으로 추정된다.

② 환율변동

유로(Euro)화 가치가 1% 상승시 달러로 환산한 외환보유고는 0.3% 증가하는 것으로 추정되며 2002년 이후 외환보유고 증가분 2.5조 달러 중 2,540억 달러가 미 달러화 약세에서 기인한다.

(4) 지속적인 유입세를 보이고 있는 직접투자자금 유입

아시아 신흥시장(emerging market)을 중심으로 지속적인 유입세를 보이고 있는 순자본유입(net capital inflow)은 일시적인 환율상승 요인으로 작용하게 된다.

### 1.3 아시아 주요 지역 외환보유고 수준

(1) 외환보유고의 적정성 평가는 어느 한 이론만을 적용시킬 수 없으나 대체로 자국의 현실에 적합한 경험적 접근 이론을 토대로 각국의 적정 외환보유고 기준을 산정함

(2) 아시아 주요 지역의 외환보유고를 국내총생산(GDP) 대비 비율로 본다면 이미 적정수준을 초과한 것으로 평가됨

1980년부터 2003년까지 34개 중산층(소득기준) 국가들을 경험적 기준에서 본다면 평균 GDP 대비 10%의 외환보유고 비율을 보였다. 이 기준으로 평가할 때 현재 아시아 주요 지역의 외환보유고는 과도하게 높은 것으로 평가할 수 있다.

### 1.4 과다 외환보유고 누적의 문제점

외환보유고의 누적이 지나치게 많을 경우 초래될 수 있는 문제점으로 다음 4가지를 지적할 수 있다.

(1) 기회비용의 증가에 따른 비효율성의 누적

〈표 14-2〉 주요 국가의 외환보유고 누적 수준

(단위 : 십억 달러)

| | 외환보유고[1)](A) | GDP[2)](B) | A/B(%) |
|---|---|---|---|
| 중 국 | 822 | 2,229 | 36.9 |
| 일 본 | 835 | 4,506 | 18.5 |
| 러 시 아 | 176 | 764 | 23.0 |
| 한 국 | 210 | 788 | 26.6 |
| 전 세 계 | 4,288 | 44,385 | 9.7 |

주 : 1), 2) 2005년말 기준
자료 : IFS, IMF

외환보유고는 국내저축(domestic saving)이 투자나 재정지출(fiscal expenditure)로 연결되지 않고 경상수지 흑자(current account surplus) 등을 통해 저수익 자산의 형태로 퇴장된 것을 의미한다. 외환보유고가 증가할수록 '민간투자수익률 - 외화자산수익률' 간의 괴리(乖離)에 따른 기회비용(opportunity cost)이 증가하면서 경제적 비효율성(economic inefficiency)이 누적된다.

(2) 시장개입의 무력화 및 국내경제의 위험요소로 작용

중앙은행의 자산매입과 매각을 통한 외환시장 개입으로 필요자금과 초과 보유외환 사이의 갭이 증가하게 된다. 시장개입(market intervention)에 사용되는 통화량 조절채권들이 대부분 단기채로 중앙은행의 이자율 변동성을 초래하게 된다.

(3) 금융부문의 불균형

통화량 증가를 통해 부동산, 주식시장 등 과잉투자(overinvestment)가 발생하므로 부동산 및 주식가격의 급등을 초래하게 된다.

(4) 달러화 약세에 따른 외환보유고의 가치 하락

외환보유고의 약 60%를 차지하는 달러화의 가치가 2004년 이후 미국의 쌍둥이 적자(twin deficit)로 인해 지속적인 약세를 보이고 있어 외환보유고 자산가치의 동반 하락을 초래하고 있다.

## 2. 외환보유고 통화의 다변화

### 2.1 외환보유고의 통화구성

(1) 달러화의 비중은 큰 편이나 변동성은 증대되고 있음

외환보유고 구성통화 중 가장 높은 비중을 차지하고 있는 달러화는 제2차 세계대전 이후 외환보유고의 주요 통화로 부상하였다. 2001년 기준 전체 외환보유고의 71%를 차지하며 절대적 위치를 보이다가 2003년 이후 66% 수준에서 안정세를 보이고 있다. 글로벌 달러화 약세의 영향으로 외환보유고 구성통화의 다변화 경향이 증가하고 있음에도 불구하고 달러화 비중이 쉽게 감소하지 않는 요인으로 외환보유고가 가져야 할 유동성(liquidity)과 안정성(stability) 측면을 고려할 때 달러화가 가지고 있는 경쟁력(competitiveness)을 지적할 수 있다.

(2) 외환보유고 다변화 움직임의 영향으로 유로화 및 파운드화의 비중이 증가 추세를 보이고 있음

① 유로화
유로(Euro)화는 1999년 출범 이후 세계 외환보유고 중 17.9%를 차지하였으며 이후 지속적으로 증가하여 2006년 9월말 기준 25.2%를 차지하고 있다. 이는 최근 외환보유고 다변화 움직임에 따라 달러의 대체통화로 유로화가 부상하고 있음을 반증하는 것으로 해석할 수 있다.
② 파운드화
파운드화도 동 기간 2.7%에서 4.3%로 증가세를 보였다.

(3) 엔화는 1990년대 초 이후 지속적인 감소세를 보이고 있음

1980년대 외환보유고 다변화 동향에 따라 전체 외환보유고의 10%를 차지하며 정점을 이룬 이후 지속적으로 감소하여 2006년말 2%대로 하락하였다.

### 2.2 보유통화의 다변화

(1) 선진국과 개발도상국으로 나누어 보면 개발도상국의 외환보유고 통화 다변화 경향이 비교적 현저하게 나타나고 있음

① 선진국

선진국의 경우 달러화 비중이 2006년 9월말 기준 73%를 차지하고 있으며 1999년 이후 72~73% 수준을 지속적으로 유지하고 있다.

② 개발도상국

중국을 제외한 개발도상국의 경우 달러화 비중이 1997년 72%를 기록하였으나 2006년 9월말 기준 60%로 하락하였다.

(2) 세계 1위의 외환보유국인 중국은 외환보유고 중 달러화 비중이 약 70% 수준으로 수익성 제고 등을 들어 최근 외환보유고 다변화를 실시할 것을 시사하였음

중국의 이 같은 움직임이 여타 다른 개발도상국의 외환보유고 다변화에 영향을 미칠 것으로 예상된다. 이는 하락하고 있는 달러화에 약세 압력을 가중시키는 요인이 될 것으로 보인다.

## 3. 외환보유고 운용 다변화

### 3.1 외환보유고의 운용 추이

최근까지 외환보유고는 대외지급을 위한 보험성격이라는 고유의 목적에 맞게 안정성, 유동성, 시장신뢰성(market credibility)에 중점을 두고 운용되어 왔다. 1980년대에는 외환보유고의 60%가 금으로 운용되었으나 2005년 9%로 감소하였으며 2006년 3월말 기준 전체 외환보유고 중 0.5조 달러를 차지하고 있다.

은행 예치금 형태가 2006년 3월말 기준 투자 외환보유고의 외화자산 중 약 30%를 차지하고 있는 가운데 개발도상국이 전체 외환보유고 중 33.8%를 은행 예치금에 투자하고 있으며 선진국은 20.7% 수준으로 선진국보다 개발도상국이 은행 예치금을 더욱 선호하는 것으로 나타났다. 2006년 3월말 기준 세계 외환보유고의 약 70%가 채권에 투자되고 있으며 안정적이며 유동성이 큰 국채가 투자 포트폴리오(investment portfolio) 내 비중이 가장 큰 편이다.

반면 주식 보유 비중은 매우 낮아 2004년말 기준 전체 외환보유고 투자 유가증권의 2%를 차지하는 데 그치고 있다.

### 3.2 외환보유고의 운용 다변화

(1) 최근 들어 외환보유고가 급증한 아시아 국가들의 중앙은행을 중심으로 미국 국채의 매수

비중을 축소시키면서 외환보유고 운용의 다변화 현상이 나타나고 있음

글로벌 달러화가 약세를 보임에 따라 외환보유고의 자산가치 하락에 대한 가능성이 증가하여 고수익 자산에 대한 관심이 증가하고 있다. 일본의 경우 2006년말 기준 전년 대비 외환보유고가 5.2% 증가하였으나 미국 국채 증가율은 오히려 5.1% 감소하였다. 한국, 대만 등 아시아지역 국가를 중심으로 미국 국채 비중이 감소하고 있다. 그러나 영국의 경우 미국 국채 보유 비중이 전년 대비 59.6%의 증가를 기록하여 아시아 국가들을 중심으로 외환보유고 운용 다변화가 나타나고 있음을 반증하고 있다.

(2) 미국 국채 판매 증가율과 외환보유고 증가율이 지속적으로 동조화(synchronization)를 보였으나 2005년 중반 이후 탈(脫) 동조화를 보이면서 외환보유고는 급증세를 보이고 있으나 미국 국채 매입 증가율은 하락세를 나타내고 있음

### 3.3 외환보유고 다변화의 영향

외환보유고 다변화의 영향으로 다음 3가지를 지적할 수 있다.

(1) 외환보유국들이 달러화의 비중을 급속히 축소시킬 경우 글로벌 달러화 약세 현상 심화 및 외환보유고 가치 하락이 발생하게 됨

미 달러화 약세 현상이 급속히 진행될 경우에는 그 역효과가 많은 달러화 자산을 보유한 국가들에게서 우선적으로 나타날 것으로 보인다. 중국의 경우 달러화 가치가 20% 하락할 경우 연간 자본축적 총액과 비슷한 1조 위안(1,270억 달러) 이상의 손실이 예상되고 있다.

(2) 외환보유고 투자대상의 범위 확대는 글로벌 불균형 해소 및 유동성 확대에 기여하게 됨

미국 자본수지 흑자에 기여해온 외환보유국가들의 미국 국채 매입이 감소할 경우 글로벌 불균형(global imbalance) 해소에 기여하게 되고 더불어 외환보유고 투자 자산이 주식, 채권, 부동산 등 다양화될 경우 세계 자금흐름에 풍부한 유동성을 부여할 것으로 보인다.

(3) 미국 국채 수요가 감소함에 따라 채권가격 하락에 따른 금리인상 요인이 발생하게 됨

# 제2절 시사점

외환보유고 다변화의 시사점은 다음 6가지로 요약될 수 있다.

## 1. 외환보유고 급증의 양면성

아시아 신흥시장 국가들을 중심으로 급증한 외환보유고는 국가경제의 안정성 유지, 대외신인도 제고 등의 긍정적 효과에도 불구하고 중앙은행들의 불태화 비용 상승 등을 고려할 경우 부정적 효과가 나타나게 된다.

## 2. 자산운용 다변화를 통한 수익성 제고의 필요성

적정 수준을 초과한 외환보유고는 우량 회사채, 모기지(mortgage) 채권, 자원개발투자 등으로 다양화할 필요가 있다. 적정 수준을 초과한 일부 외환보유고로 해외 우량주식에 투자할 경우 수익성뿐만 아니라 포트폴리오나 리스크 관리에도 기여하게 된다.

현재 홍콩, 노르웨이, 싱가포르, 이탈리아 등이 해외증시에 외환보유고를 직접 투자하고 있으며 한국의 경우 한국투자공사(KIC)를 통해 해외증시 투자의 가능성을 열어 놓고 있다. 러시아의 경우 2008년까지 외환보유고로 전체 외채를 상환하고 이후 해외주식 투자를 고려하고 있다. 이들 국가는 해외투자 확대를 통해 잉여자본의 문제를 해소하고 국제금융시장의 안정(stability of international financial market)에 기여하게 된다.

## 3. 급격한 외환보유고 다변화는 글로벌 자산가치 재조정 압력의 요인이 됨

글로벌 불균형을 유지해온 요인 중 하나가 외환보유국가들이 매입하였던 미국 국채임을 고려할 경우 급격한 미 국채 보유비중 축소는 미국 경기둔화에 촉매제로 작용하게 되어 저축률이 낮은 미국 가계의 소비위축을 초래하게 된다. 미 국채 수요 감소는 미국의 자본수지가 순유출(net outflow)로 전환되는 것을 의미하는 것으로 미국경제에 상당한 부담이 되어 결국은 미 국채가격 하락으로 금리인상과 자산가치 재조정을 유발하게 된다.

## 4. 환율 안정을 위한 과도한 외환시장 개입의 자제가 요구됨

아시아 국가들은 이제까지 대규모 경상수지 흑자(current account surplus)와 함께 자국통화의 평가절상 속도를 조절하기 위해 통화량 조절채권을 발행하는 등 불태화 외환시장 개입을 통해 환율조정을 해왔다. 이제까지 누적적으로 발행된 대규모 통화량 조절채권들이 중앙은행의 이자 부담을 가중시킬 뿐만 아니라 부동산, 주식시장 등의 과잉투자(overinvestment)로 자산가격의 급상승을 유발하고 있는 실정이다.

## 5. 외환보유고 다변화를 위한 국제적 협력의 필요성

(1) 지역통화금융협력(regional currency and financial cooperation) 강화를 통한 국제금융시장의 불안정 완화

아시아지역의 경우와 같이 2000년 「ASEAN + 3국 장관회의」를 통해 외환 유동성 위기 우려 시 긴급 자금지원을 합의한 '치앙마이 이니셔티브'(Chiangmai Initiative)와 같은 지역별 공조를 통해 우선적으로 안전판 기능을 확보하는 것이 필요하다.

(2) 미국과 달러화에 편중된 무역구조 및 금융구조의 개선

미국에 편중된 무역수지 흑자(trade surplus)는 대외무역의 불균형 및 통상마찰(trade conflict)을 초래하게 된다. 외환보유고 다변화 동향 및 미국의 경제둔화에도 불구하고 대외지급의 기축통화(key currency)로서 달러화가 가지는 외부효과와 규모와 유동성 측면에서 가장 발달한 미국의 채권시장 의존도가 여전히 높아 편중된 구조개선의 어려움이 존재하고 있다.

## 6. 중앙은행의 자의적 해석에 따른 적정외환보유고가 아닌 국가별 상황과 현실에 적합한 적정외환보유고 수준 책정의 필요성

(1) 적정외환보유고의 규모는 기준에 따라 다양하게 나타나나 이론적 기준이나 경험적 기준 모두 적용변수를 어떻게 책정하느냐에 따라 편차가 커서 자의적 해석(arbitrary interpretation)의 오류 가능성이 큰 편임
(2) 상기한 관점에서 각국의 자본시장 환경, 외환위기 재발 가능성, 지정학적 리스크(geopolitical risk) 등 국가별 위험요인을 고려하여 유연하게 운영할 필요성이 있음

아시아의 경우 외환위기라는 특수한 상황을 경험한지 10년밖에 지나지 않았고 국제금융환경의 변동성(variability of international financial environment)이 제고된 것을 고려할 경우 이론적 수치보다 더 많은 외환보유고가 필요하게 된다.

〈표 14-3〉 적정외환보유고 규모의 경험적 기준

| 제안자 | 근거 | 적정외환보유고 |
|---|---|---|
| Triffin(1960) | · 외환보유고 수요는 수입에 비례 | · 연수입액의 40% |
| IMF(1953) | · 국가간 교역의 1회전 소요되는 기간은 평균 3개월 | · 3개월 수입금액 |
| Guidotti(1999) | · 금융위기 원인은 단기부채의 갑작스런 회수 | · 단기외채금액 |
| Geenspan(1999) | · 위험관리 차원에서 적정 외환보유고 규모 확보 | · 단기외채금액 ± α |
| Wijnjolds and Kapteyn(2001) | · 단기외채뿐만 아니라 도피성 자금도 갑작스런 외자유출 원인 | · 단기외채 ± 오차 및 누락 |
| 기 타 | · 포트폴리오 투자까지도 언제든 유출 가능 | · 단기외채 ± 오차 및 누락 + 외국인 포트폴리오 투자의 1/3 |
| 종합 1 | · 경상거래와 자본거래 종합 | · 3개월 수입금액 + 단기외채 |
| 종합 2 | · 경상거래와 자본거래 종합 | · 3개월 수입금액 + 단기외채 + 오차 및 누락 + 외국인 포트폴리오 투자의 1/3 |

15
chapter

# 차세대 성장동력 확보

## 제1절 개 관

산업차원에서 차세대의 성장동력 확보 문제가 최근 들어 부상하고 있는 것은 외환위기(foreign exchange crisis) 이후 진행되고 있는 세계화(globalization), 기술혁신(technological innovation) 등 경제환경의 급격한 변화가 산업차원과 기업수준의 신속한 적응을 요구하고 있는 데에 기인하고 있다. 현재는 자동차, 조선, 반도체 등 주력 제조업이 우리 경제의 성장을 리드하고 있으나 급속한 대외여건의 변화 속에서 이에 안주할 수는 없다. 따라서 10년 후 한국경제를 이끌고 나갈 주력산업이 무엇인지에 대한 고려가 그 어느 때보다 중요한 시점이라고 할 수 있다.

우선 대외 경제상황을 고려할 때 2~3년 사이 중국경제의 고도성장과 2001년말 세계무역기구(WTO) 가입 이후 세계경제 편입이 가속화 되면서 우리의 주력 수출시장인 선진국에서 중국의 시장잠식이 본격적으로 진행되고 있다. 한편, 이전에 국내 고용의 상당부분을 담당하던 가전, 섬유, 컴퓨터 등 노동집약적 산업(labor-intensive industry)의 해외투자를 통한 생산기반 해외이전이 확대되면서 국내 제조업의 공동화에 대한 우려가 제기되는 가운데 조립·완성재 산업의 경우에도 기술집약적 산업(technology-intensive industry)의 투자가 확대되면서 과거 산업화시대 제조업의 고용창출력이 크게 감소하고 소위 선진국형 '고용없는 성장(jobless growth)'이 우리에게도 현실화되고 있다.

이 같은 산업여건의 변화 및 국내 제조업 중심의 성장전략의 한계와 최근 심화되고 있는 우리 경제의 양극화 및 글로벌시장(global market)에서의 경쟁심화 등을 고려할 때 다음 세대로 이어지는 우리 경제의 성장 모멘텀(growth momentum) 확보를 위한 새로운 성장동력의 발굴과 육성이 그 어느 때보다 긴요한 과제로 부상하고 있다. 산업차원의 차세대 성장동력으로는 3가지(① 신기술산업, ② 부품소재산업, ③ 서비스산업 중에서도 지식서비스산업)가 핵심과제라고 할 수 있다.

## 1. 신기술산업

신기술산업은 기존의 주력산업이 가지고 있는 성장의 한계를 극복할 수 있는 기회를 제공하고 지속적으로 신규시장을 창출한다는 점에서 차세대에 있어 한국경제를 주도해 나갈 성장동력으로서의 역할을 담당할 것으로 판단된다. 또한, 이러한 신기술산업은 단독으로 우리 경제의 성장성을 확대시키는 동시에 기존 주력산업과의 융합을 통하여 기존 주력산업이 성장할 수 있는 새로운 영역을 지속적으로 확대시켜 나갈 수 있을 것으로 전망된다. 특히, 이 같은 신기술산업은 정보통신기술(IT), 생명공학기술(BT), 나노기술(NT) 등 신기술을 기반으로 형성된 산업으로 주력산업과 달리 기술력의 확보와 이의 상업화가 성장의 요체가 된다. 따라서 이러한 신기술산업을 육성하기 위하여 정부가 사용할 수 있는 가장 중요한 정책 수단은 신기술 및 제품개발을 위한 연구·개발(R&D)에 대한 정책적 지원이라고 할 수 있다. 이는 신기술산업의 기술개발의 불확실성과 위험도(uncertainty and risk of technological development)가 기존 주력산업에 비해 매우 크고 신기술산업에 대한 민간투자의 진입장벽(entry barrier)을 낮추기 위해서도 공공부문의 역할이 매우 중요하기 때문이다.

## 2. 부품소재산업

21세기는 특정산업의 경쟁력뿐만 아니라 해당산업과 관련된 부품소재의 생산, 조립, 판매 등 모든 관련업체가 종합적으로 경쟁하는 시스템 경쟁시대(systematic competitive era)라고 할 수 있다. 따라서 우리 산업의 시스템 중 가장 취약부문인 부품·소재부문의 육성은 21세기 산업경쟁력 강화(intensification of industrial competitiveness)의 핵심이자 차세대 성장동력의 주요 후보산업이라고 할 수 있다.

### 3. 서비스산업

우리의 서비스산업은 사업체 수, 매출액, 고용 등 여러 측면에서 구조적인 변화의 과정에 있다. 최근 급속히 성장하고 있는 사업지원 서비스, 문화오락 관련서비스, 정보통신서비스 등은 기존의 주력산업을 지원하거나 수출을 통해서 시장을 창출할 수 있는 가능성이 큰 신성장 동력분야로 평가할 수 있다. 이들 분야에 대한 지원제도의 정비와 체계적인 관리를 위한 정책대안을 마련하는 것이 시급한 실정이다. 특히, 서비스산업에 대한 포괄적인 지원을 통한 성장촉진대책보다는 종합적인 육성대책과 병행하여 고부가가치, 타 산업에 대한 파급효과가 큰 분야를 선별하여 집중적으로 육성하는 전략이 효과가 클 것으로 판단된다.

## 제 2 절 비전의 제시

### 1. 제조업 발전방향

주요 선진국의 1960년대 이후 경제발전 과정(economic development process)에서 제조업은 경제가 고도화될수록 생산과 고용측면에서 제조업의 비중이 점차 하락하는 탈(脫) 제조업화의 발전경로를 보이고 있다. 미국, 영국, 프랑스 등 선진국과는 달리 전후 산업화(industrialization)를 시작한 한국의 경우에는 1960~1990년 기간 중 제조업의 생산과 고용비중이 우상향하는 발전경로를 보였으나 1990년을 기점으로 선진국과 마찬가지로 제조업의 생산과 고용비중이 점진적으로 감소하는 탈 제조업화의 양상을 나타내고 있다.

그러나 현재 우리는 미국, 일본 등의 선진국에 비해 제조업의 생산비중이 상대적으로 클 뿐만 아니라 생산비중에 비해 고용비중이 매우 작은 특징을 보이고 있다. 더욱이 최근에는 생산비중은 25%를 초과하면서도 고용은 20%대를 유지함으로써 여타 선진국에 비해 상대적으로 적은 고용으로 더욱 많은 부가가치(value added)를 생산하고 있는 것으로 분석되고 있다. 이 같이 우리의 제조업이 여타 선진국과는 다른 발전 경로를 보이는 것은 1990년 이후 반도체, 통신기기 등 IT 산업중심의 산업구조 고도화와 자동차, 조선, 일반기계, 철강, 화학 등 주력 제조업 분야에서 노동 절약적인 기술채택과 설비투자를 통한 산업구조 고도화를 추진해왔기 때문으로 분석된다. 이러한 우리 제조업의 최근까지의 발전 경로와 우리보다 앞서 선진경제(advanced economy)로 진입한 미국, 일본 등 선진국의 제조업의 발전경로를 고려할 때 향후 우리 제조업의 발전방향이 시사하는 바는 다음 2가지로 집약된다.

### 1.1 지속가능한 성장의 어려움과 실업증대

현 시점에서 제조업의 생산 기반 약화로 인해 생산과 고용측면에서 제조업의 비중이 크게 감소할 경우 한국경제의 지속가능한 성장(sustainable growth)이 어려울 뿐만 아니라 대량실업이 초래될 수 있다.

### 1.2 제조업의 생산비중 확대 및 생산성 제고

한국경제의 지속성장을 위해서는 더 이상의 고용비중의 하락없이 제조업의 생산비중을 최소한 현재의 수준을 유지하거나 신기술의 적용, 또는 신산업의 창출로 한 단계 업그레이드(upgrade)를 통해 생산비중을 증대시키는 동시에 글로벌 시장에서의 경쟁우위(competitive advantage in global market)를 유지하기 위한 생산성(productivity) 제고가 절대적으로 필요하다. 이를 위해서는 IT, BT, NT 등 소위 첨단신기술의 개발과 이들 개발된 기술의 조기 상업화를 통한 차세대 성장동력 산업의 육성발전이 필수적이라 할 수 있다. 또한 조선, 자동차, 철강, 반도체, 통신기기 등과 같이 글로벌 시장에서 1·5위 생산능력과 경쟁력을 갖춘 전통 주력산업의 제품 차별화(product differentiation)와 프리미엄 시장진출, 중국 등 후발개도국의 가격경쟁력(price competitiveness)에 기초한 시장잠식을 저지하지 위한 고도의 기능과 경쟁력을 가진 부품소재의 개발과 육성이 필요하다.

## 2. 서비스업 발전방향

1990년대 이후 제조업의 주도적인 역할이 상당히 약화되면서 서비스산업의 역할이 상대적으로 증대되고 있다. 이에 따라 국내총생산(GDP)과 고용에서 차지하는 서비스산업의 비중도 지속적으로 커지고 있다. 명목 GDP에서 차지하는 서비스산업의 비중은 1970년 43.5%에서 1979년 40.6%까지 하락하였으나 이후 지속적으로 상승하여 2003년에는 57.3%를 기록하였다. 우리의 경우 서비스산업이 생산과 고용에서 차지하는 비중은 선진국과 마찬가지로 우상향하는 발전경로(GDP 비중이 증대되면서 고용이 증대되는 경로)를 보이고 있다. 이러한 서비스산업의 생산과 고용면에서 차지하는 비중변화는 향후 고용창출과 제조업에서의 생산성 제고에 따라 유휴화되는 인력의 흡수측면에서 서비스산업의 역할이 지대하다는 것을 시사한다고 할 수 있다. 우리의 서비스산업의 현황을 살펴보면 다수의 측면에서 향후 발전가능성과 역할이 크다는 것을 알 수 있다. 우선 우리의 서비스산업의 생산과 고용비중을 중심으로 주요 국가의 서비스산업과 비교해 볼 때 현재 우리의 서비스산업의 비중이 대부분 선진국의 생산과 고용비중에 비해 아직은 낮은 수준이라는 것을 파악할 수 있다.

즉 미국, 영국 등 일부 국가에서는 서비스산업이 생산과 고용에서 차지하는 비중이 70%를 상회하고 있으나 우리의 경우에는 60% 미만으로 우리 경제의 서비스화가 이들 선진국에 비해서는 상당히 낮은 수준을 보이고 있다. 그러나 향후 우리 경제가 발전해 가면서 여타 선진국과 마찬가지로 서비스산업은 생산과 고용측면에서 그 비중이 점차 커지게 되어 향후 생산과 고용 창출능력의 가능성이 크다고 할 수 있다. 다만 현재 우리의 경우 서비스산업의 생산성이 이들 선진국에 비해 크게 낮다는 것이 문제로 지적된다. 우리의 서비스산업분야의 과제는 단순한 고용창출뿐만 아니라 주어진 자원으로 더욱 많은 부가가치(value added)를 생산할 수 있는 생산성 제고가 무엇보다도 시급하다고 할 수 있다. 따라서 향후 우리 경제의 발전에 있어 서비스산업의 역할은 고생산성 · 고임금의 일자리를 제공하는 동시에 주어진 자원으로 보다 많은 부가가치를 창출하는 서비스를 제공하는 것이라고 할 수 있다. 따라서 이러한 고부가가치의 생산과 일자리 창출을 담당할 수 있는 전략적 서비스산업의 발굴과 육성이 필요하다.

## 3. 10년 후 한국산업의 발전 비전

### 3.1 신기술산업군

10년 후 한국의 신기술 산업의 비전은 선택과 집중(selection and concentration)을 통하여 특정 분야에서 글로벌 기술 리더십(global technological leadership)을 확보함으로써 선진국의 추격자(follower)가 아닌 선도주자(front-runner)로서 글로벌 시장을 선점하는 데 있어 주도적인 역할을 할 것으로 기대된다. 또한, 이러한 신기술산업은 주력 제조업분야를 혁신하는 원동력으로서 주력 제조업의 고부가가치화에 결정적으로 기여할 것으로 보인다. 향후 신기술산업과 차세대 성장동력 분야에 대한 전략적인 연구 · 개발(R&D) 투자와 산업발전 기반조성을 통해 현재 선진국 대비 50~60%에 불과한 신기술산업과 차세대 성장동력 산업의 기술수준을 80~90%로 제고시키는 데 있어 결정적인 역할을 수행해야 한다.

특히, 차세대 성장동력 기술 및 제품 개발과 상업화가 계획대로 이루어진다면 이들 분야의 독자적 글로벌 경쟁력(global competitiveness) 확보가 가능해질 뿐만 아니라 이들 제품과 관련된 기존 주력제품의 경쟁력 또한 크게 제고될 것으로 전망된다.

### 3.2 부품소재산업군

중국, 인도 등 인구대국들의 급속한 경제발전으로 이들 지역이 최종재(final goods)의 최대 수요국으로 부상하고 있다. 이로 인해 세계 주요 업체들이 이들 지역 최종재 제품의 생산기지화가 되는 동시에 세계의 공장(global factory)이 되고 있다. 특히 의류, 가전 등 비교적 표준화된 생산 공정을 저임금노동에 의존할 수 있는 산업들은 생산여건이 양호한 중국, 인도뿐만 아니라 동남아시아, 중남미, 동유럽 등으로 생산기지를 이동하고 있다. 이 같은 현상은 자동차, 기계 등 고숙련 기능이나 기술 및 높은 신뢰성이 요구되는 산업에까지 확산되고 있다.

따라서 최근 이러한 국제분업(international division of labor) 구조의 변화와 새롭게 등장하는 중국과 인도의 세계 공급기지화가 야기시키고 있는 부품소재의 특수효과를 최대한 활용하기 위해서는 결국 우리의 산업구조도 부품·소재산업 중심으로 재편되고 부품·소재 중에서도 고품질·고급제품이나 첨단기술제품 위주의 생산과 연구·개발 및 마케팅기능이 강화되는 형태로 발전할 필요가 있다. 특히, 국내 시장의 한계로 인해 한국 부품·소재산업의 발전은 기존 완제품 산업의 발전패턴과 마찬가지로 '핵심부품·소재의 세계적 공급기지'를 추구해야 한다.

우리의 주력산업 생산원가에서 부품·소재의 비중이 최소한 60% 이상을 차지하고 있어서 부품·소재가 최종조립재의 가격 및 품질경쟁력(quality competitiveness) 확보에 가장 중요한 역할을 수행한다고 할 수 있다. 현재 부품·소재산업이 조립산업에 비해 수입의존도가 높고, 수출비중이 낮아 향후 수입대체(import substitution) 및 수출확대를 통해 높은 성장이 가능할 것으로 판단된다.

한편 IT, BT, NT 등 신기술은 부품·소재와 밀접한 관련을 가지고 있다. 전자정보기술의 발달로 전자BT산업 내에서 단일칩·다기능 첨단부품이나 각종 첨단 디스플레이(display) 등 첨단 전자부품이 부상하게 되고 기계, 자동차 등의 부품분야에서 전자정보기술이 접목된 신개념 제품들이 적극적으로 출시될 것으로 전망된다.

#### (1) NT

NT는 첨단신소재 개발을 촉진하고, 이를 통해 부품의 경량화가 더욱 확산될 것으로 보인다. 또한, 환경문제와 관련하여 각종 부품의 경량화는 중요한 핵심과제가 되고 있다.

#### (2) BT

BT도 자체적으로 새로운 소재의 개발이나 IT나 NT와 복합되어 신소재나 새로운 부품의 개발에 영향을 미치게 된다. 환경 및 에너지기술은 부품산업에 간접적으로 영향을 미치게 되며 환경친화적이고 새로운 에너지를 사용하는 기계나 기술은 이전과는 전혀 다른 부품·소재의 개발을 필요로 하게 된다.

#### (3) IT

향후 IT의 지속적 발전으로 새로운 전자부품의 개발뿐만 아니라 이를 자동차 및 기계부품 등에 적용하는 부품의 전자화가 확산될 것으로 보인다.

#### (4) 기능융합

IT와 BT가 복합하여 새로운 부품이 개발되고 BT와 NT는 독자적으로 혹은 기술융합을 통해 신소재 개발이 이루어지게 되며 이러한 신소재를 통해 부품의 경량화 및 신기능화가 촉진될 것으로 보인다.

### 3.3 지식서비스산업군

서비스산업은 2000~2003년 기간 중 사업체 수 5.2%, 매출 23.4%(경상가격 기준), 고용이 11.9% 증가하고 있으나 업종별로 보면 구조적인 변화의 과정에 있다. 서비스산업의 부가가치 실질성장률을 보면 외환위기 직후인 1998년을 제외하면 1990년대 후반 5~7%의 비교적 높은 성장률을 기록하였다. 서비스업종별 비중을 살펴보면 금융 및 보험과 부동산이 각각 9.1%와 7.5%로 가장 크고 도·소매업이 6.9%로 그 뒤를 잇고 있다. 제조업 활동과 밀접한 관련이 있는 사업서비스의 비중은 5.2%를 기록하였다.

경제의 서비스화가 경제구조의 고도화에 중요하나 질적인 성장이 수반되지 않은 채 서비스의 비중이 증가한다고 해서 경제구조의 고도화를 달성할 수 있는 것은 아니다. 따라서 신성장동력으로서의 발전을 이루기 위한 서비스산업의 발전 비전은 '서비스산업과 함께 성장하는 국민경제' 또는 '국민경제의 성장과 고용을 견인하는 서비스산업'이 되어야 한다. 동시에 이러한 장기적인 목표의 달성과 함께 고부가가치의 서비스를 제공하면서도 고임금의 지식집약적 일자리 창출의 역할을 담당할 수 있어야 한다. 이러한 지식서비스산업의 발전은 제조업의 서비스화에 부응한 서비스산업 업그레이드(upgrade)의 의미를 내포하고 있다. 따라서 이러한 지식서비스산업의 발전은 자동차, 조선, 통신기기 등 기존의 주력산업들이 글로벌 시장에서 경쟁력을 갖도록 하는 데 크게 기여할 수 있다.

최근 급속히 성장하고 있는 사업지원 서비스, 문화오락 관련 서비스, 정보통신서비스 등은 기존의 주력산업을 지원하거나 수출을 통해서 시장을 창출할 수 있는 가능성이 높은 신성장동력 분야라고 할 수 있다. 차세대 성장동력으로서의 서비스산업 발전을 위해서 선별되어야 할 업종은 다른 분야의 산업, 나아가 국민경제에 활력을 발생시키고 차세대 고용창출을 주도해 나갈 수 있는 분야라고 할 수 있다.

이에 적합한 업종으로서 다음 3가지를 지적할 수 있다.

**(1) 사업지원서비스업**

이는 다른 사업부문을 지원하는 서비스로서 연구·개발업, 컨설팅, 디자인, 광고, 마케팅, 홍보 등과 같은 업종과 물류와 같은 산업인프라의 기능을 하는 업종의 발전이 필요하다.

**(2) 국민들의 삶의 질(quality of life)을 제고시킬 수 있는 분야**

여기에는 문화 및 오락 관련 서비스업, 보건복지, 교육 서비스업 등이 포함된다.

**(3) 수출가능 서비스업**

수출가능 서비스의 경우 기본적으로 비교역재(non-traded goods)의 성격이 강하나 경제의 글로벌화(economic globalization) 진전과 인터넷, 위성방송 등을 통하여 이미 정보의 장벽(informational barrier)이 무너지고 관련 인력의 이동이 자유로워지고 있기 때문에 경쟁력이 있는 특정 부문에서는 수출이 활발해지고 있다.

수출 가능한 서비스 분야에는 컴퓨터관련 서비스, 컨텐츠, 문화서비스 등 정보재(informational goods) 또는 정보재와 연관된 서비스 등이 포함된다. 전체 산업과 경제를 활성화시킬 수 있는 이들 서비스 분야는 그동안 지식서비스산업으로 지칭되던 분야들과 대부분 유사하다.

# 제 3 절 현황과 평가

## 1. 신기술산업

우리의 신기술수준은 세계 최고수준에 비해 크게 낮은 것으로 평가된다. 정보기술(IT)은 세계 최고수준의 80%를 상회하는 것으로 평가되고 있으나 생명공학기술(BT)과 나노기술(NT)의 현 수준은 세계 최고수준의 60% 정도인 것으로 평가되고 있다. 많은 부가가치를 창출할 것으로 보이는 신기술간 융합기술수준도 선진국 대비 50~60%대로 평가되고 있다.

〈표 15-1〉 국내 신기술 및 융합신기술 수준(세계수준=100)

(단위 : %)

| | IT | NT | BT | INT | IBT | NBT | INBT |
|---|---|---|---|---|---|---|---|
| 현재 | 83.9 | 58.1 | 61.9 | 63.1 | 55.0 | 52.6 | 48.7 |
| 2010 | 89.2 | 74.5 | 75.7 | 75.7 | 73.2 | 70.4 | 65.0 |

자료 : 산업연구원 실태조사(2004)

정부가 추진 중인 차세대 성장동력 10대 분야는 시장 및 기술의 성숙도와 국내 보유 경쟁력 수준 등에 따라 3개 군으로 분류될 수 있다.

① 저준위 정책지원 분야

국내의 기술경쟁력이 높고 초기 시장도 이미 형성되어 있는 디지털 TV/방송, 디스플레이, 차세대 반도체, 차세대 이동통신, 지능형 홈네트워크 분야는 시장의 자율경쟁을 촉진하기 위한 '저준위 정책지원'이 필요한 군으로 분류된다.

② 중준위 정책지원 분야

디지털 컨텐츠(digital contents)와 SW 솔루션, 미래형자동차, 자동형 로봇, 차세대 전지 분야는 시장 창출 잠재력이 큼에도 불구하고 국내 경쟁력이 낮아 일정 수준 이상의 정책지원과 산학연관간 긴밀한 협력이 필요한 '중준위 정책지원' 분야로 분류할 수 있다.

③ 고준위 정책지원 분야

바이오신약장기 분야는 시장 성숙도도 매우 낮고 국내 경쟁력도 미약하여 정부의 적극적인 정책지원이 요구되는 '고준위 정책지원' 필요 분야이다.

선진국 대비 국내의 기술경쟁력(technological competitiveness)을 정책지원 수준을 기준으로 분류된 3개 군별로 살펴보면 I군의 경우 2005년 기준 80~90%로 세계시장 선점 가능성을 보유하고 있다고 평가되고 있으며 2012년 95% 수준까지 경쟁력을 제고시키는 것을 목표로 하고 있다. Ⅱ군과 Ⅲ군은 2005년 기준 선진국 대비 60~70% 수준 경쟁력을 보유하고 있는 것으로 평가되고 있으며 2012년까지 80~90% 수준까지 제고시키는 것이 세부 사업단별 목표로 제시되고 있다.

차세대성장 동력사업은 향후 5~10년 후 한국경제의 성장을 주도할 수 있는 기술과 제품을 선정하여 전략적 연구·개발 투자(strategic R&D investment)와 지원, 개발된 기술과 제품의 조기 상용화 및 산업화(수출산업화 포함)를 목적으로 추진되고 있다. 신기술산업은 기술개발의 불확실성과 위험도가 기존 주력산업에 비해 매우 클 뿐만 아니라 민간투자의 진입장벽을 낮추기 위해서도 공공부문의 역할이 매우 중요하다. 이에 따라 정부는 차세대성장 동력사업을 추진함에 있어 연구·개발 사업을 중심으로 하되 이를 지원할 수 있는 중장기 산업발전 인프라의 구축에도 주력하고 있다. 연구·개발 사업의 경우 사업단을 중심으로 출연연구소와 민간기업, 대학에 R&D 자금을 지원하고 있다. 또한, R&D 성과의 조기 사업화를 촉진하기 위해 인력양성, 제도개혁, 초기 시장형성 등 차세대 성장동력을 위한 중장기 산업발전 인프라 구축을 추진하고 있다.

특히, 정부와 민간부문의 역할 분담을 통한 협력체계 구축이 추진되고 있다. 예를 들면, 민간기업이 10대 성장동력 분야의 핵심기술의 실용화와 초기시장 선점에 집중적인 투자를 담당하고 정부는 기초·원천기술개발, 초기 시장창출, 투자효율성(investment efficiency) 제고를 위한 제도개선, 규제완화(deregulation), 인력양성 등 간접적인 지원 중심의 정책을 추진한다는 전략을 수립하고 있다. 이에 따라 정부 R&D 지원사업추진의 결과로 개발된 기술과 제품의 사업화 지원과 이들 기술과 제품개발에 있어 필수적인 R&D 인력 및 산업화 과정에 필요한 고기능 인력의 공급체계 확보에 역점을 두고 각종 시책을 추진하고 있다. 현재 상기한 추진전략이 비교적 순조롭게 진행되고 있으나 R&D 과제 선정단계에서 기술성이 중심이 되면서 경제성평가가 다소 미흡한 측면이 있고 국가주도 분야와 민간주도 분야간 R&D 사업의 전략성이 부족한 점 등이 문제로 지적되고 있다.

## 2. 부품 · 소재산업

현재 정부의 부품·소재산업 육성과 차세대 성장동력화 관련 정책은 '부품·소재전문기업 등의 육성에 관한 특별조치법'을 근거로 '부품·소재 발전 기본계획'에 의해 추진되고 있다(이러한 특별법은 2011년까지 시행되는 한시법으로 2002~2005년 1단계 사업으로 발전기반 구축을 목표로 하고 있음). 기본계획에서는 '핵심 부품·소재의 세계적 공급기지화'를 부품·소재산업의 발전비전으로 설정하고 있다. 이러한 발전비전을 달성하기 위한 정책목표로서 전문 부품·소재기업 육성, 독자 기술기반 구축, 세계적 조달네트워크 참여 등을 제시하고 있다.

정부는 조세특례제한법, 법인세법 등의 세제지원과 '부품·소재 전문투자조합'의 결성을 통해 부품·소재업체의 전문화 및 대형화를 촉진하는 한편 대규모 기업집단에 속하는 기업이라도 자기계열회사에 대한 매출액이 50%를 초과하지 않는 부품·소재기업인 경우 전문부품·소재기업으로 인정하고 있다. 정부의 기술관련 지원사업은 크게 2가지(① 기술개발지원, ② 현장애로기술지원)로 분류할 수 있다. 기술개발지원은 핵심 부품·소재의 원천기술을 개발하기 위해 중점분야에 집중적으로 지원하고 시장 친화적 개발을 유도하기 위해 민간의 투자를 활용하는 방식으로 추진되고 있다.

한편, 부품·소재의 세계적 조달네트워크 참여를 위한 정책의 일환으로 신뢰성(credibility) 확보에 중점을 두고 있다. 이를 위해 신뢰성평가 기준 제·개정 및 분석연구기반 구축, 신뢰성 평가 및 인증사업 실시, 신뢰성 보험제도 도입, 중소기업 신뢰성향상지원사업, 신뢰성 기초분석 연구 및 전문인력 양성사업 등을 추진하고 있다. 한편, 부품·소재에 특화된 수출지원정책보다는 KOTRA나 지방정부에서 일반적인 해외시장 개척을 위한 인력 및 정보지원, 해외전시회 참가 및 국내외 전시회 개최 지원 등을 실시하고 있다. 또한, 부품·소재 수출 Leading Company를 선정하여 업종별 대표기업으로서 부품·소재 수출의 모델로 활용하고 있다.

기업들의 노력과 정부의 정책적 지원에 힘입어 부품·소재의 신제품개발 및 생산기술은 정책 시행 초기인 2001년에 각각 선진국의 66.4%, 77.8%에 불과했으나 2005년 기준 84.3%, 87.7%로 상승했으며 2010년에는 93.9%, 96.8%까지 제고될 것으로 전망된다. 품질수준도 2001년의 85%에서 2005년 기준 89.7%까지 상승했으며 2010년까지 96.5%까지 제고될 것으로 전망된다.

이 같은 기술 및 품질수준의 획기적인 개선으로 인해 2003년 이후부터는 부품소재의 수출증가율이 수입증가율을 크게 상회하는 양상을 보이고 있다.

〈표 15-2〉 부품·소재의 선진국 대비 수준 변화 추이

(단위 : %)

| | 초기(2001) | 실적(2005) | 예상(2010) |
|---|---|---|---|
| 신제품개발기술 | 66.4 | 84.3 | 93.9 |
| 생 산 기 술 | 77.8 | 87.7 | 96.8 |
| 품 질 수 준 | 85.0 | 89.7 | 96.5 |

자료 : 산업연구원, 부품·소재발전기본계획 수립을 위한 연구(2001. 8), 한일 FTA가 부품·소재산업에 미치는 영향과 대책(2005. 6)

지난 10년간 이미 부품·소재의 수출증가율이 전산업의 수출증가율을 상회하고 있고 무역특화지수도 대폭 개선되는 추세를 보이고 있다. 이에 따라 부품·소재산업은 향후 한국경제의 성장을 주도할 뿐만 아니라 기존 조립산업과는 달리 생산 및 연구·개발(R&D), 경영, 마케팅 등에서 다수의 인력을 요구하므로 실업문제 해결에도 기여하게 될 것으로 전망된다.

〈표 15-3〉 부품 · 소재산업의 무역 및 경쟁력 변화추이

(단위 : 백만 달러, %)

| | 1994 | | | 2004 | | | 연평균증가율 (1997~2004) | |
|---|---|---|---|---|---|---|---|---|
| | 수출 | 수입 | 특화지수 | 수출 | 수입 | 특화지수 | 수출 | 수입 |
| 전 산 업 | 96,013 | 102,348 | -0.032 | 253,845 | 224,463 | 0.061 | 10.2 | 8.2 |
| 부품소재 | 29,034 | 33,968 | -0.078 | 107,871 | 92,664 | 0.076 | 14.0 | 10.6 |

자료 : 기계공업진흥회, 무역협회 등의 무역통계

그러나 상기한 부품 · 소재산업의 경쟁력수준 제고와 수출확대 등은 기존 범용부품 · 소재에 한정되어 있고 핵심 첨단부품 · 소재는 여전히 선진기업들과의 경쟁력에서 밀리고 있다. 따라서 핵심 첨단부품 · 소재의 개발 및 경쟁력 제고는 아직 핵심과제로 남아있다. 향후 급속한 기술의 발전 및 융합화, 부품의 모듈화 · 시스템화 하에서 요구되는 국내 부품 · 소재기업의 대형화 유도 정책 등이 추진될 필요가 있다.

## 3. 지식서비스산업

정부의 서비스산업육성 추진정책은 '서비스산업 경쟁력 강화 추진방안' 마련을 위한 관계부처 합동회의(2005. 3)를 기점으로 더욱 강화되고 있다.

지식서비스 부문의 성장동력 확보를 위한 육성정책도 비교적 광범위하게 추진되고 있다. 이는 정책적 지원과 성과가 비교적 양호하게 모니터링(monitoring)되고 있는 분야로서 컴퓨터 관련 서비스업, 온라인 게임, 모바일 게임(mobile game) 등은 이미 수출산업화되고 있다. 영화산업은 국내시장 점유율 50%대를 유지하면서 높은 경쟁력을 기반으로 수출산업으로 성장하고 있다. 1990년대 초반까지만 해도 영화산업의 무역특화지수는 완전수입특화에 가까웠으나 2004년에 들어서는 수출입이 거의 균형상태에 이르고 있다. 향후 성장여하에 따라서는 수출특화산업으로 부상할 수도 있을 것으로 전망된다.

소프트웨어 및 컴퓨터관련 서비스업의 경우 전형적인 수출가능 서비스산업이자 지식기반산업(knowledge-based industry)으로 인식되고 있다. 전체 수출금액면에서는 2004년 기준으로 패키지소프트웨어(package software) 부문의 수출이 5억 1,500만 달러로 가장 많다. 이어서 컴퓨터 관련서비스업의 수출이 2억 3,800만 달러, 디지털 컨텐츠 부문이 1억 6,500만 달러를 나타내고 있다. 패키지소프트웨어부문은 지금까지 무역수지 적자규모가 연간 3~4억 달러에 이르고 있으나 디지털컨텐츠와 컴퓨터관련 서비스업은 수출을 통해서 시장을 창출하는 산업분야로 성장하

고 있다.

서비스산업 활성화를 위한 대책이 관계부처 합동으로 진행되고 있음에도 불구하고 소관부처가 업종별로 분산되어 있어 준비와 관심부족, 핵심사항에 대한 이견 등의 문제점이 여전히 남아있는 상태이다. 교육 및 의료기관의 영리법인화 허용, 법인약국 허용, 외국계 법률회사의 합작규제 완화 등에 대한 교육계, 의료계, 법조계 등 관련자들의 이해조정이 더 필요할 것으로 판단된다.

또한, 정부의 포괄적인 서비스산업 경쟁력 강화 대책에도 불구하고 지식기반산업으로 분류되고 있는 사업서비스업(디자인, 과학기술 전문 연구개발업, 컨설팅 등)과 삶의 질(quality of life) 향상에 기여하는 교육, 의료 등의 분야는 성장동력 산업화가 현저하게 나타나지 않고 있다. 특히, 사업서비스업의 경우 수요기업의 투자가 활성화됨으로써 동반성장할 수 있는 성격이 강하다고 할 수 있다. 이러한 점에서 공급측면의 자극을 통한 산업활성화에는 한계가 있다고 볼 수 있다.

# 제4절 전 략

차세대 성장동력을 확보하기 위한 전략은 다음 3가지 측면에서 살펴볼 수 있다.

## 1. 차세대 정부 R&D 사업의 전략성 강화

### 1.1 R&D 사업추진의 전략성 제고

R&D 사업추진의 전략성 제고는 다음 3가지 측면을 고려할 필요가 있다.

(1) 차세대 성장동력 R&D 지원과제 선정과 연구비 지원에 있어 정부와 민간의 주도적 역할 분담과 전략성 제고

민간과 정부의 역할 분담에 대한 기준을 명확히 하여 정부 R&D 지원이 민간투자를 구축(crowding-out)하지 않도록 한다. 즉, 민간이 자발적으로 연구·개발(R&D)과 혁신(innovation)을 수행할 수 있는 분야에서 정부가 지원함으로써 발생하는 연구·개발 투자의 비효율성이 발생하지 않도록 할 필요가 있다.

(2) 현재 진행되고 있는 과제들에 대한 연동계획을 철저히 수립하여 변화하는 기술 및 산업

환경에 적극적으로 대응함

이 때 제조업의 서비스화, 고령화 등 최근 산업여건 및 기술변화 추이, 경쟁대상국의 기술전략 등을 충분히 고려할 필요가 있다. 또한, 관련기술이 적용되는 제품의 개발 및 사업화, 조기 수출화로 인한 핵심 부품 및 소재의 수입유발 효과, 대·중소기업 간의 하도급 구조의 변화 등도 충분히 고려해야 한다.

(3) 동 사업의 전략성을 제고하는 차원에서 10대 차세대 성장동력 분야별 R&D 지원 예산사업 중에서도 외국과의 경쟁가능성을 고려하여 선점할 필요성이 있는 분야를 중심으로 상대적인 우선순위를 부여하여 선택과 집중할 분야를 선정할 필요가 있음

전략적으로 중점 추진할 필요가 있는 원천기술 분야와 핵심기술(core technology)을 선별하고 이들 기술개발 과제에 대해 집중적으로 투자해야 한다.

### 1.2 민간투자 촉진을 위한 여건 조성

현재 차세대 성장동력사업은 사업단을 중심으로 핵심기술 및 시제품 개발에 중점을 두고 있다. 이 결과를 기반으로 이어지는 사업화는 기업의 적극적인 R&D 프로젝트 참여와 선행투자, 관련 생산기술 인력의 확보와 초기 시장형성이 중요한 사안이 된다. 최근까지 차세대 성장동력 분야에 대한 민간부문의 선행 설비투자가 당초 예상과는 달리 크게 미흡하여 이들 분야에 대한 기업의 투자재원조달과 대응투자를 유발할 수 있는 여건을 조성할 필요가 있다. 이를 위해서는 사업화 과정에서 발생하는 불확실성과 위험(uncertainty and risk)을 완화하기 위하여 사업화 지원관련 법, 제도, 규제 등을 개혁하여야 한다. 그동안 한시적으로 운영되어 온 기업의 R&D와 관련한 조세감면 등 정부의 R&D 조세지원제도가 사전에 특별한 연장조치나 법개정이 이루어지지 않는 한 2006년에 종료될 예정으로 있다. 이는 장기간 R&D 투자를 필요로 하는 차세대 성장동력사업에 대한 투자를 위축시킬 가능성이 크다고 할 수 있다. 기업관련 지원제도를 정비함에 있어서도 차세대 성장동력사업에 대한 투자가 위축되지 않도록 추진할 필요가 있다.

## 2. 부품·소재산업의 차세대 성장동력화 강화

### 2.1 민간주도의 글로벌 네트워크 참여 본격화

미래 발전의 핵심이 부품·소재산업이라는 시각에서 법적 근거를 가지고 이를 지원하는 현

정책방식은 산업발전비전에 기초한 지속적인 지원이라는 측면에서 바람직한 방향이라고 평가할 수 있다. 2005년까지는 부품·소재 발전기반을 구축하는 단계였으나 2006년 이후는 발전기반을 민간에 이양하여 글로벌 네트워크(global network)에 본격적으로 참여하는 단계라고 할 수 있다. 세부적인 기술개발과제 선정이나 각종 지원기관의 운영 등은 최대한 민간자율로 운영될 수 있도록 하고 정부는 중장기적인 발전방향의 수정 및 보완해야 할 기반구축에 핵심을 두어야 할 것으로 판단된다.

### 2.2 세계적 부품·소재기업의 육성과 부품·소재범위의 확대

현재 정부가 추진 중에 있는 중핵기업 육성은 핵심 부품·소재기업의 대형화라는 세부 발전목표를 보다 구체화하였다는 데 의미를 부여할 수 있다. 2001년 수립한 부품·소재 발전기본계획에서도 '세계적 품질 및 기술보유 부품·소재 전문기업 육성'을 발전목표로 설정한 바 있다. 기술개발 및 기술기반구축, 신뢰성 제고, 사업화 및 시장진입 촉진 등의 부품·소재관련 시책이 원활하게 수행되면 결과적으로 중견·중소·부품업체들이 세계적 공급업체로 성장하여 중핵기업이나 세계적 품질 및 기술보유업체로 부상하게 된다.

따라서 중핵기업이라는 개념을 새롭게 구상한 것은 의미가 있으나 실질적인 내용에 있어서는 세계적 품질 및 기술보유 부품·소재 전문기업 육성 등과 같은 기존의 발전목표와 큰 차이가 없다.

부품·소재산업에서 대형업체를 육성하기 위해서는 기술개발이나 여타지원을 통해서 단기간에 이루어지기는 힘든 실정이며 조립대기업의 계열기업화나 기존 부품·소재업체간 인수·합병(M&A)을 통한 대기업화를 활성화할 필요가 있다. 일본의 덴소나 아이신은 도요타(TOYOTA)의 계열회사이고, 미국의 델파이나 비스티온 등은 GM과 포드(FORD)에서 독립해 나온 계열회사이며, 일본의 칼소닉칸세이는 자동차부품의 모듈생산을 위해 칼소닉과 칸세이가 합병한 회사이다. 따라서 조립대기업이 부품·소재관련 기업의 설립 및 분사, 지분참여 등을 자유롭게 할 수 있도록 각종 제약을 완화하는 것이 필요하다.

또한, 세제 및 금융상 인센티브를 주어 모듈생산을 위한 부품업체간 인수·합병의 활성화를 유도할 필요가 있다. 자동차부품산업 등에서는 부품의 모듈화가 일반적인 경향이므로 인수·합병을 통한 대형화가 어려울 경우 관련업체간 협업을 통해 모듈을 개발하고 생산하는 시스템을 구축하도록 하는 것이 바람직하다.

특히, 중핵기업 육성을 위한 대형 기술개발 지원이 활성화되어야 하는데 중기거점과제나 차세대성장동력 기술개발사업과 같은 여타 기술개발과제 선정에 있어 중핵 부품소재기업에 대해 우선순위를 높이는 것이 필요하다. 또한, 제조업뿐만 아니라 최근 중요성이 확대되고 있는 상품의 제조에 중간생산물로 사용되는 각종 소프트웨어 등의 생산기업도 부품·소재기업의 범위에 포함될 수 있도록 관련 규정의 개정을 추진할 필요가 있다.

### 2.3 시장친화적 개발지원 지속과 수요업체와의 연계성 강화

부품·소재업체에 대한 대형기술 개발지원은 이미 중기거점 과제나 차세대 성장동력 기술개발사업 등에서 이루어지고 있다. 따라서 부품·소재 발전정책의 기술개발과제는 기존의 정책에서 지원되지 못하고 있는 부분을 대상으로 지원이 이루어져야 한다. 기존 부품·소재 발전정책에서 실시되고 있는 시장 친화적 기술개발정책은 부품·소재의 세계적 공급기지화에 부합되는 정책으로 판단되며 이러한 지원정책은 여타 기술개발 정책과 차별화되고 있다.

사업화에 장기간이 소요되어 투자가 활성화되지 못하고 있는 소재 및 자동차부품, 기계부품, 소재 등에 대한 기술개발 지원에 대해서는 보완책을 마련할 필요가 있으나 현재 추진되고 있는 부품·소재기술 개발정책은 지속적으로 추진해야 한다. 향후 지원에 있어 수요업체와의 연계성 강화 및 개발된 제품의 사업화라는 차원에서 수요업체와의 공동개발이나 독자적인 개발과제라 하더라도 수요업체와 사전협의 또는 사전 수요조사 기능을 강화하는 것이 필요하다. 지원의 효율성이라는 관점에서 모듈부품의 경우 전체모듈은 대형모듈업체가 담당하게 하고 세부과제는 모듈업체의 책임 하에 단품업체를 선정하여 개발하도록 하는 방안도 강구할 필요가 있다.

또한, 신뢰성인증제도 등에 대한 수요업체들의 사전 인정협약 체결과 '부품·소재산업진흥원'을 통한 지원시 수요 대기업과의 지원인프라 연계기능 강화에 초점을 맞추어 안정적 운영을 할 수 있는 방안 등도 적극적으로 모색할 필요가 있다.

### 2.4 해외 마케팅 및 애로기술 중심의 중소부품·소재기업 지원 강화

모듈단위의 부품은 무게나 부피가 커서 조립업체 주변에 위치하는 것이 운송비용(transportation cost) 등에서 이점이 있으며 수입국의 현지화(localization) 요구 등으로 수출산업화 하기가 용이하지 않다. 따라서 향후 2차, 3차 부품업체 등이 수출의 핵심기업으로 부상할 것으로 기대된다. 그러나 중소부품·소재업체들은 규모의 영세성으로 정보, 기술, 마케팅 능력 등 전반적인 인프라가 취약하므로 지역기술혁신센터 등은 이들 기업에 대한 지원에 역점을 두도록 지원기반을 확대하는 것이 필요하다.

특히, 본격적인 부품·소재의 세계적 공급기지화를 위해 해외마케팅 능력이 부족한 중소 부품·소재업체에 대한 수출시장 정보 및 해외전문인력 등의 지원을 강화할 필요가 있다.

또한, 기술지원은 지역기술혁신센터나 공공연구기관 등의 인력 및 장비, 개발기능 등을 충분히 활용할 수 있도록 관련 연계기능을 보다 강화할 필요가 있다. '부품 · 소재통합연구단'에서 확대 개편된 '부품 · 소재산업진흥원'에서도 부품 · 소재업체의 애로기술 해결을 위한 연계사업이 핵심 사업이 될 필요가 있다. 16개 공공연구기관뿐만 아니라 지역대학 및 혁신센터 등을 활용하는 방안도 모색될 필요가 있다. 이미 구축된 지역혁신 클러스터(cluster)의 대부분은 부품 · 소재와 관련되어 있어 이의 기능 확대 및 활용 강화를 통해 현장에서 용이하게 지원기능을 이용할 수 있도록 조치할 필요가 있다.

## 3. 지식서비스산업의 전략적 육성

### 3.1 제조업과 서비스업의 상호보완적 역할을 고려한 산업정책 추진

제조업 중심의 사고로부터 탈피하여 제조업과 서비스업의 상호보완적 역할(mutually complementary role)을 충분히 인식하여 균형발전을 유도하는 방향으로 산업정책의 방향이 설정될 필요가 있다. 또한, 한국적인 상황에 적합한 서비스산업 육성 전략을 구축함으로써 구조고도화를 추진해야 한다. 일본의 경우 미국과 같은 서비스화 노선은 비교우위(comparative advantage)가 없다는 인식 하에 자국이 높은 경쟁력을 지닌 하드웨어에 소프트웨어를 결합한 제3의 상품군(Thirdware)을 전략산업으로 육성(정보가전, 고도도로 정보시스템(ITS) 등)하는 전략이 추진되고 있다.

더욱이 제조업과 대비하여 서비스산업을 하나의 산업으로 간주하여 접근하는 기존의 산업정책개발 방식을 탈피하여 제공되는 서비스의 특성을 고려한 중간단계의 정책목표가 필요하다. 일자리 창출(단순노동력 혹은 전문인력 등), 제조업경쟁력 보완, 삶의 질 제고 등 정책우선순위에 따라 중점육성 분야가 변화되고 지원수단도 차별화되어야 한다.

### 3.2 전략적 업종에 대한 선별적 발전전략 추진

전략적인 육성정책이 필요한 분야는 다음과 같은 3가지 중간단계의 정책목표에 부합하는 분야가 될 수 있다.

① 부가가치가 높으면서도 제조업을 보완 · 지원해 줄 수 있는 제조업 관련서비스에 유통물류, 금융, 통신, 비즈니스서비스 등이 포함된다.

② 수출을 통하여 제한된 내수시장을 탈피할 수 있는 서비스부문에는 문화서비스(영상물, 컨텐츠 등), 정보통신 관련 서비스(통신서비스 노하우, 소프트웨어 등)가 있다.

③ 지식집약적인 투입의 비중이 높은 서비스부문은 국민들의 삶의 질 제고와 관련된 의료, 보

건, 교육, 문화 및 오락 등이 포함된다.

## 제 5 절 실행계획

실행계획은 다음 3가지 측면에서 살펴볼 수 있다.

### 1. 정부와 시장의 역할 분담

차세대 성장동력을 확보하는 데 있어 정부와 민간의 효율적인 역할 분담은 매우 중요하다. 차세대 성장동력이 갖는 미래 불확실성과 위험(future uncertainty and risk), 초기 시장의 미형성 등의 특성을 고려할 경우 정부의 역할이 중요하게 부각된다. 그러나 장기적인 관점에서 차세대 성장동력이 가지고 있는 성장가능성(growth potentiality)과 수익성(profitability)을 고려할 경우 이들 성장동력 확보의 주체는 기업가적 마인드 등을 지닌 창의적인 민간기업(creative private company)이 되어야 한다. 다만 현재 우리의 경제발전단계나 시장규모를 고려하여 차세대 성장동력이 민간주도로 시장기능에 의해 형성될 수 있는 여건이 마련되어 있지 않은 분야에 대해서는 정부의 제한적인 개입을 고려할 수 있다. 특히, 우리의 경우 기존 성장동력 산업의 성장 및 고용창출 기여도가 점차 감소되는 상황에서 이들 산업의 업그레이드와 새로운 산업의 지속적인 창출을 통해 양호한 일자리를 제공하는 정부의 기본책무를 고려할 때 정부의 적절한 역할이 기대되고 있다.

우선 차세대 성장동력으로 부상하고 있는 신기술산업과 부품소재산업, 지식기반 서비스산업의 발전과 관련한 정부와 시장의 상대적 중요성과 역할을 설정할 경우 정부의 역할과 중요성은 그 우선순위가 지식서비스산업, 부품소재산업, 신기술사업(차세대성장 동력사업)의 순서가 되어야 한다.

차세대 성장동력사업의 경우 지능형 로봇, 차세대 전지, 바이오신약 등 국내역량이 부족하고 상용화까지 장기간이 소요되는 분야에 한해 정부 R&D 투자를 집중하는 한편 차세대반도체, 차세대이동통신 등 민간역량이 축적되어 있는 분야의 투자는 최대한 민간의 자율적인 판단에 일임할 필요가 있다.

또한, 부품소재산업의 경우 정부의 역할은 세제, 금융상 인센티브를 강화하여 인수 · 합병(M&A)을 통한 대형업체 육성을 도모하고 소프트웨어 생산기업을 부품소재기업에 포함되도록

하는 등 제도개선 및 기반조성에 집중할 필요가 있다. 한편, 민간기업은 신기술개발을 통한 경쟁력 강화, 글로벌 네트워크(global network) 참여를 통한 생산기지화 추진 등 기술개발과 마케팅 역량을 지속적으로 강화하는 데 있어 주도적 역할을 담당해야 한다.

한편, 지식기반서비스산업(knowledge-based service industry)은 생산과 고용 창출의 가능성이 가장 큰 분야이어서 정부가 적극적인 규제개혁(regulatory reform)과 경쟁촉진, 단계적인 시장개방 등을 통해 경쟁력 강화를 유도하고 서비스통계 정비 및 서비스상품의 표준화 등 관련 인프라 정비에 주력할 필요가 있다. 민간부문은 지식경영(knowledge management)과 혁신을 통한 지속적인 가치창출 모델(vaule-creative model)을 개발하고 제조업 등 타 분야와의 연계발전을 통한 부가가치 제고에 역량을 결집시켜야 한다.

## 2. 중점 추진과제(2006년)

### 2.1 정부 R&D 과제의 경제성 평가 강화

차세대 성장동력사업은 시작 초기단계에 어떤 연구과제를 지원하는가에 역점을 두어왔다. 이 같은 상황에도 불구하고 과제 선정단계에서 기술성을 중심으로 과제를 선정했다는 점에서 민간의 참여를 촉진하는 데 한계가 있다. 경제성 평가는 사업화 가능성이 높은 기술을 선정함으로써 민간의 참여를 적극적으로 유도할 수 있으며 정부입장에서는 차세대 성장동력사업의 사업화 목표 달성률을 제고함으로써 정부 연구·개발 투자의 효율성을 제고시킬 수 있다.

경제성 평가가 이루어지지 않을 겨우 연구개발의 결과물이 사업화되어 경제적 성과(economic performance)로 연계되지 못하는 결과를 야기시킬 수 있다. 차세대 성장동력사업에 대한 민간 R&D 투자 참여와 사업화 관련 투자가 부진한 점을 고려하여 현재 추진 중인 과제가 경제성 측면에서 적절하게 선정되었는지 재검토해 볼 필요가 있다.

현재 산업자원부에서는 연구·개발 과제를 지원할 때 경제성 평가를 강화하는 새로운 평가시스템을 구축하고 있다. 연구개발 과제를 기획하고 선정할 때부터 중간, 최종 단계에 이르는 전 단계에서 경제성 평가를 실시할 예정으로 있어 향후 정부의 연구·개발 사업, 특히 상업화를 목표로 하는 정부 연구·개발 사업으로 이를 확대 실시할 필요가 있다.

### 2.2 부품·소재관련 지원기반의 민간 독자적 운영체제 강화

대부분의 과제가 단기간에 종료될 수 있는 성격은 아니고 연차적으로 매년 실시하면서 중장기적으로도 지원을 지속해야 한다. 종합기술지원사업이나 핵심기술개발사업, 개발된 부품·소재의 사업화, 해외기술의 도입, 부품·소재기업의 수출기업화 지원 등 대부분의 지원이 계속사업으로 지속되어야 한다.

2006년에 보다 관심이 두어져야 할 지원과제는 부품·소재관련 지원기반을 민간이 독자적으로 운영하고 부족한 부분을 보완할 수 있는 방안 마련이다. 종합기술지원사업을 실시하는 기관을 보다 확대하고 관련 지원이 중소부품·소재업체에까지 확산될 수 있도록 해야 한다. 또한, 상품의 제조에 중간생산물로 사용되는 각종 소프트웨어 등의 생산기업도 전문부품·소재기업의 범위에 포함될 수 있도록 관련 규정도 개정할 필요가 있다. 부품·소재의 기술개발과제 선정은 수요업체의 의견을 적극적으로 반영하고 신뢰성향상사업을 포함한 수출관련 각종 전시회, 구매사절단 유치 등 수출산업화 관련정책도 더욱 강화된 형태로 지원이 이루어져야 한다.

### 2.3 지식서비스산업 활성화를 위한 제도적인 지원 강화

지식서비스산업의 중점 육성대상 업종에 대해서는 규제개혁, 지원프로그램의 활성화 등 제도적인 지원책을 강구해야 한다. 이와 관련하여 다음 4가지 사례를 지적할 수 있다.

(1) 서비스산업의 경우 연구개발 활동이 제조업에 비하여 활성화되지 않는 특징을 고려하여 연구개발 범위에 대한 인정 범위를 확대하는 방안

문화컨텐츠 업계의 프리프로덕션 단계(preproduction stage)의 투입 중 일정부분이나 소프트웨어 시제품 개발 등을 연구·개발로 인정함으로써 이들 업종의 창의적인 사전기획활동을 활성화시킬 필요가 있다.

(2) 부품·소재산업과 관련된 지원정책에서 임베디드 소프트웨어(embedded software) 부문을 포함함으로써 관련 개발업체가 지원을 받을 수 있도록 하는 방안

산업용기기, 디지털가전 등 각종 기계장치에 임베디드 소프트웨어가 소요되는 분야가 크게 증가하고 있는 추세를 보이고 있다. 따라서 정보통신 관련 서비스 등 제조업을 지원하는 부문에 대해 제조업에 대한 지원과 유사한 정책수혜 대상으로 편입시킬 수 있는 분야를 찾아서 적용할 필요가 있다.

(3) 한국의 정책성공 사례의 해외지원과 더불어 관련 서비스업체의 시스템 수출을 지원하는 방안

한국의 앞선 정책사례를 관련 외국정부에 적극적으로 전수해 주고 그 과정에서 국내의 하드

웨어뿐만 아니라 컨설팅, 설계용역 등 서비스 관련 업체들의 수출을 지원할 필요가 있다. 예를 들면 이동통신서비스, DMB, WiBro, 통합교통카드시스템 등이 해당된다.

(4) 의료, 교육 등의 지식서비스 부문에 대해서는 규제개혁을 통한 민간의 자발적인 투자활성화(investment vitalization)를 유도하는 방안

특히 정부 부처간, 관련 민간부문간 이해가 대립하는 분야에 대해서는 이해를 조정하는 총괄 기능이 강화되어야 한다.

## 3. 중장기 추진과제

중장기 추진과제는 다음 3가지로 요약할 수 있다.

### 3.1 정부 신기술 R&D사업 과제간 연계 강화

차세대 성장동력사업은 상업화를 목적으로 하는 대표적인 개발연구과제로 평가된다. 개발연구의 경쟁력은 기초연구의 경쟁력과 분리되어 육성될 수 없으며 관련 기초연구들과의 연계를 통해 시너지 효과(synergy effect)를 창출할 수 있도록 R&D 정책이 기획될 필요가 있다. 즉, 기초연구 과제의 기획시 기술수요자라 할 수 있는 개발연구 부문의 관점이 고려될 필요가 있으며 개발연구 과제에서도 국내에서 수행 완료 혹은 추진되고 있는 기초연구 과제와의 연계성이 확보되어야 한다.

정부 연구・개발 사업 중 21세기 프론티어사업, 중기거점 기술개발사업, 차세대 신기술개발사업 등의 중장기기술개발사업 중에는 차세대 성장동력 과제와 연관관계가 깊은 개발 전 단계의 과제들이 있다. 이들 과제를 서로 연계시켜 지원한다면 부족한 차세대 성장동력사업의 예산을 확대하는 효과가 있으며 시너지 효과를 제고시킬 수 있고 수요자 중심의 기초연구가 가능하게 된다. 이를 위해서는 동일 부처 내에서의 프로그램간 연계는 물론 부처간 프로그램의 연계도 이루어져야 한다.

또한, 기초연구와 개발연구의 구분은 연구개발 주체의 구분과도 관련이 있다. 기초연구는 주로 대학에서 수행하고 있으며 개발연구는 기업이 주로 수행하고 있는데 이들 양 연구개발 주체들의 연구개발 목표 및 이해관계가 상이하여 양 부문간 연계가 제대로 이루어지지 못하고 있다. 따라서 기초연구과제 선정시 개발 및 상업화 과정을 고려하여 대학과 기업의 산학협력을 실질적인 관계로 진전시켜야 한다.

### 3.2 부품 · 소재 기술개발 로드맵에 따른 지속적인 R&D과제 추진

부품·소재의 기술개발과제 선정은 수요업체의 의견을 적극적으로 반영하고 신뢰성향상사업을 포함한 수출관련 각종 전시회, 구매사절단 유치 등 수출산업화 관련정책은 보다 강화된 형태로 지원이 이루어져야 한다. 특히, 기술개발지원은 부품·소재 기술개발 로드맵에 따라 확실한 개발목표를 선정하여 장기적인 계획에 따라 이루어져야 할 필요가 있다.

**〈참고〉** 차세대 성장동력에 대한 2가지 접근 방식

범국가적인 전략적 대응을 필요로 하는 문제의 하나는 향후 10년, 더 나아가 미래에 있어 한국경제의 지속가능한 성장과 사회발전(sustainable growth and social development)을 보장해 줄 수 있는 성장동력은 무엇이며 이러한 성장동력을 어떻게 확보할 것인가라고 할 수 있다. 이러한 성장동력에 관한 논의와 정책에 있어서는 성장동력을 어떻게 정의하고 그 범위를 어떻게 설정하느냐에 따라 다양한 접근방법이 있을 수 있다. 또한, 성장동력을 어떻게 인식하느냐에 따라 성장동력 확충의 주체와 정책수요가 크게 상이해질 수 있다. 따라서 정부와 민간부문의 역할도 달라질 수 있다.

① 경제성장의 완화에 근거하여 성장동력을 인식하고 논의하는 방식

경제성장의 원천(sources)에 주목하여 성장동력을 파악하고 논의하는 것은 가장 일반적인 접근방식이라고 할 수 있다. 즉, 일국의 경제발전 초기에는 노동투입, 자본축적이 경제성장에 있어 주요 성장동력의 역할을 하게 된다. 그러나 경제가 점차 성숙단계로 진입하면서는 요소축적(factor accumulation)에 의한 성장의 한계가 노출되면서 전략적 R&D 투자와 장기적 시각의 교육투자에 의한 기술진보(technological progress)와 인적자원 확충, 사회전반의 효율성 제고가 중요한 역할을 담당하게 된다. 따라서 이러한 접근방식에서 국가전략 차원에서 무엇보다 중요한 것은 사회 전반의 생산성이 증가하는 것이다. 결국 이러한 성장동력 확보에 있어서는 생산성 제고에 있어 핵심 역할을 하는 기술과 인적자원의 확충이 무엇보다도 중요하다는 입장을 견지하게 된다.

② 경제성장을 주도하는 특정부문이나 산업을 성장동력으로 인식하는 방식

이 경우에는 대내외 여건 변화, 특히 기술진보와 시장수요 패턴 변화에 따라 시기별로 경제성장을 주도하는 부문이나 산업이 상이할 수 있다는 시각을 가지게 된다. 따라서 정부나 민간부문에서는 시대별 또는 대내외 여건변화에 따라 어떤 산업이 향후 성장과정에 있어 주도적인 역할을 담당할 것인지를 사전적으로 파악하고 이러한 미래의 성장동력 분야에 대해 자원과 역량을 집중하는 방식으로 성장의 모멘텀을 마련하여 이에 부합되는 사회제도의 개혁방향을 설정하여 추진할 필요가 있다. 이 같은 미래 성장동력은 그 자체로도 중요하나 그보다는 새로운 성장동력이 필요로 하는 새로운 인적자원과 사회제도를 체계적으로 준비하는 데 있어 중요한 정보를 제공한다는 데 더욱 큰 의미가 있다고 할 수 있다.

### 3.3 지식서비스산업의 생산성 제고를 위한 다양한 프로그램 개발

서비스산업 내부의 구조고도화를 위한 전략적인 선택과 더불어 지식서비스산업의 생산성 제고를 위한 다양한 정책 프로그램의 개발이 필요하다. 우선 서비스 업종의 혁신환경 조성을 위해서는 인적자원(human resources)의 개발 및 교육환경 개선, 규제개혁과 경쟁촉진, IT 활용도의 제고, 단계적이고 지속적인 서비스시장 개방, 서비스통계 정비 등이 단행되어야 한다. 또한, 서비스 상품의 표준화, 품질인증제, 소비자 피해구제제도, 유통구조 개선 등 국가적인 차원의 제도정비도 종합적인 서비스산업 육성 정책으로 추진되어야 한다.

특히, 전략적인 부문의 경쟁력 강화를 위한 근본적인 대책으로서 생산성 제고를 위한 개별 서비스 업종에 대한 지식기반화 촉진 정책이 필요하다. 중소기업들은 대기업들과는 달리 지식경영의 필요성을 인식하면서도 지식경영 도입을 위한 전문적인 컨설팅에 접근하기가 어려운 실정이어서 관련 지식과 방법론의 도입에 한계가 있다. 각 업종별 특성에 적합한 지식경영 방법론과 지식자산 측정을 통한 개별 기업에 적합한 지식경영 컨설팅 등 중소기업을 대상으로 하는 지식경영의 확산은 서비스산업의 경쟁력 제고에 기여하게 된다.

16
chapter

# 인적자본 육성과 대외개방도 제고

## 제 1 절 인적자본 육성

1990년대 이후 우리의 대학진학률은 급속히 증가하여(1990년 33.2% → 2004년 81.4%) 대학 졸업 인력의 공급이 수요에 비해 크게 증가한 반면에 고등학교 졸업 인력의 공급은 감소하는 추세를 보이고 있다. 양적인 측면에서 신규 노동력 공급에 있어 전문대학 및 대학 졸업자 중심으로 과잉공급(oversupply)이 점차 심화되고 있다. 그러나 현재 우리 경제의 고용 흡수력은 상기한 노동공급에 못 미치고 있는 상태이다. 전문대학 및 대학 졸업 인력의 과잉공급은 청년실업(youth unemployment)의 증가를 야기하여 사회불안정(social instability)의 주요 요인이 되고 있다. 한편, 전문대학 및 대학 졸업 인력의 과잉공급과는 달리 특정분야 대학원 졸업 인력에 대한 공급은 수요를 충족시키지 못하고 있다.

전문대학 및 대학 졸업 인력의 질적인 측면에서의 문제도 심각한 상황이 되고 있다. 산업체에서 필요로 하는 지식과 기술이 급속히 변화하고 있음에도 불구하고 공급자 위주의 폐쇄적인 교육체제(closed educational system) 운영으로 노동시장 수요에 부합하는 양질의 인력을 적기에 양성하여 기업에 공급하지 못하고 있다. 신입사원들이 대학에서 습득한 지식과 기술은 기업에서 필요한 수준의 26%에 불과하며(전경련, 2002) 대졸 신입사원의 교육에는 평균 20.3개월의 기간과 6,218만원의 비용이 소요되는 것으로 조사된 바 있다(경총, 2005).

또한, 현재의 교육체제는 과거 산업사회에서 형성된 것으로 지식기반사회(knowledge-based

society) · 세계화(globalization) 시대가 요구하는 인재 양성에는 미흡한 실정이다. 지식기반사회 · 세계화시대의 주요 특징은 정보통신 · 과학기술의 급속한 발달, 이로 인한 노동수요 및 직업의 급속한 변화와 국가 간의 무한경쟁이다. 이에 능동적으로 대응하면서 수준 높은 양질의 삶을 영위하기 위해서는 개인의 소질, 능력, 적성에 맞는 학습기회(learning opportunity)가 생애에 걸쳐 지속적으로 제공되어야 한다. 또한, 개인은 스스로 학습할 수 있는 능력을 구비해야 한다. 국가적으로는 국제화 능력을 갖춘 인재, 새로운 지식 · 기술을 창출하여 활용할 수 있는 고급 두뇌 인력이 필요하다.

## 1. 비전의 제시

경제의 소프트화 · 글로벌화 지식기반경제로의 이행 등에 신속히 대응하기 위하여 사회가 필요로 하는 인력을 효율적으로 양성 · 공급함으로써 개인의 고용가능성을 제고시키는 동시에 경제의 역동적 발전(dynamic development of economy)에 효과적으로 기여할 수 있는 교육시스템을 구축하는 것이 필요하다. 이러한 교육시스템은 궁극적으로 경제성장뿐만 아니라 고용 및 복지 등의 관점에서 우리의 경제 · 사회 발전을 구축해 나갈 핵심 정책수단이라 할 수 있다.

사회가 요구하는 양질의 인력을 공급하는 교육시스템을 갖추기 위해서는 수요와 공급의 원리(principle of demand and supply)가 제대로 작동하고, 평생고용이 가능한 교육시장이 구축되어야 한다. 무엇보다도 교육 수요자의 선택권과 교육 공급자 간의 공정한 경쟁(fair competition)이 보장된 교육시장의 구축이 우선시 된다. 경제별 사회의 환경변화와 개인의 학습욕구에 잘 대응하고 교육의 질적 수준을 보장할 수 있는 교육시스템은 결과적으로 개인의 고용가능성(employability)을 제고시키고, 개개인이 속한 조직의 생산성과 궁극적으로 국가경쟁력(national competitiveness) 증대에 기여하게 된다.

## 2. 현황과 평가

양적인 인력수급 측면에서 평가할 때 고학력 인력의 과잉공급은 향후에도 지속될 것으로 보인다. 한국직업능력개발원(2005)의 학력별 인력 수급 전망에 따르면 2005~2015년까지 전문대졸 이상 대학 졸업자의 경우 548,000명의 초과공급이 발생할 것으로 보인다(연간 49,000명).[1] 이

1) 전문대졸은 2010년 이후에는 이후에는 초과공급규모가 감소하나 대졸은 2010년 이후에 초과공급규모가 증가하고 대학원졸은 2010년까지 초과수요를 보이나 2010년 이후에는 초과공급상태로 반전될 것으로 보인다(국민경제자문회의, 동반성장을 위한 새로운 비전과 전략, 2006. 1. pp. 13~230 요약 · 재구성).

같은 초과공급은 고학력자에 대한 수요 증가에도 불구하고 높은 진학률과 경제활동참가율의 지속적인 상승에 기인한다.

한편, IMD 보고서에 의하면 한국의 대학교육의 경제사회 요구 부합도가 60개국 중 52위(2005)에 불과한 것으로 조사되어 산업현장의 수요와 유리된 우리 대학교육의 문제가 심각한 것으로 나타나고 있다. 4년제 대학을 졸업하고도 전문대학, 기능대학이나 직업훈련기관에서 다시 교육을 받아야 취업이 가능한 현실이 상기 조사 결과를 반증한다고 할 수 있다.

〈표 16-1〉 학력별 인력수급차 전망(2005~2015)

(단위 : 천명, %)

| 구분 | 신규수요(A) | | | 신규공급(B) | | | 초과공급(B-A) | | |
|---|---|---|---|---|---|---|---|---|---|
| | 2005~2010 | 2011~2015 | 2005~2015 | 2005~2010 | 2011~2015 | 2005~2015 | 2005~2010 | 2011~2015 | 2005~2015 |
| 전문대 | 882 | 744 | 1,626 | 1,120 | 860 | 1,980 | 238(27.0) | 116(15.6) | 354(21.8) |
| 대학 | 1,473 | 1,234 | 2,707 | 1,543 | 1,354 | 2,897 | 70(4.8) | 119(9.6) | 190(7.0) |
| 대학원 | 486 | 423 | 909 | 460 | 453 | 913 | -26(-5.3) | 30(7.1) | 4(0.4) |
| 계 | 2,841 | 2,401 | 5,242 | 3,123 | 2,667 | 5,790 | 282(9.9) | 266(11.1) | 548(10.5) |

주 : ( )안은 초과공급비율(%)임
자료 : 한국직업능력개발원

실업계 고등학교 졸업 기능 인력에 대한 수요는 여전히 존재하나 실제 인력을 구하기는 용이하지 않은 실정이다. 이는 다수의 학생들이 대학에 진학하기 때문이다. 실업계 고등학교 졸업생의 대학(전문대, 교육대, 대학 등) 진학률은 1990년 8.3%이었으나 1995년 19.2%로 상승하고 그 이후 급속히 증가하여 2004년에는 62.3%를 기록하였다. 이는 실업계 고등학교가 더 이상 기능인력을 양성하는 교육기관이 아님을 시사한다고 할 수 있다. 실업계 고교 졸업생들이 대학에 가는 중요한 이유는 취업한 후 직장생활을 하다가 다시 대학에 진학하기가 거의 불가능하기 때문이다. 이 같은 실업계 고교 졸업생의 대학 진학은 대학 졸업 인력의 과잉공급을 초래하는 하나의 요인으로 작용하게 된다. 한국 성인들의 평생학습 참여율(23.4%)은 선진국(44.0%)의 50% 수준에 불과하고 근로자들의 직무 능력 향상을 위한 평생 교육 참여 비율은 OECD 국가 중 최하위 수준을 보이고 있다(14.1%). 고령화 및 조기퇴직 현상이 심각해지는 현 상황을 고려할 때 이렇게 성인들의 평생교육 참여가 저조한 것은 노동시장의 불안정성(instability of labor market)을 확대시키는 결과를 초래하게 된다.

〈표 16-2〉 성인(25~64세) 평생학습참여율 국제비교

(단위 : %)

| 한국 | 핀란드 | 덴마크 | 스위스 | 영국 | 미국 |
|---|---|---|---|---|---|
| 23.4 | 64.8 | 60.1 | 45.3 | 53.7 | 48.1 |

자료 : 통계청, OECD

상기 문제 제기와 현 상황 평가에서 제기된 사항들을 해결하기 위한 정부의 분야별 정책을 다음 2가지 측면에서 살펴본다.

## 2.1 국가경쟁력 강화를 위한 고등교육의 경쟁력 강화정책

대학 졸업 인력의 과잉공급 문제를 해소하고 산업체 노동 수요에 부합하는 인력 양성을 위하여 정부는 다수의 정책(대학구조개혁방안, 지방대학 혁신역량강화사업, BK21 사업, Post BK21 사업, 다원산학협력확산사업 등)을 기획·추진 중에 있다.

### (1) 대학 경쟁력 강화 정책의 내용

① 대학구조개혁방안

2004년 12월에 발표한 대학구조개혁방안은 고등교육의 질적 수준 제고 및 투자 효율성(investment efficiency) 제고와 사회수요(social demand)에 부응하는 인력양성체제의 구축을 목표로 하고 있다. 사회수요에 적합한 인력양성 구조로 전환하기 위하여 인력수요가 크게 감소한 분야의 정원 감축(2009년까지 국립대학 입학정원의 15% 감축, 사립대학 2004년 대비 2006년도 학부 입학정원 10% 감축), 대학간 및 학부(과) 통폐합, 산업계 수요를 반영한 교육과정 혁신이 동반된 구조개혁(structural reform)을 주요 내용으로 하고 있다.

② 지방대학 혁신역량 강화사업

정부의 핵심 정책과제인 국가균형발전을 도모하기 위한 추진 전략의 일환으로 도입한 지방대학 혁신역량 강화사업은 지역발전(regional development)과 연계된 지방대학의 특성화 분야를 집중적으로 육성하여 지역 우수인재를 양성하는 것을 목적으로 한다. 이 사업은 지방대학 정원 감축(10,341명), 교육과정 개편(1,328건), 기업체 현장실습 활성화(3,123개 업체 115,007명 참가), 산업체 인턴십 강화(1,493개 업체 4,242명), 근로자 재교육 실시(3,488개 업체 11,150명) 등의 성과를 보이고 있다.

③ BK21 및 Post BK21 사업

BK21 사업은 세계 수준의 대학원 연구 중심대학 육성을 통한 고급인력 양성과 지역 소재 대

학과 산업의 연계를 통한 지역 우수인력 양성을 목표로 추진되었다. 이 사업은 국내 대학 연구의 양적·질적 성장 및 연구·실험의 연속성을 보장함으로써 SCI 논문 게재수가 1990년 세계 30위에서 2003년에는 13위로 상승하는 등 대학(원) 연구력 제고에 기여하였다. 1단계 사업성과에 대한 엄밀한 평가에 기초하여 현재 2단계 사업(2005~2012)이 추진되고 있다.

④ 산학협력확산사업

산학협력확산사업은 3개부처(산업자원부, 교육인적자원부, 노동부)가 공동으로 총 862억원의 재원을 확보하여 시행하는 사업으로 2005~2008년까지 3년 동안 총 219,000명의 산업현장밀착형 기술인력 양성을 목표로 하고 있다. 교육단계별 산학협력체제 구축을 통해 실업계 고교에서부터 대학원까지 기술수준단계별로 체계적인 산학협력의 실시를 계획하고 있다(최우수실험실-대학원, 산학협력중심대학-4년제 대학, 산학협력중심·성장동력특성화대학-전문대/기능대, 산학협력우수실업고-실업계 고교, 교육혁신·인력양성센터-산업별인적자원개발협의체 등).

### (2) 대학경쟁력 강화정책의 문제점

상기한 대학경쟁력 강화 정책들은 다음 4가지 문제점을 발생시키고 있다.

① 대학 특성화를 통한 경쟁력 제고를 목적으로 한 정부 재정지원 사업 간의 중복투자나 연계 부족으로 투자 효율성을 극대화하지 못하는 사례가 발생하고 있음

1990년대 이후 교육부 외에 과학기술부, 산업자원부 등의 대학 지원 예산이 급격히 증가하고 있다.[2] 따라서 인력양성, 연구·개발, 산학협력 등의 목적으로 지원되는 여러 부처 재정지원사업 간에 중복 투자를 방지하고 효율성을 제고시키기 위한 연계·조정의 필요성이 지적되고 있다.[3]

② 대학 특성화 사업은 특성화 분야에 대한 집중 투자를 통한 필요 인력의 양성·공급과 더불어 수요가 작은 분야의 정원 감축 및 구조조정을 의도하고 있으나 실제 대학 현장에서 발생하고 있는 현상을 보면 이 같은 정부정책의 의도가 실현되기에는 상당 기간이 소요될 것으로 판단됨

---

2) 교육부 외 타 부처의 대학 지원 예산은 1996년 2,183억원에서 2005년에는 6,000억원으로 증가하여 타 부처 지원예산이 대학지원 예산의 약 30%를 차지하게 되었다.

3) 실제 K대 BT분야의 경우 BK21, SRC, NCRC 등을 통하여, 그리고 Y전문대의 경우 전문대학 특성화 사업, NURI, 산학협력중심대학 사업 등을 통하여 재정 지원이 집중되고 있다. 이는 동일한 특성화 분야에 대한 집중 투자로 간주할 수도 있으나 동일 분야에 대한 중복 투자로 투자의 비효율성(investment inefficiency) 문제가 제기되고 있는 실정이다. 또한, 동일 대학에 대한 투자 분야가 상호 연관성이 적어 시너지 효과(synergy effect)를 발생시키지 못하는 경우도 나타나고 있다.

〈표 16-3〉 대학에 대한 각 부처 재정지원사업 사례 예시

| 구분 | | BK21 (교육부) | RRC (과기부/산자부) | TIC (산자부) | 당해지역의 전략산업 |
|---|---|---|---|---|---|
| 우수사례 | K대 | 정보기술 | 분자공학연구센터 | 기계・전자부품설계 | 메카트로닉스 전자정보기기 |
| | P대 | 메가트로닉스 | 기계부품소재평가 연구센터 | 생산자동화, 자동차 부품 | 자동차 조선해양 |
| 부진사례 | S대 | 수송기계 | 자동차부품 소재 | 환경친화형 물질개발 | 생물 신소재조선 |
| | W대 | 전자정보 | 의약자원연구센터 | 귀금속, 보석석재가공 | 자동차기계 생물 |

주 : 1) 우수사례 : 유관분야에 재정지원 집중되어 특성화에 긍정적 영향을 준 경우
2) 부진사례 : 상이한 분야에 투자되어 시너지 효과를 창출하지 못한 경우
자료 : 교육부, 특성화를 위한 대학혁신방안, 2005. 5.

즉, 특성화 사업의 본래 의도대로 수요가 작은 분야의 정원 감축과 구조조정이 가시적으로 나타나지 않고 있다는 점이다. 이것은 대학 내부의 의견 조정, 학과 정원 조정의 어려움에 기인하고 있다. 예를 들면, 지방대학 혁신역량강화사업의 경우 사업단으로 선정되지 않은 수요가 작은 학과의 정원을 감축 조정하는 것이 정책의도였으나 사업단 지위 유지를 위하여(입학정원 감축 조건을 충족시키기 위하여) 오히려 사업단 참여 학과의 정원을 감소시켜야만 하는 현상이 발생하고 있다. 이는 사업단 소속 학과의 특성화를 통하여 지역발전에 필요한 인력을 양성하자는 누리사업 본래의 목적이 실현되기가 어려워질 수 있음을 의미한다. 이 같은 문제를 해결하기 위해서는 입학정원 축소조정을 포함한 대학구조개혁과 관련된 사안은 대학 특성화 관련 사업 지원 조건에서 제외하고 별도의 정책을 통하여 추진하는 방안을 검토할 필요가 있다.

③ 대학설립준칙주의의 부작용

대학설립준칙주의 도입의 논리는 대학시장에서 대학간 경쟁을 통하여 전반적으로 대학교육의 질(quality of college education)을 제고시키면서 경쟁력이 없는 대학을 시장에서 퇴출시키는 것이었다. 이 같은 시장 기제가 제대로 작동하기 위해서는 대학에 대한 각종 정보가 과학적・체계적으로 수집・분석되어 일반에 공개되어야 한다. 즉, 교육 소비자(학생, 기업 등)가 정확한 정보 분석에 근거한 합리적인 의사결정(rational decision-making)을 할 수 있는 조건이 우선적으로 충족되어야 하는 것이다. 그러나 이제까지 우리 고등교육기관에 대한 정보 인프라(informational infrastructure)가 제대로 구축되어 있지 않아 준칙주의에서 의도한 대로 시장 기능이 작동하지 않았다고 할 수 있다.

④ 대학설립준칙주의 실효성에 대한 점검

대학은 최소 2년 또는 4년 간의 교육과정을 전제한 교육기관으로 일단 신입생을 받으면 그들이 제대로 교육받아 졸업할 수 있도록 하는 책임이 있다. 따라서 경기의 부침에 따라 생존의 여부가 결정되는 일반 시장에서의 기업과는 성격이 다르다고 할 수 있다. 현재 다수의 부실대학에서 많은 학생들이 피해를 보고 있음을 고려할 때 대학 설립 인가는 보다 철저하고도 합리적인 기준에 의한 평가과정을 거쳐야 한다.

### 2.2 직업교육체제 혁신 방안 추진

지식기반 경제사회의 도래와 함께 산업구조가 고도화되면서 전문 기능·기술 인력에 대한 수요가 증가하고 노동시장에서 기업의 수시 채용 및 경력직 채용이 증가하고 있다. 이 같은 환경의 변화는 직업교육체제(job educational system)의 개편을 요구하고 있다. 우리의 직업교육은 그동안 종국교육의 성격이 강하여 노동시장 진입 후 일정기간 일을 하다가 다시 계속교육을 받을 수 있는 개방성이 미약하였다. 일반계 고교와 실업계 고교로 엄격히 분리·운영함으로써 학생들의 다양한 진로선택의 기회도 제한하였다. 또한, 산업사회에 적합한 단순 기능 인력의 대량 양성체제를 아직도 유지하고 있어 지식정보사회의 급변하는 직업세계에 적응하기 위한 직업기초능력과 산업체 수요에 적합한 인력양성을 위한 교육을 제공하지 못하고 있다. 이에 따라 교원수급의 경직성, 국가 교육과정의 운영 등으로 산업계 수요에 적합한 교육과정 운영이 어려운 실정이다.[4)]

실업계 고교의 노동시장 수요 변화에 대한 대응성은 교원 수급의 경직성으로 인하여 크게 제한받고 있다. 보통교과 교원과 달리 전문교과 교원의 경우 노동시장에서의 지식·기술 수요가 급속히 변화하기 때문에 교원의 전문성이 직업세계의 변화를 따라가지 못하고 있다. 직업교육에 필요한 인력을 교원으로 임용·활용할 수 있는 융통성 있는 제도의 마련이 필요하다. 또한, 실업계 고교를 일반계 고교나 특성화 고교로 전환하려고 해도 교원수급문제가 주요 장애요인이 되고 있다.

상기한 문제의 해결을 위하여 교육혁신위원회와 교육인적자원부는 공동으로 2005년 5월 '직원교육체제 혁신방안'을 발표한 바 있다. 이 방안은 '학교에서 일터로, 일터에서 학교로'의 원활한 이행을 통해 평생에 걸쳐 직업능력이 개발되도록 직능지향의 개방 직업교육체제 구축을 목표로 하고 있다. 구체적으로 실업계 고교, 전문대학 등 직업교육기관에 각 정부부처, 지자체, 직종별 직능단체 등 산업수요와 밀접히 연관된 기관들이 직접적으로 참여하여 지원하는 시스템을 구축

4) 2005년 한길리서치에 의하면 기업체 인사담당자들의 25%가 '실업고 교육과정이 산업변화를 따라가지 못함'을 실업고 교육의 가장 큰 문제로 지적하고 있다.

하고 정규 학생 중심의 인력양성과 더불어 산업체 근로자 및 성인 학습자의 지속적인 직업능력 개발 기회를 제공하며 학교교육과 직업훈련을 연계하여 교육·훈련의 효과성을 극대화하는 방안을 포함하고 있다.

## 3. 전략 제안

### 3.1 대학교육의 노동시장 수요 대응력 및 질적 수준 제고

#### (1) 대학 및 노동시장 정보 인프라 구축·운영

대학이 경쟁력을 가지기 위해서는 대학교육시장이 시장원리(market principle)에 근거하여 원활히 작동할 수 있는 기본여건을 조성하고 이 같은 환경에서 개별대학들이 스스로 개혁할 수 있도록 유도하는 것이 필요하다.[5]

정부는 수요자의 합리적 선택에 의한 대학 구조개혁을 유도한다는 차원에서 '대학정보공시제' 도입을 공포한 바 있다. 이는 각 대학의 신입생 충원율, 졸업생 취업률, 교원 확보율 등 교육여건에 관한 지표와 학교운영 관련 지표를 공시하고 대학 관련 각종 평가 결과를 공개하는 것을 의미한다. 정부는 조속히 관련 법령을 정비하여 대학 정보를 일반에 공개하는 데 필요한 조치를 취할 필요가 있다. 또한, 경제단체나 언론기관 등에 의한 대학평가도 장려하여 수요자들이 다양한 정보에 의한 판단을 할 수 있는 환경을 조성하는 것이 필요하다.

산업 수요 변화에 따른 업종별·직종별·교육훈련유형별 인력 수급 전망 자료는 대학과 학생이 학과 개편, 교육과정 설계, 학교 및 학과 선택 등을 할 때 매우 유용한 정보를 제공하게 된다. 즉, 이 같은 정보는 교육공급자 관점에서는 대학이나 학과가 경쟁력을 유지하면서 대학 시장에서 생존할 수 있는 전략을 마련하는 데, 그리고 교육 소비자 입장에서는 졸업 후 취업에 유리한 학과 및 학교 선택을 하는데 필수 조건이라 할 수 있다. 이러한 업종별·직종별·교육훈련유형별 인력 수급 전망 자료는 중앙정부 차원에서 종합적·체계적 전망시스템을 구축하여 산출하는 것이 필요하다. 인적자원개발회의(향후 국가인적자원위원회)에서 전망시스템 구축 사업을 가속화시킬 필요가 있다. 업종별·직종별 인력 수급 전망시스템을 통하여 산출된 정보는 여러 가지 매체를 통하여 일반에 공개되어야 한다.

5) 여기서 기본여건의 조성이란 대학, 학생, 기업 등이 합리적인 의사결정을 하기 위하여 필요한 각종 정보를 생성·공급하는 것을 의미한다.

### (2) 노동시장 수요에 대응하는 특성화 정책의 합리적 운영

대학 특성화를 통한 대학 경쟁력 강화를 위한 정부 재정지원사업 추진시 사업 추진 부처 간에 사업간 연계·조정 및 사업성과 평가 방식에 대한 협의를 거칠 필요가 있다. 이는 부처 간의 중복 투자를 방지하고 한정된 국가 재원의 보다 효율적인 투자를 가능하게 한다. 인적자원개발회의(향후 국가인적자원위원회), 국가과학기술위원회, 국가균형발전위원회 등에서 전문위원회 구성(분야별 전문가, 관련 부처 관계관)을 통하여 이 문제를 심의·조정하는 기능을 수행하는 것이 필요하다. 또한, 정부 각 부처별 대학교육·연구 재정지원사업의 예산 투입 및 집행을 모니터링·평가할 수 있는 정책사업 통합 회계정보체계를 구축하여 운영할 필요가 있다.[6] 이러한 회계자료 분석 결과에 따른 사업 집행 성과 평가결과 등은 정부 재정지원사업의 실질적인 개선안 도출을 위한 필수 조건이라고 할 수 있다.

상기한 유관 사업의 연계·조정을 통한 중복 투자의 방지 및 시너지 효과(synergy effect) 창출은 지원 대상자인 대학의 협력을 전제로 한다. 해당 대학에서 정책사업 제안서를 작성할 때 이 같은 사항을 고려하여 기 수행 중인 정부의 유관 정책사업과 제안사업 간의 관계를 미리 분석하고 양 사업 간의 합리적인 연계방안을 제시하는 것이 중요하다. 이는 해당 대학 내의 연계뿐만 아니라 지역 내 대학간 연계도 포함된다. 이를 유도하기 위해 해당 정부 부처가 이 같은 분석을 포함한 제안서에 대해 높은 평가점을 부여할 필요가 있다.

또한, 수요가 작은 전공분야의 정원 감축 유도를 위한 보다 현실적인 방안을 강구할 필요가 있다. NURI 사업의 경우와 같이 사업단 소속 학과의 정원을 감소시켜야 하는 사태를 방지하고 합리적인 구조조정을 유도하기 위해서는 이러한 구조조정 유도를 위한 별도의 정책사업을 추진하거나 기존 정책사업(대학구조개혁사업)을 보강하여 운영하는 것이 필요하다. 이는 하나의 정책사업을 통하여 대학 정원 감축과 특성화의 2가지 성과를 거두기에는 한계가 있기 때문이다.

### (3) 국립대학과 사립대학간 역할 분담

대학 및 노동시장의 정보 공개, 대학 시장의 활성화, 대학 특성화 정책 등은 대학간 경쟁을 통한 대학 경쟁력 강화를 목표로 하고 있다. 그러나 대학에서 취급하고 있는 학문 분야 중에는 이러한 경쟁원칙이 적용되기 어렵지만 그 자체적으로 또는 국가적으로 중요한 분야가 다수 존재하고 있다. 일국의 전반적인 대학 경쟁력 제고 차원에서 정부는 이에 대한 지원체제를 모색할 필요가 있다. 구체적으로 비인기 학문, 기초과학, 재정 소요가 많은 학문 분야, 국가적으로 필요하나 시장수요가 극히 제한된 분야에 대한 체계적인 정부 지원이 필요하다. 정보통신기술(IT)이

6) 현재 국가 인적자원 개발 정책의 경우 HRD 분야 예산을 통합적으로 분석하기 위한 회계체계(accounting system) 개발 연구가 완료되어 정식 실행을 준비 중에 있다.

나 로봇기술(RT)의 발달은 수학, 물리학 등 기초학문의 발달 없이는 불가능한 데 이러한 학문 분야에 대한 일반 수요는 자체적으로 이 분야 연구를 유지해 나가기에는 부족한 것이 현실이다. 따라서 이 같은 기초학문 분야 지원을 위하여 정부는 일정 수준 이상의 예산을 확보할 필요가 있다.

이러한 맥락에서 국립대학과 사립대학의 역할 분담을 고려할 수 있다. 시장기제가 작동하는 분야는 사립대학이 담당하고, 시장실패(market failure)가 발생하는 기초학문 분야나 대규모 재정투자가 필요한 분야는 국립대학이 맡아 교육과 연구를 실시하는 것이 바람직하다. 그러나 이를 실현하는 데는 상당한 기간이 소요될 것으로 판단된다. 이는 우리의 대학들이 대부분 국립과 사립의 구분없이 많은 학과들을 설치 · 운영하고 있기 때문이다. 기 설치 · 운영하고 있는 학과들의 조정은 학내 관련 학과의 합의 도출, 기존 교수들의 재교육 · 재배치 등을 고려하여 단계적으로 접근하는 것이 바람직하다고 판단된다.

### 3.2 선순환적 평생교육체제의 정립

우리의 직업교육체제가 노동시장이 필요로 하는 양질의 인력을 양성하여 공급하는 기능을 제대로 수행하기 위해서는 직업교육 트랙을 선택하는 사람들이 자신의 경력을 생애에 걸쳐 지속적으로 성장시켜 나갈 수 있도록 교육체제가 구조화되어야 한다. 실업계 고등학교 졸업 후 제조업체에서 3~5년간 근무한 후 대학 교육을 희망할 경우 대학에서 원하는 공부를 할 수 있도록 지원하는 제도가 필요하다. 즉, 고등학교 졸업 후 산업체에서 수년간 현장에서 경험한 후 대학에서 공부하고 다시 산업체에 복귀하여 근무하는 것이 가능한 제도적 환경을 구축할 필요가 있다.

이를 위해서는 우선 실업계 고등학교 졸업 후 산업 현장에서 근무하다가 대학에서 공부하고자 하는 근로자에게 대학 교육기회가 주어져야 하고 이들에 대한 학자금 지원을 제도화시킬 필요가 있다. 기업에서도 이러한 인력을 지원하고 다시 채용하는 체제를 확립할 필요가 있다. 이 같은 선순환적 평생교육체제의 정립은 현재의 직업교육(job education)에 대한 부정적 인식을 해소하고 학생들이 지금 대학교육을 받지 않더라도 단계적으로 자신의 경력(career)을 개발할 수 있다는 목표를 가지고 직업교육을 선택하게 할 수 있게 된다. 이는 대학교육에 대한 과도한 수요와 이로 인한 대졸 인력의 과잉공급 문제, 그리고 노동시장에서의 숙련 불일치 문제를 해소하는 데에 기여하게 된다.

선순환적 평생교육체제의 정립은 재직 근로자의 평생 고용가능성(life-long employability) 제고에도 크게 기여할 수 있다. 산업체에서 필요로 하는 지식과 기술의 생명주기가 점차 단축되면서 재직 근로자나 실업자의 지속적인 직업능력개발의 필요성이 증대되고 있다. 고령화 및 조기

퇴직에 따른 재교육과 훈련 문제를 해결하기 위한 새로운 평생교육체제가 요구되고 있다. 이를 위해 외국의 Community College 기능과 같이 전문대학이나 대학이 교육대상의 폭을 성인 근로자로 확대하여 이들의 지속적인 직업능력개발이나 평생교육 수요에 부응하는 양질의 프로그램을 개발하여 운영할 필요가 있다. 전문대학과 대학은 다양한 계층의 지역 주민들이 새로운 지식과 기술을 습득할 수 있는 재교육·훈련 센터 기능을 수행하여야 한다.

현실적으로 선순환적 평생교육체제를 정립하고 이를 지속적으로 운영하는 데는 상당한 규모의 예산 투자가 요구된다. 이 방안은 시장실패가 예상되는 정책분야로 중앙 및 지방정부의 재정 투자가 수반될 필요가 있다. 특히, 기업체의 협조를 유도하기 위해서는 정부의 행·재정적 지원이 필요하다.

### 3.3 교육시장 대외개방을 통한 교육 서비스 경쟁력 강화

교육을 하나의 서비스산업으로 볼 때 우리의 교육 서비스 산업의 경쟁력은 세계시장에서 타 국가와 경쟁할 때 더욱 제고될 수 있다. 교육시장의 대외개방은 국내 교육기관(중등 및 고등)과 국내 진출 외국 교육기관 간의 경쟁뿐만 아니라 국내 교육기관 간의 경쟁을 유도하고 교육 서비스의 국제기준을 제시하게 되어 국내 교육기관의 경쟁력 제고에 기여할 것으로 기대된다.

교육시장의 대외개방은 외국 교육기관의 설립·운영, 외국인 교사 채용, 외국 교육기관 학력 인정 등이 국내 교육기관 및 교육운영에 미치는 영향을 고려하여 단계적으로 접근할 필요가 있다. 즉, 제한된 지역에서 제한된 범위로 시범 운영하면서 국내 적용 방안을 모색하는 것이 바람직하다.

교육시장의 대외개방은 우선 경제자유구역이나 교육특구 등 제한된 지역을 대상으로 시도할 수 있다. 즉, 이들 지역에 외국 교육기관의 설립·운영을 허용하고 내국인이 입학할 수 있도록 하는 방안을 고려할 수 있다. 이 단계의 외국 교육기관 설립은 비영리법인 학교에 국한하고 국내 진출 교육기관의 질적 수준도 국가가 일정한 기준에 의거하여 제한할 필요가 있다. 이 경우 외국 교육기관에서 수학한 학생의 학력은 국내 학력과 동등하게 인정해야 한다. 중장기적으로는 국내 대학설립 규제완화(영리법인 학교 설립 허용)와 연계하여 영리법인 외국학교의 설립을 허용하는 방안을 검토할 필요가 있다.

상기한 교육 서비스 시장의 개방은 국내 교육기관의 체질 개선을 통한 경쟁력 강화 및 양질의 인력 양성·공급, 그리고 국내 진출 외국 교육기관에서의 수학을 통한 교육수지 적자 완화 등에 크게 기여할 것으로 판단된다.

### 3.4 교육지배구조의 개선

학생의 학교 선택권 및 학교의 학생 선발권 확대, 교원의 전문성 제고 등의 정책추진이 교육기관, 교사, 그리고 학생의 특성에 맞게 보다 정교하게 이루어지기 위해서는 이 같은 정책추진의 실질적 권한과 책임이 하위기관으로 위임 · 이양될 필요가 있다.

시 · 도 단위에서의 교육행정과 일반행정 간의 연계 강화를 통하여 지역 초 · 중등교육에 대한 지방자치단체의 책무성을 제고할 수 있다. 현재는 교육행정과 일반행정 간의 연계 미흡으로 행 · 재정적인 손실이 다수 발생하고 있다. 양자 간의 긴밀한 연계는 불필요한 행정적 낭비를 방지하고 지역 교육투자의 시너지 효과를 제고시키는 데 크게 기여할 것으로 판단된다. 이러한 양자 간의 연계는 각 시 · 도별 특성에 따라 여러 가지 형태로 시도될 수 있다.

## 4. 실행계획

### 4.1 정부와 시장의 역할분담

정부는 우리의 교육체제가 교육 수요자의 합리적인 선택에 의해 변화될 수 있도록, 즉 교육시장기제가 작동할 수 있도록 필요한 여건을 조성하는 데 정책의 우선순위를 둘 필요가 있다. 예를 들면, 교육 및 노동시장 정보 인프라 구축 · 운영, 지방대학 혁신역량강화 · 대학정보공시제 도입 등을 추진할 필요가 있다. 또한, 기초 · 비인기 학문 분야 육성, 저소득층 자녀의 교육기회 보장과 같이 시장실패 부문에 대해서는 적극적으로 대응할 필요가 있다.

### 4.2 중점 추진과제 (2006년)

대학교육의 노동시장 수요 대응력 및 질적 수준 제고를 위한 정책과제 중 대학정보공시제 도입, 업종별 · 직종별 · 교육훈련유형별 인력수급 전망 시스템 구축 · 운영, 대학 구조조정 사업 보완 등은 2006년에 실시하게 된다. 대학 특성화 정책사업 통합 회계정보체제 구축 · 운영, 국립대학과 사립대학간 역할 분담, 평생교육 촉진을 위한 기업 지원책 강구 및 학자금 지원제도 운영, 교육행정권한의 하위기관으로의 위임 · 이양 등은 2006년에 기획하여 2007년부터 시범운영 또는 본격적으로 실시할 예정이다.

### 4.3 중장기 추진과제

시 · 도에서의 교육행정과 일반행정 간의 연계 강화, 교육특구 영리법인 학교 허용 등은 제도

도입의 파급효과를 고려하여 사전준비를 거쳐 중장기 과제로 추진할 필요가 있다.

## 제 2 절 대외개방도 제고

### 1. 개방의 필요성

대외개방의 필요성을 다음 3가지 측면에서 살펴본다.

#### 1.1 높은 대외의존도

한국이 지속가능한 경제성장(sustainable economic growth)을 하기 위해서는 대외 지향적 또는 무역 의존적 경제정책(trade-dependent economic policy)을 추진해야 함은 재론의 여지가 없다. 1960년대 이후 한국은 수출지향적인 경제성장정책(export-oriented economic growth policy)을 추진하여 괄목할 만한 성장을 이룩하였다. 이는 동일한 시기 수입대체정책(import substitution policy)을 추진하였던 중남미 국가와는 커다란 대조를 보였다. 한국은 수출이 급속히 성장하여 2004년 약 2,538억 달러의 수출을 기록함으로써 세계 12위의 수출대국으로 성장하였다.

한국의 대외의존도는 지속적으로 증가하여 서비스무역까지 포함하여 2004년 83.8%를 기록하였다. 네덜란드, 아일랜드 등 국가규모는 작으나 적극적인 개방을 통하여 높은 성장을 이룩한 국가들은 물론 한국과 같이 강한 제조업 경쟁력을 보유하고 있는 독일도 무역의존도가 매우 높다. 반면 내수시장 규모가 큰 미국이나 일본은 상대적으로 무역의존도(trade dependence)가 낮은 편이다.

〈표 16-4〉 주요 국가의 대외의존도[1)]

(단위 : %)

| 연도 | 한국 | 아일랜드 | 네덜란드 | 독일 | 중국 | 일본 | 미국 |
|---|---|---|---|---|---|---|---|
| 1980 | 73.3 | 112.6 | 104.2 | 55.1 | 15.5 | 27.9 | 20.6 |
| 1985 | 65.0 | 117.6 | 119.8 | 63.8 | 24.1 | 25.0 | 17.0 |
| 1990 | 59.4 | 109.3 | 105.3 | 61.6 | 31.8 | 19.9 | 20.4 |
| 1995 | 58.7 | 141.6 | 109.0 | 47.4 | 45.7 | 16.8 | 23.2 |
| 2000 | 78.5 | 182.2 | 129.7 | 66.4 | 49.1 | 20.2 | 25.1 |
| 2004 | 83.8 | 144.9 | 125.5 | 71.1 | 66.1[2)] | 24.3 | 24.1 |

주) 1) : 상품 및 서비스 무역액/GDP
2) : 2003년 수치임
자료 : IMF, World Bank

### 1.2 개방이 불가피한 대외환경

대외환경의 변화로 다음 2가지 측면을 지적할 수 있다.

#### (1) 글로벌화의 진전

대외환경 역시 글로벌화(globalization)가 급속히 진전되는 등 급변하고 있다. 세계무역기구(WTO)를 중심으로 한 다자차원에서의 경제통합(economic integration)과 자유무역협정(FTA)을 중심으로 한 지역차원에서의 경제통합 모두 급속히 진전되고 있다. 그동안 폐쇄적 발전전략에 따라 경제성장이 지체되었던 BRICs(브라질, 러시아, 인도, 중국)가 개방을 통해 세계경제에 편입되면서 세계경제 지형도 커다란 변화를 보이고 있다. 또한, 글로벌화의 진전에 따라 상품은 물론 자본·기술·노동 등 생산요소의 자유로운 이동이 확산되고 있다. 이에 대응하여 기업들은 판매활동뿐만 아니라 모든 생산 관련 활동까지 글로벌화를 진행하는 글로벌 네트워킹(global networking)이 심화되고 있다. 이러한 글로벌화를 능동적으로 활용하면 경쟁의 촉진을 통해 기업경쟁력(corporate competitiveness) 제고, 공정한 시장질서(fair market order) 확립, 경제 투명성(economic transparency) 강화 등 경제선진화에도 기여하게 된다.

#### (2) 지식기반경제로의 이행

또 다른 세계경제의 흐름은 지식기반경제(knowledge-based economy)로의 이행이다. 정보통신기술(ICT)의 발전과 더불어 상품 제조공정 위주의 경제구조가 '정보'와 '지식'이 가치창조(value creation)의 주요 원천이 되는 지식기반경제로 전환되고 있다. 또한, 지식기반산업은 막대한 자금이 소요되는 연구·개발(R&D)이 기초가 되기 때문에 글로벌화에 의해 통합된 세계시장이 지식기반산업의 존립기반이 되고 있다.

한국의 경제구조와 전세계적인 글로벌화 및 지식기반경제로의 이행 등을 고려할 때 현재의 글로벌 경제환경(global economic environment)에서 한국이 보다 높은 수준의 개방을 이루지 못할 경우 지속적인 수출 증대가 어려운 상황에 직면해 있다. 즉, 글로벌화가 급진전되는 환경 하에서 보다 적극적으로 개방을 추진하지 않을 경우 산업경쟁력(industrial competitiveness)이 약화되고 이에 따라 수출이 감소됨으로써 수출이 주도하고 있는 한국경제는 큰 타격을 입게 된다. 또한, 개방을 통해 글로벌 경쟁에 노출될수록 비교열위(comparative disadvantage)의 산업에서 비교우위(comparative advantage)산업으로 자원의 효율적 배분(efficient distribution of resources)이 전개되어 경제 전체의 효율성이 제고될 수 있다. 따라서 개방은 글로벌 시장에서의 생존을 위하여 한국이 선택해야 할 필수적인 조건이라고 할 수 있다.

### 1.3 개방의 부작용 최소화를 위한 정책대응 필요

개방으로부터 발생하는 사회적 비용(social cost)도 무시할 수는 없다. 시장개방(market opening)이 심화되거나 급속도로 진행될 경우 경쟁력을 상실한 부문에서는 고용이 감소하고 심지어 기업이 도산할 가능성도 증대된다. 한국의 경우 농업분야는 물론이고 섬유, 신발, 가전제품 등을 생산하는 제조업체나 요식업, 숙박업 등 경쟁력이 약한 일부 서비스 분야 등 노동집약적 산업(labor-intensive industry)에서는 이 같은 현상이 발생할 가능성이 큰 편이다. 특히, 비용이나 인적구조가 취약한 중소기업의 경우에는 더욱 큰 타격을 입을 수도 있다. 즉, 개방화는 구조조정에 따른 고통과 갈등, 양극화 현상 등 다수의 어려움을 야기시킬 수 있다. 따라서 개방화를 추진하기 위해서는 개방으로 인한 구조조정과 그에 따른 고통, 양극화 확대 등의 문제에 대하여 적절한 대책의 수립도 함께 이루어져야 한다.

## 2. 비전의 제시

### 2.1 개방의 새로운 패러다임

국제사회에서 한국의 위상이 제고되면서 이전과 같이 개도국 지위에 편승해서 자유무역질서(free trade order)라는 국제적 공공재(international public goods)에 무임승차(free riding) 하는 것은 더 이상 가능하지 않다. 최근 진행되는 양자간 협상(bilateral negotiations)에서 엄격한 상호개방이 요구되고 있으며 다자간 협상(multilateral negotiations)에서도 선진개도국으로서의 적극적 역할을 요구받고 있다. 이전에 한국의 통상관은 일종의 개도국형 중상주의로 수출확대를 위해서는 시장개방이 불가피하다는 '개방불가피론'으로 간주할 수 있다. 개방불가피론은 개방의 긍정적 효과를 적극적으로 인식하기보다는 개방하지 않았을 경우의 피해를 강조하는 수동적인 통상관으로서 선진국 진입을 위해서는 과감히 탈피해야 하는 시각이다.

대외개방과 대내개혁이 밀접히 연계되어 있는 세계화 시대의 현실에서 국내에는 아직 대외개방을 대외정책으로 인식하는 시각이 존재하고 있다. 그러나 대외개방과 대내개혁이 연계되어 추진되지 않을 경우 개방의 긍정적 효과를 충분히 활용하기 힘들게 되며 최악의 경우 국내경제의 위기까지 발생할 수 있다. 우리는 외환위기(foreign exchange crisis) 이후 개방을 적극적으로 추진하였으나 대내제도의 동반 개혁과 인식전환이 미흡하여 최근에는 국수주의적인 반개방 정서가 표출되는 경향도 나타나고 있다.

한국은 수출지향형 경제발전을 통해 선진개도국을 달성한 국가로서 향후 세계화가 주는 충격을 어떻게 경제발전과 시스템 개선의 동력으로 활용하느냐에 따라서 선진국 진입이 결정된다고 할 수 있다. 세계화 추세를 능동적으로 활용하기 위해서도 대외개방을 통한 경제선진화가 선진국 진입의 동력이 되어야 한다. 개방은 외부 압력 때문에 수동적으로 추진하는 것이 아니라 선진화 과정에서 능동적으로 추진해야 한다. 이를 위해서는 대외개방과 대내개혁을 연계하는 종합적 패러다임이 필요하다. 이는 대외개방이 이루어지면 대내개혁(domestic reform)이 촉진되고, 대내개혁이 되어야 대외개방의 긍정적 효과가 배가되는 시너지효과(synergy effect)가 발생하기 때문이다. 대내개혁과 대외개방의 추진은 불가피하게 사회갈등(social conflict)을 초래하기 때문에 사회적 합의(social consensus)를 도출하기 위한 시스템 구축이 필요하다.

이 같은 맥락에서 최근에 국민경제자문회의가 발표한 '선진통상국가의 개념 및 추진과제'는 새로운 패러다임의 필요성을 충분히 반영하고 있으며 향후 한국경제가 대외부문에서 지향하여야 할 비전을 적절히 제시하고 있는 것으로 평가할 수 있다. 한국이 대내외 도전을 극복하고 선진국에 진입하기 위해서 지향하여야 할 선진통상국가는 '노동·금융·경쟁 등 각 부문에서 글로벌 스탠더드(global standard)를 구축하고 적극적인 해외투자와 외국인투자 유치를 통하여 글로벌 네트워킹을 구축하는 한편 경쟁력있는 서비스산업과 부품·소재 산업을 육성하고 IT 등 미래성장산업에 집중투자하면서 시장친화적 인프라스트럭처(market-friendly infrastructure)가 형성된 국가'를 의미한다.

## 2.2 대외개방의 지향점

글로벌 시장(global market)이란 세계의 모든 국가가 재화, 용역 및 생산요소를 완전히 자유화하여 무역에 아무런 장애요소가 없는 하나의 통합된 시장을 의미한다. 이 같은 측면에서 볼 때 국가마다 경제규모는 물론이고 경제여건 및 발전단계, 그리고 산업구조(industrial structure) 등에 있어서 현격한 차이를 보이고 있는 현실에서 완벽한 글로벌 시장을 형성하는 데에는 상당한 시간이 소요되게 된다. 이 같은 대외여건 하에서 향후 글로벌 시장에서 비교우위(comparative advantage)를 확보하기 위해서는 이미 급속도로 진행되고 있는 세계화 현상에 신속히 적응할 수 있는 경제체제를 구축해야 한다. 이를 위해서는 대외개방을 보다 능동적이고 효과적으로 활용할 필요가 있다. 비록 우리 경제의 대외개방에 획일적 목표수치를 부여할 수는 없으나 우리의 경제여건, 산업구조, 분야별 특성, 이해관계자 등 다양한 상황을 고려하여 확고한 지향점을 수립할 필요가 있다.

우리의 대외개방에 있어서 가장 어렵고 민감한 부분은 농업분야로 평가할 수 있다. 특히, 농업소득의 51.6%, 전체 농가소득의 20.3%를 쌀에 의존하고 있는 우리의 농업구조상 쌀 시장 개방은 농가소득에 지대한 영향을 미치게 된다. 그러나 2014년 이후 추가적으로 쌀 관세화 유예를 받을 수 있느냐에 대해서는 여러 상황을 고려할 때 현실적으로 불가능하다. 따라서 쌀 협상에서 확보한 향후 9년(이미 1년 경과)의 관세화 유예기간을 농업분야 전반의 확고한 구조조정기간으로 설정하고 우리 농가 역시 개방이 불가피하다는 인식 하에 경쟁력을 강화시키기 위한 노력을 충실하게 진행시켜야 한다. 도하개발아젠다(DDA) 농업현상에서도 이 같은 현실과 정책목표를 연계하여 향후 농촌을 개방으로부터 연착륙(soft landing)시킬 수 있도록 보다 구체적인 개방안을 농민에게 제시할 필요가 있다.

공산품의 경우 분야별 또는 기업규모(중소기업 포함)에 따라 차이는 있으나 농업이나 일부 서비스분야에 비해 개방의 부담은 작을 수 있다. 그럼에도 불구하고 원천기술을 보유하지 못한 중소기업의 경우 세계화의 진전에 따라 대기업과의 격차가 더욱 확대될 수 있다. 따라서 충분한 경쟁력을 확보할 시간적 여유가 필요한 극히 일부 민감품목을 제외하고 현재의 중심관세율 수준(8%)을 선진국 평균 관세율 수준에 근접하도록 단계적으로 인하시키는 방안을 고려해 볼 수 있다.

한편, 세계경제가 지식기반경제(knowledge-based economy)로 이행함에 따라 선진국의 경우 제조업 위주의 산업발전에서 탈피하여 지식을 기반으로 하는 산업, 특히 서비스산업이 미래의 성장동력으로 부상하고 있다. 서비스산업은 고부가가치 산업으로서 그 자체로도 중요하나 생산을 위한 중간재(intermediate goods)로서 제조업 경쟁력 강화와 직결된다. 이전에는 제조업이 입지한 곳에 회계, 법무 등 서비스업이 진출하였으나 지금은 서비스산업이 발달된 곳에 제조업이 입지하는 현상이 나타나고 있다.

관세인하 등을 의미하는 상품시장 개방과는 달리 서비스 시장 개방은 외국인 서비스 공급자의 국내진입을 용이하게 하고 내외국인 차별폐지 등 시장접근을 제한하는 규제완화(deregulation)를 의미한다. 서비스 시장 개방이 서로의 시장을 개방하는 것이라는 관점에서 볼 때 국내서비스 시장 개방의 원칙은 명확하다. 국내의 모든 규제를 철폐하지는 않더라도 최소한 정당한 근거를 확보하지 못해 우리가 해외 서비스 시장 개방을 요구할 때 장애가 될 수 있는 규제는 모두 철폐되어야 한다. 물론 정당한 근거에는 공익성(publicity)이나 국가안보(national security) 등 각 서비스의 특성을 반영할 수 있는 다양성이 수반되어야 한다.

대외개방은 우리의 경쟁력 강화 및 경제의 효율성(economic efficiency) 제고를 위해 자율적으로 추진해 나가되 우리 경제가 외국에 대해 시장을 개방하는 것뿐만 아니라 적극적으로 해외에 진출하는 것을 포함하는 양방향 개방이어야 한다.

〈표 16-5〉 주요 국가의 서비스산업 현황

ⓐ GDP 대비 서비스업 비중(2003, %)

| 미국 | 네덜란드 | 영국 | 독일 | 일본 | 한국 |
|---|---|---|---|---|---|
| 75 | 72 | 72 | 69 | 68 | 65 |

자료 : WTO

ⓑ 총수출 대비 서비스 수출 비중(2004, %)

| 전세계 | 아일랜드 | 영국 | 미국 | 네덜란드 | 한국 |
|---|---|---|---|---|---|
| 19.1 | 32.2 | 33.0 | 28.2 | 19.5 | 13.4 |

자료 : World Bank

한편, 한류(韓流)의 확산으로 나타나는 문화산업의 해외진출과 중국 등지의 유통산업 진출의 경우와 같이 일부 서비스산업은 해외에서도 경쟁력을 인정받아 해외진출을 확대하고 있다. 이 같은 여건의 변화 속에서 이제는 서비스시장을 외국서비스의 국내 진출이라는 수동적 개념뿐만 아니라 국내서비스의 해외진출이라는 능동적 개념으로 인식하는 사고의 전환이 필요하다.

글로벌 시장의 특징 중 하나는 1등은 무한한 시장(unlimited market)을 확보할 수 있는 반면에 2등과 그 이하가 차지할 수 있는 시장은 과거에 비하여 현저히 감소하고 있다는 것이다. 즉, 세계화가 급진전되면서 세계의 소비자들은 지역에 관계없이 동일한 소비행태를 보이는 경향이 나타나고 있다. 따라서 1등 제품은 더욱 많이 소비되는 반면에 과거 특정 지역에서 잘 소비되던 제품은 글로벌 판매망을 구축한 1등 제품에 뒤처질 경우 시장에서의 입지는 크게 위축되는 현상이 나타나고 있다.

우리는 세계시장 1위 품목 수가 77개로서 독일, 일본, 네덜란드 등에 비하여 낮은 수준이며, 국가별 총 기업가치 역시 네덜란드에 못 미치는 것으로 조사되고 있다. 적극적인 개방정책을 통하여 글로벌 시장에서 생존경쟁을 전개하지 않는다면 우리의 산업경쟁력(industrial competitiveness)은 급속히 약화될 가능성이 증대되고 있다.

〈표 16-6〉 국내 기업의 세계경쟁력

ⓐ 세계시장 1위 품목 수(2002, 개)

| 미국 | 독일 | 일본 | 네덜란드 | 한국 | 아일랜드 |
|---|---|---|---|---|---|
| 884 | 808 | 321 | 115 | 77 | 28 |

자료 : 한국무역협회(2004)

ⓑ 국가별 총 기업가치(2003, 10억 달러)

| 일본 | 영국 | 독일 | 네덜란드 | 한국 | 싱가포르 |
|---|---|---|---|---|---|
| 2,039 | 1,861 | 720 | 379 | 156 | 64 |

자료 : Business Week(세계 1000대 기업대상)

## 3. 대외개방 현황과 평가

### 3.1 대외개방 현황

한국의 전반적인 개방수준은 아직 선진국 수준에는 못 미치고 있으나 농산물 분야를 제외하고는 대체로 선진국 수준에 근접해 가고 있는 것으로 평가된다. 공산품 관세는 현재 진행 중인 DDA 협상에서 추가 인하율이 결정된다. 최근 들어 관세인하는 이루어지지 않고 있으나 우루과이라운드(UR) 이후 평균관세율은 8%의 기준관세율 이하로까지 하락하였다. 다만 국제경쟁력(international competitiveness)이 취약한 농산물의 경우에는 선진국뿐만 아니라 일부 개도국에 비해서도 관세율이 상당히 높게 유지되고 있다. 특히, 옥수수 등 일부 농산물의 경우에는 수입할당량을 설정하고 있으며 부가가치 가공품의 수입을 제한하는 비관세장벽(non-traiff barriers)도 상당 부분 존재하고 있다.

서비스시장의 개방에 있어서도 모드 1(국경간 공급, 일례로 통신 및 전자상거래를 통한 외국금융서비스), 모드 3(상업적 주재, 일례로 외국인직접투자를 통한 외국 서비스업체의 진출), 모드 4(인력 이동, 일례로 필리핀 치과의사의 한국 진출) 등 대부분의 분야에서 선진국보다 낮은 수준을 보이고 있으나 개방 수준이 크게 뒤처지지는 않은 것으로 평가할 수 있다.

〈표 16-7〉 농산물 및 공산물 시장개방의 속도 및 수준

ⓐ 국내시장의 개방속도

(단위 : %)

| | 1996 | 2000 | 2004 |
|---|---|---|---|
| 농 산 물 | 44.4 | 42.9 | 38.9 |
| 공 산 품 | 7.2 | 7.5 | 6.9 |
| 전 체 | 16.5 | 16.4 | 14.9 |

주 : MFN 단순평균실행관세, HS 2단위 기준

자료 : World Integrated Trade Solution, UNCTAD TRAINS

ⓑ 주요 국가의 관세 수준

(단위 : %)

| | 미국 | EU | 일본 | 한국 | 대만 | 브라질 | 멕시코 |
|---|---|---|---|---|---|---|---|
| 농 산 물 | 12.32 | 7.75 | 7.85 | 38.9 | 17.1 | 12.2 | 24.7 |
| 공 산 물 | 3.21 | 3.71 | 2.86 | 6.89 | 4.92 | 13.82 | 17.32 |

주 : MFN 단순평균실행관세, HS 2단위 기준
자료 : World Integrated Trade Solution, UNCTAD TRAINS

그러나 법률, 교육, 보건・의료, 우편・송달, 문화・오락・스포츠, 에너지 서비스 분야 등이 경쟁력 또는 정책적 민감성을 이유로 아직 개방이 미흡한 수준으로 평가된다. 궁극적으로 실질적인 서비스 시장 개방은 결국 국내제도 및 규제와 밀접하게 관련되어 있다는 점에서 이미 개방이 이루어진 분야에서도 향후 개선의 가능성은 큰 것으로 보인다.

외국인직접투자(FDI)는 1990년대 후반 경제협력개발기구(OECD) 가입과 외환위기(foreign exchange crisis)를 계기로 급격히 증가하였다. 특히, 외환위기 이후 구조조정으로 다수의 기업을 외국자본에 매각하면서 1999년과 2000년에는 150억 달러를 초과하였다. 이후 구조조정 과정이 어느 정도 마무리되면서 외국인직접투자는 상당히 감소하였으나 외환위기 이전에 비하면 크게 증가한 상태이다. 이 같은 양적 성장에도 불구하고 UNCTAD가 평가한 우리의 투자유치 잠재력 대비 FDI 유치실적은 아직 부진한 것으로 인식되고 있다.

〈표 16-8〉 각국의 FDI 유치성과의 잠재력지수

| | 한국 | 영국 | 네덜란드 | 싱가포르 | 아일랜드 |
|---|---|---|---|---|---|
| 투자유치성과지수 | 0.3 | 1.5 | 4.0 | 4.8 | 6.3 |
| 투자유치잠재력지수 | 3.9 | 4.7 | 4.2 | 4.7 | 4.3 |

한국은 1992년 주식시장 개방에 이어 1998년 5월 채권시장이 자유화됨으로써 최소한 명목상으로는 자본시장(capital market)이 완전 자유화되었다. 그러나 외국인의 국내 자본유입은 대부분 주식시장(stock market)을 중심으로 이루어지고 있다(2004년도 전체 자본유입 중 90.2%가 주식투자로 직접투자는 7.6%에 불과하며, 그 밖에 채권투자와 장기차입이 각기 1.8%, 0.5%로 나타나는 등 우리의 금융국제화 지수는 주요 선진국 및 OECD 평균보다 낮은 것으로 평가할 수 있음).

### 3.2 현 개방정책의 방향

한국의 개방정책은 주로 OECD 가입 및 외환위기를 계기로 자발적 구조조정을 통해 이루어진 자본시장 개방을 제외하면 대체로 세계무역기구(WTO)와 자유무역협정(FTA)을 중심으로 실시되어 왔다. 1980년대 말부터 외환위기 이전까지는 주요 현안을 중심으로 미국 등 선진국과의 양자협상을 통해 개방을 허용한 사례도 다수 존재하였으나 2000년대에 들어서는 최소한 선진국에 의한 양자간 개방 압력은 거의 없는 실정이다.

정부는 현재 진행 중인 WTO/DDA 협상에서 공산품, 반덤핑(anti-dumping) 및 일부 서비스 분야 등에서는 적극적인 자세로 협상을 추진하되 경쟁력이 취약한 농·어업 및 일부 서비스 분야에서는 점진적 개방을 추진한다는 기본전략으로 대응해 오고 있다. DDA 협상과 직접적 연관성이 있지는 않으나 쌀 협상에서는 관세화 10년간 유예를 관철하는 대신 2014년까지 쌀 수입량을 국내 쌀 소비량의 7.96%까지 확대하기로 했다. DDA 농업협상은 현재 높은 관세를 지닌 품목에 대해 대폭 관세를 감축하여야 하는 방향으로 진행되고 있어 우리에게는 다소 부담이 될 것으로 판단된다. 그러나 정부는 농업부문의 민감성을 감안하여 적절한 수의 민감품목 또는 특별품목을 지정하여 시장개방에 신축성을 부여받기 위해 노력하고 있다.

〈표 16-9〉 한국의 주요 고관세 품목 현황

| | 실품목 (누계) | 관세항목수 (HS 10단위, 누계) | 비 고 |
|---|---|---|---|
| 300% 이상 | 25개 | 94개(6.5%) | 마늘(360%), 참깨(630%)<br>쌀보리(300%), 겉보리(324%) |
| 250% 이상 | 31개 | 108개(7.4%) | 고추(270%) |
| 200% 이상 | 39개 | 124개(8.5%) | 수삼(223%), 밤(219%) |
| 100% 이상 | 47개 | 142개(9.8%) | 분유(176%), 감귤(144%) |

자료 : 외교통상부, FTA 및 DDA 협상추진전략, 2004.

공산품분야에 있어서 정부의 입장은 전반적으로 관세 및 비관세장벽의 감축 또는 철폐를 지지하며 협상대상 상품의 범위도 포괄적이어야 하고 사전적 예외가 있어서는 안 된다는 것이다. 현재 DDA 협상에서는 높은 관세를 더 많이 감축하는 한편 무역원활화 협상 출범이 회원국 간에 합의된 상태여서 우리 상품의 해외 수출증대에 기여할 것으로 보인다.

한편, 서비스분야가 국민경제에서 차지하는 중요도 및 그동안 취해온 자유화 정책(liberalization policy)을 고려하여 정부는 서비스 협상에 적극적인 자세를 보이고 있다. 즉 통신, 유통, 해운 등 우리가 경쟁력있는 분야에서는 해외진출 기반을 확보하기 위해 적극적으로 해외시장 개방을 요구하고 있다. 그러나 법률, 교육 등 분야에서는 개방에 소극적 입장을 보이고 있으며 시청각(영화상영, 라디오·TV방송 등), 보건·의료, 뉴스 제공업 등 분야는 양허하지 않은 상태이다.

DDA 협상이 별 진전을 보이지 않고 있는 가운데 정부의 자유무역협정(FTA) 체결 의지는 매우 확고한 편이다. 정부는 세계적인 FTA 확산에 따른 피해를 최소화하고 안정적인 해외시장을 확보하면서 거대경제권 시장을 선점한다는 계획 하에 동시다발적 FTA를 추진하고 있다. 즉, FTA 현상을 신속하게 추진하여 우리 기업들의 기회비용(opportunity cost)을 최소화하고, 각각의 FTA별로 나타나는 상이한 효과를 상쇄·보완한다는 전략을 추진하고 있다. 따라서 2004년 4월 한-칠레 FTA를 발효시킨 이후 싱가포르 및 유럽자유무역연합(EFTA)과의 협상을 성공적으로 종결하였으며 2005년 12월 6일에는 ASEAN과의 FTA(상품분야)가 사실상 타결된 바 있다. 반면에 2005년까지 협상을 종결하기로 예정되었던 한일 FTA는 일본 측이 농산물 분야에서 지나치게 낮은 양허 수준(무역량 기준 50%)을 제시함에 따라 협상이 교착상태를 보이고 있으며 캐나다 및 미국과의 FTA는 현재 협상이 진행되고 있다. 또한, 우리 정부는 인도, 남미공동시장(MERCOSUR) 등과 공동연구를 실시하고 있으며 여건이 조성되는 대로 중국, 유럽연합(EU) 등 거대경제권과의 FTA 가능성을 검토하는 등 FTA 추진에 적극성을 보이고 있다.

**〈참고 1〉** 한-칠레 FTA의 경제적 효과

한-칠레 FTA 발효 이후 11개월간(2004. 4~2005. 2) 양국간 교역량은 55.5% 증가하여 동 기간 대세계 교역증가율(25.0%)보다 2배 이상 높은 수준을 달성하였다. 수출의 경우 한국 전자제품에 대한 수요가 급증하면서 전체 수출은 58.6% 증가하였다. 주요 품목은 휴대용전화기(↑225.7%), 컬러TV(↑110.3%), 캠코더(↑100.9%), 자동차(↑59.3%) 등이다. 이에 반해 동 기간 동안 칠레산 농산물 수입은 2,540만 달러로 전년동기 대비 570만 달러 증가하는 데 그쳤다. 특히, 국민 생활수준의 향상으로 소비가 급증하고 있는 포도주를 제외할 경우 상기 기간 동안 칠레산 농산물 수입은 1,660만 달러로 전년동기 대비 43만 2,000달러 증가에 불과하다. 그러나 이와 같이 농산물 수입증가가 미미한 이유는 협상에서 쌀, 사과, 배를 자유화 대상에서 완전 제외하는 등 민감품목을 고려하였기 때문이며 대신 우리는 세탁기, 냉장고를 자유화의 예외로 설정할 수밖에 없었다. 또한, 동 FTA 추진과정에서의 가장 큰 문제점은 이를 추진하기 위해 농업 지원대책으로 과도한 비용(119조원)을 지불하여야 했다는 점인데 이는 추후 다른 FTA 추진과정에서도 악영향을 미칠 수 있다.

이미 FTA 협정이 발효된 한-칠레 FTA를 협정 발효 후 1년 시점에서 평가해 보면 우려했던 농산물 피해는 거의 나타나지 않은 반면에 자동차, 휴대전화, 컬러TV 등 우리가 수출증가를 기대했던 공산품의 수출증가 현상이 뚜렷하게 나타나고 있다. 아직 그 효과를 단정하기에 이른 한-싱가포르, 한-EFTA FTA의 경우에도 그 효과는 차치하고라도 개성공단 등 북한 경제특구 생산제품에 대한 FTA상의 특혜 관세 부여 규정을 마련했다는 점에서 큰 성과를 거둔 것으로 평가할 수 있다.

### 3.3 추진상의 문제점

DDA 및 FTA 등을 통한 정부의 개방의지에도 불구하고 개방이 효과적으로 확대되지 못하는 이유에 대해 살펴볼 필요가 있다. 일반적으로 대외개방의 속도와 수준은 대외통상환경의 변화와 정부의 대외통상정책에 의해 결정된다. 즉, WTO/DDA 협상의 다자주의(multilateralism) 및 FTA 중심의 지역주의(regionalism) 확산과 같은 대외통상환경의 변화와 국내 반발여론 등에 대응하여 정부가 어떠한 대외통상정책 및 대내 이해조정 정책을 수행하느냐에 따라 대외개방의 속도와 수준이 결정된다고 할 수 있다. 따라서 우리의 개방이 국제적으로 경제력에 비해 미진한 것으로 평가되는 가장 큰 원인은 무엇보다도 경제주체간 또는 정부 부처간 이해관계 등 내부적 정치역학에 따라 대외개방의 속도와 수준을 결정하는 수동적인 입장을 견지해 왔기 때문인 것으로 평가된다.

대외개방 추진상의 문제점으로 다음 3가지 측면을 지적할 수 있다.

(1) 대외개방관련 협상전략이 지나치게 피해부문, 예를 들면 농업부문 중심으로 수립되어 협상의 목표가 이익극대화(benefit maximization) 보다는 피해최소화(loss minimization)에 초점을 두는 경향이 있음

피해최소화에 초점을 둔 협상전략은 결과적으로 소극적이며 근시안적인 대외개방으로 귀결되게 된다. 협상목표가 불분명할 경우 우선순위 선정이 왜곡되어 우리가 지향하는 정책목표를 달성할 수 없다. FTA 정책의 경우 구체적인 국가선별, 우선순위 등 전반적인 로드맵을 작성하고도 피해부문이 상이하게 나타나는 개별 FTA 협상에서는 부문 간의 형평성을 고려한 나머지 정교한 추진전략을 마련하기가 어렵게 된다.

(2) 통상정책 결정과정의 비효율성

통상정책을 결정하기 위해서는 우선적으로 정책목표를 명확하게 정립하고 개별 추진과제가 전체적인 틀에서 어떤 의미를 지니며 무엇을 기대하는지, 정책목표와 부합하는지, 추진과제 상호간에 어떠한 영향을 미치는지 서로 양립할 수 없는 추진과제는 없는지에 대한 충분한 검토가 이루어져야 한다. 대외경제장관회의 규정에 따르면 동 회의의 심의를 효율적으로 지원하기 위해 대외경제장관회의 아래 통상교섭본부장을 의장으로 한 대외경제 실무조정회의(차관급)가 있으나 국장급 및 과장급의 실무자급 회의는 명시하지 않고 있다. 따라서 부처별 또는 개별 추진과제 등의 상호 연관성 및 중복성에 대한 세세한 검토가 미흡한 실정이다.

(3) 정부부처간 이해갈등 조정 기능이 취약하여 실질적 조정이 이루어지기 어렵게 됨

부처간 이해갈등은 일반적으로 부처간 소관업무의 영역이 불분명하거나 또는 각 부처가 소관업무에만 지나치게 집착하는 데에서 야기된다. 주요 국정과제를 수행하기 위한 각종 위원회와 관련 업무 소관 부처 또는 부처 간의 역할분담이 분명치 않을 경우 업무가 중복되는 분야가 많아 갈등관계가 발생하게 되면서 부처별 이해가 조정되기보다는 오히려 증대되는 경우가 흔히 나타나게 된다. 대외경제장관회의에서도 민감하고 중요한 사안에 대해서는 부처별 이견을 재확인하는 선에서 회의가 운영되어 실질적인 조정이 어려운 경우가 발생하고 있다.

**〈참고 2〉** 미국의 통상정책 수립과정

미국의 통상정책은 주로 실무급 협의에서 결정되는 것이 특징인데 미국의 통상정책은 크게 4단계 협의과정을 통해 수립된다.

과장급 협의 → 국장급 협의 → 차관보급 협의 → 장관급 협의

대부분의 사안은 미국 무역대표부(USTR) 주관의 관계 부처 과장급회의에서 논의가 시작되는 데 과장급회의를 위해 USTR과 각 부처의 실무자들은 정기적 또는 수시로 회동한다. 과장급회의에서 미해결된 사안은 국장급협의에서 취급되는 데 이 때 상정된 안건의 75% 이상이 해결된다. 이는 통상현안이 주로 실무급(과장급 및 국장급) 회의에서 해결되고 있음을 의미한다. 실제로 미국에서는 통상정책 부처간 조정을 위해 장관급회의가 개최되는 경우는 극히 드물다.

### 3.4 대외개방관련 이해갈등을 해소하기 위한 개방친화적 사회 인프라가 취약함

세계화의 진전과 FTA 등을 통한 시장개방의 확대로 피해부문이 발생하면서 사회갈등이 심화되고 있음에도 불구하고 대외개방에 따른 피해를 지원하는 제도나 개방관련 이슈의 대국민 홍보체계는 아직도 미흡한 실정이다. 현재 '무역조정지원법안'이 국회에 상정되어 있으나 동 법안은 지원기준(피해판정 포함) 및 지원대상의 형평성 측면에서 피해계층을 효과적·체계적으로 지원하는 데에 한계가 있다. 또한, 최근의 한 설문조사에서는 아직도 다수의 중소기업이 FTA가 정확히 무엇인지 이해하지 못하고 있는 것으로 나타났다. 이는 대외개방 관련 이해 갈등은 개방에 대한 오해나 그릇된 인식에서 비롯되는 경우가 많다. 최근 외교통상부를 중심으로 정부의 대국민 홍보활동이 강화되기는 했으나 홍보매체의 다양성이 부족하며 홍보효과도 매우 미약한 것으로 평가되고 있다.

**〈참고 3〉** 정치적 상징성으로서의 미국 TAA

미국 TAA제도는 무역 피해 대상자에게 실질적인 도움이 되기보다는 정치적 상징성이 강한 제도로 평가할 수 있다. 이러한 상징성은 TAA예산이 미국 GDP에서 차지하는 비중에서 확인될 수 있다. TAA의 전체 예산규모는 노동자(2억 달러), 농민(9,000만 달러), 기업(1,600만 달러) 모두 포함하여 연간 3억 600만 달러로 미국 GDP의 0.0026%에 불과하다. 그러므로 TAA가 무역자유화(trade liberalization)에 따른 이익 분배의 형평을 가져왔다고 평가하기는 어렵다. 그러나 TAA는 피해 산업의 무역자유화에 대한 반대를 사전적으로 약화시켜 미 행정부가 무역자유화를 강력히 추진하는 데 매우 중요한 역할을 해 온 것으로 평가된다. 현재 미국의 TAA는 한시적(5년)으로 운영되기 때문에 2007년 6월말까지 그 연장여부가 결정되어야 한다.

## 4. 전략

대외개방을 효과적으로 추진하기 위한 전략을 5가지 측면에서 살펴본다.

### 4.1 선진통상국가 비전의 구현

전술한 선진통상국가를 실현하기 위해서는 다음 3가지 과제를 중점적으로 추진해야 한다.

(1) 글로벌 스탠더드를 정착하여 공정한 경쟁질서(fair competitive order)를 확립하고 능동적으로 세계시장에 참여하기 위한 '제도 및 관행의 국제 표준화'

금융 · 경쟁 · 노동 · 외환부문 등의 국내제도와 관행을 글로벌 스탠더드(global standard)에 맞게 개선할 필요가 있다. 이는 외국인투자 유치를 질적으로 보다 고도화하고, 우리 기업의 글로벌 경쟁력(global competitiveness)을 갖추기 위해서 기초가 된다.

(2) 세계일류산업을 육성하여 산업 및 무역구조를 고도화하고 글로벌 생산요소를 효율적으로 활용하기 위한 '글로벌 네트워킹 촉진'

기업의 해외투자 관련 잔존규제와 절차적 제한을 완화하는 등 국적기업의 다국적기업화를 지원하는 동시에 국내기업과 해외진출기업간 협력네트워크를 구축해야 한다. 이를 위해서는 자본도피 가능성에도 유의하여 기업지배구조(corporate governance)를 개선하고 회계제도의 투명성(transparency of accounting system) 제고와 함께 불법자본이동에 대한 감시역량도 강화할 필요가 있다.

(3) 경제개방 및 개혁(economic opening and reform)을 동시에 추진할 수 있는 사회적 여건을 조성하기 위한 개방친화적인 사회인프라의 구축

개방정책을 추진하는 과정에서 사회적 갈등과 비용(social conflict and cost)이 크므로 개방정책에 대한 절차적 정당성과 이해관계자의 참여를 기반으로 사전에 사회적 합의(social consensus)를 형성하는 체제를 구축해야 한다. 이를 위해서는 협상과정에서 이해관계자의 참여와 의견수렴을 확대하고 국회 및 지방자치단체와의 대화나 타협을 위한 채널을 형성할 필요가 있다.

### 4.2 FTA 및 DDA 정책 방향

현재 진행 중이거나 계획된 우리의 FTA 추진에 가시적인 성과가 없는 경우 국내적으로나 대외적으로 실기할 가능성이 크다. 국내적으로는 2007년 12월 대통령 선거 등 국내 정치일정 등으로 인해 FTA 추진의 모멘텀(momentum)이 약화될 수 있다. 대외적으로도 도하개발아젠다(DDA) 협상이 타결될 경우 상대방 국가가 우리와 FTA 협상을 하는 데에 있어 점차 동기를 상실하게 된다. 따라서 현재의 동시다발적 FTA를 지속적으로 추진하면서 거대·선진경제권과의 FTA에 보다 적극적으로 나설 필요가 있다. 거대·선진경제권은 우리에게 거대한 시장 확대의 가능성을 제공할 뿐만 아니라 우리 경제구조의 선진화에도 크게 기여할 것으로 기대된다. 이미 거대경제권 주변 국가를 통한 교두보는 어느 정도 구축되었고 미국, 일본, 캐나다 등 일부 선진경제권과의 FTA 추진기반도 마련된 것으로 평가할 수 있다.

따라서 이제는 중국, 유럽연합(EU) 등 거대경제권과의 FTA를 본격적으로 추진할 필요가 있다. 중국, 일본, EU 등 3개 국가군이 우리 전체 교역의 약 60%에 이르고 있는 상황을 고려할 때 이들 국가와의 FTA는 우리 경제의 미래를 결정하는 핵심 사안이다. 이러한 측면에서 지나치게 '높은 수준의 FTA'를 추진하는 것보다는 '중간 수준의 FTA'를 추진방향으로 설정하는 것을 고려해 볼만 하다. 이 경우 성사가능성도 커질 뿐만 아니라 FTA 추진에 따른 국내갈등을 완화시키는 장점도 존재하여 실익이 오히려 클 것으로 평가된다.

또한, FTA 체결 결과와 연계된 DDA 협상전략을 추진해야 한다. DDA 협상이 타결될 것으로 예상되는 시점에서는 FTA 추진결과로 우리의 개방수준이 높아지고 개방에 대한 공감대도 상당히 증대될 것으로 기대되므로 일부 민감 부문을 제외하고는 DDA 협상에 보다 전향적인 자세로 임할 필요가 있다. 향후 DDA 협상에서 우리의 제한된 협상력을 철저히 평가하여 선택과 집중전략을 통해 우리의 국익을 최대한 확보해 나가야 한다. 현재 우리가 협상전략으로 구사하고 있는 우리와 동일한 입장에 있는 동조국가(like-minded countries)와의 공조를 강화하여 우리의 협상력을 더욱 강화시킬 필요도 있다. 그리고 FTA 및 DDA 협상 등을 통해 대외개방을 추진하는

것은 경제적 요인 외에도 정치적 요인에 좌우되는 경우도 많으므로 관련 이슈에 대한 정치경제학적 인식 하에 정치권의 과감한 결단이 필요하다.

따라서 정치권이 개방정책에 대한 보다 높은 이해도와 문제해결의지를 가지고 실질적인 문제에 대한 충분한 검토 하에 대외개방에 대한 리더십을 적극적으로 발휘해야 한다.

### 4.3 산업발전전략

향후 산업별 발전전략은 선진통상국가 비전의 달성이라는 목표 하에 설정될 필요가 있다. 이에 따라 산업별 발전전략은 세계화 추세에 능동적으로 대처하고 지식기반경제로의 이행을 촉진하는 방향으로 수립되어야 한다. '정보'와 '지식'이 가치창조의 중요한 원천이 되는 지식기반경제로 이행하기 위해서는 서비스부문의 종합적인 시장개방전략(market opening strategy)이 수립되어야 하며 핵심 분야는 교육, 의료 등에 초점을 두어야 한다. 또한, 대외개방에 취약한 농업부문에 대한 발전전략없이 대외개방정책을 추진하기는 어려운 현실이어서 종합적인 농업·농촌 발전전략을 마련할 필요가 있다. 대외개방과 연계된 또 다른 취약부문은 중소기업인데 지속적인 일자리 창출 및 산업발전의 기반이 되는 중소기업의 세계화를 통해 국제분업(international division of labor)체제로 편입시키려는 전략도 마련해야 한다.

#### (1) 종합적인 서비스시장 개방 및 경쟁력 제고 전략

서비스 업종별로 진행 중인 경쟁력 강화정책을 대외개방과 연계하여 전체적인 시각에서 접근하는 '종합적인 서비스시장 개방계획'이 수립되어야 한다. 또한, WTO/DDA 서비스 협상에서 타국가가 관심을 표명한 분야를 우선 점검하되 해당 업종의 규제 및 경쟁력 현황을 점검하고 우리 경제에 긍정적인 파급효과가 큰 분야를 우선적으로 고려하여 개방수준을 결정할 필요가 있다.

서비스산업의 업종별 경쟁력 강화정책은 우리 경제 전체에 미치는 파급효과를 고려해 볼 때 교육, 의료 등 지식기반 서비스업종에 특화하는 것이 바람직하다. 그러나 기본적으로 국민의 기본적인 수요 충족 등 공익적 부분만을 정부가 보장하고 나머지 부분은 과감히 개방하여 경쟁력을 제고시키는 것이 바람직하다. 예를 들면, 통신서비스 등 국가보안(national security)과 관련된 서비스는 다른 서비스와 달리 외국인 접근에 제한을 두어야 하나 법률·회계·컨설팅서비스 등 경제가 선진화되면서 성장하는 서비스의 경우 급격한 개방으로 인해 기업화되어 가는 국내업체의 시장을 잠식시키지 않도록 점진적 개방을 통해 국내업체의 경쟁력을 제고시켜야 한다. 물론 이 경우 시장개방일정을 명확히 하여 국내업체의 도덕적 해이(moral hazard)를 방지해야 한다. 또한, 관광·레저분야는 해외에서 소비되는 여가수요를 국내에서 흡수하기 위해 동 업종의 비전을 수립하고 아시아 지역의 '한류' 열풍과 연계하여 발전시킬 필요가 있다.

〈표 16-10〉 주요 검토대상 및 부문별 쟁점사항

| 미개방 분야(상업적 서비스) | |
|---|---|
| 법률·회계·세무<br>방송광고<br>영화·음반 | 외국 법무법인의 국내변호사·회계사·세무사 동업 및 고용 허용<br>한국방송광고공사의 방송광고 판매 독점 폐지<br>수입추천제 폐지 |
| 서비스 질 제고를 위한 개방 검토 분야(사회 서비스) | |
| 교육 및 보건의료 | 영리법인의 사립학교·의료기관 설립 허용 |
| 외국의 개방요구가 존재하는 분야 | |
| 영화상영<br>통신<br>뉴스 제공 | 스크린쿼터 감축 또는 폐지<br>기간통신사업자 외국인 지분제한(49% 이하) 완화<br>외국 통신사의 직배 허용 |

### (2) 교육서비스의 시장개방 및 경쟁력 제고 전략

한국은 경제협력개발기구(OECD) 국가에 유학하는 학생 수가 중국에 이어 세계 2위이고 인구 대비 해외유학생 비율은 세계 최고수준이며 이들 유학생의 63%가 교육비를 사적으로 부담하여 경상수지 적자(current account deficit)의 주요 요인이 되고 있다. 또한, 수혜대상이 부유층 자제 중심으로 국한되어 교육기회의 균등성을 저해하고 있는 실정이다. 이에 따라 세계적 수준의 해외 교육기관 유치가 필요하며 이는 비단 글로벌 인재양성에서의 경쟁력 확보에 그치지 않고 사회적 통합(social integration)을 제고시키는 데에도 상당부분 기여할 수 있다.

따라서 교육서비스 시장개방의 기본적인 방향은 초·중등 교육은 사회계층간 원활한 이동을 위해 접근성에 중점을 두고 공공성(publicity)을 유지하되 대학, 전문대학원 등의 고등교육은 개방을 통한 발전을 적극적으로 고려해야 하며 이를 위해서 고등교육기관의 영리법인 허용 등이 필요하다.

외국 대학원의 설립 및 유치 계획은 교육부가 2001년에 2002년 9월부터 시범운영하기로 발표한 바 있으나 추진이 보류되었다. 최근 '제주 국제자유도시'나 '경제자유구역' 등에서 외국인투자 유치의 촉진수단으로서 외국인 자녀교육을 목적으로 하는 외국 교육기관의 유치를 특례로 인정하는 특별법이 2005년 5월 제정된 바 있다. 그러나 현재까지 교육부장관의 인가를 받은 외국대학의 국내분교는 아직 없으며 주로 MBA를 중심으로 국내대학과 공동교육프로그램을 운영하는 경우가 약 30여개에 이르고 있다. 외국 대학원의 유치는 국내대학과의 공동프로그램 활성화부터 우선적으로 추진하되 교육제도에 관한 규제완화(deregulation)를 통해 점차 분교유치로 확대할 필요가 있다. 교육내용으로 보아 산업계 수요와 직결된 전문대학원부터 우선적으로 유치하고 일반대학원, 학부의 순서로 점차 확대해 가야 한다.

교육개방에 대한 국내 교육기관의 적응력을 제고시키고 파급효과도 극대화될 수 있도록 국내 교육기관과 외국기관간 공동출자 형태의 추진이 바람직하다. 외국 교육기관의 국내유치가 활성화되기 위해서는 학교법인의 설립 및 운용 요건에 관한 규정들의 대폭적인 완화가 필요하다. 현재 국내 교육법제 중 학교 설립주체가 학교 시설물을 소유해야 하는 의무규정이 완화되어 임대도 가능해야 하며 학교법인의 내국인 이사선임 의무규정도 완화될 필요가 있다. 교직원의 임무 및 교원자격에 관해서 고등교육법 관계규정을 준수하게 되어 있으나 학교 정관만으로 운영될 수 있어야 한다. 향후 우리 경제의 성장동력으로 발전하게 될 산업의 지역클러스터화가 추진되고 있어서 지역산업의 인력수요가 교육내용에 신속히 반영될 수 있도록 외국 교육기관의 유치에 지방정부의 역할도 제고될 필요가 있다.

### (3) 보건의료서비스의 시장개방 및 경쟁력 제고 전략

보건의료서비스와 관련된 시장개방이슈는 핵심이 영리법인의 병원설립 허용 여부(모드 3과 관련), 의료 인력의 국가간 자격인정 여부 등이다. 기본적으로 개방을 통해 보건의료서비스의 경쟁력을 제고시킬 필요가 있으나 의료서비스의 공공성 차원에서 정부의 역할을 제고시키는 방향으로 전략이 수립될 필요가 있다. 현재 국내 의사자격이 있는 외국인은 영리 개인병원을 설립할 수 있으나 내·외국인 모두 영리 법인병원의 설립은 허용되지 않고 있다. 그러나 법적 소유형태보다는 시장에서의 경쟁 양상이 병원 운영 형태에 더욱 직접적인 영향을 주고 영리 법인병원의 도입이 경영효율성 및 경쟁력 제고, 의료서비스 차별화, 자본조달의 용이 등 긍정적인 효과가 클 것으로 전망되어 영리 법인병원의 도입을 적극적으로 검토해야 한다.

그러나 의료 인력의 국가간 자격인정 문제는 보다 신중한 접근방법이 요구되나 면허 관리체제를 정비할 필요는 있다. 보건의료서비스의 공공성 측면에서 외국 의료 인력에 대한 자격인정은 일부 수준 미달의 의료 인력의 유입으로 인해 국민건강에 직접적인 영향을 미칠 수 있으므로 보다 신중한 접근이 요구된다. 그러나 의료 인력의 자격평가절차를 보다 체계화하는 차원에서 종신면허제도 폐지, 면허의 다양화, 면허관리 전문기관의 설립 등 면허의 사후 관리를 강화할 필요가 있다. 또한, 보건의료서비스산업의 경쟁력을 제고시키기 위해서 의료공급자로 하여금 강제적으로 의료보험환자를 진료하게 하는 현행 요양기관 강제지정 제도를 재검토할 필요가 있으며 규모의 경제(economies of scale)를 위해 의료기관간 전략적 제휴(strategic alliance)와 네트워크를 보다 활성화해야 한다.

### (4) 농산물시장 개방 및 농업·농촌의 종합적 발전전략

우루과이라운드(UR) 이후 그동안 농산물시장개방(쌀 재협상 포함)의 일정이 예견되었음에도 불구하고 장기적인 관점에서의 구체적인 대책은 미흡한 실정이다. WTO/DDA 협상 및 각종 FTA 협상이 진행되고 있는 상황에서 개방화 시대에 적합한 새로운 농정 패러다임이 마련되어야 한다. 이러한 맥락에서 농업·농촌의 종합적 발전전략은 다음 2가지 측면에서 살펴볼 수 있다.

① 시장기능의 강화

현재의 농업 및 농촌문제는 농업분야에 있어 취약한 시장기능에 기인하므로 시장기능을 보다 강화하는 대신 정부의 역할은 시장탈락자에 대한 지원에 초점을 두어야 한다. 이를 위해서는 우선적으로 농업의 구조개혁(structural reform of agriculture) 및 이행적응에 대한 추진계획이 마련되어야 한다. 시장기능을 강화한다는 정책기조 하에 혁신능력을 갖춘 농업경영업체를 지원하여 수요자의 요구에 호응할 수 있는 지속가능한 농업생산체계(sustainable agricultural production system)를 형성하여야 한다.

즉, 개방화라는 도전으로부터 우리 농촌을 연착륙시키기 위해 농업·농촌 전체의 이행적응을 적극적으로 지원해야 한다. 농가 역시 자구노력이 필요한 데 식가공 기업 운영, 해외투자 등 소득원천을 개척하는 농업 기업가로 변신할 필요가 있으며 정부는 이러한 활동에 대한 재정지원 대책을 마련하여야 한다.

② 식품안전 확보 추진계획 수립

먹을거리로부터의 안전에 대한 소비자 인식도 점차 제고되고 있어 식품안전 확보 추진계획이 수립되어야 한다. 최근 식품산업 역시 '트렌드(유행, 예를 들면 웰빙)' 중심의 급변하는 산업이고 경쟁 역시 치열하여 식품의 안전이 위협받을 가능성이 큰 편이다. 따라서 정부는 산업육성 중심의 정책에서 탈피하여 소비자의 안전 중심으로 정책의 초점을 두어야 한다.

### (5) 산업발전전략(글로벌 네트워킹을 통한 중소기업의 글로벌화)

중소기업은 지속적인 고용창출과 산업발전의 기반이므로 중소기업 역시 세계시장 진출을 통해 자생력을 보다 강화시킬 필요가 있다. 중소기업은 국제분업체제 내에서 경쟁력을 발휘할 수 있는 위치를 적극적으로 발굴하여 글로벌 시대의 생존기반을 구축해야 한다. 중소기업의 세계화는 산업경쟁력의 기초인 부품·소재산업의 발전뿐만 아니라 국내 대기업과 중소기업간 양극화 해소에도 기여할 것으로 기대된다.

특히, 대일의존도가 심한 우리의 부품·소재산업은 향후 중국과의 경쟁도 불가피할 것으로 보인다. 이러한 상황 하에서 우리의 부품·소재산업이 생존하기 위해서는 규모의 경제를 유발할 수 있도록 보다 체계적인 부품·소재산업의 집적화가 구축되어야 한다. 또한, 이를 통한 제품의 고부가가치화에 정책적 지원과 기업의 노력이 필요하며 산업연관구조상 생산파급효과가 가장 큰 전기전자 및 기계부문의 집적화 및 고부가가치화가 최우선적으로 추진되어야 한다. 이들 부품·소재 생산업체의 전문화 및 대형화를 유도하여 최종재 생산업체와 부품·소재 생산업체 간의 공동연구 및 공동투자를 통해 기업의 특성에 적합한 다양한 기술이 개발되어야 한다. 특히, 원천기술(source technology) 및 설계기술 확보에 주력할 필요가 있다.

〈표 16-11〉 주요 경쟁국가와의 기술수준 비교

| | 한 국 | 일 본 | 미 국 | 중 국 |
|---|---|---|---|---|
| 원천기술 | 100 | 130 | 140 | 70 |
| 응용기술 | 100 | 110 | 100 | 80 |
| 설계기술 | 100 | 110 | 105 | 80 |
| 제조기술 | 100 | 100 | 100 | 90 |
| 디자인 | 100 | 110 | 105 | 70 |
| 브랜드인지도 | 100 | 120 | 120 | 70 |

자료 : 대외경제정책연구원(2004)

국내에서도 부품·소재 전문기업의 육성 등을 위한 특별조치법이 2001년에 시행되었으나 원천기술보다는 시장성에 주력하여 소규모 살포식 지원에 그치고 있다. 선진국들의 중소기업 및 부품·소재산업 육성정책을 벤치마킹(benchmarking)하되 우리의 경제발전 단계 및 국가적 특성, 그리고 기업과 제품의 특성 등을 고려하여 차별화된 정책을 추진할 필요가 있다.

### 4.4 개방관련 범국민적 공감대 형성

개방에 대한 국민의 공감대를 형성하기 위해서는 피해예상부문에 대한 구체적인 대안제시 및 사회안전망(social safety net) 구축, 개방 관련 이슈에 대한 국민홍보 등이 효과적으로 추진되어야 한다. 개방으로 인한 피해예상부문의 반발을 최소화하기 위해 사안별로 접근하는 방법보다는 체계적이고 종합적인 지원제도가 마련될 필요가 있다. 무분별한 지원은 도덕적 해이현상을 야기하여 경제 전체의 효율성을 저해할 수 있기 때문에 체계적인 접근방법이 요구된다.

이러한 측면에서 동 지원제도는 피해보상보다는 영세 중소기업에 대한 구조조정에 운용되어야 한다. 즉, 비효율적인 기업의 회생보다는 기업의 퇴출을 적극적으로 지원해야 한다. 경쟁력이 약한 기업이 폐업하려고 해도 생산설비 폐기 비용, 환경 부담금 등 폐업에 소요되는 비용이 크기 때문에 용이하게 퇴출되지 못하고 있다. 따라서 기업의 원활하고 신속한 퇴출을 위해 제도적으로 폐업소요 비용을 지원할 필요가 있다.

〈표 16-12〉 OECD 주요 국가의 GDP 대비 사회복지지출(2001년 기준)

(단위 : %)

| 이탈리아 | 일본 | 미국 | 멕시코 | 한국 |
|---|---|---|---|---|
| 24.4 | 16.9 | 14.8 | 11.8 | 6.1 |

자료 : OECD, Social Expenditure Database, 2004.

또한, 체계적이고 종합적인 지원제도를 근본적으로 해결하기 위해서는 사회안전망을 전반적으로 확대시킬 필요가 있다. 구체적으로 미국의 TAA 역시 실질적인 도움이 된다고 평가되기보다는 대외개방 관련 정책의 수행과정에서 부수적으로 사용되는 정책이기 때문에 이를 우리에게 적용하여 운용하는 과정에서도 장기적으로 동 제도를 사회안전망과 통합하는 방안을 고려할 필요가 있다. 그리고 기본적으로 우리 정부의 사회복지지출(social welfare expenditure) 수준이 OECD 주요 국가에 비해 미흡하기 때문에 이를 늘려서 사회안전망을 확대해 나가야 한다.

개방 관련 이슈의 대국민 홍보를 위해서 TV, 라디오, 신문 등 대중 매체를 적극적으로 활용하는 것도 필요하다. 최근 외교통상부를 중심으로 정부의 대국민 홍보활동이 강화되고는 있으나 아직은 미약한 편이다.[7] 따라서 중앙정부 뿐만 아니라 지방자치단체 주관설명회 및 토론회 등을 활성화하고 통상전문가 및 통상 담당 공무원들의 순회 홍보 등도 고려할 필요가 있다.

### 4.5 정부부처간 이해조정기능 강화

현재의 대외경제장관회의를 보다 실질적으로 운영함으로써 '대외개방 및 통상교섭에 관한 정책의 조정'이라는 동 회의의 설립취지를 고려하여 조정기능을 강화시킬 필요가 있다. 즉, 결론이 필요한 안건에 대해 동 회의 결과 합의가 도출되지 않았을 경우 표결을 통해서라도 결론을 내리는 방안이 적극적으로 모색되어야 한다. 이를 통해 형식적인 이해갈등 조정을 지양하고 보다 실질적인 이해조정체계를 구축할 필요가 있다.

대외경제장관회의의 효율성을 제고시키기 위해서는 대외경제실무조정회의를 강화해야 한다. 통상교섭본부장이 의장인 실무조정회의가 효과적으로 활용되지 못하는 이유는 통상교섭본부장이 실무조정회의에서 가지는 조정권이 약하기 때문인 것으로 평가된다. 따라서 현재의 조직체계에서 대외경제위원회(실무기획단)와 통상관련 정부 부처간 역할 및 기능의 분담도 명확히 하고 대외통상장관회의에 국장급 및 과장급의 실무급 회의를 신설하는 것을 신중히 검토할 필요가

7) 외교통상부는 주로 홈페이지를 통해 대외개방의 홍보 활동을 강화하였으나 그보다는 다수의 국민에게 보다 용이하게 다가갈 수 있도록 대중매체를 통해 개방에 대한 공익광고를 이용할 필요가 있다. 예를 들면, 국정홍보처가 행정복합도시, APEC 정상개최 등을 대중매체를 통해 홍보하듯이 한-칠레 FTA 이후 국내기업의 휴대폰 및 전자제품의 수출이 급증하였다는 점을 부각하면서 FTA 체결이 우리 기업의 경쟁력 향상 및 수출에 기여하고 있다는 점을 TV에 공익광고하는 방안을 고려할 수 있다.

있다.

또한, 대외개방 이슈와 관련하여 여론 수렴기관이자 국민의 대표인 국회와의 협력을 보다 강화할 필요가 있다. 각 이해그룹과의 의사소통을 위한 대화채널을 국회를 통해 상시적으로 운용하고 가급적 정보를 공개하여 정보의 비대칭성(informational asymmetry)을 개선하고 상호불신을 제거해야 한다. 그리고 대외개방과 관련된 이해갈등의 표출을 내부화하여 '합법적인 틀'에서 논의되도록 하고 도출된 합의를 상호 존중하는 풍토를 마련하기 위해 국회와 협력할 필요가 있다.

## 5. 실행계획

### 5.1 정부와 민간의 역할분담

선진통상국가의 비전을 달성하고 산업별 발전전략을 수행하기 위해서는 정부와 민간부문의 역할 분담을 명확히 할 필요가 있다.

#### (1) 정부의 역할

정부는 우리 경제의 지향점과 개별 산업이 가지는 특수성에 대한 이해를 기반으로 개방관련 정책의 기본방향을 수립하여 이를 일반에 공개하여야 한다. 또한, 정부는 우리 산업이 세계화 추세에 능동적으로 대처하여 발전할 수 있도록 경쟁력을 제고시키는 산업정책을 수립하여 시행하고 개방정책의 시행에 따라 야기될 수 있는 각종 문제를 해결하는 데 정책의 초점을 두어야 한다.

#### (2) 민간의 역할

민간부문은 정부가 발표한 개방의 일정과 변화된 시장환경에 따라 전문화(specialization) 및 제품의 고부가가치화를 통해 경쟁력 및 효율성을 제고시키기 위해 역량을 결집시켜야 한다.

### 5.2 중점 추진과제(2006년)

추진 전략별 세부 추진계획으로 FTA 및 DDA 정책방향 및 세부분야별 협상전략, 종합적인 서비스시장 개방계획, 정부부처간 이해조정체계 구축방안 등이 실시될 예정으로 있다. 그러나 사회안전망 확대, 체계적 종합지원제도, 농업 관련 지원제도 등 예상부문에 대한 고려가 수반되어야 하는 과제의 경우 가급적 조속한 시일 내에 충분히 검토하여 추진할 필요가 있다.

〈표 16-13〉 추진전략별 정부 및 민간의 역할분담

| 세부추진전략 | 민간의 역할 | 정부의 역할 |
|---|---|---|
| 선진통상국가 실현과제 추진 | · 글로벌 네트워킹 추진 | · 제도 및 관행의 국제표준화<br>· 글로벌 네트워킹 촉진<br>· 개방친화적 사회 인프라 구축 |
| FTA 및 DDA 정책방향 | - | · 정책방향 제시<br>· 세부분야별 협상전략 수립 |
| 시장개방을 통한 산업발전전략 수립 | · 경쟁력 제고 노력<br>· 법률회계컨설팅 : 규모의 경제를 위한 기업확대전략<br>· 관광레저 : 한류와 연계전략 | · 종합적인 서비스시장 개방계획 수립<br>· 업종별 경쟁력 강화정책 수립 |
| 교육 | · 고등교육 : 수요자 중심 교육 | · 고등교육 중심의 시장개방 전략 수립<br>· 학교법인 설립 및 운용 관련 · 규제완화 |
| 보건의료 | · 영리법인화 전환 준비<br>· 의료기관간 전략적 제휴 및 네트워크 활성화 | · 영리 법인병원의 도입 검토<br>· 의료 인력 자격평가절차의 체계화 |
| 농산물 | · 시장기능에 대한 이해 제고<br>· 혁신 경영업체 형성<br>· 수요자 중심의 농업경영<br>· 보다 개척적인 정신 함양<br>· 식품산업의 현황 · 미래에 대한 연구<br>· 소비자 안전에 대한 인식 제고 | · 농업농촌 종합적 발전전략 수립<br>· 시장기능 강화정책 수립<br>· 혁신 농업경영업체 지원<br>· 농업농촌 이행적응 지원<br>· 식품안전 확보 추진계획 수립 |
| 중소기업 | · 제품의 고부가가치화 지향<br>· 전문화 및 대형화 추구<br>· 공동연구 및 공동투자 지향<br>· 원천기술 확보 노력 | · 체계적인 부품 · 소재산업의 집적화 · 정책 수립<br>· 원천기술 개발을 위한 지원 |
| 개방관련 범국민적 공감대 형성 | · 무분별한 개방저항 지양<br>· 개방 이슈에 대한 이해 제고<br>· '울면 떡 하나 더 준다'는 인식 타파 | · 체계적 종합적 지원제도 구비<br>· 사회안전망 확충<br>· 개방 관련 이슈의 대국민 홍보 강화 |
| 정부부처간 이해조정기능 강화 | · 공청회 및 국회 여론수렴 등에 적극 참여 | · 대외경제장관회의의 실질적 운영<br>· 대외경제실무조정회의 강화<br>· 국회와의 협력 강화 |

〈표 16-14〉 세부추진전략

| 세부추진전략 | 소과제 | 2006 | 2007 | 2008 | 2009 | 2010 |
|---|---|---|---|---|---|---|
| 1. 선진통상국가 비전의 구현 | ① 제도 및 관행의 국제표준화 | 기획 | 실 시 | | | |
| | ② 글로벌 네트워킹 촉진 | 기획 | 실 시 | | | |
| | ③ 개방친화적 사회 인프라 구축 | 기획 | 실 시 | | | |
| 2. FTA 및 DDA 정책방향 | ① 정책방향 제시 | 기획 | 실 시 | | | |
| | ② 세부분야별 협상전략 수립 | 기획 | 실 시 | | | |
| 3. 서비스시장 개방 | ① 종합적인 서비스시장 개방계획 수립 | 기획 | 실 시 | | | |
| | ② 업종별 경쟁력 강화정책 수립 | 기획 | 실 시 | | | |
| 4. 농산물시장 개방 | ① 농업농촌 종합적 발전전략 수립 | 기획 | 실 시 | | | |
| | ② 시장기능 강화정책 수립 | 기획 | 실 시 | | | |
| | ③ 혁신 농업경영업체 지원 | 기획 | 실 시 | | | |
| | ④ 농업농촌 이행적응 지원 | 기획 | 실 시 | | | |
| | ⑤ 식품안전 확보 추진계획 수립 | 기획 | 실 시 | | | |
| 5. 글로벌 네트워킹을 통한 중소기업의 글로벌화 | ① 중소기업의 글로벌화 | 기획 | 실 시 | | | |
| | ② 체계적인 부품·소재산업의 집적화 정책 수립 | 기획 | 실 시 | | | |
| | ③ 원천기술개발을 위한 지원 | 기획 | | 실 시 | | |
| 6. 개방관련 범국민적 공감대 형성 | ① 체계적 종합적 지원제도 구비 | 기획 | | 실 시 | | |
| | ② 사회안전망 확충 | 기획 | | 실 시 | | |
| | ③ 개방 관련 이슈의 대국민 홍보 강화 | 기획 | 실 시 | | | |
| 7. 정부부처간 이해조정기능 강화 | ① 대외경제장관회의의 실질적 운영 | 기획 | 실 시 | | | |
| | ② 대외경제실무조정회의 강화 | 기획 | 실 시 | | | |
| | ③ 국회와의 협력 강화 | 기획 | 실 시 | | | |

17 chapter

# 글로벌 경쟁력 강화

한국경제가 재도약을 하기 위해서는 기존의 요소투입형 성장에서 탈피하여 혁신에 기반을 둔 발전모델(innovation-based development model)의 구축이 필요하다. 중소기업은 '일자리 창출'과 '성장동력 강화'를 통한 혁신주도형 경제로의 이행에 있어 중요한 역할을 수행할 수 있다.

중소기업은 〈표 17-1〉과 같이 성장성과 수익성 등에서 대기업과 양극화가 확대되는 양상을 보이고 있다. 기업의 성장성 지표인 매출액 증가율과 수익성 지표인 매출액 경상이익률 격차가 2003년 이후 대기업과 중소기업간 확대되는 추세를 보이고 있어 이를 개선하기 위한 정책적 노력이 필요하다.

〈표 17-1〉 중소기업과 대기업간 성장성 · 수익성 지표 변화추이

(단위 : %)

| | 대 기 업 | | 중 소 기 업 | |
|---|---|---|---|---|
| | 매출액경상이익률 | 매출액증가율 | 매출액경상이익률 | 매출액증가율 |
| 2003 | 5.96 | 6.55 | 2.49 | 5.39 |
| 2004 | 10.23 | 19.85 | 3.29 | 12.32 |

자료 : 한국은행, 기업경영분석, 각 연도

정부는 대 · 중소기업간 양극화를 해소하고 중소기업의 혁신역량 및 경쟁력(competitiveness)을 강화하기 위한 방향으로 정책을 추진하고 있다. 특히, 선택과 집중을 통해 혁신형 중소기업을 선도그룹으로 육성하는 정책을 강화하고 있으며 정책적 보완이 필요한 소상공인 등 취약 분야에 대해서도 별도의 지원을 병행하고 있다.

그러나 향후 10년 내에 1인당 국민소득 30,000달러 시대의 선진경제(advanced economy)를 지향하는 데 있어 우리 경제의 성장동력으로 육성하고자 하는 중소기업은 정부의 연구개발(R&D) 지원자금 부족, 금융기관의 담보위주 대출관행 지속에 따른 만성적인 자금난, 대 · 중소기업간 상생협력 부진, 창업 관련 규제개혁(regulatory reform) 미흡 등으로 인해 중소제조업의 평균가동률이 70% 수준을 나타내는 등 활성화되지 못하고 있다.

〈표 17-2〉 중소제조업의 평균 가동률 추이

(단위 : %)

| | 2004 | | | | 2005 | | | | | | |
|---|---|---|---|---|---|---|---|---|---|---|---|
| | 6 | 8 | 10 | 12 | 1 | 3 | 5 | 6 | 7 | 8 | 9 |
| 중소제조업 | 68.2 | 67.9 | 69.0 | 68.5 | 67.9 | 70.4 | 70.3 | 70.2 | 69.8 | 69.7 | 70.4 |
| 중기업 | 73.0 | 72.9 | 74.0 | 73.8 | 74.2 | 76.0 | 76.1 | 76.0 | 75.3 | 74.9 | 75.7 |

주 : 가동률은 생산능력 대비 생산실적이며, 정상가동은 가동률 80% 이상을 의미함
자료 : 중소기업협동조합중앙회

정부가 중점을 두고 있는 중소기업 부문의 발전 비전 및 중소기업 정책방향과 주요 전략과제를 분석한 국민경제자문회의의 경제보고서를 중심으로 살펴보고자 한다.

## 제 1 절 비전의 제시

한국경제가 직면하고 있는 성장동력 저하 및 성장잠재력(growth potentials) 약화에 대처하기 위해서는 경제환경 변화에 대해 기동성과 유연성, 창조성을 발휘할 수 있는 경제주체의 역할이 매우 중요하다. 중소기업은 시장에서 압도적 다수를 차지하며 시장경쟁(market competition)을 활성화하고 혁신(innovation)을 통해 다양한 재화와 서비스를 제공하며 유연한 분업구조를 형성할 뿐만 아니라 매력적인 고용창출(attractive job creation) 원동력으로서의 역할을 수행해오고 있다.

따라서 중소기업은 한국경제에서 혁신적 성장동력을 갖춘 경제활력(economic vitality)의 원천으로 고용창출의 주체로서의 역할을 수행하여 향후 30,000달러 시대를 가능하게 할 주체가 되어야 한다.

국내 중소기업의 발전모델을 유형화해 보면 크게 2가지(① 협력형 중소기업, ② 독립형 중소기업)로 분류할 수 있다.

① 협력형 중소기업

협력형 중소기업은 대기업 등과 관계를 맺으며 발전하는 유형을 의미한다.

가. 대기업 전속형

대기업 전속형은 수요 대기업에 전속되어 핵심 부품을 공급하며 대기업과 동반성장하는 기업이다.

나. 대기업 준전속형

대기업 준전속형은 특정 대기업에 전속적이지 않으나 다수의 대기업 및 중견기업 등에 부품·소재를 납품하며 성장하는 기업을 의미한다.

② 독립형 중소기업

대기업과 관계를 맺지 않으며 독자적으로 발전하는 독립형 중소기업이 존재한다.

가. 신기술 선도형 중소기업

신기술 선도형 중소기업은 첨단기술력을 기반으로 신시장을 창출하며 글로벌 시장을 선도하는 기업을 의미한다.

나. 특화제품 주도형 중소기업

특화제품 주도형 중소기업은 특정 제품 분야에서 독자적 브랜드로 고부가가치의 틈새시장(niche market)에 집중하여 발전하는 중소기업을 의미한다.

그동안 중소기업 중 다른 기업의 주문을 받아 제품을 생산·납품하는 수급기업의 비중이 2001년 66.2%에서 2002년 63.9%, 2003년 63.1%, 2004년 61.2%로 지속적으로 하락하는 추세를 보이고 있어 향후 중소기업은 협력형보다는 독립형 중소기업이 더욱 증가할 것으로 전망된다.

정부는 중소기업의 혁신역량 및 글로벌 경쟁력(global competitiveness) 강화를 정책목표로 설정하고 중소·벤처기업의 활력 제고를 위해 다음 4가지 중소기업 정책방향을 설정하고 있다.

① 벤처기업 및 Inno-Biz 등 혁신형 중소기업을 집중 육성하여 일반중소기업의 성장을 견인하는 방향의 정책 추진

이를 위해 벤처기업 활성화, 중소·벤처기업의 기술혁신역량 제고, 중소기업의 경영혁신 촉진에 정책역량을 집중하고 있다.

② 대·중소기업 및 소상공인간 동반성장을 통한 양극화현상 해소를 위해 정책역량 집중

이를 위해 대·중소기업 협력증진, 소기업 및 소상공인의 자생력 강화에 주력하고 있다.

③ 창업 및 퇴출이 원활한 중소기업 생태계 조성 주력

이를 위해 창업활성화와 사업전환 촉진에 매진하고 있다.

④ 수요자 특성별 맞춤형 지원 및 유형별 특화된 정책 추진

중소기업의 금융·인력 등 수요자 특성별 맞춤형 지원 및 유형별(혁신형-일반형-소상공인)로 특화된 정책을 추진하고 있다.

## 1. 혁신형 중소기업 육성

정부는 한국경제가 혁신주도형 경제구조로 급속히 전환되어 감에 따라 선택과 집중을 통해 혁신형 중소기업을 육성함으로써 여타 중소기업의 동반성장을 유도하는 정책을 추진하고 있다. 혁신형 중소기업의 범주는 현행 제도상 벤처기업과 기술혁신형 중소기업(Inno-Biz)을 포괄하고 있다.

### 1.1 벤처기업 활성화

우선 정부는 벤처기업의 건전한 생태계를 구축하기 위해 '벤처기업활성화 대책'을 마련하여 추진하고 있다. 즉, 중소기업투자 모태펀드를 조성(모태펀드(Fund of Fund)는 개별기업에 대한 직접투자를 하지 않고 펀드(조합)에 투자하는 펀드로 중산기금 출자 회수분과 정부의 추가 출연을 통해 2005~2009년 기간 동안 1조원을 조성하여 운영할 계획으로 있음)하여 창업·바이오·지방벤처 등 민간투자가 취약한 분야에 투자를 확대함과 더불어 기존의 직접투자 방식에서 민간 중심의 간접투자 방식으로 전환하여 지원하고 있다. 또한, 코스닥(KOSDAQ)시장을 벤처기업 전용시장으로 운영하기 위해 중견기업 요건을 폐지하고, 벤처기업은 수익요건을 충족하지 못하는 경우에도 코스닥위원회가 기술력·성장성 등을 판단하여 상장이 가능하도록 하였다. 제3시장의 명칭을 프리보드로 개편하고 주식 양도차익에 대한 양도소득세 비과세 등 제도 개선을 통해 비상장 벤처기업의 직접금융 조달을 활성화할 수 있도록 하고 있다. 벤처캐피털(venture capital)에 대한 규제완화(deregulation)와 투명성(transparency) 제고를 위해 창업투자사 설립을 위한 납입자본금을 인하(100억원→70억원)하고 전문인력 요건을 완화(3인→2인)하였다. 또한, 창업투자 의무출자 비용도 인하(5/100→1/100)하고 성과보수 상환을 폐지하여 운영하고 있다.

### 1.2 중소기업 기술혁신 및 사업화 역량 제고

정부는 중소기업의 기술혁신 및 사업화 역량 제고를 위해 지원하고 있다.

#### (1) 기술혁신 제고

중소기업청은 2005년에 2,316억원 규모의 중소기업 전용 R&D 자금을 투입하고 있으며, 15개 공공기관 R&D 예산의 일정비율을 중소기업에 지원하도록 하는 KOSBIR 제도를 통해 기술개발 자금 지원을 확대하고 있다. 또한, 예비 Inno-Biz 및 신산업 분야의 혁신형 중소기업을 발굴·육성하는 방안을 마련하여 Inno-Biz 기업의 발굴을 확대(2004년 2,646개→2005년 9월 3,166개)하고 있다. 산학협력을 통한 중소기업의 기술혁신 활성화대책으로 산학연 기술개발컨소시엄 사업에 대한 지원을 확대(2004년 391억원→2005년 421억원)하여 중소기업의 신제품 개발을 촉진함과 더불어 대학 실험실을 산학협력실로 지정·지원(33억원)하고 있다.

#### (2) 사업화 역량 제고

중소기업 개발기술의 사업화 촉진을 위해 신기술 및 아이디어의 사업화 타당성 평가 및 개발기술에 대한 사업화 지원을 확대(2004년 750억원→2005년 1,000억원)하고, 구매조건부 신제품 개발사업 참여기관 및 지원규모를 확대하고 있다(2004년 : 8개 기관, 40억원→2005년 : 26개 기관, 100억원).

### 1.3 금융지원 체계 개편

정부는 상대적으로 민간금융을 이용하기 어려운 혁신형 중소기업에 정책금융을 집중적으로 지원하기 위해 '중소기업 금융지원 체계 개편방안'을 마련하여 추진하고 있다. 이를 위해 기술집약형 기업, 혁신형 창업기업 등에 대한 신용보증지원이나 정책자금 공급을 증대시키는 한편, 자금지원 방식도 고수익·고위험(high profit · high risk)의 혁신형 기업성격에 적합하도록 단순 융자지원 중심에서 투자 또는 투융자복합방식으로 전환하였다

또한, 기술혁신형 기업이 기술력과 사업성에 기초하여 금융을 이용할 수 있도록 기술평가금융을 활성화하고 있다. 특히, 혁신형 중소기업에 대한 보증제도 운영의 효율성 제고를 위해 그동안 신용보증기관이 중소기업을 대상으로 중복적으로 수행해오던 보증기능을 개편하여 신용보증기금은 일반혁신형 기업, 수출기업 및 영세소기업 지원에 특화하고, 기술신용보증기금은 벤처기업 및 Inno-Biz 등 기술혁신형 기업 보증에 특화하도록 하고 있다.

### 2. 대 · 중소기업간 상생협력

정부간, 기업부문간 동반성장을 통한 양극화 해소를 위해 대 · 중소기업간 상생협력대책을 추진하고 있다. 우선 대기업과 중소기업간 자율적 협력증진을 촉진하기 위한 협력기반 구축작업의 일환으로 '대 · 중소기업협력재단'을 설립하여 운영하고 있다. 동 재단을 통해 대기업 퇴직인력을 활용한 지도사업, 공동기술개발 및 품질지도, 대기업 판로망을 활용한 중소기업제품 판로지원, 기술교류 및 공동 설비이용 등을 위한 종합 정보 datebase를 설치하여 대 · 중소기업 협력사업을 지원하고 있다. 대기업과 중소기업간 공정한 거래관행을 조성하기 위해 위 · 수탁기업간 분쟁조정 및 거래실태조사를 통해 물품대금의 지급방식, 지급기간, 상업어음의 장당금액 등에 관한 자료 제출을 요청할 수 있도록 하고 있다.

한편, 정부는 대 · 중소기업간 자율적 상생협력(相生協力)을 제도적으로 지원하기 위해 '대 · 중소기업 상생협력 촉진에 관한 법률' 제정을 추진하고 있다. 동 법의 주요 내용은 대 · 중소기업간 상생협력 성과의 공정한 배분체계 마련, 대 · 중소기업간 기술 · 인력 · 환경경영 협력촉진, 중소기업에 대한 대기업의 자본참여 촉진, 불공정거래행위 금지에 대한 특례규정, 공공기관의 중소기업 협력촉진을 포함하고 있다.

### 3. 창업 촉진을 위한 규제완화

정부는 창업실태조사를 기반으로 '창업 및 공장설립 규제완화 추진계획'을 수립한 후 35건의 규제완화 과제를 발굴하여 추진하고 있다. 특히, 공장설립을 수반하는 창업자에 대한 공장설립 인 · 허가 사항에 대한 창업사업 계획승인 업무를 일괄의제 처리하여 공장설립이 원활히 이루어질 수 있도록 하고 있다.

## 제 2 절 현황과 평가

정부의 중소기업정책은 중소기업의 성장단계별 · 기업유형별 특성에 부합하고 맞춤형 · 수요지향적 정책을 추진하고 있다는 점에서 긍정적으로 평가할 수 있다. 그러나 과도한 혁신형 중소기업 육성목표 설정, 지원재원의 확대 없이 혁신형 중소기업 육성만을 강조하는 정책설계, 정부주도로 추진하는 대·중소기업 상생협력 대책, 창업 촉진을 위한 규제개혁 미흡 등은 개선되어야 할 필요가 있다.

## 1. 과도한 혁신형 중소기업 육성 목표 설정

정부는 혁신형 중소기업 육성을 통한 일자리 창출 및 한국경제의 지속가능한 성장(sustainable growth)을 촉진시키기 위해 2005년 14,000개, 2006년 18,500개, 2007년 24,500개, 2008년까지 30,000개의 혁신형 중소기업 육성 목표를 설정하고 있다. 그러나 정부가 추진하고 있는 혁신형 중소기업은 과거 정부에서 추진하였던 벤처기업, Inno-Biz(기술혁신형 중소기업) 기업을 지원대상으로 설정하고 있기 때문에 새로운 개념의 중소기업을 육성한다고 할 수 없다. 또한, 벤처기업과 Inno-Biz 기업의 70%(2005년 8월말 3,106개 Inno-Biz 기업 중 2,203개가 벤처기업으로 확인)가 중복되고 있다.

〈표 17-3〉 혁신형 중소기업 육성 목표

(단위 : 개)

| 구 분 | 2003 | 2004 | 2005 | 2006 | 2007 | 2008 |
|---|---|---|---|---|---|---|
| 벤처기업 | 7,702 | 7,967 | 10,500 | 12,000 | 13,500 | 15,000 |
| Inno-Biz | 2,076 | 2,646 | 3,500 | 5,000 | 7,500 | 10,000 |
| 기 타 | - | - | - | 1,500 | 3,500 | 5,000 |
| 합 계 | 9,778 | 10,613 | 14,000 | 18,500 | 24,500 | 30,000 |

자료 : 중소기업청

혁신형 중소기업 육성 목표 설정(2008년 30,000개)도 과거 벤처기업 육성 목표와 같이 구호만 있고 목표를 달성하지 못할 뿐만 아니라 지원수단의 획기적 확충없는 혁신형 중소기업 육성 목표설정이 관련 정책을 왜곡시킬 가능성을 지니고 있다고 할 수 있다.

## 2. 혁신형 중소기업 육성정책 추진 미흡

정부의 중소기업정책은 '중소기업 경쟁력강화 종합대책'이 마련된 이후 혁신활동과 성과가 뛰어난 '혁신형 중소기업'을 집중 육성하여 여타 중소기업의 성장을 견인하는 정책을 추진하고 있다. 그러나 혁신형 중소기업 육성정책의 핵심을 이루는 '벤처기업 활성화대책'의 경우 기존 벤처기업정책의 부작용을 보완하여 시장시스템의 개선 등에 그치고 있다. Inno-Biz 사업의 경우에는

2001년 시행된 이후 점진적으로 양적 확대가 이루어지고는 있으나 구체적인 제도적 지원이 수반됨이 없이 운영되고 있다.

중소기업 금융지원 개편방안은 민간금융을 이용하기 어려운 혁신형 중소기업에 정책금융 지원을 확대해 나가는 것을 주요 내용으로 하고 있으나 기존의 정책금융을 확충하지 못한 채 선택과 집중에 의해 혁신형 중소기업에 더 많이 지원하는 방식을 취하고 있다. 특히, 중소기업에 대한 보증제도 운영의 효율성 제고를 위해 신용보증기금은 일반혁신형 기업, 수출기업, 영세소기업 지원에 특화하고 기술신용보증기금은 벤처기업, Inno-Biz 등 기술혁신형 기업지원에 특화하도록 하였다. 이 같이 신용보증기관간 보증대상의 차별화를 제시하고 있음에도 불구하고 신용보증기관에 대한 예산확보권(중소기업청)과 지도・감독권(재정경제부)은 여전히 이원화되어 있어 효율적인 신용보증제도 운용이 이루어지지 못하고 있다.

결국 정부가 추진하고 있는 중소기업정책은 정부가 '혁신'을 강조함에 따라 지원재원의 확충없이 기존의 정책을 혁신형 중소기업 육성에 집중하도록 관련 정책을 보완하여 추진하고 있다고 평가할 수 있다.

### 3. 대・중소기업 상생협력대책의 이행력 확보 문제

대・중소기업간 상생협력대책이 기업부문간 양극화 해소를 통해 동반성장을 달성하는 데 목적을 두고 있다면 무엇보다 대기업의 협력사업에 대한 인식 전환 및 중소기업과의 협력대책에 대한 이행력이 확보될 필요가 있다.

1990년대 초반의 '대기업사업의 중소기업이양사업' 추진 때나 1990년대 말 대・중소기업 협력의 필요성이 제기되었을 때 대기업들은 중소기업과의 협력확대 의지를 적극적으로 표명한 바 있다. 그러나 당시 대기업들이 스스로 공언하였던 협력프로그램들은 제대로 이행되지 못하였다. 이는 정부가 주도하는 대・중소기업협력 요구에 대기업들이 비자발적으로 협력 추진 의사를 표명했기 때문으로 해석할 수 있다.

최근 국회에서 '대・중소기업 상생협력촉진에 관한 법률' 제정이 추진되고 있다. 이와 함께 대기업들도 현금성 결제 확대 발표 등 중소기업과의 자발적인 상생협력을 확대하고 있다. 그러나 대기업 최고경영자(CEO)의 상생협력 의지가 아직은 중소기업과 거래하는 현장 부서 및 대기업 전체로 확산되지 못하고 있다.

향후 정부가 추진하는 대・중소기업협력사업이 대・중소기업간 양극화 해소에 기여하는 정도는 대기업들의 자발적이고 지속적인 협력 유도여부에 좌우된다고 할 수 있다.

### 4. 창업 촉진적 규제개혁 미흡

정부는 창업기업의 공장설립과 관련하여 지속적인 규제완화를 통해 기업들의 애로사항을 해소하고 있다. 그러나 창업기업의 공장설립 이전 단계인 법인설립 과정에서는 구비서류 과다 및 비용과다 등이 여전히 개선해야 할 문제점으로 지적되고 있다. 산업연구원의 실태조사에 따르면 주식회사 설립에 따른 구비서류수는 모집설립의 경우 정관, 이사회의사록 등 37종류 58개 서류가 필요한 것으로 나타났으며 자본금 5,000만원인 주식회사 설립에 소요되는 실제 비용은 평균 100만 5,000원으로 조사되었다.

세계은행(World Bank)이 2005년 9월에 발표한 '기업활동보고서(Doing Business)'에 따르면 창업하기 좋은 국가 순위에서 한국은 조사대상 155개 국가 중 97위를 기록한 것으로 나타났다. 이는 창업 초기 기업을 위한 규제개혁이 상대적으로 미흡한 것으로 평가할 수 있다.

〈표 17-4〉 창업하기 좋은 국가 순위 및 창업단계, 창업 소요기간

| | 창업 용이도 순위 | 창업단계 수 | 창업 소요기간(일) |
|---|---|---|---|
| 캐나다 | 1위 | 3단계 | 3일 |
| 호주 | 2위 | 2단계 | 2일 |
| 독일 | 47위 | 9단계 | 24일 |
| 일본 | 81위 | 11단계 | 31일 |
| 한국 | 97위 | 12단계 | 22일 |

자료 : World Bank, Doing Business, 2005.

## 제3절 전 략

향후 혁신형 중소기업을 효과적으로 육성하여 10년 후 30,000달러 시대를 열어갈 활력있고 창조적인 중소기업 생태계를 조성하기 위해서는 중소기업의 기술력을 획기적으로 제고시키기 위한 기술개발 지원에 주력해야 한다.

그동안 중소기업 문제는 대부분 금융 측면에서 발생했다고 할 수 있다. 향후 중소기업 금융문제를 해소하기 위해서는 선진 금융기법의 도입 및 중소·벤처기업에 적합한 금융상품을 개발해야 하며 중소기업금융을 활성화하기 위한 신용보증기능이 원활하게 작동되어야 한다.

중소기업이 국내의 협소한 시장을 탈피하기 위해서는 해외시장을 적극적으로 개척할 필요가 있다. 정부는 맞춤형 지원을 통해 중소기업의 글로벌 네트워킹(global networking)을 적극적으로 지원하고 해외진출 중소기업에 대한 현지 지원을 강화할 필요가 있다.

또한, 그동안 마련해 온 중소기업정책의 이행사항을 점검하고 평가하여 정책의 실효성(policy effectiveness)을 제고해 나가는 것도 중요하다. 특히, 2005년 5월 이후 정책화되어 추진되고 있는 대·중소기업간 상생협력사업의 이행력 제고 등이 필요하다고 할 수 있다. 중소기업의 경쟁력 제고를 위해서는 정책자금 및 조세 지원 못지않게 규제개혁(regulatory reform)이 필요하며 지원대상을 합리적으로 설정할 필요가 있다.

정부는 향후 창업 등 기업활동에 따른 규제를 획기적으로 개선해 나가야 하며 중소기업의 범위를 합리적으로 조정할 필요가 있다.

중소기업의 혁신역량 및 글로벌 경쟁력을 강화시키기 위한 전략을 다음 5가지 측면에서 살펴본다.

## 1. 중소기업 R&D 지원사업 강화

### 1.1 혁신형 중소기업 기술개발 지원자금 확충

혁신형 중소기업이 한국경제의 동력으로서 역할을 수행하도록 하기 위해서는 무엇보다 기술경쟁력(technological competitiveness) 확보를 위한 신제품·신기술 개발(사업화 직전 단계의 기술개발)을 적극적으로 지원해야 한다. 혁신형 중소기업에 대한 기술개발자금의 중심 축을 이루는 중소기업청의 기술혁신개발자금, 산학연공동기술개발자금, 상용화기술개발자금 등의 지원규모는 2004년 2,120억 6,200만원에서 2005년에는 2,316억 6,000만원으로 195억 9,800만원 증가한 것으로 나타나고 있다.

이 같은 혁신형 중소기업의 기술경쟁력 제고를 위한 기술개발 자금의 규모(2005년 기준)는 R&D 예산 대비 3.44%에 불과하여 혁신형 중소기업을 집중 육성하여 여타 중소기업의 동반 성장을 유도하는 데 한계를 노출시키고 있다. 특히, 2004년도 중소기업청의 기술개발자금 중 가장 큰 규모를 차지하는 기술혁신개발사업의 경우 지원율(지원/신청)이 업체 수 기준 44.2%, 금액기준으로는 35.98%에 불과하여 중소기업들의 수요에 비해 지원금액이 크게 부족한 실정이다.

향후 중소기업의 기술개발을 촉진하고 원천 및 응용 기술을 개발한 중소기업의 사업화 성공률을 제고시키기 위해서는 중소기업청의 기술경쟁력 강화 예산의 규모를 2005년 연구·개발

(R&D) 예산 대비 3.44%에서 2006년 4.0%, 2007년 4.5%, 2008년에는 5.0% 수준까지 확대한다는 목표를 설정하고 단계적으로 증대시킬 필요가 있다.

이와 함께 향후 중소기업청의 기술개발자금은 사업화 직전단계 지원에 특화하여 여타 부처의 R&D 자금과 차별화되도록 하되, 여타 부처의 R&D 자금 운용실태를 점검하여 정부의 중소기업 기술개발자금이 효율적으로 집행되도록 해야 한다.

〈표 17-5〉 중소기업청의 중소기업 기술경쟁력 강화 예산 규모

(단위 : 백만원, %)

| | 2003 | 2004 | 2005 |
|---|---|---|---|
| 기술혁신개발사업 | 110,100 | 130,550 | 142,200 |
| 산학연공동기술개발(균특) | 34,120 | 39,120 | 42,100 |
| 협동형기술개발 | 2,000 | 2,500 | 2,500 |
| 상용화기술개발 | 9,952 | 9,902 | 15,900 |
| 직무기피요인해소사업 | 17,400 | 29,730 | 28,700 |
| 대학기술이전센터지원 | 450 | 260 | 260 |
| 합계 (A) | 174,022 | 212,062 | 231,660 |
| 한국의 R&D 예산규모(B) | 5,576,800 | 6,099,500 | 6,736,800 |
| A/B (%) | 3.12 | 3.48 | 3.44 |

자료 : 중소기업청, 과학기술부

### 1.2 공공기관의 중소기업기술개발지원(KOSBIR) 사업 강화

KOSBIR 사업은 범정부적인 중소기업 기술개발 지원체계를 구축하기 위해 1998년부터 연간 300억원 이상의 연구·개발 예산을 운영하는 15개 정부부처 및 정부투자기관에 대해 중소기업청이 예산의 5%를 권장비율로 정하여 중소기업 기술개발에 지원하도록 하는 제도이다.

2004년의 경우 KOSBIR 사업에 참여하는 15개 기관의 R&D 예산 4조 2,006억원 중 15.8%인 6,624억원이 중소기업에 지원되었다.

그러나 KOSBIR 사업에 의한 기관별 중소기업 지원비율(5.0%)은 권장사항일 뿐이며 그 비율 또한 모든 기관에 일률적으로 적용되고 있기 때문에 기관별로 중소기업에 대한 기술개발지원자금이 실질적으로 집행되고 있는지 확인하기 어려우며 중소기업에 대한 기술개발자금 지원을 확대하는 데에도 한계가 있는 실정이다.

정부는 2005년도 중소기업청의 중소기업 기술경쟁력 지원예산 2,317억원만으로는 혁신형 중소기업의 기술개발자금 지원수요에 부응하기 어렵다는 점을 고려하여 KOSBIR 사업 참여기관을 점진적으로 확대하는 방안을 강구해야 한다. 또한, KOSBIR 사업에 참여하는 해당 기관에 대한

실태조사를 통해 부처별·기관별 실정에 부합한 중소기업 R&D 지원 목표비율을 설정해야 하며 해당 기관별 중소기업 R&D 지원 목표비율 준수 의무화를 실시할 필요가 있다.

〈표 17-6〉 중소기업 기술혁신·개발자금 수요 대비 지원비율

(단위 : 개, 억원, %)

| | 2003 | | | 2004 | | |
|---|---|---|---|---|---|---|
| | 신청(A) | 지원(B) | 비율(B/A) | 신청(A) | 지원(B) | 비율(B/A) |
| 〈업체수 기준〉 | | | | | | |
| 기술혁신개발사업 | 3,861 | 1,654 | 42.8 | 4,260 | 1,883 | 44.2 |
| 산학연공동기술개발 | 3,257 | 2,757 | 84.6 | 3,748 | 2,876 | 76.7 |
| 기업협동형기술개발 | 98 | 34 | 34.7 | - | - | - |
| 기업상용화기술개발 | 472 | 150 | 31.8 | 328 | 143 | 43.6 |
| 직무기피요인해소 | 117 | 57 | 48.7 | 378 | 159 | 42.1 |
| 합계 | 7,805 | 4,652 | 59.6 | 8,714 | 5,061 | 58.1 |
| 〈금액 기준〉 | | | | | | |
| 기술혁신개발사업 | 3,330 | 1,101 | 33.1 | 3,630 | 1,306 | 36.0 |
| 산학연공동기술개발 | 550 | 341 | 62.0 | 606 | 391 | 64.5 |
| 기업협동형기술개발 | 183 | 45 | 24.6 | - | - | - |
| 기업상용화기술개발 | 416 | 99 | 23.8 | 348 | 99 | 28.5 |
| 직무기피요인해소 | 442 | 174 | 39.4 | 844 | 297 | 35.2 |
| 합계 | 4,921 | 1,760 | 35.8 | 5,428 | 2,093 | 38.6 |

자료 : 중소기업청

### 1.3 중소기업 기술 인프라 지원 확대

우리 중소기업의 전반적인 기술수준은 선진국의 73% 수준을 나타내고 있다. 이는 주로 중소기업의 기술인력 및 연구설비가 부족하고 연구·개발 투자역량 등이 미흡하기 때문으로 분석된다. 현실적으로 다수의 중소기업이 R&D 능력이 미흡하여 R&D 활동을 제대로 하지 못하고 있는 실정을 고려하여 중소기업들이 필요로 하는 보다 상업화 지향적이고 현장의 문제 해결형 연구·개발 기능을 수행해주는 방식의 지원이 필요하다. 현재 이 같은 지원기능이 이미 생산기술연구원, 중소기업진흥공단, 산학연 공동연구개발 컨소시엄사업 등을 통해 수행되고 있어 향후 이런 지원기능을 보다 강화해야 한다.

대만의 경우 중소기업의 연구·개발 능력 부족을 공공연구기관인 ITRI(공업기술연구원)가 지원하고 있는데 한국과 상이한 점은 동 연구원이 단순히 R&D 수행을 넘어 담당 연구원을 참여시켜 직접 회사를 창설하는 분사화(spin-off) 기능까지 하고 있다는 점이다.

향후 중소기업이 기술혁신을 촉진시키기 위해서는 대학 및 연구기관의 기술인력 및 연구설비에 대한 database 구축을 통해 중소기업의 공동활용을 지원할 필요가 있다. 또한, 주요 거점별 디자인 혁신센터를 통해 디자인산업 등의 창의개발(C&D : Creation & Development) 지원도 확대해야 한다.

〈표 17-7〉 기관별 KOSBIR 사업 지원실적 및 2005년도 계획

(단위 : 억원, %)

| | 2004 | | | 2005 지원계획 | | |
|---|---|---|---|---|---|---|
| | R&D예산 (A) | 지원액 (B) | 지원비율 (B/A) | R&D예산 (A) | 지원액 (B) | 지원비율 (B/A) |
| 국방부 | 6,684 | 637 | 9.6 | 7,885 | 804 | 10.2 |
| 과학기술부 | 9,912 | 1,098 | 11.1 | 4,273 | 427 | 10.0 |
| 농림부 | 430 | 34 | 7.9 | 450 | 34 | 7.6 |
| 산업자원부 | 9,581 | 3,190 | 33.3 | 13,862 | 4,260 | 30.8 |
| 정보통신부 | 6,330 | 569 | 9.0 | 6,982 | 581 | 8.4 |
| 보건복지부 | 1,537 | 294 | 19.2 | 1,657 | 316 | 19.1 |
| 환경부 | 1,264 | 322 | 25.5 | 1,349 | 340 | 25.2 |
| 건설교통부 | 453 | 172 | 38.0 | 657 | 193 | 29.4 |
| 해양수산부 | 1,200 | 38 | 3.2 | 1,406 | 24 | 1.7 |
| 소계 | 37,391 | 6,354 | 17.0 | 38,521 | 6,979 | 18.2 |
| 전력공사 | 2,608 | 180 | 6.9 | 2,658 | 208 | 7.9 |
| 주택공사 | 355 | 21 | 6.0 | 893 | 46 | 5.2 |
| 수자원공사 | 809 | 30 | 3.7 | 1,075 | 55 | 5.2 |
| 도로공사 | 318 | 20 | 6.3 | 466 | 28 | 6.0 |
| 토지공사 | 255 | 3 | 1.2 | 388 | 9 | 2.4 |
| 가스공사 | 270 | 16 | 6.0 | 337 | 17 | 5.1 |
| 소계 | 4,615 | 270 | 5.9 | 5,817 | 363 | 5.0 |
| 총계 | 42,006 | 6,624 | 15.8 | 44,338 | 7,342 | 16.6 |

자료 : 중소기업청

## 2. 중소기업 금융(자금조달) 인프라 구축 · 정비

정부는 약 5조원 규모의 정책자금(융자)을 지원하고 있으나 정책적 차별성보다는 저금리 지원에 중점을 두고 있다. 특히, 기술혁신형 중소기업의 경우 기술평가의 전문성과 객관성 부족으로 기술력은 있으나 물적 담보 및 영업실적이 없어 자금을 조달하는 데 있어서 큰 어려움에 직면해 있다. 또한, 중소기업이 기술평가를 받았다고 하더라도 기관간 공동활용이 미흡하여 기술신용보증기금을 통한 보증지원을 제외한 기술거래 등에는 활용이 미미한 실정이다.

정부는 향후 중소기업 기술평가의 전문성을 강화하고 기술평가정보의 공동활용 체제 구축 및

기술평가 표준모델 개발 등을 통해 원활한 기술거래 및 인수·합병(M&A)이 이루어지게 함으로써 기술기반 기업의 자금조달 인프라를 구축해야 한다. 한편, 그동안 중소기업에 대한 신용정보 및 신용평가자료가 부족하여 은행의 담보위주 대출관행을 지속시키는 요인으로 작용해왔다고 할 수 있다. 이 같은 문제점을 해소하기 위해 정부는 중소기업에 대한 신용정보 인프라가 조기에 정착할 수 있도록 4대 보험 정보 등 공공정보를 2005년 3월에 설립된 중소기업 전문 신용정보회사인 한국기업 데이터주식회사에 집중하는 방안을 추진하고 중소기업정책자금 지원시 (주)한국기업데이터의 평가보고서를 활용하는 방안을 수립하여 중소기업에 대한 신용대출과 투자활성화(investment vitalization)를 도모해야 한다.

벤처기업에 대한 투자는 2000년 코스닥 버블(bubble)이 붕괴되면서 투자가 위축되고 2004~2005년 기간에 만기가 도래하여 해산하는 창업투자조합이 많아 벤처기업에 대한 투자규모의 감소 가능성이 제기되고 있다. 향후 벤처기업에 대한 투자를 확대시키기 위해서는 정부의 모태펀드(2005~2008년까지 1조원 규모)에 의한 창투조합 투자 확대와 함께 연기금의 창투조합 출자 확대, 산업은행 및 기업은행의 중소벤처기업 전문펀드 조성, 민간투자를 촉진하기 위한 세제 등의 투자유인 강화를 통해 벤처캐피털의 안정적 재원을 확보해야 한다. 한편, 정부는 중소기업의 부족한 담보력을 보완하여 금융기관을 통한 자금융통을 원활하게 하기 위해 신용보증기금과 기술신용보증기금을 설립하여 운영하고 있다.

그러나 중소기업금융의 보완기능을 수행하는 신용보증기관(신용보증기금, 기술신용보증기금)의 예산편성권은 중소기업청, 지도·감독권은 재정경제부로 이원화되어 운영되고 있다. 이는 신용보증기관의 예산 확보 및 중소기업 금융보완 기능을 원활하게 수행하게 하는 긍정적 측면이 있으나 예산편성 및 지도·감독기능의 이원화로 인해 해당 기관들이 정책목적에 맞게 중소기업에 대한 신용보증기능을 수행하고 있는지에 대한 확인을 어렵게 하는 문제점이 있다.

최근 신용보증기금과 기술신용보증기금의 중복보증 현상이 심해 대위변제율이 제고되는 결과가 초래되고 있다. 실제로 2004년도 신용보증기금의 보증지원 중 기술신용보증기금과 중복되는 비율은 27.8%(8조 5,221억원), 기술신용보증기금은 전체의 53.9%(7조 2,042억원)로 나타났다. 이는 신용보증기관에 대한 예산편성권과 지도감독권이 이원화됨으로 인해 발생한 측면도 크다고 할 수 있다. 일본의 경우 중소기업사업단과 신용보험공고가 통합·운영되고 있으며 중소기업청이 예산 편성 및 관리·감독기능을 수행함에 따라 중소기업에 대한 보증기능이 효과적으로 이루어지고 있다.

향후 신용보증기관에 대한 예산편성권과 지도·감독권은 중소기업에 대한 신용보증 지원기능의 원활한 수행이라는 측면에서 단일 부처로 일원화하는 방안이 추진되어야 한다. 특히, 기술신용보증기금의 경우는 혁신형 중소기업 육성을 위한 보증지원으로 그 기능이 특화되었기 때문에 이에 부합할 수 있도록 해당 기관의 예산 편성권 및 지도감독권을 중소기업청으로 일원화하여 운영하는 것이 바람직하다.

## 3. 중소기업의 글로벌 네트워킹 지원 강화

중소기업의 수출은 우리 전체 수출의 약 40%를 차지하고 있으나 수출 중소기업의 수는 아직 30,000개 수준으로 수출 잠재력(수출가능업체 10만개로 추산)에 비해 작은 편이라고 할 수 있다. 향후 중소기업의 글로벌화를 지원하기 위해 정부는 다음 5가지 측면을 고려해야 한다.

### 3.1 수출능력별 맞춤 지원을 통한 중소기업의 해외진출 확대

이를 위해 수출 초보 중소기업에 대해서는 KOTRA 등 전문기관을 활용하여 초기 단계부터 해외시장조사 및 무역실무교육 등을 밀착 지원하고, 수출 경험이 풍부한 중소기업에 대해서는 해외전시회 파견 등 다양한 해외마케팅 기회를 제공할 필요가 있다.

### 3.2 해외 거점 진출기업에 대한 현지 지원 강화

이를 위해 수출인큐베이터(export incubator) 및 민간해외지원센터를 활용하여 현지 마케팅 및 법인설립 등 중소기업의 해외 현지 조기 정착을 지원하고 중소기업진흥공단·KOTRA 등 해외 현지 수출지원기관과의 협력네트워크 구축을 통해 중소기업의 글로벌화(globalization)를 촉진시킬 필요가 있다.

### 3.3 비관세 수출장벽의 해소 지원

수출 중소기업의 디자인·브랜드 개발 및 글로벌 아웃소싱(global outsourcing) 참여를 위해 필요한 해외 유명규격인증(CE, UL 등) 획득을 지원하여 환경·안전 등에 대한 비관세 수출장벽(non-tariff export barrier) 해소를 적극적으로 지원해야 한다.

### 3.4 해외시장에 대한 정보제공 및 컨설팅 강화

최근에는 수출시장 중 해외 소매유통망과 국제조달시장이 유망한 시장으로 급부상하고 있다. 정부는 향후 수출 중소기업을 대상으로 해외유통시장, 국제조달시장 등에 대한 정보제공 및 컨설팅을 강화해야 한다.

### 3.5 해외현지 지원시스템 강화

주요 거점별로 공동물류센터 및 A/S센터 설치 등을 통해 해외 현지 지원시스템을 강화할 필요가 있다.

## 4. 대·중소기업 상생협력의 이행력 제고

대·중소기업간 상생협력사업이 실효성있게 추진되도록 하기 위해서는 정부 주도의 사업추진이 아닌 당사자간 자발적 협력분위기를 조성해야 하며 상시적인 대·중소기업간 상생협력 체제가 구축되도록 하는 것이 중요하다. 정부는 해당 업계와 공동으로 대·중소기업 협력지표를 개발하고 대기업이 발표한 중소기업과 협력사업의 이행력을 제고할 수 있어야 한다.

이를 위해 대·중소기업 협력평가센터 설치를 통해 대·중소기업간 협력의 정도와 의지를 평가할 필요가 있다. 대·중소기업 협력평가센터는 산업에 대한 이해도가 높고 대·중소기업협력과 관련하여 객관적이고 중립적인 평가업무를 수행할 정부출연연구기관에 설치하여 운영하는 것이 바람직하다.

대·중소기업 상생협력사업에 대한 평가결과 우수 협력사례가 발굴되면 이를 널리 홍보하고 이러한 성공사례가 확산될 수 있도록 해야 하며 세무조사, 공공구매사업 참여 등에서 강력한 인센티브 부여 방안을 마련하여 추진할 필요가 있다. 한편, 대·중소기업 상생협력사업은 기업의 사회적 책임(CSR : Corporate Social Responsibility) 논의와 연계하여 추진하는 방안도 강구해야 한다. 대·중소기업 협력의 경우 기본적으로는 기업의 경제적 이해(economic interest)에 기반을 두고 추진되어야 하나 한국경제의 지속가능한 발전(sustainable development)의 잠재력과 관련이 있다는 점에서 대·중소기업 협력을 사회적 책임 논의의 틀에서 포함시킬 필요가 있다. 기업의 사회적 책임은 최근 들어 단순 논의의 차원을 넘어 규범화되는 추세를 보이고 있다. 국제표준화기구(ISO)는 품질경영(ISO 9000)과 환경경영(ISO 14000)에 이어 2008년에는 사회적 책임경영도 ISO 26000으로 표준화할 계획으로 있다.

## 5. 중소기업 관련 규제 및 제도 개선

한국경제가 활력을 찾고 지속적으로 성장해 나가기 위해서는 중소기업의 활발한 창업이 이루어져야 하며 지원대상 중소기업의 범위를 합리적으로 설정하여 운용할 필요가 있다. 창업을 촉진하기 위해서는 최저자본금제도의 폐지, 법인설립 서류 및 절차의 간소화가 필요하다. 또한, 한정된 재원으로 혁신형 중소기업을 효율적으로 지원하기 위해서는 중소기업 범위를 합리적으로 축소시킬 필요가 있다.

### 5.1 창업 촉진적인 규제개혁 추진

창업기업의 주식회사 설립에 따른 최저자본금제도는 주식회사의 남설·부실로 인한 채권자 보호, 소액주주 보호 및 주식회사의 신뢰성 확보에 있다고 할 수 있다. 그러나 상법에서 규정하고 있는 최저자본금제도(5,000만원 이상)는 위장 납입에 의해 운영되고 있다는 현실을 고려해 볼 때 실효성 없는 제도로 평가할 수 있다. 최저자본금제도 운영과 관련하여 프랑스의 경우는 2004년도에 최저자본금(7,500유로)을 폐지하여 1유로의 회사 설립이 가능하도록 하였으며 일본도 2005년도에 회사법 개정을 통해 최저자본금 관련 규정을 폐지한 바 있다.

우리의 경우 최저자본금제도가 실효성을 가지지 못하고 있으며 주식회사 설립에 따른 선진국의 최저자본금제도가 폐지되는 추세를 고려할 때 우리도 창업에 따른 최저자본금제도의 폐지를 추진해야 한다. 이는 최저자본금제도의 폐지는 주식회사 설립에 따른 구비서류 과다 및 절차 복잡화의 문제뿐만 아니라 창업기업의 비용절감에도 기여하게 되어 창업을 촉진할 수 있기 때문이다.

한편, 창업기업이 주식회사 설립등기시 제출해야 하는 관련 서류는 대부분 정형화되어 있다. 따라서 창업자가 법인설립 서류를 직접 작성하여 등기절차를 이행할 수 있도록 정관, 이사회의사록 등 관련 서류를 표준화할 필요가 있다. 또한, 법인설립 관련 서류의 견본 및 작성방법 등을 제시하여 창업자들이 용이하게 활용할 수 있도록 해야 한다. 법인설립 서류의 표준화가 이루어지면 단기적으로는 중소기업청의 '창업넷' 또는 시·군·구의 '창업민원정보망'(향후 구축) 등에 표준화된 법인설립 관련 서류양식 등을 등록함으로써 창업자들의 편의를 도모해야 하며 중장기적으로는 온라인 법인설립 등기제도를 도입함으로써 법인설립 절차를 간소화할 필요가 있다.

현재 주식회사 설립등기를 위해 정관, 창립총회의사록과 이사회의사록에 대한 공증인의 인증이 필요하다. 그러나 향후에는 일본과 같이 정관만 공증하여 활용할 수 있도록 개선할 필요가 있다.

또한, 주식회사 설립등기를 수행하는 과정에서 공증인에게 관련서류를 인증받기 위해 법무사 등이 중간자적 역할을 수행함에 따라 발생하는 비용부담의 문제점도 개선할 필요가 있다. 이를 위해서는 우선 법률구조공단(전국 57개소 지부 및 출장소)과 같은 기관에서도 주식회사 설립과 관련한 공증업무를 수행할 수 있도록 해야 하며 중장기적으로는 법무부가 전자공증제도 도입방안을 추진하는 데 있어 공증 주체로 전자공증시스템에 참여하는 변호사, 법무사, 법률구조공단 등에서도 공증업무를 수행할 수 있도록 제도를 개선할 필요가 있다.

### 5.2 중소기업 범위의 합리적 축소 조정

중소기업 범위는 중소기업정책의 적용대상을 정하는 가장 기본적인 사항이기 때문에 경제여건의 변화, 지원의 실효성 등을 고려하여 합리적으로 설정되어야 한다. 우리의 경우 중소기업의 범위는 그동안 지원재원 등 정책수단이 한정되어 왔음에도 불구하고 전반적으로 그 범위를 확대(1983년 500인→1986년 700인→1987～현재 1,000인)해 옴으로써 지원대상 기업들의 수요를 충족시키지 못해 정책의 실효성(policy effectiveness)을 저하시키는 요인으로 작용하였다. 이에 비해 광공업 부문의 업체당 평균 근로자 수는 1983년 56명에서 1993년 32명, 2003년 24명으로 지속적으로 감소 추세를 보이고 있다.

이 같이 광공업 부문의 업체당 평균 근로자 수가 1970년대 중반 이후 지속적으로 감소하는 추세를 보이고 있음에도 불구하고 상시 근로자 수 기준에 의한 중소기업 범위는 1983년 이후 상향 조정되어 왔다는 문제점이 지적되고 있다. 이는 중소기업 지원재원이 제약되어 있음에도 불구하고 신중한 판단없이 업계의 중소기업 범위 확대 요구를 정부와 정치권이 수용해왔기 때문으로 해석할 수 있다. 한편, 우리의 중소기업 범위는 일본, 대만, 유럽연합(EU) 등에 비해 높게 설정되어 있을 뿐만 아니라 중소기업 범위 한도를 제조업의 경우 상시 근로자 수 1,000인, 매출액 1,000억원까지로 규정하고 있다. 향후 중소기업의 범위는 한정된 재원의 효율적 활용이라는 차원에서 중소기업 지원에 따른 실효성을 제고할 수 있도록 합리적으로 축소 조정하는 방안이 수립되어야 한다. 이는 중소기업 지원재원이 제한되어 있는 상태에서 중소기업 범위만을 확대하면 상당수의 중견기업이 정책자금 등의 수혜대상이 되어 정부가 중점을 두고 있는 혁신형 중소기업 육성에 제약이 발생하게 된다.

〈표 17-8〉 상시 근로자 수 기준에 의한 중소기업 범위의 변화 과정

| 구분 | 1966 | 1976 | 1983 | 1986 | 1987～현재 |
|---|---|---|---|---|---|
| 광업 · 제조업 | 200 | 300 | 500 | 700 | 1,000 |

주 : 1982년까지는 '중소기업기본법' 상의 일반적 기준에 의한 범위이며 1983년부터는 특례업종의 상한 범위이고 현재는 업종별 중소기업 상한 범위임

〈표 17-9〉 중소기업 범위의 국제 비교(제조업 기준)

| | 중소기업 범위 | 중소기업 범위 한도 |
|---|---|---|
| 한 국 | 상시 근로자 수 300인 미만 또는 자본금 80억원 이하 | 근로자 수 1,000인<br>매출액 1,000억원 |
| 일 본 | 상시 근로자 수 300인 이하 또는 자본금<br>3억엔(30억원 수준) 이하 | |
| 대 만 | 상시 근로자 수 200인 또는 자본금<br>8,000萬元(25억원 수준) 이하 | |
| EU | 상시 근로자 수 250인 미만<br>연간 매출액 5,000만 유로(600억원 수준) 이하 | |

주 : 우리나라 중소기업기본법에 의한 중소기업은 제조업의 경우 상시 근로자 수 300인 미만 또는 자본금 80억원 이하로 규정되고 있으며 양 기준 중 하나를 충족하면 중소기업으로 인정하는 택일주의 방식을 적용하고 있음. 따라서 상시 근로자 수 1,000인, 매출액 1,000억원까지의 기업이 중소기업으로 인정되고 있음

## 제 4 절 실행계획

### 1. 정부와 시장의 역할분담

정부는 2004년 7월 '중소기업 경쟁력 강화 종합대책(7.7 대책)'을 발표한 이후 '벤처기업 활성화 대책', '중소기업 금융지원체계 개편 방안' 등 6차례에 걸쳐 중소·벤처기업 대책을 마련한 바 있다.

이 같은 중소기업정책은 세부 추진과제 등이 구체적으로 제시되어 현재 이행과정에 있다. 향후 중소기업정책의 이행력 및 실효성 제고 차원에서 정부의 역할을 재검토해 보면 다음과 같다. 우선 정부는 '선택과 집중'에 의해 혁신형 중소기업 육성 정책을 추진하고 있으나 그 과정에서 과다한 양적 목표(2008년까지 30,000개의 혁신형 중소기업)를 설정하고 있다. 또한, 중소기업 지원의 실효성을 제고시키기 위해서는 지원대상 중소기업의 범위를 적정하게 설정할 필요가 있다. 중소기업 지원재원이 한정되어 있는 상태에서 중소기업 범위만을 확대할 경우 혁신형 중소기업 육성정책이 제약을 받게 되기 때문에 정부는 일부 서비스업을 제외한 중소기업 범위 확대를 지양해야 한다.

중소기업들도 내수시장에만 의존하지 말고 지속적인 경영 및 기술혁신을 통해 글로벌시장에 적극적으로 진출하여야 한다. 수요감소, 원가상승, 기술변화 등으로 더 이상 경쟁력을 확보하기 어려운 한계 기업들은 해외투자, 업종전환 등 과감한 전략을 모색할 필요가 있다. 또한, 은행들

도 담보위주의 대출관행에서 탈피하여 기술력 있고 창의적인 중소기업들에게 자금이 원활하게 유입될 수 있도록 보다 적극적인 경영활동을 전개할 필요가 있다.

## 2. 중점 추진과제(2006년)

정부가 추진하는 중소기업정책 중 그 우선순위는 다음과 같다. 우선 혁신형 중소기업 육성을 통한 중소기업의 경쟁력 제고에 있어 중요한 원천은 기술력이다. 따라서 중소기업의 R&D 예산이 확대되어야 한다. 다음으로 창업과 성장단계에서의 원활한 자금조달을 위한 벤처캐피털(venture capital), 금융(자금조달) 인프라 확충 및 정비가 시급하다. 중소기업의 글로벌 네트워킹 지원, 대·중소기업 상생협력 등의 분야에서는 정부의 직접적 지원보다는 정보 제공, 공통 애로사항 해소, 유인수단 제공 등을 통해 간접적 지원자 또는 전략적 설계자의 역할을 수행할 필요가 있다.

정부가 중소·벤처기업의 활력을 제고시키기 위해 추진해야 할 중점과제(2006년)는 다음 5가지로 정리할 수 있다.

**2.1** 중소기업 R&D 지원사업을 강화하기 위해 중소기업청의 기술경쟁력 강화 예산을 2005년도 R&D 예산 대비 3.44%에서 2006년도에는 4.0%(2005년도 대비 400억원 확충)로 확대

이와 함께 KOSBIR 사업에 참여하는 부처별·기관별 중소기업 R&D 지원 목표비율을 설정할 필요가 있으며 해당 기관별 중소기업 R&D 지원 목표비율 준수의 의무화를 검토할 필요가 있다.

**2.2** 중소기업에 대한 신용정보 및 기술평가 인프라 구축, 벤처캐피털의 투자재원 확충을 통해 중소기업의 금융(자금조달) 원활화 도모

기술신용보증기금의 경우 혁신형 중소기업 육성을 위한 보증지원으로 그 기능이 특화되었기 때문에 이에 부합할 수 있도록 해당 기관에 대한 지도감독권을 중소기업청으로 이관하여 운영해야 한다.

**2.3** 대·중소기업 상생협력 사업의 이행력 제고를 위해 대·중소기업 협력지표개발

이와 함께 대기업이 발표한 중소기업과 협력사업의 이행력을 제고할 수 있도록 대·중소기업 협력평가센터를 설치하여 운영할 필요가 있다.

**2.4** 창업 촉진을 위한 규제완화(deregulation) 대책으로 최저자본금제도(5,000만원)의 폐지, 법인설립 서류의 표준화 및 절차간소화 추진

이와 함께 중소기업 범위의 합리적 축소 조정 방안도 검토할 필요가 있다.

**2.5** 기타 중소기업의 글로벌 네트워킹 지원, 대·중소기업 협력유도

이 같은 정책은 기존 정책의 실행상태를 점검하여 중소기업의 활력 제고 차원에서 지속적으로 추진해야 한다.

제4편

# 한국의 FTA 추진현황

18
chapter

# 한-칠레 FTA

## 제1절 개 관

한국은 1962년 칠레와 국교를 수립한 이후 항공협정(1979), 경제과학기술협력협정(1982), 투자보장협정(1996), 무역협정(1997) 등을 체결한 바 있으나 지리적으로 매우 먼 곳에 위치해 있기 때문에 그동안 교역대상국으로서 칠레의 중요성을 크게 인식하지 못하였다.[1] 그러나 한국의 FTA 전략 수립과정에서 칠레는 중남미뿐만 아니라 미주지역 진출거점으로서 중요한 국가라는 인식이 확대되었다. 또한, 칠레는 높은 수준의 개방경제체제(open economic system)를 가지고 있을 뿐만 아니라 한국과의 교역구모가 작고, 상호 보완적인 패턴(mutually complementary pattern)을 가지고 있어 충격은 최소화하면서 이익은 극대화할 수 있는 FTA 상대국으로 부각되었다.

한-칠레 FTA는 한국의 첫 번째 FTA로서 1999년 11월 양국이 FTA 추진에 합의한 후 약 3년 간의 협상과정을 거쳐 2002년 10월에 협상이 타결되었으며 2004년 4월 1일 발효된 후 2005년 3월말로 1년이 경과되었다. 칠레와의 FTA는 많은 관심과 우려로 인해 협상에 3년, 국회비준동의에 1년 4개월이 소요되는 등 추진과정에서 다수의 난관에 직면하였다. 또한, FTA 발효 이후에도 칠레와의 FTA 성과 여부가 여타 국가와의 FTA 추진에 중요한 영향을 미치기 때문에 한-칠레 FTA 발효 1년 간의 교역동향 변화가 주목의 대상이 되고 있다.

1) 2003년을 기준으로 할 때 칠레는 한국의 52대 수출국이면서 26대 수입국이며, 한국은 칠레의 4대 수출국이면서 8대 수입국 위치를 차지하고 있다(대외경제정책연구원, 세계경제, 2005. 4. pp. 40~54 요약·재구성).

칠레와의 FTA를 논의하는 과정에서 가장 쟁점이 되었던 것은 공산품의 수출확대 가능성과 농업, 특히 과일산업의 피해에 대한 우려였다. 전자의 경우 칠레와의 FTA를 계기로 전자제품, 자동차 등 공산품 수출이 크게 증가할 것이라는 의견이 지배적이었으나 칠레시장에서 한국산 공산품의 시장점유율이 낮고 FTA협정문에 칠레는 다수의 품목을 관세철폐 예외 또는 단계적 철폐로 명시하고 있어서 한국산 공산품의 수출증가가 그다지 크지 않을 것이라는 우려의 시각도 제기되었다. 한편, 후자의 경우 칠레는 과일산업에 적합한 자연조건을 갖추고 있으며 과일은 다른 농산물에 비해 품질에 따른 수요자의 소비행태 변화가 신속하기 때문에 칠레와의 FTA로 과일시장이 개방되면 칠레산 과일의 수입급증으로 우리 농가의 피해가 클 것이라는 우려가 있었다. 그러나 다수의 경제전문가들은 대부분의 품목을 단계적 철폐로 두고 있어 과일시장 개방에 대비한 경쟁력 강화 및 구조조정기회로 삼을 수 있다는 의견을 제시하였다.

한편, 칠레와의 FTA가 발효된 이후 칠레로부터의 수입이 급증하여 대칠레 무역수지 적자(trade deficit)가 가중되는 현상이 발생하였는 데 일부 경제분석가들은 이를 FTA에 따른 부정적인 영향으로 지적하기도 하였다.

본장에서는 제한적이기는 하나 칠레와의 FTA 발효 이후의 전반적인 교역동향, 수출, 수입 등을 면밀하게 분석하여 1년 간의 성과를 평가한 대외경제정책연구원의 보고서를 중심으로 살펴본다.

## 제 2 절 대칠레 교역현황

1994년부터 2003년까지 10년 동안 한국의 대칠레 교역은 연평균 3.9% 증가하였다. 그러나 한-칠레 FTA 발효 이후(2004년 4월~2005년 2월) 양국 간의 교역은 전년동기 대비 55.5%(약 24억 9,000만 달러) 증가하는 등 FTA 발효에 따른 양국 간의 교역은 현저하게 확대되었다(동 기간 한국의 총교역 증가율은 25.0%, 수출증가율은 25.7%, 수입증가율은 24.5%를 기록하였음). 한편, 2003년까지 10년 동안 대칠레 수출과 수입은 각각 연평균 2.7%, 4.6% 증가하였으며 무역수지는 1억 2,000만~5억 4,000만 달러 적자를 기록하였다. 그러나 FTA 발효 이후(2004년 4월~2005년 2월) 수출은 7억 4,000만 달러로 전년동기 대비 58.6% 증가하였으며 수입은 17억 5,000만 달러로 전년동기 대비 54.3% 증가하였고 무역수지는 10억 2,000만 달러 적자를 기록하였다.

FTA 발효 이후 수출입 누적치의 전년동기 대비 증가율을 살펴보면 발효 초기에는 수입증가율이 수출증가율에 비해 상대적으로 매우 높은 수준을 나타내었다. 그러나 점차 수입증가율은 감소하고 수출증가율이 증가하여 2005년 2월에 이르러서는 수출증가율이 수입증가율을 상회한 것으로 나타났다.

이 같이 FTA 발효 이후 양국 간의 교역이 크게 증가한 가운데 1년이라는 단기간 동안에도 교역내용 면에서 상당한 변화가 발생한 것으로 나타났다.

〈표 18-1〉 한-칠레 FTA 발효 이후 대칠레 교역현황

(단위 : 백만 달러, %)

| | 2002년 | 2003년 | 2004년 | FTA 발효 이후 (2004년 4월~2005년 2월) |
|---|---|---|---|---|
| 수 출<br>(증가율) | 454.0<br>(-20.7) | 517.2<br>(13.9) | 708.3<br>(36.9) | 734.8<br>(58.6) |
| 수 입<br>(증가율) | 753.9<br>(8.3) | 1,057.7<br>(40.3) | 1,933.5<br>(82.8) | 1,752.8<br>(54.3) |
| 무역수지<br>(증가율) | -299.9<br>(142.8) | -540.5<br>(80.2) | -1,225.3<br>(126.7) | -1,018.0<br>(51.3) |
| 총교역<br>(증가율) | 1,207.9<br>(-4.8) | 1,574.9<br>(30.4) | 2,641.8<br>(67.7) | 2,487.6<br>(55.5) |

주 : 증가율은 전년동기 대비 증가율임

자료 : 무역협회(http://www.kita.net), 한국무역통계

## 1. 대칠레 수출

### 1.1 칠레의 양허유형에 따른 차이

FTA 발효 이후 품목별 대(對)칠레 수출동향[2]을 살펴보면 칠레의 양허 유형에 따라 뚜렷한 차이를 보이는 것으로 나타났다.[3]

#### (1) 즉시철폐품목

우선 FTA 발효 이후 즉시철폐품목의 수출증가율은 자동차가 59.0%, 휴대전화는 225.7%, 컬러TV가 96.8%, 카메라·캠코더가 100.8% 등으로 매우 높은 수준을 나타내었으며 대칠레 총수

---

2) 대칠레 수출에서 제시된 주요 품목의 HS 코드는 다음과 같다. 자동차는 8702, 8703, 8704, 8705에 해당하는 제품이며, 휴대전화는 8525207031, 8525207032, 경유는 2710193000, 화학제품은 3901, 3907, 철강은 72, 73, 자동차부품은 8708, 세탁기는 8450, 컬러TV는 852812, 타이어는 4011, 4012, 카메라·캠코더는 852540, 냉장고는 8418, VCR은 852190에 각각 속하는 제품이다.

3) 한-칠레 FTA에서 칠레는 농산품, 임산품, 수산품의 대부분은 관세를 즉시 철폐하는 반면에 상대적으로 경쟁력이 약한 공산품은 단계적 철폐를 약속하였다. 공산품의 경우(HS 8단위 기준) 1,478개 품목(30.6%)은 즉시철폐하기로 하였다. 여기에는 TV, 자동차, 휴대전화, 컴퓨터 등이 포함된다. 그밖에 5년철폐품목은 1,992개 품목(41.3%), 7년철폐품목은 14개 품목(0.3%), 10년철폐품목은 1,180개 품목(24.4%), 13년철폐는 152개 품목(3.1%), 예외품목은 12개 품목(0.2%)이 있다.

출에서 이들 품목이 차지하는 비중이 증가하는 양상이 두드러졌다. 자동차는 FTA 발효 이후 59.0%의 높은 수출증가율을 나타내었으나 이미 2003년에 급격한 수출증가를 나타내었던 품목이어서 이 같은 수출증가세가 FTA로 인해 유지되는 양상을 보였다. 그러나 휴대전화(cellular phone)의 경우 FTA 발효 이전까지는 수출이 감소세를 보이다가 FTA 발효 이후 수출증가율이 225.7%로 급증하였으며 수출액도 7,100만 달러에 이르는 것으로 나타나는 등 FTA로 인해 수출 확대가 두드러진 품목으로 평가할 수 있다(동 기간 한국의 휴대전화 총수출증가율은 33.8%로 대칠레 수출이 급격히 증가된 것을 알 수 있음).

〈표 18-2〉 품목별 대칠레 수출동향

(단위 : 백만 달러, %)

| | 양허유형 | 2002년 | | 2003년 | | 2004년 | | FTA 발효 이후 (2004년4월~2005년2월) | |
|---|---|---|---|---|---|---|---|---|---|
| | | 금액 | 증가율 | 금액 | 증가율 | 금액 | 증가율 | 금액 | 증가율 |
| 대칠레 총수출 | - | 454 | -20.7 | 517 | 13.9 | 708 | 36.9 | 735 | 58.6 |
| 자동차 | 즉시 | 11 (2.5) | 347.0 | 162 (31.4) | 1,340.5 | 250 (35.3) | 54.0 | 261 (35.5) | 59.0 |
| 휴대전화 | 즉시 | 31 (6.8) | -64.0 | 23 (4.5) | -25.4 | 57 (8.1) | 147.2 | 71 (9.7) | 225.7 |
| 경유 | 즉시, 5년 | 45 (9.8) | - | 82 (15.8) | 82.6 | 67 (9.4) | -18.5 | 69 (9.3) | 60.7 |
| 화학제품 | 즉시, 5년 | 33 (7.4) | -9.2 | 47 (9.1) | 40.1 | 59 (8.4) | 26.4 | 68 (9.2) | 61.8 |
| 철강 | 5년 | 28 (6.2) | -13.5 | 29 (5.5) | 1.2 | 28 (3.9) | -3.2 | 29 (3.9) | 6.1 |
| 자동차부품 | 즉시, 5년 | 1 (0.3) | -20.3 | 19 (3.7) | 1,303.0 | 23 (3.2) | 21.6 | 22 (3.0) | 30.3 |
| 세탁기 | 제외 | 20 (4.5) | -10.2 | 15 (3.0) | -24.3 | 19 (2.7) | 24.8 | 17 (2.3) | 36.1 |
| 컬러TV | 즉시 | 14 (3.1) | 43.2 | 7 (1.4) | -46.4 | 13 (1.9) | 78.1 | 15 (2.0) | 96.8 |
| 타이어 | 10년, 13년 | 9 (2.0) | -15.6 | 10 (2.0) | 13.2 | 14 (2.0) | 33.5 | 13 (1.8) | 29.3 |
| 카메라·캠코더 | 즉시 | 3 (0.6) | 23.0 | 4 (0.7) | 45.8 | 10 (1.4) | 169.2 | 10 (1.3) | 100.8 |
| 냉장고 | 제외 | 8 (1.7) | -5.2 | 6 (1.1) | -27.6 | 7 (1.0) | 24.5 | 7 (0.9) | 15.3 |
| VCR | 즉시 | 3 (0.6) | 85.2 | 3 (0.6) | 3.3 | 3 (0.5) | 17.1 | 3 (0.5) | 53.3 |
| 12대품목 계 | - | 206 (45.5) | -3.9 | 407 (78.7) | 97.0 | 550 (77.7) | 35.3 | 584 (79.5) | 63.3 |

주 : 1) ( )안은 대칠레 총수출에서 차지하는 비중을 나타냄
2) 증가율은 전년동기 대비 증가율임

자료 : 무역협회(http://www.kita.net), 한국무역통계 이용 자체 추계

### (2) 제외품목

즉시철폐품목과는 반대로 제외품목의 수출증가율은 냉장고가 36.1%, 세탁기가 15.3% 총수출증가율(58.6%)보다 낮은 수준을 나타냈으며 대칠레 총수출에서 차지하는 비중도 하락하였다. 최근 국내 백색(白色)가전의 수출이 상대적으로 부진하다는 점을 고려한다고 하더라도 냉장고의 대칠레 수출증가율은 냉장고 총수출증가율의 50%에 불과하는 등 양허제외품목으로 지정된 영향이 반영된 것으로 나타났다.

## 1.2 주요 수출품목에의 집중현상

한편, 최근 들어 대칠레 총수출은 주요 품목으로 집중되는 현상이 나타나고 있으며 FTA 발효 이후에도 이 같은 경향은 지속되는 것으로 나타났다. 즉, 대칠레 총수출에서 상위 12대 품목의 비중은 2002년 45.5%에서 FTA 발효 이후에는 79.5%로 크게 높아졌다. 그 중에서도 자동차, 휴대전화, 경유, 화학제품 등 상위 4대 품목의 비중은 63.7%에 이르는 것으로 나타났다.

〈표 18-3〉 칠레시장에서 주요 국가의 점유율

(단위 : 백만 달러, %)

| 순위 | 국가 | 2002년 | | 2003년 | | 2004년 | | 2005년 | |
|---|---|---|---|---|---|---|---|---|---|
| | | 금액 | 점유율 | 금액 | 점유율 | 금액 | 점유율 | 금액 | 점유율 |
| | 총수입 | 15,471.7 | 100.0 | 17,364.1 | 100.0 | 22,362.3 | 100.0 | 2,147.5 | 100.0 |
| 1 | 아르헨티나 | 3,055.9 | 19.8 | 3,766.2 | 21.7 | 4,146.6 | 18.5 | 357.0 | 16.6 |
| 2 | 미국 | 2,519.8 | 16.3 | 2,507.4 | 14.4 | 3,376.0 | 15.1 | 320.5 | 14.9 |
| 3 | 브라질 | 1,612.7 | 10.4 | 2,021.4 | 11.6 | 2,779.1 | 12.4 | 270.0 | 12.6 |
| 4 | 중국 | 1,170.6 | 7.6 | 1,366.6 | 7.9 | 1,918.9 | 8.6 | 163.1 | 7.6 |
| 5 | 독일 | 718.2 | 4.6 | 698.8 | 4.0 | 827.5 | 3.7 | 87.1 | 4.1 |
| 6 | 일본 | 534.5 | 3.5 | 634.5 | 3.7 | 799.4 | 3.6 | 92.1 | 4.3 |
| 7 | 한국 | 438.4 | 2.8 | 540.5 | 3.1 | 696.7 | 3.1 | 107.5 | 5.0 |
| 8 | 페루 | 251.7 | 1.6 | 420.3 | 2.4 | 694.4 | 3.1 | 95.3 | 4.4 |
| 9 | 멕시코 | 474.7 | 3.1 | 480.1 | 2.8 | 618.8 | 2.8 | 37.7 | 1.8 |
| 10 | 스페인 | 416.3 | 2.7 | 451.1 | 2.6 | 514.8 | 2.3 | 51.1 | 2.4 |

주 : 1) 순위는 2004년 금액기준 순위임
2) 칠레시장에서 A국의 점유율 = (A국으로부터의 수입/칠레의 총수입)×100
자료 : 칠레관세청(http://www.aduana.cl)의 무역통계 및 Monthly Foreign Trade Report

## 1.3 FTA 체결국의 칠레시장 점유율

최근 칠레는 아르헨티나, 미국, 브라질, 한국, 멕시코, 캐나다 등 FTA 체결국과의 무역관계가 보다 강화되고 있다. 2004년 기준 FTA 체결국의 칠레시장 점유율은 약 77%, 이들 국가로부터의 수입증가율은 37.7%에 이르고 있는 것으로 나타났다. 칠레시장에서의 한국제품 점유율은 2002년에 2.8%에 불과하였으나 한-칠레 FTA 발효 이후 대칠레 수출이 증가하면서 2004년에는 3.1%, 2005년 1월에는 5.0%로 상승한 것으로 나타났다.

### 1.4 주요 수출품목의 칠레시장 점유율 변화

대칠레 주요 수출품목의 칠레시장 점유율 변화를 살펴보면 수출증가율과 마찬가지로 즉시철폐품목(단 VCR 제외)의 점유율은 크게 증가한 반면에 제외품목의 점유율은 감소세를 나타내는 등 양허유형에 따라 현저한 차이를 보였다.

〈표 18-4〉 양허유형별 칠레시장 점유율

(단위 : 백만 달러, %, %포인트)

| | 양허유형 | 2002년 | | 2003년 | | 2004년 | | 2003~2004년 점유율 증가 (%포인트) |
|---|---|---|---|---|---|---|---|---|
| | | 수출액 | 점유율 | 수출액 | 점유율 | 수출액 | 점유율 | |
| 자동차 | 즉시 | 11.3 | 12.3 | 162.3 | 11.9 | 250.1 | 13.9 | 2.0 |
| 휴대전화 | 즉시 | 31.0 | 13.4 | 23.1 | 9.5 | 57.2 | 18.1 | 8.6 |
| 컬러TV | 즉시 | 13.9 | 22.4 | 7.5 | 9.8 | 13.3 | 15.8 | 6.0 |
| 카메라·캠코더 | 즉시 | 2.5 | 41.5 | 3.6 | 35.4 | 9.8 | 49.7 | 14.3 |
| VCR | 즉시 | 2.8 | 17.7 | 2.9 | 11.0 | 3.4 | 6.1 | -4.9 |
| 경유 | 즉시, 5년 | 44.7 | 8.2 | 81.6 | 15.2 | 66.5 | 7.8 | -7.4 |
| 화학제품 | 즉시, 5년 | 33.4 | 15.6 | 46.8 | 19.5 | 59.2 | 16.8 | -2.7 |
| 철강 | 5년 | 28.3 | 5.8 | 28.6 | 3.6 | 27.7 | 3.6 | 0.0 |
| 자동차부품 | 즉시, 5년 | 1.3 | 6.2 | 18.9 | 5.9 | 23.0 | 5.3 | -0.6 |
| 타이어 | 10년, 13년 | 9.2 | 5.4 | 10.4 | 5.2 | 13.9 | 6.2 | 1.0 |
| 세탁기 | 제외 | 20.2 | 71.0 | 15.3 | 49.1 | 19.1 | 47.2 | -1.9 |
| 냉장고 | 제외 | 7.8 | 8.8 | 5.7 | 7.1 | 7.1 | 5.8 | -1.3 |

주 : 수출증가율은 전년동기 대비 증가율임. 시장점유율은 'World Trade Atlas' 참고
자료 : 무역협회(http://www.kita.net),한국무역통계, 'World Trade Atlas'

#### (1) 즉시철폐품목

즉시철폐품목의 2004년 시장점유율은 자동차가 2.0%포인트, 휴대전화가 8.6%포인트, 컬러TV가 6.0%포인트, 카메라·캠코더가 14.3%포인트 증가하였다. 또한, 이들 품목 모두 2003년에는 시장점유율이 소폭 감소하였다가 2004년에 다시 큰 폭으로 증가하는 유사한 양상을 나타내었다.

### (2) 제외품목

즉시철폐품목과는 달리 단계적 철폐 및 제외품목의 대칠레 수출액은 대부분 증가하였으나 칠레시장 점유율은 하락한 것으로 나타났다.

품목별로 다소 간의 차이는 있으나 FTA 발효 이후 즉시철폐품목의 수출이 크게 증가하면서 칠레시장에서의 점유율이 확대되고 있는 것으로 나타났다. 단계적 철폐품목과 제외품목의 수출은 상대적으로 낮은 증가율을 나타내는 등 양허유형에 따라 FTA 효과가 구분되고 있다.

## 2. 대칠레 수입

FTA 발효 이후(2004년 4월~2005년 2월) 한국의 대칠레 수입[4]은 17억 5,000만 달러로 전년동기 대비 54.3% 증가한 것으로 나타났다.[5] 한국의 대칠레 수입품목을 살펴보면 원자재가 대부분을 차지하고 있다. 또한, 일부 농축수산품이 주요 품목을 구성하고 있는 등 상위 10대 품목(원자재 6종 및 농축수산품 4종)의 비중이 90% 이상을 차지하고 있다. FTA 발효 이후 대칠레 수입에서 동과 그 제품, 동광과 그 정광, 화학목재펄프 등 6종의 원자재가 차지하는 비중은 89.1%로 매우 높은 수준을 나타내었다. 특히, 동 제품이 차지하는 비중이 74.4% 수준을 보이고 있는 것으로 나타났다. FTA 발효 이후 4종의 원자재(① 동광, ② 정광, ③ 적철광, ④ 몰리브덴)는 급격한 수입증가 양상을 나타낸 반면에 화학목재펄프, 베탄올은 미미한 증가 또는 감소추세를 나타내는 등 품목별로 다소 간의 차이를 보였다. 한편, 10대 수입품 중에 농축수산품은 4종이 포함되어 있으며 포도주와 삼겹살이 매우 높은 수입증가율을 나타내었다.

---

4) 대칠레 수입에서 제시된 주요 품목의 HS코드는 다음과 같다. 동과 그 제품은 74, 동광과 그 정광은 2603, 화학목재펄프는 4703, 베탄올은 2905, 적철광은 2601, 몰리브덴과 그 정광은 2613, 삼겹살은 0203291000, 홍어는 0303799093, 포도주는 2204211000에 각각 해당하는 품목이다.

5) 이는 2002년과 2003년의 수입증가율에 비해서는 매우 높은 수준이나 2004년 수입증가율 82.8%보다는 낮은 수준이다. 이 같이 2004년 4월~2005년 2월의 수입증가율이 2004년 수입증가율보다 하락한 이유는 2005년 2월 대칠레 수입에서 대부분을 차지하는 동 제품의 수입이 전년동기 대비 38.1% 감소하였기 때문으로 분석된다.

〈표 18-5〉 품목별 대칠레 수입 동향

(단위 : 백만 달러, %)

| | 양허유형 | 2002년 | | 2003년 | | 2004년 | | FTA 발효 이후 (2004년 4년~2005년 2월) | |
|---|---|---|---|---|---|---|---|---|---|
| | | 금액 | 증가율 | 금액 | 증가율 | 금액 | 증가율 | 금액 | 증가율 |
| 대칠레 총수입 | - | 753.9 | 8.3 | 1,057.7 | 40.3 | 1,933.5 | 82.8 | 1,752.8 | 54.3 |
| 구리와 그 제품 | 즉시, 7년 | 429.3 (56.9) | 27.4 | 513.1 (48.5) | 19.5 | 954.2 (49.3) | 86.0 | 862.3 (49.2) | 63.8 |
| 동광과 그 정광 | 즉시 | 120.6 (16.0) | -19.7 | 219.1 (20.7) | 81.7 | 513.1 (26.5) | 134.2 | 442.2 (25.2) | 58.3 |
| 화학목재펄프 | 즉시 | 69.5 (9.2) | 0.6 | 81.8 (7.7) | 17.7 | 94.6 (4.9) | 15.7 | 89.9 (5.1) | 14.9 |
| 베탄올 | 즉시 | 0.1 (0.0) | -99.6 | 82.9 (7.8) | n.a. | 86.0 (4.4) | 3.8 | 69.4 (4.0) | -32.6 |
| 적철광 | 즉시 | 39.6 (5.2) | 15.7 | 15.3 (1.5) | -61.2 | 37.6 (1.9) | 145.0 | 37.3 (2.1) | 932.4 |
| 몰리브덴광과 그 정광 | 즉시 | 4.3 (0.6) | 7.9 | 10.3 (1.0) | 141.5 | 47.7 (2.5) | 363.2 | 60.9 (3.5) | 463.5 |
| 삼겹살 | 10년 | 3.9 (0.5) | n.a. | 23.1 (2.2) | 494.0 | 42.9 (2.2) | 85.9 | 41.6 (2.4) | 58.4 |
| 포도 | 10년 계절 | 8.7 (1.2) | 2.8 | 13.7 (1.3) | 57.5 | 13.1 (0.7) | -3.8 | 10.9 (0.6) | -2.2 |
| 홍어 | 10년 | 5.7 (0.8) | 13.1 | 10.0 (0.9) | 75.3 | 8.5 (0.4) | -14.5 | 6.7 (0.4) | -31.2 |
| 포도주 | 5년 | 0.9 (0.1) | 112.6 | 2.4 (0.2) | 164.4 | 6.8 (0.4) | 187.8 | 7.6 (0.4) | 169.7 |
| 동제품 비중 | - | 72.9 | | 69.2 | | 75.9 | | 74.4 | |
| 10대 품목 비중 | - | 90.5 | | 91.9 | | 93.3 | | 92.9 | |

주 : 1) ( )안은 대칠레 총수입에서 차지하는 비중을 나타냄
2) 증가율은 전년동기 대비 증가율임

자료 : 무역협회(http://www.kita.net), 한국무역통계 이용 자체 추계

FTA 발효 이후 대칠레 수입이 크게 증가한 데는 다수의 요인이 있으나 대부분은 국제원자재가격의 상승에 기인한 것으로 판단된다. 특히, 대칠레 수입에서 70% 이상을 차지하고 있는 동 국제가격의 급격한 상승은 수입증가에 직접적으로 영향을 미쳤다. 동의 국제가격(Spot Settlement Price 기준)은 2002년 12월에 69.7에서 FTA 발효 이후인 2004년 12월에는 148.7로 상승하였으며 2005년 2월에는 150.0에 이르는 등 최근 1~2년 사이에 급격히 상승하였다. 또한, 최근 들어 동 이외의 원자재가격도 상당한 상승세를 나타내었다. 이 같이 원자재가격이 크게 상승하더라도 원자재 수입은 여타 제품에 비해 가격비탄력성(price inelasticity)을 보이기 때문에 지속적인 수입이 불가피하며 이는 한국의 대칠레 총수입 증가와 무역수지 악화를 야기시켰다.

〈표 18-6〉 구리(銅)의 국제가격 동향

(단위 : 지수, %)

| | 2002년 6월 | 2002년 12월 | 2003년 6월 | 2003년 12월 | 2004년 6월 | 2004년 12월 | 2005년 2월 |
|---|---|---|---|---|---|---|---|
| 가격지수 | 76.75 | 69.70 | 74.80 | 104.30 | 120.50 | 148.70 | 150.00 |
| 증가율 | 8.9 | 6.7 | -2.5 | 49.6 | 61.1 | 42.6 | 11.7 |

주 : 1) 동의 현물확정가격(Spot Settlement Price) 기준
2) 증가율은 전년동기 대비 증가율임
자료 : New York Mercantile Exchange, Inc.(http://www.nymex.com)

실제 수입에서 원자재의 가격상승수준을 파악하기 위해 칠레로부터 수입되는 원자재의 단위 물량당 가격(톤당 가격)을 추계한 결과 2004년의 원자재 단위 물량당 가격은 2003년에 비해 크게 증가하였으며 증가율도 매우 높은 수준을 나타내었다. 또한, 이 같은 추이는 FTA 발효 이후에도 지속되고 있는 것으로 나타났다.[6] 품목별로 살펴보면 동 관련 제품, 적철광, 몰리브덴광과 그 정광의 가격이 현저하게 상승한 것으로 나타났다.[7]

〈표 18-7〉 대칠레 수입 원자재의 단위 물량당 가격동향

| | 2003년 | | 2004년 | | FTA 발효 이후 (2004년 4월~2005년 2월) | |
|---|---|---|---|---|---|---|
| | 천 달러/톤 | 증가율(%) | 천 달러/톤 | 증가율(%) | 천 달러/톤 | 증가율(%) |
| 동과 그 제품 | 1.77 | 12.4 | 2.86 | 61.5 | 2.99 | 53.6 |
| 동광과 그 정광 | 0.53 | 21.0 | 0.85 | 60.9 | 0.87 | 34.4 |
| 화학목재펄프 | 0.44 | 9.0 | 0.50 | 13.4 | 0.51 | 11.4 |
| 베탄올 | 0.24 | 105.1 | 0.25 | 2.8 | 0.27 | 11.8 |
| 적철광 | 0.04 | 17.2 | 0.07 | 63.2 | 0.07 | 47.0 |
| 몰리브덴광과 그 정광 | 6.22 | 40.0 | 18.51 | 197.8 | 22.25 | 224.8 |

주 : 증가율은 전년동기 대비 증가율임
자료 : 무역협회(http://www.kita.net), 한국무역통계 이용 자체 추계

FTA 발효 이후 여타국(칠레 제외)으로부터의 수입 톤당 가격을 살펴보면 동과 그 제품이 4.01, 동광과 그 정광이 1.01, 베탄올이 0.60으로 이들 품목은 칠레로부터의 수입 톤당 가격이 보다 저렴한 것으로 나타났다. 물론 화학목재펄프, 몰리브덴과 그 정광은 칠레로부터의 수입과 여

6) 다만 동 제품의 경우 2003년 3분기부터 2004년 1분기 동안 국제가격이 많이 상승하였기 때문에 2004년 톤당 가격증가율보다 FTA 발효 후 톤당 가격증가율이 낮게 나타나고 있다.
7) 여타 품목과는 달리 화학목재펄프는 연 10%대의 지속적인 가격상승추이를 나타내었다. 베탄올은 2003년에 가격이 급격히 상승한 이후에는 안정적인 추이를 보이고 있다.

타국으로부터의 수입 간에 가격차이가 거의 없었다. 한편, 적철광은 여타국으로부터 더욱 저렴하게 수입되는 것으로 나타나는 등 품목별로 차이가 있는 것으로 나타났다.

〈표 18-8〉 수입대상국별 주요 원자재의 단위 물량당 가격 비교

(단위 : 천 달러, %)

| | 2003년 | | | 2004년 | | | 2004년 4월~2005년 2월 | | |
|---|---|---|---|---|---|---|---|---|---|
| | 여타국 (A) | 칠레 (B) | A/B (%) | 여타국 (A) | 칠레 (B) | A/B (%) | 여타국 (A) | 칠레 (B) | A/B (%) |
| 구리와 그 제품 | 2.73 | 1.77 | 153.9 | 3.85 | 2.86 | 134.6 | 4.01 | 2.99 | 134.0 |
| 동광과 그 정광 | 0.69 | 0.53 | 131.8 | 0.94 | 0.85 | 111.2 | 1.01 | 0.87 | 115.5 |
| 화학목재펄프 | 0.44 | 0.44 | 99.5 | 0.48 | 0.50 | 94.4 | 0.48 | 0.51 | 94.3 |
| 베탄올 | 0.49 | 0.24 | 202.8 | 0.58 | 0.25 | 233.1 | 0.60 | 0.27 | 223.2 |
| 적철광 | 0.03 | 0.04 | 62.2 | 0.03 | 0.07 | 46.7 | 0.03 | 0.07 | 47.7 |
| 몰리브덴광과 그 정광 | 6.35 | 6.22 | 102.1 | 17.33 | 18.51 | 93.6 | 23.37 | 22.25 | 105.0 |

주 : 여타국은 칠레 제외
자료 : 무역협회(http://www.kita.net), 한국무역통계 이용 자체 추계

이 같은 국제원자재가격 상승은 원자재 수입국에 추가적인 비용을 발생시키게 된다. 대외경제정책연구원(KIEP)은 다음 식에 따라 대칠레 수입에서 원자재가격 상승에 따른 부분을 파악하였다.

| 원자재가격 상승에 따른 대칠레 초과수입액 | = | 금년도 원자재 품목별 수입량 | × | 전년동기 대비 원자재 품목별 톤당 가격 차액 |
|---|---|---|---|---|

대칠레 수입 6대 원자재의 초과수입액을 산출한 결과 2004년 6억 2,000만 달러, FTA 발효 이후(2004년 4월~2005년 2월) 11개월 동안 4억 9,000만 달러의 초과수입이 발생한 것으로 나타났다. 이 같은 원자재가격 상승에 따른 초과수입을 제하면 FTA 발효 이후 대칠레 수입액은 전년동기 대비 11.6% 증가한 수준(12억 7,000만 달러)으로 안정적인 증가추세를 보였다. 무역수지는 5억 3,000만 달러 적자로 오히려 전년동기 대비 20.7% 감소한 것으로 평가된다.

〈표 18-9〉 초과수입을 고려한 대칠레 교역규모

(단위 : 백만 달러)

| | 2004년 | FTA 발효 이후 (2004년 4월~2005년 2월) |
|---|---|---|
| 대칠레 총수입(A) | 1,933.5(82.8%) | 1,752.8(54.3%) |
| 대칠레 무역지수(B) | -1,225.3(126.7%) | -1,018.0(51.3%) |
| 6대 품목 초과수입계(C) | 617.5 | 484.7 |
| 동과 그 제품 | 363.5 | 300.8 |
| 동광과 그 정광 | 194.2 | 113.3 |
| 화학목재펄프 | 11.2 | 9.2 |
| 베탄올 | 2.4 | 7.3 |
| 적철광 | 14.6 | 11.9 |
| 몰리브덴광과 그 정광 | 31.7 | 42.2 |
| 초과수입을 제한 대칠레 총수입(A~C) | 1,316.0(24.4%) | 1,268.1(11.6%) |
| 초과수입을 제한 대칠레 무역지수(B~C) | -607.8(12.5%) | -533.3(-20.7%) |

주 : ( )안은 전년동기 대비 증가율임
자료 : 무역협회(http://www.kita.net), 한국무역통계 이용 자체 추계

한편, 칠레와의 FTA 논의 당시 쟁점으로 부각되었던 농축수산품은 FTA 발효 이후 수입액이 1억 1,000만 달러로 전년동기 대비 43.1% 증가한 것으로 나타났다. 동 기간 대칠레 농축수산품 수입증가율은 한국의 총수입증가율 및 농축수산품 수입증가율보다 높은 수준이나 FTA 발효 이후 농축수산품보다는 원자재의 수입이 상대적으로 더 많이 증가하였기 때문에 대칠레 총수입증가율보다는 낮은 수준을 나타내었다.

〈표 18-10〉 대칠레 농축수산품 수입동향

(단위 : 백만 달러, %)

| | 2002년 | | 2003년 | | 2004년 | | FTA 발효 이후 (2004년 4월~2005년 2월) | |
|---|---|---|---|---|---|---|---|---|
| | 금액 | 증가율 | 금액 | 증가율 | 금액 | 증가율 | 금액 | 증가율 |
| 대칠레 총수입 | 753.9 | 8.3 | 1,057.7 | 40.3 | 1,933.5 | 82.8 | 1,619.3 | 68.7 |
| 농축수산품 수입 (비중) | 43.7 (5.8) | 15.0 | 85.2 (8.1) | 94.8 | 126.1 (6.5) | 48.0 | 112.0 (6.9) | 43.1 |

주 : 농축수산품은 HS 01~24에 해당하는 품목임. 증가율은 전년동기 대비 증가율임
자료 : 무역협회(http://www.kita.net), 한국무역통계 이용 자체 추계

전술한 바와 같이 칠레로부터의 농축수산품 수입증가의 대부분은 2가지 품목(① 삼겹살, ② 포도주)의 수입이 크게 증가한 것에 기인하고 있다. 특히, 이들 두 품목이 대칠레 농축수산품 수

입에서 약 50%를 차지하고 있다는 점을 고려할 때 이들 품목의 수입증가 원인을 분석해 볼 필요가 있다.

## 2.1 삼겹살

삼겹살의 경우 FTA 발효 초기에는 칠레로부터의 수입이 급격하게 증가하였으나 점차 안정적인 추세를 보이고 있다. 이는 최근 광우병, 조류독감 등의 요인에 의해 닭고기와 쇠고기 등 육류의 소비가 삼겹살로 대체되어 삼겹살의 총수입 자체가 크게 증가하면서 주요 수입국인 칠레로부터의 수입 또한 증가한 것에 기인하고 있다. 또한, 삼겹살은 10년철폐품목으로 FTA 발효 첫 해에는 관세율이 26.2%에서 23.8%로 2.4% 하락하기 때문에 그에 따른 가격인하 및 수입선 전환은 크게 나타나지 않은 것으로 평가된다. 이는 동 기간 칠레 외에 한국이 삼겹살을 수입해오고 있는 여타 국가(벨기에, 네덜란드, 프랑스, 덴마크 등)로부터의 수입증가율이 칠레로부터의 수입증가율과 큰 차이가 없다는 점에서도 명백히 나타나고 있다.

〈표 18-11〉 삼겹살의 수입동향

(단위 : 백만 달러, %)

| | 2003년 | | 2004년 | | FTA 발효 이후<br>2004년 4월~2005년 2월 | | |
|---|---|---|---|---|---|---|---|
| | 금액 | 비중 | 금액 | 비중 | 금액 | 비중 | 증가율 |
| 전 체 | 115.4 | - | 182.6 | - | 182.4 | - | 60.7 |
| 벨 기 에 | 34.5 | 29.9 | 48.6 | 26.6 | 45.2 | 24.8 | 33.0 |
| 칠 레 | 23.1 | 20.0 | 42.9 | 23.5 | 41.6 | 22.8 | 58.4 |
| 네 덜 란 드 | 13.7 | 11.8 | 20.1 | 11.0 | 20.5 | 11.2 | 62.7 |
| 프 랑 스 | 12.2 | 10.6 | 26.7 | 14.6 | 26.6 | 14.6 | 83.6 |
| 덴 마 크 | 11.6 | 10.0 | 13.7 | 7.5 | 16.0 | 8.7 | 70.0 |

주 : 증가율은 전년동기 대비 증가율임

자료 : 무역협회(http://www.kita.net), 한국무역통계 이용 자체 추계

## 2.2 포도주

포도주의 경우 삼겹살과는 달리 관세철폐에 따른 무역전환효과(trade diversion effect)가 뚜렷하게 나타나고 있는 품목으로 평가된다. 최근 들어 소득수준 향상에 따른 포도주 소비대중화로 포도주의 수입이 크게 증가하고 있다. 이 같은 상황 하에서 칠레와의 FTA 발효로 칠레산 포도주(5년철폐품목)의 관세가 첫 해에 15%에서 12.5%로 인하되었다. 주류의 특성상 부가되는 여타 세금이 많기 때문에 관세인하에 따른 실질적인 가격인하 폭은 더욱 크게 나타나 가격경쟁력

(price competitiveness)을 가지게 되었다. 또한, 칠레산 포도주를 접하는 기회가 증가하면서 포도주의 품질이 프랑스산과 경쟁 가능하다는 인식이 확산되면서 칠레산 포도주에 대한 수요가 더욱 크게 증가하였다. 그 결과 FTA 발효 이후 칠레로부터의 포도주 수입은 전년동기 대비 169.7% 증가하였으며 여타 국가로부터의 수입증가율보다 매우 높은 수준을 나타내었다.

〈표 18-12〉 붉은포도주(21 이하)의 수입동향

(단위 : 백만 달러, %)

| | 2003년 | | 2004년 | | FTA 발효 이후 2004년 4월~2005년 2월 | | |
|---|---|---|---|---|---|---|---|
| | 금액 | 비중 | 금액 | 비중 | 금액 | 비중 | 증가율 |
| 전 체 | 33.0 | - | 44.2 | - | 42.2 | - | 26.9 |
| 프 랑 스 | 18.0 | 54.7 | 21.3 | 48.1 | 19.2 | 45.4 | 6.7 |
| 칠 레 | 2.4 | 7.2 | 6.8 | 15.4 | 7.6 | 18.0 | 169.7 |
| 미 국 | 5.6 | 16.9 | 6.7 | 15.1 | 6.2 | 14.8 | 12.8 |
| 이 탈 리 아 | 3.1 | 9.3 | 3.5 | 7.9 | 3.6 | 8.5 | 25.4 |

주 : 증가율은 전년동기 대비 증가율임
자료 : 무역협회(http://www.kita.net), 한국무역통계 이용 자체 추계

## 제3절 시사점

한-칠레 FTA의 발효 1년이 경과된 현재 협정문에 명시된 양허계획을 고려하면 향후 양국은 자유무역지대(free trade area)를 형성하기까지 다수의 과제를 안고 있다. 따라서 이에 대한 성과 또는 영향을 종합적으로 평가하는 것은 아직은 이르다고 할 수 있다. 그러나 한-칠레 FTA의 경험과 성과는 한국의 FTA 로드맵에 중요한 영향을 미치기 때문에 제한적이나마 지난 1년간의 교역동향을 분석·평가해 보는 것은 나름대로 의미를 부여할 수 있다.

### 1. 수출

FTA 발효 이후 대칠레 수출동향을 분석한 결과 발효 초기보다 시간이 경과할수록 수출이 더욱 확대되는 것으로 나타났다. 그리고 자동차, 휴대전화, 컬러TV 등 FTA 협상과정에서 수출증가를 기대했던 품목들이 칠레의 즉시철폐품목에 상당 부분 포함되었다. FTA 발효 이후 이들 품목이 매우 높은 수출증가율을 나타내는 등 기대성과를 어느 정도 거둔 것으로 평가할 수 있다.

또한, 즉시철폐품목의 수출증가패턴을 고려해볼 때 향후 단계적 철폐품목의 수출증가도 기대된다.

## 2. 수입

수입의 경우 FTA 발효 초기에는 급격한 증가양상을 나타내었으나 시간이 경과하면서 점차 안정적인 추세를 보였다. 특히, 분석결과 대칠레 수입증가와 이에 따른 무역수지 적자(trade deficit)는 FTA에 기인한 것이 아니라 국제원자재가격 상승에 따른 것으로 풀이할 수 있다. 또한, 칠레와의 FTA로 상대적으로 저렴한 가격에 안정적으로 동 제품을 공급받을 수 있는 기반이 구축된 것으로 평가된다. 한편, 농축수산품의 수입은 우려했던 만큼 크게 증가하지 않은 것으로 나타났다. 이는 대칠레 수입에서 농축수산품이 차지하는 비중이 매우 낮을 뿐만 아니라 한국이 농산품의 약 56%,[8] 임산품의 약 42%, 수산품의 약 31%를 단계적 철폐품목으로 양허하였기 때문에 FTA 발효에 따른 충격이 아직까지는 크지 않았던 것으로 판단된다. 그러나 시간이 경과할수록 농축수산업의 개방확대가 지속적으로 이루어지게 되고 이에 따라 국내업계가 받게 되는 충격의 크기가 더욱 증대될 것으로 예상된다. 따라서 주어진 양허일정에 맞추어 국내업계의 경쟁력 강화가 시급히 이루어져야 한다.

칠레와의 FTA가 발효된지 1년이 경과되었으나 아직까지 한국기업에는 FTA, 양허내용, 칠레시장 등에 대한 정보가 충분치 않은 것으로 평가된다. 특히, 한-칠레 FTA의 품목별 관세철폐계획, 원산지규정에 대해 이해하기 쉬운 자세한 정보가 제공된다면 향후 대칠레 수출이 더욱 확대될 것으로 기대된다. 또한, 현재까지는 대칠레 투자가 미미한 것으로 나타났다. 수출입은행의 조사자료에 의하면 FTA 발효 이후 대칠레 투자는 2,200만 달러(3건)로 동 기간 한국의 총해외투자에서 0.04%를 차지하는 것으로 나타났다.

FTA의 긍정적 효과를 활용하여 중남미, 나아가 미주지역으로의 진출거점을 확보하기 위해서는 칠레에 대한 보다 활발한 투자가 요구된다. 이를 위해 칠레의 분야별 시장정보와 각종 규제현황, 투자제도 등에 대한 다양한 정보가 제공되어야 한다. 이밖에도 양국간 교류의 촉진은 긴밀한 동반자관계를 구축하기 위한 첩경이므로 정부·민간 차원의 교류를 적극적으로 추진할 필요가 있다.

8) 농산품 중 양허유형이 5년, 7년, 9년, 10년, 16년철폐 또는 10년 계절관세품목의 비중을 나타낸다.

19
chapter

# 한-싱가포르 FTA

## 제 1 절 협정의 의의 및 기대효과

### 1. 개관

한-싱가포르간 FTA에 대한 본격적인 논의는 1999년 9월 '아 · 태경제협의체(APEC) 정상회담'에서 고촉통 싱가포르 당시 총리가 양국간 FTA 체결을 김대중 전 대통령에게 제안함으로써 시작되었다. 이어 2002년 11월 시드니 세계무역기구(WTO) 소규모 각료회의 기간 중 개최된 양국간 통상회담에서 FTA 체결을 위한 「산 · 관 · 학 공동연구회」를 발족하기로 합의하여 2003년 3월부터 10월까지 3차례의 공동연구회의가 개최되었다. 동 연구회는 최종보고서를 통해 양국간 FTA 협상을 조속히 개시하도록 권고한 바 있다.

> ※ 자유무역협정(FTA : Free Trade Agreement)
> 국가 간의 상호 무역증진을 위해 관세철폐를 중심으로 국가와 국가 간의 제반 무역장벽(trade barriers)을 완화하거나 철폐하여 무역자유화(trade liberalization)를 실현하는 양국간 또는 지역 간에 체결하는 특혜무역협정을 의미한다.

공동연구회의 이 같은 권고에 기초하여 양국 정상은 2003년 10월 개최된 정상회담에서 양국 정부간 FTA 협상을 개시할 것을 선언하였다. 이에 따라 2004년 1월부터 11월까지 본격적인 협상을 진행하여 2004년 11월 라오스에서 개최된 'ASEAN + 3 정상회담' 기간 중 개최된 양국 정상회담에서 FTA 협상을 실질적으로 타결하였다.

그 후 협정문에 대한 실무적인 법률검토를 거쳐 2005년 4월에는 협정문이 가서명되었으며 2005년 8월 4일 서울에서 한국측 외교통상부 장관과 싱가포르측 통상산업부 장관이 협정문에 정식 서명하였다.

〈표 19-1〉 한-싱가포르 FTA 추진경과

| 시 기 | 주 요 내 용 |
|---|---|
| 1999년 9월 | APEC 정상회담에서 고촉통 싱가포르 당시 총리가 양국간 FTA 체결 제안 |
| 2002년 11월 | 시드니 WTO 각료회의에서 한-싱가포르 통상회담에서 FTA 체결을 위한 「산 · 관 · 학 공동연구회」 발족 합의 |
| 2003년 3월 | 제1차 공동연구회 개최(서울) |
| 7월 | 제2차 공동연구회 개최(싱가포르) |
| 9월 | 제3차 공동연구회 개최(서울) |
| 10월 | 공동연구회 최종보고서 발표<br>한-싱가포르 정상회담에서 정부간 협상 개시 선언 |
| 2004년 1월 | 제1차 협상 개최(싱가포르) |
| 3월 | 제2차 협상 개최(서울) |
| 5월 | 제3차 협상 개최(싱가포르) |
| 7월 | 제4차 협상 개최(제주도) |
| 9월 | 실무협의 개최(방콕) |
| 10월 | 제5차 협상 개최(싱가포르)<br>실무협의 개최(방콕) |
| 11월 | 실무협의(Teleconference)<br>칠레 APEC 정상회담 및 라오스 ASEAN + 3 정상회담을 계기로 한-싱가포르 통상장관 회담에서 잔여쟁점 협의<br>라오스 ASEAN + 3 정상회담시 한-싱가포르 정상회담을 통해 FTA 협상의 실질적 타결 선언 |
| 2005년 4월 | 협정문 가서명(싱가포르) |
| 8월 4일 | 협정문 정식서명(서울) |

## 2. 협정의 의의 및 기대효과

### 2.1 국제비즈니스센터(international business center)와의 전략적 연계로 경쟁력 강화

싱가포르는 동아시아의 무역센터(trade center)이자 세계적인 물류 · 금융 및 비즈니스의 중심지로서 세계 주요 다국적기업들(MNCs)의 유망 투자대상지역으로 널리 인식되고 있다.

한국은 싱가포르와의 FTA 체결을 통해 전략적 연계(strategic linkage)를 강화함으로써 경제시스템을 선진화시키고 서비스부문의 경쟁력을 강화함과 동시에 대한(對韓) 투자를 확대시킬 수 있을 것으로 기대된다.

### 2.2 한국 기업의 동남아 진출 기반 강화

한-싱가포르 FTA는 최근 FTA 논의가 가장 활발한 동아시아에서 한국이 체결하는 첫 번째 FTA가 되었다. 싱가포르는 동남아 경제허브(Southeast Asian Economic Hub)를 지향하고 있고 한국은 동북아 경제허브(Northeast Asian Economic Hub)를 지향하고 있는데 양국이 FTA를 통하여 서로 결합함으로써 동북아와 동남아 허브가 서로 연결되게 되었다.

또한, 싱가포르와의 FTA 체결은 2005년부터 개시된 ASEAN과의 FTA 협상 추진을 위한 전략적 지지대의 역할을 하고 있다.[1)]

※ ASEAN(Association of Southeast Asian Nations)

동남아 지역의 경제적 · 사회적 기반을 강화하기 위하여 1967년 창설된 동남아국가연합으로 현재 10개국(말레이시아 · 필리핀 · 싱가포르 · 태국 · 인도네시아 · 브루나이 · 베트남 · 라오스 · 미얀마 · 캄보디아)으로 구성되어 있다.

※ ASEAN과의 FTA 협상

2004년 11월 한-ASEAN 정상회의의 합의에 따라 2005년도부터 2년간 완료를 목표로 협상이 개시되었으며 2009년까지 관세를 철폐하기로 합의하였다.

### 2.3 포괄적인 FTA로 양국간 무역 · 투자 확대 및 원활화

한-싱가포르 FTA는 내용 면에서 상당히 포괄적인 것으로 이해할 수 있다. 즉, 상품분야 관세 철폐뿐만 아니라 서비스 · 투자 · 정부조달 · 지적재산권(intellectual property rights) 등 여타 분야에서 다양한 무역 · 투자 확대방안이 포함되었다. 또한, 한-칠레 FTA에는 없는 금융서비스, 전자상거래(e-Commerce), 기술표준 적합성에 대한 상호인정(MRA : Mutual Recognition Agreement) 협력 분야 등도 추가되었다.

### 2.4 개성공단 생산제품의 해외판로 개척을 위한 선례 구축

개성공단 등 북한 경제특구에서 생산된 제품이 한국을 거쳐 싱가포르로 수입될 경우 한국산과 동일하게 원산지 물품으로 인정되어 한-싱가포르 FTA상의 특혜관세를 볼 수 있게 되었다.

---

1) 이로써 한국 기업이 싱가포르를 기반으로 동남아 진출을 촉진할 수 있는 기반이 강화된 것으로 평가할 수 있다(외교통상부 · 대외경제정책연구원, 한-싱가포르 FTA의 주요 내용, 2005. 8. 요약 · 재구성).

미국 등 일부 국가가 북한산 제품에 대해 고율의 관세를 부과하고 있어 사실상 이들 국가로 북한제품을 수출할 수 있는 길이 막혀 있었다. 그러나 한-싱가포르 FTA에서 개성공단 생산제품을 한국산과 동일하게 취급하도록 함으로써 싱가포르를 시작으로 해외판로 개척을 위한 선례를 마련하게 되었다.

〈표 19-2〉 한국의 FTA 추진 전략

| | |
|---|---|
| ① | 동시다발적 추진으로 FTA 체결진도를 단기간에 만회하여 한국 기업들의 기회비용(opportunity cost)을 최소화하고 각 FTA별 상이한 효과를 상호 상쇄 · 보완할 수 있도록 함 |
| ② | 한국경제의 선진화와 경제적 이익의 극대화(maximization of economic benefit)를 도모할 수 있도록 거대 · 선진 경제권과의 FTA를 지향하고 지속적으로 한국산업의 성장동력을 확보하기 위하여 신흥유망시장과의 FTA도 적극적으로 추진함 |
| ③ | FTA 내용에 있어 상품분야뿐만 아니라 서비스, 투자, 정부조달, 지적재산권, 기술표준 등을 포함하는 포괄적이고 WTO plus적인 FTA를 지향함 |
| ④ | 체계적이고 국민적 공감대를 기반으로 한 FTA를 추진함 |

## 제 2 절 협정의 주요 내용

### 1. 협정문 구조

한-싱가포르 FTA 협정문은 전문(前文)과 본문(本文) 22개 장, 그리고 부속서 등으로 구성되어 있으며 모두 1,600여 면에 이르는 방대한 양이다.

#### 1.1 본문

협정문의 각 장은 분야별 규율과 합의사항을 포함하고 있다. 주요 내용은 상품에 대한 내국민대우(national treatment) 및 시장접근, 원산지 규칙 및 통관절차, 무역구제, 위생 및 식물위생조치, 무역에 대한 기술장벽 및 상호인정, 국경간 서비스 무역, 투자, 전기통신, 금융서비스, 기업인의 일시입국, 전자상거래, 경쟁, 정부조달, 지적재산권, 협력, 투명성, 분쟁해결 등에 대한 합의사항이다.

#### 1.2 부속서

부속서는 상품에 대한 상세한 관세철폐계획, 품목별 원산지 규칙, 원산지증명서 서식, 서비스 및 투자자유화에 대한 유보 등의 내용을 포함하고 있다.

〈표 19-3〉 한-싱가포르 FTA 협정문의 구조

**〈전 문〉**

· 제1장 : 일반조항
· 제2장 : 일반적 정의
· 제3장 : 상품에 대한 내국민대우 및 시장접근
 -부속서 : 관세철폐계획
· 제4장 원산지 규칙
 -부속서 : 품목별 원산지 기준
 -부속서 : 4.3조(개성공단관련조항)에서 규정된 원산지 상품
 -부속서 : 4.4조(역외가공)에서 규정된 상품
· 제5장 : 통관질서
 -부속서 : 원산지증명서 발급기간
 -부속서 : 대한민국이 발급하는 원산지증명서 서식
 -부속서 : 싱가포르가 발급하는 원산지증명서 서식
 -부속서 : 관세접촉선
· 제6장 : 무역구제
· 제7장 : 위생 및 식물위생 조치
· 제8장 : 무역에 대한 기술장벽 및 상호인정
 -부속서 : 전기통신기기 관련 분야별 부속서
· 제9장 : 국경간 서비스 무역
 -부속서 : 현재조치 및 자유화약속에 대한 유보
 -부속서 : 미래조치에 대한 유보
 -부속서 : 제9장(국경간서비스무역)에 대한 추가적인 약속
 -부속서 : 전문직 서비스
· 제10장 : 투자
· 제11장 : 전기통신
· 제12장 : 금융서비스
 -부속서 : 구체적 약속
 -부속서 : 금융서비스활동
· 제13장 : 기업인의 일시입국
 -부속서 : 기업인의 일시입국
· 제14장 : 전자상거래
· 제15장 : 경쟁
· 제16장 : 정부조달
 -부속서 : 정부조달 범위
 -부속서 : 정부조달 이행
· 제17장 : 지적재산권
· 제18장 : 협력
 -부속서 : 협력(세부분야별 협력)
· 제19장 : 투명성
· 제20장 : 분쟁해결
 -부속서 : 모범 절차규칙
· 제21장 : 예외
· 제22장 : 행정 및 최종조항

## 2. 전문

· 양국은 전문(前文)에서 양국 간에 형성되어 있는 오랜 우호관계와 확고한 무역 및 투자관계를 기반으로 자유무역지대(free trade area)를 창설할 것을 선언하였다.

· 또한, 양국은 FTA 체결에 즈음하여 다음과 같은 공동의 의지와 희망을 천명하였다.

-양국의 경제적 통합(economic integration)을 통해 보다 큰 규모의 경제(economies of scale)를 형성하고, 고용기회를 보다 많이 제공하며, 양국의 기업 및 아시아 내 여타 기업을 위한 경제활동에 투명성(transparency)을 증진할 것임

-양국간 FTA가 자본 및 인적자원(human resources)에 대한 유인을 향상시키고, 보다 크고 새로운 시장을 만들어 양국뿐만 아니라 아시아 내의 무역과 투자를 확대시킬 것임

-아시아에서 개방된 시장경제(open market economy)의 발전을 선도하고 지역 내의 무역 및 투자의 자유화를 증진하기 위하여 아시아 국가의 경제적 통합을 권장함

-명확하고 호혜적인 무역규범과 산업 및 규제협력의 확립을 통해 상호 무역 및 투자를 진흥하고 지역적 무역통합(regional trade integration)의 혜택을 우회하는 것을 방지함

· 양국은 이밖에 FTA 체결에 있어서 WTO 다자무역체제(multilateral trade system) 하에서 세계무역의 확대와 발전에 기여하고 그밖의 다자, 양자 및 지역적 협력체제의 권리와 의무를 존중할 것임을 천명하였다.

## 3. 양허안의 주요 내용

### 3.1 상품양허안

한-싱가포르 FTA에서는 상품무역에 있어 대부분 품목에 대한 관세를 최대 10년 내에 철폐하되, 일부 민감품목에 대해서는 자유화일정을 탄력적으로 적용하도록 하였다.

#### (1) 싱가포르

싱가포르는 모든 품목에 대하여 발효 즉시 관세를 철폐한다. 싱가포르는 현재 소주, 맥주 등 주류 6개 품목에 대해서만 실행관세를 부과하고 있다.

#### (2) 한국

한국은 품목 수를 기준으로 91.6%에 대한 관세를 최대 10년 내에 철폐하기로 하였다. 한국측 양허안은 공산품은 일부 품목을 제외하고 대부분의 관세를 최대 10년 내 철폐하고, 농림수산물에 대해서는 상당수의 품목을 제외하여 다소 보수적으로 양허한 것으로 평가할 수 있다. 대싱가포르 수입의 2/3 이상을 차지하는 반도체, 컴퓨터 및 통신기기 등 정보통신 관련 제품은 실행관세율이 이미 대부분 무세이다.

〈표 19-4〉 한국의 상품 양허안 개요

(단위 : 한국 HS 10단위 기준, %)

| 구분 | 품목 수 (비율) | 공산품 | 농산물 | 수산물 | 임산물 |
|---|---|---|---|---|---|
| 즉시 철폐 | 6,724 (59.7) | 반도체, 컴퓨터, 통신기기, 철강, 자동차, 선박, 섬유류 등 | 제분용 밀, 사탕무·수수, 팜유 등 | 연어, 홍합, 냉동해조류 등 | 석재류, 원목, 단판 등 |
| 5년 철폐 | 2,009 (17.8) | 석유아스팔트, 글리세롤 등 유기화학품, 면도기, 전기다리미 등 | 곡류가공품, 커피, 초콜릿 등 | 염장품, 통조림 등 | 대바구니, 부채살 등 |
| 10년 철폐 | 1,582 (14.1) | 염화수소, 염화암모늄, 포름산 등의 유기화학품, 전동기 등 | 살구, 딸기, 콩, 감자, 무, 인삼, 주류 등 | 고등어·대구 등 일부 냉동품, 쥐치포 등 | 제재목, 성형목재, 파레트 등 |
| 소계 (10년 내 철폐) | 10,315 (91.6) | - | - | - | - |
| 양허 제외 | 946 (8.4) | 휘발유 등 석유제품, 볼베어링, TV 수신기 등 | 쌀, 사과, 배, 양파, 마늘, 쇠고기 등 | 양식용 활어 및 패류, 열대관상어 등 | 합판, 섬유판 등 |
| 계 | 11,261 (100) | - | - | - | - |

### 3.2 서비스 · 투자

양국 서비스 공급자 및 투자자에게 WTO 서비스협정(GATS) 수준 이상의 포괄적이고 구체적인 자유화를 약속하였다. 상대국 서비스 공급자에게 내국민대우(national treatment) 및 시장접근권리를 부여하고 국내 규제의 투명성을 제고하는 등 양국간 자유로운 서비스 공급이 가능하도록 하는 제도적 장치를 도입하였다.

비구속적인 수량제한(QR) 조항을 두고 있는 한-칠레 FTA와는 달리, 한-싱가포르 FTA의 경우 구속적인 시장접근(MA) 조항을 포함하였다.

> ※ 비구속적인 수량제한
> 서비스 공급에 대한 양적 제한조치(서비스 공급자수 제한, 총매출 제한 등)에 대해 철폐의무를 부과하지 않고 단지 리스트를 작성하는 방식을 의미한다.
> ※ 구속적인 시장접근
> 서비스 공급에 대한 양적 및 질적 제한조치에 대해 유보된 조치를 제외하고는 철폐의무를 부과하되, 상업적 주재에 의한 서비스 공급의 경우 동 조항의 적용을 배제한다.

또한, 국경간 서비스 공급을 위한 현지주재의무 부과를 금지하였다. 투자촉진(investment promotion)을 위하여 상대국에 대해 내국민대우를 부여하고 투자자에 대한 특정 이행의무(performance requirement) 부과와 고위경영진에 대한 국적의무 부과를 금지하고 있다.

| ※ 한국의 서비스 · 투자 분야의 양허 현황<br>회계사, 변리사 등의 서비스 제공 제한, 스크린쿼터, 외국인 토지취득 제한, 방송 · 전력 · 우편 · 도박 · 법률 · 의료 서비스 등을 제외한 기존 서비스시장의 개방범위 내에서 양허하였음 |
|---|

〈표 19-5〉 한-싱가포르 양국의 서비스 · 투자 양허안 개요

| | 현재유보(Annex 9A) | 미래유보(Annex 9B) |
|---|---|---|
| 한국<br>(총 81건) | 회계, 세무, 변리사, 약국 서비스 제공에 대한 제한, 스크린쿼터, 운송서비스에 대한 제한, 기본통신사업 지분제한, 지방정부조치 등 50건 | 비거주자에 대한 자본거래 제한, 외국인 토지취득 제한, 방송, 전력, 우편, 도박, 법률, 의료 서비스 제공에 대한 제한 등 31건 |
| 싱가포르<br>(총 64건) | 현지인 고용, 건축사 자격, 토지감정, 의약품 도소매, 회계, 약사 제공 서비스 관련 제한 등 34건 | 법률, 방송, 도박, 신문 간행, 초 · 중등 교육, 우편, 신용평가, 부동산, 운송지원 관련 서비스 등 30건 |

| * 서비스 및 투자 양허방식(Negative 방식) : 부속서(Annex Ⅰ, Ⅱ)에 기재된 정부 조치 또는 서비스 분야 이외에 모든 조치 및 분야는 협정상의 의무 부담<br>- 현재유보(Annex 9A) : 서비스협정상의 의무에 불일치하는 현존 정부 조치를 의미하며 장래에는 현존하는 것보다 더욱 규제적인 방향으로 개정 불가<br>- 미래유보(Annex 9B) : 서비스협정상의 의무가 배제되는 분야를 의미하며 현행보다 더욱 규제적인 조치를 취하는 것도 가능 |
|---|

# 제 3 절 한-싱가포르 경제적 연계성

## 1. 싱가포르 개관

### 1.1 강소국

(1) 싱가포르는 소규모의 도시형 국가이나 1인당 국내총생산(per capita GDP)은 30,509달러에 이르는 경제강국임

2006년 기준 싱가포르의 인구는 440만명, 면적 1,000㎢(서울시 605.5㎢), GDP 1,342억 달러, 연간 교역액은 6,243억 달러에 이르고 있다.

(2) 싱가포르는 지난 40년간 급속한 경제성장을 통해 국제적인 교역·물류 중심지로서 괄목할만한 성장을 기록하였음

협소한 국토, 절대적으로 부족한 자원, 한정된 노동력과 소규모 국내시장이라는 도시국가로서의 제반 제약요인에도 불구하고 1965년 이후 연평균 8% 수준의 고도성장을 달성하였다.

말레이시아로부터 분리 독립한 1965년 당시의 1인당 국민소득은 512달러에 불과하였으나, 1994년에는 20,000달러를 돌파하였고 2006년 기준 1인당 GDP는 30,509달러에 이르게 되었다.

(3) 싱가포르는 적극적인 외자유치와 수출지향적 공업화(export-oriented industrialization), 지리적 이점(geographical advantage)을 활용한 국제 비즈니스 중심지화를 통한 경제발전을 추진해 왔음

① 1980년대

1980년대에는 전자산업 및 석유화학 등 자본·기술집약적 산업(capital and technology-intensive industry)의 발전을 통해 제조업 기반을 확대하였다.

② 1990년대

1990년대에는 국제적인 물류·교역거점으로서 국제금융시장 활성화와 함께 다국적기업들(MNCs)의 지역총괄본부(regional headquarters)로서의 역할이 제고되면서 국제비즈니스센터(international business center)로 성장하게 되었다.

③ 2000년대

정부주도 하에 경쟁력 강화와 경제효율성(economic efficiency) 제고를 위해 지속적으로 노력한 결과 2005년 스위스 국제경영개발원(IMD)에 의한 국가경쟁력 평가에서 미국, 홍콩에 이어 세계 3위를 기록하였다.

(4) 싱가포르는 서비스와 전자산업이 경제발전의 중심축이 되고 있는데 이 중 서비스업의 경우 총 GDP의 61.7%를 점유(2004년 기준)하고 있을 정도로 중요하며, 특히 1990년대 이후로는 금융 및 비즈니스 서비스업과 수송·통신업이 급속하게 발달하였음

이에 따라 싱가포르는 현재 세계 2위의 무역항, 세계 5위의 국제금융센터 및 세계 4대 외환시장, 동아시아 최고의 비즈니스 중심지로 부상하였다.

### 1.2 동남아 경제의 중심지

싱가포르는 세계 2위의 무역항, 세계 4대 외환시장, 세계 5대 국제금융센터, 세계 3대 석유화학센터이자 동아시아 최고의 비즈니스 중심지로 평가되고 있다. 동남아국가연합(ASEAN)의 일원이라는 정치적 요인과 세계 최대의 해상교역로인 말라카해협을 낀 지리적 이점, 중계무역기지로서의 지경학적 위치 등을 활용하여 동남아 지역경제의 중심지 역할을 수행하고 있다.

싱가포르에는 현재 6,000여개 이상의 다국적기업이 진출하고 있으며 이 중 60% 이상은 싱가포르를 동남아 중심지로 활용하고 있는 실정이다.

### 1.3 세계 2위의 자유무역항

(1) 싱가포르는 양호한 물류하부구조를 구축하고 있고, 특히 효율적인 시설, 운영정보시스템 및 제도를 갖추고 있을 뿐만 아니라 지리적으로 화물이동의 주항로(trunk route) 상에 위치하여 해운 및 항공연계성이 우수한 물류 입지조건을 구비하고 있음

또한, 싱가포르는 행정, 조세 및 법적·제도적 측면에서 경영환경이 양호한 편으로 평가되고 있다. 이는 물동량의 안정적 확보 및 물류부가가치 창출을 위하여 매우 유리한 조건이 되며 세계의 주요 화주 및 물류업체들은 이 같은 여건을 활용하기 위해 싱가포르에 지역본부 및 사무실을 설치하는 등 싱가포르 내 진출을 강화하고 있다.

(2) 자유무역을 추구하는 적극적인 대외개방정책과 물류산업의 국제경쟁력(international competitiveness)을 기반으로 싱가포르는 2004년 기준 컨테이너 화물처리실적이 2,060만 TEU를 기록해 2,193만 TEU의 홍콩에 이어 세계 2위 무역항의 위치를 차지하고 있음

### 1.4 세계 5대 국제금융센터

(1) 싱가포르는 당초 동남아지역의 교역중심지로서의 위상 강화와 산업화를 통한 경제성장을 추구하였고 이 같은 목표를 달성하기 위해 금융산업을 육성하기 시작하였으며 금융산업의 성장잠재력(growth potentials of financial industry)을 인식한 후 동남아의 금융거점으로 육성하기 위해 노력해 왔음

이를 위해 싱가포르 정부는 우선 국내투자자뿐만 아니라 외국인투자자, 대출자, 무역업자 등 다양한 경제주체가 이용 가능한 금융제도 및 시설을 구축하기 위해 역량을 결집시켰다. 또한, 싱가포르는 자국을 국제금융센터로 발전시키기 위해 금융자유화(financial liberalization)와 외환규

제 철폐 등 적극적인 대외개방정책을 실시하였다.

(2) 정치적 안정(political stability), 견실한 경제성장, 각종 규제완화(deregulation) 등을 배경으로 싱가포르의 금융산업은 1980년대 이후 급속히 발전하게 되었음

외국은행 유치 강화, 은행산업 구조조정 추진 등의 결과 금융산업 측면에서 싱가포르는 아시아 최고의 경쟁력을 보유하게 되었다. 싱가포르는 1997년 발생한 동아시아 외환위기(East Asian Foreign Exchange Crisis)에도 큰 영향을 받지 않았다. 이는 경제기초여건(economic fundamentals)의 견실, 특히 금융시스템의 안정성(stability of financial system), 풍부한 외환보유고(affluence of foreign exchange reserves), 재정수지 흑자(fiscal surplus) 등에 기인한 것으로 분석된다.

### 1.5 세계 4대 외환시장

지리적 이점과 관련산업의 발달 등으로 싱가포르는 런던, 뉴욕, 도쿄에 이은 세계 4대 외환시장으로 성장하였다. 국제결제은행(BIS)의 발표에 의하면 2004년 4월의 외환거래규모를 대상으로 실시한 조사에서 싱가포르는 세계 4대이자 아시아에서는 도쿄 다음으로 큰 2위의 외환센터(Foreign Exchange Center) 지위를 유지한 것으로 나타났다. BIS의 조사(3년마다 실시됨)에 의하면 싱가포르 외환시장의 2004년 4월 일일거래규모는 약 1,250억 달러로 3년 전 대비 24% 증가한 것으로 나타났다.

또한, 싱가포르는 장외시장(OTC)의 파생금융상품(financial derivatives) 일일거래 규모가 3년 전 대비 3배 정도 증가한 170억 달러를 기록하였다. 이에 따라 세계에서 12번째이자 아시아에서는 2번째로 큰 OTC 파생금융상품 거래시장으로 부상하게 되었다.

### 1.6 동아시아 최고의 비즈니스 중심지

(1) 1980년대 중반의 불황을 극복하기 위해 싱가포르는 산업의 고부가가치화를 위한 산업구조조정을 적극적으로 추진하면서 비교우위분야(comparative advantage sector)라고 할 수 있는 해운, 항공운송, 통신 등과 국내 및 해외시장을 향한 비즈니스 서비스를 집중 육성하였음

싱가포르는 자국을 금융, 운수, 통신 등 제반 비즈니스 서비스 기능과 제조업부문을 통합하여 생산거점으로서의 역할뿐만 아니라 제품개발, 마케팅 등 비즈니스 관련 서비스와 자금관리기능에 이르기까지 국제적 비즈니스센터로 육성하기 시작하였다. 이를 위해 싱가포르는 지역총괄본

부(RHQ)로 이용하려는 다국적기업들에 대해 세제상의 우대조치를 부여하였다. 또한 항만, 공항, 창고, 통신망 등을 이용하여 부품조달업무를 집중하려는 기업에 대하여 국제조달사무소(IPO)로서 우대조치를 제공하는 등 국제비즈니스센터 육성정책을 적극적으로 추진하게 되었다.

(2) 싱가포르 정부는 1990년대에도 산업정책을 기술집약적 산업(technology-intensive industry)의 육성과 서비스부문의 발전에 두고, 국제비즈니스센터로서 싱가포르의 기능과 역할을 제고시키기 위하여 국제비즈니스 거점화를 위한 「International Business Hub 2000」, 인근 국가의 시장과 자원을 활용하기 위한 「Regionalization 2000」 등 다양한 정책을 추진해 왔음

(3) 싱가포르는 이를 기반으로 홍콩과 함께 동아시아 최고의 비즈니스 중심지로 부상하였음

### 1.7 동아시아의 FTA Hub

(1) 싱가포르는 도시형 개방경제체제이자 대외무역의존형 경제구조로서 적극적인 대외통상정책을 추진하고 있으며 경제관계가 긴밀한 다수의 국가와 FTA 체결을 통해 FTA Hub로 부상하고 있음

싱가포르는 2000년 9월 뉴질랜드와 FTA를 체결한 이후 일본, 호주, 미국, 요르단, 유럽자유무역연합(EFTA)과 이미 FTA를 체결한 바 있다. 2005년 6월에는 칠레 · 뉴질랜드 · 브루나이와의 4국간 FTA 협상을 타결하였다. 또한, 싱가포르는 캐나다, 멕시코, 카타르 등과는 FTA 체결을 위해 협상을 진행하고 있으며 바레인, 이집트, 페루, 스리랑카, 쿠웨이트 등과는 FTA를 추진하기로 공식 합의하였다.

이외에도 ASEAN 회원국으로 중국, 일본, 인도, 호주 · 뉴질랜드와 ASEAN과의 FTA 추진에도 적극적으로 참여하고 있다.

(2) 싱가포르가 FTA를 적극적으로 추진하는 데에는 국제무역중계지라는 자국의 위상을 더욱 제고시키고 자국의 서비스산업을 발전시키기 위한 전략으로 판단할 수 있음

〈표 19-6〉 싱가포르의 FTA 체결 및 협상추진 현황(2005년 6월 기준)

| 기체결 국가 | 협상 중인 국가 | 추진합의 국가 |
|---|---|---|
| 뉴질랜드<br>일본<br>호주<br>미국<br>요르단<br>EFTA[1)]<br>TPS EP[2)]<br>인도<br>한국 | 캐나다<br>인도<br>멕시코<br>카타르 | 바레인<br>이집트<br>페루<br>스리랑카<br>파나마<br>쿠웨이트<br>UAE |

주 : 1) 유럽자유무역연합(EFTA)은 스위스, 노르웨이, 아일랜드, 리히텐슈타인으로 구성되어 있음

2) 싱가포르, 브루나이, 칠레, 뉴질랜드 4국간 FTA를 의미함

자료 : 싱가포르 통상산업부

## 2. 한-싱가포르 경제협력

### 2.1 한-싱가포르 교역현황

(1) 싱가포르는 1970년대와 1980년대 한국의 13~14위 교역대상국이었으나 1998년 이후 한국의 10대 교역대상국으로 부상하였으며 대부분의 동남아국가와 마찬가지로 한국이 무역수지 흑자(trade surplus)를 기록하고 있음

싱가포르는 한국의 7대 수출대상국, 11대 수입대상국(2004년 기준)이며 한국은 싱가포르의 9대 수출대상국, 8대 수입대상국(2004년 기준)이다.

〈표 19-7〉 한국의 대싱가포르 수출입 추이(1995~2004년)

(단위 : 억 달러)

| | 1990 | 1995 | 1996 | 1997 | 1998 | 1999 | 2000 | 2001 | 2002 | 2003 | 2004 |
|---|---|---|---|---|---|---|---|---|---|---|---|
| 수 출 | 18.0 | 66.9 | 64.4 | 58.0 | 40.6 | 49.2 | 56.5 | 40.8 | 42.2 | 46.4 | 56.5 |
| 수 입 | 9.0 | 21.7 | 25.3 | 24.2 | 17.1 | 23.1 | 37.2 | 30.1 | 34.3 | 40.9 | 44.6 |
| 무역수지 | 9.0 | 45.2 | 39.1 | 33.8 | 23.5 | 26.1 | 19.3 | 10.7 | 7.9 | 5.5 | 11.9 |

자료 : KOTIS

(2) 2000년 93.7억 달러를 기록한 이후 감소하였던 양국간 교역은 경기회복으로 인해 수출과 수입 모두 다시 증가하고 있으며 2004년의 경우 양국간 교역은 100억 달러를 초과하여 사상 최대를 기록하였음

2004년의 교역은 101.1억 달러를 기록하였으며 그동안 감소세를 보이던 한국의 무역수지 흑자 역시 11.9억 달러로 증가하였다.

(3) 한국의 주요 수출품(MTI 4단위 기준)은 집적회로반도체, 무선전화기, 경유, 선박, 승용차, 휘발유, 개별소자반도체, 합성수지, 무선전화기부품 등임

이 중 집적회로반도체 등 5대 품목은 대싱가포르 수출의 62.7%를 차지하고 있다.

(4) 한국의 주요 수입품(MTI 4단위 기준)은 집적회로반도체, 개별소자반도체, 보조기억장치, 전산기록매체, 컴퓨터부품, 컴퓨터, 소프트웨어, 기타 정밀화학제품 등임

집적회로반도체 등 5대 품목에 대한 수입의존도(import dependence)도 수출과 비슷한 61.5%를 차지하고 있다.

〈표 19-8〉 한국의 대싱가포르 품목별 수출입구조(2004년 MIT 4단위 기준)

| | 수 출 | | 수 입 | |
|---|---|---|---|---|
| | 품 목 | 금액 (백만 달러) | 품 목 | 금액 (백만 달러) |
| 1 | 집적회로반도체 | 2,496.2 | 집적회로반도체 | 2,259.3 |
| 2 | 무선전화기 | 506.0 | 개별소자반도체 | 132.2 |
| 3 | 경 유 | 252.0 | 보조기억장치 | 129.0 |
| 4 | 선 박 | 152.1 | 전산기록매체 | 113.7 |
| 5 | 승 용 차 | 141.7 | 컴퓨터부품 | 111.0 |
| 6 | 휘 발 유 | 103.9 | 컴 퓨 터 | 110.7 |
| 7 | 개별소자반도체 | 84.5 | 소프트웨어 | 90.9 |
| 8 | 합성수지 | 71.7 | 기타 정밀화학제품 | 87.8 |
| 9 | 무선통신기기부품 | 70.3 | 석유화학 중간원료 | 81.3 |
| 10 | 기초유분 | 68.2 | 합성수지 | 70.5 |
| 기타 | 철강 및 비합금강형강, 냉연강판, 컴퓨터 부품 등 | 1,706.9 | 용접기, 나프타, 기타석유제품, 기타석유화학제품 등 | 1,274.1 |
| 총수출액 | | 5,653.5 | 총수입액 | 4,460.5 |

자료 : KOTIS

## 2.2 한-싱가포르 투자현황

(1) 한국의 대싱가포르 투자는 싱가포르의 중계무역항을 활용하기 위한 무역업, 발달된 전자

산업을 활용하기 위한 제조업, 통신업, 부동산 및 서비스업 등에 집중되고 있음

〈표 19-9〉 한국의 대싱가포르 투자현황(신고기준, 2005년 5월)

(단위 : 건, 백만 달러)

| | 1998 | 1999 | 2000 | 2001 | 2003 | 2003 | 2004 | 2005. 1분기 | 누계 (1962~2005. 4) |
|---|---|---|---|---|---|---|---|---|---|
| 건수 | 3 | 10 | 20 | 16 | 13 | 14 | 16 | 6 | 197 |
| 금액 | 291.0 | 78.2 | 209.8 | 32.5 | 50.4 | 202.8 | 144.3 | 71.8 | 1,246.6 |

| | 농림어업 | 제조업 | 건설업 | 도소매업 | 운수창고업 | 통신업 | 금융보험업 | 숙박음식점업 | 서비스업 | 부동산업 | 기타 |
|---|---|---|---|---|---|---|---|---|---|---|---|
| 건수 | 4 | 38 | 9 | 85 | 17 | 2 | 2 | 1 | 32 | 6 | 1 |
| 금액 | 1.2 | 217.3 | 21.0 | 670.6 | 20.8 | 146.4 | 0.06 | 1.7 | 66.8 | 101.9 | 0.05 |

자료 : 산업자원부, 수출입은행

(2) 동아시아 외환위기 이후 싱가포르의 한국에 대한 활발한 투자는 제조업, 도·소매업, 무역업 등에 집중되고 있음

싱가포르의 대한국 투자는 2005년 3월 누계기준(신고기준)으로 553건, 33.0억 달러를 기록하고 있으며 금액기준으로는 한국의 대싱가포르 투자보다 2.6배나 많은 것으로 나타났다.

〈표 19-10〉 싱가포르의 대한국 투자현황(신고기준, 2005년 3월)

(단위 : 건, 백만 달러)

| | 1998 | 1999 | 2000 | 2001 | 2003 | 2003 | 2004 | 2005. 1분기 | 누계 (1962~2005. 3) |
|---|---|---|---|---|---|---|---|---|---|
| 건수 | 26 | 46 | 82 | 60 | 48 | 45 | 76 | 21 | 553 |
| 금액 | 1,183.8 | 414 | 304.2 | 205.4 | 146.2 | 235.9 | 376.0 | 176.7 | 3,298.8 |

| | 농림어업 | 제조업 | 건설업 | 도소매업 | 운수창고업 | 통신업 | 금융보험업 | 숙박음식점업 | 서비스업 | 부동산업 | 기타 |
|---|---|---|---|---|---|---|---|---|---|---|---|
| 건수 | 5 | 166 | 8 | 190 | 37 | 7 | 21 | 6 | 91 | 19 | 3 |
| 금액 | 0.5 | 1,659.3 | 272.2 | 532.7 | 311.9 | 75.9 | 87.8 | 6.2 | 93.9 | 138.7 | 119.3 |

자료 : 산업자원부, 수출입은행

20 chapter

# 한-EFTA FTA

## 제 1 절 협정의 의의 및 기대효과

### 1. 개관

한-EFTA간 FTA는 2004년 5월 14일 개최된 '한-EFTA 통상장관회담'에서 양측이 FTA 공동연구를 개시하는 데 합의함으로써 공식화되었다. 이를 계기로 양측 정부, 산업계, 학계 대표 및 EFTA 사무국이 주축이 되어 '한-EFTA FTA 공동연구단(Korea-EFTA FTA Joint Study Group)'이 결성되었다.

> ※ 유럽자유무역연합(EFTA : European Free Trade Association)
> 스위스, 노르웨이, 아이슬란드, 리히텐슈타인으로 구성된 유럽자유무역연합체이다. EFTA는 서유럽 국가 중 유럽연합(EU)에 참가하지 않은 국가들로서 인구규모는 작으나 세계 최고수준의 1인당 국민소득을 기록 중인 전형적인 강소국들의 자유무역연합체이다.

2004년 8월과 10월 제네바와 서울에서 각각 개최된 두 차례의 공동연구회의에서 양측간 FTA 추진의 경제적 효과 및 분야별 자유화 가능성을 검토한 바 있다. 특히, 2004년 10월 공동연구 2차 회의에서 1년 내 협상 타결을 목표로 2005년초 FTA 협상을 개시하도록 권고하는 내용의 공동연구보고서가 확정되었다.

공동연구보고서에서 전문가그룹은 한-EFTA FTA가 양측에 윈-윈(win-win) 상황을 조성함으로써 무역 및 투자증대를 포함한 광범위한 분야에서의 가시적인 혜택을 제공할 것으로 기대하였다.

한편, 연구보고서에서는 협상의 3가지 원칙이 제시되었다.

① 포괄성 : 상품, 서비스, 투자, 정부조달 및 지적재산권(intellectual property rights) 등 모든 분야를 협상대상에 포함

② 실질적인 자유화 추진

③ 상호 이익의 증진

공동연구보고서는 한국과 EFTA 양측이 2005년 말까지 협정 타결을 목표로 2005년 초에 협상을 개시할 것을 권고하였다. 이러한 연구결과를 기반으로 한국은 2004년 11월 공청회를 개최하여 한-EFTA FTA 추진타당성에 대한 민간전문가 및 이해관계자 등으로부터 광범위한 의견을 수렴한 바 있다.

한편, 양측간 통상장관회의에서는 2004년 12월 1일 정부간 협상을 공식적으로 선언하였다. 2005년 1월(제네바) 공식협상을 개시한 후 네 차례의 협상을 진행하였으며, 7월 서울에서 개최된 제4차 협상을 끝으로 협상이 실질적으로 타결되었다. 이후 협정문에 대한 실무적인 법률 검토를 거쳐 2005년 9월 제네바에서 협정문이 가서명되었으며 12월 15일 홍콩에서 양측 통상장관들이 협정문에 정식 서명하였다. 양측 국가별 국내 비준절차도 완료되어 한-EFTA FTA는 2006년 7월 1일부로 발효되었다.

## 2. 협정의 의의 및 기대효과

### 2.1 선진경제권과의 FTA로 효과 극대화

EFTA는 한국이 FTA를 체결한 최초의 선진경제권이자 유럽경제권으로 평가할 수 있다. 한국은 2003년초 칠레와의 FTA 협상을 타결한 이후 2004년말 싱가포르와 FTA 협상을 종료하고 2005년 유럽에 소재한 EFTA와 FTA 협상을 타결함으로써 미주(칠레)와 아주(싱가포르)에 이어 구주에도 한국의 FTA 협상 타결국가가 탄생하게 되었다.

EFTA 4개국의 1인당 국내소득(GDI, 2003년 기준)은 38,656달러로서 한국의 12,628달러의 3배를 초과하여 이전에 협상을 타결한 칠레(4,562달러)나 싱가포르(20,798달러)보다 소득수준이 높을 뿐만 아니라 전세계 기준으로 볼 때에도 최고수준을 나타내고 있다. EFTA는 경제규모가 세계 10위권으로 한국이 당시까지 체결한 FTA 대상국 중 가장 큰 경제규모를 지니고 있다. 한편, EFTA도 EU를 제외한다면 14개 FTA 체결국 중 한국이 가장 큰 경제규모를 지닌 대상국이다.

〈표 20-1〉 한-EFTA FTA 추진경과

① FTA 추진 가능성 협의단계
- 2000년 7월 EFTA측이 한-EFTA FTA 추진의사를 피력한 이후 EFTA측은 한국과의 FTA 추진에 적극적인 태도 유지
- 2004년 5월 14일 OECD 각료회의를 계기로 개최된 '한-EFTA 통상장 관회담'에서 양자 FTA 공동연구를 개시하는 데 합의
  - 명칭 : Korea-EFTA FTA Joint Study Group
  - 목적 : 한-EFTA FTA 타당성 검토 및 범위 논의
  - 구성 : 정부, 산업계, 학계 대표 및 EFTA 사무국

② FTA 추진 타당성 검토단계
- 2004년 8월 11~13일간 스위스 제네바에서 공동연구 제1차 회의 개최
  - 양자 FTA의 경제적 효과 및 분야별 자유화 가능성 등 검토
- 2004년 10월 13~15일간 서울에서 공동연구 제2차 회의 개최
  - 1년 내 협상 타결을 목표로 2005년 초에 협상을 개시하도록 권고하는 내용의 공동연구보고서 확정
- 2004년 11월 12일, 한-EFTA FTA 추진에 관한 대국민 의견수렴을 위한 공청회 개최(외교부-KIEP-무역협회-농촌경제연구원 공동주관)
- 2004년 12월 9일, 한-EFTA FTA 추진 타당성 검토를 위하여 대외경제장관회의 상정 및 심의, 경제부총리 및 관계장관들은 가급적 조속한 시일 내 협상 타결을 추진하도록 지시
- 2004년 12월 16일, 제네바에서 양측 통상장관회의시 협상 개시를 선언
  - 공동연구 결과에 따라 2005년 중 협상 타결을 목표로 2005년 1월부터 FTA 협상을 개시할 것을 합의

③ 공식협상 진행단계
- 2005년 1월부터 총 네 차례의 협상 진행
  - 2005년 1월 12일 : 관계부처 대책회의
  - 2005년 1월 18~21일 : 제1차 협상 개최(제네바)
  - 2005년 3월 18일 : FTA 추진위원회 상품양허초안 검토
  - 2005년 3월 23일 : 관계부처 대책회의
  - 2005년 3월 25일 : 대외경제장관회의 상품양허초안 검토
  - 2005년 4월 4~8일 : 제2차 협상 개최(서울)
  - 2005년 5월 21일 : FTA 추진위원회 상품양허 수정안 검토
  - 2005년 5월 23일 : 대외경제장관회의 상품양허 수정안 검토
  - 2005년 5월 24일 : 관계부처 대책회의
  - 2005년 5월 30일~6월 2일 : 제3차 협상 개최(오슬로)
  - 2005년 6월 28일 : 관계부처 대책회의
  - 2005년 7월 4~8일 : 제4차 협상 개최(서울)
- 2005년 7월 12일, 중국 다롄(大連)에서 양측 통상장관회의시 협상 타결을 선언

④ 협상 타결 후속조치단계
- 2005년 9월 13일, 협정문 가서명(제네바)
- 2005년 12월 15일, 양측 통상장관간 협정문 정식 서명(홍콩)

### 2.2 산업의 상호 보완성으로 인한 상호 이익 증가

상호 보완적 산업구조(mutually complementary industrial structure)를 갖고 있는 한국과 EFTA는 FTA를 통하여 양국간 교역이 크게 확대되는 등 상호 이익이 크게 증가하게 된다. 양측의 교역은 산업내무역의 비중은 낮고 산업간무역이 대부분을 차지하는 구조여서 국내 산업구조조정을 최소화하면서 교역자유화(trade liberalization)의 효과를 볼 수 있을 것으로 평가된다.

※ 산업내무역과 산업간무역

산업내무역(intraindustry trade)은 한 산업 내의 원자재-중간재-최종재 사이에 국가간교역이 발생하는 경우를 의미하며 산업간무역(interindustry trade)은 서로 다른 산업 사이의 교역을 뜻한다. 예를 들면, 자동차 부품산업과 완성차 산업이 서로 다른 국가에 있을 때 부품의 교역이 발생하면 이를 자동차 산업내무역이라고 하며, 의약품을 수입하고 자동차를 수출하면 산업간무역이 발생한 것으로 볼 수 있다. 자동차 산업내무역의 비중이 큰 경우 FTA로 인한 관세장벽(tariff barriers)이 철폐되면 국내 자동차 부품산업은 해외 자동차 부품산업과 더욱 치열한 경쟁을 전개해야 하므로 국내산업에 상당한 충격이 발생할 수 있다. 반면 자동차를 수출하고 국내에 없는 의약품을 수입하는 경우 교역장벽의 철폐는 더욱 저렴한 가격으로 국내생산이 없는 해외 의약품을 수입할 수 있어서 국내후생(domestic welfare)이 증대되는 효과가 나타나게 된다.

대외경제정책연구원의 연구에 따르면 모든 관세가 철폐된다고 가정했을 때 EFTA와의 FTA로 한국의 국내총생산(GDP)은 0.02~0.05% 증가할 것으로 보이며 후생의 개선으로 인한 경제적 이익(economic benefit)은 2억 달러 내외가 될 것으로 전망된다.

한-EFTA FTA가 거시경제지표에 미치는 영향은 크지 않으나 한국 개별 산업생산에 미치는 영향은 결코 작지 않다. 한-EFTA FTA로 인해 기타 수송장비업의 경우 약 1.5%, 가공식품업의 경우 약 0.9%의 생산증가가 기대되는 것으로 나타났다.

〈표 20-2〉 한-EFTA FTA의 경제적 효과

| | 단기 | 중기 |
|---|---|---|
| GDP(%) | 0.02 | 0.05 |
| 후생수준(%) | 0.04 | 0.06 |
| 후생수준(백만 달러) | 174 | 244 |

주 : 단기적 효과는 관세철폐에 따른 정태적 효과(static effect)를 의미하며 자원배분의 효율성 증진이 주요 원천임. 중기적 효과는 자원배분의 효율성 증진으로 국내총생산이 증가하는 데 증가된 국내총생산의 일부가 저축되어 투자가 증가함으로써 발생되는 자본축적효과(capital accumulation effect)를 고려한 결과임

자료 : 대외경제정책연구원, 한-EFTA FTA의 경제적 효과 분석, 2004.

FTA 발효시 개선된 교역환경으로 인하여 양측간 교역규모는 약 13억 달러 정도 증가할 것으로 추정된다. 주요 수출증가품목은 가공식품과 기타 수송장비이고 농산물, 섬유, 의류, 전기전자 등에 대한 수출도 소폭 증가할 것으로 보인다. 반면 기계류, 금속제품, 가공식품, 화공제품 등의 공산품과 일부 농수산물(치즈, 연어, 냉동고등어 등)의 수입은 증가할 것으로 분석되었다.

※ 공동연구 결과 제시된 한-EFTA FTA의 정성적 효과

① 한-EFTA FTA는 한국의 대유럽 관계 및 EFTA의 대동북아시아 경제적 유대를 강화할 것으로 예상됨

② 정량화하기 어려운 서비스 및 투자와 무역원활화를 통한 이익을 고려하면 경제적 이익은 양측 모두에 훨씬 크게 나타날 것으로 예측됨

③ 한국과 EFTA 양측간 경제가 대체로 보완적이어서 구조조정 비용을 최소화하면서 포괄적인 자유무역협정(FTA)을 통해 상호 간의 경제적 이익을 증대시킬 것으로 기대됨

### 2.3 한국 제품의 EFTA 시장진출 확대

EFTA측은 한국에서 수입되는 모든 제품(공산품, 수산물)에 대해 발효 즉시 100% 관세를 철폐하기로 하였다. 한국도 EFTA가 원산지인 상품 중 99.1%에 해당하는 상품의 관세율을 최장 7년 간에 걸쳐 관세를 철폐하여 상당히 높은 수준의 자유화를 달성하였다. 다만 농산물 및 수산물 중 민감한 일부 품목은 자유화 대상에서 제외하거나 최장 10년 간에 걸쳐 관세를 철폐하기로 하였다. 이에 따라 현재 양측간 잠재력(potentials)에 비해 크게 미약한 수준의 교역이 대폭 확대될 것으로 보인다. 특히, 한국 상품 중에서도 의류, 자동차, 선박, 가죽제품 등 공산품의 수출이 대폭 증가할 것으로 예상되며 사과, 배, 김치, 민속주, 라면 등의 한국 농산물이 EFTA 시장에 새롭게 진출할 수 있는 계기가 될 것으로 판단된다.

한-EFTA간 교역규모는 2004년에 약 27억 달러로 한국이 제20위 교역상대이다. 주요 수출품목은 자동차, 선박, IT 제품, 의료, 플라스틱 · 고무 제품 등이다.

### 2.4 한국 산업의 균형적 발달에 기여

한-EFTA FTA는 서비스업을 비롯하여 여러 산업의 경쟁력을 제고시킬 수 있는 계기로 작용할 것으로 판단된다. 상품 무역자유화뿐만 아니라 서비스업의 개방 및 상호 협력을 통하여 현재 WTO 도하개발아젠다(DDA : Doha Development Agenda) 차원에서 논의되고 있는 서비스시장 개방계획을 시범적으로 적용함으로써 전면적인 서비스시장 개방의 완충역할을 도모할 수 있다. 또한, EFTA가 경쟁력을 보유한 금융 및 해운 서비스에서 선진기법을 도입할 수 있을 것으로

전망된다.

따라서 한국경제의 산업간 불균형(interindustry imbalance) 발전에 대한 명확한 인식을 기반으로 비교열위산업(comparative disadvantage industry)을 발전시키는 데 한-EFTA FTA가 촉매제 역할을 할 수 있을 것으로 기대된다.

※ WTO(World Trade Organization)

WTO(세계무역기구)는 GATT를 대신하여 1995년 1월 1일부터 출범한 국제무역에 관한 다자협의체제이다. 7년 이상 지속된 우루과이라운드(UR) 협상을 통하여 GATT 체제의 한계를 인식한 세계 각국은 1994년 4월 마라케시 각료회의에서 새로운 다자협의체제인 WTO를 출범시키기로 결정하였다. WTO는 각료회의를 최고의사결정기구로 하되, 일반적으로 각국의 제네바대표로 구성되는 일반이사회 산하에 상품교역이사회(GATT), 서비스교역이사회(GATS), 지적재산권이사회(TRIPS)를 산하기구로 두고 있으며 분쟁해결을 위한 분쟁해결기구(DSB)와 각국의 무역정책을 검토하기 위한 무역정책검토기구(TPRB)를 상설기구로 설치하였다. WTO는 GATT가 상설기구라기보다는 단지 협정문이었기 때문에 가지고 있던 한계를 극복하여 관할하는 범위가 더욱 광범위하고 상호 감시기능을 강화하는 실질적인 국제기구의 형태를 갖추고 있다.

※ DDA(Doha Development Agenda)

2001년 11월 14일 카타르 도하에서 종료된 '제4차 WTO 각료회의'의 결정에 의해 출범한 새로운 다자무역협상체제이다. WTO는 우루과이라운드 이후의 새로운 다자간무역협상(multilateral trade negotiations)을 명명하면서 개도국들의 주장을 수용하여 과거 GATT 체제에서 사용된 라운드라는 이름을 대신하여 도하개발아젠다로 지칭하기로 하였다.

### 2.5 개성공단 생산제품에 대한 관세특혜 확보

양측은 개성공단사업 추진의 의의와 동북아 평화안정에 대한 중요성을 인정하여 WTO 규정상의 의무에 위배문제가 발생하지 않는 방안을 논의한 끝에 역외가공에 대한 특례인정방식으로 이를 처리하기로 합의하였다. 이에 따라 개성공단 생산제품은 한국산 원자재, 중간재 등이 일정비율만 초과하게 되면 한국 생산제품과 동일한 특혜관세 혜택을 보게 되어 개성공단 생산제품의 판로 확보가 가능하게 되었다.

또한, 개성공단 이외에 향후 북한에 유사한 공단 설립시 동일한 혜택을 부여하는 것이 가능하게 되었다.

### 2.6 유럽에서 한국상품의 인지도 증가

유럽에서 인지도가 낮은 한국(제품)에 대한 이미지를 제고시켜 한국 상품 및 기업의 유럽 진출에 긍정적 효과를 발생시키게 된다. 한-EFTA FTA 체결은 한국이 무역자유화(trade liberalization)의 가장 큰 수혜국임에도 불구하고 중상주의적 통상정책을 시행하고 있다는 인식을 불식시키고 유럽국가에서 한국(제품)에 대한 브랜드이미지(brand image)를 제고시킬 수 있는 계기가 될 것으로 보인다.

양측간 TV 방송프로그램의 공동제작을 위한 근거가 마련되면서 최근 해외시장에서 인정받고 있는 한국 방송프로그램의 유럽시장 진출 확대에 유용할 것으로 기대되어 양측간 문화교류 확대 및 한국의 국가이미지 제고에도 기여할 것으로 판단된다.

### 2.7 투자환경 개선에 따른 투자활성화

기존의 투자협정을 대폭 개선하여 투자자 보호수준 강화 등 투자환경(investment environment)을 개선하였다. EFTA측이 우호적인 투자국임을 고려하여 EFTA로부터의 외국인투자에 대한 보호수준을 강화하였다. 특히, 한-스위스간 1971년에 체결한 투자협정을 대폭 개선하여 대체하고 이 투자협정을 다른 EFTA 국가들에 확대하였다. 투자자 보호와 더불어 투자자유화 부문(investment liberalization sector)을 구체적으로 명시함으로써 EFTA로부터의 투자 유치가 확대될 것으로 보인다.

### 2.8 EU와의 FTA 추진을 위한 환경 조성

한-EFTA FTA는 향후 유럽연합(EU : European Union)과의 FTA 추진을 위한 환경 조성에 기여하게 된다. EU는 미국, 일본, 중국과 함께 한국의 주요 교역대상국이자 FTA 추진 예정 대상국가 중 하나이다. EU는 산업구조의 보완성(complementarity of industrial structure)이 큰 경제권이며 EU의 선진화된 경제체제(advanced economic system)는 FTA 체결시 한국경제의 산업구조 고도화 및 서비스업 경쟁력 강화에 크게 기여할 것으로 판단된다. EU는 그동안 한국과 EFTA간 FTA가 어떠한 형태로 체결될 것인지에 대해 관심을 가지고 주목해 왔다. 협상과정에서 나타난 개방적 사고와 합리적 접근방식, 그리고 실질적인 시장개방효과(market opening effect)를 갖고 있는 이번 FTA의 형태로 판단해 보면 한-EFTA FTA는 향후 한국이 EU와 FTA를 논의할 때 중요한 시금석이 될 것으로 전망된다. 또한, 한-EFTA FTA 발효 이후 예상되던 효과가 현실화할 경우 한국과 EU는 이러한 제반효과를 근거로 양자간 FTA의 효과를 예측하고 협상을 추진하는 데 보다 용이해질 것으로 보인다.

# 제2절 협정의 주요 내용

## 1. 협정문 구조

한-EFTA FTA 협정문은 전문(前文)과 본문(本文) 10개 장, 부속서 13개, 그리고 농업 및 투자와 관련한 별도 협정 등으로 구성되어 있으며 모두 700여 면에 이르는 방대한 양이다.

### 1.1 본문

협정문의 각 장은 분야별 규율과 합의사항을 포함하고 있다. 주요 내용은 상품에 대한 시장접근 및 내국민대우, 원산지 규정 및 통관절차, 무역구제, 위생 및 식물위생 조치, 무역에 대한 기술장벽 및 상호 인정, 서비스, 금융서비스, 경쟁, 정부조달, 지식재산권, 협력, 투명성, 분쟁 해결 등에 대한 합의사항이다.

### 1.2 부속서

부속서는 상품에 대한 상세한 관세철폐 계획, 품목별 원산지 규정 및 통관 절차, 지리적 적용, 적용배제상품, 가공농산물의 범위, 어류 및 수산물, 통신서비스 양허표, 상호 인정, 방송프로그램 공동제작, 최혜국대우 예외조항, 정부조달에 대한 접촉선, 지식재산권 등의 내용을 포함하고 있다.

### 1.3 별도 협정문

별도 협정문은 농업과 관련하여 한국과 아이슬란드, 한국과 노르웨이 및 한국과 스위스간 양자 농업협정과 한국과 아이슬란드 · 리히텐슈타인 · 스위스간 투자협정문으로 구성되어 있다.

〈표 20-3〉 한-EFTA FTA 협정문 구조

〈전 문〉
· 제1장 : 일반조항
· 제2장 : 상품 무역
-부속서Ⅰ : 원산지 규정과 통관절차
-부속서Ⅱ : 지리적 적용
-부속서Ⅲ : 적용배제상품
-부속서Ⅳ : 가공농산물
-부속서Ⅴ : 어류 및 기타 수산물
-부속서Ⅵ : 관세철폐 유형
· 제3장 :  서비스 무역
-부속서Ⅶ : 서비스 양허표
-부속서Ⅷ : 서비스 최혜국대우 면제리스트
-부속서Ⅸ : 상호 인정
-부속서Ⅹ :  통신서비스
-부속서Ⅺ: 방송프로그램의 공동제작
· 제4장 : 금융서비스
· 제5장 : 경쟁
· 제6장 : 정부조달
-부속서Ⅻ :정부조달 접촉선
· 제7장 : 지식재산권
-부속서 XIII : 지식재산권 세부사항
· 제8장 : 조직규정
· 제9장 : 분쟁해결
· 제10장 : 최종조항
* 공동선언(관세인하 일정 관련)
* 의료기기에 관한 대한민국과 스위스에 의한 선언
* 대한민국과 유럽자유무역연합 회원국 간의 자유무역협정에 관한 양해록(서비스 관련)
※ 별도 협정문(투자, 농업)
· 대한민국과 아이슬란드 · 리히텐슈타인 · 스위스 간의 투자에 관한 협정
-부속서Ⅰ : 대한민국의 유보조항
-부속서Ⅱ : 아이슬란드의 유보조항
-부속서Ⅲ : 리히텐슈타인의 유보조항
-부속서Ⅳ : 스위스의 유보조항
-부속서Ⅴ : EFTA 당사국의 유보조항
· 대한민국과 아이슬란드 간의 농업에 관한 협정
-부속서Ⅰ : 한국의 아이슬란드에 대한 농산물 양허표
-부속서Ⅱ : 아이슬란드의 한국에 대한 농산물 양허표
· 대한민국과 노르웨이 간의 농업에 관한 협정
-부속서Ⅰ : 한국의 노르웨이에 대한 농산물 양허표
-부속서Ⅱ : 노르웨이의 한국에 대한 농산물 양허표
· 대한민국과 스위스 간의 농업에 관한 협정
-부속서Ⅰ : 한국의 스위스에 대한 농산물 양허표
-부속서Ⅱ : 스위스의 한국에 대한 농산물 양허표

## 2. 전문

· 양 당사국은 자유무역지대(free trade area)의 창설을 통하여 당사국 간에 존재해 왔던 유대관계를 강화하고 긴밀하고 영속적인 관계를 구축하기를 희망하였다.
· 또한, 양 당사국은 FTA 체결에 즈음하여 다음과 같은 공동의 의지와 희망을 천명하였다.
 -자유무역지대가 당사국들에서 상품 및 서비스 시장을 확대하고 공고히 하며, 안정적이고 예측가능한 투자환경(stable and predictable investment environment)을 조성하여 세계시장에서 당사국 기업들의 경쟁력을 향상시킬 것임
 -자유무역지대의 창설은 양 당사국간 경제 · 무역 및 투자관계를 촉진하는 환경을 창출함으로써 유럽과 아시아간 무역의 조화로운 발전과 확대에 기여하고 보다 확대된 국제협력이 가능하도록 촉매제 역할을 할 것임
 -당사국에서 새로운 고용기회를 창출하고, 생활수준을 향상시키며, 실질소득의 지속적인 증가를 공동목표로 함
· 양국은 이 FTA 체결이 세계무역기구(WTO)와 당사국이 참여하고 있는 다른 다자 및 양자기구에서의 권리와 의무를 존중하며 무역자유화가 환경을 보호하고 지속가능한 성장(sustainable growth)에 부합해야 함을 인식하고 있다고 천명하였다.

## 3. 양허안의 주요 내용

### 3.1 상품양허안

#### (1) 개요

① 한-EFTA FTA에서는 상품무역에서 대부분의 품목에 대한 관세율을 최대 10년 내에 철폐하되 일부 민감품목에 대해서는 자유화 일정을 탄력적으로 적용하도록 하였음

가. EFTA는 양허율 100%이며, 일부 농산물을 제외하고는 발효 즉시 관세를 철폐하기로 하였다(EFTA는 기본적으로 공산품, 수산물 및 가공농산물을 자유교역대상으로 하고, 기본농산물에 대해서는 별도의 양자간 협정을 체결함).

나. 한국은 상품양허에서 총 10,114개 품목 중 99.1%인 10,019개 품목을 양허하고 86.3%에 해당하는 8,726개 품목을 FTA 발효 즉시 관세를 철폐하기로 하였다.

② EFTA가 칠레나 싱가포르에 비해서 임산물과 수산물에서 더욱 경쟁력이 있기 때문에 이 부문에서 한국의 즉시 철폐 비율이 상대적으로 낮은 편임

특히, 수산물의 경우 B2(5년 철폐)와 B4(10년 철폐)의 비중이 매우 높은 편이다.

〈표 20-4〉 한국의 상품 양허안 총괄표

| 구분 | 전품목<br>(기본농산물 제외) | 공산품<br>(임산물 포함) | 수산물 | 가공농산물 |
|---|---|---|---|---|
| 즉시철폐(A) | 8,726(86.3%) | 8,568(91.1%) | 110(27.1%) | 48(15.8%) |
| 3년 철폐(B1) | 388(3.8%) | 381(4.1%) | 7(1.7%) | - |
| 5년 철폐(B2) | 395(3.9%) | 294(3.1%) | 101(24.9%) | - |
| 7년 철폐(B3) | 138(1.4%) | 132(1.4%) | 6(1.5%) | - |
| 10년 철폐(B4) | 123(1.2%) | - | 102(25.1%) | 21(6.9%) |
| 관세 인하(10~50%) | 187(1.9%) | - | - | 187(61.5%) |
| TRQ | 1(0.0%) | - | 1(0.2%) | - |
| 향후 재검토(R) | 61(0.6%) | 29(0.3%) | 32(7.9%) | - |
| 양허 계 | 10,019(99.1%) | 9,404(100%) | 359(88.4%) | 256(84.2%) |
| 양허 제외(E) | 95(0.9%) | - | 47(11.6%) | 48(15.8%) |
| 총 계 | 10,114(100%) | 9,404(100%) | 406(100%) | 304(100%) |

자료 : 외교통상부

〈표 20-5〉 각 FTA에서의 양허율 비교

(단위 : %)

| 구분 | | 전체 | 공산품 | 임산물 | 수산물 | 농산물 |
|---|---|---|---|---|---|---|
| 한-칠레 | 한국 | 양허율 : 99.8 | 양허율 : 100 | 양허율 : 100 | 양허율 : 100 | 양허율 : 98.5 |
| | | 즉시철폐 : 87.2 | 즉시철폐 : 99.9 | 즉시철폐 : 58.2 | 즉시철폐 : 69.5 | 즉시철폐 : 15.6 |
| | 칠레 | 양허율 : 99.0 | 양허율 : 99.8 | 양허율 : 100 | 양허율 : 100 | 양허율 : 94.2 |
| | | 즉시철폐 : 41.8 | 즉시철폐 : 30.6 | 즉시철폐 : 100 | 즉시철폐 : 99.0 | 즉시철폐 : 92.9 |
| 한-싱가포르 | 한국 | 양허율 : 91.6 | 양허율 : 97.4 | 양허율 : 82.9 | 양허율 : 56.2 | 양허율 : 66.6 |
| | | 즉시철폐 : 59.7 | 즉시철폐 : 68.8 | 즉시철폐 : 53.7 | 즉시철폐 : 13.8 | 즉시철폐 : 16.0 |
| | 싱가포르 | 양허율 : 100, 즉시철폐 : 100 | | | | |
| 한-EFTA | 한국 | 양허율 : 99.1 | 양허율 : 100 | 양허율 : 100 | 양허율 : 88.4 | 양허율 : 84.2 |
| | | 즉시철폐 : 86.3 | 즉시철폐 : 92.3 | 즉시철폐 : 45.5 | 즉시철폐 : 27.1 | 즉시철폐 : 15.8 |
| | EFTA | 양허율 : 100 | 양허율 : 100, 즉시철폐 : 100 | | | 양허율 : 100 |
| | | | | | | 즉시철폐 : 33~55 |

주 : 한-EFTA FTA에서의 농산물 양허율은 가공농산물만 포함하고 있음. 한-EFTA FTA에서의 재검토 항목, 한-칠레 FTA에서의 DDA 이후 재검토 항목 등을 양허에 포함하여 계산하였음

자료 : 외교통상부

### (2) 공산품 양허내용

① EFTA측은 양허율 100%에 전 품목의 관세를 협정 발효 후 즉시 철폐하기로 하였음

EFTA측 공산품 MFN 평균 실행 관세율은 스위스(리히텐슈타인) 2.5%(종가세 환산치), 노르웨이 0.9%, 아이슬란드 2.6%이다. EFTA측의 주요 고관세 품목으로는 의류 및 직물, 귀금속제품, 각종 조제식품 등이다. 특히, 의류와 그 부속품, 메리야스 및 뜨개질 편물 의류와 그 부속품에 대한 보호의 정도가 큰 편인데 FTA 발효시 관세가 즉시 철폐된다.

가. 스위스의 고관세 품목(단위 : 스위스프랑/100kg)으로는 진주 및 귀금속(71류, 3,999~233), 의류와 그 부속품(62류, 965~244), 메리야스 및 뜨개질 편물의 의류와 그 부속품(61류, 520~153), 가죽제품(42류, 271~188), 잡품(96류, 150~152), 특수직물의 자수포(58류, 292) 등이다.

나. 노르웨이의 고관세 품목으로는 의류와 그 부속품(62류, 14.8%), 메리야스 및 뜨개질 편물의 의류와 그 부품(61류, 11.3~14.8%), 단백질계 물질 · 변성전분 · 글루 및 효소(35류, 3,57~40크로네/kg) 등이다.

② 한국은 양허율 100%, 즉시 철폐 91.1%, 5년 이내 철폐 98.3%, 최장 이행기간 7년으로 양허하였음

한국은 9,404개 공산품 품목(임산물 포함)에 대해 100% 양허하였다. 가장 보호의 정도가 높은 7년 철폐 품목(132개)으로는 섬유판 등 목재(44류, 42개), 보일러 등 기계류와 부품(84류, 29개), 유기 · 무기 화학품(28 · 29류, 11개), 차량부품(87류, 7개), 화장품(33류, 3개), 의약품(30류, 3개) 등이다.

다만 원유 및 석유제품 29개 품목(전체 비중 0.3%)에 대해서는 관세 철폐 일정을 제시하지 않되, 3년 후 재검토항목으로 분류하고 향후 다른 국가에 양허시 EFTA에도 동등대우하기로 하였다.

〈표 20-6〉 한국과 EFTA의 관세율 비교

| 구분 | 한국 | 스위스 · 리히텐슈타인 | 노르웨이 | 아이슬란드 |
|---|---|---|---|---|
| 공산품 | 7.2% | 2.5%1) | 1.9% | 2.6% |
| 수산물 | 18.2% | - | 0% | 0% |

주 : 1) MFN 실행관세율의 단순평균임. 스위스의 경우 종량세를 부과하고 있기 때문에 종가세로 환산한 수치임. 스위스와 리히텐슈타인은 관세동맹임

자료 : 외교통상부

#### (3) 수산물 양허내용

① EFTA측이 상대적으로 경쟁력을 보유한 수산물분야에서 한국은 상당한 정도의 자유화를 용인하되 점진적인 관세 철폐를 하게 되었음

② 한국은 전체 406개 수산물품목 중 88.4%인 359개 품목에 대해 양허하고 민감품목인 김, 미역 등 해조류 47개 품목(11.6%)을 양허대상에서 제외하였음

가. 고등어

고등어의 경우 5개 품목에 대해 양허하였다. 냉동고등어 1개 품목에 대해서는 TRQ를 적용하여 매년 쿼터 내 물량 500톤에 대해서 무세, 그 이상의 물량에 대해서는 기존 관세를 유지하기로 하였다. 나머지 4개 품목에 대해서는 5년 내지 10년 철폐 품목으로 하였다.

나. 연어

연어의 경우 11개 품목에 대해 양허하였다. 즉시 철폐 6개, 5년 철폐 4개, 10년 철폐 1개이다(한-칠레 FTA의 경우 대칠레 양허수준은 즉시 철폐 5개, 5년 철폐 5개, 10년 철폐 1개였음).

다. 활어류

활어류의 경우 28개 품목에 대해 양허하였다. 노르웨이의 관심품목인 연어 및 아이슬란드 관심품목인 송어 등 4개 품목은 즉시 또는 5년 철폐하였고 기타 24개 품목은 7년 내 재검토하기로 하였다.

라. 조정관세품목

조정관세품목은 7개로서 냉동민어 등 5개 품목은 7년 내 재검토항목으로 분류하였다. 냉동새우 및 새우젓 2개 품목은 특정 어종(pandalus borealis)에 대해서 관세를 양허하였다.

③ 양측은 공동재원을 조성하여 수산분야 기술이전(technology transfer), 어업인 및 수산계 학생의 연수, 수산전문가 교류 등 기술협력사업을 추진하기로 합의하고, 이를 위한 양해각서(MOU)를 체결하여 공동작업반을 구성하기로 하였음

#### (4) 농산물 양허내용

① 농산물의 경우 상당한 정도의 공정과정을 거친 가공농산물은 FTA 본 협정에서 양허내용을 규정하고 기본농산물의 양허내용은 별도의 양자협정을 통하여 규정하였음

가. 한국

한국측 1,451개 농산물 중 스위스 34%, 노르웨이 46%, 아이슬란드 58%의 품목을 양허하였다.

나. EFTA

EFTA 국가들은 한국에게 스위스 51%, 노르웨이 61%, 아이슬란드 67%의 품목을 양허하였다.

② 가공농산물의 경우 한국은 전체 305개 품목 중 84.9%에 해당하는 259개 품목에 대해 양허하였음

인삼제품 등 민감품목을 제외하고 84.9%를 양허하였으며 양허 균형을 전제로 EFTA 관심품목에 대해서는 대부분 양허하였다. 물 관련 제품은 즉시 철폐하였으며 주류, 커피는 10년 철폐,

그리고 190개에 이르는 가공식품류는 10~50% 관세 인하하기로 하였다.

③ EFTA측은 한국의 주요 관심품목에 대해 양허하였음

가. 아이슬란드

아이슬란드는 사과, 배, 쌀 발효주, 김치 등에 대해 무관세이며 버섯류에 대해서는 즉시 관세를 철폐하였다.

나. 노르웨이

노르웨이는 김치에 대해 96% 관세 감축, 사과와 배는 계절관세를 부과하여 사과의 경우 12월~4월, 배의 경우 12월~8월 10일까지 즉시 관세를 철폐하였다.

다. 스위스

스위스는 김치와 쌀 발효주에 대해 즉시 관세를 철폐하였으며 사과와 배는 쿼터 또는 계절관세를 통해 일부 양허하였다.

④ 한국은 쌀, 육류, 낙농제품, 양념류 등 국내 농업에 영향을 미칠 수 있는 주요 품목은 대부분 양허대상에서 제외하고 EFTA측의 주요 관심품목에 대하여 일부 양허에 반영하였음

가. 스위스

스위스의 경우 국내생산이 없는 치즈 4품목에 대해 쿼터(5년간 45톤, 6년째부터 60톤) 설정 후 10년 철폐, 포도주에 대해 10년 철폐하였다.

나. 노르웨이

노르웨이의 경우 치즈(기타)에 대해 40% 관세를 감축하기로 하였으며 아이슬란드에는 양고기에 대해 5년 철폐하기로 하였다.

#### (5) 개성공단제품에 대한 특혜관세 부여

① 개성공단에서 생산된 제품(HS 6단위 267개 품목)을 한국산으로 인정하여 한국산과 동일한 특혜관세를 부여하기로 하였음

한국산 원부자재 등의 투입비용이 60% 이상인 경우 개성공단 생산제품을 한국산과 동일하게 대우하여 특혜관세를 부여받는다. 향후 개성 이외의 북한지역에서 동일한 방식으로 생산되는 제품에 대한 특례 인정도 가능하게 되었다.

### 3.2 서비스 · 투자

(1) 서비스 양허안은 DDA 서비스 2차 양허안 수준을 반영하였음

DDA에 의한 서비스시장 개방에 앞서 한-EFTA FTA에 의해 시범적으로 서비스시장을 개방함으로써 향후 전면적인 시장개방에 대비할 수 있게 되었다. 금융 및 해운 서비스의 부분개방이

포함되었다.

① 한국

한국측은 WTO 서비스 분류 기준상 총 155개 세부업종 중 104개 분야를 양허한 DDA 제2차 양허안에서 3개 분야(빌딩청소업, 경영컨설팅, 전기용품 기술검사 및 분석서비스)를 추가 양허하였다. 또한, 전문기술직 분야의 계약 서비스 공급자(1년 내)를 처음으로 양허함으로써 전문인력 교류의 시범적인 운영을 통하여 첨단산업(hish-tech industry) 및 선진경영기법의 전수기회를 확대할 수 있게 되었다.

특히, 방송서비스의 경우 TV 방송프로그램 공동제작의 근거를 마련하였다. 이를 통해서 한국 방송 관련 프로그램의 EFTA 진출이 용이해질 것으로 전망된다.

② EFTA

EFTA측도 DDA 제2차 양허안 수준으로 양허안을 작성하였다. 특히, 스위스는 한국측 요구에 따라 미용 및 세탁 서비스, 보안컨설팅서비스 등의 분야에서 개방수준을 확대하여 한국의 관련 업체의 진출 확대가 가능하게 되었다.

(2) 투자부문은 한국과 아이슬란드, 스위스, 리히텐슈타인과 별도의 협정을 체결하였는 데 주요 내용은 투자자 보호조항을 강화하는 등 투자 관련 규범을 정비하여 한-싱가포르 FTA 및 한일 BIT 수준의 투자자유화 및 보호수준을 확보하게 되었음(노르웨이는 자국 내 사정으로 인하여 투자협정에 참여하지 않았음)

한-싱가포르 FTA 투자 유보안 수준으로 투자자유화 대상을 명확히 하고 투자자 관련 규범을 정비하여 투자자에 대한 보호내용을 더욱 명확히 하였다. 1971년에 체결된 스위스와의 일반 투자협정을 대체하는 높은 투자자유화 및 투자자 보호수준의 투자협정을 마련하였다고 평가할 수 있다.

## 제 3 절 한-EFTA 경제적 연계성

### 1. EFTA 개관

#### 1.1 EFTA 설립 과정

(1) EFTA는 1960년 관세동맹(CU : Customs Union)을 지향하는 유럽경제공동체(EEC)에 반

대하여 7개 유럽국가, 즉 영국, 덴마크, 노르웨이, 스웨덴, 스위스, 오스트리아 및 포르투갈이 독자적으로 FTA를 체결하면서 탄생하였음

EFTA는 1960년 1월 4일에 「스톡홀름 협정」에 의해 창설되었다. 처음에는 회원국간 공산품 교역의 자유화를 추구하였으며 나중에는 어류 및 가공 농산품으로 자유무역의 대상을 확대하였다. EFTA는 1970년대 초반 EEC와 양자간 FTA를 체결하였으며 후에 영국, 덴마크, 스웨덴, 오스트리아, 포르투갈 등이 EU에 가입하는 등 회원국의 변동이 있어서 현재는 스위스(Swiss Confederation), 노르웨이(Kingdom of Norway), 아이슬란드(Republic of Iceland), 그리고 리히텐슈타인(Principality of Liechtenstein) 4개국으로 구성되어 있다.

(2) EFTA는 2002년 6월부터 「스톡홀름 협정」을 대체하는 「바두즈 협정(Vaduz Convention)」을 통해서 회원국 내 투자, 서비스, 정부조달, 지식재산권의 자유화를 위한 법적 기반을 확립하였음
(3) EFTA는 1990년대 이후 역외국과의 적극적인 경제협력을 추구하여 현재 세계에서 가장 광범위하게 자유무역협정(FTA)을 체결한 경제동맹 중의 하나로 평가됨

노르웨이, 아이슬란드, 리히텐슈타인은 EU와의 유럽경제지역협정(EEA : European Economic Area)을 체결하였고 이 협정이 1994년 1월부터 발효됨으로써 사실상 EU와 단일시장(single market)을 형성하고 있다. 스위스는 EU와 일련의 양자간협정을 개별적으로 체결하였다. EEA에서도 농산물, 해산물, 섬유 등 민감품목에 대해서는 예외를 인정하고 있다.

EFTA는 EU 이외에도 불가리아, 칠레, 크로아티아, 이스라엘, 요르단, 레바논, 마케도니아, 멕시코, 모로코, 팔레스타인, 루마니아, 싱가포르, 튀니지, 터키 등과 FTA를 체결하여 적극적인 무역자유화(trade liberalization)를 추구하고 있다.

### 1.2 EFTA 경제개관

(1) EFTA는 세계 최고 부국들의 연합체임

2004년 기준 EFTA 4개국의 총 GDP는 6,220억 달러로서 세계 9위권이며, 1인당 GDP는 구매력평가(PPP : Purchasing Power Parity) 기준 32,979달러를 기록하였다. 총상품교역은 3,660억 달러로서 전세계 교역의 2%(세계 9위, 한국 7위)이며 국민 1인당 수출액은 16,498달러로서 주요 경제권역 중 최고수준이다. 총인구는 1,240만명이다.

평균 인플레이션율 0.8%, 실업률 4.1%, 평균 정부부채는 GDP의 47%에 불과하고 평균 정부

재정 적자는 GDP의 2.7%의 안정적인 경제상황을 나타내고 있다. 2004년 상업적 서비스 수출액은 640억 달러(세계 5위, 한국 8위)이며 해외투자(ODI)는 136억 달러, 외국인직접투자(FDI) 144억 달러에 이르고 있다.

IMD(2005)가 평가한 EFTA 국가들의 국가경쟁력지수를 보면 아이슬란드가 4위, 스위스가 8위, 노르웨이가 15위를 기록하였다. 한국은 29위이다.

(2) EFTA는 오일 · 가스, 어류, 의약품, 시계, 기계류, 금융서비스, 해운 부문에서 세계적인 경쟁력을 보유하고 있음

① 스위스 · 리히텐슈타인

스위스와 리히텐슈타인은 세계적인 국제금융센터(international financial center)로서 다수의 외국기업을 유치하고 있으며 스위스는 의약, 기계류, 시계 부문에서 강세를 보이고 있다.

② 노르웨이 · 아이슬란드

노르웨이와 아이슬란드는 수산, 해운에 경쟁력이 있으며 노르웨이는 주요 산유국이다.

③ 스위스의 주요 수출입품목

가. 주요 수출품 : 기계류 27%, 약품류 10%, 시계 7%

나. 주요 수입품 : 기계장비 24.5%, 화학제품 17%, 운송수단 11.6%, 시계 · 보석 6.2%

④ 노르웨이의 주요 수출입품목

가. 주요 수출품 : 광산품 · 석유 63%, 어류 · 해산물 5%, 알루미늄 5%

나. 주요 수입품 : 기계 · 운송장비 37.4%, 도로 운송수단 8.3%, 전자 기계 5.1%

⑤ 아이슬란드의 주요 수출입품목

가. 주요 수출품 : 어류 · 해산물 48%, 알루미늄 20%

나. 주요 수입품 : 산업장비 24%, 자본재 23.1%, 운송수단 16.9%, 식음료 8.3%

> ※ 주요 EFTA 기업
>
> 「비즈니스위크」(2004년 7월)가 선정한 세계 500대 기업에 노바티스(의약, 세계 21위), 네슬레(식료, 25위), 로체 홀딩(의약, 29위), UBS(금융, 35위), 크레딧 스위스 그룹(금융, 115위), 스타토일(오일 · 가스 172위), 취리히 금융서비스(금융, 217위), 스위스컴(전화, 243위), 스위스레(보험, 254위), 노르스크 하이드로(에너지 · 탄광, 317위) 등 15개 기업이 속해 있음(한국은 5개가 속해 있음).

(3) EFTA 국가는 한국과 유사하게 농업이 GDP에서 차지하는 비중이 낮은 편임

① 농업총생산 · 농경지면적

농업총생산은 2002년의 경우 80억 달러로 국내총생산(GDP)의 1.7%이며, 농경지면적은 132만 ha로 전체 면적의 약 2.8%에 불과한 실정이다.

〈표 20-7〉 EFTA의 대세계 무역현황

(단위 : 백만 달러)

| 구 분 | | 2001 | 2002 | 2003 | 2004 |
|---|---|---|---|---|---|
| 수 출 | 아이슬란드 | 2,014 | 2,228 | 2,378 | 2,887 |
| | 노르웨이 | 59,205 | 59,649 | 68,324 | 81,660 |
| | 스위스 | 82,057 | 87,967 | 100,773 | 118,700 |
| | EFTA 전체 | 143,275 | 149,844 | 171,474 | 203,246 |
| 수 입 | 아이슬란드 | 2,092 | 2,092 | 2,603 | 3,423 |
| | 노르웨이 | 32,946 | 34,865 | 40,056 | 48,011 |
| | 스위스 | 84,065 | 83,772 | 96,535 | 111,777 |
| | EFTA 전체 | 119,103 | 120,730 | 139,194 | 163,211 |
| 합 계 | 아이슬란드 | 4,106 | 4,320 | 4,981 | 6,309 |
| | 노르웨이 | 92,151 | 94,514 | 108,380 | 129,671 |
| | 스위스 | 166,122 | 171,739 | 197,308 | 230,477 |
| | EFTA 전체 | 262,378 | 270,573 | 310,669 | 366,457 |

자료 : EFTA 홈페이지(http://www.efta.int)

② 농산물 교역

농산물 총수출액은 28.3억 달러로서 전체 수출액의 1.9%이며 수입액은 75.3억 달러로 전체 수입액의 6.2%를 차지하고 있어 농산물 교역은 적자상태를 보이고 있다.

〈표 20-8〉 EFTA의 농업 현황

| 구 분 | 스위스[1] | 노르웨이 | 아이슬란드 | 합 계 |
|---|---|---|---|---|
| GDP(십억 달러) | 267.4 | 191.8 | 8.4 | 467.6 |
| -농업부문 비중(%) | 1.6 | 2 | 9.8 | 1.7 |
| 인구(천명) | 7,171 | 4,514 | 287 | 11,972 |
| -농가인구 및 비중(%) | 445(6.2) | 221(4.9) | 24(8.2) | 690(5.8) |
| 국토면적(천ha) | 4,129 | 32,388 | 10,300 | 46,817 |
| -경지면적 및 비중(%) | 436(11) | 880(2.7) | 7(0.1) | 1,323(2.8) |
| 수출액(백만 달러) | 88,079 | 59,696 | 2,240 | 150,015 |
| -농산물 수출액 및 비중(%) | 2,315(2.6) | 480(0.8) | 35(1.6) | 2,830(1.9) |
| 수입액(백만 달러) | 83,995 | 34,892 | 2,277 | 121,164 |
| -농산물 수입액 및 비중(%) | 5,161(6.1) | 2,159(6.2) | 205(9) | 7,525(6.2) |

주 : 1) 리히텐슈타인은 스위스 통계에 통합
자료 : 농림부

③ 주요 수출입 품목

주요 수출품목으로는 치즈, 조제식료품, 초콜릿, 담배 등이다. 주요 수입품목으로는 치즈, 닭고기, 콩, 상추, 밀, 설탕 등이 해당된다.

## 2. 한-EFTA 경제협력

### 2.1 한-EFTA 교역현황

#### (1) EFTA는 한국의 제20위 교역상대국임

한국의 총수출 중 대EFTA 수출이 0.6%, 총수입 중 대EFTA 수입이 1.1%를 차지하고 있다. 자동차, 선박 2대 수출품목이 전체 대EFTA 수출의 50.1%를 차지하고 있으며 산업기계, 정밀화학제품, 금속광물, 정밀기계 등 5대 분야 품목이 전체 수입의 56%를 차지하고 있다.

〈표 20-9〉 한국의 대EFTA 연도별 교역현황

(단위 : 백만 달러)

| | 1998 | 1999 | 2000 | 2001 | 2002 | 2003 | 2004 | 2005년 1~11월 |
|---|---|---|---|---|---|---|---|---|
| 수출 | 5,596 | 2,384 | 1,063 | 817 | 841 | 1,189 | 863 | 964 |
| 수입 | 1,864 | 1,708 | 1,402 | 1,259 | 1,618 | 1,988 | 1,794 | 1,669 |
| 무역수지 | 3,732 | 676 | -339 | -442 | -777 | -799 | -931 | -705 |

자료 : 한국무역협회

〈표 20-10〉 한국의 대EFTA 품목별 교역현황(2004년)

(단위 : 천 달러, %)

| 순위 | 수출 | | | 수입 | | |
|---|---|---|---|---|---|---|
| | 품목 | 수출액 | 비중 | 품목 | 수입액 | 비중 |
| 1 | 자동차 | 263,205 | 30.5 | 원동기 및 펌프 | 171,403 | 9.6 |
| 2 | 선박해양 구조물 및 부품 | 169,164 | 19.6 | 금은 및 백금 | 136,937 | 7.6 |
| 3 | 금은 및 백금 | 102,572 | 11.9 | 농약 및 의약품 | 108,296 | 6.0 |
| 4 | 무선통신기기 | 64,663 | 7.5 | 선박해양 구조물 및 부품 | 94,701 | 5.3 |
| 5 | 영상기기 | 42,886 | 5.0 | 계측제어분석기 | 83,933 | 4.7 |
| 6 | 고무제품 | 31,802 | 3.7 | 기타산업기계 | 81,877 | 4.6 |
| 7 | 의류 | 14,717 | 1.7 | 시계 | 69,272 | 3.9 |
| 8 | 컴퓨터 | 13,624 | 1.6 | 금속공작기계 | 69,052 | 3.8 |
| 9 | 플라스틱 제품 | 10,968 | 1.3 | 니켈제품 | 54,087 | 3.0 |
| 10 | 정밀화학원료 | 9,841 | 1.1 | 기계요소 | 53,070 | 2.9 |

자료 : 한국무역협회

### (2) 한국과 EFTA 농수산물 교역현황

① 2003년

2003년 기준 대EFTA 농수산물 수출은 270만 달러(농산물 수출총액의 0.1%), 수입은 1,550만 달러(수입총액의 0.2%)로서 농산물 교역은 적은 편이다. 교역규모는 스위스, 노르웨이, 아이슬란드 순이다. 주요 수출품목은 라면, 인삼엑스, 기타 목제품, 주요 수입품목은 초콜릿, 식물성 액즙, 사료첨가제 등이다.

② 2004년

2004년의 경우 주요 수출품은 면류(191만 달러), 기타 어류(16만 달러), 넙치(25만 달러), 인삼류(13만 달러), 대구(7만 달러), 기타 수산 가공물(6.5만 달러) 등이다. 주요 수입품은 기타 어류(3,417만 달러), 제조담배(444만 달러), 잎담배(408만 달러), 식물성 액즙(361만 달러), 수산 가공품(348만 달러), 초콜릿(328만 달러), 농산 가공품(172만 달러), 수산 부산물(125만 달러), 인삼류(116만 달러) 등이다.

〈표 20-11〉 한-EFTA 농산물 교역현황(2003년)

(단위 : 천 달러)

| 수 출 | | | | | 수 입 | | | | |
|---|---|---|---|---|---|---|---|---|---|
| | 스위스 | 노르웨이 | 아이슬란드 | 계 | | 스위스 | 노르웨이 | 아이슬란드 | 계 |
| (농산물) | 116 | 2,332 | 31 | 2,479 | (농산물) | 11,105 | 683 | 113 | 11,901 |
| (축산물) | - | - | - | - | (축산물) | 830 | 176 | - | 1,006 |
| (임산물) | 164 | 23 | - | 187 | (임산물) | 2,113 | 449 | - | 2,562 |
| 계 | 280 | 2,355 | 31 | 2,666 | 계 | 14,048 | 1,308 | 113 | 15,469 |

자료 : 농림부

## 2.2 투자현황

(1) EFTA의 대한 투자는 1962~2004년간 478건, 13.4억 달러 규모로, 한국의 대EFTA 투자 대비 23배 수준을 기록하였음
(2) EFTA 회원국 중 스위스가 대한 투자에서 가장 활발함

EFTA의 대한 투자는 1962~2004년간 478건으로 총 FDI의 1.6%를 차지하고 있다. 투자금액 기준으로는 1.2%이다.

① 국가별 현황

EFTA의 대한 투자 중 스위스가 84%를 차지(9.9억 달러)하고 있다. 누계기준 국가별 투자실적을 보면 스위스 367건, 9억 8,600만 달러, 노르웨이 60건, 1억 7,100만 달러, 리히텐슈타인 13건, 1,100만 달러를 기록하였다.

② 업종별 현황

업종별 투자현황(스위스 기준)은 건수 기준으로 도·소매업 139건(37.9%), 화공 37건(10.1%), 비즈니스서비스업 32건(8.7%), 전기전자 30건(8.2%), 기계 및 장비 23건(6.3%), 식품 20건(5.4%) 등으로 나타났다.

(3) 한국의 대EFTA 투자는 상당히 부진한 가운데 스위스에 대한 투자가 가장 많은 편임

1968년 이후 누계 기준으로 대스위스 투자는 12건, 5,000만 달러, 대노르웨이 투자는 6건, 740만 달러, 대아이슬란드 투자는 1건, 4만 달러로 나타났다.

〈표 20-12〉 한-EFTA 연도별 투자현황

(단위 : 백만 달러, 신고 기준)

| 구 분 | 1999 | 2000 | 2001 | 2002 | 2003 | 2004 | 1962~2004 |
|---|---|---|---|---|---|---|---|
| 대한투자 | 151 | 27 | 48 | 185 | 27 | 173 | 1,341 |
| 건 수 | 30 | 41 | 30 | 27 | 30 | 38 | 478 |
| 대EFTA 투자 | 2.9 | 0.9 | 0.1 | 22.7 | 3.4 | 5.4 | 57.8 |
| 건 수 | 0 | 2 | 1 | 3 | 0 | 2 | 19 |

주 : 대EFTA 투자 누계 실적은 1968~2004년 실적임

자료 : 산업자원부, 수출입은행

21 chapter

# 한-ASEAN FTA

ASEAN은 외국인투자 유치 확대와 역내 분업을 촉진시키기 위해 ASEAN 자유무역지대(AFTA : ASEAN Free Trade Area)를 강화 · 발전시켜 왔다. 외환위기(foreign exchange crisis) 이후 관세인하일정을 앞당기는 등 ASEAN 경제통합이 가속화되고 있는 가운데 최근 중국, 일본, 인도 등과 경쟁적으로 FTA 추진에 합의하면서 ASEAN은 아시아 지역경제통합(Asian Regional Economic Integration)에서 FTA 허브(hub)로서 급부상하고 있다.

한-칠레 FTA가 2004년 4월 발효되었으며 한-싱가포르 FTA가 타결되고 한미 FTA 협상이 2007년 4월 타결되었다. ASEAN과의 FTA 추진은 ASEAN의 회원국이 10개국이며 회원국 간의 경제적 격차(economic gap)가 매우 커서 기존의 쌍무적인 FTA와는 달리 FTA 협상방식이나 범위, 추진일정 등 다양한 측면에서 특색을 나타내고 있다.

ASEAN 경제통합의 추이를 살펴보고 한-ASEAN FTA 추진현황과 과제를 진단한 대외경제정책연구원의 보고서를 중심으로 살펴본다.

## 제 1 절 ASEAN 경제통합 추이

### 1. 경제통합의 심화

1991년 6월 태국 아난 총리의 제안으로 논의되기 시작한 AFTA 구상은 1992년 1월 ASEAN

6개 회원국에 의하여 'ASEAN 자유무역지대를 위한 공동유효특혜관세 협정'이 체결됨으로써 공식화되었다. 이를 기반으로 ASEAN 6개국은 1993년부터 관세인하를 본격적으로 추진하기 시작하였으며 2002년에 기존 6개 회원국은 90% 이상의 품목에 대한 역내 관세를 5% 이하로 인하시키게 되었다.

ASEAN 6개국에서 관세인하 적용품목은 총 61,775개(2004년 6월 기준)로서 관세인하 실행률은 98.9%에 이르고 있고 무관세 품목비율도 57.6%를 나타내고 있다.[1)] 그러나 베트남 등 역내 후발가입국(CLMV 국가)을 모두 포함할 경우 관세실행률은 93% 수준을 보이고 있다. 국가별로 살펴보면 캄보디아 45.6%, 라오스 83.4%, 미얀마 87.3%에 불과한 실정이다.

ASEAN은 경제통합의 효과를 극대화하기 위하여 AFTA 외에도 투자자유화(AIA), 서비스자유화 등을 포함하는 'AFTA 플러스(plus)' 정책을 통해 역내 경제통합을 심화시키고 있다. 또한, 비관세장벽(non-tariff barriers) 철폐를 통한 무역원활화 조치, 지적재산권(intellectual property rights) 보호, 규격 · 표준의 상호 인증, 관세협정, 정책협조 등이 다각도로 추진되고 있다.

그러나 AFTA는 관세인하에 초점을 맞춘 기초적인 경제통합수준으로 평가할 수 있으며 금융위기(financial crisis) 이후 경제적 어려움 및 회원국간 상이한 산업발전단계가 AFTA에 따른 각국간 산업구조조정 및 경제통합에 다소 난점으로 작용하고 있다. 특히, 동남아시장의 성장잠재력(growth potentials)과 역내 시장통합(market integration)을 위한 노력에도 불구하고, 기본적으로 AFTA는 유럽연합(FU)과 북미자유무역협정(NAFTA) 등에 비해 상대적으로 경제규모가 작고, 南-南 협력체라는 구조적 한계성을 지니고 있다. 즉, AFTA가 개발도상국 간의 수평적 통합(horizontal integration)의 성격을 지니고 있고, 역내에 중심국가(leading country)의 역할을 수행할 만한 국가가 부재하여 향후 진로에 다수의 어려움이 상존하고 있는 실정이다.

## 2. 경제통합의 확대

역내 자본 및 기술이 부족하고 역외 시장의존도가 큰 ASEAN으로서는 경제적 연계성(economic linkage)이 높은 동북아 3국은 물론 인도, 오세아니아 등과의 경제협력 확대를 적극적으로 추진하고 있다. 우선 1998년 하노이 정상회담을 계기로 'ASEAN + 3 체제'가 급속히 발전되고

1) CEPT에 따른 관세인하 적용품목(IL : Inclusion List)은 모든 제조품을 대상으로 하고 있으며 국별 사정에 의하여 관세인하가 준비되어 있지 않은 제조품에 대해서는 잠정적 제외품목(TEL : Temporary Exclusion List)으로 설정하여 일정한 유예기간을 적용하고 있다. 민감품목(SL : Sensitive List)에 대해서는 2010년까지 CEPT 적용을 배제할 수 있도록 하고 있다. 그 중에서 쌀, 설탕 등은 고민감품목(High Sensitive List)으로 설정하여 관세인하에서 배제하고 있다(대외경제정책연구원, 세계경제, 2004. 9. pp. 23~30 요약 · 재구성).

있다. 이를 기반으로 2001년 중국이 ASEAN과 2010년까지 '중-ASEAN FTA'를 추진하기로 합의함으로써 동아시아 지역주의(regionalism)는 새로운 전기를 맞이하고 있다. 중국과 ASEAN의 FTA 추진에 대응하여 일본, 인도, 호주 등도 경쟁적으로 ASEAN과의 FTA를 추진하고 있다. 특히, 일본의 경우 향후 본격화될 동아시아 경제통합(East Asian Economic Integration)에서 주도권을 상실할 수 있다는 우려 하에 2004년부터 태국, 말레이시아, 필리핀과 쌍무적으로 개별적인 FTA 협상을 진행 중에 있다.2)

〈표 21-1〉 ASEAN 회원국의 CEPT 관세인하 현황(2004년 6월 기준)

| | 관세인하품목 | | | | | 품목 비중(%) | | | | |
|---|---|---|---|---|---|---|---|---|---|---|
| | IL | TEL | GEL | SL/HSL | Total | IL | TEL | GEL | SL/HSL | Total |
| 브루나이 | 6,337 | - | 155 | - | 6,492 | 97.61 | - | 2.39 | - | 100 |
| 인도네시아 | 11,028 | - | 100 | 25 | 11,153 | 98.88 | - | 0.90 | 0.22 | 100 |
| 말레이시아1) | 11,661 | 273 | 85 | 19 | 12,038 | 96.90 | 2.27 | 0.67 | 0.16 | 100 |
| 필리핀 | 11,015 | - | 27 | 19 | 11,061 | 99.58 | - | 0.24 | 0.17 | 100 |
| 싱가포르 | 10,705 | - | - | - | 10,705 | 100.00 | - | - | - | 100 |
| 태국 | 11,029 | - | - | - | 11,029 | 100.00 | - | - | - | 100 |
| ASEAN 6 소계 | 61,775 | 273 | 363 | 63 | 62,474 | 98.88 | 0.44 | 0.58 | 0.10 | 100 |
| 캄보디아 | 3,115 | 3,523 | 134 | 50 | 6,822 | 45.66 | 51.64 | 1.96 | 0.73 | 100 |
| 라오스 | 2,962 | 437 | 74 | 78 | 3,551 | 83.41 | 12.31 | 2.08 | 2.20 | 100 |
| 미얀마 | 4,777 | 630 | 48 | 17 | 5,472 | 87.30 | 11.51 | 0.88 | 0.31 | 100 |
| 베트남 | 10,143 | 33 | 424 | 89 | 10,689 | 94.89 | 0.31 | 3.97 | 0.83 | 100 |
| CLMV 소계 | 20,997 | 4,623 | 680 | 234 | 26,534 | 79.13 | 17.42 | 2.56 | 0.88 | 100 |
| ASEAN 10 | 82,772 | 4,896 | 1,047 | 297 | 89,012 | 92.99 | 5.50 | 1.17 | 0.33 | 100 |

주 : 1) 말레이시아 통보에 의한 자료에 근거
자료 : ASEAN 사무국

## 제 2 절 ASEAN의 FTA 추진 현안

ASEAN의 FTA 추진 현안을 주요 국가별로 살펴보고자 한다.

2) 일본 정부는 2003년 12월(12월 11~12일) ASEAN 정상들을 도쿄에 초청하여 '일-ASEAN 특별정상회의'를 개최하고 태국, 말레이시아, 필리핀과 개별적으로 FTA협상을 2004년부터 추진하기로 합의한 바 있다.

## 1. 중국

중국의 경우 2002년 프놈펜에서 개최된 '중-ASEAN 정상회의'에서 FTA에 합의하면서 농업 부문을 중심으로 선(先)자유화조치를 추진하기로 하였다. ASEAN 후발회원국의 관세인하 일정은 국가별로 차이가 있으나 대체로 2006년부터 자유화를 실시하여 2010년 1월 1일에 완전 무관세를 적용하는 것으로 되어 있다.[3] 또한, 중국은 최근 협상에서 ASEAN측에서 요구한 누적 부가가치 40%의 단순한 원산지기준을 수용함으로써 사실상 ASEAN이 추진하고 있는 CEPT 체제를 활용하여 FTA 추진을 가속화할 것으로 보인다.

## 2. 일본

일본은 ASEAN 회원국 전체 및 개별 회원국과 양자간 FTA를 동시에 추진하는 전략을 수립하였다. 2002년 11월 'ASEAN + 1 정상회의'에서 일본은 2012년까지 ASEAN과 FTA를 포함하는 경제제휴를 실현한다는 공동선언을 한 바 있다. 그러나 태국, 말레이시아, 필리핀과의 양자간 FTA협상에 비중을 두고 2004년 교섭을 개시하였으며 ASEAN 전체와는 2005년 교섭을 개시하기로 합의하였다.

### 2.1 태국

태국은 ASEAN 국가 중에서 일본의 최대 수출대상국이고, 수출대상품목의 대부분이 관세가 높은 편이어서 FTA 추진시 일본에 있어서 교역확대효과(trade expansion effect)가 가장 큰 국가로 평가할 수 있다. 그러나 태국은 농산품과 공산품의 일괄 교섭을 주장하고 있고 쌀, 닭고기, 설탕, 타피오카(전분) 등 일본으로서는 민감품목이 많아 FTA 협상에서 어려움에 직면해 있다. 또한, 최근에는 요리사, 태국식 마사지사, 간호사 등 노동허가제 완화를 요구하고 있으며 태국에서 일본의 의료보험 적용을 요구하고 있다.

### 2.2 필리핀

필리핀은 세계무역기구(WTO) 기준에 따라 실질적이고 전반적인 관세철폐를 요구하고 양국

3) 선자유화조치는 FTA 체결에 대한 중국의 강력한 의지와 ASEAN 국가와의 실질적인 경제협력의 기반을 마련했다는 점에서 그 의미를 부여할 수 있다.

의 경제력 격차를 고려하여 일본의 농수산품 시장개방을 요구하고 있다. 반면에 일본은 투자 및 서비스와 함께 내국민대우(NT : National Treatment)와 최혜국대우(MFNT : Most-Favored-Nation Treatment)를 포함하는 광범위한 자유화와 네거티브방식을 요구하고 있다. 필리핀측이 큰 관심을 보이고 있는 간호사, 건강사 등 의료복지분야의 인력이동 자유화에 대해서 일본은 자국의 전문인력 자격증을 취득해야 한다는 입장을 견지하고 있다. 고령화 사회인 일본은 간호사 및 건강사의 인력이동이 필요하나 필리핀의 요구에 보다 엄격한 자격조건을 제시하여 다른 동남아 국가들의 인력이동문제에 대응하고 있다.

### 2.3 말레이시아

말레이시아는 태국과 마찬가지로 일본기업이 현지에 많이 진출하여 경제제휴의 필요성이 높다고 평가하고 있다. 일본으로서는 자동차, 철강 등 고관세 철폐를 포함하여 투자 및 서비스자유화(investment and service liberalization), 정부조달 등에 큰 관심을 보이고 있다. 그러나 말레이시아는 자동차분야를 민감품목으로 설정하여 완성품 및 조립부품의 관세철폐는 곤란하다는 입장을 보이고 있다. 서비스분야에서도 일본이 요구하는 네거티브방식에 강력히 반대하고 있으며 정부조달에 대해서도 부정적인 시각을 견지하고 있다.

〈표 21-2〉 ASEAN의 역내외 FTA 추진 동향(2004년 7월 기준)

| 국가 | 진행 상황 |
|---|---|
| 싱가포르-뉴질랜드 | 2000년 11월 Closer Economic Partnership(CEP) 체결 |
| 싱가포르-일본 | 2002년 1월 FTA 체결 |
| 싱가포르-EFTA | 2002년 6월 FTA 체결 |
| ASEAN-중국 | 2002년 11월 정부간 공식적인 합의, 2010년을 목표로 협상 중<br>-선자유화조치 2004년 추진 개시 |
| ASEAN-인도 | 2002년 11월 FTA 추진 합의 |
| 태국-인도 | 2002년 11월 FTA 협상 개시, 2004년 9월 조기자유화 실시 |
| 싱가포르-호주 | 2003년 2월 FTA 협상 체결 |
| 싱가포르-미국 | 2003년 5월 FTA 협상 체결 |
| 싱가포르-인도 | 2003년 5월 FTA 협상 개시 |
| 중국-ASEAN | 2003년 10월 포괄적 경제협력을 위한 기본협정 체결 |
| 일본-ASEAN | 2003년 10월 포괄적 경제연대를 위한 기본틀 체결 |
| 인도-ASEAN | 2003년 10월 포괄적 경제협력을 위한 기본협정 체결 |
| 한국-싱가포르 | 2005년 12월 FTA 기본협정 체결 |
| 한국-ASEAN | 2003년 10월 공동연구 합의, 2004년 3월 공동연구 개시 |
| 태국-미국 | 2004년 6월 FTA 협상 개시 |
| 태국-호주 | 2004년 7월 FTA 추진 서명, 2005년 발효 |

# 제3절 한-ASEAN FTA 추진 현황

동아시아 지역에서 'FTA 허브(hub)'로 급부상하고 있는 ASEAN의 경제통합에 대응하여 우리도 보다 전략적인 입장에서 한-ASEAN FTA 협상을 조속히 마무리할 수 있는 방안을 시급히 마련해야 한다.

우선 ASEAN이 추진하고 있는 중국, 일본, 인도 등과의 FTA가 발효될 경우 우리 상품은 이들 국가 상품에 비하여 가격경쟁력(price competitiveness)이 현저히 저하되어 시장점유율 하락과 함께 수출에 지대한 악영향을 받을 것으로 보인다.

동남아시장은 AFTA를 통해 총인구 5억 4,000만명, GDP 6,116억 달러의 단일시장(single market)으로 발전하고 있고, 우리의 5대 교역국임과 동시에 3대 투자지역으로 부상하고 있다. 그러나 우리의 교역 및 투자가 최근 중국으로 집중되면서 ASEAN의 경제적 중요성이 상대적으로 저하되고 있는 실정이다. 최근의 차이나리스크(China Risk)에서 알 수 있듯이 국가적 차원에서는 중국에의 과도한 집중이 국내경제의 위험도를 제고시킬 가능성이 있음을 고려하여 위험의 분산이라는 측면에서 수출시장의 다변화와 함께 투자지역의 다변화도 필요한 실정이다.

또한, 말래카 해협으로 이어지는 동남아 인근 연안은 주요 자원의 공급루트로서 안보적인 측면에서 ASEAN과의 우호협력관계는 필수적이다. 우리와 EU간 교역, 아·중동으로 부터의 자원수입 등이 동남아 해안을 거치는 등 ASEAN은 우리의 석유자원 공급루트에 위치해 있으므로 안정적인 수송망 확보를 위해 ASEAN과의 우호협력관계의 유지 및 강화가 필요하다.

한-ASEAN FTA는 2005년 2월 협상을 개시하여 2005년 12월에 기본협정을 체결하고 현재 상품부문에 대한 협상이 진행 중에 있다. 한국은 2006년 4월까지 상품협정을 체결하여 2006년 말까지 발효시키고 서비스 · 투자 등 기타 분야에 대한 협상도 조속한 시일 내에 종료할 계획을 세우고 있다.

# 제4절 과 제

한국의 대ASEAN FTA 협상에 고려해야 할 과제를 다음 6가지 측면에서 살펴보고자 한다.

1. 협상대상에 있어서 한국은 기본적으로 ASEAN 전체와 협정체결을 목표로 두고 개별 국가와는 필요시 쌍무적 자유무역협정(bilateral FTA)을 추진하는 것이 바람직함

개별국가와 FTA 교섭을 추진할 경우 일본이 직면하고 있듯이 ASEAN 개별국가들은 농산품과 공산품의 일괄교섭을 주장하면서 농업부문의 민감품목 개방을 적극적으로 요구할 것이므로 오히려 실질적인 교섭이 상당한 난관에 직면할 수도 있다. ASEAN 회원국 간의 이해관계가 상이하기 때문에 오히려 ASEAN의 경제통합 일정에 맞추어 ASEAN 전체와 교섭을 추진해 나가면서 CEPT를 활용하여 단계적이고, 탄력적으로 관세철폐를 추진하는 것이 민감품목과 관련해서 협상력(bargaining power)을 제고시키는 유리한 측면이 있음을 상기할 필요가 있다.

2. FTA 협상범위는 상품, 투자, 서비스 분야 및 경제협력, 분쟁해결 등 전분야에 걸친 실질적인 자유화와 협력이 가능하도록 추진해야 함

ASEAN측은 정부조달, 경쟁 등을 포함시키는 데 부정적 입장을 보이고 있고, 분야별 민감성 및 경제발전의 차이를 고려하여 유연하게 대응할 필요가 있다. 따라서 기본적으로 모든 분야를 포괄하는 FTA 추진과 WTO 플러스방식을 추구한다는 입장을 견지하면서 ASEAN측과 협의결과에 따라 분리 및 일부 분야의 경우 별도의 대응 가능성을 검토해야 한다.

3. 한국의 경우 중국, 인도의 사례와 유사한 방식을 취할 가능성이 큰데 기본적으로 상품교역, 서비스, 투자 등 협상 전분야를 동시에 개시해야 함

상품분야 합의가 타 분야에 비해 먼저 이루어질 경우 협상 종료 이전이라도 상품분야부터 자유화를 추진하고, ASEAN의 입장을 충분히 고려하는 유연성을 보일 경우 협상에 유리하게 작용할 수 있다. 한편, 비관세장벽의 완화 및 철폐와 관련해서는 일정기간 지역 전체의 비즈니스 사업환경 정비를 지속적으로 점검할 수 있도록 '비즈니스환경개선위원회'를 설치하는 것도 좋은 방안이 될 수 있다. 동 위원회를 통해 각종 제도·운용 및 각국의 비관세장벽 요인을 모니터링하고 개선방안을 협의하는 방안을 검토할 필요가 있다. 특히, 한국기업에 실질적으로 유리한 투자여건이 조성될 수 있고 각종 영업활동상의 애로요인들이 적절히 해소될 수 있도록 동 위원회를 적극적으로 활용해야 한다.

4. 최종 FTA 달성목표를 AFTA의 CEPT 일정에 맞추어 2010년에서 2012년 사이의 적정시점으로 제시하는 방안을 검토해 볼 필요성이 있음

중국, 일본, 인도 등이 ASEAN과의 FTA 추진에 있어 우리보다 앞서가고 있으나 우리가 상기 제시한 일정에 따를 경우 ASEAN과의 FTA 추진과 관련해서 상대적 불이익을 최소화할 수 있다.

**5.** 양자간 FTA의 추진대상으로 태국, 말레이시아, 필리핀 등이 고려될 수 있음

이들 ASEAN 3개국은 일본이 우선적으로 양자간 FTA 교섭을 추진하고 있는 국가들이나 개별 국가들의 민감품목에 대한 개방요구가 크고 시장개방 수준도 그다지 높지 않아서 ASEAN 전체 협상을 지연시킬 수 있는 가능성이 큰 편이다. 따라서 ASEAN 회원국 간의 경제발전 정도를 고려하여 CLMV 국가들에 대한 특별한 대우를 부여한다는 조건으로 태국, 필리핀, 말레이시아에는 ASEAN 전체와의 협상 타결에 주도적 역할을 요구하고, 이후 개별협상을 추진할 필요가 있다.

**6.** ASEAN 전체와의 FTA 추진에서는 역내 부가가치 40% 기준을 강화하거나 세번변경기준으로 조정하기에는 다수의 어려움이 수반될 것으로 예상됨

최근 중국은 역내 부가가치 40% 기준에 합의한 바 있으며 인도는 태국과 선자유화 품목에 합의하면서 역내 부가가치 기준 40%와 세번변경기준을 병행키로 합의하였다. 그러나 ASEAN 내부에서도 원산지 규정을 재검토하고 있으므로 FTA 협상이 시작되면 우리측 입장에서 일방적으로 주장하기보다는 합리적인 조정방안이 논의될 수 있도록 탄력적으로 대응할 필요가 있다. 원산지기준 전문가로 실무작업반을 구성하여 양측이 심도있는 논의를 추진하는 것도 바람직하다. 중장기적으로 ASEAN 국가들의 쌍무적인 FTA 협정 체결, 동아시아 FTA 협정 등을 고려하여 Spaghetti Bowl Effect가 최소화 될 수 있도록 철저한 준비가 요구된다.

22 chapter

# 한미 FTA

한미 양국은 2007년 4월 2일 한국의 통상교섭본부장과 미 USTR 부대표 및 양측 대표단이 참여한 고위급 협상에서 2006년 2월에 개시한 한미 FTA 협상을 타결하였다. 한미 FTA는 상품, 무역구제, 투자, 서비스, 경쟁, 지적재산권(intellectual property rights), 정부조달, 노동, 환경 등 무역관련 제반 분야를 망라하는 포괄적 FTA이며 북미자유무역협정(NAFTA) 이후 세계 최대의 FTA가 될 것으로 판단된다.[1] 한미 양국의 경제규모를 합치면 유럽연합(EU), 북미자유무역협정(NAFTA)에 이어 세계 3위에 해당하며 한미 FTA가 성공적으로 발효되면 한국은 전세계적인 FTA 체결 경쟁에서 매우 유리한 입지를 구축하게 된다.

또한, 한미 FTA는 한국 기업의 세계최대 시장에 대한 접근성을 강화시키고 한국의 경제시스템 선진화의 촉진제가 되며, 대외신인도 제고를 통한 외국인 투자유치 증대에도 크게 기여함으로써 한국경제의 전반에 새로운 성장동력을 제공할 것으로 기대된다.

| ※ 미국 수입시장 규모(2005년) : 1.7조 달러(일본 + 중국 + ASEAN 수입시장 규모에 해당됨) |
|---|

1) 2006년 기준 경제규모(GDP)는 한국 + 미국 약 14.1조 달러, NAFTA(미국 + 캐나다 + 멕시코) 약 15.1조 달러, EU 약 15.3조 달러이다(외교통상부 · 산업자원부, 보도자료, 2007. 4. 요약 · 재구성).

# 제 1 절 분야별 협상의 주요 결과

1. 상품(공산품, 임 · 수산물) 양허에서 정확한 계산은 시간이 다소 소요될 것으로 판단되나 양측 공히 100% 관세철폐, 약 94% 조기철폐(수입액 기준  3년 이내)를 통해 향후 양국간 실질교역이 크게 증진될 것으로 보임

특히 승용차, LCD모니터, 캠코더, TV카메라, 오디오엠프, 폴리스티렌, 금속절삭가공기계, 이어폰, 에폭시수지, 컬러TV 등은 단기간에 시장점유율 확대가 기대된다.

2. 한국의 주력 수출품목인 자동차에 대해서 미국은 3,000cc 이하 승용차(2003~2005년 대미수출액 평균 66억 달러)와 자동차 부품(2003~2005년 대미수출액 평균 14.4억 달러)의 관세를 즉시철폐하고, 3,000cc 이상 승용차는 3년, 타이어는 5년, 픽업트럭은 10년에 걸쳐 관세를 철폐하기로 하였는데 이로써 미국시장에서 한국 자동차의 수출경쟁력(export competitiveness)이 크게 제고될 것으로 기대됨

한국은 양국간 오랜 통상현안을 해결하고 국내 소비자의 자동차 세부담 경감 및 자동차 내수진작 차원에서 자동차 특소세를 발효 후 3년 내 5%로 단일화하고, 자동차세 단계를 현행 5단계에서 3단계로 간소화하기로 하였다.

3. 섬유분야에서 미국측은 수입액 기준으로 61%를 즉시 철폐하고 한국의 주력 수출품목에 대해 원사기준 적용 예외를 부여하기로 하였으며 미국측의 우려를 반영하여 우회수출 방지를 위한 양국간 협력을 강화하기로 하였음

| ※ 원사기준 적용 예외 품목 : 린넨, 여성 재킷, 남성셔츠 등 |
|---|

4. 양국은 농산물 분야에서 한국 농업의 민감성과 미국의 시장접근 요구를 적절히 반영하여 쌀은 양허대상에서 제외하고 수확기 오렌지, 콩, 감자, 분유, 꿀 등에 대해서는 현행 관세를 유지할 수 있도록 예외를 인정하였으며 쇠고기, 돼지고기, 고추, 마늘, 양파 등을 포함한 주요 민감품목에 대해서는 세이프가드(safeguard), 관세할당(TRQ), 장기이행기간을 부

여하여 국내 생산농가에 대한 피해가 최소화되도록 하였음

| ※ 주요 품목 양허 : 쇠고기(15년 + 세이프가드), 돼지고기(최장 10년), 오렌지(수확기 현행관세, 비수확기 7년) |
|---|

5. 양국은 「한반도역외가공지역위원회(Committee on Outward Processing Zones on the Korean Peninsula)」를 설치하여 한반도 비핵화 진전 등 일정 요건 하에 역외가공지역을 지정할 수 있도록 협정문에 명시하였으며 이를 통해 개성공단과 같은 남북경협지역에서 생산되는 제품을 한국산으로 인정받을 수 있는 중요한 기반을 마련하였음

6. 「무역구제위원회」를 설치하여 양국 관련기관간 정기적인 대화채널을 마련하기로 하였고 조사개시전 사전통지 및 협의, 가격 또는 물량 합의에 의하여 조사를 중단할 수 있는 제도에 합의하였으며 상대국이 실질적 피해의 원인이 아닌 경우 다자세이프가드 적용대상에서 재량적으로 제외하기로 하였음

7. 서비스 · 투자 분야에서 한국측은 교육 · 의료 · 사회서비스 등 공공성(publicity)이 강한 부문은 포괄적으로 유보하되 사업서비스 등 개방을 통해 한국경제의 경쟁력 제고가 필요한 분야에 대해서는 단계적 또는 부분적인 개방계획을 마련하였음

| ※ 사업서비스 : 한국이 마련한 개방계획대로 법률서비스는 3단계, 회계서비스는 2단계로 개방 추진 합의 |
|---|

| ※ 방송서비스 : 방송채널사업의 외국인 의제 규제 철폐(협정 발효 3년 후), 방송쿼터 일부 완화 등 부분적으로 개방하되 외국방송 재송신, IPTV, 인터넷 VOD 등 방송 · 통신융합서비스 등 주요 정책사항은 정부의 규제권한을 포괄적으로 유보(미래유보)<br>- 외국방송 재송신 더빙은 허용하지 않기로 함 |
|---|

| ※ 스크린쿼터 : 규제수준 현행 동결(현재 유보) |
|---|

협정 발효 즉시 '전문직 서비스 작업반'을 구성하여 양국이 상호 합의한 분야(엔지니어링, 건축설계, 수의(獸醫))를 중심으로 전문직 자격 상호인정 논의를 추진하기로 합의함으로써 전문직 서비스 종사자의 대미 진출 확대 기반을 마련하였다.

8. 미국측 주요 요구사항인 신약의 최저가보장을 반영하지 않기로 하는 등 약제 비적정화방안의 근간을 유지하였으며, 이와 더불어 독립적 이의신청절차 마련 등 건강보험 약가제도의 투명성 제고, 의약품 시험기준 및 복제약 시판허가 상호인정을 위한 협의 개시 등을 합의하였음

의약품 지적재산권(intellectual property rights) 관련 사항은 대부분 현행 국내 규정 수준으로 합의하였으나 복제의약품 시판허가시 특허침해 여부 검토 제도를 도입하기로 하였다. 이는 단기적으로는 제약업계에 부정적인 영향을 미칠 수 있으나 장기적으로 특허 존중을 통해 연구개발(R&D)을 위한 바람직한 환경을 마련한 것으로 평가된다.

9. SPS 사안에 대한 원활한 협의 추진을 위해 정례협의회를 설치하기로 하되 동 위원회가 통상압력의 수단이 되지 않도록 과학적 위험평가 및 전문기관간 기술협의를 우선하기로 하였음

10. 기술장벽(TBT)과 관련 표준 및 기술규정 개발과정에 상대국인의 비차별적 참여를 허용하는 내국인 대우(national treatment) 원칙에 합의하였으며 새로운 기술규정의 제 · 개정이 있을 경우 상대국에 이를 통보하여 의견을 제시할 기회를 주기로 하였음

또한, 각 당사국이 자국의 시험 · 인증기관을 지정하는 경우 상대국의 시험 · 인증기관에 대해 비차별적 대우를 제공하기로 하였다.

11. 투자자-국가간 분쟁 관련, 간접수용의 판정 기준을 명확히 제공하고 공중보건, 환경, 안전, 부동산 가격안정화정책 등 정당한 정부정책은 원칙적으로 간접수용에 해당하지 않음을 명시함으로써 정당한 정부규제 권한을 확보하였으며 조세정책은 일반적으로 수용을 구성하지 않음을 명확히 하였음

12. 금융서비스 분야에서 경제위기(economic crisis)시 급격한 외화유출입을 통제할 수 있는 안전장치인 일시적 세이프가드를 도입하기로 하였음

서민, 농민, 중소기업 지원 등 공적인 역할을 수행하는 국책금융기관들(산업은행, 기업은행, 주택금융공사, 농협, 수협)은 협정의 예외로 인정하기로 하였다. 또한, 우체국보험 및 일부 공제기관의 특수성을 인정하되 금융감독을 강화함으로써 잠재적 부실 가능성을 축소시키게 되었다.

13. 통신분야에서 기간통신 사업자에 대한 현행 외국인의 직접투자 지분 49%를 계속 유지하되 15%인 국내법인 설립을 통한 간접적인 투자제한을 협정 발효 후 2년 내 철폐하기로 하였음(KT와 SK는 제외)

또한, 기술선택의 자율성과 관련하여 정부의 정당한 정책권한을 확보하되 표준제정과정에서 사업자의 의견개진 기회를 확대하기로 하였다.

14. 지적재산권 분야에서 저작권 보호기간을 현행 사후 50년에서 70년으로 연장하기로 하되 협정문 발효 후 2년의 유예기간을 두기로 하였으며 정부의 귀책사유로 인해 출원 후 3년 이상 등록이 지연될 경우 지연된 기간만큼 존속기간을 연장해주는 제도를 도입하기로 하였음

또한, 손해배상액의 상·하한을 사전에 법으로 정하는 법정손해배상제도를 도입하되 우리 민법의 기본 원칙인 실손해배상원칙은 현행대로 유지하기로 하였다.

15. 노동분야에서 국내 노동법수준 향상 및 집행 강화를 위한 제반 사항을 명시하고 '공중의 견제출제도'의 도입으로 협정문 이행과정에서 노동계 등 대중이 의견을 제시할 수 있는 채널을 마련하였음

| ※ 무역 및 투자 촉진을 위해 국내노동법상의 보호수준 저하 금지 |
|---|

| ※ 무역에 영향을 미치면서 지속적이고 반복적으로 국제노동기준과 직접 관련된 노동법의 효과적 집행을 실패해서는 안될 의무 등 |
|---|

| ※ 협정문 이행의 투명성 제고, 상대국의 노동법 집행 실패 감시 기능, 노사 등 이해관계자들의 참여를 통한 보다 충실한 노동법 집행 효과 기대 |
|---|

16. 환경분야에서 높은 수준의 환경보호 및 환경법의 효과적 집행 의무를 준수하고 무역 및 투자촉진(trade and investment promotion)을 위해 기존의 환경보호수준을 약화시키지 않도록 노력할 것을 규정하였으며 환경 chapter 이행과 관련하여 환경이사회의 공개세션 개최, 국가자문위원회 운영, 사인의 정보·의견교환 요청 및 입장제출 등 다양한 대중 참

여 방안을 마련하였음

17. 한국은 협정과 관련된 법령 제 · 개정절차의 투명성 강화를 위해 시행령 · 시행규칙의 입법예고기간을 현행 20일 이상에서 40일 이상으로 연장하고 입법예고기간 전 실시하도록 되어 있는 관계부처 협의를 동시에 진행하기로 하였음

18. 국가 대 국가간 분쟁해결절차에 회부할 수 있는 대상에 위반 및 비위반조치를 포함하고 비위반 제소 대상에 상품 · 농업 · 섬유 · 원산지 · 서비스 · 정부조달을 포함하되 지적재산권의 경우 세계무역기구(WTO)의 결정이 있을 때까지 비위반 제소 허용을 유예하기로 하여 지적재산권에 대한 국내의 비위반제소관련 우려를 해소하였음

19. 한국어와 영어 협정문은 동등한 효력을 가지는 정본으로 인정되며 협정은 양국의 국내절차 완료 후 60일 이후에 발효됨

한미 양국은 이번에 타결된 협정문의 각 조문에 대한 세부조정 및 법률검토작업을 거쳐 최종 협정문을 확정짓게 된다(협정문의 조문은 실질적 내용 변경없이 기술적 조정만 가능). 협정 서명은 법률검토가 모두 종료된 후 2007년 6월말 추진될 예정이며 양국 모두 협정비준에 대한 법적 제한은 없다. 협정은 양국이 국내절차 완료를 통보하고 나서 60일 이후에 발효된다(FTA 협정문 전문은 한미 양국간 협의 후 가능한 한 조속히 동시에 공개될 예정임).

## 제 2 절 한미 FTA 타결에 따른 산업영향과 산업구조 선진화 전략

산업자원부는 2007년 4월 9일 「한미 FTA 산업전략 보고대회」를 통해 한미 FTA 타결을 계기로 산업구조를 선진화하는 한편 동북아 비즈니스 허브(Northeast Asian Business Hub)로 도약하기 위한 종합전략을 발표한 바 있다. 산업자원부는 이날 대회에서 동북아 비즈니스 허브로 도약하기 위한 3대 목표(① 주력산업의 고부가가치화, ② 신성장산업 및 지식서비스산업 육성, ③ 부품소재의 핵심기술 확보)를 제시하고 동 목표를 달성하기 위한 전략으로서 한미 FTA를 통한 산업구조 선진화 달성을 설정하고 4대 부문 추진과제를 발표하였다.

※ 〈비전〉: 동북아 비즈니스 허브 도약
〈목표〉 ① 주력산업의 고부가가치화로 글로벌 리더십(global leadership) 견지
② 신성장산업 및 지식서비스산업 육성을 통한 수출동력 제고
③ 부품소재의 핵심기술 확보에 기반한 글로벌 공급기지화
〈전략〉: 한미 FTA를 통한 산업구조 선진화
〈추진과제〉 ① 전략적인 대미국시장 진출지원
② 세계 수준의 투자환경 조성으로 양질의 FDI 유치
③ 한미 R&D 협력 강화 및 기술역량 확충
④ 선진형 산업구조 조성을 위한 보완대책 추진

## 1. 산업영향

산업연구원의 연구에 따르면 한미 FTA 발효 이후 제조업 분야에서 관세인하효과, FDI 유치 및 한미 기술협력 확대 등을 통한 생산성(productivity) 향상 효과로 10년간 대세계수출은 연평균 23.4억 달러 증가하고 대세계 무역수지도 21.2억 달러 증가하는 한편, 대미 수출(관세인하 + 생산성향상 효과)은 연평균 13.3억 달러, 수입은 5.8억 달러 증가하여 대미 무역흑자(trade surplus)가 연평균 7.5억 달러 증가할 것으로 분석되었다.

※ 대미 수출증가 : 자동차 8.1억 달러, 섬유 1.8억 달러, 전자 1.5억 달러 등

관세인하 효과만을 고려할 경우 대미 수출은 연평균 10.8억 달러 증가, 수입은 6.0억 달러 증가하여 무역흑자는 연평균 4.8억 달러 증가하고 일본과 EU로부터의 수입전환분(1.7억 달러)을 차감하면 대미 순수입은 연평균 4.3억 달러가 되어 대미 무역흑자는 연평균 6.5억 달러 증가할 것으로 전망하였다.

또한, 산업연구원은 한미간 산업구조는 상호보완성(mutual complementarity)이 강하여 무역확대효과(trade expansion effect)가 매우 클 것으로 분석하고 첨단기계, 부품소재 등 한국 기업의 생산과정에 필수적인 자본재(capital goods)의 대미 수입가격 하락으로 생산원가 절감에도 기여하는 효과가 있다고 전망하였다.

〈표 22-1〉 한미 FTA 체결로 인한 제조업 부문 무역확대효과

① 총효과(관세인하효과 + 생산성증대효과)

(단위 : 백만 달러, 연평균)

| 주요 업종 | 대 미 | | | 대세계 | | |
|---|---|---|---|---|---|---|
| | 수출 | 수입 | 무역수지 | 수출 | 수입 | 무역수지 |
| 자 동 차 | 813 | 72 | 741 | 1,035 | 38 | 996 |
| 섬 유 | 183 | 23 | 160 | 212 | 12 | 200 |
| 전 기 전 자 | 147 | 125 | 22 | 552 | 8 | 544 |
| 일 반 기 계 | 31 | 86 | -55 | 91 | 40 | 52 |
| 철 강 | 2 | 2 | 0 | 16 | -2 | 18 |
| 화 학 | 31 | 103 | -71 | 168 | 34 | 134 |
| 생 활 용 품 | 21 | 22 | -1 | 24 | 13 | 11 |
| 7개 업종 합계 | 1,227 | 434 | 793 | 2,099 | 143 | 1,955 |
| 제 조 업 합 계 | 1,327 | 581 | 745 | 2,342 | 216 | 2,125 |

② 관세인하효과

(단위 : 백만 달러, 연평균)

| 주요 업종 | 대미수출 (A) | 대미수입 (B) | 대미무역수지 (A-B) | 무역전환 (C) | 대세계무역수지 (A-(B-C)) |
|---|---|---|---|---|---|
| 자 동 차 | 693 | 74 | 619 | 23 | 642 |
| 섬 유 | 176 | 23 | 153 | 7 | 160 |
| 전 기 전 자 | 66 | 133 | -67 | 41 | -26 |
| 일 반 기 계 | 21 | 88 | -67 | 30 | -37 |
| 철 강 | 0.8 | 1.6 | -0.8 | 0.2 | -0.6 |
| 화 학 | 23 | 106 | -83 | 29 | -54 |
| 생 활 용 품 | 20 | 22 | -2 | 7 | 5 |
| 7개 업종 합계 | 1,000 | 448 | 552 | 138 | 690 |
| 제 조 업 합 계 | 1,078 | 602 | 476 | 172 | 648 |

③ 생산성증대효과

(단위 : 백만 달러, 연평균)

| 주요 업종 | 대 미 | | | 대세계 | | |
|---|---|---|---|---|---|---|
| | 수출 | 수입 | 무역수지 | 수출 | 수입 | 무역수지 |
| 자 동 차 | 120 | -2 | 122 | 342 | -12 | 354 |
| 섬 유 | 6.4 | -0.1 | 6.5 | 36 | -4 | 40 |
| 전 기 전 자 | 80 | -8 | 88 | 486 | -84 | 570 |
| 일 반 기 계 | 10 | -2 | 12 | 71 | -18 | 89 |
| 철 강 | 1 | 0 | 1 | 15 | -4 | 19 |
| 화 학 | 8 | -3 | 11 | 145 | -43 | 188 |
| 생 활 용 품 | 0.5 | -0.1 | 0.6 | 4 | -2 | 6 |
| 7개 업종 합계 | 227 | -15 | 241 | 1,098 | -167 | 1,265 |
| 제 조 업 합 계 | 247 | -21 | 269 | 1,264 | -214 | 1,478 |

자료 : 산업연구원

## 2. 추진과제

산업자원부가 발표한 4대 추진과제는 다음과 같다.

### 2.1 전략적인 대미국시장 진출지원

① FTA 유망품목에 대한 집중적 해외 마케팅 지원
- 2007. 4~12월까지 총 34개 해외전시회 참가 지원, 16회의 무역사절단 파견 등

② 신규 유망시장의 지속적 발굴
- 미국 지역별 시장 특성에 따른 특화방안 추진 및 히스패닉 시장, 실버시장 등 틈새시장(niche market) 진입전략 마련

③ 미국 정부조달시장 진출 및 현지 네트워크 구축
- 미국 현지 조달설명회 개최 및 미국 정부조달 박람회 참가 지원, KOTRA 무역관을 중소기업 미국지사로 활용 등

### 2.2 세계 수준의 투자환경 조성으로 양질의 FDI 유치

① 국내 투자환경의 전략적 홍보
- FDI 관련 국제투자환경평가기구 방문, 해외유력 매체 활용 등을 통하여 한미 FTA 체결 이후 변화되는 투자환경에 대한 적극적 홍보

② 국가별 특성을 고려한 투자유치 추진 및 외국인 투자환경 개선
- 한국의 개선된 입지여건 활용 관련, 미국 · 일본 · EU 등 각국별 입장을 고려한 투자유치 전략 마련 및 추진
- 언어장벽 완화, 교육 · 주거 · 병원 등 생활환경 개선 및 노사관계 등의 분야에서의 선진관행 정착 등을 기반으로 국제수준의 외국인 투자환경 조성

### 2.3 한미 R&D 협력강화 및 기술역량 확충

① 한미간 기술인력 교류 및 양성
- 미국 다국적기업(MNCs)의 R&D 센터 유치, 골드카드 제도 활용 등을 통한 미국 R&D 인력 유입 촉진

② 한미간 공동 R&D · 기술이전(technology transfer) 촉진 및 표준화(standardization) 협력

강화

-양국 기업의 공동기술개발 지원 프로그램 도입 추진, 민간 표준화 포럼 등 협력채널 구축, 시험인증 분야 전문가 상호교류 프로그램 마련

### 2.4 선진형 산업구조 조성을 위한 보완대책 추진

① 「무역조정지원제도」를 통한 취약기업 · 근로자 지원

-경쟁력 취약기업의 경영개선 지원 및 소속 근로자의 전직, 재취업 지원 등

-「제조업 등 무역조정지원법」(2006년 4월 제정, 2007년 4월 시행)을 「무역조정지원법」으로 개정 추진(서비스업 전반을 포괄하여 지원대상 확대)

② 「사업전환지원제도」를 통한 중소기업 경쟁력 제고

-경쟁력 저하 업종 · 품목 관련 사업 축소 · 폐지 또는 업종전환 중소기업 지원

③ 대 · 중소기업간 상생협력 확산

-대 · 중소기업 상생협력 기본계획 수립, 업종별 · 권역별 상생협력 프로그램 추진 등

## 3. 산업구조 선진화 전략

### 3.1 전략적인 대미국시장 진출 확대

#### (1) FTA 유망품목에 대한 집중적 해외마케팅 지원

① 해외전시회, 수출상담회 등 해외마케팅 지원 수단 총동원

> ※ 2007. 4~12월까지 디트로이트자동차부품박람회(4월) 등 총 34개 해외 전시회 참가 지원, GM 아웃소싱(outsourcing) 상담회 개최 등 16회의 무역사절단 파견 추진

② FTA에 따라 제고된 국가신인도를 활용하여 미국 내 한국상품 붐 조성

> ※ 'Premium Korea'홍보관 운영, 2008년 세계인류 한국상품전, 뉴욕섬유대전 등

#### (2) 신규 유망시장의 지속적인 발굴

① 신규유망 품목 발굴 및 지역별 특성에 따른 특화전략 추진

※ KOTRA 무역관별로 전략품목(2007년 4월 1차 조사)을 선정하여 집중적인 마케팅 지원

② 미국시장 신규 거래패턴에 맞춘 선도적 사업 발굴 지원

※ 기술협력 · 마케팅이 융합된 전문전시회 및 시장조사 활동 지원

#### (3) 미국 정부조달시장 진출 및 현지 네트워크 구축 지원

① KOTRA 무역관, 민간해외지원센터 등 현지지원거점을 활용하여 미국 정부조달시장 입찰정보 입수 · 제공 및 컨설팅 지원

② 주요 전략품목(생활용품, 정보보안프로그램, 화학제품 등)에 대해 국내 · 현지 조달설명회 개최 및 미 정부조달박람회 참가 지원

③ 무역관을 중소기업 미국지사로 활용하는 중소기업 지사화 사업 강화

### 3.2 세계 수준의 투자환경 조성으로 양질의 FDI 유치

#### (1) 외국인 투자환경의 획기적 개선

① 언어장벽 완화를 통한 외국인투자가의 국내인프라 접근성 제고

가. 지상파 방송 영어자막 시범제공 등을 통해 외국인투자자의 언어기반 확대

나. 법령 개정사항 등 정책자료 및 주거 · 교통 · 의료 등에 관한 영문자료 제공 확대

② 교육 · 주거 · 병원 등 외국투자가들의 생활환경 개선

가. 외국인학교 시설의 신 · 증축과 「외국인학교설립운영규정」 제정 등 제도적 기반 강화로 외국인학교 운영 활성화

나. 외국인 직장의료보험 의무가입제도 개선 및 외국인의 주택 임차 원활화지원

③ 선진관행 정착 등을 통한 외국인투자기업 경영환경 개선

가. 불법노동행위 엄정대처 및 파업기간 중 임금보전 관행 근절 등 노사환경개선

나. 관세면제대상 자본재 도입시 물품명세서 검토 · 확인시점 변경(선적 전 →수입신고 전 검토 · 확인 신청) 등 관세 감면제도의 개선

다. 회사설립 시에만 인정되는 자본재 현물출자 완료확인 특례(법원선임검사인조사보고서 갈음)를 회사설립 후까지 확대 적용(외촉법 개정)

#### (2) 국가별로 차별화된 투자유치활동 추진

① 미국

대미수출 경쟁력이 높고 인적자원(human resources) 등 산업기반이 우수한 부문의 기업을 유치한다.

가. 관세인하효과가 큰 상용차, 기초소재 등 분야에 「대미투자유치전담 T/F」 구성 · 운영 및 대미투자유치사절단 파견

나. 한미 FTA를 통해 미국기업의 관심이 제고되는 법률, 금융 등의 유치활동 강화

② 일본 및 EU

국내시장의 상대적 경쟁력이 저하되거나 미국시장 진출을 목표로 하는 기업을 유치한다.

가. 산업구조고도화에 필요한 분야 중 미국기업과 경합이 큰 항공부품, 의약품 등 고도기술 부품소재, 신성장산업 등 분야 기업 유치에 중점

나. 대미수출 일본기업의 자유무역지역(free trade area) 입주 확대 추진

### 3.3 한미 R&D 협력 강화 및 기술역량 확충

#### (1) 한미간 기술인력 교류 및 양성

① 한미 연구자, 기업간 네트워킹 및 고급 기술인력 적극 유치

| ※ 학회, 세미나 등을 통한 기업 · 연구자들간 교류확대 등 |
|---|

② 미국기업 R&D센터 유치를 통한 국내 연구인력 양성

#### (2) 한미간 공동 R&D · 기술이전 촉진 및 표준화 협력

① 국내 기업과 미국 기업과의 공동 R&D 지원 강화

| ※ 공동기술개발 프로그램 도입 및 공동연구기금 조성 검토 |
|---|

② 우수 기술을 보유한 미국 기업 · 연구소와 국내 기업들과의 매칭(matching) 지원

③ 「민간 표준화 포럼」 등 협력채널 구축 및 정보 · 인력교류 촉진

#### (3) 국내기업 R&D 지원을 통한 기술경쟁력 강화

① 단기간에 관세가 철폐되는 품목을 중심으로 국내기업의 기술경쟁력(technological competitiveness) 강화를 위해 R&D 지원 확대

2007년에 활용 가능한 예산을 양허기간 및 국내 기술수준 등을 기반으로 검토된 지원우선 품목에 집중적으로 투입한다.

가. 단기핵심기술개발사업, 핵심기반기술개발사업 등

나. 지원분야(예시) : 기계류, 의료기기, 자동차 부품 등

② 신성장동력산업 육성을 통한 세계 최고수준의 기술력 확보 노력 배가

전략기술개발 사업(2008년 실시, 반도체 · 자동차 · 로봇 등 15개 분야) 추진시 미국 등 세계시장 진출에 필요한 원천 · 핵심기술 개발에 집중한다.

### 3.4 선진형 산업구조 조성을 위한 보완대책 추진

FTA 체결에 따른 산업구조 변화로 대미 경쟁력이 취약한 기업과 소속 근로자의 일시적인 구조조정 수요 발생에 대응할 필요가 있다. 이 같은 무역자유화(trade liberalization)에 따른 직 · 간접 피해를 일정요건 하에 지원하기 위하여 '무역조정지원제도'와 '사업전환지원제도'를 마련해야 한다.

| FTA 이행의 직접 피해 | FTA 이행의 간접 피해 |
|---|---|
| 무역조정지원제도<br>* 제조업 등의 무역조정지원에 관한 법률<br>(2006년 4월 제정, 2007년 4월 29일 시행) | 사업전환지원제도<br>* 중소기업 사업전환촉진 특별법<br>(2006년 2월 제정, 2006년 9월 시행) |

또한, 대 · 중소기업간 상생협력(相生協力)을 통해 FTA 성과의 산업 전부문 확산 및 기업 네트워크 경쟁력을 강화할 필요가 있다.

#### (1) 「무역조정지원」을 통한 취약기업 · 근로자 지원

① FTA 이행으로 인한 수입증가로 피해를 입거나 피해를 입을 가능성이 큰 기업에 대해 정보제공 · 경영개선 등 지원

| ※ 제조업 · 제조업관련 서비스 외 서비스업 전반으로 지원대상 확대 법개정 추진 |
|---|

② 무역조정기업 등의 소속 근로자가 실직하거나 근로시간이 단축될 경우에 전직 및 재취업 지원

**(2) 「사업전환지원」을 통한 중소기업 경쟁력 제고**

① 경쟁력이 저하된 업종 · 품목의 사업을 축소 · 폐지하고 새로운 업종 · 품목의 사업에 진출하는 중소기업의 사업전환 지원

가. 정책자금, 고용안정, 유휴설비알선, 컨설팅 등 연계지원체제 강화

나. 사업전환시 발생 소득에 대해 창업에 준하는 세액 감면(2007년 2월 시행)

② 향후 사업전환 수요증가가 예상됨에 따라 사업전환 이행 및 실태조사를 통해 종합계획을 수립하고 지원체계를 효율화함

**(3) 대 · 중소기업간 상생협력 확산**

대 · 중소기업 상생협력 기본계획 수립, 업종별 · 권역별 상생협력 프로그램 등을 추진할 필요가 있다.

## 제 3 절 한미 FTA 타결에 따른 대미 수출전략

한미 FTA 타결에 따른 대미 수출 유망품목 및 진출전략을 분석한 KOTRA 자료를 중심으로 살펴본다.[2)]

### 1. 섬유 · 의류 및 신발

#### 1.1 섬유 · 의류(HS : 60, 61, 62)

**(1) 시장동향**

미국의 섬유산업은 지속적으로 축소되고 있으나 2005년과 2006년에는 섬유산업계의 강력한 로비(lobby) 활동으로 중국산 제품의 수입에 대한 세이프가드(safeguard) 발동과 쿼터(Quarter) 적용으로 외국산 수입이 2.6% 증가한 데 그치고 미국 내 생산은 2.3%의 낮은 감소율을 기록하였다. 2007년 섬유류 생산도 1~2% 정도 감소할 것으로 전망되고 있으며 미국 정부는 외국산 수입에 대한 강력한 로비활동으로 수입증가를 최대한 억제한다는 방침을 수립하고 있다.

이를 위해 섬유산업이 번창한 주(州) 출신 의원들에게 로비를 강력하게 전개할 계획이다. 특

2) KOTRA, 한미 FTA 체결에 따른 대미수출 유망품목 및 진출전략, 2007. 4. 요약 · 재구성

히, 중국의 위안(Yuan)화 평가절상(appreciation) 압력을 더욱 강화하고 베트남 제품에 대한 반덤핑(anti-dumping) 조사를 실질적으로 실행하는 등 부시 행정부에 상당한 압박이 가해질 것으로 보인다. 2005년 1월 1일 이후 세계무역기구(WTO) 회원국 간의 수입쿼터가 폐지되면서 의류회사들의 해외생산이 확대되는 양상을 보이고 있다.

미국 소비자들의 의류 구입패턴이 기본적이고 전형적인 저가 제품에서 고가의 패션의류와 트렌드(trend) 제품으로 이동하면서 이에 적절하게 대처한 기업은 양호한 실적을 기록하고 이에 대응하지 않은 기업들은 실적이 저조하게 나타나 전체적으로 경쟁상황에 큰 변화가 발생할 것으로 전망된다.

또한, 의류회사들은 시장변화에 적합한 제품 포트폴리오(product portfolio)를 구축하기 위해 기업간 인수합병(M&A : Merger and Acquisition)이 활성화될 것으로 보인다.

〈표 22-2〉 연도별 미국 섬유 · 의류 수입추이(2004~2006)

(단위 : 천 평방미터)

| | 2004 | 2005 | 2006 | |
|---|---|---|---|---|
| | | | 수입량 | 증감률(%) |
| 중국 | 11,662,292 | 16,763,103 | 18,611,449 | 11.0 |
| 파키스탄 | 2,970,189 | 3,291,275 | 3,567,590 | 8.4 |
| 멕시코 | 4,100,627 | 3,883,459 | 3,424,994 | -11.8 |
| 인도 | 1,914,781 | 2,335,133 | 2,655,470 | 13.7 |
| 캐나다 | 3,271,862 | 3,008,951 | 2,438,626 | -19.0 |
| 한국 | 2,301,424 | 2,027,276 | 2,139,184 | 5.5 |
| 인도네시아 | 1,274,800 | 1,354,239 | 1,598,809 | 18.1 |
| 방글라데시 | 1,108,546 | 1,313,673 | 1,494,516 | 13.8 |
| 대만 | 1,302,047 | 1,083,359 | 1,172,046 | 8.2 |
| 베트남 | 905,439 | 950,468 | 1,147,788 | 20.8 |
| 기타 | 16,124,134 | 14,827,966 | 13,899,463 | - |
| 총계 | 46,936,141 | 50,838,902 | 52,149,935 | 2.6 |

주 : 증감률은 전년 대비
자료 : OTEXA(미국 상무부 섬유국)

### (2) 경쟁동향

미국의 한국산 섬유와 의류의 수입은 2006년에 물량기준으로 5.5% 증가해 전체 수입량 증가율 2.6%를 2배 이상 상회한 것으로 나타났다. 그러나 금액으로는 전체 수입이 4.2% 증가한 것에 비해 한국산 수입액은 21.0% 감소해 한국 제품의 수입단가가 급격히 하락한 것으로 판단된다. 2006년 미국의 한국산 제품 수입 비중이 물량기준 4.1%(6위)에 이르지만 금액기준은 1.3%(22위)에 불과하다. 이는 한국 업체들이 중국 등 섬유개도국들과의 가격경쟁(price competition)으로 인해 물량위주의 수출패턴에서 탈피하지 못한 결과로 분석된다.

### (3) 진출전략

① 저(低)마진의 물량위주 수출관행에서 탈피하여 고(高)마진 확보가 가능하도록 소품종, 소량 생산시스템을 구축하고 고가 제품군인 패션제품, 트렌드제품, 디자이너제품 등의 바이어를 집중 공략해 가격경쟁을 탈피하는 전략을 우선적으로 시행할 필요가 있음

〈표 22-3〉 미국의 국가별 섬유·의류 수입 추이(2004~2006)

(단위 : 천 달러)

| | 2004 | 2005 | 2006 | |
|---|---|---|---|---|
| | | | 수입액 | 증감률(%) |
| 중국 | 8,927,864 | 15,142,869 | 18,517,523 | 22.3 |
| 멕시코 | 6,684,839 | 6,078,330 | 5,296,519 | -12.9 |
| 인도네시아 | 2,402,829 | 2,875,419 | 3,670,484 | 27.7 |
| 베트남 | 2,562,456 | 2,724,655 | 3,222,115 | 18.3 |
| 인도 | 2,217,105 | 2,976,175 | 3,186,899 | 7.1 |
| 방글라데시 | 1,977,557 | 2,371,734 | 2,914,161 | 22.9 |
| 홍콩 | 3,848,982 | 3,510,573 | 2,810,961 | -19.9 |
| 온두라스 | 2,673,351 | 2,622,310 | 2,440,253 | -6.9 |
| 캄보디아 | 1,428,988 | 1,712,839 | 2,135,706 | 24.7 |
| 필리핀 | 1,785,563 | 1,830,414 | 2,002,475 | 9.4 |
| 한국 | 1,808,824 | 1,154,620 | 912,731 | -21.0 |
| 기타 | 28,449,315 | 25,713,313 | 24,519,335 | - |
| 전체 | 64,767,673 | 68,713,251 | 71,629,162 | 4.2 |

주 : 증감률은 전년 대비
자료 : OTEXA(미국 상무부 섬유국)

② 새로운 원사, 원단의 개발에 주력하여 한국만이 보유한 특이한 원자재를 확보하여야 함

향후 미국 의류시장의 고급화가 지속될 것으로 전망되고 있어 베이직한 원사와 원단은 더 이상 미국 바이어들의 주목을 집중시키지 못할 것으로 보이며 기능성 섬유, 친환경 섬유 등과 같은 미래의 성장 품목의 개발이 시급한 실정이다.

③ 기존의 바이어에 의존하는 수출관행에서 탈피하여 지속적으로 새로운 바이어 개발에 주력해야 함

자사의 제품 포트폴리오 변화와 생산능력에 적합한 바이어 개발을 지속적으로 추진하기 위해 전시회 참여, 세일즈 출장 등을 통한 적극적인 마케팅 활동이 필요하다.

④ 수출에 국한된 바이어 관리에서 탈피하여 미국 현지에서 도매와 소매 판매를 고려할 만함

소품종 소량생산으로 고급화된 제품은 수요가 다소 제한되어 있으나 고가에 판매할 수 있으며 베이직 제품은 항상 수요가 존재하기 때문에 미국 내 재고를 보유하고 판매하는 방법도 고려할 수 있다.

⑤ 미국 섬유업체와의 실질적인 유대관계를 구축하기 위해 미국 업체의 투자를 적극적으로 유치해야 할 필요가 있음

제품개발부터 미국 내 직판까지 모든 비즈니스 기능상의 실질적인 협력관계를 구축해야 한다. 특히, 연구개발(R&D) 분야에서는 차세대 제품인 스마트섬유, 나노섬유 등의 개발은 물론 산업용섬유까지 모든 분야에서 기술력을 제고시켜야 한다.

⑥ 섬유·의류제품의 대미 수출실적을 보면 한국 제품으로 경쟁력이 있는 제품은 〈표 22-4〉와 같으며 이들 제품이 FTA 발효시 우선적으로 유망한 품목으로 판단됨

〈표 22-4〉 한국 섬유·의류제품의 대미 진출 유망 품목

| 유망 품목 | HS 코드 | 선정 요인 | 진출전략 |
|---|---|---|---|
| Non-Textured Filament Yarn | 카테고리 606<br>(HS 5402, 5403) | · 지난 2년간 매년 연평균 50% 이상 수출 증가 | · 원단 생산업체에게 직접 판매 |
| 내의류 | 카테고리 632<br>(HS 6115류) | · 매년 지속적인 수출증가<br>· 한국산 경쟁력 높음 | · 디자이너브랜드와의 OEM 공급 강화<br>· 직접 판매도 고려 |
| 니트원단 | 카테고리 222<br>(HS 6002, 6003, 6004, 6005, 6006) | · 한국산의 가격 경쟁력 높음<br>· 중국산 쿼터 | · 가격을 낮추지 말고 보다 고급 원단(울+레이온 등) 개발시급 |
| 두꺼운 폴리원단 | 카테고리 620<br>(HS 5407) | · 중국산 쿼터<br>· 아직까지는 한국산이 중국산에 비해 품질 우수 | · 단순 원단에서 탈피하여 기능성 원사혼합제품 개발 |

### 1.2 신발(HS 6401, 6402, 6403, 6404, 6405)

#### (1) 시장동향

미국 Footwear(신발류) 시장은 지난 5년간(2000~2004년) 중국 및 인도 등지로부터 수입되는 저가제품으로 인해 국내 생산이 극심하게 약화되어 감소국면에 직면해 있다.

시장조사 전문기관인 Euromonitor사에 따르면 2004년 한해 약 20억 켤레의 신발이 소비되었으며 물량기준 98% 이상이 해외에서 수입된 저가제품으로 나타났다.

〈표 22-5〉 미국 신발류 적용 관세율

| HS Code | 품목 | 관세율 | HS Code | 품목 | 관세율 |
|---|---|---|---|---|---|
| 6401 | 방수신발류 | 37.5% | 6404 | 신발류(갑피 : 방직용 섬유재) | 10.5~37.5% |
| 6402 | 기타신발류 | 20~48% | 6405 | 기타 신발류 | 2.5~12.5% |
| 6403 | 신발류(갑피가죽) | 5~10% | 6406 | 신발류부분품 | 6.0~33.6% |

〈표 22-6〉 미국 신발류 시장규모 추이(2000~2004)

(단위 : 십억 달러)

| 연도 | 시장규모 | 연도 | 시장규모 |
|---|---|---|---|
| 2000 | 39.5 | 2005 | 39.8 |
| 2001 | 40.0 | 2006* | 40.6 |
| 2002 | 39.2 | 2007* | 41.6 |
| 2003 | 38.3 | 2008* | 42.8 |
| 2004 | 39.0 | 2009* | 43.7 |

주 : * - 추정치
자료 : Euromonitor

동 시장 내 여성용 신발류(Women's footwear) 부문이 최대 규모를 차지하고 있는 가운데 유아용(infants/toddler) 부문이 2009년까지 가장 괄목할 만한 성장을 할 것으로 전망되고 있다.

〈표 22-7〉 성별 · 연령대별 미국 신발시장 규모 추이 및 전망

(단위 : 십억 달러)

| | 2000 | 2004 | 2005* | 2009* |
|---|---|---|---|---|
| Men's Footwear | 14.9 | 14.7 | 14.7 | 14.8 |
| Women's Footwear | 19.3 | 19.0 | 19.0 | 19.8 |
| Boys Footwear | 2.2 | 2.1 | 2.1 | 3.1 |
| Girls Footwear | 1.6 | 1.6 | 1.6 | 2.4 |
| Infants · Toddler | 1.5 | 1.5 | 1.5 | 3.5 |

주 : * - 추정치
자료 : Euromonitor

전체 Athlete footwear(운동화) 시장 내 여성용 신발에 대한 관심은 갈수록 고조되고 있어 '나이키'(Nike)사의 경우 여성용 브랜드 수를 확장하고 2006년 중반까지 여성전용 나이키 매장만 추가로 12개점을 오픈한 바 있다. 미국 Footwear(신발류) 시장 내 특징으로 기능성을 강조한 하이테크 신발류에서 최근에는 Retro(복고풍)적인 요소에 단순한 기능의 신발류가 시장의 주목을

받고 있다.

### (2) 미국의 신발류 수입동향

미국의 연간 신발류 수입시장 규모는 260억 달러 내외로 이 중 갑피가 가죽으로 되어 있는 가죽신발(HS 6403)이 120억 달러 내외로 약 50% 정도를 차지하고 있다. 국가별로는 가죽, 방직 등 HS 6401~6406으로 구분되는 신발류 전 품목에 걸쳐 중국이 60~95%의 압도적인 시장점유율(market share)을 기록하고 있는 가운데 이탈리아가 고가 신발류 시장에서 탄탄한 브랜드 이미지(brand image)를 구축하고 있다. 최근 베트남산 신발 수입이 급증하고 있는 반면에 인도네시아산 신발수입은 감소추세를 보이고 있다. 이 같은 현상은 우선 미국 신발시장의 약 90%를 과점하고 있는 유명 브랜드 제품들이 OEM(Original Equipment Manufacturing, 주문자 상표에 의한 생산) 생산을 어느 국가에서 하느냐에 따라 좌우되는 현상을 반영한 추세로 해석할 수 있다.

HS 코드별 미국의 수입시장 전체 및 국가별 수입 동향은 〈표 22-8〉과 같이 정리될 수 있다.

〈표 22-8〉 연도별 미국의 신발류 수입 동향

① 6401 W/P Foot, Outer Soles/Uppers Of Rbr/Plas Uppers No

(단위: 백만 달러)

| | 국 명 | 2004 | 2005 | 2006 | 비 중 | | | 2006/2005 |
|---|---|---|---|---|---|---|---|---|
| | | | | | 2004 | 2005 | 2006 | |
| 1 | 중 국 | 51 | 54 | 43 | 63.15 | 60.01 | 61.39 | -20.33 |
| 2 | 캐나다 | 17 | 21 | 12 | 21.09 | 23.42 | 16.61 | -44.75 |
| 3 | 멕시코 | 5 | 6 | 6 | 6.48 | 7.01 | 8.5 | -5.56 |
| 4 | 한 국 | 1.3 | 1.4 | 1.8 | 1.64 | 1.56 | 2.59 | 29.18 |
| 5 | 독 일 | 1 | 2 | 1 | 1.67 | 2.21 | 1.88 | -33.75 |
| 총 계 | | 81 | 91 | 71 | 100 | 100 | 100 | -22.13 |

② 6402 Footwear Nes, With Outer Soles And Uppers Of Rubber

| 순위 | 국 명 | 2004 | 2005 | 2006 | 비 중 | | | 2006/2005 |
|---|---|---|---|---|---|---|---|---|
| | | | | | 2004 | 2005 | 2006 | |
| 1 | 중 국 | 3,040 | 3,457 | 3,732 | 84.93 | 85.74 | 85.81 | 7.96 |
| 2 | 베 트 남 | 120 | 170 | 233 | 3.34 | 4.23 | 5.35 | 36.45 |
| 3 | 이탈리아 | 86 | 62 | 63 | 2.4 | 1.54 | 1.44 | 1.01 |
| 4 | 인도네시아 | 83 | 96 | 58 | 2.32 | 2.39 | 1.34 | -39.4 |
| 5 | 브 라 질 | 50 | 42 | 55 | 1.4 | 1.05 | 1.28 | 31.42 |
| 20 | 한 국 | 1.5 | 2.6 | 1.9 | 0.04 | 0.06 | 0.04 | -26.02 |
| 총 계 | | 3,579 | 4,032 | 4,349 | 100 | 100 | 100 | 7.87 |

③ 6403 Footwear With Outer Soles Of Rbr, Plas, Leathr Or

| 순위 | 국 명 | 2004 | 2005 | 2006 | 비 중 | | | 2006/2005 |
|---|---|---|---|---|---|---|---|---|
| | | | | | 2004 | 2005 | 2006 | |
| 1 | 중 국 | 6,940 | 7,512 | 8,082 | 63.12 | 65.22 | 66.51 | 7.58 |
| 2 | 이탈리아 | 1,010 | 905 | 905 | 9.19 | 7.86 | 7.45 | 0.02 |
| 3 | 브 라 질 | 1,004 | 940 | 811 | 9.13 | 8.16 | 6.67 | -13.72 |
| 4 | 베 트 남 | 330 | 490 | 660 | 3.01 | 4.26 | 5.43 | 34.7 |
| 5 | 인도네시아 | 392 | 405 | 394 | 3.57 | 3.52 | 3.24 | -2.86 |
| 20 | 한 국 | 1 | 3 | 2 | 0.04 | 0.06 | 0.04 | -26.02 |
| 총 계 | | 10,996 | 11,518 | 12,151 | 100 | 100 | 100 | 5.5 |

④ 6404 Footwear, Outer Soles Of Rbr, Plastics, Leathr

| 순위 | 국명 | 2004 | 2005 | 2006 | 비 중 | | | 2006/2005 |
|---|---|---|---|---|---|---|---|---|
| | | | | | 2004 | 2005 | 2006 | |
| 1 | 중 국 | 693 | 793 | 855 | 68.66 | 68.8 | 71.32 | 7.82 |
| 2 | 이탈리아 | 129 | 140 | 117 | 12.81 | 12.15 | 9.78 | -16.33 |
| 3 | 베 트 남 | 23 | 54 | 63 | 2.25 | 4.68 | 5.28 | 17.23 |
| 4 | 스 페 인 | 34 | 33 | 35 | 3.4 | 2.86 | 2.95 | 7.31 |
| 5 | 브 라 질 | 22 | 34 | 32 | 2.18 | 2.99 | 2.64 | -8.25 |
| 15 | 한 국 | 0.9 | 1.5 | 1.8 | 0.09 | 0.13 | 0.15 | 23.52 |
| 총 계 | | 1,009 | 1,152 | 1,198 | 100 | 100 | 100 | 4.01 |

⑤ 6405 Footwear, Others

| 순위 | 국 명 | 2004 | 2005 | 2006 | 비 중 | | | 2006/2005 |
|---|---|---|---|---|---|---|---|---|
| | | | | | 2004 | 2005 | 2006 | |
| 1 | 중 국 | 463 | 724 | 985 | 88.48 | 90.84 | 94.21 | 36.03 |
| 2 | 이탈리아 | 18 | 21 | 19 | 3.46 | 2.66 | 1.85 | -8.55 |
| 3 | 프 랑 스 | 5 | 7 | 5 | 0.88 | 0.86 | 0.47 | -29.06 |
| 4 | 포르투갈 | 5 | 5 | 5 | 0.99 | 0.65 | 0.45 | -10.09 |
| 5 | 스 페 인 | 5 | 8 | 4 | 1.01 | 0.95 | 0.42 | -41.52 |
| 16 | 한 국 | 0.8 | 0.5 | 0.7 | 0.15 | 0.07 | 0.06 | 29.73 |
| 총 계 | | 523 | 797 | 1,045 | 100 | 100 | 100 | 31.16 |

⑥ 6406 Parts Of Footwear: Removable In-Soles, Heel Cushion

| 순위 | 국 명 | 2004 | 2005 | 2006 | 비 중 | | | 2006/2005 |
|---|---|---|---|---|---|---|---|---|
| | | | | | 2004 | 2005 | 2006 | |
| 1 | 중 국 | 161 | 184 | 193 | 50.76 | 53.86 | 55.79 | 4.94 |
| 2 | 멕 시 코 | 41 | 44 | 53 | 13.07 | 12.93 | 15.17 | 18.86 |
| 3 | 도미니카 | 64 | 54 | 24 | 20.11 | 15.84 | 6.97 | -55.38 |
| 4 | 홍 콩 | 1 | 2 | 16 | 0.27 | 0.5 | 4.55 | 813.15 |
| 8 | 한 국 | 5.4 | 6.1 | 6.1 | 1.7 | 1.79 | 1.77 | 0.22 |
| 총 계 | | 317 | 342 | 347 | 100 | 100 | 100 | 1.31 |

자료 : World Trade Atlas

### (3) 진출전략

① 고관세가 적용된 특수화나 운동화류에 대한 대미 수출 증가 가능

보호용 신발(protective footwear)에 대한 관세율은 37.5%이며 fabric upper footwear에 대한 관세율은 20~60% 사이(평균 약 40%)로 관세 철폐시 현재 한국산 신발제품의 송장 가격이 2~3달러 인하되어 중국산과 비슷한 수준의 가격경쟁력이 발생된다.

② 미국의 소비자들은 일반적으로 신발류 구입에 있어 어느 국가에서 생산되었는지를 기준으로 구입하기 보다는 브랜드의 지명도를 기준으로 구입을 결정하기 때문에 생산국은 중요한 요소로 작용하지 않고 있음

③ Nike, Reebok 등 주요 신발메이저의 경우 자신들의 브랜드를 가지고 어느 국가에서 생산할 것인지를 결정할 경우에는 생산국에 대한 전체적인 평가 하에 결정하기 때문에 'Made in Korea'와 같은 국가 전반의 이미지와 경쟁력은 중요한 요소로 작용하고 있음

④ 미국의 Nike 등과 같은 메이저 브랜드(major brand)들이 한국에서 신발을 더 이상 생산하지 않는 것은 중국, 인도네시아, 베트남 등 후발개도국들의 원가경쟁력(cost competitiveness)이 가장 큰 요인이 되고 있으나 현재 제1기업 Nike와는 달리 미국 운동화 시장 2위 기업이 미국 내에서 생산을 지속하고 있는 등 미국 기업의 생산, 판매, 마케팅 전략을 면밀히 분석할 필요가 있음

⑤ 미국의 메이저 브랜드들이 시행하고 있는 OEM 수출에서 탈피하여 유럽 선진국들처럼 한국 브랜드를 가지고 미국 시장에 직접 진출하는 전략, 그리고 이탈리아와 같은 고급 패션 신발류 및 기능성, 신소재 신발이 한국 신발산업 및 업계가 주력해야 할 분야이자 방향으로 판단됨

〈표 22-9〉 대미 신발류 국가별 수출단가 비교(HS 6403 : 혁제신발 기준)

| | 대미수출금액(U$ Mil) | 물량(백만족) | 평균수출단가(U$/족) |
|---|---|---|---|
| 중 국 | 8,082 | 709 | 11.39 |
| 베 트 남 | 660 | 53 | 12.48 |
| 이탈리아 | 905 | 17 | 53.61 |
| 한 국 | 14 | 0.9 | 14.99 |

자료 : World Trade Atlas

## 2. 자동차 · 자동차 부품

### 2.1 자동차 부품(HS 8708)

#### (1) 시장동향

미국 완성차 업체(Big 3 : GM, Ford, Daimler-Chrysler)들의 부진으로 인한 매출 감소와 완성차 업체들의 원가 인하 압박으로 인해 미국 자동차 부품 업계는 전반적으로 재정적인 어려움에 직면해 있다. 완성차 업체와 대형 부품업체들은 비용절감(cost reduction)을 위해 해외 아웃소싱(overseas outsourcing)을 적극적으로 추진하고 있으며 아시아와 중남미 지역으로부터의 아웃소싱이 지속적으로 증가하고 있다. 자동차 부품 구매는 가격, 품질, 납기 등 여러 요인들의 복합적인 작용으로 결정되나 최근 비용감소가 최우선 과제로 부상하면서 가격 중요성이 증대되고 있는 실정이다.

#### (2) 경쟁동향

한국으로부터 2004~2006년간 부품 수입 증가율이 100.2%로 전체 부품 수입증가율 14.1%를 크게 상회하고 있으며 10대 자동차 부품 수입국 중 증가율 1위를 기록하고 있다(중국 78.4%, 브라질 30%). 생산기지 이전, 북미자유무역협정(NAFTA)으로 인한 무관세 등으로 인해 멕시코가 2001년부터 기존 수입 1위국이었던 캐나다를 추월하여 1위를 기록하였다.

일본으로부터의 수입이 정체를 보이고 있는 것은 일본 부품업체의 현지 진출 및 일본 완성차 업체들의 현지 부품 조달이 확대되었기 때문으로 분석된다.

한국 자동차 부품업체들은 제품개발 및 디자인에서는 일본, 미국, 유럽 등 선진국의 대형 업체들에 뒤처져 있으나 제품 가공기술에 대해서는 나름대로 양호한 평가를 받고 있다. 중국의 경우 아직 품질에 대한 신뢰도가 낮은 편이어서 정밀 부품은 주로 미국이나 일본, 유럽 등 선진제품을 사용하는 경우가 많으며 한국은 가격 대비 품질을 강점으로 내세워 시장을 공략하고 있다.

〈표 22-10〉 연도별 대미 자동차 부품 수입추이(2004~2006)

(단위 : 백만 달러)

| | 2004 | 2005 | 2006 |
|---|---|---|---|
| 멕 시 코 | 23,104 | 24,910 | 26,368 |
| 캐 나 다 | 20,164 | 21,581 | 20,424 |
| 일 본 | 15,494 | 16,448 | 15,377 |
| 독 일 | 6,147 | 6,709 | 7,132 |
| 중 국 | 3,884 | 5,408 | 6,928 |
| 한 국 | 1,866 | 2,709 | 3,736 |
| 브 라 질 | 1,711 | 2,022 | 2,224 |
| 대 만 | 1,604 | 1,731 | 1,801 |
| 프 랑 스 | 1,478 | 1,449 | 1,320 |
| 영 국 | 1,045 | 1,126 | 1,047 |
| 기 타 | 6,946 | 8,063 | 8,821 |
| 총 계 | 83,444 | 92,154 | 95,179 |

자료 : World Trade Atlas

**(3) 진출전략**

① 시장 진출을 위해서는 미국 Big 3의 요구사항을 반영한 공통 품질 인증이었던 QS 9000과 유럽의 대다수 완성차 업계의 품질기준을 통합한 품질 인증인 TS 16949 획득이 필요함

② 자동차산업 전문조사기관들에서 각 완성차 회사의 플랫폼별 생산동향 · 전망 및 각 차종별 부품 납품 회사 현황 · 전망 등을 제공하고 있으므로 현재 자사 생산 부품의 향후 수요가 어느 정도 될 것인지, 주요 고객이 어느 회사가 될 것인지에 대한 예상이 가능함

③ 완성차 및 대형 부품업체들은 자체적인 정보망 구축을 통해 필요한 부품업체 목록을 상당수 확보하고 있으며 동 목록은 3가지 기준(가격, 품질, 납기)에 부합할 수 있는 공급업체들로 지속적인 업데이트(update)가 이루어지고 있음

④ RFQ(Request for Quotation)는 동 목록에 있는 회사들을 우선 대상으로 배포하고 있어 일단 동 목록에 포함되는 것이 우선 과제임

납품 계약이 당장 이루어지지 않더라도 동 목록에 포함되기 위한 홍보가 지속적으로 이루어져야 하며 납품하고자 하는 기업이 어떤 방식으로 공급업자 DB를 운영하는지 파악할 필요가 있다.

〈참고〉 주요 수혜 예상 품목

① 자동차 부품은 무게, 크기, 소재, 가공 정도에 따라 동일 품목이라고 하더라도 가격이 차이가 많으나 보통 무게가 많이 나가고 크기가 큰 제품(철을 많이 사용한 제품), 가공이 어려운 제품 등이 가격이 높아 관세 철폐의 수혜를 다른 제품들보다 많이 받을 것으로 예상됨

② 부피가 큰 제품(범퍼, 도어 어셈블리, 차체 등)의 경우 가격이 높아 관세 철폐로 인한 가격 인하 폭이 크다고 하더라도 물류비가 높아 FTA로 수출이 확대되는 데는 한계가 있을 것으로 판단됨

③ 정밀가공 기술이 요구되고 소비재가 많이 소요되는 드라이브 엑셀(8708.50.50) 등의 제품의 경우 가격이 높은 데 비해 부피가 비교적 작아 운송이 용이하므로 관세 철폐로 인한 효과가 클 것으로 기대됨

④ 머플러(muffler)와 배기 파이프(8708.92.50)의 경우 가격이 비쌀 뿐만 아니라 배기가스 규제 강화로 인해 높은 기술력이 요구되는 제품들에 대한 수요가 확대될 것으로 보임

⑤ 스티어링 휠(steering wheel, 운전대), 칼럼, 스티어링 박스의 경우에도 가격이 높고 2004년 최초 시장 진출 이후 한국 기업들의 시장 진입이 지속적으로 이루어지고 있어 FTA 체결로 인한 효과가 클 것으로 판단됨

⑥ 자동차 부품 시장을 완성차 조립을 위한 OEM 시장과 애프터마켓 시장으로 분류할 경우 관세가 철폐되면 가격민감도(price sensitivity)가 큰 OEM 시장에서 더욱 큰 효과가 발생할 것으로 전망됨

### 2.2 승용차(HS 8703)

#### (1) 시장동향

미국 내 차량 판매량은 소폭의 증가와 감소를 반복하면서 전형적으로 성숙된 시장의 특성을 나타내고 있으며 전통적인 Big 3의 부진이 지속되고 있다. 환경오염(environmental pollution), 고유가 등으로 인해 최근 자동차시장의 키워드는 환경이며 차량의 연비, 사용 연료 등에 대한 관심이 그 어느 때보다 커서 하이브리드(hybrid) 차량 등에 대한 관심이 증대되고 있다. 정부 차원에서도 하이브리드 차량의 사용을 장려하기 위한 각종 지원책이 시행되고 있으며 연비기준(CAFE) 개정을 통해 승용차 등에 대한 연비 기준을 강화하는 추세이다.

최근 들어 고유가로 인해 대형 SUV(Sports Utility Vehicle) 등의 판매가 감소하고 승용차 판매량이 증가하고 있다. 그러나 연료 소모가 많은 제품군의 판매에 대한 전망에는 다양한 시각이 존재하고 있다. 시장예측기관에서는 감소할 것으로 예상한 반면에 자동차 업계에서는 동 제품군의 수요층이 정해져 있어 더 큰 폭의 감소는 없을 것으로 보고 있다.

〈표 22-11〉 승용차 · 트럭 판매 추이(2004~2006)

(단위 : 대)

| | 2004 | 2005 | 2006 | 증감(2005~2006) | 비중 |
|---|---|---|---|---|---|
| 승 용 차 | 7,738,178 | 7,964,058 | 8,129,582 | 2.10% | 49.10% |
| 트 럭 | 9,175,183 | 9,033,145 | 8,430,043 | -6.70% | 50.90% |
| 총 계 | 16,913,361 | 16,997,203 | 16,559,625 | -2.60% | |

자료 : Automotive Data Center

### (2) 경쟁동향

Big 3의 2006년 판매량은 2005년 대비 7.7% 감소한 935만 7,000대로 56.5%의 시장점유율을 기록하였다(2002년 64.5%). 반면에 도요타, 혼다 등 일본 업체들은 판매량이 지속적으로 증가하고 있다. 도요타는 2006년에 12.5%의 판매상승률을 기록하면서 254만 2,000대를 판매하여 크라이슬러를 추월하여 최초로 미국 판매 3위를 기록하였다.

〈표 22-12〉 연도별 미국 내 자동차 판매 추이(2004~2006)

(단위 : 대)

| | 2004 | 2005 | 2006 | 증감 (2005~2006) | 비중 |
|---|---|---|---|---|---|
| 크라이슬러 | 2,427,634 | 2,529,254 | 2,390,585 | -5.5% | 14.4% |
| 포 드 | 3,319,767 | 3,153,875 | 2,901,090 | -8.0% | 17.5% |
| G M | 4,655,459 | 4,454,385 | 4,065,341 | -8.7% | 24.5% |
| 빅 3 | 10,402,860 | 10,137,514 | 9,357,016 | -7.7% | 56.5% |
| 혼 다 | 1,394,398 | 1,462,472 | 1,509,358 | 3.2% | 9.1% |
| 이 스 즈 | 27,188 | 12,177 | 8,614 | -29.3% | 0.1% |
| 마 즈 다 | 263,882 | 258,339 | 268,786 | 4.0% | 1.6% |
| 미쓰비시 | 161,609 | 123,995 | 118,558 | -4.4% | 0.7% |
| 닛 산 | 985,982 | 1,076,669 | 1,019,249 | -5.3% | 6.2% |
| 스 바 루 | 187,402 | 196,002 | 200,703 | 2.4% | 1.2% |
| 스 즈 키 | 73,946 | 82,101 | 100,990 | 23.0% | 0.6% |
| 도 요 타 | 2,060,049 | 2,260,295 | 2,542,525 | 12.5% | 15.4% |
| 일 본 | 5,154,456 | 5,472,050 | 5,768,783 | 5.4% | 34.8% |
| B M W | 296,524 | 307,402 | 313,939 | 2.1% | 1.9% |
| 폭스바겐 | 336,422 | 310,915 | 329,112 | 5.9% | 2.0% |
| 기 타[1] | 34,429 | 38,459 | 40,953 | 6.5% | 0.2% |
| 유 럽 | 667,375 | 656,776 | 684,004 | 4.1% | 4.1% |
| 현대 · 기아 | 688,670 | 730,863 | 749,822 | 2.6% | 4.5% |
| 한 국 | 668,670 | 730,863 | 749,822 | 2.6% | 4.5% |
| 총 계 | 16,913,361 | 16,997,203 | 16,559,625 | -2.6% | |

주 : 1) 기타는 Ferrari, Lamborghini, Lotus, Maserati, Porche임

자료 : Automotive Data Center

유럽계 브랜드들은 2003년 이후 3년간 판매가 감소되다가 2006년에 4.1%의 판매량 증가를 보였으며 한국의 현대 · 기아는 주력 제품(소나타 등)의 판매가 기대에 못 미치면서 판매량 증가율이 2.6%에 그쳤다.

#### (3) 진출전략

① 한국 자동차들은 각종 품질 테스트에서 우수한 성적을 보이고 있음에도 불구하고 소비자들의 한국차에 대한 인식은 쉽게 변화하지 않고 있는 실정임

② 자동차 리스(lease) 및 중고차 전문기관인 Automotive Lease Guide의 조사 결과에 의하면 현대자동차와 기아자동차의 신차 구입 3년 후의 잔존가치비율은 각각 신차 가격의 42.9%, 38.1%로, 업계 평균(고급 차량 제외)인 44.5%에 못 미치는 것으로 나타났음

③ 중고차 가격은 소비자들의 품질에 대한 신뢰도(credibility)와 브랜드에 대한 인식을 그대로 반영하는 지표로 품질에 큰 차이가 없음에도 불구하고 중고차 가격이 업계 평균에 미치지 못한다는 것은 브랜드 가치(brand value)가 낮다는 것을 의미함

④ 소비자들의 브랜드 인지도를 제고시킬 수 있도록 홍보활동에 주력하는 한편 도요타(Toyota), 혼다(Honda), 닛산(Nissan) 등과 같이 브랜드를 분리하는 전략도 고려해 볼 필요가 있음

## 3. 석유화학

### 3.1 폴리프로필렌(Polypropylene, HS 3902.10)

#### (1) 시장동향

폴리프로필렌은 크게 패키징 시장, 직물 시장, 카펫 · 융단 및 자동차 · 산업용 기계 · 전자제품 · 건설자재(이하 기타 시장으로 분류) 시장에서 광범위하게 활용되고 있다. 폴리프로필렌은 상대적으로 비용이 저렴한 원자재로 단단하며 열에 강하고 화학적 비활성도가 높은 특성을 가지고 있어 다방면에 광범위하게 활용되고 있다. 특히, 패키징에 가장 많이 활용되고 있으며 직물, 카펫 · 융단, 기타 시장 순으로 폴리프로필렌이 사용되고 있다.

① 패키징시장

필름, 뚜껑 · 마개, 병 · 용기, (비스킷 등이 담겨진)통 · 접시에 활용되는 것을 총망라한다. 저렴한 가격과 강도 및 훌륭한 방벽기능으로 인해 고밀도 폴리에틸렌이나 셀로판 등 제품 대신 광범위하게 활용되고 있다. 연신 폴리프로필렌(OPP) 제품은 투명성이 크고 기계적 강도가 높아

스낵류나 초콜릿 혹은 담배 등을 포장하는 데 사용되고 있다.

② 직물시장

저가, 강도, 내구성, 경량, 투습성, 보온성 및 얼룩에 강한 이점 등으로 인해 부직포(의료용 섬유, 지오 섬유 등에 사용)나 니트, 편직물에 활용되고 있다.

③ 카펫 · 융단시장

카펫의 페이스 화이버(face fiber : 앞면, 노출된 부분)나 카펫 백킹(backing : 바닥과 닿는 뒷면)에 사용되며 주거용에 폭넓게 활용되고 있다.

④ 기타 시장

자동차, 산업용 기계 및 의학제품 및 가구, 전자제품 및 건설용으로 사용되고 있다. 자동차 내장재(배터리 케이스나 패널 등)에 사용되는 주요 수지(resin) 중의 하나로 평가된다.

미국 내 수요(2005년 기준)는 145억 달러 정도인 것으로 추정된다. 허리케인의 여파로 걸프만 소재 생산시설이 파손되어 폴리프로필렌 가격이 상승하여 전년 대비 감소한 상태이다. Freedonia는 2010년까지 연평균 약 4.5%씩 성장하여 2010년에는 시장규모가 181억 달러에 이를 것으로 전망하고 있다.

폴리에틸렌 수요는 수요가 창출되는 패키징, 직물 및 카펫 · 융단, 건축(리모델링 포함), 자동차산업의 활동에 의해 영향을 받고 있다. 이외에도 폴리프로필렌 공급원료 가격 및 아시아 · 중동산 저가 제품 공급물량도 폴리에틸렌 수요에 영향을 미치는 것으로 인식되어 있다.

| 시장 구분 | 사용 확대(예상) 분야 |
|---|---|
| 패 키 징 시 장 | PET을 대체해 컨테이너 사용 |
| 직 물 시 장 | 건설현장에서 사용되는 부직포, 의료제품, 위생제품 |
| 카펫 · 융단시장 | 액센트 융단, 경질 플루어링(hard surface flooring), 에어리어 융단(area rug) 교체 수요 |

메탈로센 촉매제 및 나노컴파짓(Nanocomposites) 기술의 적용 영역이 확대되어 폴리프로필렌이 기존에 가지고 있던 한계(방벽 기능 및 충격에 견딜 수 있는 강도가 폴리에틸렌 테레프탈레이트(PET)에 비해 떨어짐)를 극복할 수 있게 되어 폴리프로필렌의 수요를 견인할 것으로 기대된다.

### (2) 경쟁동향

2005년 물량 기준으로 미국산의 시장점유율은 약 97.16%, 수입산 비중은 2.84%에 불과한 실정이다(수요와 실제 판매량이 동일하다고 가정하고 추정한 시장점유율임). Basell(네덜란드), Ineos(영국), ExxonMobil(미국)의 미국 공장 생산능력이 미국 전체의 약 45%를 차지하고 있으며 제공 제품을 증가시키고 핵심사업에 역량을 집중하기 위해 업종 내 인수합병(M&A)이 활발하게 이루어지고 있다.

미국은 2006년 기준 폴리프로필렌 순수출국(수출액 - 수입액 = 17.69억 달러)이나 아시아 · 태평양 및 중동 · 아프리카 지역 내 생산능력 확대로 인해 저가 폴리프로필렌 대미 수출이 증가할 것으로 예상된다. 따라서 순수출액은 지속적으로 감소될 것으로 보인다. 이에 따라 수입산의 미국 시장 점유율도 확대될 것으로 예상되고 있다. 수입시장 경쟁동향을 살펴보면 캐나다가 1위로 2006년 기준 전체 수입시장의 74.4%를 차지하고 있으며 일본이 6.06%로 2위를 기록하고 있다.

한국의 대미 수출량은 2005년 급증세를 보였으나 2006년 17.81% 감소하며 수입시장 점유율 6위를 기록하였다.

〈표 22-13〉 연도별 대미 폴리프로필렌 수입추이(2004~2006)

(단위 : 백만 달러)

| | 2004 | 2005 | 2006 |
|---|---|---|---|
| 캐나다 | 174.957 | 196.044 | 184.629 |
| 일본 | 12.057 | 15.790 | 15.048 |
| 벨기에 | 4.299 | 6.913 | 11.766 |
| 멕시코 | 5.764 | 4.587 | 5.943 |
| 독일 | 4.173 | 5.332 | 5.695 |
| 한국 | 0.237 | 5.373 | 4.416 |
| 호주 | 2.038 | 2.499 | 3.188 |
| 이스라엘 | 0.862 | 1.324 | 2.765 |
| 영국 | 0.810 | 1.759 | 2.490 |
| 기타 | 8.602 | 19.412 | 12.233 |
| 총계 | 213.799 | 259.033 | 248.173 |

자료 : World Trade Atlas

**(3) 진출전략**

① 공급(생산) 업체들은 물류비용과 리드타임을 단축하기 위해 폴리프로필렌 수요업체와 지리적으로 인접한 곳에 소재하고 있으며 이들 기업과 밀접한 관계를 유지하고 있음

② 캐나다 및 멕시코와의 경쟁에서 해상운임 및 물류비용에서 20~30% 가격경쟁력이 열위에 있어서 미국 현지 기업과의 전략적 제휴(strategic alliance)와 인수합병(M&A)을 고려해

볼 필요가 있음

③ 미국 내 주요 생산업체들이 효율적인 생산공정 확립을 통한 비용절감 및 업그레이드된 수지(레진)를 생산하기 위해 연구개발(R&D)에 역점을 두고 있는 점을 고려하여 국내 기업도 이를 벤치마킹(benchmarking)할 필요가 있음

### 3.2 ABS(Acrylonitrile Butadiene Styrene, HS 3909.30)

#### (1) 시장동향

① ABS는 50% 이상의 스티렌과 아크릴로니트릴, 부타디엔의 조합으로 이루어져 아크릴로니트릴과 부타디엔의 비중이 달라질 경우 ABS의 특성도 달라져 다방면에 사용이 가능함

전기전자제품, 자동차, 건설 활동 및 기타 소비재, 산업용을 포함한 기타 제품 제조시 사용되고 있다. ICIS Chemical Business Americas에 따르면 부품을 포함한 전기전자 제품 내 ABS 수요가 전체의 34%로 가장 높은 편이며 자동차 등 교통수단에 사용되는 수요가 20%, 배관용 13%, 기타 폴리머와 혼합용 7%, 의학제품 4%, 완구류 · 정원관리 제품 · 가구 등 기타 용도로 사용되는 수요가 22%로 집계되고 있다.

② 2000년부터 ABS에 대한 수요(생산 + 수입 - 수출)가 연평균 1%씩 성장하여 2005년 기준 미국 내 수요는 14.5억 파운드에 이르고 있으며 향후 2009년까지 연평균 수요증가율은 1.8%로 예상되어 2009년 미국 내 수요는 15.6억 파운드로 전망됨

ABS는 가장 큰 규모의 엔지니어링 열가소성 플라스틱 레진 시장으로 폴리프로필렌, 폴리스티렌과 같은 범용(저가) 플라스틱과 폴리카보네이트, 폴리우레탄 등의 고성능 엔지니어링 열가소성 플라스틱 제품군 사이에 포지셔닝하고 있다. 이에 따라 비교적 저렴한 가격에 고품질이 요구되는 제품에서는 ABS가 폴리프로필렌과 고강도 폴리스티렌을 대체하고 있는 추세이나 실질적으로 ABS의 수요를 견인하고 있는 것은 하이엔드 제품 산업이다. 특히, 최근 들어 순수 ABS의 사용을 대체하고 있는 ABS · 폴리카보네이트 블렌드는 충격 강도가 높고 낮은 온도에서도 연성이 좋으며 열에 강할 뿐만 아니라 외관 및 비용 효율성이 우수해 자동차 휠 커버(wheel cover)나 레저용 제품 등 활용영역이 확대되고 있다.

③ 에너지 가격과 원료 가격 상승으로 인해 ABS 가격은 지난 2년간 지속적으로 인상되어 왔으나 인상폭이 원자재 가격 상승분만을 보전할 수 있을 만큼에 그쳐 생산업체들은 수익률 개선에 주력하고 있음

〈표 22-14〉 용도별 ABS 수요 전망

| 용도 | 전망 |
|---|---|
| 전기전자<br>(부품 포함) | · 냉장고 내부 라이너, 핸들, 진공청소기 부품, 블렌더, 커피 메이커, 다리미 및 컬링 아이언에 대한 수요는 현상 유지<br>· 컴퓨터 기술 발달로 구식 오피스 장비(키보드, 모니터 등) 교체수요가 견조할 것으로 예상됨<br>· 하이엔드 제품 내 ABS · 폴리카보네이트 블렌드 수요가 증가될 것으로 전망됨 |
| 교통수단 | · 외관 개선 및 연비절감을 위해 RV(Recreational Vehicle)에 사용되는 유리섬유 복합물 대신 ABS 사용 증가<br>-ABS는 유리섬유보다 최대 45% 가벼워 차량 연비 개선<br>· 일부 자동차 제조업체들을 중심으로 비용절감을 위해 여타 하이엔드 엔지니어링 레진을 ABS로 대체하는 추세가 지속되고 있는데 순수 ABS 보다는 ABS · 폴리카보네이트 등 블렌드를 사용함으로써 업그레이드된 성능 및 비용절감을 동시에 추구하고 있음<br>· ABS · 폴리카보네이트는 자동차 차체 패널, 휠커버 등에 사용되고 있는데 이에 대한 수요가 지속될 것으로 전망됨 |
| 의료용 | · IV(Intravenous, 정맥) 혈액 투여 세트, IV 혈액 필터, 수술기구 부품, 홈테스트킷, 바늘이 없는 약 투여기 등에 사용되고 있음<br>· ABS는 폴리비닐 클로라이드나 폴리스티렌보다 고가이고 폴리카보네이트보다 내충격성이 떨어지나 고품질과 비용이 모두 중요한 의료제품 내 사용이 확대됨에 따라 수요가 증가할 것으로 전망됨<br>-특히, 혈액 취급 제품 내 ABS를 사용할 경우 혈소판이 달라붙지 않는 장점이 있음 |
| 기타 | · 헬멧 등 레저용 제품과 완구류, 도장재(painting)에 대한 수요 증가<br>· 기존의 유리섬유플라스틱(FRP : Fiber-Reinforced Plastics) 대신 홈 스파와 핫텁(hot tub)에 사용되고 있으며 정원제품 등에도 활용폭이 확대되고 있음<br>· 재택 근무 인구가 증가함에 따라 의자, 책상 부속품 및 책꽂이 등 홈 오피스 가구에 대한 수요가 증가함 |

### (2) 경쟁동향

2005년 물량기준으로 미국산의 시장점유율은 약 74.3%, 수입산의 시장점유율은 25.7%에 이르고 있다(수요와 실제 판매량이 동일하다고 가정하고 추정한 시장점유율임). 세계적으로 가장 큰 ABS 생산업계는 대만의 Chi Mei와 한국의 LG화학(시장점유율로는 1위)이나 미국 시장에서는 미국산에 비해 시장점유율이 현저히 열세를 보이고 있다. 미국산 ABS는 GE, Dow Chemical, Lanxess, Diamond Polymer에 의해 생산되고 있으며 GE는 미국 내 생산능력의 50% 이상을 보유하고 있다.

수입시장만을 살펴보면 멕시코산의 강세가 두드러진다. 멕시코산은 2003년까지 대만산과 수입시장 점유율 1위 자리를 놓고 경쟁하였으나 2004년 이후 1위 자리를 고수하고 있다. 한국산은 1999년까지 수입시장 점유율 1위였으나 2000년을 기점으로 멕시코산에 뒤처진 후 지속적으로 시장점유율이 감소하여 현재는 대만산에 이어 수입시장 3위를 차지하고 있다.

〈표 22-15〉 미국 주요 기업의 ABS 생산능력 현황

| 회사명(브랜드명) | 공장 소재지 | 연간 생산능력 (단위 : 백만 파운드) |
|---|---|---|
| GE Plastics (CYLOLAC-ABS/PC) | Bay St. Louis, MS | 280 |
| | Ottawa, IL | 475 |
| | Washington, WV | 160 |
| Dow Chemical (MAGNUM, Emerge/Pulse-ABS/PC) | Allyn's Point(Gales Ferry), CT | 55 |
| | Hanging Rock(Ironton), OH | 140 |
| | Midland, MI | 195 |
| Lanxess (LUSTRAN-ABS/Nylon) | Addyston, Ohio | 450 |
| Diamond Chemical | Akron, Ohio | 60 |
| 총 계 | | 1,815 |

주 : swing capacity(ABS 혹은 폴리스티렌을 생산 가능)도 포함
자료 : ICIS Chemical Business Americas(2006. 9. 25 ~ 10. 1)

〈표 22-16〉 연도별 대미 ABS 수입추이(2004~2006)

(단위 : 백만 달러)

| | 2004 | 2005 | 2006 |
|---|---|---|---|
| 멕시코 | 65.994 | 85.432 | 73.691 |
| 대 만 | 56.728 | 70.186 | 54.207 |
| 한 국 | 42.486 | 53.366 | 41.916 |
| 일 본 | 16.588 | 16.411 | 20.372 |
| 독 일 | 5.038 | 8.777 | 14.967 |
| 태 국 | 4.188 | 6.836 | 9.908 |
| 캐나다 | 9.458 | 10.116 | 6.890 |
| 말레이시아 | 2.974 | 3.308 | 4.144 |
| 벨기에 | 1.170 | 8.607 | 3.467 |
| 인 도 | 0.001 | 1.783 | 1.513 |
| 기 타 | 8.567 | 6.763 | 4.387 |
| 총 계 | 213.201 | 271.585 | 235.462 |

자료 : World Trade Atlas

### (3) 진출전략

① ABS가 대체하는 금속, 세라믹, 목재나 유리 등 기존 제품과 비교할 때 성능이 어떻게 개선되는지를 홍보하는 방법이 업계 내에서 가장 폭넓게 사용되고 있음

② Chemical Week, ICIS Chemical Business Americas, Plastics News 등의 업계 저널과 바이

어 가이드(buyer guide) 등에 광고 게재도 주요 마케팅 수단으로 인식할 필요가 있음

③ ABS를 구매 · 사용하는 자동차, 전기전자, 건설 및 항공 산업별 협회 등에서 개최하는 미팅에 참석하여 적극적으로 신제품과 기존 제품의 새로운 활용방법을 홍보하는 것도 효과적인 마케팅 방법이 될 수 있음

## 4. 철강

### 4.1 시장동향

(1) 탄소강 바트 용접용 연결구(HS 7307.93.3000, 직경 360㎜ 미만 Carbon Steel Butt Welding Fittings, BWPF)에 대한 수요는 정유, 석유화학, 에너지 발전, 가스생산 및 전송, 건설 및 선박건조에서 파생됨

동 시장은 제품혁신(product innovation)이나 신제품 개발 가능성이 거의 없는 성숙기에 접어든 것으로 평가된다. 중단기적으로 정유 및 석유화학 산업 내 신규 건설활동이 관측되지 않아 조속한 시일 내 동 품목에 대한 미국 내 수요가 급증할 가능성은 작은 것으로 판단된다(업계관계자들에 따르면 허리케인 카트리나(Katrina) 재건 사업으로 직경 360㎜ 미만 품목에 대한 수요 급증 가능성은 작은 것으로 조사됨). BWPF에 대한 소비는 110,000파운드를 기준으로 최근 수년간 보합세를 시현하였는 데 특별한 동인이 없는 한 수요는 현 상태를 유지하거나 소폭 증가할 것으로 전망된다.

〈표 22-17〉 연도별 BWPF 미국 내 소비량 추이(2001~2005. 6)

| | 2001 | 2002 | 2003 | 2004 | 2005(1~6) |
|---|---|---|---|---|---|
| 물량(1,000 pounds) | 128,921 | 110,926 | 91,981 | 118,790 | 59,259 |
| 금액(1,000 dollars) | 114,646 | 102,990 | 88,872 | 128,401 | 74,861 |

자료 : USITC

(2) 시장이 성숙단계에 진입함에 따라 미국산과 수입산 혹은 수입산 간에 제품 품질 차이는 현저히 축소된 상태여서 제품 상호간 대체성이 증가하고 있음

바이어들은 제품 스펙(ISO 9000, ASTM, ASME 등 품질기준도 포함)만 충족한다면 가격이 낮은 제품구매를 선호함에 따라 결과적으로 수입산 제품에 의해 미국 국내산이 지속적으로 대체되는 양상을 보이고 있다.

| ※ 미국산 BWPF 시장점유율(물량기준) : 64.8%(1999) →53.2%(2004) |
|---|

(3) 주 원자재로 사용되는 seamless pipe 가격이 상승세(1999~2005년 6월까지 약 107% 상승)를 보여 동 제품 가격도 동반 상승세를 나타내고 있음

### 4.2 경쟁동향

(1) 미국산의 시장점유율 50%를 약간 상회하는 가운데 말레이시아, 멕시코, 태국, 한국 등으로부터의 수입산 시장점유율이 점진적으로 확대되고 있음

미국 국내 산업의 피해를 방지하기 위해 현재 브라질, 중국, 일본, 대만 및 태국산 제품에 대해 반덤핑(anti-dumping) 관세를 부과하고 있다.

(2) 최근 수년간 말레이시아의 시장점유율이 증가하였으며 멕시코도 저렴한 물류비용 등을 앞세워 대미 수출을 증대시키고 있고 태국 10.68~52.60%에 이르는 반덤핑 관세에도 불구하고 금액 기준 대미 수출 3위를 고수하고 있음
(3) 한국산도 최근 3년간 견조한 성장률을 기록하며 금액 기준 수입시장 점유율 4위를 차지하고 있음

### 4.3 진출전략

(1) 한국산이나 동남아산의 물류비용(미국 내 운반비 제외)은 CIF 가격 기준 10~18%, 내륙운송에 소요되는 비용은 TDC(Total Delivered Cost, 생산에서 운반까지 소요되는 비용)의 0~7%에 이르는 것으로 조사되어 물류비용 절감시 추가적인 가격경쟁력 확보가 가능함
(2) 물량 조절을 통해 FTA 체결 후 과도기(transition period)에 발동 가능한 세이프가드(safeguard)를 방지할 필요가 있음

동 품목은 전술한 바와 같이 이미 중국, 일본, 태국산에 대해 반덤핑 관세를 부과할 정도로 해당 국내 산업의 보호 경향이 뚜렷하다고 할 수 있다.

〈표 22-18〉 연도별 대미 BWPF 수입추이(2004~2006)

(단위 : 백만 달러)

| | 2004 | 2005 | 2006 |
|---|---|---|---|
| 말레이시아 | 8.031 | 11.852 | 20.739 |
| 멕시코 | 8.889 | 10.661 | 7.549 |
| 태국 | 6.975 | 9.503 | 7.442 |
| 한국 | 3.815 | 5.392 | 6.294 |
| 이탈리아 | 2.199 | 3.999 | 5.215 |
| 캐나다 | 3.157 | 3.660 | 3.931 |
| 프랑스 | 1.977 | 2.170 | 3.686 |
| 베트남 | 0.401 | 1.088 | 2.626 |
| 오스트리아 | 0.540 | 1.632 | 2.588 |
| 대만 | 1.840 | 2.242 | 1.642 |
| 기타 | 1.535 | 2.320 | 4.544 |
| 총계 | 39.359 | 54.519 | 63.536 |

자료 : World Trade Atlas

※ FTA 발효시 수입급증으로 인해 국내 산업이 심각한 피해를 입는 것을 방지하기 위해 과도기 기간 동안 해당 품목에 대해 세이프가드를 발동하는 것이 가능하며 발동 기간은 보통 3년 이내로 제한됨

## 5. 고무 · 플라스틱

### 5.1 자동차용 타이어(HS 4011.10/20)

#### (1) 시장동향

① 자동차 타이어시장은 크게 2개의 시장(승용차, 상용차(경트럭 및 중형트럭, 버스 포함))으로 분류되는 데 승용차시장 비중이 80%로 상용차시장을 압도하고 있으며 승용차시장 내에서도 교체용 타이어 판매 비중이 신차 장착용보다 훨씬 높은 상태임

② 2003년 이후 승용차와 상용차 타이어 판매 모두 점진적인 증가세를 나타내다 2006년 상반기 유가 상승 여파로 인해 판매가 감소하였으나 2006년 하반기부터 회복세를 시현하고 있음

업계 관계자들은 2006년 고유가로 인해 절제되었던 수요가 2007년 봄부터는 탄력을 받을 것으로 전망하고 있다.

〈표 22-19〉 미국 내 타이어 판매량 추이(2003~2007)

(단위 : 백만 개)

| | | 2003 | 2004 | 2005 | 2006 (잠정) | 2007 (전망) |
|---|---|---|---|---|---|---|
| 승 용 차 | 교체용(replacement) | 193.6 | 199.2 | 205.3 | 195.7 | 199.7 |
| | 신차 장착용 (OE : Original Equipment) | 54.5 | 53 | 52.7 | 48.2 | 48 |
| 경 트 럭 | 교체용(replacement) | 34.5 | 36.4 | 36 | 33.6 | 33.9 |
| | 신차 장착용 (OE : Original Equipment) | 8 | 7.4 | 6.7 | 5 | 5.2 |
| 중형트럭/버스 | 교체용(replacement) | 15.5 | 16.3 | 17.5 | 16.9 | 17.5 |
| | 신차 장착용 (OE : Original Equipment) | 4.2 | 5.7 | 6.2 | 6.8 | 5.4 |

자료 : Tirebusiness.com

③ 타이어는 크게 4가지 종류(Standard all-season, High-performance all-season, Ultra-high performance, Winter 타이어)로 분류되는 데 몇년 전 까지만 해도 계절이나 기후에 상관없이 사용할 수 있는 Standard all-season 타이어의 인기가 두드러졌으나 2004년부터 High-performance all-season 타이어에 대한 관심이 증대되고 있음

④ 보통 Standard all-season 타이어는 60,000~100,000마일 정도의 수명을 지니나 High-performance all-season 타이어는 40,000~70,000마일에 지나지 않으며 가격 면에서도 훨씬 더 고가로 유통되고 있음

⑤ High-performance all-season 타이어에 대한 미국 내 수요증대 이유는 SUV차량을 운전할 때 차량 밸런스를 잘 유지시켜 줄 뿐만 아니라 코너링 및 제동시 타이트하고 부드러운 느낌으로 인해 운전자들로 하여금 한층 더 원활하고 안전한 운전을 가능하게 해서 속도감을 즐기는 젊은 소비자들에게도 호평을 받고 있음

⑥ 최근 들어 교체용 타이어 구매 시에는 기존에 장착된 OE 타이어보다 한 단계 더 큰 것을 선호하는 추세이며 따라서 휠 또한 타이어에 맞게 큰 것으로 함께 구매하고 있는 실정임

⑦ 중국의 타이어 생산 확대에 따른 타이어 원자재 값 상승으로 인해 타이어 가격도 동반상승하고 있으며 이 같은 추세는 2007년에도 지속될 것으로 전망됨

원자재 비용은 매출원가(COGS : Cost of Goods Sold)의 약 35%를 차지하고 있다.

### (2) 경쟁동향

Goodyear · Dunlop(27%), Michelin · Uniroyal Goodrich(22.1%), Bridgestone · Firestone(18%), Cooper(6.7%), Continental Tire(6.2%) 등 5개사 제조제품이 북미 자동차용 타이어시장의 80%

를 점유한 과점시장(oligopolistic market)을 이루고 있다. 이 밖에 한국의 금호, 한국타이어와 이탈리아 Pirelli, 일본의 Yokohama, Toya 등의 제품이 판매되고 있으며 생산비용 절감을 목적으로 상기 브랜드 제품의 중국 생산확대에 따른 중국산(made in china)의 대미 수입량이 급증하고 있다.

① 승용차용 타이어

OE 시장은 Goodyear · Dunlop(38%), Bridgestone · Firestone(20%), Continental Tire(18%) Michelin · Uniroyal Goodrich(18%)의 판매가 두드러진 과점시장(Pirelli(3%), 한국타이어(3%))을 보이고 있다. 반면에 교체용 시장은 다수 공급업체가 비교적 고른 시장점유율을 기록하고 있다.

〈표 22-20〉 북미시장 교체용 승용차 타이어 시장점유율(2006년 기준)

| 순위 | 제조사명 | 점유율(%) | 순위 | 제조사명 | 점유율(%) |
|---|---|---|---|---|---|
| 1 | Goodyear | 12 | 11 | Toyo | 2.5 |
| 2 | Michelin | 9 | 12 | Yokohama | 2.5 |
| 3 | Firestone | 6.5 | 13 | Dayton | 2 |
| 4 | BFGoodrich | 6 | 14 | Dunlop | 2 |
| 5 | Bridgestone | 5.5 | 15 | Continental | 2 |
| 6 | Cooper | 5 | 16 | Kelly | 1.5 |
| 7 | Hankook/Aurora | 4.5 | 17 | Mastercraft | 1.5 |
| 8 | General | 3 | 18 | Falken | 1 |
| 9 | Uniroyal | 3 | 19 | Pirelli | 1 |
| 10 | Kumho/Marshal | 3 | 20 | Sumitomo | 1 |

주 : 미국산 시장점유율 통계는 입수 불가하여 북미시장 점유율 통계 대용
자료 : Tirebusiness.com

수입시장 경쟁동향을 살펴보면 〈표 22-21〉에서 알 수 있듯이 금액 기준으로는 일본산과 캐나다산의 수입이 두드러진다. 일본은 2005년 캐나다를 추월하여 수입시장 점유율 1위를 달성하였다. 반면에 물량기준으로는 중국이 저가를 장점으로 대미 시장 진출을 확대하여 2005년 수출물량이 급증한 이후 2006년에는 시장점유율 1위를 달성하였다.

한국산은 물량기준으로는 최근 3년간 커다란 변동이 없으나 원자재값 상승에 따른 타이어 완제품 가격 상승으로 금액 기준으로 대미 수출액이 점진적으로 상승하고 있다.

〈표 22-21〉 연도별 승용차용 타이어 수입추이(2004~2006, 금액기준)

(단위 : 백만 달러)

| | 2004 | 2005 | 2006 |
|---|---|---|---|
| 일본 | 641.623 | 844.615 | 831.474 |
| 캐나다 | 713.616 | 809.34 | 766.116 |
| 중국 | 282.704 | 435.469 | 544.384 |
| 한국 | 380.249 | 424.253 | 502.553 |
| 독일 | 150.481 | 175.268 | 162.382 |
| 프랑스 | 114.748 | 136.972 | 143.576 |
| 멕시코 | 153.137 | 161.444 | 123.555 |
| 대만 | 88.824 | 103.052 | 122.345 |
| 인도네시아 | 39.149 | 56.853 | 101.405 |
| 브라질 | 75.222 | 83.341 | 94.845 |
| 기타 | 464.399 | 523.802 | 533.783 |
| 총계 | 3,104.152 | 3,754.409 | 3,926.418 |

자료 : World Trade Atlas(HS 4011.10)

〈표 22-22〉 연도별 승용차용 타이어 수입 추이(2004~2006, 물량기준)

(단위 : 개)

| | 2004 | 2005 | 2006 |
|---|---|---|---|
| 중국 | 11,779,850 | 17,259,341 | 21,126,816 |
| 캐나다 | 20,241,831 | 20,931,840 | 17,982,795 |
| 일본 | 14,564,803 | 17,487,723 | 16,227,251 |
| 한국 | 12,506,318 | 11,293,762 | 12,721,481 |
| 인도네시아 | 1,910,199 | 2,415,378 | 4,293,279 |
| 대만 | 3,155,603 | 3,484,347 | 3,806,917 |
| 브라질 | 3,840,072 | 3,763,104 | 3,264,234 |
| 독일 | 2,764,716 | 3,151,878 | 3,124,286 |
| 멕시코 | 4,558,105 | 3,890,149 | 3,120,166 |
| 프랑스 | 2,246,345 | 2,751,937 | 3,087,585 |
| 기타 | 15,759,900 | 15,840,001 | 15,376,005 |
| 총계 | 93,327,742 | 102,269,460 | 104,130,815 |

자료 : World Trade Atlas(HS 4011.10)

② 상용차용(경트럭, 버스 등) 타이어

승용차와 마찬가지로 Goodyear, Michelin, BFGoodrich 등의 판매가 가장 높은 것으로 나타났으며 한국산 시장점유율은 약 5~6%인 것으로 집계되었다.

〈표 22-23〉 북미 시장 교체용 경트럭 타이어 시장점유율(2006년 기준)

| 순위 | 제조사명 | 점유율(%) | 순위 | 제조사명 | 점유율(%) |
|---|---|---|---|---|---|
| 1 | Goodyear | 11 | 10 | Kelly | 2.5 |
| 2 | BFGoodrich | 9 | 11 | Uniroyal | 2.5 |
| 3 | Michelin | 7.5 | 12 | Kumho | 2.5 |
| 4 | Cooper | 7 | 13 | Mastercraft | 2.5 |
| 5 | Bridgestone | 6 | 14 | Continental | 2 |
| 6 | Firestone | 6 | 15 | Yokohama | 2 |
| 7 | General | 4 | 16 | Dunlop | 1.5 |
| 8 | Toyo | 3.5 | 17 | Dayton | 1.5 |
| 9 | Hankook | 3 | 18 | Pirelli | 1 |

주 : 미국산 시장점유율 통계는 입수 불가하여 북미시장 점유율 통계 대용
자료 : Tirebusiness.com

〈표 22-24〉 북미 시장 교체용 고속도로 트럭 타이어 시장점유율(2006년 기준)

| 순위 | 제조사명 | 점유율(%) | 순위 | 제조사명 | 점유율(%) |
|---|---|---|---|---|---|
| 1 | Goodyear | 16.5 | 9 | Sumitomo | 3 |
| 2 | Michelin | 16.5 | 10 | Continental | 2.5 |
| 3 | Bridgestone | 15 | 11 | Dunlop | 2.5 |
| 4 | Firestone | 6 | 12 | BFGoodrich | 2.5 |
| 5 | Yokohama | 4.5 | 13 | Kumho | 2 |
| 6 | General | 4 | 14 | Double Coin | 1.5 |
| 7 | Toyo | 3.5 | 15 | Kelly | 1.5 |
| 8 | Hankook | 3 | 16 | Cooper | 1.5 |

주 : 미국산 시장점유율 통계는 입수 불가하여 북미시장 점유율 통계 대용
자료 : Tirebusiness.com

수입 시장 경쟁동향을 살펴보면 〈표 22-25〉에서 알 수 있듯이 금액 기준으로는 캐나다와 중국산의 수입이 두드러진다. 중국산 수입은 일본을 추월하고 급상승하여 현재 캐나다와 비슷한 수준에 도달하였다. 물량기준으로는 2006년 중국이 저가를 장점으로 캐나다산을 추월하여 수입시장 점유율 1위를 차지하였다.

한국산은 물량기준으로는 최근 3년간 커다란 변동이 없으나 원자재값 상승에 따른 타이어 완제품 가격 상승으로 인해 금액기준으로 대미 수출액이 점진적으로 상승하고 있다.

〈표 22-25〉 연도별 승용차용 타이어 수입추이(2004~2006, 금액기준)

(단위 : 백만 달러)

| | 2004 | 2005 | 2006 |
|---|---|---|---|
| 캐나다 | 590.731 | 674.903 | 776.790 |
| 중 국 | 330.348 | 601.185 | 766.145 |
| 일 본 | 523.060 | 468.807 | 500.882 |
| 한 국 | 217.418 | 229.853 | 248.156 |
| 태 국 | 17.035 | 94.167 | 174.388 |
| 영 국 | 98.501 | 129.042 | 108.059 |
| 브라질 | 71.436 | 76.353 | 79.972 |
| 멕시코 | 16.469 | 54.422 | 79.906 |
| 프랑스 | 51.029 | 52.752 | 71.823 |
| 스페인 | 39.551 | 68.381 | 69.709 |
| 기 타 | 208.131 | 207.252 | 232.156 |
| 총 계 | 2,163.709 | 2,657.117 | 3,107.986 |

자료 : World Trade Atlas(HS 4011.20)

〈표 22-26〉 연도별 승용차용 타이어 수입추이(2004~2006, 물량기준)

(단위 : 개)

| | 2004 | 2005 | 2006 |
|---|---|---|---|
| 중 국 | 6,125,549 | 9,179,415 | 11,847,856 |
| 캐나다 | 9,110,757 | 9,714,293 | 9,819,309 |
| 일 본 | 6,303,077 | 5,888,544 | 5,911,284 |
| 한 국 | 3,024,650 | 3,057,703 | 2,755,231 |
| 태 국 | 276,186 | 968,559 | 1,550,684 |
| 멕시코 | 315,966 | 884,305 | 1,231,594 |
| 브라질 | 1,016,165 | 1,037,087 | 1,008,209 |
| 영 국 | 959,181 | 1,096,790 | 821,574 |
| 대 만 | 900,530 | 760,262 | 718,614 |
| 독 일 | 608,452 | 565,145 | 535,915 |
| 기 타 | 2,517,093 | 2,182,739 | 1,867,907 |
| 총 계 | 31,157,606 | 35,334,842 | 38,068,177 |

자료 : World Trade Atlas(HS 4011.20)

### (3) 진출전략

① 현지 타이어 소매시장은 개당 30~40달러의 저가품에서부터 100~200달러대의 고가품까지 다양한 시장이 형성되어 있으나 이미 저가품시장에서 가격으로 중국산 제품과 경쟁하는

것은 불가능한 것으로 평가됨

② 중국산과의 가격경쟁(price competition)을 지양하고 품질경쟁력 강화 및 브랜드이미지 개선을 통해 중고가품 시장에서의 점유율을 확대하는 전략이 필요하며 캐나다 및 일본산 고급제품 대비 가격경쟁력은 자유무역협정(FTA)을 통해 제고될 수 있음

③ OE(신차 장착용 타이어) 시장은 교체용 시장에 비해 규모가 작으나 추후 교체용 타이어 구매시 OE에 대한 충성도가 43%(2003년 기준)에 달해 OE시장에 대한 진출을 확대시킬 필요가 있으며 타이어 품목의 특성상 미국 각지에 서비스 네트워크를 강화해야 함

### 5.2 폴리에틸렌 백(HS 3923.21)

#### (1) 시장동향

① 폴리에틸렌 백은 옷가게에서 무료로 제공되는 티셔츠 백이나 바닥이 납작한 쇼핑 백 혹은 다양한 형태의 입구가 잠기지 않는 백이나 위에 손잡이가 달린 백 등을 통칭하는 데 시장의 90% 정도가 티셔츠 백이나 다이컷(die-cut) 백인 것으로 조사되고 있음

② 2003년 기준 플라스틱 쇼핑백의 미국 시장 규모는 약 9.96억 달러로 집계되었는 데 연간 4% 정도 증가했다고 가정하면 2006년 기준 약 11.2억 달러 정도인 것으로 추산됨(연도별 시장 소비증가율 : 3.7%(2002) → 6.4%(2003))

미국 국내산의 생산량은 정체된 가운데 수입물량의 증가에 힘입어 시장 소비 규모가 지속적으로 확대되고 있다.

③ 금액 기준, 미국 국내산 시장점유율은 2003년 77.6%로 2001년 87.7%에서 급감하였는 데 수입산에 의한 국내산 시장점유율 잠식 추세는 지속되고 있는 것으로 업계 관계자들은 관측하고 있음

④ 대부분의 폴리에틸렌 백은 소매상이 제시한 스펙에 따라 제조되는 데 소매상의 고객 편의뿐만 아니라 소매상의 아이덴티티(identity)를 홍보할 수 있도록 디자인하고 있음

고가 소매상(higher-end retail establishments)에서는 폴리에틸렌 백을 자사 이미지의 일부로 간주하여 제품 디자인에 주력하고 있다. 특히, 바닥이나 위쪽 부분에 카드보드를 삽입하고 별도로 핸들을 부착한 하이엔드 폴리에틸렌 백의 경우에는 제품 완성 전 수공(manual labor)이 요구되는 이유로 인건비가 비싼 미국에서는 생산이 불가능해 저가 노동이 가능한 중국, 태국 등지에서 생산되고 있다.

⑤ 2003년 기준 미국산 70% 정도가 소매상에 판매되었는 데 18%가 인터넷경매를 통해 판매성사(2001년에는 4%에 불과), 나머지 26%는 디스트리뷰터에게 판매되었으며(인터넷 경매

2%, 2001년에는 0.5%), 4%는 기타 고객을 대상으로 판매된 것으로 나타났음

기타 고객을 대상으로 한 판매비중은 소매상의 인터넷 경매 활용 확대로 2001년 14%에서 현저히 감소하였다.

⑥ 2003년 기준 메이저 수입산 제품(중국, 태국, 말레이시아)의 41%가 소매상에게 판매되었는데 13%가 인터넷 경매를 통해 성사(2001년에는 0.1%에 불과), 나머지 48%는 도매상에게 판매(인터넷 판매 15%, 2001년에는 7%)되었으며 나머지 11%는 기타 고객 판매로 나타남

인터넷 경매는 보통 역경매(reverse auction)를 통해 이루어지는 데 식료품 체인점이나 전미 지역에 판매점을 보유한 소매상이 구매비용을 하락시키기 위해 스폰서하는 경우가 대부분이다. 최저 가격이 반드시 낙찰되는 것은 아니며 서비스와 안정적인 공급 등 다수의 요소를 종합적으로 고려하여 낙찰자가 선정된다. 낙찰자와 최종적으로 계약을 체결할지를 결정할 수 있도록 평가기간(evaluation period)을 가질 수도 있다.

⑦ 미국산의 경우 주문판매가 전체판매의 54.4%, 재고판매가 45.6%에 이르는 데 반해 수입산은 주문판매가 66.9%, 재고판매가 33.1%로 주문판매비중이 단연 앞서고 있음

⑧ 매출원가의 약 60%를 차지하는 폴리에틸렌 레진 가격의 상승세로 인해 한동안 폴리에틸렌 백 가격도 동반 상승하였으나 저가 수입산의 유입 증가 및 레진 가격 안정화 등으로 인해 최근에는 가격이 하향 안정세를 보이고 있음

#### (2) 경쟁동향

전술한 바와 같이 미국산 시장점유율이 중국 등 저가 제품산에 의해 급속히 감소되고 있다. 중국산은 2004년 8월 이후 태국, 말레이시아산과 함께 반덤핑 관세가 적용되고 있다는 점을 고려할 경우 중국산의 가격 절하 정도가 타국 제품에 비해 얼마나 큰지 알 수 있다.

| ※ 반덤핑 관세율 : 중국산(19.79~77.57%), 태국산(2.26~122.88%), 말레이시아산(84.94~101.74%) |
|---|

한국산 수출도 점진적으로 성장세를 나타내고 있으나 가격경쟁력에 밀려 순위는 8위를 나타내고 있다.

#### (3) 진출전략

① 폴리에틸렌 백은 대형 유통업체에서 대량으로 소비되는 필수품으로 최종 수요자(대형 유통업체) 입장에서는 미세한 가격이나 품질차이보다는 적기공급 가능 여부가 최대관건임

② 현지 대형 유통업체나 도매상등은 비용절감을 위해 쇼핑백 같은 소모품의 재고비축을 삼가하고 Just-in-Time 공급이 가능한 생산자를 선호하는 경향이 있음

〈표 22-27〉 연도별 대미 플라스틱 백 수입 추이(2004~2006)

(단위 : 백만 달러)

| | 2004 | 2005 | 2006 |
|---|---|---|---|
| 중국 | 273.901 | 384.185 | 500.162 |
| 캐나다 | 334.500 | 387.193 | 398.373 |
| 태국 | 67.068 | 131.842 | 146.982 |
| 대만 | 43.359 | 61.582 | 80.286 |
| 인도네시아 | 16.336 | 28.348 | 42.736 |
| 베트남 | 9.054 | 21.143 | 34.283 |
| 멕시코 | 41.545 | 36.070 | 32.572 |
| 한국 | 22.014 | 25.585 | 30.944 |
| 말레이시아 | 10.509 | 22.999 | 29.155 |
| 기타 | 128.76 | 148.596 | 161.365 |
| 총계 | 947.048 | 1,247.543 | 1,456.858 |

자료 : World Trade Atlas(HS 3923.21)

③ 원가 상승 요인을 감수하고서라도 현지에 물류거점을 확보하여 충분한 재고를 비축하여 바이어의 주문에 적기 대응하는 것이 현지 시장 진출의 관건임

〈표 22-28〉 미국산과 수입산 리드타임 비교

| 원산지 | 출고장소 | 비중(%) | 리드타임(weeks) |
|---|---|---|---|
| 미국산 | 재고(inventory) | 45.6 | 0.8 |
| | 주문생산 | 54.4 | 3.9 |
| 수입산 | 재고(inventory) | 33.1 | 1.8 |
| | 주문생산 | 66.9 | 9.9 |

자료 : USITC(2004)

### 5.3 PET 필름(Polyethylene Terephthalate, HS 3920.62.00)

#### (1) 시장동향

① 미국 시장조사 전문기관인 Freedonia에 따르면 미국의 PET 필름(Polyethylene Terephthalate Film) 수요는 2003년 기준으로 약 725 백만 파운드 정도로 추산되며 이후 점진적으로 감소하여 2008년 수요량은 약 660 백만 파운드에 이를 것으로 전망됨

이는 현재 PET 필름이 가장 많이 사용되고 있는 사진 응용부문(photographic applications)에서 디지털 기술 등장과 다음으로 많이 사용되고 있는 마그네틱 테이프 시장(비디오 테이프, 카세트 테이프 등) 내 CD 및 DVD 등 신기술 도입에 따른 경쟁격화에 기인한 것으로 분석된다.

〈표 22-29〉 PET 필름 수요 추이

| | 1993 | 1998 | 2003 | 2008 | 2013 |
|---|---|---|---|---|---|
| PET 필름 수요 | 625 | 715 | 725 | 660 | 650 |

주 : 2008, 2013년 수요는 전망치
자료 : Freedonia

② 사진 응용부문이나 마그네틱 테이프 등에서 수요가 감소세를 보이는 것과는 반대로 식품류 등을 포함한 포장재에 있어서는 활용도가 증가하고 있음

특히, 연평균 5%씩 성장하는 연포장재 시장에서는 기존의 종이나 알루미늄 호일 등을 대체해 가며 급성장세를 시현하고 있다.

③ 시장이 성숙해짐에 따라 경쟁이 치열해져 가격이 한동안 감소세를 나타내었으나 2002년을 기점으로 TPA나 EG 등 원자재 가격 상승분이 제품판매가에 전가됨으로써 최근 수년간 상승세를 시현하고 있음

**(2) 경쟁동향**

① 미국 국내 공급업체로는 전세계에서 가장 많은 PET 필름을 생산하는 것으로 알려진 Dupont과 MFA(Mitsubishi Polyesters Film)가 대표적이며 이외에도 Toray Plastics, 3M 등이 있으며 미국 시장의 상당부분을 차지하고 있음

② 미 국내산에 비해 저가로 수입되는 제품이 점차적으로 시장점유율을 잠식하고 있음

특히 코오롱, 도레이 새한, SKC 등 한국산 제품이 선전하고 있다. 한국산의 수입시장 점유율은 2005년을 기점으로 일본을 추월하여 1위를 고수하고 있다.

③ 일본 내 비디오테이프 시장 사양화에 따라 일본산의 대미 수출이 정체되고 국내 업체들의 생산시설 증설에 힘입어 규모의 경제(economies of scale)를 실현 가능하게 되었을 뿐만 아니라 기술적 우위(technological advantage)를 확보하게 되었음

④ 중국산은 저가를 무기로 점진적으로 시장점유율을 확대해 나가고 있으며 인도를 중심으로 한 동남아지역에서도 PET 필름 신·증설이 가속화되어 현재까지 가시화되지는 않았으나 저가를 앞세운 동남아산의 대미진출 확대 가능성이 상존하고 있음

⑤ 수입산 시장점유율이 점차 확대되면서 미국정부는 국내 산업 보호를 위해 한국, 일본, 인도, 대만산 제품에 대해 반덤핑 관세를 부과하고 있음

1995년 일본산에 대한 반덤핑 관세는 철회되었고 현재 한국의 코오롱, HSI, 도레이 새한 제품에 대해서도 종료되었으나 2차 일몰재심 결과 SKC와 SKC America에 대해서는 13.92%의 반덤핑 관세율이 확정되었다.

〈표 22-30〉 연도별 플라스틱 필름 수입추이(2004~2006)

(단위 : 백만 달러)

| | 2004 | 2005 | 2006 |
|---|---|---|---|
| 한국 | 65.966 | 83.753 | 75.837 |
| 일본 | 67.593 | 68.925 | 68.813 |
| 중국 | 22.665 | 36.803 | 42.145 |
| 캐나다 | 24.900 | 33.086 | 40.663 |
| 영국 | 20.985 | 37.750 | 35.166 |
| 대만 | 11.747 | 12.798 | 14.558 |
| 태국 | 15.091 | 18.926 | 13.248 |
| 브라질 | 8.283 | 9.089 | 13.180 |
| 이탈리아 | 15.952 | 13.494 | 12.648 |
| 벨기에 | 1.890 | 5.413 | 12.629 |
| 기타 | 49.436 | 63.790 | 72.679 |
| 총계 | 304.508 | 383.827 | 401.566 |

자료 : World Trade Atlas

### (3) 진출전략

① 시장이 성숙한 만큼 가격이 바이어의 구매 결정에 가장 큰 영향을 미치고 있으며 한국산은 품질 면에서 인지도가 있어 가격경쟁력(price competitiveness)이 제고될 경우 시장 확대 가능성이 있음

대부분의 판매는 일정기간 계약에 의해 이루어지며 과잉 혹은 2등급 필름의 소량은 스폿 판매가 이루어지기도 한다. 대부분 계약 체결시 meet-or-release(바이어가 계약가보다 더 낮은 가격에 공급하겠다고 하는 공급업체를 발견시 공급업체는 해당가격에 납품하거나 바이어를 계약이행 의무로부터 면해주는 조항)를 포함하여 시황에 따른 가격변동을 허용하고 있다.

② 바이어들이 유통단계에서 재고를 보유하지 않으려는 경향이 있어 현지 수시 주문에 대응하기 위해서는 미국 현지에 웨어하우스를 보유한 에이전트 선정이 중요함

대부분의 PET 필름은 국내산이나 수입산인지 여부와 무관하게 주문 혹은 예상되는 주문에 응하는 형식으로 생산되어 생산자로부터 직접 최종소비자에게 운송된다. 일부만이 디스트리뷰터나 생산업체 보유 물류창고로 이동되는 데 판매까지 시간은 평균 1~3일 소요되고 있다. 미 국내산 PET 필름의 주문에서부터 배송까지 리드 타임은 10~45일이나 수입산의 경우 45~120일로 국내산에 비해 긴 리드타임이 시장확대에 장애요인이 되고 있다.

※ 미국 대형 생산업체는 메이저 식품 제조업체 등 납품 대상 기업 인근에 생산시설을 구축하여 운송에 소요되는 기간을 단축시키고 있음

③ 최근 진열대에서 소비자의 이목을 집중시키기 위한 목적으로 패키징 디자인(packaging design)에 대한 관심이 고조되는 점을 고려하여 중소기업의 경우 독창적인 디자인을 통해 비즈니스 확대가 가능함

## 6. 기계

### 6.1 공작기계(HS 8456)

#### (1) 시장동향

세계 5대 공작기계 소비시장은 중국, 독일, 일본, 미국, 이탈리아로 이 중 미국 소비시장 규모는 2006년 기준 약 62.6억 달러를 기록하였다. 1993년 이후 세계 최대의 규모를 보이던 미국 공작기계 소비시장 규모는 2002년까지 지속된 경기침체(recession)의 여파로 그 규모가 해마다 30% 이상 급감하여 세계 4위 수준에 머물렀으나 2003년 이후 회복세를 보이고 있다.

이는 미국 제조업체들이 생산성(productivity) 제고를 위해 지속적으로 현대화된 장비를 도입하고 있기 때문이며, 특히 전체 공작기계의 95% 정도를 차지하고 있는 절삭 공구류 시장규모(2006년 기준)는 전년 대비 29.2% 증가하여 전체 공작기계 시장규모 확대를 견인하고 있다.

#### (2) 경쟁동향

미국 공작기계 수입시장 규모(2006년 기준)는 약 7.4억 달러로 전년 대비 10.3% 증가한 것으로 나타났다.

미국 공작기계 최대 수입국은 전체 수입시장의 56.2%를 점유하고 있는 일본으로 2005년 기준 미국의 대일 수입은 4.1억 달러로 전년 대비 약 5.9% 증가하였다.

한편, 일본산 제품과 직접적인 경쟁관계에 있는 한국산 공작기계는 최근 품질경쟁력 향상으로 2003년 이후 2006년까지 4년간 연평균 대미 수출증가율이 321%에 이르는 등 수출이 급증하고 있다.

〈표 22-31〉 연도별 대미 공작기계 수입 추이(2004~2006)

(단위 : 백만 달러)

| | 2004 | 2005 | 2006 |
|---|---|---|---|
| 일 본 | 277.608 | 391.121 | 414.364 |
| 스 위 스 | 67.945 | 78.076 | 79.621 |
| 독 일 | 31.821 | 54.219 | 68.123 |
| 영 국 | 25.180 | 32.496 | 35.392 |
| 한 국 | 2.802 | 7.716 | 23.047 |
| 이 탈 리 아 | 20.664 | 19.681 | 20.782 |
| 태 국 | 13.439 | 18.081 | 16.663 |
| 중 국 | 6.330 | 14.437 | 16.605 |
| 네 덜 란 드 | 4.941 | 3.009 | 13.925 |
| 싱 가 포 르 | 6.324 | 7.282 | 11.129 |
| 기 타 | 38.185 | 48.171 | 37.388 |
| 총 계 | 495.239 | 668.289 | 737.039 |

자료 : World Trade Atlas

#### (3) 진출전략

공작기계의 경우 바이어의 제품 구매 결정에 큰 영향을 미치는 요인은 제품의 품질, A/S, 가격 순이기 때문에 한국산 제품이 미국 시장에서 경쟁하기 위해서는 일본 제품과 거의 동일한 수준의 품질경쟁력 확보 및 현지 서비스망 구축이 절실히 요구되고 있다. 특히, 공작기계 판매를 담당하는 딜러 발굴은 대부분 관련 유명 전시회를 통해 이루어지고 있기 때문에 미국 시장 진출을 위해서는 필수적으로 공작기계 관련 전시회에 활발히 참가하여 제품 홍보 및 딜러 및 바이어 발굴을 적극적으로 도모해야 한다.

### 6.2 볼 베어링(HS 8482.10.5048/52/60)

#### (1) 시장동향

한국으로부터 수입되는 볼 베어링의 대부분은 다음 3가지 범주에 속한다.

① 외부 직경이 30mm 초과, 52mm 이하 단열 레이디얼 볼베어링(single row radial bearings ; HS 8482.10.5048)

② 외부 직경이 52mm 초과, 100mm 이하 단열 레이디얼 볼베어링(HS 8482.10.5052)

③ 복열 레이디얼 볼 베어링(double row radial bearings ; HS 8482.10.5060)

상기 범주에 속한 미국 볼베어링 소비시장 규모는 2004년 기준 약 12억 달러 규모로 2000년

9.7억 달러에 비해 약 23.57% 성장하였다.

〈표 22-32〉 연도별 미국 볼 베어링 소비시장 규모 추이(2000~2004)

(단위 : 천 달러)

| | ① | ② | ③ | ① +② +③ |
|---|---|---|---|---|
| 2000 | 381,422 | 352,726 | 237,460 | 971,608 |
| 2001 | 339,974 | 309,492 | 228,048 | 877,514 |
| 2002 | 290,635 | 285,240 | 610,872 | 1,186,747 |
| 2003 | 266,188 | 290,199 | 604,498 | 1,160,885 |
| 2004 | 273,488 | 294,108 | 633,046 | 1,200,642 |

자료 : US Census Bureau

〈표 22-32〉에서 알 수 있듯이 단열 레이디얼 볼 베어링 시장 소비는 2000년 이후 점진적으로 감소세를 나타낸 후 정체된 상태이나 복열 레이디얼 볼 베어링 시장 소비는 266.59% 증가하였다. 시장이 성숙단계로 진입함에 따라 단열 레이디얼 볼 베어링 소비 규모는 정체 상태를 보이고 있으나 동 시장 내 수입산의 비중은 확대되고 있다.

〈표 22-33〉 연도별 단열 레이디얼 볼 베어링 수입산 시장점유율 추이(2000~2004)

| | ① | ② |
|---|---|---|
| 2000 | 47.94% | 36.30% |
| 2001 | 44.69% | 34.97% |
| 2002 | 51.46% | 34.34% |
| 2003 | 54.05% | 35.99% |
| 2004 | 59.25% | 43.57% |

자료 : US Census Bureau, World Trade Atlas

볼 베어링 시장은 크게 2가지(맞춤형(custom) 시장, 표준형(standard) 시장)로 양분된다. 최근 들어 '카탈로그 제품 및 기성제품'에 대한 수요는 감소하고 있는 반면에 고도로 설계되거나 맞춤형으로 제작된 제품수요는 증가세를 보이고 있다.

〈표 22-34〉 미국산 · 수입산의 표준형 대 맞춤형 비중

| | 미국산 | 수입산 |
|---|---|---|
| 표준형 베어링 | 33.1% | 54.7% |
| 맞춤형 베어링 | 66.9% | 45.3% |

자료 : USITC(2006)

〈표 22-35〉에서 알 수 있듯이 미국산 표준형 볼 베어링제품은 OEM 생산비중이 AM(aftermarket)보다 약간 높은 것으로 나타났다. OEM의 경우 자동차(부품 포함), AM은 기계류 및 장비에 대한 생산비중이 높은 편이다. 수입산 표준형 베어링 제품은 AM 생산비중이 OEM 보다 앞선 것으로 나타났다. OEM의 경우 기타 범용 기계 및 장비에 대한 생산비중이, AM은 기계류 및 장비에 대한 생산비중이 높은 것으로 나타났다.

한편, 맞춤형 볼 베어링 제품은 미국산과 수입산 모두 OEM 생산비중이 AM보다 압도적으로 높고, 자동차용 부품에 사용되는 비중이 가장 큰 것으로 나타났다.

〈표 22-35〉 표준형 · 맞춤형 볼베어링 제품의 생산비중

| | 미국산(%) | 수입산(%) |
|---|---|---|
| 표준형 베어링 | | |
| OEM-농업, 건설 광산 | 5.5 | 10.9 |
| OEM-금속공업기계 | 1.2 | 3.5 |
| OEM-기타 범용기계 및 장비 | 8.1 | 14.6 |
| OEM-자동차용(부품 포함) | 19.2 | 8.2 |
| OEM-우주항공(부품 포함) | 0.4 | 1.7 |
| OEM-기타 | 17.1 | 2.6 |
| OEM-사용 비중 총계 | 51.5 | 41.6 |
| AM-자동차용(부품 포함), 공급상인 도매상 | 1.4 | 16.3 |
| AM-기계류, 장비 및 공급상인 도매상 | 18.6 | 35.1 |
| AM-기타 | 28.5 | 7.0 |
| AM 사용 비중 총계 | 48.5 | 58.4 |
| 표준형 베어링 사용 비중 총계 | 100.0 | 100.0 |
| 맞춤형 베어링 | | |
| OEM-농업, 건설 광산 | 2.0 | 10.5 |
| OEM-금속공업기계 | 0.2 | 2.6 |
| OEM-기타 범용기계 및 장비 | 1.8 | 8.2 |
| OEM-자동차용(부품 포함) | 62.2 | 42.3 |
| OEM-우주항공(부품 포함) | 15.3 | 3.8 |
| OEM-기타 | 6.9 | 14.6 |
| OEM-사용 비중 총계 | 88.4 | 82.1 |
| AM-자동차용(부품 포함), 공급상인 도매상 | 7.8 | 10.6 |
| AM-기계류, 장비 및 공급상인 도매상 | 0.5 | 5.4 |
| AM-기타 | 3.3 | 1.9 |
| AM 사용 비중 총계 | 11.6 | 17.9 |
| 맞춤형 베어링 사용 비중 총계 | 100.0 | 100.0 |

자료 : USITC(2006)

표준형 제품 시장에서는 높은 인건비와 생산비용으로 인해 미국산 시장 점유율이 수입산에 의해 대체되어 가는 추세를 보이고 있으며 완성차 업체 및 델파이 등 부품 업체의 자동차 부품 아웃소싱(outsourcing)이 확대됨에 따라 맞춤형 제품 시장에서의 수입산 점유율도 점진적으로 확대되고 있다. 현재 수요가 가장 많은 자동차(부품 포함) 이외에도 건설 장비, 국방, 우주항공 관련 분야 볼 베어링 수요 증대의 가능성이 큰 편이다. 그러나 볼 베어링의 메이저 고객 중 하나인 미 국방부는 취약한 자국산업을 보호하기 위해 모든 베어링 제품(FSC 31)에 대해서 조달 시 양허품목에서 제외하고 있다.

### (2) 경쟁동향

① 상기한 바와 같이 전반적으로 수입산 제품이 미국산 제품의 시장점유율을 지속적으로 잠식해 나가고 있는 실정임

특히, 수요의 가격탄력성(price elasticity of demand)이 상대적으로 낮을 뿐만 아니라 대체성이 높고 소모품(commodity-like) 특성이 강한 표준형 제품의 경우 저가 수입산의 시장점유율 확대가 두드러지고 있다. 또한, 완성차 업체 및 부품업체의 자동차 부품 아웃소싱이 확대됨에 따라 맞춤형 제품 시장 내 수입산 비중도 점차 증가하고 있다. 국내 산업을 보호하기 위해 일본, 영국, 독일, 프랑스, 싱가포르 및 이탈리아산 베어링(볼 베어링 포함)에 대해 반덤핑 관세를 부과하고 있다.

〈표 22-36〉 외국산 베어링에 대한 반덤핑 관세율

| 원산지 | 반덤핑 관세율(2차 일몰재심 결과) |
|---|---|
| 일본 | 5.93~106.01% |
| 영국 | 44.02~61.14% |
| 독일 | 31.29~132.25% |
| 프랑스 | 56.50~66.42% |
| 싱가포르 | 25.08% |
| 이탈리아 | 68.29~155.57% |

자료 : USITC(2006)

② 수입산 중에서는 기술력을 장점으로 한 일본산과 저가를 무기로 한 중국산의 시장점유율이 높은 편이며 한국산은 이들 제품에 밀려 시장점유율이 지속적으로 하락세를 나타내고 있음

〈표 22-37〉 연도별 단열 레이디얼 볼 베어링 30~52㎜ 수입추이(2004~2006)

(단위 : 백만 달러)

| | 2004 | 2005 | 2006 |
|---|---|---|---|
| 중 국 | 40.517 | 42.195 | 45.722 |
| 일 본 | 40.517 | 42.195 | 45.722 |
| 캐 나 다 | 28.848 | 23.142 | 18.644 |
| 대 만 | 13.307 | 15.85 | 11.294 |
| 한 국 | 9.529 | 9.708 | 7.916 |
| 기 타 | 29.075 | 27.749 | 14.217 |
| 총 계 | 161.793 | 160.839 | 143.515 |

자료 : World Trade Atlas

〈표 22-38〉 연도별 단열 레이디얼 볼 베어링 52~100㎜ 수입추이(2004~2006)

(단위 : 백만 달러)

| | 2004 | 2005 | 2006 |
|---|---|---|---|
| 일 본 | 64.659 | 69.891 | 63.24 |
| 중 국 | 16.304 | 19.325 | 23.529 |
| 한 국 | 12.545 | 18.700 | 16.097 |
| 캐 나 다 | 8.039 | 15.208 | 9.915 |
| 기 타 | 26.076 | 31.535 | 28.856 |
| 총 계 | 127.623 | 154.659 | 141.637 |

자료 : World Trade Atlas

〈표 22-39〉 연도별 복열 레이디얼 볼 베어링 수입추이(2004~2006)

(단위 : 백만 달러)

| | 2004 | 2005 | 2006 |
|---|---|---|---|
| 일 본 | 4.330 | 2.853 | 3.631 |
| 이 탈 리 아 | 1.739 | 3.363 | 3.354 |
| 스 웨 덴 | 2.780 | 2.986 | 2.851 |
| 캐 나 다 | 1.930 | 1.955 | 2.630 |
| 중 국 | 3.531 | 3.922 | 2.110 |
| 한 국 | 5.885 | 15.590 | 0.689 |
| 기 타 | 4.431 | 1.819 | 1.979 |
| 총 계 | 24.626 | 32.488 | 17.244 |

자료 : World Trade Atlas

③ 중국산 볼 베어링의 경우 품질은 거의 한국과 동일한 수준을 보이고 있으며 가격 면에서는 크게는 15~35% 정도 저렴한 수준이기 때문에 관세가 철폐되어도 중국산 대비 가격경쟁력 개선은 크게 이루어지지 못할 것이나 일본산 대비 가격경쟁력은 제고될 것으로 보임

④ 현재 미국에 판매되고 있는 볼 베어링 제품의 판매 마진율이 높지 않기 때문에 관세 철폐는 당분간 마진율 확보에 기여할 것으로 기대됨

⑤ 장기적으로 한국산 볼 베어링이 미국 시장에서 경쟁력을 확보하기 위해서는 품질경쟁력 확보와 더불어 베어링과 다른 여타 주변 부품과 조립하여 가치를 더한 모듈형태 수출을 해야 할 것으로 판단됨

#### (3) 진출전략

단순 범용제품 보다는 특화된 제품 또는 주변 부품과 조립하여 모듈 형태로 수출하는 전략을 수립해야 하며 이와 더불어 중국산과 경쟁을 지양(止揚)하고 품질경쟁력(quality competitiveness) 제고를 위한 기술 개발에 주력해야 한다. 또한, 미국 시장에 진출하기 위해서는 관련 업계 전문가들이 관련 제품 전시회에 적극적으로 참여하여 판로 개척과 정보 수집의 장소로 활용해야 한다.

## 7. 전기전자

### 7.1 디지털 TV(HS 8528.12)

#### (1) 시장동향

미국 디지털 TV 방송 시장은 정부의 디지털 방송 전환정책 및 활성화 지원제도에 따라 미국 전체 TV 시청가구에서 디지털 TV 시청가구 비율은 2005년 54%로 나타났으며 2006년에는 62%, 2009년까지 87% 수준에 이를 것으로 보인다. 방송 유형별로는 디지털 케이블방식이 가장 높은 비중을 보이고 있으며 디지털 위성, 디지털 지상파 방송 순의 비중을 나타내고 있다.

〈표 22-40〉 미국 방송수신 유형별 현황(2005년)

(단위 : 만 가구)

| | 케이블 방송 | 위성 방송 | 지상파 방송 |
|---|---|---|---|
| 가입자 수 | 2,954 | 2,765 | 139 |

자료 : Informa Telecom & Media, 2006

최근 미국 디지털 방송은 고화질(HD) TV 시장이 대폭 성장하면서 시장을 주도하고 있다.

2004년 미국 TV 전체 매출의 21%를 차지하였으며 향후 연평균 27% 성장하여 2010년에는 70% 수준으로 증가될 것으로 보인다. 특히, 디지털 TV에 사용되는 평면 패널가격이 생산업체의 가격경쟁으로 지속적으로 하락하여 LCD, PDP TV 등 주요 완제품 가격이 인하되면서 일반 소비자의 수요가 증가되는 추세를 보이고 있다.

① LCD TV

LCD TV는 30인치 이상의 제품을 중심으로 더욱 확대되는 추세를 보이고 있다. 2006년 3분기의 판매현황을 보면 30인치 이상의 대형 TV 판매량은 전년동기 대비 300%로 전체 TV 매출액의 75%였으며 37~39인치 제품은 전분기 대비 75%의 성장률을 기록하였다.

② PDP TV

PDP TV 제품에 대한 소비자 수요는 42인치 제품을 중심으로 높은 매출 증가를 보이면서 급성장하고 있다. 2006년 3분기 PDP TV 제품 전체 판매에서 42인치 제품은 53%로 주력 제품군을 형성하고 있다.

〈표 22-41〉 TV 유형별 평균 판매가격 현황

(단위 : 달러)

| | CRT TV | LCD TV | PDP TV |
|---|---|---|---|
| 평균 판매가격 | 223.00 | 1,007.00 | 2,335.00 |

자료 : Display Search, 2006.

### (2) 경쟁동향

미국 디지털 TV 시장은 Samsung, LG, Sony, Sharp 등 한국, 일본의 TV 제조업체가 제품 및 디자인 중심으로 경쟁하고 있는 구도를 보이고 있다. 미국 시장에 대한 수입현황을 보면 한국, 일본의 주요 기업이 미국 시장에 접근성이 높은 멕시코 지역에서 현지생산 및 수출의 비중을 증대시키면서 멕시코로부터의 수입 비중이 가장 큰 편이다.

① 삼성

삼성은 2006년 상반기 미국 LCD TV 시장점유율 1위를 기록했으며 2006년 출시한 LCD TV 보르도 모델로 브랜드 파워(brand power)를 확대시키고 있다.

② LG

LG는 PVR 기능이 있는 LCD TV 타임머신 제품으로 미국 시장에서 경쟁하고 있으며 42인치, 50인치 제품으로 제품을 다변화시키고 있다.

〈표 22-42〉 연도별 대미 디지털 TV 수입 추이(2004~2006)

(단위 : 백만 달러, %)

| | 2004 | 2005 | 2006 |
|---|---|---|---|
| 멕 시 코 | 7,277 | 9,433 | 13,676 |
| 중 국 | 996 | 2,221 | 3,963 |
| 대 만 | 621 | 1,110 | 1,185 |
| 태 국 | 885 | 977 | 1,118 |
| 한 국 | 718 | 598 | 620 |
| 말레이시아 | 625 | 736 | 473 |
| 일 본 | 656 | 716 | 335 |
| 인 도 | 0 | 64.42 | 144 |
| 홍 콩 | 7 | 11 | 21 |
| 인도네시아 | 34 | 74 | 15 |
| 기 타 | 99 | 69 | 32 |
| 총 계 | 11,918 | 16,009 | 21,582 |

자료 : World Trade Atlas

③ 소니

소니는 BRIVIA라는 브랜드명으로 40, 46, 52인치 LCD TV 제품을 중심으로 미국 시장에서 점유율을 확대해 나가고 있다.

④ 샤프

샤프는 미국 LCD TV 시장에서 삼성과 소니에 이어 3위의 시장점유율을 보이고 있으며 가격경쟁을 위주로 시장점유율을 확대하고 있다.

⑤ Syntax & Brillian

Syntax & Brillian은 2005년 합병을 통해 설립되었으며 미국 LCD TV시장에서 저가 제품 시장을 집중적으로 공략하고 있다.

전체적으로 미국 디지털 TV 시장에서 국내 기업의 시장점유율이 확대되고 있으나 최대 경쟁국인 일본 제품과 비교할 때 브랜드 인지도 측면에서 약세를 나타내고 있는 실정이다.

### (3) 진출전략

디지털 TV 제품은 미국 소비가전 제품 시장에서 가장 일반적인 가전제품으로 제품 성격상 대기업 중심으로 브랜드, 디자인 등 비가격경쟁(nonprice competition) 측면의 경쟁력이 미국 시장진출의 가장 중요한 요소가 되고 있다.

제품 유통채널 측면에서도 Best Buy, Circuit City 등 미국 대형 가전제품 전문 유통업체와 Wal-Mart, Costco 등 대형 할인매장들의 시장 및 제조업체에 대한 영향력이 매우 큰 편이다. 따라서 FTA 체결 이후 미국 디지털 TV 제품 시장의 진출을 확대시키기 위해서는 브랜드 인지도 강화와 디자인 차별화 등 비가격경쟁력 강화를 최우선으로 하는 마케팅 전략을 수립할 필요가 있다.

### 7.2 셋톱박스(HS 8525.10.1000)

#### (1) 시장동향

미국 셋톱박스 시장은 케이블 및 위성방송용 셋톱박스 시장이 중심을 이루고 있다. 최근 방송과 통신 융합의 새로운 서비스가 활성화되고 기존 유선통신 사업자가 인터넷 기반의 방송 서비스 시장에 신규 진출하면서 시장규모가 확대되는 양상을 보이고 있다. 미국 셋톱박스 시장은 2006년 기준 전세계 시장의 40%를 차지하는 최대 시장이며 향후 5년간 연평균 9%의 성장이 예상되고 있다.

최근 미국 시장의 셋톱박스 출하동향을 살펴보면 위성용 제품은 시장규모가 축소되고 있으나 케이블 및 IPTV용 제품은 시장이 확대되고 있다.

〈표 22-43〉 미국 디지털 셋톱박스 출하 전망

(단위 : 백만 대)

| | 2005 | 2006 | 2007 | 2008 | 2009 | 2010 |
|---|---|---|---|---|---|---|
| 케이블용 | 8.88 | 9.8 | 10.47 | 11.42 | 11.96 | 12.48 |
| 위성용 | 12.01 | 13.49 | 14.99 | 14.25 | 13.38 | 13.28 |
| IPTV | 0.25 | 0.58 | 1.65 | 2.9 | 3.9 | 6.7 |

자료 : IDC, 2006.

제품 유형별 시장동향을 살펴보면 2006년 기준 위성과 케이블방송용 제품의 시장점유율이 전체의 98%를 차지하고 있으며 IPTV 셋톱박스는 2% 수준을 보이고 있다. 그러나 2010년에는 위성과 케이블용 셋톱박스 제품 시장은 규모가 축소될 것으로 보이나 IPTV 셋톱박스 제품의 시장점유율은 21%까지 증가할 것으로 전망된다.

① 케이블용 셋톱박스 시장

케이블용 셋톱박스 시장은 미국 방송 송출 전면 디지털화의 영향으로 아날로그(analogue) 제품에서 디지털 제품으로 교체수요가 증가하고 있으며 위성방송용 시장은 신규 가입자 정체와 시장포화로 성장폭이 크지 않을 것으로 보인다.

〈표 22-44〉 미국 셋톱박스 제품유형별 시장점유율 현황

(단위 : %)

| | 2006 | 2010(전망) |
|---|---|---|
| 케 이 블 용 | 41 | 39 |
| 위 성 용 | 57 | 40 |
| I P T V | 2 | 21 |

자료 : IDC, 2006.

② IPTV 제품시장

IPTV 제품시장은 방송과 통신서비스 융합과 쌍방향 방송서비스가 활성화되어 제품수요가 크게 증가할 것으로 보인다.

〈표 22-45〉 미국 IPTV 가입가구 전망

(단위 : 천 가구)

| | 2005 | 2006 | 2007 | 2008 | 2009 | 2010 |
|---|---|---|---|---|---|---|
| 가입가구 수 | 263 | 623 | 1,867 | 3,752 | 6,550 | 10,684 |

자료 : ITFIND, 2007.

**(2) 경쟁동향**

미국 셋톱박스 시장은 모토롤라(Motorola)와 시스코(Cisco)의 미국 기업 2개사가 전체 시장수요의 80%를 공급하는 과점 경쟁구조를 보이고 있다. 이외에 애플(Apple)이 iTV라는 브랜드로 신규제품을 출시하여 시장에 진입하였으며 유럽 기업인 Pace Micro Technology, Philips, Thomson 등이 시장에서 경쟁하고 있다.

① 모토롤라

모토롤라는 미국과 세계 셋톱박스 시장에 선두기업으로 최근 미국 통신 사업자에 IPTV 제품을 공급하고 있으며 주문형 비디오 및 홈 네트워크 서버 기능의 차세대 제품 개발에 역량을 집중시키고 있다.

② 시스코

시스코는 케이블용 셋톱박스 시장에 중점을 두고 있으며 HDTV 서비스 기능과 양방향 서비스 지원을 위한 제품 고기능화를 추진하고 있다.

미국 셋톱박스 시장에 최근 3년간 수입동향을 살펴보면 중국과 캐나다 등 2개국으로부터 수

입이 전체의 50%를 상회하고 있으며 낮은 생산비용과 시장 접근성으로 동 국가로부터 수입이 확대되고 있다. 한국 기업의 미국 시장 수출은 최근 환율하락에 따른 채산성 악화와 저가형 중국 제품의 시장확대로 시장점유율이 하락하는 추세를 보이고 있다.

〈표 22-46〉 연도별 대미 셋톱박스 수입 추이(2004~2006)

(단위 : 백만 달러)

| | 2004 | 2005 | 2006 |
|---|---|---|---|
| 중국 | 11.86 | 6.59 | 16.17 |
| 캐나다 | 2.52 | 0.78 | 11.73 |
| 인도네시아 | 40.71 | 160.24 | 5.83 |
| 말레이시아 | 18.47 | 0.53 | 2.28 |
| 대만 | 170.44 | 0.73 | 1.90 |
| 한국 | 5.30 | 40.62 | 0.90 |
| 프랑스 | 0.18 | 0.69 | 0.48 |
| 싱가포르 | 0.00 | 0.00 | 0.39 |
| 일본 | 0.33 | 1.69 | 0.38 |
| 홍콩 | 0.05 | 0.09 | 0.37 |
| 기타 | 333.2 | 184.02 | 0.96 |
| 총계 | 583.06 | 395.98 | 41.39 |

자료 : World Trade Atlas

### (3) 진출전략

셋톱박스 제품은 기존 위성, 케이블과 지상파 방송수신을 위한 기본 기능을 목적으로 하는 방송통신기기에서 향후 큰 성장이 예상되고 있는 홈 네트워킹 서비스 시스템에서 데이터 저장과 사용을 관리하는 게이트웨이와 서버 기능의 핵심 기기로 발전할 것으로 보인다. 미국 셋톱박스 시장은 방송사업자의 요구 및 사양에 맞추어 공급된 기기를 서비스 가입자가 수동적으로 사용하는 폐쇄형 시장구조로 수익성과 성장성이 높은 것에 비해 외부 시장진입이 어려운 상황이다. 미국 디지털 방송이 초기 무료 방송수신에서 점차 유료화 및 사용자에 대한 선택적 수신제한 기술이 중요해지면서 방송사업자가 보유한 CAS(Conditional Access System) 구현이 시장진출의 관건이 되고 있다.

이 같은 미국 셋톱박스 시장의 구조적인 특성에 따라 한국 기업의 미국 시장 수출은 OEM과 ODM 방식이 주를 이루고 있는 상황으로 향후 시장 확대를 위해서는 시장특성에 맞춘 전략적 대응이 요구되고 있다. 미국 셋톱박스 시장의 대부분을 차지하고 있는 폐쇄형 시장에 대해서는 장기적인 관점에서 방송사와 전략적 관계구축이 필요하며 미국 내 CAS 보유기술 기업과 협력을 통해 신속하게 시장에 대응해야 한다.

디지털 방송 및 TV 보급의 확대로 개방형 시장의 규모도 증대되는 추세여서 일반 소비자를 대상으로 친숙한 브랜드 인지도 구축과 사용자 편의성을 중시하는 제품 인터페이스 디자인이 필요하다. 또한, 대규모 성장이 예상되는 홈 네트워킹 시장(home networking market)에 대한 진출과 경쟁력을 유지하기 위해서는 네트워크 표준기술 결정 및 기술변화에 대한 신속한 대응이 요구된다.

## 제4절 한미 FTA 협상결과에 대한 기업의견 조사

### 1. 조사개요

#### 1.1 조사목적

(1) 한미 FTA 협상 결과에 대한 국내 100대 기업의 만족도 및 의견조사[3]

(2) 한미 FTA 협상 이후 기업의 대응전략 및 활용도를 파악하여 향후 국회비준과 관련 논의 진행과정에서 기초 자료로 활용

#### 1.2 조사내용

(1) 한미 FTA 협상 결과에 대한 기업 만족도

(2) 한미 FTA 체결이 경제 전반에 미치는 영향

(3) 기업의 한미 FTA 활용 계획

(4) 국회 비준 등 향후 추진 관련 요청 사항

#### 1.3 조사대상 및 방법

| 구 분 | 내 용 |
|---|---|
| 조 사 기 간 | 2007. 4. 2 ~ 2007. 4. 6(1주) |
| 조 사 방 법 | 자기기입식 설문지 |
| 조 사 대 상 | 국내 100대 기업(2005년 매출액 기준) |
| 응 답 기 업 | 86개사(회수율 86%) |

3) 전국경제인연합회, 한미 FTA 협상결과 만족도 기업 의견조사 결과, 2007. 4. 요약 · 재구성

## 2. 분석결과

### 2.1 한미 FTA 협상 결과에 대한 기업 만족도

(1) 기업의 83.7%가 한미 FTA 협상 결과에 만족

한미 FTA 협상 결과에 대하여 만족스럽다는 의견이 전체 응답기업 중 83.7%를 차지한 반면에 16.3%는 불만족스럽다고 응답하여 만족스럽다는 의견이 다수를 차지하고 있다.

〈표 22-47〉 한미 FTA 체결에 대한 기업 만족도

(단위 : %)

| 매우 만족 | 8.1 |
|---|---|
| 다소 만족 | 75.6 |
| 다소 불만족 | 11.6 |
| 매우 불만족 | 4.7 |

(2) 한미 FTA 협상 결과에 만족하는 기업들은 가장 큰 이유로 대미 수출증대와 미국시장 점유 확대로 인한 경쟁력 상승을 지적하였음

관세철폐로 인한 대미 수출 증가(34.7%)가 가장 높게 나타났으며 미국시장 점유 확대로 인한 전반적 경쟁력 상승(29.2%), 통관절차 간소화 등을 통한 무역비용 절감(11.1%), 미국 조달시장 등 신규시장 참여여건 개선(9.7%)의 순으로 응답하였다.

기타의견으로 수입단가 하락으로 인한 원가절감 효과 및 한미 FTA로 인한 전반적인 국내 경기상승 등이 제시되었다.

〈표 22-48〉 한미 FTA 협상 결과 만족 이유

(단위 : %)

| 대미수출 증가 | 34.7 |
|---|---|
| 경쟁력 상승 | 29.2 |
| 무역비용 절감 | 11.1 |
| 신규시장 참여 | 9.7 |
| 기 타 | 15.3 |

(3) 한미 FTA 협상 결과가 불만족스럽다고 응답한 기업들은 주요 이유로 국내 취약 산업의 기반 약화, 대미 경제의존도 심화, 비관세장벽 완화 미흡 등을 지적하였음

협상 결과가 불만족스럽다고 응답한 기업들(14개사)은 그 이유로 농수산업 및 국내 취약 산업의 기반 약화(3개사), 대미 경제의존도의 심화 우려(3개사), 반덤핑(anti-dumping) 등 비관세장벽(non-tariff barriers) 완화 미흡(3개사), 수입증가로 인한 국내 시장점유율 하락(2개사)을 제시하였다. 한편, 국내 산업보호에 치중해 개방의 폭이 좁아져 FTA로 인한 기대이익이 상대적으로 감소했다는 의견도 지적되었다.

〈표 22-49〉 한미 FTA 협상 결과 불만족 이유

(단위 : %)

| 취약산업기반 약화 | 21.4(3개사) |
|---|---|
| 비관세장벽 완화 미흡 | 21.4(3개사) |
| 대미 경제의존도 심화 | 21.4(3개사) |
| 국내시장점유율 하락 | 14.2(2개사) |
| 기 타 | 21.4(3개사) |

## 2.2 한미 FTA 체결이 국내경제 전반에 미치는 영향

응답기업의 97.6%가 대미 수출에 긍정적으로 작용할 것으로 기대하는 등 우리 경제 전반에 긍정적 효과가 클 것으로 전망하였다.

### (1) 국내경제 전반

전체 응답기업 86개사 중 88.4%(76개사)가 국내경제 전반에 긍정적인 영향을 미칠 것으로 지적하였다.

### (2) 대미수출

대미수출의 경우 97.6%의 기업이 긍정적인 영향을 미칠 것으로 예상하였다.

### (3) 국내투자 유치

국내투자 유치와 관련하여 84.9%의 기업들은 한미 FTA가 긍정적인 영향을 미칠 것으로 기대하였다.

### (4) 소비자후생

한미 FTA가 소비자후생(consumer welfare)에는 87.2%의 기업이 긍정적인 영향을 미칠 것으로 답변하였다.

### (5) 국내 경제시스템

전체 응답기업 중 90.8%는 국내 경제시스템이 한미 FTA로 인해 긍정적으로 변화할 것으로 전망하였다.

〈표 22-50〉 한미 FTA 체결이 한국경제에 미치는 영향

(단위 : %)

| | 긍정적 영향 | 부정적 영향 | 영향 없음 |
|---|---|---|---|
| 국내경제 전반 | 88.4 | 11.6 | 0 |
| 대미 수출 | 97.6 | 2.4 | 0 |
| 국내투자 유치 | 84.9 | 8.1 | 7.0 |
| 소비자 후생 | 87.2 | 5.8 | 7.0 |
| 경제시스템 제고 | 90.8 | 9.2 | 0 |

## 2.3 한미 FTA 체결 이후 기업의 활용전략

(1) 응답기업의 66.3%는 한미 FTA가 경영활동에 긍정적 영향을 미칠 것이라고 답변했으며 77.9%의 기업들은 한미 FTA 결과를 활용할 계획이 있음을 지적하였음

응답기업의 66.3%가 기업의 경영활동에 긍정적인 영향을 미칠 것으로 응답하였으며 영향이 없을 것이라고 응답한 기업들은 26.7%로 나타났다.

한미 FTA의 활용여부에 대해서는 77.9%의 기업이 활용할 계획이 있다고 응답하였으며 활용계획이 없다는 기업은 22.1%로 조사되었다.

〈표 22-51〉 한미 FTA의 기업경영 영향 및 활용계획

(단위 : %)

| 한미 FTA의 기업경영 영향 | | 기업의 한미 FTA 활용 계획 | |
|---|---|---|---|
| 긍정 | 66.3 | 적극 활용 | 12.8 |
| 부정 | 7.0 | 다소 활용 | 65.1 |
| 영향 없음 | 26.7 | 활용계획 없음 | 22.1 |

(2) 기업들은 한미 FTA 활용방안으로 국내투자 또는 현지투자 확대, 대미 신규시장 참여, 특혜원산지 기준의 전략적 활용 등을 고려하고 있음

응답기업의 26.7%는 활용방안으로 국내투자 또는 미국 현지투자를 확대하겠다고 답변하였으며 16.3%의 기업은 미국 정부조달 시장 등 신규시장에 참여하겠다고 응답하였다. 특혜원산지 적용을 위한 해외부품 조달선 미국으로 전환, 미국 현지 생산시 국내부품조달 비율 확대 등 원산지 기준을 전략적으로 활용하겠다는 의견은 20.9%로 나타났다.

이밖에 자사 브랜드 이미지를 강화하기 위해 미국 시장의 고객 및 딜러에게 한미 FTA를 홍보수단으로 활용, 개선된 무역구제조치 활용방안 강구 등이 제기되었다.

〈표 22-52〉 한미 FTA의 기업 활용전략

(단위 : %)

| 국내투자 또는 현지투자 확대 | 26.7 |
|---|---|
| 미국 정부조달 시장 등 신규시장 참여 | 16.3 |
| 특혜원산지 적용을 위한 해외부품 조달선 미국으로 전환 | 15.1 |
| 특혜원산지 적용을 위한 국내부품 조달 비율 확대 | 5.8 |
| 기 타 | 36.1 |

### 2.4 향후 추진 관련 기업 요청 사항

(1) 기업들은 한미 FTA의 효과적인 활용을 위해 설명회 개최 등 포괄적 정보 제공 요청

관세 및 원산지 기준 등 변화된 제도에 대한 교육 및 홍보가 필요하다는 의견이 34.9%로 가장 높게 나타났으며 다음으로 활용방안 설명회(31.4%), 종합지원센터 운영(23.3%) 순으로 응답하였다.

(2) 국회비준 시기와 관련하여 80.3%가 연내 비준을 희망하였음

한미 FTA 국회 비준의 시점으로 응답기업의 80.3%가 연내 비준이 적절하다고 응답하였으며 차기 국회(18대)에서 비준되어야 한다는 기업은 18.6%로 나타났다.

국회 비준과 관련하여 정부 및 국회에 요청할 사항으로 한미 FTA 결과 및 효과 적극 홍보(43.1%), 정치적 이용 반대(40.7%), 공청회 등 여론수렴 강화(15.1%) 등을 제시하였다.

(3) 한미 FTA와 관련한 건의사항으로 기업들은 세계표준(global standard)에 부합하는 국내 제도 개선, 사업기회 창출을 위한 정보제공 등을 제기하였음

① 한미 FTA를 적극적으로 활용하여 기업경쟁력(corporate competitiveness)을 강화할 수 있도록 기업활동의 장애가 되는 각종 규제 개선

② 교육, 의료 등 서비스시장 개방을 통한 한국경제의 체질 개선

③ 미국 기업과의 공동사업기회(common business opportunity) 창출을 위한 분야별 정보 제공과 활용방안 마련

23
chapter

# 기타 FTA

## 제1절 한-EU FTA

### 1. 한-EU 경제교류 현황

#### 1.1 한-EU 교역현황

(1) EU는 중국에 이어 한국의 제2위 수출시장이며 중국, 미국, 일본에 이어 제4대 교역상대국임

① 2005년 대EU 수출이 한국 전체 수출에서 차지하는 비중은 15.4%이며, 수입비중은 10.5%로 나타났음
② 한국은 EU의 제8대 무역대상국임

EU의 주요 교역상대국(2004년 교역량, 억 유로)은 미국(3,926), 중국(1,756), 스위스(1,366), 러시아(1,265), 일본(1,174), 노르웨이(925), 터키(689), 한국(481) 순으로 나타났다.[1)]

---

1) 전국경제인연합회, 한-EU FTA의 기대효과와 시사점, 2006. 8. 요약·재구성

〈표 23-1〉 한국의 5대 수출입 상대국과의 무역현황

(단위 : 억 달러)

| 순위 | 국 가 | 수 출 | | 국 가 | 수 입 | |
|---|---|---|---|---|---|---|
| | | 2004년 | 2005년 | | 2004년 | 2005년 |
| 1 | 중 국 | 497 | 619 | 일 본 | 461 | 484 |
| 2 | E U | 378 | 437 | 중 국 | 295 | 386 |
| 3 | 미 국 | 428 | 413 | 미 국 | 287 | 306 |
| 4 | ASEAN | 240 | 274 | E U | 241 | 273 |
| 5 | 일 본 | 217 | 240 | ASEAN | 223 | 261 |

자료 : 한국무역협회, 산업자원부

(2) 한국은 대EU 무역수지 흑자(trade surplus)를 기록 중에 있으며 2005년에는 160억 달러를 초과하였음

EU 회원국 중 대스페인 무역수지가 22억 달러로 가장 크며 다음으로 영국(21억 달러), 그리스(17억 달러), 이탈리아(15억 달러), 핀란드(13억 달러) 순으로 나타났다.

〈표 23-2〉 한-EU 교역추이

(단위 : 억 달러, %)

| | 2002 | 2003 | 2004 | 2005 |
|---|---|---|---|---|
| 총교역액 | 388.0(12.3) | 442.7(14.1) | 620.3(46.7) | 709.5(12.6) |
| 수 출 | 216(10.5) | 248.9(14.7) | 378.3(52.0) | 436.5(15.4) |
| 수 입 | 171.1(14.6) | 193.8(13.3) | 241.9(24.8) | 272.9(12.9) |
| 무역수지 | 45.8 | 55.1 | 136.4 | 163.6 |

주 : ( )안은 전년동기 대비 증감률
자료 : 한국무역협회, 종합무역정보

(3) 품목별 수출현황을 살펴보면 무선통신기기가 가장 많이 수출되고 있으며 자동차, 선박, 컴퓨터, 영상기기, 반도체 등도 주력 수출품목임

전체 수출 중 전기전자제품이 가장 높은 비중(46.1%)을 차지한 것으로 나타났다.

〈표 23-3〉 한국의 EU 주요 수출품목

(단위 : 백만 달러, %)

| 순위 | 품목명 | 2004년 | | 2005년 | |
|---|---|---|---|---|---|
| | | 금액 | 증감률 | 금액 | 증감률 |
| 1 | 무선통신기기 | 6,178 | 126.8 | 8,560 | 38.6 |
| 2 | 자동차 | 6,813 | 61.1 | 8,312 | 22.0 |
| 3 | 선박 | 4,786 | 81.6 | 5,973 | 24.8 |
| 4 | 컴퓨터 | 3,328 | 20.3 | 2,665 | -19.9 |
| 5 | 영상기기 | 2,353 | 76.9 | 2,263 | -3.8 |
| 6 | 반도체 | 2,751 | 20.7 | 2,202 | -19.9 |
| 7 | 평판디스플레이 | 455 | 121.2 | 1,371 | 201.6 |
| 8 | 건설광산기계 | 577 | 19.6 | 782 | 35.6 |
| 9 | 고무제품 | 656 | 26.1 | 719 | 9.7 |
| 10 | 자동차부품 | 546 | 45.8 | 661 | 21.1 |

자료 : 산업자원부

(4) 수입은 반도체, 반도체 제조용장비, 자동차부품 등을 중심으로 이루어지고 있음

기계류의 수입비중이 34.1%로 가장 높고 전기전자제품(22.1%)과 화학공업제품(17.8%)이 그 뒤를 잇고 있다.

〈표 23-4〉 한국의 대EU 주요 수입품목

(단위 : 백만 달러, %)

| 순위 | 품목명 | 2004년 | | 2005년 | |
|---|---|---|---|---|---|
| | | 금액 | 증감률 | 금액 | 증감률 |
| 1 | 반도체 | 692 | 17.9 | 1,399 | -4.7 |
| 2 | 반도체 제조용장비 | 1,469 | 36.1 | 1,375 | 98.6 |
| 3 | 자동차부품 | 1,197 | 49.1 | 1,232 | 3.0 |
| 4 | 계측제어분석기 | 890 | 18.8 | 1,140 | 28.1 |
| 5 | 자동차 | 831 | 44.3 | 1,092 | 30.6 |
| 6 | 농약 및 의약품 | 887 | 28.4 | 1,022 | 15.3 |
| 7 | 기계요소 | 837 | 4.5 | 977 | 17.6 |
| 8 | 원동기 및 펌프 | 823 | 29.0 | 895 | 8.8 |
| 9 | 철강판 | 365 | 105.9 | 684 | 87.7 |
| 10 | 정밀화학원료 | 627 | 21.0 | 682 | 9.0 |

자료 : 산업자원부

## 1.2 한-EU 투자현황

(1) 1962년 이후 EU의 대한국 직접투자는 354억 5,000만 달러로 전체 외국인투자의 31%를 차지하고 있음

미국은 전통적으로 한국의 최대 투자국이었으나 2000년, 2003년 그리고 2005년에는 EU가 미국을 추월하여 가장 많이 투자한 것으로 나타났다.

EU는 1962년 이후 누적투자규모에서도 미국보다 약 5억 달러 많은 것으로 나타났으며 대한국 투자는 주로 에너지, 전기전자, 통신사업, 도소매업을 중심으로 이루어지고 있다.

〈표 23-5〉 한-EU 투자동향

(단위 : 백만 달러)

| | | 2000 | 2001 | 2002 | 2003 | 2004 | 2005 | 누계 (1962~2005) |
|---|---|---|---|---|---|---|---|---|
| EU의 대한국 투자 | 건수 | 518 | 310 | 266 | 283 | 366 | 450 | 4,258 |
| | 금액 | 4,396 | 3,064 | 1,680 | 3,062 | 3,008 | 4,781 | 35,455 |
| 한국의 대EU 투자 | 건수 | 56 | 59 | 59 | 57 | 76 | 117 | 930 |
| | 금액 | 260 | 2,246 | 1,087 | 290 | 732 | 680 | 10,673 |
| 미국의 대한국 투자 | 건수 | 803 | 657 | 494 | 453 | 553 | 496 | 7,045 |
| | 금액 | 2,922 | 3,885 | 4,500 | 1,242 | 4,718 | 2,690 | 34,936 |

자료 : 산업자원부, 수출입은행

(2) 한국의 대EU 투자는 상대적으로 규모가 작은 편이며 최근 동유럽 신규회원국을 중심으로 이루어지고 있음

〈표 23-6〉 한국의 대EU 투자추이(신고기준)

(단위 : 백만 달러)

| | 2001년 | 2002년 | 2003년 | 2004년 | 2005년 (1~10월) |
|---|---|---|---|---|---|
| E U 전 체 | 2,247.8 | 1,087.1 | 289.9 | 732.1 | 617.5 |
| (신규회원국) | (46.2) | (53.5) | (62.5) | (164.3) | (378.1) |
| 아 시 아 | 1,913.4 | 3,017.4 | 4,243.9 | 5,091.0 | 4,240.3 |
| 북 미 | 1,921.2 | 1,430.9 | 796.3 | 1,466.7 | 1,070.3 |
| 합 계 | 6,352.7 | 6,299.9 | 5,805.8 | 7,942.1 | 7,240.7 |

주 : EU 25개국 기준
자료 : 수출입은행, 해외직접투자 통계연보, 2005.

2005년 신규회원국에 대한 투자가 전체 대EU 투자의 60%를 상회하고 있다. 이는 EU 시장 접근 강화를 위한 기업들의 전략에 기인한다고 할 수 있다.

## 2. 한-EU FTA 추진 필요성

### 2.1 한-EU FTA 기대효과

(1) 한-EU FTA 체결시 장기적으로 GDP 3.08%, 대세계 무역수지 28.5억 달러, 취업자 수 59.7만명이 각각 증가할 것으로 전망되고 있음

① GDP는 단기적으로 2.02%(15.7조원), 장기적으로는 3.08%(24조원) 증가할 것으로 예상되며 1인당 국민소득은 단기 2.16%(35만원), 장기 2.96%(48만원) 증가할 것으로 보임
② 장기적으로 대세계 수출은 110.4억 달러, 수입은 81.9억 달러 증가하고 무역수지는 28.5억 달러 늘어나는 것으로 분석됨
③ 서비스업을 중심으로 고용이 창출되어 장기적으로 59.7만명 취업자 수가 증가할 것으로 예상됨

(2) 한국의 수출 주력품목이면서 관세율이 높은 자동차와 한국이 경쟁력(competitiveness)을 가지고 있는 통신기기, 가전기기 등의 수출증대효과가 클 것으로 전망됨

① 자동차는 6.38%의 관세율이 적용되고 있으며 가전기기에 대해서도 5.24%의 비교적 높은 관세가 부과되고 있음

〈표 23-7〉 한-EU FTA의 경제적 효과

| | FTA 체결 전 | FTA 체결 후 변동액 |
|---|---|---|
| GDP | 778조 4,000억원 | 단기 : 15.7조원(2.02%)<br>장기 : 24.0조원(3.08%) |
| 1인당 국민소득 | 1,621만원 | 단기 : 35만원(2.16%)<br>장기 : 48만원(2.96%) |
| 대세계 무역수지 | 806억 달러 | 단기 : 1.3억 달러(0.16%)<br>장기 : 28.5억 달러(3.54%) |
| 수 출 | 2,470억 달러 | 단기 : 64.7억 달러(2.62%)<br>장기 : 110.4억 달러(4.47%) |
| 수 입 | 1,664억 달러 | 단기 : 63.4억 달러(3.81%)<br>장기 : 81.9억 달러(4.92%) |
| 국내 취업자 수<br>(전산업) | 1,668만명 | 단기 : 30만 1,200명(1.81%)<br>장기 : 59만 7,060명(2.58%) |

자료 : 김흥종 외, 한-EU FTA의 타당성 평가 및 정책제언, 대외경제정책연구원, 2006. 1.

〈표 23-8〉 한-EU 품목별 가중평균관세율 비교

(단위 : %)

| 품목 | | 한국 | EU |
|---|---|---|---|
| 농수산물 | | 49.78 | 9.99 |
| 가공식품 | | 19.32 | 16.71 |
| 석유화학 | | 6.90 | 4.00 |
| 섬유·의류·가죽 | | 9.08 | 8.23 |
| 철강·금속 | | 4.22 | 1.44 |
| 전기·전자 | 반도체 | 0.00 | 0.00 |
| | 통신기기 | 5.00 | 2.83 |
| | 가전기기 | 11.52 | 5.24 |
| | 컴퓨터 | 0.17 | 0.19 |
| 기계 | | 6.33 | 5.21 |
| 정밀기기 | | 6.01 | 1.84 |
| 일반차량 및 부품 | | 7.53 | 6.38 |
| 기타 수송기기 | | 2.93 | 1.16 |
| 기타 제조업 | | 4.77 | 2.32 |

주 : 2004년도 MFN 실행관세율 기준이며 품목 분류시 한-EU 15개국간 교역액을 가중치로 계산한 가중평균관세율임

자료 : 대외경제정책연구원

② 수입은 정밀기기, 석유화학, 기계 등을 중심으로 증가할 것으로 전망됨

### 2.2 한-EU FTA에 대한 국내 산업계 입장

국내 산업계는 EU를 비롯한 미국, 중국 등 거대경제권과의 FTA 추진을 선호하고 있다.

(1) 최근 브라질, 인도, 호주와의 FTA에 대한 관심이 제고되고 있으나 이들 지역보다 경제규모가 큰 지역과의 FTA 우선추진을 선호하고 있음

〈표 23-9〉 산업별 FTA 추진 우선순위

| | 제1순위 그룹 | 제2순위 그룹 | 제3순위 그룹 |
|---|---|---|---|
| 자동차 | EU, 미국, 중국 | 캐나다, 호주, 멕시코 | 브라질, 인도 |
| 전기·전자 | 중국, 멕시코, EU | MERCOSUR, 인도, 미국 | 캐나다, 호주 |
| 기계 | EU, 미국, 중국, 멕시코 | 캐나다, 호주 | 브라질, 인도 |
| 석유화학 | 중국, 인도 | 미국, EU, MERCOSUR, | 멕시코, 호주, 캐나다 |
| 섬유 | 미국, 캐나다 | 중국, 인도 | EU, 멕시코, 호주 |
| 철강 | 중국, 인도 | MERCOSUR, 캐나다, 호주 | 미국, EU |

자료 : 전국경제인연합회, FTA추진과 산업별 득실분석, 2005.

(2) 특히 자동차, 전기 · 전자, 기계 업종은 EU를 1순위 FTA 체결대상으로 지목하고 있음

### 2.3 한-EU FTA에 대한 EU측 입장

(1) EU는 2004년까지만 해도 한국과의 FTA 추진에 적극성을 보이지 않았음

〈표 23-10〉 EU의 FTA 체결현황

| 구분 | 대상국가 | 내역 |
|---|---|---|
| 기체결 | EU 회원국 | 모든 분야 포함 |
| | 안도라공국 | 1991년 발효, 공업제품에 한한 관세동맹 |
| | 터키 | 1995년 발효, 공업제품에 한한 관세동맹 |
| | 불가리아 | 1993년 발효, 서비스 교역 포함 |
| | 루마니아 | 1993년 발효, 서비스 교역 포함 |
| | 노르웨이<br>아이슬란드<br>리히텐슈타인 | 1994년 발효, 서비스 교역 포함 |
| | 스위스 | 1973년 발효 |
| | 구유고<br>마케도니아공화국 | 2001년 발효 |
| | 크로아티아 | 2001년 발효 |
| | 지중해권<br>북아프리카국가 | 이스라엘 2000년 발효, 요르단 2002년 발효,<br>레바논 2003년 발효 |
| | 칠레 | 2003년 발효협정문에는 서비스 · 투자 포함, 현재 상품분야만 발효 |
| | 멕시코 | 2000년 발효, 서비스, 투자, 지재권 포함 |
| | 남아프리카공화국 | 2000년 발효, 협정에는 서비스 분야 포함,<br>잠정적으로 삼품교역분야만 발효 |
| 협상 중 | GCC<br>(걸프협력이사회) | 2002년 3월 협상 개시, 추가협상 중<br>(GCC: Gulf Cooperation Council : 바레인, 쿠웨이트, 오만, 카타르, 사우디아라비아, UAE) |
| | 이란 | 2002년 12월부터 논의 개시, 핵사찰 문제로 협상중단 상태 |
| | MERCOSUR | 2000년 협상개시, 농산물 개방에 대한 의견차이로 협상 난항<br>(MERCOSUR : 아르헨티나, 브라질, 파라과이, 우루과이) |
| | 터키 | 2000년 협상시작 |
| | 알바니아 | 2003년 1월 협상시작 |
| 검토 중 | 싱가포르 | 고위급 차원에서 FTA 가능성 논의 |
| | ASEAN | 2003년 7월, EU-ASEAN은 FTA 협상을 위한 계획의 윤곽작성 |
| | 캐나다 | 2002년 12월, 캐나다-EU 정상회의에서 양 지역간 FTA 가능성 검토 지시 |

자료 : 한국무역협회

EU는 한국이 당장 FTA 체결을 검토할 대상국은 아니나 가능성을 검토할 수 있는 국가 정도로 인식하였다.

(2) 한미 FTA 협상 발표 이후 한국과의 FTA 추진에 적극적인 입장으로 전환하였음

피터 만델슨 EU 무역담당 집행위원은 2006년 5월 15일 필리핀 마닐라에서 개최된 '한-EU 통상장관회담'에서 한국과 EU간 FTA 추진 가능성을 타진하기 위한 예비논의를 제안하였다. 이에 따라 제1차 한-EU FTA 예비협의가 2006년 7월 19~20일에 브뤼셀에서 개최되었으며 5개 분야(① 비관세장벽 · 규제, ② 기술표준, ③ 동식물검역, ④ 정부조달, ⑤ 서비스)에 대해 논의하였다.

## 3. 시사점

한-EU FTA 추진이 한국경제에 던지는 시사점을 다음 2가지 측면에서 살펴보고자 한다.

### 3.1 세계시장에서 EU시장이 차지하고 있는 중요성을 고려하여 한-EU FTA를 적극적으로 추진하는 것이 바람직함

(1) EU는 시장의 규모가 크고 시장통합(market integration)이 급속히 진전되고 있다는 측면에서 주목할 필요가 있음

EU는 세계 최대규모의 내수시장을 보유하고 있으며 교역규모면에서도 세계 1위를 유지하고 있다.

> ※ 2005년 EU의 GDP는 13조 4,000억 달러로 미국의 12조 5,000억 달러를 상회하며 GDP 중 민간소비지출이 59%에 이르고 있음

> ※ EU는 역외무역기준으로 세계 전체 무역의 26.4%를 차지하고 있는데 이는 미국의 18.8%를 앞서며 일본의 7.5%의 약 3.5배 규모임(2005년 기준)

(2) EU는 서비스, 투자뿐만 아니라 정치분야까지 포함하는 포괄적인 협정을 선호하는 경향이 있으므로 FTA 체결시 한반도 평화안정에도 기여할 것으로 전망됨

(3) EU도 국제적 역할 강화 차원에서 아시아 제3위의 경제규모를 가지고 있는 한국과의 경제 협력을 중요시하고 있음

EU가 동북아에서 현재의 경제적 지위(economic status)를 유지 또는 확대하는 데 한국과의 FTA가 상당한 전략적 가치(strategic value)를 지닐 수 있다.

(4) 2001년부터 진행되어 온 도하개발아젠다(DDA) 협상이 중단됨에 따라 향후 자유무역협정(FTA)을 중심으로 한 양자간 통상협상의 중요성이 제고될 것으로 보여 EU와의 FTA 추진 필요성이 증가하고 있음

※ 2006년 7월 24일 농산물시장 개방폭과 보조금과 관련한 주요 통상국(G6 : 미국, EU, 일본, 인도, 브라질, 호주) 간의 견해차이로 DDA 협상이 중단되었음

### 3.2 한-EU FTA를 거대시장 확보 및 국내 산업구조 선진화 기회로 활용할 필요가 있음

(1) EU는 중국에 비해 농업개방 등 장애요인이 상대적으로 적으며 국내업계도 대EU FTA 추진을 적극적으로 지지하는 등 국내적인 체결여건은 양호한 편임
(2) EU는 경쟁정책(competition policy), 지적재산권(intellectual property rights), 규제(regulation) 등의 분야에 있어 국제규범을 주도하고 있으므로 EU와의 FTA를 통해 국내 산업구조의 고도선진화를 추진하는 것이 가능함
(3) EU 시장에서 주요 경쟁국인 중국, 일본보다 유리한 위치에서 경쟁하기 위해서도 EU와의 FTA를 추진할 필요가 있음

중국은 일본을 추월하여 EU의 제2위 무역대상국으로 부상하였으며 수출도 저가품 위주에서 탈피하여 가전제품 및 기계류 등으로 다변화되어 한국 상품의 점유율이 하락하고 있는 실정이다.

(4) 한국과 EU는 경제구조상 상호 보완성(mutual complementarity)을 보이고 있어서 양측 모두에 이익이 됨

자동차, 화학 등 일부 분야는 경쟁관계에 있으나 일반적으로 한국은 가전제품, 정보통신 분야에서, EU는 법률, 항공, 환경산업에서 각각 비교우위(comparative advantage)를 보이고 있다.

〈표 23-11〉 EU 일반현황

| |
|---|
| 1. 회원국 : 25개국<br>독일, 프랑스, 영국, 아일랜드, 벨기에, 네덜란드, 룩셈부르크, 덴마크, 스웨덴, 핀란드, 오스트리아, 이탈리아, 스페인, 포르투갈, 그리스, 헝가리, 폴란드, 체코, 에스토니아, 라트비아, 리투아니아, 슬로바키아, 슬로베니아, 키프러스, 몰타 |
| 2. 연혁<br>· 1952. 8. 유럽석탄철강공동체(ECSC : European Coal and Steel Community) 출범<br>· 1957. 3. 유럽경제공동체(EEC : European Economic Community)와 유럽원자력공동체(EURATOM : European Atomic Energy Community) 창설<br>· 1967. 7. 유럽공동체(EC : European Community) 결성<br>· 1993. 11. 유럽연합(EU : European Union) 출범(12개국)<br>· 1995. 1. 오스트리아, 스웨덴, 핀란드 EU 가입<br>· 1999. 1. EMU(European Economic and Monetary Union) 출범(11개국)(영국, 스웨덴, 덴마크, 그리스 제외)<br>· 2004. 5. 중 · 동부 유럽 10개국 가입(25개국)<br>· 2004. 10. EU 헌법조약 서명 |
| 3. 한국과의 관계<br>· 1963. 7. 외교관계 수립<br>· 1965. 11. 주EC 상주대표부 설치<br>· 1990. 1. 주한 EU 대표부 개설<br>· 1996. 10. 한-EU 기본협력협정 및 정치공동선언 서명<br>· 2001. 4. 한-EU 기본협력협정 발효 |

〈표 23-12〉 EU 주요 경제지표 전망

(단위 : %)

| | 2004년 | 2005년 | 2006년(전망) |
|---|---|---|---|
| 실질GDP 성장률 | 1.8 | 1.2~1.6 | 1.4~2.4 |
| 투자 | 1.6 | 1.4~2.4 | 1.6~4.6 |
| 수출증가율 | 6.1 | 2.6~5.4 | 4.3~7.5 |
| 수입증가율 | 6.3 | 3.4~6.0 | 4.2~7.6 |
| 실업률(%) | 8.9 | 8.7 | 8.4 |

자료 : 유럽중앙은행 전망치

〈표 23-13〉 한국과 EU 주요 회원국의 무역현황

(단위 : 백만 달러)

| 국가 | 수출 | | 순위 | 국가 | 수입 | | 순위 |
|---|---|---|---|---|---|---|---|
| 연도 | 2004년 | 2005년 | 2005년 12월 기준 | 연도 | 2004년 | 2005년 | 2005년 12월 기준 |
| 독일 | 8,334 | 10,303 | 6위 | 독일 | 8,486 | 9,774 | 7위 |
| 영국 | 5,516 | 5,338 | 8위 | 영국 | 3,793 | 3,149 | 17위 |
| 이탈리아 | 3,408 | 4,296 | 12위 | 이탈리아 | 2,500 | 2,777 | 18위 |
| 네덜란드 | 3,007 | 3,646 | 16위 | 네덜란드 | 1,729 | 2,759 | 19위 |
| 프랑스 | 2,643 | 3,172 | 21위 | 프랑스 | 2,483 | 2,758 | 20위 |

자료 : 한국무역협회

# 제2절 한-캐나다 FTA

대외경제정책연구원은 2005년 5월 6일 무역센터 대회의실에서 한국무역협회 및 한국농촌경제연구원과 공동주관으로 외교통상부 주최 하에 '한-캐나다 FTA 공청회'를 개최한 바 있다. 이 공청회의 제1세션에서는 한-캐나다 FTA가 한국경제에 미치는 전반적인 효과와 한-캐나다 FTA의 주요 이슈 및 한국의 대응방안 등에 대한 논의가 이루어졌으며, 제2세션에서는 보다 세부적인 주제로 들어가서 한-캐나다 FTA가 제조업, 농업 및 수산업 등 각각의 산업에 미치는 영향에 대한 토론이 진행되었다.

동 공청회의 제1세션 및 제2세션의 주요 발표 및 토론내용을 요약 · 정리한 대외경제정책연구원의 보고서를 중심으로 살펴본다.2)

## 1. 개관

최근 들어 전세계적으로 자유무역협정(FTA) 체결이 심화되고 있는 상황에서 한-캐나다 FTA 추진은 전세계 GDP(Gross Domestic Product)의 36%를 차지하고 있는 북미자유무역협정(NAFTA) 시장과 인구 8억명 및 GDP 13조 달러 규모의 북남미 대륙을 포괄하는 거대 미주자유무역지대(FTAA) 시장 진출의 교두보를 확보할 수 있는 계기를 한국 기업들에게 제공한다는 점에서 매우 중요한 의의를 지닌다고 할 수 있다. 또한, 캐나다는 광활한 국토와 풍부한 천연자원(natural resources), 첨단의 과학기술을 보유하고 있어 무한한 성장잠재력(unlimited growth potentials)을 가지고 있는 국가이나 한편으로는 천연가스를 비롯한 자원개발(resource development)과 고부가가치 기술산업에 주력한 결과 대부분의 소비재와 공산품을 수입에 의존하고 있어 한국 상품의 유망한 수출시장이 될 수 있는 지역으로 평가할 수 있다.

한국과 캐나다 양측은 2005년 1월과 3월 두 차례에 걸쳐 진행된 예비협의 결과 양국의 상호보완적인 교역구조(mutually complementary trade structure)와 협력의 잠재성을 고려할 때 한-캐나다 FTA가 양국간 경제협력관계를 격상시킬 수 있는 유용한 정책수단이라는 데 인식을 공유하였다.

한-캐나다 FTA가 체결되면 한국의 강한 제조업 부문과 캐나다의 풍부한 천연자원 및 첨단기

2) 대외경제정책연구원, 세계경제, 2005. 6. pp. 143~147 요약 · 재구성

술(high-tech) 등 상호 보완적인 산업구조를 기반으로 상호 시장잠식의 우려없이 양국간 교역 및 투자가 크게 확대될 것으로 전망된다.

## 2. 한-캐나다 FTA의 경제적 효과, 주요 이슈 및 대응방안

### 2.1 한-캐나다 FTA의 경제적 효과

일반균형연산(CGE) 모형으로 한-캐나다 FTA의 거시경제적 효과(macroeconomic effect)를 분석한 결과 농업, 제조업 및 서비스의 관세 및 비관세장벽(tariff and non-tariff barriers)이 철폐될 경우 캐나다와 한국의 후생(welfare)은 각각 0.29% 및 0.38% 증가하게 된다. 이를 금액으로 환산하면 캐나다는 약 16억 3,000만 달러, 한국은 약 15억 달러의 후생증가를 기대할 수 있다. 또한, 이 모형의 분석 결과 한-캐나다 FTA가 체결될 경우 한국과 캐나다 양국간 수출은 크게 증가할 것으로 예상되는 반면에 한국과 캐나다 각각의 대미 및 대EU 수출은 다소 감소할 것으로 추정된다.

### 2.2 한-캐나다 FTA의 주요 이슈 및 대응방안

한-캐나다 FTA의 체결은 정치적으로 한국에 유익하며 한-캐나다 FTA 체결을 통해 한국은 자유무역(free trade)을 지향하는 개방적이고 민주적인 국가로서의 이미지가 제고된다. 또한, 서방선진7개국(G7) 국가와 자유무역협정(FTA)을 체결함으로써 국가의 신인도가 더욱 높아지게 된다.

캐나다는 첨단기술 분야에서 경쟁력을 보유하고 있으므로 이 분야, 특히 정보통신(IT) 분야에서 협력의 가능성이 크다고 할 수 있다. 또한, 캐나다는 자원부국이기도 한 만큼 자원개발과 탐사에서 협력을 강화시킬 필요가 있다.

캐나다는 FTA 체결시 부속협정(side agreement)을 통해 노동 및 환경문제를 별도로 취급하고 있으므로 한-캐나다 FTA 체결시 이 점을 고려할 필요가 있다. 캐나다는 정부의 형태에서 주정부가 특별한 권한을 가지고 있는 연방제를 취하고 있다. 따라서 한-캐나다 FTA 추진시 주정부가 어떠한 권한을 가지고 있으며 어떤 장애요인으로 작용할 수 있는지를 사전에 점검할 필요가 있다.

또한, 캐나다는 연방제를 취하고 있다는 점 등에서 미국과의 유사성이 큰 국가로 평가된다. 주지하는 바와 같이 캐나다는 1차산업 및 첨단산업에 경쟁력(competitiveness)을 보유하고 있으며 한국은 2차산업인 제조업에 경쟁력을 보유하고 있어 산업구조가 상호 보완적이다. 따라서 한-캐나다 FTA 추진시 산업간 자본 및 인력이동 등 구조조정비용이 상대적으로 적을 것으로 전망된다.

## 3. 한-캐나다 FTA가 제조업, 농업 및 수산업에 미치는 영향

### 3.1 한-캐나다 FTA와 제조업

한국의 대캐나다 수출(2004년 기준)은 33억 8,000만 달러, 수입은 21억 8,000만 달러를 기록하였다. 캐나다는 한국에 17위, 한국은 캐나다에 10위의 교역국에 해당하고 있어 향후 양국의 교역이 확대될 가능성이 큰 편이다. 한-캐나다 FTA가 체결되었을 경우 주력 수출품목 중에서 자동차, 타이어, 의류, 영상기기 등의 수출이 증가할 것으로 보이며, 수입 측면에서는 주로 섬유와 기계류가 민감품목으로 분류될 수 있다.

### 3.2 한-캐나다 FTA가 농업부문에 미치는 영향

현재 한국과 캐나다간 농산물 교역구조가 불안정하기 때문에 한-캐나다 FTA 체결이 한국 농업분야에 미치게 될 영향은 현재로서는 불확실한 편이다. 다만 현재의 무역구조를 근거로 추정할 경우 양국간 FTA 체결은 한국 농업분야에 어느 정도 피해를 미칠 것으로 예상된다. 따라서 이를 최대한 완화시킬 수 있는 방향으로 협상대책이 수립될 필요가 있다.

### 3.3 한-캐나다 FTA가 수산업에 미치는 영향

한-캐나다 FTA가 체결되면 수산물의 교역규모는 현재보다 증가할 것으로 보이나 한국의 수산물 수출 확대 가능성은 상대적으로 작을 것으로 예상된다. 따라서 대캐나다 수산물 수출시 수출품종의 다양화보다는 일부 품종을 전략화하는 방법이 보다 효과적일 것으로 판단된다.

또한, 바다가재 등 고급 수산물의 수입이 급증할 경우 대체효과로 인해 일부 연근해어업(붉은대게, 꽃게, 새우 등)에 악영향을 미칠 것으로 보인다.

한-캐나다 FTA는 무역창출효과(trade creation effect)를 상당부분 발생시킬 것으로 분석된다. 또한, 한국의 서비스산업의 체질 개선의 기회로도 활용될 수 있을 것으로 보인다. 한-캐나다 FTA는 전반적으로 윈-윈 게임(win-win game)이 될 것이나 FTA 특성상 대내적으로는 이익을 보는 부문과 피해를 보는 부문이 발생하게 되어 FTA에 따른 이익의 재분배가 필요하다.

한편, FTA 추진시 관세인하에 따른 수입급증에 대비하여 긴급수입제한조치(safeguard) 등 무역구제조치 등을 마련하게 되는데 FTA가 실제로 한국 산업에 미치게 되는 부정적인 영향은 추정치만큼 크지 않을 것으로 판단된다.

한편, 캐나다가 여타 국가와 체결한 FTA의 농업부문 협상내용을 분석하여 한-캐나다 FTA 협상시 이를 활용할 필요가 있다. 또한, 협상과정에서 처음부터 민감품목을 확정하기보다는 5년 또는 10년 후에 민감품목을 재조정할 수 있는 가능성을 열어두는 것도 필요하다. 취약분야 및 피해규모를 정확히 파악하여 한-캐나다 FTA로 인해 발생될 수 있는 부정적인 영향을 완화할 수 있도록 특별긴급제한조치(SSG) 및 원산지규정 등을 효과적으로 활용할 필요가 있다.

국내 각 이해집단 간의 이해관계를 조정할 수 있는 상시 대화채널 등을 구축하여 정보의 비대칭성(informational asymmetry)에 따르는 부작용을 방지하는 등 사회합의(social consensus)를 도출하는 것도 필요하다. 또한, 미국의 무역조정지원제도(TAA)와 같이 동시다발적 FTA 추진에 대비하여 종합적이며 체계적인 「무역구조조정지원방안」의 수립도 모색되어야 한다.

제5편

# 국가경쟁력 현황과 과제

24
chapter

# 국가경쟁력의 기초

일국이 국가경쟁력을 가지기 위해서는 해당국 내에 존재하는 산업이 국제경쟁력(international competitiveness)을 보유하고 있어야 한다. 이 경우 산업의 경쟁력은 세계시장에서 해당산업이 일정수준 이상의 수익성을 가지면서 지속가능한 성장(sustainable growth)을 이룸으로써 경쟁상대보다 우월적 시장지위(superior market status)를 차지하는 것을 의미한다. 일국이 경쟁력 있는 산업을 소수(하나 혹은 둘) 보유한다고 해서 해당 국가를 경쟁력 있는 국가로 평가할 수 없으며 해당국의 경제 내에 경쟁력 있는 산업이 다수 있어야 비로소 국제경쟁력이 있다고 할 수 있다.[1)]

국가경쟁력의 개념, 측정 및 평가에 대해 살펴보고자 한다.

## 제 1 절 국가경쟁력의 개념

국가경쟁력의 개념은 시대별로 상이하게 사용되어 왔다. 그 시대별 흐름을 간략히 정리해 본다.

---

1) 예를 들면, 스리랑카는 홍차재배 및 가공산업이 발달되어 있으나 스리랑카와 같이 부가가치가 낮은 특정의 소수산업에 경쟁력있는 국가로 전반적인 의미의 국가경쟁력을 보유한 국가로 지칭하지는 않는다. 또한, 일국이 경쟁력 있는 산업을 다수 보유하고 있다고 하더라도 이들 산업이 우연히 혹은 외부조건에 의해 경쟁력을 가지게 된 경우에는 해당국을 경쟁력이 있는 국가로 지칭할 수는 없다(한국산업경제연구원, 신용경제, 2002. 2. 참조).

## 1. 1990년대 이전

이 시기의 국가경쟁력에 대한 개념은 풍부한 자본(자원)과 저렴한 노동력의 함수로서 국가경쟁력을 정의하였다. 그러나 독일, 스위스, 스웨덴 등은 모두 고임금과 노동력 부족현상을 경험하고 있는 상황이고 독일, 일본, 이탈리아 등은 천연자원(natural resources)이 부족한 국가이지만 G7(서방선진7개국)의 대열에 당당히 속해있다. 따라서 경쟁력이라는 개념이 없고 생산성(productivity)의 개념만 존재했던 이 시기의 접근방법은 상기한 모순을 내포하고 있다고 할 수 있다.

## 2. 1990년대

1990년대 들어서서 미국의 경영학자 마이클 포터(Michael E. Porter)는 국가차원에서 경쟁력의 개념은 국가생산성을 의미하고 중요한 것은 생산성 수준과 증가율을 결정하는 요인을 밝히는 것이라고 지적하며 '다이아몬드 모델'을 제시하였다. 이는 이전의 자본과 노동에 새롭게 부존자원, 기업환경, 연관산업, 국내수요라는 4가지 요인을 추가하여 이를 통해 국가경쟁력을 결정짓는 근본요인으로 파악하기 시작하였다.

그러나 마이클 포터의 '다이아몬드 모델'은 선진국 중심의 자유주의(liberalism) 정신에 바탕을 두고 있기 때문에 세계 각국에 일반화시켜 적용하기에는 무리가 따른다고 할 수 있다. 따라서 전세계 모든 경제의 국가경쟁력을 제대로 평가하고 본직적인 원천을 파악하기 위해서는 선진국 경제를 중심으로 개발한 '다이아몬드 모델'과 또 다른 새로운 패러다임이 필요하게 되었다.

## 3. 2000년대

2000년대 들어서는 비선진국의 국가경쟁력 강화 방안을 설명하기 위해 개발된 것이 '9-Factor Model'이다. 이 모델은 세계 각국의 국가경쟁력을 평가하기 위해서는 특정시점에 일국의 산업이 보유하고 있는 부존자원, 수요조건, 인프라 등 지원산업, 경영여건이라는 4가지 국가경쟁력의 물적요소와 그 시점에서 변화의 주도자로서 근로자, 기업가, 전문가, 정치가와 행정관료의 4가지 인적요소, 그리고 순수한 외부환경요인으로서 기회라는 9가지 요인 모두를 체계적, 종합적으로 고려하고 있다.

〈표 24-1〉 경쟁력의 체계(Hierarchy of Competitiveness)

| 체 계 | 내 용 |
|---|---|
| 제품경쟁력 | · 특정 제품의 (국내, 국제)소비자가 원하는 여러 가지 기준을 충족시킬 수 있는 능력<br>(예) 소나타의 제품경쟁력 = f (품질, 성능, 가격, 스타일, AS수준 등) |
| 기업경쟁력 | · 특정 기업이 생산, 판매하는 여러 제품의 경쟁력을 강화할 수 있는 능력<br>(예) 현대자동차의 기업경쟁력 = f (자금, 인력, 기술, 디자인 능력, 경영 능력 등) |
| 산업경쟁력 | · 특정 산업에 속한 여러 기업들이 경쟁력을 강화할 수 있게 해주는 능력<br>(예) 한국자동차 산업의 산업경쟁력 = f (자동차산업에 필요한 부존자원, 경영환경, 관련 산업, 국내수요, 근로자, 정치가와 행정관료, 기업가, 전문경영자/기술자/디자이너) |
| 도시경쟁력 | · 특정 도시에 속한 여러 산업들의 경쟁력을 강화할 수 있게 해주는 능력<br>(예) 서울시의 경쟁력 = f (지역산업에 종합적으로 필요한 부존자원, 경영환경, 관련 산업, 국내수요, 근로자, 정치가와 행정관료, 기업가, 전문경영자/기술자/디자이너) |
| 국가경쟁력 | · 특정 국가의 경제를 구성하고 있는 여러 산업들의 경쟁력을 강화할 수 있게 해주는 종합적 능력<br>(예) 한국의 국가경쟁력 = f (여러 산업에 종합적으로 필요한 부존자원, 경영환경, 관련 산업, 국내수요, 근로자, 정치가와 행정관료, 기업가, 전문경영자/기술자/디자이너) |

## 제 2 절 국가경쟁력의 측정 및 평가

### 1. 국가경쟁력의 측정

각 국가나 세계 주요 경제분석기관에서 국가경쟁력을 측정할 때 이전에는 1인당 GNP(GNP per capita)나 무역수지 흑자를 많이 이용했으나 이러한 방법은 국가경제의 전반적인 힘을 나타내는 국가경쟁력에서 오류를 범하기 쉬운 것으로 지적되고 있다. 계량적인 지표인 1인당 GNP는 가봉이나 브루나이 같은 빈부격차가 심한 국가에서는 현실을 왜곡할 가능성이 크며 천연자원을 개발하는 인도네시아, 리비아 같은 국가에서는 자원의 개발을 통해 높아진 1인당 GNP 수치라는 점, 그리고 특정국가가 인구계획을 효과적으로 수행하게 되면 자연적으로 높아진다는 점에서 국가경제의 전반적인 힘을 나타내는 진정한 의미의 국가경쟁력의 측정에는 적절한 수단이 되지 못하고 있다.

그동안 국가경쟁력 측정에 주로 이용되었던 무역수지 흑자폭은 특정국가가 단기간에 조작이 가능하며 방글라데시나 북한처럼 수입을 물리적으로 억제하는 정책을 수행한 결과 이루어진 무역수지 흑자는 객관적인 지표로 받아들이기 힘들다. 또한, 일국이 환율을 평가절하(depreciation)하게 되면 일시적으로 수입이 감소하고 수출이 증가하는 현상과, 수출지향적 경제발전전략(export-oriented economic development strategy)을 추구하는 국가가 수출원가를 최소화하기 위해 근로자의 임금상승을 억제해서 이루어진 수출증가는 국가경쟁력이 장기간에 걸쳐 축적된 힘을 의미하는 차원에서 적절한 측정수단이라고 할 수 없다.

따라서 이전의 이러한 측정수단의 한계를 극복하기 위해서 국가경쟁력의 새로운 측정수단으로 소비자가 원하는 제품을 생산할 수 있는 능력, 그리고 특정국가가 보유하고 있는 여러 산업의 경쟁력의 합계 개념이 부각되고 있다. 즉, 제품의 경쟁력은 기업의 경쟁력을 야기시키고 기업의 경쟁력은 산업과 도시의 경쟁력을 가져와 결국 국가경쟁력의 강화로 이어지게 된다.

## 2. 국가경쟁력의 평가

현재 세계 각국의 국가경쟁력 평가는 다수의 경제분석기관에서 이루어지고 있으나 그 중에서 스위스 국제경영개발원과 세계경제포럼의 평가가 가장 권위있는 것으로 인식되고 있다.

### 2.1 스위스 국제경영개발원

IMD는 스위스 로잔에 소재하고 있으며 기업의 최고경영자(CEO : Chief Executive Officer) 및 중간관리자를 대상으로 경영자훈련프로그램(MTP : Management Training Program)의 제공을 주요 업무로 하는 비영리법인이다.

IMD는 국가경쟁력을 '기업이 대내외 경쟁력을 유지할 수 있도록 구조, 제도 및 정책 등의 측면에서 효율적으로 지원하는 국가적 환경'으로 평가하고 있다. 평가대상국은 세계 49개국(OECD 30개 국가 및 19개 신흥시장국)이며 통계지표와 설문조사 결과를 기초로 각종항목에 대한 평가를 지수화하여 국가경쟁력을 비교한다. 평가기준은 4개부문(경제성과, 정부의 효율성, 기업의 효율성, 하부구조)에 총 286개로서 180개 통계지표(이 중 62개 통계지표는 순위 산정시 포함되지 않고 참고지표로만 활용)와 106개 설문항목으로 구성된다. IMD가 매년 4월 경 발표하는 국가경쟁력 보고서는 세계경제포럼(WEF)의 국가경쟁력 보고서와 더불어 세계적인 권위를 인정받고 있다.[2)]

---

2) IMD, 'The World Competitiveness Year Book 2001', 2001. 4., 한국은행, 한은정보, 2001. 6. 참조

## 2.2 세계경제포럼

스위스 제네바에 본부를 두고 있는 세계경제포럼(WEF : World Economic Forum)은 1971년 설립되었으며 매년 초 전세계의 경제·정치지도자들을 스위스의 세계적인 휴양지 다보스로 초청하여 '다보스 포럼'(Davos Forum)을 개최하는 단체로 널리 알려져 있다. 전세계 1,000여개 기업으로부터 후원을 받아 세계경제관련 연구 및 조사활동을 활발히 전개하고 있으며 조사결과에 대한 세계적인 권위를 인정받고 있다.

1979년부터 매년 '세계경쟁력 보고서'를 발간하고 있는데 동 보고서는 스위스 국제경영개발원(IMD)의 '세계경쟁력 연감'과 쌍벽을 이루고 있다. 2001년 보고서는 미국 하버드대학의 제프리 삭스(Jeffrey Sachs), 마이클 포터(Michael E. Porter) 교수 등과 공동으로 각종 통계자료와 주요 다국적기업의 경영자 등 전세계 4,600여명을 상대로 실시한 설문조사를 기반으로 작성되었다.

25 chapter

# VISION 2030

## 제 1 절 VISION 2030의 의미

### 1. 한국사회는 현재 선진국을 향한 중대 기로에 직면해 있음

#### 1.1 한국은 세계 10위권의 경제대국으로 성장했으며 2008년경이면 1인당 국민소득 20,000달러에 진입할 것으로 전망됨

그러나 복지지출은 선진국 대비 1/3 수준이어서 그 결과 국민의 삶의 질(quality of life)은 경제협력개발기구(OECD) 국가 중 최하위권을 기록하고 있다.

#### 1.2 저출산 · 고령화, 양극화 등 새로운 도전요인에 직면해 있음

한국은 현재 주택가격의 급등과 과중한 사교육비 및 저출산 현상에 직면해 있고 노후도 불안한 상황에 노출되어 있으며 가족 중 한사람이 질병에 걸릴 경우 가족전체가 빈곤층으로 전락할 가능성이 증대되고 있다. 또한, 이를 만회할 수 있는 기회가 점점 사라지고 있어 빈곤의 악순환이 반복될 가능성이 커지고 있다.

## 2. 성장(growth)과 복지(welfare)가 함께 가는 동반성장 전략이 필요함

복지 없이는 성장 없고 성장 없이는 복지도 없다고 할 수 있다. 복지를 소비가 아니라 미래를 위한 투자로 인식할 필요가 있다. 미래에는 인재가 경쟁력(competitiveness)이며 복지에 대한 투자는 이 같은 인재를 양성하는 것으로 이해해야 한다. 또한, 경제예산은 생산적이고 복지예산은 낭비적이라는 기존 관념에서 탈피할 필요가 있다.[1] 즉, 동반성장을 유효한 지속가능한 성장전략(sustainable growth strategy)으로 인식할 필요가 있다.

## 3. 「비전 2030-함께가는 희망한국」은 국가 장기종합전략으로 이해할 수 있음

비전 2030은 60여명의 민간전문가와 정부가 1년 이상 작업한 결과이다. 비전 2030은 한국의 미래를 위한 계획으로서 희망한국 건설을 위한 구체적인 방법을 구현하는 데 중점을 두고 있다.

## 4. 비전 2030은 미래를 위해 반드시 추진해야 할 과제임

### 4.1 미래에 대한 대비는 국가의 책임이며 따라서 미래에 대한 설계와 그 책임이 정부의 주요 역할임

※ 현재 한국은 저출산, 연금문제 등에 직면해 있음
- 저출산 문제 : 1983년 이미 출산율 2.08명 → 현재 세계 최저수준 1.08명
- 국민연금 : 최초설계가 잘못되어 있어서 1990년대 후반부터 문제가 제기되고 있으나 해결책 마련이 답보상태에 있음

### 4.2 일본, 유럽연합(EU) 등 선진국뿐만 아니라 중국, 인도 등도 10~30년의 국가 장기계획을 통해 미래를 대비하고 있음

※ 일본 : A New Era of Dynamism(2030년까지의 장기계획)
중국 : 2020년 全面的 小康國家

1) 이 같은 상황 하에서 정부는 동반성장만이 지속가능한 성장전략(sustainable growth strategy)으로 인식하고 있다(기획처 홍보관리관실, 비전 2030 - 함께 가는 희망한국, 2006. 8. 28. 요약 · 재구성).

### 5. 국민적 관심과 성원이 비전 2030 성공의 관건임

비전 2030은 불가능한 일이 아니며 비전 2030의 성공적 추진을 위해 국민적 관심과 적극적인 동참이 필요하다.

## 제 2 절 VISION 2030의 주요 특징

### 1. VISION 2030은 미래 한국에 대한 최초의 국가 장기종합전략으로 평가할 수 있음

VISION 2030은 현재의 5년 단위 국가재정운용계획을 넘어 향후 20~30년을 전망하는 장기 종합전략이며 참여정부 출범 이후의 미래 대비 관련 논의를 포괄·종합한 것으로 해석할 수 있다.

### 2. 제도혁신을 전제로 한 투자확대의 필요성

제도혁신이 없는 투자확대는 재정의 지속가능성을 위협하게 되며 잘못 설계된 복지제도(welfare system)를 유지할 경우 재정의 건전성을 저해하고 재정을 투입해도 복지 체감도는 정체되게 된다.

| ※ 재정위험 사전 제거 : 국민연금, 지역연금 개혁 등<br>효율성 제고 : 주민생활지원서비스 전달체계 개편 등 |
|---|

### 3. 복지투자의 확대로 2030년에는 현재의 선진국 평균에 근접할 것으로 추정됨

복지지출(GDP 대비 공공사회지출(중앙정부·지자체 복지지출+사회보험))은 2020년경에 2001년 미국·일본 수준, 2030년에 2001년 OECD 평균 수준에 근접하게 되며 경제분야 투자는 민간부문의 역할 강화를 통해 지속적으로 추진하게 된다.

### 4. 2010년까지는 증세 없이 VISION 2030을 추진하게 됨

2010년까지는 세금인상 없이 지출구조조정, 비과세·감면 축소 및 과세 투명성(transparency) 제고 등을 통해 충당하게 되며 그 이후에는 어느 정도의 복지수준을 얼마만큼의 국민부담으로 추진할지에 대해 국민적 논의가 필요한 상황이다.

## 제3절 VISION 2030의 주요 내용

### 1. 추진배경 및 과정

#### 1.1 추진배경

**(1) 현 상황에 대한 인식**

현재 한국은 저출산·고령화, 저성장, 양극화 등 장기적이고도 구조적인 과제에 직면해 있다.

① 인구감소가 시작되기 전 10~15년 간의 대응이 한국의 미래를 좌우하게 됨(생산인구는 2016년, 총인구는 2020년을 정점으로 감소)

대응이 지체될 경우 저성장과 분배악화가 심화되어 경제적 역동성(economic dynamics)과 사회적 안정성(social stability)이 훼손될 가능성이 크다고 할 수 있다.

② 그러나 경제·사회·문화를 망라한 제도혁신의 청사진을 설계하고 국민적 합의(national consensus) 도출을 위한 종합적인 접근은 미흡한 상태임

**(2) VISION 수립의 필요성**

장기·종합적 대책의 수립과 체계적 대응이 시급하다. 현 상황을 고려할 때 VISION 제시와 함께 실천력 확보를 위한 전략마련이 필요한 시점이다.

#### 1.2 추진과정

참여정부 출범 이후 다양한 논의와 의견수렴 과정을 거쳐 『비전 2030』을 수립하게 되었음

(1) 참여정부 출범 직후부터 미래전략에 대한 논의가 시작되었음

※ 역동과 기회의 한국(2003~2004), 동반성장 비전과 전략(2005~2006) 등

(2) 2005년 6월부터 『VISION 2030』 수립을 본격적으로 추진하였음

2005년 7월 60여명의 전문가로 민간작업단을 구성하였으며 설문조사(2006. 1), 시민사회단체 대표 간담회(2006. 8) 등 의견을 수렴하였다.

## 2. 미래를 위한 새로운 패러다임 모색

'선(先)성장 후(後)복지'의 기존 패러다임으로는 성장자체가 한계에 봉착할 뿐만 아니라 분배 개선도 이루기 힘들게 된다. 따라서 동전의 양면관계라고 할 수 있는 성장과 복지가 함께 가는 '동반성장'으로 전환하게 되었다.

〈표 25-1〉 패러다임의 변화

| | 기존 패러다임 | 동반성장 패러다임 |
|---|---|---|
| ① 추진 배경 | 탈빈곤, 성장과 분배의 고리 작동 | 양극화 심화, 성장과 분배의 고리 약화 |
| ② 정부 역할 | 성장에 집중 | 성장과 복지의 조화 |
| ③ 성장 전략 | 양적 투입위주 · 불균형 성장, 정부 주도 | 혁신주도형 · 균형 성장, 시장 주도 |
| ④ 복지 전략 | 가족 · 공동체에 의존, 구호적 복지 | 정부의 역할 제고, 미래를 위한 투자 |
| ⑤ 투자 중점 | 물적 자본 | 인적 · 사회적 자본[1)] |

주 : 1) 사회적 자본은 구성원간 신뢰와 협력, 개방성 및 이를 촉진하는 제도 · 규범 · 네트워크 등을 의미함

## 3. 2030 한국의 구상

성장과 복지의 선순환 구조가 정착되고 국민 모두가 '희망'을 가지는 '기회의 국가'를 건설하게 된다.

# 4. VISION 실현을 통한 미래의 모습

## 4.1 VISION 실현을 통해 세계 일류국가 달성

### (1) 제도혁신

국가 발전의 기반이 되는 주요 경제 · 사회제도의 혁신을 2010년까지 마무리하게 된다.

### (2) 선진국 진입

지속적인 성장 및 사회안전망(social safety net) 구축 등을 통해 2010년대에는 선진국에 진입하게 된다.

### (3) 세계 일류국가

정치 · 경제 · 사회 · 문화 등 모든 분야에서 성숙한 선진국으로 도약하게 된다.

## 4.2 1인당 GDP와 삶의 질(quality of life)이 대폭 제고됨

(1) 1인당 GDP는 2030년 49,000달러로서 현재의 스위스 수준에 도달하게 됨

> ※ 잠재성장률(장기재정전망팀 추계)
> 2006~2010년 : 4.9%, 2011~2020년 : 4.3%, 2021~2030년 : 2.8%

(2) 삶의 질 순위는 2030년 10위로서 현재의 미국 수준을 추월하게 됨

〈표 25-2〉 주요 지표의 변화

| 지표명 | 2005년 | 2010년 | 2020년 | 2030년 | 비 고(2005년 기준) |
|---|---|---|---|---|---|
| · GDP 규모[1](십억달러) | 788<br>(788) | 1,122<br>(1,262) | 1,824<br>(2,567) | 2,406<br>(4,145) | · 미국 12,486 일본 4,571<br>영국 2,201 이탈리아 1,766 |
| · 1인당 GDP[1](천달러) | 16<br>(16) | 23<br>(26) | 37<br>(51) | 49<br>(84) | · 스위스 50 미국 42<br>일본 36 프랑스 34 |
| · 국가경쟁력(순위, IMD) | 29 | 20 | 15 | 10 | · 미국 1위 싱가포르 3위<br>스위스 8위 일본 21위 |
| · 삶의 질(순위, IMD) | 41 | 30 | 20 | 10 | · 호주 1위 스위스 4위<br>미국 14위 일본 35위 |

주 : 1) 2005년 불변가격 기준, ( )안은 경상가격 기준

〈표 25-3〉 계층별 · 연령별 미래 모습

<table>
<tr><th></th><th>20대</th><th>30대</th><th>40~50대</th><th>60대 이상</th></tr>
<tr><td rowspan="5">전국민</td><td colspan="3"></td><td>노인의 2/3가 연금혜택 수령<br>* 연금수급률 17→30→47→66%</td></tr>
<tr><td colspan="2"></td><td colspan="2">치매 · 중풍노인, 사회에서 책임짐<br>* 장기요양서비스 수혜율 11→35→70→100%<br>* 장기요약병상수(인구 천명당) 0.5→1.5→3→4개</td></tr>
<tr><td colspan="4">집 걱정, 병원비 걱정, 먹을거리 걱정 없는 사회로 삶의 질이 제고됨<br>* 건강보험 보장률 65→72→80→85%<br>* 친환경인증 농산물 생산비율 4→10→15→20%<br>* 삶의 질(IMD, 60개국) 41→30→20→10위<br>* 공공임대주택 비율 5.1→10.1→16→16%</td></tr>
<tr><td colspan="4">가까운 곳에서 언제든지 문화생활을 향유할 수 있음<br>* 국민문화향유율(2003) 62→70→90→95%<br>* 공공도서관 1관당 인구수 9만→5만→4.5만→4만</td></tr>
<tr><td colspan="4">투명하고 상부상조하는 사회, 안심하고 살 수 있음<br>* 청렴도 지수(TI, 159개국) 40→25→10→5위<br>* 자원봉사 참여율 15→20→30→50%<br>* 5대 범죄 발생 대비 검거율 72.6→73→75→77%</td></tr>
<tr><td rowspan="5">근로자</td><td colspan="3">고용, 능력과 의사가 있으면 평생 배우며 일할 수 있음<br>* 평생학습 참여율(2004) 22→30→40→50%<br>* 고용률 63.7→67→70→72%</td><td></td></tr>
<tr><td></td><td colspan="2">비정규직, 더 이상 차별받지 않음<br>* 정규직 대비 비정규직 임금수준 63→70→80→85%</td><td></td></tr>
<tr><td></td><td colspan="2">안전하고 쾌적한 근로환경에서 일할 수 있음<br>* 산업재해율(재해자수/근로자수) 0.77→0.58→0.37→0.24%</td><td></td></tr>
<tr><td></td><td colspan="2">노동시간은 감소하고 여가시간은 증가함<br>* 연간실근로시간 2,366→2,300→2,166→2,033시간</td><td></td></tr>
<tr><td></td><td colspan="2">실업, 재기의 기회가 확대됨<br>* 실업자훈련 참여자취업률 50→51→60→65%</td><td></td></tr>
<tr><td rowspan="3">기업인</td><td colspan="3">협력적 노사관계, 대 · 중소기업간 상생, 생산성 제고로 연결됨<br>* 파업으로 인한 근로손실일수 56→42→26→15일<br>* 기업의 사회적 책임(IMD, 60개국) 30→25→20→10위</td><td></td></tr>
<tr><td></td><td colspan="2">공정한 시장경쟁, 대학연구성과, 산업경쟁력으로 연결됨<br>* 산학간 지식이전 정도(IMD, 60개국) 21→15→10→5위</td><td></td></tr>
<tr><td></td><td colspan="2">우리 기술과 상품, 세계 어디서나 인정받게 됨<br>* 부품개발 기술수준(일본=100) 84→94→98→105<br>* 혁신형 중소기업 1→3→6→9만개<br>* 세계 일류상품 505→1,000→1,550→2,000개</td><td></td></tr>
<tr><td rowspan="4">학생/청소년</td><td></td><td colspan="2">우리 아이들, 달라진 교육환경에서 학습하게 됨<br>* 초등학교 학급당 학생수 32→30→27→23명</td><td></td></tr>
<tr><td></td><td colspan="2">방과 후 아이들, 사교육비 부담 없이 안심하고 위탁가능함<br>* 방과 후 활동 수혜율 32→67→72→75%</td><td></td></tr>
<tr><td></td><td colspan="2">우리 아이들, 사고 없이 안전하게 성장하게 됨<br>* 아동안전사고율(10만명당) 8.3→7.3→6.0→5.0명</td><td></td></tr>
<tr><td colspan="2">학교에서 배운 지식, 사회에서 바로 활용할 수 있음<br>* 대학교육 사회부합도(IMD, 60개국) 52→40→20→10위</td><td colspan="2"></td></tr>
<tr><td rowspan="2">여성/맞벌이부부</td><td colspan="3">일하는 여성, 남녀차별 없이 능력으로 인정받게 됨<br>* 여성권한척도(UNDP, 80개국) 59→45→30→20위</td><td></td></tr>
<tr><td colspan="2">아이, 건강하게 낳아 걱정 없이 양육하게 됨<br>* 영아사망률(천명당) (2002) 5.3→4.5→4.0→3.0명<br>* 육아서비스 수혜율 47→65→67→74%</td><td colspan="2"></td></tr>
</table>

|  |  |
|---|---|
| 장애인 | 장애인, 원하는 직업에서 자아를 실현하게 됨<br>* 장애인 실고용률(2004) 1.3→1.7→2.5→3.0%<br>* 취업장애인 월평균소득(상용근로자 대비) 44.5→50→75→90% |
| | 신속하고 편리하게 치료 및 재활 서비스를 제공받을 수 있음<br>* 국공립 장애인 재활병원수 1→7→16→32개소 |
| | 더 이상 이동과 정보이용에 불편은 없게 됨<br>* 장애인 편의시설 설치율 72.7→82→95→100%<br>* 장애인 인터넷 이용률 36→50→95→100% |
| 저소득층 | 최소한의 생활, 국가가 보장하게 됨<br>* 최저주거기준 미달가구 비율(2000) 23→18→9→0%<br>* 사회복지담당공무원 1인당 담당인구수 3,800→3,320→2,160→1,000명 |
| 농어업인 | 농어업인, 일하기 좋고 편리한 환경에서 생활할 수 있게 됨<br>* 농어촌 상수도 보급률 40→64→76→80% |
| | 규모화 · 전문화로 농어업 경쟁력이 확보됨<br>* 쌀전업농 쌀생산비중 30→41→60→79%<br>* 수산자원량 790→880→1,000→1,000만톤 |

주 : 숫자는 (2005)→(2010)→(2020)→(2030)을 나타냄

## 5. 미래 국민생활의 모습

한국의 계층별 · 연령별 미래 모습은 위와 같이 〈표 25-3〉에 정리되어 있다.

## 6. VISION 실현 방안

### 6.1 VISION 실현 수단

'함께 가는 희망한국'의 비전과 전략은 제도혁신 · 선제적 투자와 비전실행계획을 통해 실현된다.

**(1) 제도혁신 · 선제적 투자**

① 제도혁신 : 경제 · 사회 시스템을 업그레이드(upgrade)하여 효율성(efficiency)을 제고하고 재정의 지속가능성을 위협하는 요인을 사전에 제거함

제도혁신 없이는 진정한 의미의 선진국 진입은 불가능하다고 할 수 있다.

② 선제적 투자 : 국민의 삶의 질 제고와 성장기반 확충 분야, 향후 수요가 크게 증가하는 분야에 예방적 차원에서 미리 투자함

선제적 투자 없이는 바람직한 미래의 조기실현은 어렵다고 할 수 있다.

〈표 25-4〉 주요 제도혁신 및 선제적 투자 과제

| 제도 혁신 | 선제적 투자 |
|---|---|
| · 서비스산업 경쟁력 강화 | · 사회서비스 일자리 확대 |
| · 정년연장 및 임금피크제 확대 | · 적극적 고용전략 추진 |
| · 학제 개편 | · 차세대 성장동력 사업 확대 |
| · 국민 · 지역연금 개혁 | · 보육서비스 · 방과 후 활동 확대 |
| · 주민생활지원서비스 전달체계 개편 | · 근로장려세제 도입 |
| · 자유무역협정(FTA) 체결 확대 | · 노인수발보험제도 도입 |

#### (2) VISION 실행계획

5대 전략별로 정책목표, 실천과제, 지표의 국제비교를 포함하는 실행계획(Vision Action Plan)을 수립하여 시행하게 된다.

### 6.2 재정투자 방향

동반성장을 위한 선제적 투자에 중점을 두되 제도혁신을 통해 지출증가를 최소화하게 된다. 성장기반 강화를 위해 연구 · 개발(R&D), 고등교육 부문에 대한 투자를 강화하게 되며 국민의 삶의 질 향상을 위해 복지 사각지대 해소, 사회서비스 확충 등에 대한 지원을 확대하게 된다.

## 7. 재정전망

### 7.1 추가 재원소요

총 GDP의 2% 수준이 될 것으로 전망된다.

| ※ GDP 대비 연평균 추가소요<br>2006~2010년 : 0.1%<br>2011~2030년 : 2.1% |
|---|

### 7.2 재원대책에 대한 국민적 논의의 필요성

#### (1) 2010년까지

추가적인 증세 없이 세출구조조정, 비과세 · 감면축소 및 투명성 제고 등을 통해 소요재원을 충당하게 된다.

### (2) 2011년 이후

어느 정도의 복지수준을 얼마만큼의 국민부담으로 추진할지에 대해 국민적 논의가 필요하다.

> ※ 현재의 복지지출수준 유지시 빈곤의 세습화, 노후불안, 출산기피, 일자리 감소 등으로 인해 사회통합(social integration) 저해 및 개인의 불안감 증가가 우려됨

## 8. 외국수준과 비교한 2030 희망한국의 모습

2030년 1인당 GDP는 2005년 스위스 수준에 도달하고 복지지출 규모는 2001년 경제협력개발기구(OECD) 평균에 이르게 된다.

### 8.1 1인당 GDP

> 2020년 37,000달러 (2005년 불변가격),
> 2030년 49,000달러로 2005년 스위스 수준 도달

### 8.2 복지지출 규모

> ※ 2006년 ~ 2030년간 연평균 9.8%씩 증가하여
> 2019년 15%(2001년 미국 수준), 2024년 17%(2001년 일본 수준) 도달
> 2030년에 21%로 2001년 OECD 평균(21.2%)을 기록할 것으로 전망됨

26 chapter

# 한국의 국가경쟁력 현황과 과제

1997년 발표된 부즈·앨런 & 해밀턴 보고서에서는 한국을 일본과 중국 사이에 끼인 넛크래커(nutcracker)와 같은 존재로 비유한 바 있다. 동 보고서는 일본의 경우 첨단고급기술 산업에서 한국을 상당부분 추월하고 있으며 중국의 경우에도 중하급기술 산업은 물론 첨단기술부문도 급속도로 발전하고 있어서 한국이 국가경쟁력을 업그레이드시키지 않는다면 조만간 중국에도 뒤처질 가능성이 큰 것으로 지적하였다.

이러한 대외적인 경쟁여건의 변화에도 불구하고 우리의 국가경쟁력은 거의 향상되지 않고 있다. 매년 스위스 IMD에서 발표하는 국가경쟁력 종합순위(2002년 기준)에서 우리는 조사대상 49개국 중 27위를 나타내고 있다. 이는 우리의 경쟁상대국인 싱가포르(5위), 홍콩(9위), 대만(24위)은 물론이거니와 말레이시아(26위)보다도 낮은 수준이다. 또한, 타 경쟁국들과 기업환경을 비롯한 여러 부문의 조사에서도 가장 낮은 수준을 보이고 있다.

상기한 경쟁환경의 변화에 따른 우리의 국가경쟁력 현황 및 과제에 대해 살펴보고자 한다.

## 제 1 절 국가경쟁력 현황(2001년)

### 1. 세계경쟁력 연감(스위스 IMD)

한국의 국가경쟁력은 2001년에 28위로서 2000년과 동일한 순위를 유지하였다. 우리의 국가경쟁력은 아시아 대부분의 국가들보다는 높다고 할 수 있으나 주요 경쟁국인 싱가포르(2위), 홍콩(6위), 대만(18위) 등에 비해 월등히 낮은 수준을 보이고 있어서 국가경쟁력의 제고가 시급한 과제로 떠오르고 있다.

우리의 경쟁력을 부문별로 살펴보면 특히 정부의 효율성(31위), 기업의 효율성(31위), 하부구조(34위)가 열등(劣等)한 것으로 나타났다. 이를 다시 세부항목별로 살펴보면 경제성과(economic performance)의 경우 국내경제 활력(8위)과 고용(9위)에서는 높은 평가를 받은 반면 국제투자(37위), 무역(31위), 물가(30위) 등에 있어서는 성과가 미흡(未洽)한 것으로 나타났다.

정부의 효율성(government efficiency) 부문에서는 재정상태(9위), 재정정책(15위)은 비교적 높은 평가를 받았으나 교육(32위), 법제(34위), 사업환경(44위) 등은 개선이 요구되는 것으로 나타났다. 기업의 효율성(business efficiency)과 관련하여서는 세계화 적응(23위)과 생산성(30위)은 그런대로 양호한 것으로 나타났으나 노동시장(35위), 금융시장(35위), 기업경영관행(39위) 등은 주요 경쟁국들에 비해 전반적으로 경쟁력이 떨어지는 것으로 조사되었다. 하부구조(infrastructure)의 경우에는 특히 기초하부구조(35위)와 가치체계(40위)가 낮은 평가를 받았다.

〈표 26-1〉 한국의 부문별 경쟁력 순위

| 부 문 | 순 위 추 이 | | | | | 세 부 항 목 |
|---|---|---|---|---|---|---|
| | 1997 | 1998 | 1999 | 2000 | 2001 | |
| 경제성과 (Economic Performance) | 21 | 22 | 38 | 13 | 19 | 국내경제 활력(8), 무역(33), 국제투자(37), 고용(9), 물가(30) |
| 정부의 효율성 (Government Efficiency) | 38 | 42 | 43 | 33 | 31 | 재정상태(9), 재정정책(15), 법제(34), 사업환경(44), 교육(32) |
| 기업의 효율성 (Business Efficiency) | 28 | 35 | 40 | 27 | 31 | 생산성(30), 노동시장(35), 금융시장(35), 기업경영 관행(39), 세계화 적응(23) |
| 사회하부구조 (Social Infrastructure) | 32 | 38 | 39 | 28 | 34 | 기초 하부구조(35), 기술관련 하부구조(25), 과학관련 하부구조(21), 보건 및 환경(30), 가치체계(40) |

IMD의 평가항목은 총 286개인데 한국은 이 중에서 특히 가격통제, 환경보호법, 사업환경, 가치체계, 기업경영 관행 등 20여개 항목에서 선진국은 물론 주요 경쟁국가들에 비해 취약한 것으로 나타났다. 따라서 한국의 국가경쟁력이 제고되기 위해서는 이들 취약항목의 경쟁력이 크게 향상되어야 한다.

〈표 26-2〉 한국의 경쟁력 취약 항목

| 세부항목 | 평가방법 | 순위 | 세부항목 | 평가방법 | 순위 |
|---|---|---|---|---|---|
| 가격통제 | 설문조사 | 49 | 금융기관 규제 | 설문조사 | 45 |
| 환경보호법 | 설문조사 | 49 | 기회균등 | 설문조사 | 45 |
| 문화개방 | 설문조사 | 48 | 투자보호 | 설문조사 | 45 |
| 주주의 권리와 의무 | 설문조사 | 48 | 주주가치 창출 | 설문조사 | 44 |
| 기업의 신뢰성 | 설문조사 | 47 | 보호무역 | 설문조사 | 43 |
| 금융거래의 비밀보장 | 설문조사 | 47 | 정치제도 | 설문조사 | 43 |
| 대학교육 | 설문조사 | 47 | 외국자본시장 접근 | 설문조사 | 43 |
| 기업지배구조 | 설문조사 | 47 | 정치불안 | 설문조사 | 43 |
| 노사관계 | 설문조사 | 46 | 중등학생/교사비율 | 통계 | 41 |
| 상품 및 서비스 변상책임 | 설문조사 | 45 | 초등학생/교사비율 | 통계 | 40 |

자료 : IMD, The World Competitiveness Year Book 2001, 2001. 4.
한국은행, 한은정보, 2001. 6.

## 2. 세계경쟁력 보고서(세계경제포럼)

### 2.1 성장잠재력 평가

세계경제포럼의 '2001년 세계경쟁력 보고서'에 의하면 한국의 성장잠재력은 세계 23위, 현재의 경쟁력은 28위로 각각 평가되었다. 한국의 성장잠재력은 2000년 28위에서 다섯 순위 상승했으나 조사시점의 경쟁력은 2000년 27위에서 한 순위 하락하였다.1)

향후 5년간 경쟁력 향상도를 예상할 수 있는 성장잠재력에서 한국이 다섯 순위나 상승했다는 사실은 일단 고무적인 것으로 평가할 수 있다. 한국은 기술과 거시경제환경에서는 10위 내에 들었으나 공공부문은 44위로 평가되었다. 기술부문에서는 미국에서의 특허출허건수 등 기술개발노력이 상위수준(6위)으로 나타났으며 정보통신기술은 22위로 중상위 수준으로 평가되었다. 거시경제환경에서는 물가, 금리, 환율 등 주요 거시경제지표들이 안정적인 가운데 7위로 나타났으며 정부의 재정지출도 경제규모에 비해 지나치지 않다는 평가를 하고 있어서 17위로 조사되었으며 전체적인 국가신용도는 28위로 평가되었다.

### 2.2 현재의 경쟁력 평가

세계경제포럼은 현재의 경쟁력 평가를 기업의 경영·전략과 기업환경부문으로 구분하여 평가

1) 세계경제포럼의 2001년 성장잠재력 평가는 새로운 기준에 의해 평가한 것으로써 1999년 이전과는 비교할 수 없는 특징을 가지고 있다.

하였는 데 평가결과 한국은 기업의 경영·전략부문에서 26위로 종합순위보다 앞섰으나 기업환경부문에서는 30위로 부진하였다. 기업환경평가요소에는 교통·통신 등의 사회간접자본시설, 자본시장 발전정도 등이 포함되었는 데 한국은 특히 정부의 관리능력 등이 저조한 평가를 받은 것으로 조사되었다.

# 제 2 절 국가경쟁력 현황(2002년)

## 1. 세계경쟁력 연감(스위스 IMD)

### 1.1 전반적 평가

한국의 국가경쟁력이 대체적으로 2001년보다 향상된 것으로 나타났다. 스위스 IMD의 '2002년 세계경쟁력 보고서'에 의하면 한국은 평가대상 49개국 중 27위를 기록하였는 데 이는 2001년보다 한 단계 상승한 것이다.

국가경쟁력을 구성하는 네 부문 중에서 경제성과(19위→24위)를 제외하고는 정부의 효율성(31위→25위), 기업의 효율성(31위→27위), 사회하부구조(34위→28위) 등이 모두 개선되었다는 평가를 받았다. IMD의 한국경제에 대한 2002년 평가는 2001년보다 전반적으로 향상되었지만 세부항목 중 노사관계, 교육투자, 삶의 질 등은 여전히 조사대상국 중 최하위 수준인 것으로 나타났다.

세부항목을 살펴보면 경제성과 부문 중 물가(25위), 국제투자(34위), 국제무역(37위) 등의 순위가 2001년보다 하락하여 경제활동 성취도가 5단계 떨어졌다. 정부의 효율성 부문에서는 재정상태(3위)와 재정정책(17위)은 양호한 평가를 받았으나 정부기관의 효율성을 나타내는 정부시스템(29위)과 교육정책·제도(31위) 등은 하위수준을 나타내었다. 특히, 기업활동에 대한 규제정도를 의미하는 산업관련제도(40위)는 최하위 수준을 기록하였다. 기업의 효율성부문에서는 한국의 세계화 정도를 24위로 평가했으나 경영인에 대한 낮은 신뢰도, 기업의 이사회의 경영진에 대한 감독미비, 미진한 주주권리보장 등이 기업의 효율성을 저하시키고 있다고 지적하였다. 사회하부구조 부문에 대해서는 과학기술분야가 좋은 평가를 받은 반면에 여성 및 외국인 차별, 사회적 가치도는 47위로 최하위권을 나타내었다.

### 1.2 과학부문평가

한국의 국가경쟁력에 대한 IMD의 평가 중에서 가장 고무적인 사항은 과학기술경쟁력에 대한 평가라고 할 수 있다. '세계경쟁력 연감 2002'에 따르면 한국의 2002년 과학경쟁력은 2001년 21위에서 11단계 상승하여 10위로 평가되었다. 우리의 과학경쟁력은 1997년 22위에서 1998년에는 외환위기의 여파로 28위로 하락하였으나 2000년부터 22위로 회복세를 보이기 시작하여 2002년에는 10위로 급상승한 것이다.

이 같은 과학경쟁력의 급상승은 정부의 기술혁신정책의 추진에 따라 연구・개발 투자경쟁력(8위) 및 연구・개발 인력경쟁력(9위) 등이 강세를 보인 데 힘입은 것으로 볼 수 있다. 특히, 기업연구원 1,000명 당 특허등록건수(1위), 내국인 특허등록건수(3위), 해외취득 특허건수(10위) 등으로 지적재산권 분야에서도 강한 면모를 보인 것도 과학경쟁력의 순위향상에 크게 기여한 것으로 판단된다.

〈표 26-3〉 한국의 과학경쟁력 항목별 순위

| 주 요 항 목 | | 2001년 | | 2002년 | |
|---|---|---|---|---|---|
| | | 지 표 | 순 위 | 지 표 | 순 위 |
| 연구개발 투 자 | 연구개발투자(억 달러) | 100 | 8 | 122 | 8 |
| | 국민 1인당 연구개발투자(달러) | 214.0 | 21 | 260.6 | 21 |
| | GDP 대비 연구비(%) | 2.47 | 7 | 2.653 | 7 |
| | 기업체의 연구비투자(억 달러) | 76 | 10 | 92 | 6 |
| 연구인력 | 연구개발인력(천명) | 128.7 | 9 | 137.9 | 9 |
| | 인구 1천명 당 연구개발인력 | 2.77 | 21 | 2.96 | 21 |
| | 기업체 연구개발인력(천명) | 77.9 | 8 | 94.3 | 7 |
| | 인구 1천명 당 기업체 연구개발 인력 | 1.68 | 19 | 2.01 | 20 |
| 과학적 환 경 | 노벨상수상자(명) | 0 | 24 | 0 | 24 |
| | 과학기술논문수 | 신설항목 | | 5,411 | 21 |
| | 기초연구가 장기적인 경제・기술발전에 공헌하는 정도* | 6.79 | 10 | 6.47 | 12 |
| | 이공계 학사학위자 중 과학분야비율(%) | 신설항목 | | 46.4 | 11 |
| 지 식 재산권 | 국내인 특허등록건수(건) | 35,900 | 3 | 43,314 | 3 |
| | 기업연구원 1천명 당 국내인 특허등록수(건) | 신설항목 | | 515 | 1 |
| | 국내인 특허등록 증가율(%) | 147.64 | 3 | 20.65 | 13 |
| | 해외취득 특허건수(건) | 6,501 | 11 | 7,764 | 10 |
| 종 합 순 위 | | 21위 | | 10위 | |

주 : *표시는 설문항목이며 최상위 지표는 10점임
자료 : IMD, 'The World Competitiveness Year Book 2002', 2002. 4.

이번 IMD의 조사에서는 한국이 과학선진국으로 진입하기 위해 개선되어야 할 사항도 지적되었다. 한국은 인구 1,000명 당 연구·개발인력수(21위), 인구 1,000명 당 기업체 연구개발인력수(20위)에서 중위수준을 나타내고 있으며 29위 수준인 의무교육과정에서의 과학기술교육 강화, 22위 수준인 젊은이들의 과학기술에 대한 관심제고, 30위를 나타내고 있는 지적재산권의 보호강화가 시급한 것으로 나타났다. 또한, 29.0% 수준인 정부연구개발 예산 중 전반적 지식증진을 위한 투자비율이 49.5%인 일본이나 55.0%인 독일 등 과학선진국에 비해 크게 뒤떨어지고 있는 것으로 조사되었다.

한편, 국가별 과학기술경쟁력 순위에 있어서는 미국이 1위, 일본이 2위, 스위스가 3위, 독일 4위, 스웨덴 5위 등 10위 이내의 국가는 2001년에 비해 큰 순위 변화는 나타나지 않았으나 한국이 2001년의 21위에서 10위로 크게 상승한 것과 더불어 영국이 2001년 16위에서 8위로 8단계 상승하는 성과를 보였다.

〈표 26-4〉 주요국의 과학기술경쟁력 순위

| 순위 | 국가명 |
|---|---|
| 1 | 미국 |
| 2 | 일본 |
| 3 | 스위스 |
| 4 | 독일 |
| 5 | 스웨덴 |
| 6 | 핀란드 |
| 7 | 프랑스 |
| 8 | 영국 |
| 9 | 싱가포르 |
| 10 | 한국 |

주 : 2002년 기준임

자료 : IMD, 'The World Competitiveness Year Book 2002', 2002. 4.

## 2. 전국경제인연합회

전국경제인연합회는 최근 대기업, 중견기업, 외국기업 등을 포함하여 국내에서 활동하는 최고경영자(CEO)를 대상으로 5개 부문(기업부문, 경제기반, 인프라, 공공부문, 인적자원), 16개 분야, 75개 항목에 걸쳐 '한국의 국가경쟁력평가'를 조사하였다. 전국경제인연합회의 조사결과를 간략히 소개하면 다음과 같다.2)

2) 전국경제인연합회, 전경련, 2002. 7. 요약·재정리

전국경제인연합회의 조사에 따르면 최근의 경기활성화 및 성장추세에도 불구하고 한국의 국가경쟁력기반은 좀처럼 개선되지 못하고 있는 것으로 나타났는 데 한국의 국가경쟁력은 세계최고국가인 미국의 54%에 불과한 것으로 밝혀졌다. 세계최고의 경쟁력을 확보한 국가로는 미국이 선정되었으며 싱가포르는 2위로 나타났다. 한국의 부문별 국가경쟁력을 간략히 살펴보고자 한다.

### 2.1 기업부문

전국경제인연합회의 5개 조사부문 중 기업부문의 경쟁력이 세계 최고국가인 미국의 62% 수준으로 가장 우수한 것으로 나타났다. 특히, 한국기업의 IT화는 미국의 75%에 달해 세계최고수준의 경쟁력을 보유하고 있는 것으로 평가되었다. 이처럼 기업부문이 타 부문에 비해 비교적 우수한 평가를 받은 것은 경제위기 극복을 위한 강도높은 구조조정으로 기업의 하드웨어시스템과 조직구조와 관련한 부문에 있어서 선진국에 근접한 수준으로 크게 개선되었기 때문으로 분석된다. 그러나 노사관계, 생산성 등 조직의 하부구조와 의사소통(communication), 기업문화(corporate culture) 등 운영측면에서는 여전히 경쟁력이 크게 떨어지는 것으로 나타났다.

### 2.2 경제기반부문

경제기반부문도 세계최고국가의 61% 수준으로 비교적 우수한 평가를 받았다. 특히, 경제구조안정상관련항목이 가장 우수한 평가를 받았으며 각 경제주체의 외부환경 적응력도 크게 제고된 것으로 나타났다. 반면에 국가이미지 및 개방화 부문은 여전히 경쟁력이 떨어지는 것으로 나타났고 금융·통상 등 경제기반관련 전문인력의 확보수준이 매우 낮은 것으로 지적되었다.

경제기반부문조사와 관련하여 특이한 점은 한국의 외부충격(external shock) 흡수력이 44%로 낮게 나타났다는 것인데 이는 우리기업 최고경영자(CEO)들이 경제위기 극복과정에서 제 역할을 다하지 못한 것으로 해석할 수 있다.

### 2.3 인프라부문

인프라부문은 세계 최고수준국가 대비 55%로 평균수준을 나타내었다. IT인프라를 비롯한 하드웨어 인프라스트럭처(hardware infrastructure)는 매우 우수하나 비즈니스 시스템, 경제관련 사회구조 등 소프트웨어 인프라스트럭처(software infrastructure)는 경쟁력이 크게 저하되어 있는 것으로 평가되었다. 특히, 사회적 거래비용(social transaction cost) 부담은 기업의 경쟁력을 저하시키는 가장 주요한 요인으로 분석되었다. 국민의 기업에 대한 평가도 매우 부정적인 것으로 나타나 기업의 역할 및 중요성에 대한 인식전환 및 사회공감대 형성을 위한 범국민적 노력이 시급한 것으로 조사되었다.

## 2.4 공공부문

공공부문의 경쟁력은 세계 최고수준의 45%에 불과하여 5개 조사부문 중 가장 경쟁력이 뒤처지는 것으로 나타났다. 16개 항목 중 전자정부 달성수준(85%), 정책개방성(60%) 등 일부 항목을 제외한 대다수의 항목에서 세계 최고수준 국가의 50% 이하 수준이었으며 40% 이하도 7개 항목으로 조사되었다. 특히, 경쟁력이 뒤처지는 부문은 관료주의 탈피정도(20%)와 정치 및 행정시스템(28%)으로 최하위수준이 20%대에 불과하였고 경제관련규제(32%), 노동정책(36%), 정부의 기업지원마인드(38%) 등도 경쟁력이 뒤떨어지는 것으로 평가되었다.[3]

〈표 26-5〉 부문별 국가경쟁력 순위

| 부문 | 분야 | 항목 | 최고 국가 | 2위 국가 | 3위 국가 | 한국의 수준(%) |
|---|---|---|---|---|---|---|
| 인적자원 | 교육 시스템 | 전체교육시스템 | 미국 | 독일 | 영국 | 52 |
| | | 대학교육시스템 | 미국 | 프랑스 | 독일 | 40 |
| | | 커리큘럼의 효율성 | 미국 | 독일 | 핀란드 | 35 |
| | | CEO 육성 교육기관 | 미국 | 스위스 | 영국 | 35 |
| | 인력 수급 시스템 | 인문계 인력 공급구조 | 미국 | 독일 | 영국 | 60 |
| | | 이공계 인력 공급구조 | 독일 | 미국 | 프랑스 | 42 |
| | | 여성인력 활용도 | 핀란드 | 미국 | 스웨덴 | 28 |
| | | 숙련근로자 조달 용이성 | 독일 | 미국 | 일본 | 72 |
| | 국민적 마인드 | 국민의 경제마인드 | 미국 | 싱가포르 | 일본 | 73 |
| | | 사회가치의 경쟁력 기여도 | 미국 | 싱가포르 | 독일 | 55 |
| | | 성숙한 시민의식 | 싱가포르 | 독일 | 일본 | 48 |
| | | 노동자의 노동윤리 | 일본 | 독일 | 싱가포르 | 42 |
| | 인적 자원 능력 | 영어 구사능력 | 싱가포르 | 네덜란드 | 독일 | 27 |
| | | 제2외국어 구사능력 | 독일 | 네덜란드 | 싱가포르 | 20 |
| | | 기초학문 및 전문성 | 미국 | 독일 | 프랑스 | 33 |
| | | 두뇌유출입 정도 | 미국 | 일본 | 독일 | 42 |
| | | 인적자원의 풍부성 | 중국 | 미국 | 독일 | 87 |
| | 인적자원 총괄 | | 미국 | 독일 | 싱가포르 | 46 |

3) 공공부문경쟁력이 5개 조사부문 중 가장 뒤처지는 것으로 나타난 것은 아직도 우리 정부의 기업정책이 시장친화적인 지원정책보다는 반시장적인 감시 및 규제중심으로 이루어지고 있는데 기인하고 있다.

| 부문 | 분야 | 항목 | 최고 국가 | 2위 국가 | 3위 국가 | 한국의 수준(%) |
|---|---|---|---|---|---|---|
| 기업부문 | 글로벌 스탠더드 | 국제환경 적응도 | 미국 | 싱가포르 | 핀란드 | 70 |
| | | 기업지배구조 | 미국 | 일본 | 독일 | 74 |
| | | 기업문화 | 캐나다 | 독일 | 미국 | 50 |
| | | 브랜드 경영 | 미국 | 일본 | 프랑스 | 43 |
| | | 마케팅능력 | 미국 | 일본 | 독일 | 72 |
| | | 노사관계 성숙도 | 일본 | 미국 | 독일 | 31 |
| | | 고급관리자 조달시장 | 미국 | 독일 | 스웨덴 | 45 |
| | IT화 | IT활용도와 생산성 | 미국 | 핀란드 | 한국 | 89 |
| | | IT활용도와 비즈니스 기회 | 미국 | 한국 | 싱가포르 | 82 |
| | | IT와 경영전략 | 미국 | 스웨덴 | 영국 | 75 |
| | | 전통산업의 e-Business화 | 미국 | 독일 | 일본 | 68 |
| | | IT분야 투자효율성 | 미국 | 핀란드 | 일본 | 60 |
| | 기업의 경영 성과 | 주가관리 등 기업가치 관리 | 미국 | 일본 | 영국 | 68 |
| | | 수익률 중시 경영 | 미국 | 일본 | 영국 | 73 |
| | | CEO의 자질 및 역량 | 미국 | 독일 | 일본 | 72 |
| | | 조직원의 혁신마인드 | 핀란드 | 독일 | 미국 | 50 |
| | | 조직원간 커뮤니케이션 | 미국 | 일본 | 독일 | 58 |
| | | 기업 내부의 부패(투명도) | 싱가포르 | 독일 | 스위스 | 52 |
| | | 종업원의 생산성(임금대비) | 중국 | 미국 | 영국 | 47 |
| | 기업부문 총괄 | | 미국 | 일본 | 독일 | 62 |

| 부문 | 분야 | 항목 | 최고 국가 | 2위 국가 | 3위 국가 | 한국의 수준(%) |
|---|---|---|---|---|---|---|
| 공공부문 | 효율성 | 경제관련 법제도 | 싱가포르 | 미국 | 독일 | 42 |
| | | 정치 및 행정시스템 | 미국 | 싱가포르 | 영국 | 28 |
| | | 부패정도(청렴도) | 싱가포르 | 독일 | 핀란드 | 38 |
| | | 전자정부 달성 수준 | 미국 | 싱가포르 | 핀란드 | 85 |
| | | 지방정부 능력 및 효율성 | 미국 | 영국 | 스위스 | 40 |
| | | 정책의 일관성 | 독일 | 미국 | 싱가포르 | 49 |
| | 시장 친화성 | 정부의 기업지원 마인드 | 영국 | 미국 | 싱가포르 | 38 |
| | | 경제규제의 체감도 | 싱가포르 | 영국 | 미국 | 32 |
| | | 경쟁법 | 미국 | 영국 | 독일 | 52 |
| | | 정책 개방성 | 핀란드 | 싱가포르 | 중국 | 60 |
| | | 노동정책의 효율성 | 미국 | 영국 | 싱가포르 | 36 |
| | 공공 부문의 능력 | 관료의 능력 | 싱가포르 | 미국 | 일본 | 27 |
| | | 정책의 경제환경 적응도 | 미국 | 싱가포르 | 독일 | 20 |
| | | 관료주의 탈피 정도 | 싱가포르 | 영국 | 미국 | 33 |
| | | 사회적 응집력 제고능력 | 스웨덴 | 미국 | 스위스 | 42 |
| | | 사법기관의 경제관 및 지식 | 미국 | 독일 | 영국 | 87 |
| | 공공부문 총괄 | | 싱가포르 | 미국 | 영국 | 45 |

| 부문 | 분야 | 항목 | 최고 국가 | 2위 국가 | 3위 국가 | 한국의 수준(%) |
|---|---|---|---|---|---|---|
| 경제기반 | 국제화 | 경제구조의 안정성 | 미국 | 싱가포르 | 독일 | 73 |
| | | 국가이미지 | 미국 | 독일 | 스웨덴 | 42 |
| | | 외환관리의 효율성 | 미국 | 싱가포르 | 일본 | 68 |
| | | 외국기업 진출 용이도 | 싱가포르 | 홍콩 | 영국 | 50 |
| | 금융 및 통상기반 | 저축과 소비의 균형 | 일본 | 독일 | 미국 | 82 |
| | | 금융시장 발달정도 | 미국 | 스위스 | 영국 | 70 |
| | | 금융전문가 확보수준 | 미국 | 영국 | 스위스 | 52 |
| | | 통상전문인력 수준 | 미국 | 일본 | 독일 | 40 |
| | 적응력 | 경제시스템 변화 적응능력 | 미국 | 싱가포르 | 일본 | 75 |
| | | 외부충격 흡수능력 | 미국 | 독일 | 싱가포르 | 44 |
| | | 구조조정 | 미국 | 영국 | 싱가포르 | 70 |
| | | 수출금융 운영능력 | 일본 | 싱가포르 | 홍콩 | 60 |
| | 경제기반 총괄 | | 미국 | 싱가포르 | 일본 | 61 |

| 부문 | 분야 | 항목 | 최고 국가 | 2위 국가 | 3위 국가 | 한국의 수준(%) |
|---|---|---|---|---|---|---|
| 인프라부문 | 비즈니스 시스템 | 기업의 조세부담 | 싱가포르 | 미국 | 홍콩 | 40 |
| | | 외국인투자 인센티브 | 싱가포르 | 중국 | 영국 | 50 |
| | | 물류의 효율성 | 싱가포르 | 네덜란드 | 미국 | 62 |
| | | 지역적 균형 발전 | 미국 | 독일 | 일본 | 25 |
| | | 산학연 협력 수준 | 미국 | 독일 | 일본 | 43 |
| | IT 인프라 | IT인프라간 유기적 연계망 | 미국 | 한국 | 핀란드 | 80 |
| | | 전자상거래 기반 수준 | 미국 | 한국 | 싱가포르 | 88 |
| | | 통신수단 비즈니스 활용도 | 미국 | 한국 | 핀란드 | 93 |
| | 사회적 자본 | 사회적 거래비용(준조세 등) | 싱가포르 | 미국 | 독일 | 28 |
| | | 사회적 신뢰도 | 싱가포르 | 독일 | 미국 | 55 |
| | | 기업(인)에 대한 평가 | 미국 | 독일 | 일본 | 38 |
| | 인프라부문 총괄 | | 미국 | 싱가포르 | 독일 | 55 |

주 : 한국수준은 세계최고국가를 100으로 가정했을 경우 기준임
자료 : 전국경제인연합회, 전경련, 2002. 7.

## 2.5 인적자원부문

인적자원부문도 세계최고수준국가의 46%에 불과하여 공공부문과 더불어 경쟁력이 매우 열악하다고 할 수 있다. 인적자원부문 중에서도 가장 경쟁력이 뒤처지는 항목은 영어를 비롯한 외국어 구사능력으로 나타났는 데 외국어구사능력의 제고를 위해 실용언어 습득 중심의 외국어교육 강화정책이 시급한 것으로 지적되었다. 또한 대학교육시스템, 교과과정(curriculum), CEO육성교육기관 등 사회전문인력을 양성하는 국가교육시스템이 매우 열악한 것으로 평가되었고 노동윤리, 시민의식 등 인적자원의 경제마인드(economic mind of human resources)와 관련된 항목에서도 경쟁력이 열악한 것으로 나타났다.

## 3. 산업정책연구원

산업정책연구원은 최근 개최한 세미나에서 '국가경쟁력보고서'를 발표한 바 있다. 동 보고서는 '9-Factor Model'에 근간을 두고 그동안 수집된 64개국의 데이터를 6개 그룹(선진국, 준선진국, 개도국, 후진국, 자원국, 공산국)으로 군집 분석함으로써 유사한 규모와 구조를 가진 국가들간의 비교를 통해 객관적 위치를 파악하였다.

동 보고서에서는 한국의 국가경쟁력 종합순위가 조사대상국 중에서 24위를 차지해 중상위권으로 나타났으며 준선진국 12개국 중에서는 6위로 중위권을 차지하고 있는 것으로 평가되었다. 그동안 한국에서는 저비용(low cost), 고효율(high efficiency) 중심의 생산성 향상을 전제로 한 개도국형 경쟁력을 추구하여 개도국과의 경쟁에서는 강하나 선진국과의 경쟁에서는 취약한 구조를 가질 수밖에 없었다고 할 수 있다. 이 같은 저비용, 고효율의 개도국형 경쟁력을 고수하는 한 동일한 정책을 추구하고 있는 중국과의 경쟁은 피할 수 없게 되어 결국은 중국에 추월당할 가능성이 크다고 할 수 있다.

따라서 향후 한국이 경쟁력을 업그레이드시키기 위해서는 선진국형 경영전략을 추구해야 한다. 이는 한국이 경쟁력있는 인적 자원(competitive human resources)을 보유하고 있기 때문이라고 할 수 있다.

### 3.1 주요 부문의 경쟁력 순위

조사대상 64개국에 대한 국가경쟁력 분석에서 한국은 부존자원에서는 37위, 경영여건에서는 30위, 인프라 등 지원산업은 26위, 그리고 시장의 크기와 질을 평가하는 수요조건에서는 14위를 차지하였다. 그리고 인적측면에서는 근로자수준 42위, 정치지도자 및 행정관료수준 27위, 기업가수준 14위, 전문가수준 21위를 차지하고 있다. 이 같은 한국의 인적, 물적 요소는 결국 한국이 선진국형 경쟁력을 갖출 수 있는 가능성이 있음을 보여준다고 할 수 있다.

### 3.2 한국의 국가경쟁력 제고 전략

한국은 1980년대 후반 노동생산성(labor productivity)이 급격히 하락한 이후에 나타난 고비용·저효율 현상을 저비용·고효율로 전환시키기 위해 노력해 왔으나 이러한 노력에도 불구하고 한국이 생산성을 제고시켜서 저비용·고효율을 달성했다고 하더라도 이것이 선진국형 경쟁력을 갖춘다고 해석할 수는 없다. 향후 한국이 생산성 향상을 전제로 한 개도국형 경쟁력을 추구하는 한 아래로부터는 중국에 의해, 위로부터는 제조업에 관한 한 세계 최고 수준의 생산효율성(production efficiency)을 보이고 있는 일본에 의해 견제당하게 되어 세계시장에서 경쟁력을 상실하게 된다.

우선 한국이 국제적인 경쟁력을 갖추기 위해서는 다음 8가지 인적, 물적 요소를 효과적으로 활용해야 하며 나름대로 중·장기적인 발전전략을 채택해야 한다.

〈표 26-6〉 국가경쟁력 제고 전략

| | | |
|---|---|---|
| 물적요소 | 부존자원 | · 국제화를 통해 부족한 자원의 극복 |
| | 경영여건 | · 경쟁의 일상화 및 책임소재가 분명한 시스템 창출 |
| | 인프라 등 지원산업 | · 인프라 등 지원산업 경쟁력의 지방분산, 지역별 전문화, 자생적 클러스터 확보 |
| | 수요조건 | · 자유무역을 통한 시장의 규모 확대, 까다로운 국내소비자의 질 향상 |
| 인적요소 | 근로자 | · 외국인 근로자와의 경쟁, 엄정한 제도 확립, 사회적 화합 도출 |
| | 정치가 및 행정관료 | · 경제의 관리자가 아닌 혁신의 촉매자 |
| | 기업가 | · 기업가정신 고양을 위한 지원 및 제도 개선 |
| | 전문가 | · 능력에 맞는 보상시스템의 확립 및 전문가 풀(Pool) 네트워크의 형성 |

### (1) 중기전략

한국이 처해있는 현 여건 하에서 국가경쟁력을 제고시키기 위해 추구해야 할 중기적 전략은 준선진국 그룹 내에서 강소국인 대만과 아이슬란드 정도의 경쟁력을 갖추어 세계 10위권에서 경쟁하는 것이다. 중기적으로 경제가 정치적 목적에 의해 이용되지 않고(24위→23위), 은행이 관치금융에서 벗어나 독자경영으로 수익성이 확보되고 시장메커니즘(market mechanism)에 의해 자율적인 기업경영이 이루어져 투명성(transparency)이 제고되면(23위→22위), 근로자의 근로의욕 진작과 노동관련 법규가 현실화되어 노사분규가 자제되어 건전한 노사관계가 형성되고(22위→19위), 투명한 경영환경의 조성으로 인해 외국인투자가 증대될 수 있다.

또한, 투자재원을 인프라 등 각종 관련 지원산업에 집중투자함으로써(19위→15위), 기업가와 전문가가 최선의 역량(24위→11위)을 발휘할 수 있게 되어 한국의 경쟁력은 24위에서 11위까지 상승할 수 있게 된다.[4)]

4) 경제가 정치논리에 의해 이용당하게 되면 경영투명성, 노사문제, 인프라를 비롯한 지원산업 등 국가경제에 부정적으로 전방위적 영향을 미치게 된다. 따라서 경제가 정치적 목적에 이용당하는 것을 방지하는 것이 한국의 국가경쟁력 강화를 위한 가장 중요한 요인 중의 하나(one of the most important factors)임을 인식해야 한다.

#### (2) 장기전략

한국이 추구해야 될 장기적인 전략으로는 경제가 정치적 목적에 이용되는 것을 방지하여 은행이 세계적 경쟁력을 갖춘 금융산업으로 전환되고(11위→9위), 투자환경의 주요 요소가 되는 시장메커니즘에 의한 자율적인 기업경영의 투명성과 노동시장의 안정성 및 유연성(stability and flexibility of labor market) 확보(9위→6위)가 이루어져 외국자본 및 기업들이 국제기업과 동등한 대우를 받으면서 사업을 활성화하게 되면 인프라 등 각종 관련지원사업의 자연스러운 성장(6위→4위)이 가능해진다. 결국 이러한 기반 하에 기업가와 전문가가 최선의 역량을 발휘하면(4위→3위) 한국의 경쟁력은 세계 11위에서 3위까지 상승할 수 있게 된다.[5)]

한편, 산업연구원의 보고서는 한국이 특정한 전략없이 생산효율성 제고에만 중점을 두어 중국이나 여타 개발도상국과의 경쟁을 지속한다는 가정 하에서 비관적인 시나리오도 제시하고 있다. 이러한 시나리오에서는 시뮬레이션을 통해 현재 24위인 한국의 각 해당부문에 중국의 지수를 넣어 경쟁력 하락도를 분석하고 있다.

## 제 3 절 글로벌 경쟁력 현황

### 1. 글로벌 경쟁력지수

한국의 글로벌 경쟁력이 전세계 104개국 중 26위로 나타난 가운데 기업경영환경이 개선되지 않으면 기업의 해외 탈출이 이루어질 가능성이 높은 것으로 분석되었다.

스위스 세계경제포럼이 2004년 12월 9일 발표한 '2004년 글로벌 경쟁력 보고서'에 따르면 한국의 '글로벌 경쟁력 지수' 순위는 26위로 싱가포르(7위), 홍콩(8위), 대만(11위) 등 아시아 경쟁국들보다 낮은 것으로 조사되었다.[6)]

이에 따라 한국이 지속적 성장을 하려면 글로벌 경쟁력을 강화하기 위한 노력이 시급하다고 할 수 있다. 이에 앞서 WEF는 2004년 10월에 한국의 국가경쟁력지수 순위는 2003년보다 11단계가 하락한 29위, 기업경쟁력지수 순위는 2003년보다 1단계 하락한 24위로 발표한 바 있다. WEF는 국가경쟁력지수와 기업경쟁력지수를 보완하는 성격을 갖는 글로벌 경쟁력지수를 2004년

5) 한국의 국제경쟁력 강화를 위한 장기시나리오에서는 선진국그룹 내에서 홍콩, 싱가포르, 핀란드 정도의 경쟁력을 갖추어 세계 5위권 내로 도약하는 과정을 제시하고 있다.

6) 동아, 2004. 12. 10. 참조

에 처음으로 집계해 발표했다.

**〈참고〉** 글로벌 경쟁력지수

글로벌 경쟁력지수(Global Competitiveness Index)는 노동시장의 효율성(efficiency of labor market), 제도(institution), 거시경제의 건전성(soundness of macroeconomy), 인적자원(human resources) 등 12개 부문을 평가해 해당 국가 내에서 기업들이 얼마나 효율적으로 경제활동을 할 수 있는지를 보여주는 지수이다.

부문별로 한국은 거시경제 건전성(4위), 기술 이용 용이성(12위) 등에서는 높은 점수를 받았지만 노동시장 효율성(85위), 금융시장 효율성(67위) 등에서 낮은 점수를 받았다.

한국이 부진한 것으로 조사된 노동시장 효율성에서는 홍콩과 싱가포르가 각각 1, 2위를 차지했다. 금융시장 효율성에서는 영국과 홍콩이 각각 1, 2위로 나타났다.

전체 순위에서는 미국이 1위를 차지했고, 국가경쟁력지수 순위에서 1위였던 핀란드는 글로벌 경쟁력지수에서는 2위로 나타났다. 이어 덴마크, 스위스, 스웨덴, 독일 등의 순이었다.

한편, 경쟁력 연구 분야에서 권위자인 마이클 포터 미국 하버드대 교수는 별도 논문을 통해 한국 등을 '기업 이전 고(高)위험 국가'로 분류한 뒤 기업경영환경 개선이 시급하다고 지적했다. 포터 교수는 "한국, 일본, 독일, 이탈리아, 프랑스, 네덜란드 등은 기업 자체 경쟁력지수가 기업경영환경지수보다 높기 때문에 기업들이 경영환경이 좋은 곳을 찾아 생산시설을 외국으로 이전시킬 가능성이 크다"고 밝혔다.

한국의 경우 2004년 기업 자체 경쟁력지수 순위는 21위인 반면 기업 경영환경지수 순위는 28위로 그 격차가 큰 것으로 조사되었다.

〈표 26-7〉 국가별 글로벌 경쟁력지수 순위

| 순 위 | 국 가 |
|---|---|
| 1 | 미국 |
| 2 | 핀란드 |
| 3 | 덴마크 |
| 4 | 스위스 |
| 5 | 스웨덴 |
| 7 | 싱가포르 |
| 8 | 홍콩 |
| 10 | 일본 |
| 11 | 대만 |
| 26 | 한국 |
| 32 | 중국 |

자료 : 세계경제포럼

## 2. 글로벌 부패지수

국제투명성기구(TI)가 64개국 5만여명을 대상으로 조사해 2004년 12월 9일 발표한 '글로벌 부패척도 조사'에 따르면 한국인(1,500여명)은 입법부에 4.5점, 정당에 4.4점을 매기는 등 정치권을 가장 부패가 심하다고 평가했다. 즉, 한국 국민은 정치권을 가장 부패한 집단으로 인식하고 있는 것으로 나타났다. TI는 가장 청렴한 상태를 1점, 가장 부패한 상태를 5점으로 해 2004년 6월과 7월 전세계에서 설문조사를 실시한 바 있다.

특히, 한국 국민은 입법부에 대해 아르헨티나 국민(4.6점)에 이어 세계에서 2번째로 부패정도가 심한 것으로 평가했다. 이는 싱가포르 1.6점, 미국 3.2점, 일본 3.7점 등에 비해 월등히 높은 수치다.

입법부와 정당 다음으로, 한국 국민이 부패 정도가 심하다고 인식하고 있는 곳은 경찰(3.8), 세관(3.7), 사법기관 · 언론기관(3.6), 교육기관(3.5) 등이었다. 종교단체도 3.1점으로 세계 평균인 2.7점보다 높았다.

반대로 수도나 전기시설과 같은 공공설비 분야와 등기 및 면허 서비스 분야는 모두 2.5점으로 세계 평균인 3.0점보다 낮았다. 이는 행정서비스에 대한 국민의 신뢰도(credibility)는 상대적으로 높음을 보여준다.

반부패국민연대 및 국제투명성기구 한국본부는 "정치권뿐만 아니라 경찰, 언론, 종교기관 등 부패 극복을 책임지고 있는 기관들도 부패로부터 자유롭지 못한 것으로 인식되고 있다"고 지적했다.

반부패국민연대 측은 부패 척결을 위해 다음 3가지를 지적하였다.

① 투명사회협약 운동체 구성
② 국회투명사회협의회 구성
③ UN 반부패협약의 조속한 비준

〈표 26-8〉 글로벌 부패지수

| | 한국 | 세계평균 |
|---|---|---|
| 의회 · 입법부 | 4.5 | 3.7 |
| 정당 | 4.4 | 4.0 |
| 경찰 | 3.8 | 3.6 |
| 세관 | 3.7 | 3.3 |
| 법조계 · 사법부 | 3.6 | 3.6 |
| 미디어 | 3.6 | 3.3 |
| 기업 · 사적영역 | 3.4 | 3.4 |
| 조세수입 | 3.4 | 3.4 |
| 의료서비스 | 3.4 | 3.3 |

## 제 4 절 국가경쟁력 현황(2005년)

### 1. 개관

2005년도 IMD, WEF가 발표한 한국의 경쟁력 강 · 약점에 대한 양 기관의 공통점, 차이점 등을 비교 · 분석한 국가경쟁력분석협의회 보고자료를 중심으로 살펴본다.[7)]

#### 1.1 IMD · WEF의 세계경쟁력 개념

양 기관은 일반적으로 인식되는 일국의 전반적인 능력인 국력(national power)보다는 협의의 개념으로 파악하고 있다.

#### (1) IMD

IMD는 세계경쟁력을 '기업의 경쟁력을 지속시킬 수 있는 제반 여건들을 창출하고 유지할 수 있는 국가의 능력'으로 보고 있다.

---

7) 국가경쟁력분석협의회는 소득 20,000달러, 인구 5,000만 이상으로 한국과 비슷한 규모의 선진국 및 아시아 경쟁국을 대상으로 WEF 세계경쟁력 보고서를 분석하고 이를 다시 IMD(2005년도 IMD 국가경쟁력 비교분석, 2005. 8)의 국가경쟁력 책자와 비교 · 분석하였다. 분석 대상국가는 10개국인데 주요 선진국은 미국, 영국, 독일, 프랑스, 이탈리아 등 5개국이며 아시아 경쟁국은 일본, 중국, 대만, 홍콩, 싱가포르 등 5개국이다(국무조정실 · 경쟁력 평가원, 2005년도 IMD · WEF 국가경쟁력 비교분석, 2005. 12. 요약 · 재구성).

### (2) WEF

WEF는 '지속적 경제성장과 장기적인 번영을 가능하게 하는 정책 · 제도 및 제반 요소'로 정의하고 있다.

## 1.2 IMD · WEF 경쟁력의 비교분석 틀(framework)

### (1) IMD

IMD는 국가경쟁력을 4개 분야(① 경제운영성과, ② 정부행정효율, ③ 발전인프라, ④ 기업경영효율)로 구분하고 이를 20개 부문, 314개 항목(경성자료 201개, 설문자료 113개)을 적용하여 평가하고 있다.

### (2) WEF

WEF는 국가경쟁력을 경제성장경쟁력의 3개 분야(① 거시경제환경, ② 공공기관, ③ 기술력)와 기업경영경쟁력 2개 분야(① 기업경영전략 정교화, ② 국내기업 경영환경의 질)를 합쳐 5개 분야로 구분하고 이를 7개 부문, 93개 항목(경성자료 14개, 설문자료 79개)을 적용 평가한다.

※ WEF는 국가경쟁력 순위를 경제성장경쟁력지수(GCI : Growth Competitiveness Index)와 기업경영경쟁력지수(BCI : Business Competitiveness Index)로 나누어 발표하고 있으나 국가별 경쟁력 순위는 경제성장경쟁력지수(GCI)로 간주됨

〈표 26-9〉 IMD와 WEF의 구성비교

A. IMD 국가경쟁력 평가(종합순위)

<table>
<tr><td colspan="3">① 경제운영성과분야</td><td colspan="3">② 정부행정효율분야</td></tr>
<tr><td rowspan="5">5대 부문 (77개 항목)</td><td>국내경제</td><td>28개 항목</td><td rowspan="5">5대 부문 (73개 항목)</td><td>공공재정</td><td>11개 항목</td></tr>
<tr><td>국제무역</td><td>20개 항목</td><td>재정정책</td><td>15개 항목</td></tr>
<tr><td>국제투자</td><td>17개 항목</td><td>제도적 여건</td><td>16개 항목</td></tr>
<tr><td>고용</td><td>8개 항목</td><td>기업관련법</td><td>20개 항목</td></tr>
<tr><td>가격</td><td>4개 항목</td><td>사회적 제반여건</td><td>11개 항목</td></tr>
<tr><td colspan="3">③ 발전인프라분야</td><td colspan="3">④ 기업경영효율분야</td></tr>
<tr><td rowspan="5">5대 부문 (95개 항목)</td><td>기본인프라</td><td>22개 항목</td><td rowspan="5">5대 부문 (69개 항목)</td><td>생산성 · 효율성</td><td>9개 항목</td></tr>
<tr><td>기술인프라</td><td>20개 항목</td><td>노동시장</td><td>21개 항목</td></tr>
<tr><td>과학인프라</td><td>22개 항목</td><td>금융</td><td>21개 항목</td></tr>
<tr><td>보건 및 환경</td><td>17개 항목</td><td>경영활동</td><td>11개 항목</td></tr>
<tr><td>교육</td><td>14개 항목</td><td>행태 · 가치</td><td>7개 항목</td></tr>
<tr><td colspan="6">총 314개 항목</td></tr>
</table>

B. WEF 국가경쟁력 평가

<table>
<tr><td colspan="6">1. WEF 경제성장경쟁력(GCI) 순위</td></tr>
<tr><td colspan="3">① 거시경제환경분야</td><td colspan="3">② 공공기관분야</td></tr>
<tr><td rowspan="3">3대 부문 (10개 항목)</td><td>거시경제안정</td><td>8개 항목</td><td rowspan="3">2대 부문 (7개 항목)</td><td>계약이행 및 법규준수</td><td>4개 항목</td></tr>
<tr><td>정부낭비요소</td><td>1개 항목</td><td rowspan="2">공공기관 부패</td><td rowspan="2">3개 항목</td></tr>
<tr><td>국가신용등급</td><td>1개 항목</td></tr>
<tr><td colspan="3">③기술력분야</td><td colspan="3">2. 기업경영경쟁력 (BCI) 순위</td></tr>
<tr><td rowspan="2">2대 부문 (16개 항목)</td><td>혁신</td><td>6개 항목</td><td colspan="2">④ 기업경영전략 정교화 분야</td><td>15개 항목</td></tr>
<tr><td>정보통신기술</td><td>10개 항목</td><td colspan="2">⑤ 국내기업 경영 환경 질 분야</td><td>45개 항목</td></tr>
<tr><td colspan="3">GCI 33개 항목</td><td colspan="3">BCI 60개 항목</td></tr>
<tr><td colspan="6">총 93개 항목</td></tr>
</table>

## 2. IMD와 WEF의 한국 국가경쟁력 평가 비교 · 분석

IMD, WEF 양 기관의 경쟁력 평가에 대한 비교는 기본적으로 국가경쟁력의 개념, 분석틀(분야, 부문, 항목), 조사대상국 수(IMD 60개국, WEF 117개국), 조사방법(설문·통계 비중) 등이 상이하여 대등한 분석에는 한계가 있으나 양 기관이 보는 한국의 경쟁력의 강·약점에 대한 공통점과 차이점을 발굴하여 경쟁적 시사점을 도출하는 데는 별 무리가 없다고 판단하여 국가경쟁력분석협의회는 비교적 유사한 분야를 중심으로 비교·분석을 하였다.

## 3. 한국의 국가경쟁력 순위

2005년도 WEF·IMD의 한국의 국가경쟁력 종합순위는 17위, 29위로 평가되어 전년도에 비해 각각 12단계(WEF)와 6단계(IMD) 상승한 것으로 나타났다.
한편, WEF의 국가경쟁력은 2004년을 제외하고는 매년 상승하고 있으며, IMD도 2003년 이후 지속적으로 상승하는 추세를 보이고 있다.

〈표 26-10〉 한국의 국가경쟁력 변화추이

| | 2001 | 2002 | 2003 | 2004 | 2005 |
|---|---|---|---|---|---|
| WEF | 23 | 21 | 18 | 29 | 17 |
| IMD | 29 | 29 | 37 | 35 | 29 |

## 4. 주요 선진국 및 경쟁 대상국에 대한 비교

IMD, WEF의 평가결과 인구 5,000만명·소득 20,000달러 이상 규모로 한국과 유사한 수준의 미국, 일본, 영국, 독일, 한국, 프랑스, 이탈리아에 대한 경쟁력 순서는 동일하게 나타나고 있다. 다만 홍콩에 대해서는 IMD(2위), WEF(28위)로 양 평가기관의 평가가 상이하게 나타나고 있다.

〈표 26-11〉 주요 선진국 및 아시아 경쟁국 비교(2005년 기준)

| | 미국 | 홍콩 | 싱가포르 | 대만 | 일본 | 영국 | 독일 | 한국 | 프랑스 | 이탈리아 | 중국 |
|---|---|---|---|---|---|---|---|---|---|---|---|
| IMD | 1 | 2 | 3 | 11 | 21 | 22 | 23 | 29 | 30 | 53 | 31 |
| WEF | 2 | 28 | 6 | 5 | 12 | 13 | 15 | 17 | 30 | 47 | 49 |

## 5. 분야별 분석

### 5.1 과학기술관련 분야

과학기술관련 분야에서는 IMD의 발전인프라(23위), WEF의 기술력(7위)은 양 기관이 종합순위와 대비, 한국의 경쟁력을 높게 평가하고 있다.

### 5.2 정부관련 분야

정부관련 경쟁력 분야에서는 양 기관이 상이한 평가(IMD : 정부행정효율 31위, WEF : 공공기관 42위)를 하고 있다.

#### (1) IMD

IMD는 정부행정효율 분야를 공공재정, 재정정책 등 5대 부문으로 평가하고 있다.

#### (2) WEF

WEF는 법규준수, 공공기관부패 등 2대 부문으로 평가하면서 공공기관 부패(52위)가 결정적 약점 요인으로 작용하였다.

### 5.3 경제와 기업관련 분야

경제와 기업관련 분야에서는 IMD, WEF 양 기관 모두 비슷한 평가를 나타내고 있다.

#### (1) 경제관련 분야

경제관련 분야는 IMD(경제운영성과 43위), WEF(거시경제환경 25위) 모두 종합순위(29위, 17위)보다 낮게 평가하고 있다.

#### (2) 기업관련 분야

기업관련 분야는 IMD(기업경영효율 30위), WEF(기업경영전략 정교화 17위, 기업경영환경 질 24위) 모두 종합순위(29위, 17위)와 유사하게 평가하고 있다.

〈표 26-12〉 IMD · WEF의 주요 분야별 비교

A. IMD 4대 분야

| 경제운영성과 | 43 |
|---|---|
| 정부행정효율 | 31 |
| 기업경영효율 | 30 |
| 발전인프라 | 23 |

B. WEF 5대 분야

| 거시경제환경 | 25 |
|---|---|
| 공공기관 | 42 |
| 국내기업 경영환경의 질 | 24 |
| 기업경영전략 정교화 | 17 |
| 기술력 | 7 |

## 6. 부문 및 항목별 분석

### 6.1 IMD · WEF 양 기관의 공통 우위 부문 및 항목

#### (1) 경제 및 정부관련 부문

IMD는 고용 및 실업(8위), 공공재정(14위), 재정정책(15위), WEF는 거시경제안정(8위) 등이다.

※ 경제 및 정부관련 항목 : IMD는 실업률(4위), 공공재정(14위), 국내부채(15위), WEF는 이자율(6위), 저축률(10위), 정부부채(11위), 정부재정(14위) 등임

#### (2) 과학기술관련 부문

IMD는 과학인프라(15위), 기술인프라(2위), WEF는 혁신(8위), 정보통신기술(11위) 등이다.

※ 과학기술관련 항목 : IMD는 광대역통신망 가입자수(1위), 특허생산성(2위), 고등교육비율(4위), 특허획득수(4위), WEF는 고등교육 재학률(2위), 인터넷 사용자수(3위), IT정책 우선순위(7위), 산학협력(10위) 등임

〈표 26-13〉 IMD · WEF 의 부문별 · 항목별 비교

<table>
<tr><td colspan="6" rowspan="2">A. IMD</td><td colspan="6">B. WEF</td></tr>
<tr><td colspan="6">1. 경제성장경쟁력(GCI)</td></tr>
<tr><td colspan="2">① 경제운영 성과분야</td><td>43</td><td colspan="2">② 정부행정 효율분야</td><td>31</td><td colspan="2">① 거시경제 환경분야</td><td>25</td><td colspan="2">② 공공 기관분야</td><td>42</td></tr>
<tr><td rowspan="5">5대 부문</td><td>○국내경제</td><td>32</td><td rowspan="5">5대 부문</td><td>◉공공재정</td><td>14</td><td rowspan="5">3대 부문</td><td rowspan="3">◉거시경제 안정</td><td rowspan="3">8</td><td rowspan="5">2대 부문</td><td rowspan="4">○계약이행 법규준수</td><td rowspan="4">41</td></tr>
<tr><td>○국제무역</td><td>34</td><td>◉재정정책</td><td>15</td></tr>
<tr><td>○국제투자</td><td>51</td><td>○세도적여건</td><td>30</td></tr>
<tr><td>◉고용</td><td>8</td><td>○기업관련법</td><td>34</td><td>○정부낭비 요소</td><td>32</td></tr>
<tr><td>○가격</td><td>56</td><td>○사회적여건</td><td>58</td><td>○국가신용 등급</td><td>28</td><td>○공공기관 부패</td><td>52</td></tr>
<tr><td colspan="2">③ 발전 인프라분야</td><td>23</td><td colspan="2">④ 기업경영 효율분야</td><td>30</td><td colspan="2">③ 기술력 분야</td><td>7</td><td colspan="3">2. 기업경영경쟁력(GCI)</td></tr>
<tr><td rowspan="5">5대 부문</td><td>◉기본인프라</td><td>23</td><td rowspan="5">5대 부문</td><td>○생산 · 효율성</td><td>42</td><td rowspan="5">2대 부문</td><td rowspan="4">◉혁신</td><td rowspan="4">8</td><td colspan="2" rowspan="4">④ 기업경영전략 정교화 분야</td><td rowspan="4">17</td></tr>
<tr><td>◉기술인프라</td><td>2</td><td>◉노동시장</td><td>26</td></tr>
<tr><td>◉과학인프라</td><td>15</td><td>○금융</td><td>38</td></tr>
<tr><td>○보건 · 환경</td><td>33</td><td>◉경영활동</td><td>26</td></tr>
<tr><td>○교육</td><td>40</td><td>◉행태 · 가치</td><td>25</td><td>◉정보통신 기술</td><td>11</td><td colspan="2">⑤ 국내기업 경영 환경 질 분야</td><td>24</td></tr>
</table>

주 : ◉ : 강점부문, ○ : 약점부문(한국 종합순위인 IMD 29위, WEF 17위를 기준으로 판단)

### 6.2 IMD · WEF의 공통 취약부문

양 기관의 공통 취약부문은 없으며 공통 취약항목은 ① 노사관계, ② 부패, ③ 외국에 대한 배타성, ④ 신용대출 등이다.

〈표 26-14〉 IMD · WEF 공통 취약항목

| 구 분 | IMD(60개국 대상) | WEF(117개국 대상) |
|---|---|---|
| ① 노사관계 | 노사관계의 적대성(60위) | 비협력적 노사관계(81위) |
| ② 부패 | 뇌물 공여와 부패비리(33위) | 조세관련 부패(61위),<br>수출 · 입관련 부패(51위),<br>공공요금관련 부패(49위) |
| ③ 외국에 대한 배타성 | 외국문화에 대한 패쇄성(53위),<br>외국인 노동자 취업 관련법(53위) | 한국 기업에 대한 외국인 소유의 배타성(61위) |
| ④ 신용대출 | 은행업무와 금융 서비스 지원도 (44위), 신용대출의 용이성(42위) | 회사운영자금 신용대출 (48위) |

### 6.3 IMD · WEF 국가경쟁력 국가별 비교 분석

국가경쟁력분석협의회는 IMD, WEF의 경쟁력 평가에 대한 종합순위 추세를, 2001~2005년까지 5년을 비교하였으며 양 기관의 분야별 비교분석은 IMD의 4대 분야(경제, 기술, 정부, 기업)를 기준으로 구성하였다.

| | IMD | WEF |
|---|---|---|
| ① 경제관련 분야 | · 경제운영성과 | · 거시경제환경 |
| ② 기술관련 분야 | · 발전인프라 | · 기술력 |
| ③ 정부관련 분야 | · 정부행정효율 | · 공공기관 |
| ④ 기업관련 분야 | · 기업경영효율 | · 기업경영전략 정교화<br>· 국내기업 경영환경의 질 |

#### (1) 미국

① 경쟁력 추세 비교

2001~2005년까지 미국의 국가경쟁력(national competitiveness)은 IMD, WEF 양 기관 모두 세계 최고인 1, 2위로 평가하였다.

〈표 26-15〉 IMD · WEF의 한미 양국의 경쟁력 비교

A. IMD

| | 2001 | 2002 | 2003 | 2004 | 2005 |
|---|---|---|---|---|---|
| 미국 | 1 | 1 | 1 | 1 | 1 |
| 한국 | 29 | 29 | 37 | 35 | 29 |

B. WEF

| | 2001 | 2002 | 2003 | 2004 | 2005 |
|---|---|---|---|---|---|
| 미국 | 2 | 1 | 2 | 2 | 2 |
| 한국 | 23 | 21 | 18 | 29 | 17 |

② 분야별 비교

가. 미국은 경제, 기술, 기업, 정부 등 전 분야에서 경쟁력이 한국보다 월등히 높음

특히, 미래의 성장잠재력(growth potentials)의 척도가 되는 기술분야(IMD 발전 인프라, WEF 기술력)와 경제 및 기업관련 분야(IMD 경제운영성과, WEF 기업경영전략 정교화, 국내 경영환경의 질) 등은 세계 최고수준으로 미국의 강력한 경쟁력은 지속될 것으로 보인다.

나. 한국도 IMD 정부행정효율 분야 중 공공재정(14위) 및 재정정책(15위) 부문은 미국(38위, 22위)보다 앞서 있으며 WEF 거시경제환경 분야는 미국(23위)과 한국(25위)이 비슷한 수준이면서 이 중 재정적자 규모(14위)와 정부부채 항목(11위)은 오히려 한국의 경쟁력이

미국(92위, 76위)보다 우위에 있는 것으로 평가됨

〈표 26-16〉 IMD · WEF의 분야별 경쟁력 비교

A. IMD

| | 미국 | 한국 |
|---|---|---|
| 경제운영성과 | 1 | 43 |
| 정부행정효율 | 16 | 31 |
| 기업경영효율 | 3 | 30 |
| 발전인프라 | 1 | 23 |

B. WEF

| | 미국 | 한국 |
|---|---|---|
| 거시경제환경 | 23 | 25 |
| 공공기관 | 18 | 42 |
| 국내기업 경영환경의 질 | 2 | 24 |
| 기업경영전략 정교화 | 1 | 17 |
| 기술력 | 1 | 7 |

**(2) 서유럽(영국, 독일, 프랑스, 이탈리아)**

서유럽 국가들은 이탈리아(IMD 53위, WEF 47위)를 제외하고는 대체로 중상위권의 경쟁력을 나타내고 있다. 서유럽 국가들의 경쟁력 순위는 2000년대에 들어 전반적으로 하락하는 추세를 보였다. 특히, 이탈리아의 세계경쟁력 순위 하락이 두드러졌다. 이는 유럽경제가 전반적으로 침체되어 있어 영국을 제외한 대부분 서유럽국가들은 낮은 경제성장률(프랑스 2.1%, 독일 1.6%, 이탈리아 1.2%)과 높은 실업률(프랑스 9.6%, 독일 9.5%, 이탈리아 8.0%)이 주요 요인인 것으로 판단된다.

※ 2001년에 한국과 비슷한 경쟁력을 가지고 있던 이탈리아는 5년간 IMD 20단계(2001년 33위→2005년 53위), WEF 21단계(2001년 26위→2005년 47위)로 급격히 하락하여 한국과 현저한 격차를 보이고 있음

① 영국 · 독일

가. 개관

IMD는 영국과 독일의 경쟁력이 지속적으로 하락(10위→20위권)하는 것으로 평가한 반면에 WEF는 양국이 지속적으로 10위권대의 경쟁력을 유지하고 있는 것으로 평가하고 있다.

한국과의 경쟁력 격차는 점차 감소되는 추세를 보이고 있다.

〈표 26-17〉 영국·독일·한국의 경쟁력 추세 비교

A. IMD

| | 2001 | 2002 | 2003 | 2004 | 2005 |
|---|---|---|---|---|---|
| 영국 | 19 | 16 | 19 | 21 | 22 |
| 독일 | 13 | 17 | 20 | 22 | 23 |
| 한국 | 29 | 29 | 37 | 35 | 29 |

B. WEF

| | 2001 | 2002 | 2003 | 2004 | 2005 |
|---|---|---|---|---|---|
| 영국 | 12 | 11 | 15 | 11 | 13 |
| 독일 | 17 | 14 | 13 | 13 | 15 |
| 한국 | 23 | 21 | 18 | 29 | 17 |

나. 분야별 비교

㉠ 영국

영국은 경제관련 분야에서 경쟁력이 한국보다 월등히 높으나 기술관련 분야(IMD 발전인프라, WEF 기술력)에서는 한국(23위, 7위)이 영국(25위, 17위)보다 우위에 있는 것으로 평가된다.

㉡ 독일

독일에 대한 IMD, WEF의 분야별 평가는 완전히 상반되는 결과를 나타내고 있다.

ⓐ 경제·기술관련 분야

IMD는 독일(23위, 11위)이 한국(43위, 23위)보다 강한 반면, WEF는 독일을 약세로 평가(독일 : 28위, 16위, 한국 : 17위, 7위)하고 있다.

ⓑ 기업·정부관련 분야

IMD는 독일(36위, 35위)이 한국(30위, 31위)보다 약한 반면, WEF는 독일을 강세로 평가(독일 : 3위, 8위, 한국 : 24위, 42위)하고 있다.

② 프랑스·이탈리아

가. 개관

프랑스와 이탈리아의 국가경쟁력은 2001~2005년까지 IMD, WEF 모두 지속적으로 하락하고 있는 것으로 평가하고 있다. 특히, IMD는 WEF와 달리 2005년도부터 한국(29위)이 처음으로 프랑스(30위)를 앞지른 것으로 평가한 바 있다.

※ WEF는 그동안 2004년을 제외하고는 2002년부터 한국이 프랑스를 앞서있는 것으로 평가하였음

〈표 26-18〉 프랑스 · 이탈리아 · 한국의 경쟁력 추세 비교

A. IMD

| | 2001 | 2002 | 203 | 2004 | 2005 |
|---|---|---|---|---|---|
| 프 랑 스 | 25 | 25 | 23 | 30 | 30 |
| 이탈리아 | 33 | 34 | 41 | 51 | 53 |
| 한 국 | 29 | 29 | 37 | 35 | 29 |

B. WEF

| | 2001 | 2002 | 2003 | 2004 | 2005 |
|---|---|---|---|---|---|
| 프 랑 스 | 20 | 30 | 26 | 27 | 30 |
| 이탈리아 | 26 | 39 | 41 | 47 | 47 |
| 한 국 | 23 | 21 | 18 | 29 | 17 |

나. 분야별 비교

㉠ 프랑스

프랑스는 독일과 같이 IMD, WEF의 분야별 평가가 완전히 상반되는 결과를 나타내고 있다.

ⓐ 경제 · 기술관련 분야

IMD는 프랑스(9위, 17위)가 한국(43위, 23위)보다 강한 반면, WEF는 프랑스를 약세(프랑스 : 27위, 24위, 한국 : 25위, 7위)로 평가하고 있다.

ⓑ 기업 · 정부관련 분야

IMD는 프랑스(45위, 45위)가 한국(30, 31위)보다 약한 반면, WEF는 프랑스를 강세로 평가(프랑스 : 11위, 20위, 한국 : 24위, 42위)하고 있다.

㉡ 이탈리아

이탈리아는 경제, 기술, 기업, 정부관련 모든 분야(IMD 경제운영성과 분야 제외)에서 한국에 비해 현저히 열세를 나타내고 있다.

〈표 26-19〉 프랑스 · 이탈리아 · 한국의 분야별 경쟁력 비교

A. IMD

| | 프랑스 | 이탈리아 | 한국 |
|---|---|---|---|
| 경제운영성과 | 9 | 37 | 43 |
| 정부행정효율 | 45 | 58 | 31 |
| 기업경영효율 | 45 | 53 | 30 |
| 발전인프라 | 17 | 36 | 23 |

B. WEF

| | 프랑스 | 이탈리아 | 한국 |
|---|---|---|---|
| 거시경제환경 | 27 | 47 | 25 |
| 공공기관 | 20 | 46 | 42 |
| 국내기업 경영환경의 질 | 11 | 39 | 24 |
| 기업경영전략 정교화 | 10 | 28 | 17 |
| 기술력 | 24 | 44 | 7 |

### (3) 일본

① 경쟁력 추세 비교

IMD는 일본의 경쟁력이 지속적으로 상승(2002년 제외)한 것으로 평가한 반면, WEF는 2005년에는 2004년에 비해 오히려 3단계 하락한 것으로 평가하였다. IMD·WEF는 한국, 일본의 경쟁력 순위 격차가 축소되고 있는 것에 대해 한국이 일본을 추격하고 있는 양상으로 평가하고 있다.

| ※ IMD : 2003년 12단계→2005년 8단계, WEF : 2002년 8단계→2005년 5단계 |
|---|

〈표 26-20〉 한일 양국의 경쟁력 추세 비교

A. IMD

| | 2001 | 2002 | 2003 | 2004 | 2005 |
|---|---|---|---|---|---|
| 일본 | 23 | 27 | 25 | 23 | 21 |
| 한국 | 29 | 29 | 37 | 35 | 29 |

B. WEF

| | 2001 | 2002 | 2003 | 2004 | 2005 |
|---|---|---|---|---|---|
| 일본 | 21 | 13 | 11 | 9 | 12 |
| 한국 | 23 | 21 | 18 | 29 | 17 |

② 분야별 비교

일본에 대한 IMD, WEF의 분야별 평가는 완전히 상반된다.

가. 경제·기술관련 분야

IMD는 일본(21위, 3위)이 한국(43위, 23위)보다 강한 반면, WEF는 일본을 약세로 평가(일본 : 42위, 8위, 한국 : 25위, 7위)하고 있다.

나. 기업·정부관련 분야

IMD는 일본(35위, 40위)이 한국(30위, 31위)보다 약한 반면, WEF는 일본을 강세로 평가(일본 : 8위, 14위, 한국 : 24위, 42위)하고 있다.

특히, IMD가 일본의 기술관련 분야(발전인프라 분야 3위)의 경쟁력을 한국(23위)보다 높게 평가한 것은 과학인프라(2위), 기술인프라(9위) 부문 등을 강세로 보고 있기 때문이며, WEF가 한국의 기술관련 분야(기술력 분야 7위)를 일본(8위)보다 높게 평가한 것은 정보통신기술(11위) 부문이 월등히(6단계) 앞서 있다고 보기 때문으로 해석할 수 있다.

〈표 26-21〉 한일 양국의 분야별 경쟁력 비교

A. IMD

| | 일본 | 한국 |
|---|---|---|
| 경제운영성과 | 21 | 43 |
| 정부행정효율 | 40 | 31 |
| 기업경영효율 | 35 | 30 |
| 발전인프라 | 3 | 23 |

B. WEF

| | 일본 | 한국 |
|---|---|---|
| 거시경제환경 | 42 | 25 |
| 공공기관 | 14 | 42 |
| 국내기업 경영환경의 질 | 10 | 24 |
| 기업경영전략 정교화 | 3 | 17 |
| 기술력 | 8 | ·7 |

### (4) 중국

① 경쟁력 추세 비교

중국은 2004년(IMD)과 2002년(WEF) 외에는 국가경쟁력이 지속적으로 하락하고 있는 추세를 보이고 있다. 특히, IMD는 중국에 대해 WEF(2001~2005년 한국 계속 우위)와 달리 2005년에 처음으로 한국(29위)이 중국(31위)을 앞서기 시작한 것으로 평가하였다.

〈표 26-22〉 한중 양국의 경쟁력 추세 비교

A. IMD

| | 2001 | 2002 | 2003 | 2004 | 2005 |
|---|---|---|---|---|---|
| 중국 | 23 | 28 | 29 | 24 | 31 |
| 한국 | 29 | 29 | 37 | 35 | 29 |

B. WEF

| | 2001 | 2002 | 2003 | 2004 | 2005 |
|---|---|---|---|---|---|
| 중국 | 39 | 33 | 44 | 46 | 49 |
| 한국 | 23 | 21 | 18 | 29 | 17 |

② 분야별 비교

중국은 경제, 기술, 기업, 정부 등 전 분야의 경쟁력이 한국보다 현저히 낮은 것으로 평가되고 있다. 특히, 성장잠재력(growth potentials)을 의미하는 기술관련 분야 및 부문이 취약하여 향후 지속적인 성장의 장애요인으로 작용하고 있는 것으로 판단된다. 다만 IMD는 예외적으로 경제운영성과, 정부행정효율 분야는 중국(3위, 21위)이 한국(43위, 31위)보다 우위에 있는 것으로 평가하였다.

※ 기술관련 분야 : IMD 발전 인프라 42위, WEF 기술력 64위
기술관련 부문 : IMD 기술인프라 38위, WEF 혁신 75위, IT기술 60위

〈표 26-23〉 한중 양국의 분야별 경쟁력 비교

A. IMD

| | 중국 | 한국 |
|---|---|---|
| 경제운영성과 | 3 | 43 |
| 정부행정효율 | 21 | 31 |
| 기업경영효율 | 50 | 30 |
| 발전인프라 | 42 | 23 |

B. WEF

| | 중국 | 한국 |
|---|---|---|
| 거시경제환경 | 33 | 25 |
| 공공기관 | 56 | 42 |
| 국내기업 경영환경의 질 | 58 | 24 |
| 기업경영전략 정교화 | 53 | 17 |
| 기술력 | 64 | 7 |

**(5) 대만 · 홍콩 · 싱가포르**

① 경쟁력 추세 비교

가. 대만 · 싱가포르

대만과 싱가포르의 경쟁력 수준은 IMD와 WEF 모두 한국보다 월등히 높은 것으로 나타났다.

나. 홍콩

2005년도 홍콩에 대한 IMD와 WEF의 경쟁력 순위는 완전히 상반되게 나타나고 있다. IMD는 홍콩(2위)이 한국(29위)보다 우위로 평가한 반면에 WEF는 한국(17위)이 홍콩(28위)을 앞선 것으로 평가하였다.

〈표 26-24〉 한국 · 대만 · 홍콩 · 싱가포르의 경쟁력 추세 비교

A. IMD

| | 2001 | 2002 | 2003 | 2004 | 2005 |
|---|---|---|---|---|---|
| 대 만 | 16 | 20 | 17 | 12 | 11 |
| 홍 콩 | 4 | 13 | 10 | 6 | 2 |
| 싱가포르 | 3 | 8 | 4 | 2 | 3 |
| 한 국 | 29 | 29 | 37 | 35 | 29 |

B. WEF

| | 2001 | 2002 | 2003 | 2004 | 2005 |
|---|---|---|---|---|---|
| 대 만 | 7 | 3 | 5 | 4 | 5 |
| 홍 콩 | 13 | 17 | 24 | 21 | 28 |
| 싱가포르 | 4 | 4 | 6 | 7 | 6 |
| 한 국 | 23 | 21 | 18 | 29 | 17 |

② 분야별 비교

가. 홍콩

홍콩에 대한 분야별 평가는 경쟁력 순위와 같이 IMD와 WEF 양 기관의 평가는 상반되게 나타나고 있다. IMD는 모든 분야에서 홍콩을 한국보다 우위로 평가한 반면에 WEF는 기술 및 기

업관련 분야에서 한국(7위, 17위)이 홍콩(26위, 20위)보다 우위인 것으로 평가하였다.

나. 싱가포르

싱가포르는 경제, 기술, 기업, 정부 등 전 분야(WEF 기술력 분야 제외)에서 IMD와 WEF가 모두 한국보다 경쟁력이 월등히 높은 것으로 평가하였다.

다. 대만

대만도 경제, 기술, 기업, 정부 등 전 분야에서 IMD와 WEF는 경쟁력이 한국보다 우위에 있는 것으로 평가하였다. 특히, 기업경영효율(IMD 6위), 기술력(WEF 3위) 분야는 한국보다 월등히 높은 것(24단계, 4단계)으로 나타나고 있다.

## 7. IMD · WEF 평가의 정책적 시사점과 대응방안

### 7.1 IMD · WEF 분야별 정책적 시사점

#### (1) 경제관련 분야

경제관련 분야는 IMD의 경제운영성과(국내경제, 국제무역, 국제투자, 고용, 가격 등 5대 부문)와 WEF의 거시경제환경(거시경제안정, 정부낭비요소, 국가신용등급 등 3대 부문) 분야를 평가하였다.

한국은 IMD의 경제운영성과 분야에서 43위로 매우 낮은 수준, WEF는 25위로 중위권 수준이나 전년도(49위, 35위)에 비해 6단계, 10단계 상승한 것으로 전반적으로 호전되고 있는 것으로 나타난다. 이는 IMD의 고용(8위), WEF의 거시경제안정(8위) 부문의 경쟁력이 강세를 보이고 있기 때문으로 해석된다.

다만 IMD의 국제투자(51위), 가격(56위), WEF의 정부낭비요소(32위), 국가신용등급(28위) 부문은 미국, 영국 등 선진국에 비해 상대적으로 취약하여 글로벌 경쟁체제(global competitive system) 하에서 선진경제(advanced economy)로 진입하는 데 장애요인으로 작용하고 있다.

| ※ 따라서 외국기업 유치를 위한 법과 제도의 정비, 정부재정의 건전성 유지, 안정적인 경제운용 및 체질개선 등으로 대외신인도를 제고하여 국가신용등급을 지속적으로 개선해야 함 |
|---|

#### (2) 정부관련 분야

정부관련 분야는 IMD의 정부행정효율(공공재정, 재정정책, 제도적 여건, 기업관련법, 사회적 제반여건 등 5대 부문)과 WEF의 공공기관(법규준수, 공공기관 부패 등 2대 부문) 분야를 평가하였다.

한국은 IMD의 정부행정효율 분야에서 31위로 중위권 수준, WEF는 42위로 매우 낮은 수준을 보였다. IMD의 공공재정(14위), 재정정책(15위) 부문이 강세인 반면 대부분의 부문(IMD 사회적 제약여건 58위, WEF 법규준수 41위, 공공기관 부패 52위)은 취약한 것으로 나타났다.

특히, WEF의 공공기관 부패 부문이 약세인 것은 조세관련 부패(61위), 수출입관련 부패(51위), 공공요금관련 부패(49위) 등의 항목이 약점요인으로 작용하였기 때문으로 해석된다(IMD 평가에서도 뇌물공여와 부패비리 항목이 33위로 낮게 평가됨).

| ※ 반부패 관행·행태 개선을 유도하고 정부의 부패척결에 대한 확고한 의지 표명 등 투명한 사회(transparent society) 건설을 위한 정부 및 사회 각 분야의 지속적인 개선 노력이 요구됨 |
|---|

#### (3) 기술관련 분야

기술관련 분야는 IMD의 발전인프라(기본인프라, 기술인프라, 과학인프라, 보건 및 환경, 교육 등 5대 부문)와 WEF의 기술력(혁신, IT기술 등 2대 부문) 분야를 평가하였다.

한국은 기술관련 분야에서 IMD, WEF(23위, 7위) 양 기관 모두 높은 수준으로 평가하였고 지속적인 상승 추세를 보이고 있다. 이는 IMD의 기술인프라(IMD 2위), 과학인프라(15위) 부문과 WEF의 IT기술(11위), 혁신(8위) 부문의 경쟁력이 강세를 보이고 있기 때문으로 해석된다.

다만 IMD의 기본인프라(23위), 교육(40위), 보건 및 환경(33위) 등의 부문에서 경쟁력이 선진국에 비해 약세를 보이고 있다.

#### (4) 기업관련 분야

기업관련 분야는 IMD의 기업경영효율(생산성, 노동시장, 금융, 경영 활동, 행태·가치 등 5대 부문)과 WEF의 기업경영전략 정교화, 국내 기업경영환경 질 등 2대 분야를 평가하였다.

한국은 IMD의 기업경영효율(30위), WEF 기업경영전략 정교화(17위), 국내 기업경영환경 질(24위) 분야에서 IMD·WEF 종합순위(29위, 17위)와 비슷한 수준의 경쟁력을 가진 것으로 나타난다. 그러나 한국의 주요 경쟁대상국인 홍콩, 싱가포르, 대만 등이 모두 이 분야에서 초강세를 보이고 있다. 이는 한국에서 활동 중인 기업인들이 인식하는 기업경영환경(corporate business environment)이 홍콩이나 싱가포르에 크게 뒤처진다는 의미로 해석할 수 있다(노사관계의 적대성(IMD 60위, WEF 81위), 외국문화에 대한 폐쇄성(IMD 53위), 한국 기업에 대한 외국인 소유의 배타성(WEF 61위) 등).

> ※ 각종 기업관련 규제완화(deregulation) 등 기업하기 양호한 환경을 만들고 외국인에 대한 배려 등이 절실히 필요하며, 특히 노사관계는 한국경제의 취약점으로 지속적으로 지적되고 있는 만큼 이에 대한 획기적 개선이 요구됨

### 7.2 대응방안

#### (1) IMD의 평가

IMD는 경제, 기술, 기업, 정부 등 4대 분야를 고르게 종합순위에 반영하고 전반적으로 각 분야별 통계 및 설문조사의 비율이 6 : 4로 반영되고 있어 순위변화에 대한 변동 폭이 작아 경쟁력 추세가 안정적인 것으로 평가할 수 있다.

> ※ 현 상태의 한국의 발전 정도와 경제, 기술 등 4대 분야의 국가경쟁력에 대해 비교적 객관성 있는 통계자료 등을 많이 활용하고 있다는 점을 고려하여 대책을 마련할 필요가 있음

#### (2) WEF의 평가

WEF는 기술, 경제, 정부 등 3대 분야(기업분야 제외) 중 미래 성장잠재력을 나타내는 기술분야에 50%(경제 25%, 정부 25%) 비중을 두고 있어 기술력이 평가의 주축을 이루는 한편, 전반적으로 각 분야별 통계 및 설문조사의 비율이 4 : 6으로 설문결과가 국가경쟁력 종합순위에 결정적인 영향을 미치고 있다.

한국의 2005년도 IMD(29위) 보다 WEF(17위) 평가결과가 높은 이유는 경제(25위), 정부(42위)의 약점에도 불구하고 기술(7위) 분야의 강세가 결정적으로 순위상승에 영향을 미친 것으로 분석된 반면에 홍콩의 2005년도 IMD(2위) 보다 WEF(28위) 평가결과가 낮은 이유는 경제(8위), 정부(23위)의 강점에도 불구하고 기술(26위) 분야의 약점이 결정적으로 순위하락에 영향을 미친 것으로 파악할 수 있다.

> ※ 한국의 장기 성장잠재력(long-term growth potentials) 및 조사 당시 기업인의 경제・사회에 대한 체감도가 민감하게 반영되고 있음에 유념하여 관련 대책을 수립할 필요가 있음

2004년 WEF 평가결과(29위) 한국이 2003년도(18위)에 비해 11단계 급락한 바 있다. 이는 당

시 조사시기(2004. 3~4월)가 대통령 탄핵(3. 12) 시점으로 사회경제적 불확실성(socioeconomic uncertainty)에 따른 기업인들의 불안심리가 평가에 크게 영향을 미친 것으로 분석된다.

> ※ IMD, WEF 등의 평가결과는 외국인 투자가들이 국내투자의 척도로 사용하는 등 실제로 국내외에 광범위하게 활용되고 있다는 점을 고려하여 양 기관의 평가에 대한 비교분석 결과를 토대로 강점은 더욱 강화시키고 약점은 보완함으로써 한국의 대외신인도 및 실질적인 국가경쟁력을 제고해야 함

## 제 5 절 국가경쟁력 현황(2006년)

국제경영개발원(IMD : International Institute for Management Development)은 2006년 한국의 세계경쟁력을 세계 61개 국가·경제권역 중 38위로 평가, 2005년보다 9단계 하락하였다고 발표하였다.[8] 이는 인구 2,000만명 이상 30개 조사대상 국가·경제권역 기준으로는 16위에 해당하는 수준으로 전년보다 5단계 하락한 것이다.

IMD의 「2006 세계경쟁력 보고서」를 분석한 산업연구원의 보고서를 중심으로 살펴본다.

### 1. IMD의 세계경쟁력 개념과 평가방법

경쟁력(competitiveness)이라는 개념은 경영전략이론에서 경쟁우위(competitive advantage)에 상응하는 개념으로 미국의 마이클 포터(M. Porter) 교수에 의하여 도입되었다. 경쟁력은 원래 미시적인 차원에서 기업의 경영능력과 성과를 평가하는 개념으로 활용되다가 산업과 국가 단위로까지 논의와 분석의 범위가 확대되었다.

그러나 기업 단위에서 경영성과나 고용, 연구개발(R&D) 등 다양한 경영지표로 측정될 수 있었던 기업경쟁력(corporate competitiveness)의 개념을 국가단위의 차원으로 확대 적용하는 것에 대해서는 학자들 간에 논란이 지속되고 있다. 즉, 국가경쟁력이 일국의 경제성과를 평가하는 유용한 기준으로 일국의 경제시스템의 구조적 특징을 집약적으로 나타낸다고 보는 견해가 있는 반면에 기업경쟁력은 기업이 이윤이나 매출의 극대화라고 하는 동일한 목표 하에 운영된다는

8) 조사대상은 53개 국가와 바이에른(독일), 카탈로니아(스페인), 일드프랑스(프랑스), 롬바르디아(이탈리아), 마하라슈트라(인도), 상파울루(브라질), 저장성(중국), 스코틀랜드(영국) 등 8개 경제권역이다(산업연구원, KIET 산업경제, 2006. 6. pp. 32~40 요약·재구성).

가정을 적용하여 일관된 기준(consistent criterion)으로 평가하는 것이 가능하나 국가는 서로 동일한 경제적 목표(economic objective)를 가지고 있다고 보기 어렵기 때문에 일부 학자들은 국가 차원에서 정의된 경쟁력은 무의미하다고 보는 견해를 제시하고 있다.

또한, 기업활동의 세계화(globalization in corporate activities)가 광범위하게 이루어지면서 국가경쟁력의 개념은 더욱 모호해지고 있다. 실제로 세계시장에서 경쟁의 주체는 기업인데 세계화(globalization)의 진전으로 국내에 진출한 외국기업과 해외에 진출한 국적기업의 역할이 서로 혼용됨으로써 국경으로 구분한 국가 단위의 경쟁력은 개념조차 정의하기가 용이하지 않게 되었다.

IMD는 글로벌 경쟁력(global cmpetitiveness)을 '기업의 경쟁력을 지속시킬 수 있는 제반 여건들을 창출하고 유지할 수 있는 국가의 능력'으로 정의하고 매년 60여개 국가·경제권역의 경쟁력을 경제성과(Economic Performance), 정부효율(Government Efficiency), 기업효율(Business Efficiency) 및 인프라(Infrastructure) 등 4개 분야로 나누어 평가하고 있다. 4개 평가분야는 다시 각각 5개 부문으로 분류된다.[9)]

2006년에는 각 부문에서 총 312개 세부항목이 조사되었다. 세부항목 중 199개가 GDP 증가율, 인플레이션율, 실업률 등 경제·사회통계를 비롯한 경성자료(hard data) 항목이며, 113개는 각국 기업경영자로부터 얻은 설문조사(Executive Opinion Survey) 항목이 조사되었다. 한편, IMD는 199개 경성자료 중 126개 항목만을 순위 산정에 사용하였음을 언급하였다.

## 2. IMD 세계경쟁력 현황(2006년)

### 2.1 세계 주요 국가의 경쟁력 평가 현황

IMD의 2006년 세계경쟁력 평가결과에 의하면 1위부터 4위까지의 순위는 전년과 변동 없이 미국, 홍콩, 싱가포르, 아이슬란드로 나타났으며 2005년 순위 10위 내에 들었던 국가가 모두 다시 10위 이내에 기록되었다. 미국은 2006년도 1위를 차지하여 17년 연속 1위를 기록하였으며 베네수엘라는 2005년에 이어 2006년에도 최하위를 기록하였다.

---

9) 4개 분야의 각 5개 평가부문은 다음과 같다.
① 경제성과 분야(국내경제의 거시경제적 평가) : 국내경제, 국제무역, 국제투자, 고용, 가격
② 정부효율 분야(정부정책의 경쟁력 기여도 평가) : 공공재정, 재정정책, 제도적 여건, 기업 관련법, 사회적 여건
③ 기업효율 분야(기업의 혁신성·수익성·책임성 평가) : 생산성·효율성, 노동시장, 금융, 경영행태, 기업경영 관련 태도·가치
④ 인프라 분야(기업의 필요를 충족시키는 기본적·기술적·과학적 인프라와 인적자원 평가) : 기본인프라, 기술인프라, 과학인프라, 보건·환경, 교육

한편, 이번 조사결과에서 중국과 인도의 경쟁력 순위가 대폭 상승하여 세계경제계의 주목의 대상이 되고 있다. 중국과 인도의 경쟁력은 2005년에 각각 31위와 39위를 기록하였다. 그러나 2006년에는 각각 12단계와 10단계씩 상승한 19위와 29위를 나타내었다. 이 같은 중국의 경쟁력 순위는 1996년 이후 가장 높은 것으로 평가된다.

한편, IMD는 이번 발표에서 정부가 국가경쟁력에 긍정적 기여(positive contribution)를 한 18개 국가와 균형적 기여(balanced contribution)를 한 26개 국가 및 부정적 기여(negative contribution)를 한 17개 국가 등 3등급으로 나누어 분석한 결과를 '정부가 경쟁력의 발목을 잡고 있는가?(Are Governments Dragging Their Feet?)'라는 제하의 내용으로 제시한 바 있다. 이는 각 국가의 경제성과 분야와 정부효율 분야가 국가경쟁력에 기여한 정도를 비교·분석한 것으로 한국은 영국, 일본, 독일, 대만, 싱가포르 등과 함께 정부가 국가경쟁력에 균형적 기여를 한 국가군에 포함되어 있다. 베네수엘라, 아르헨티나, 브라질, 멕시코 등 라틴아메리카 국가와 미국, 프랑스 등 일부 선진국가들은 예산적자, 부채, 세금, 관료주의(bureaucratism) 등의 요인으로 정부가 국가경쟁력의 장애요인이 되고 있는 국가군으로 분류되었다. 핀란드, 덴마크, 홍콩 등은 정부가 긍정적 기여를 한 국가군으로 분류되었다.

### 2.2 한국의 세계경쟁력 평가분야별 분석

#### (1) 부문별 분석

한국의 2006년 IMD 세계경쟁력을 4대 평가분야별로 살펴보면 경제성과 분야는 41위로 2005년에 비하여 2단계 상승하였으며, 인프라 분야는 24위로 1단계 하락하여 2005년과 비슷한 평가를 받았다. 그러나 정부효율 분야와 기업효율 분야는 2005년에 비해 각각 16단계, 15단계씩 하락한 47위와 45위에 그친 것으로 나타났다. 정부효율 분야에서는 기업관련법, 제도적 여건 및 공공재정 부문 등이, 그리고 기업효율 분야에서는 경영활동, 노동시장 및 행태·가치 부문 등이 각각 10단계 이상 순위가 하락하여 한국의 경쟁력 순위 하락의 주요 요인인 것으로 판단된다.

〈표 26-25〉 아시아·태평양 주요 국가들의 IMD 세계경쟁력 순위

| | 1999 | 2000 | 2001 | 2002 | 2003 | 2004 | 2005 | 2006 | 전년 대비 증감 |
|---|---|---|---|---|---|---|---|---|---|
| 미국 | 1 | 1 | 1 | 1 | 1 | 1 | 1 | 1 | 0 |
| 싱가포르 | 2 | 2 | 3 | 8 | 4 | 2 | 3 | 3 | 0 |
| 홍콩 | 6 | 9 | 4 | 13 | 10 | 6 | 2 | 2 | 0 |
| 대만 | 15 | 17 | 16 | 20 | 17 | 12 | 11 | 18 | -7 |
| 일본 | 24 | 21 | 23 | 27 | 25 | 23 | 21 | 17 | +4 |
| 태국 | 36 | 31 | 34 | 31 | 30 | 29 | 27 | 32 | -5 |
| 말레이시아 | 28 | 26 | 28 | 24 | 21 | 16 | 28 | 23 | +5 |
| 중국 | 29 | 24 | 26 | 28 | 29 | 24 | 31 | 19 | +12 |
| 저장성(중국) | - | - | - | - | 38 | 19 | 20 | 33 | -13 |
| 인도 | 42 | 41 | 42 | 41 | 50 | 34 | 39 | 29 | +10 |
| 한국 | 41 | 29 | 29 | 29 | 37 | 35 | 29 | 38 | -9 |

〈표 26-26〉 세계경쟁력 순위의 부문별 변화

| 4대분야 | 20개 부문 | 2005 | 2006 | 하락폭 |
|---|---|---|---|---|
| 경제성과(43→41) | 국제투자 | 34 | 40 | -6 |
| 정부효율성(31→47) | 공공재정 | 14 | 27 | -13 |
| | 제도적 여건 | 30 | 46 | -16 |
| | 기업관련법 | 34 | 51 | -17 |
| 기업효율성(30→45) | 노동시장 | 26 | 43 | -17 |
| | 경영활동 | 26 | 48 | -22 |
| | 행태·가치 | 25 | 40 | -15 |
| 인프라(23→24) | 기본인프라 | 23 | 29 | -6 |

### (2) 세부항목별 분석

① 경제성과 분야

경제성과 분야에서는 실질GDP 성장률, 상품수출(실질증가율), 고용증가율 등의 항목의 순위가 하락한 것으로 나타났다.

② 정부효율 분야

정부효율 분야에서는 환율안정성, 공공재정관리의 향후 2년간 개선 가능성, 투자유인의 매력도, 사업을 시작하기 위해 소요되는 일수 등의 순위가 크게 하락하였다.

③ 기업효율 분야

기업효율 분야의 경우에는 사회가치(social value)가 경쟁력을 지원하는 정도, 경영이사회의 효율적 운영, 경제와 사회의 변화에 유연하게 대처하는 정도, 기업가치(corporate value)가 근로자의 가치를 충분히 고려하는 정도 등 항목의 순위가 하락한 것으로 조사되었다.

④ 인프라 분야

인프라 분야에서는 기술개발 및 응용이 법적 환경에 의해 지원되는 정도, 기업의 사이버 보안성(cyber security) 정도, 지속가능한 발전(sustainable development)이 경제에서 우선시되는 정도 등의 항목의 순위가 하락한 것으로 나타났다.

〈표 26-27〉 세계경쟁력 순위의 세부항목별 변화

| 4대분야 | 주요 순위하락 항목 | 서베이 | 2005 (순위) | 2006 (순위) | 하락폭 |
|---|---|---|---|---|---|
| 경제성과 | 실질 GDP 성장률 | | 26 | 31 | -5 |
| | 상품수출(실질증가율) | | 10 | 33 | -23 |
| | 고용증가율 | | 21 | 34 | -13 |
| 정부효율 | 공공재정 관리의 향후 2년간 개선 가능성 | ○ | 17 | 52 | -35 |
| | 환율안정성 | | 2 | 55 | -53 |
| | 보호주의가 사업에 영향을 미치는 정도 | ○ | 33 | 55 | -22 |
| | 투자유인의 매력도 | ○ | 19 | 50 | -31 |
| | 보조금이 경제성장을 저해하는 정도 | ○ | 13 | 37 | -24 |
| | 사업을 시작하기 위해 소요되는 일수 | | 20 | 51 | -31 |
| 기업효율 | 경영진에 대한 신뢰감 | ○ | 35 | 54 | -19 |
| | 감사와 회계의 투명성 | ○ | 37 | 58 | -21 |
| | 경영이사회의 효율적 운영 | ○ | 36 | 56 | -20 |
| | 경제와 사회의 변화에 유연하게 대처하는 정도 | ○ | 28 | 48 | -20 |
| | 사회가치가 경쟁력을 지원하는 정도 | ○ | 19 | 48 | -29 |
| | 기업의 가치가 근로자의 가치를 충분히 고려하는 정도 | ○ | 24 | 44 | -20 |
| 인프라 | 항공수송의 질적 수준의 효율성 정도 | ○ | 15 | 35 | -20 |
| | 기술개발 및 응용이 법적 환경에 의해 지원되는 정도 | ○ | 20 | 50 | -30 |
| | 기술규제가 기업발전을 지원하는 정도 | ○ | 30 | 50 | -20 |
| | 기업의 사이버 보안성 정도 | ○ | 19 | 45 | -26 |
| | 법적 환경이 과학연구를 지원하는 정도 | ○ | 25 | 46 | -21 |
| | 지속가능한 발전이 경제에서 우선시되는 정도 | ○ | 22 | 48 | -26 |

### (3) 조사항목별 주요 강점 및 약점 분석

IMD가 평가한 한국의 조사항목별 주요 강점과 약점(strength and weakness)은 다음과 같다.

① 경제성과 분야

경제성과 분야는 2005년 43위에서 2006년 41위로 2단계 개선되어 4대 분야 중 유일하게 경쟁력이 상승한 분야이다.

가. 부문별 평가

부문별로는 장기실업률, 실업률 등 고용부문(13위)이 강점으로, 가격부문(57위) 및 국제투자부문(42위) 등은 약점으로 평가되었다.

나. 항목별 평가

항목별로 살펴보면 장기실업률(1위), 실업률(6위), 청년실업률(11위), 상품수출(12위) 등은 경쟁력 강점요인으로 작용한 반면에 생계비지수(59위), 교역조건(52위), 관광수입(50위), 직접투자유입액(41위) 등은 약점요인으로 지적되었다.

〈표 26-28〉 경제성과 분야

| 강점요인 | 약점요인 |
|---|---|
| · 장기실업률(1위)<br>· 실업률(6위)<br>· 청년실업률(11위)<br>· 상품수출(12위)<br>· 서비스수출(16위) | · 생계비지수(59위)<br>· 교역조건(52위)<br>· 관광수입(50위)<br>· 직접투자유입액(%, GDP 비중)(41위)<br>· 서비스수출(%, GDP 비중)(36위) |

② 정부효율 분야

정부효율 분야는 2005년 31위에서 2006년 47위로 16단계 하락한 것으로 조사되었다.

가. 부문별 평가

부문별 순위로는 공공재정 부문(16위)은 강점으로 작용한 반면에 제도적 여건(46위), 기업관련법(51위), 사회적 여건부문(60위)은 하위권으로 평가되었다.

나. 항목별 평가

항목별로 살펴보면 정부보조금(4위), 총외환보유고(4위), 소비세율(6위), 실질단기이자율(9위) 등이 강점요인으로 작용한 반면에 외국노동자의 취업금지 관련 법률(59위), 성·인종 등 사회적 차별(58위), 가격통제가 제품가격 결정에 영향을 미치는 정도(57위) 등은 약점요인으로 나타났다.

〈표 26-29〉 정부효율 분야

| 강점요인 | 약점요인 |
|---|---|
| · 정부보조금(4위)<br>· 총외환보유고(4위)<br>· 소비세율(6위)<br>· 실질단기이자율(9위)<br>· 중앙정부의 국내부채(%, GDP 비중)(12위) | · 외국노동자의 취업금지관련 법률(59위)<br>· 성·인종 등 사회적 차별(58위)<br>· 가격통제가 제품가격결정에 영향을 미치는 정도(57위)<br>· 환율안정성(55위)<br>· 보호주의가 사업에 영향을 미치는 정도(55위) |

③ 기업효율 분야

기업효율 분야도 2005년 30위에서 2006년 45위로 15단계 하락하여 경쟁력이 크게 하락한 분야로 평가되었다.

가. 부문별 평가

부문별로는 금융이 37위로 가장 높은 순위를 나타내고 있는 반면에 기업경영행태는 48위로 가장 낮은 순위를 기록하였다.

나. 항목별 평가

항목별로는 근로시간(7위), 주식시장지수(9위), 세계화에 대한 긍정적 태도(13위), 소비자 만족도(14위) 등은 강점요인으로 작용하였다. 노사관계와 금융전문가의 이용가능 정도는 최하위(61위)를 기록하였다. 또한, 감사와 회계의 투명성(58위), 중소기업의 효율성(국제기준)(58위), 기업이사회의 회사관리(56위)도 취약요인으로 평가되었다.

〈표 26-30〉 기업효율 분야

| 강점요인 | 약점요인 |
|---|---|
| · 근로시간(7위)<br>· 주가지수증가율(9위)<br>· 세계화에 대한 긍정적 태도(13위)<br>· 소비자 만족도(14위)<br>· 경제·사회개혁의 필요성 공감(16위) | · 노사관계(61위)<br>· 금융전문가 활용의 용이성(61위)<br>· 감사와 회계의 투명성(58위)<br>· 중소기업의 효율성(국제기준)(58위)<br>· 경영이사회의 효율적 운영(56위) |

④ 인프라 분야

발전인프라 분야는 4대 분야 중 한국의 경쟁력이 가장 높은 분야로서 2005년 23위에서 2006년 24위로 1단계 하락하였으나 2005년의 경쟁력 수준을 유지한 것으로 평가된다.

가. 부문별 평가

부문별로는 기술인프라 부문(6위) 및 과학인프라 부문(12위)이 강점으로 나타난 반면에 교육부문(42위)이 약점으로 작용하였다.

나. 항목별 평가

항목별로는 광대역통신망 가입자 비율(1위), 광대역통신 비용(2위), 특허 생산성(2위), 부양 비율(3위), 고등교육 비중(4위) 등이 강점요인으로 작용하였다. 초등학교 학생/교사 비율(56위), 숙련된 엔지니어의 이용가능 정도(54위), 대학교육의 사회요구 부합 정도(50위), 기술규제가 기업발전을 지원하는 정도(50위), 기술개발 및 응용이 법적 환경에 의해 지원되는 정도(50위) 등은 약점 요인으로 평가되었다.

〈표 26-31〉 인프라 분야

| 강점요인 | 약점요인 |
|---|---|
| · 광대역통신망 가입자 비율(1위)<br>· 특허 생산성(2위)<br>· 광대역통신 비용(2위)<br>· 부양 비율(3위)<br>· 고등교육 비중(4위) | · 초등학교 학생/교사 비율(56위)<br>· 숙련된 엔지니어의 이용가능 정도(54위)<br>· 대학교육의 사회요구 부합 정도(50위)<br>· 기술규제가 기업발전을 지원하는 정도(50위)<br>· 기술개발 및 응용이 법적 환경에 의해 지원되는 정도(50위) |

## 3. 시사점

IMD의 「2006 세계경쟁력 평가」 결과 한국의 경쟁력 순위는 38위로 2005년 29위에 비하여 9단계 하락한 것으로 조사되었다. 2005년도의 순위가 전년도에 비하여 6단계 상승하였던 것을 고려하면 중장기적인 성장잠재력(growth potentials)을 나타내는 세계경쟁력 순위가 평가시점, 특히 설문조사 실시 시점인 2~3월에 기업인들이 인식하는 경제·비경제적 상황인식에 따라 등락폭이 크게 변화하는 IMD 평가의 특징이 그대로 나타난 것으로 볼 수 있다.

IMD가 1993년 이후 10년간 조사한 47개국의 순위변동 평균치는 11단계이며 47개국 중 11단계 미만의 변동 폭을 보인 국가는 26개국, 그 이상의 변동폭을 보인 국가는 21개국으로, 한국은 1995년 26위, 1999년 41위로 15단계의 격차를 보였다. 일본의 경우에는 1993년에 2위에서 2002년 30위로 순위가 28단계나 급락한 바 있다.

한편, IMD 평가의 평균 순위에 따라 각 국가를 3단계(① 상위권, ② 중위권, ③ 하위권)로 분류하고 각 단계별로 순위 변동폭에 따라 평균 변동폭보다 작으면 안정, 크면 불안정으로 나누어 연구한 결과에 따르면 한국은 변동폭이 크며 상승과 하락의 변화가 불안정한 10개 국가군에 포함되는 것으로 나타났다. 한국의 전년 대비 순위 변동(2003년 -8위, 2005년 +6위, 2006년 -9위)도 이를 반영한 것으로 판단된다.

IMD는 1989년 이후 매년 「세계경쟁력 연감(IMD World Competitiveness Yearbook)」을 발간

하고 있다. IMD는 세계경제포럼(WEF)과 함께 국가경쟁력에 관한 권위를 평가하는 양대 기관 중 하나로서 인정되고 있다. 기업활동의 세계화가 보편화되고 선진국(advanced countries)과 개도국(developing countries) 구분없이 외국기업의 투자유치를 적극적으로 모색하고 있는 상황에서 IMD나 WEF 등 국제기관들의 국가경쟁력 평가는 중요한 의미를 지닌다. 이들 기관의 평가결과는 기업 및 정책 당국자들의 실제 의사결정에도 광범위하게 영향을 미치고 있다.

그러나 국가경쟁력이 동태적 및 상대적 개념(dynamic and relative concept)에서 파악되어야 한다는 점을 고려할 경우 한 해 동안의 IMD 경쟁력 순위 변화를 근거로 국가경쟁력이 상승하였거나 하락하였다고 단정하는 데는 유의할 필요가 있다. 따라서 경쟁력 순위가 몇 위이며 순위가 상승하였느냐 혹은 하락하였느냐의 여부보다는 우리의 국가경쟁력의 구조적인 문제점을 국제비교적인 시각에서 파악할 의무가 있다. 결국 이 같은 문제점들을 개선하기 위한 중장기적인 대책을 마련하고 이를 지속적으로 추진하는 데 국가의 역량을 결집시키는 것이 우리의 근본적인 국가경쟁력을 제고시키는 첩경(捷徑)이 된다.

## 제 6 절 국가리스크 현황과 대응방안의 모색

산업연구원(KIET)이 2003년 3월 발표한 '한국경제위기 재발 가능성에 대한 분석'이라는 보고서에 따르면 한국경제의 경우 1997년 외환위기(foreign exchange crisis) 당시의 위험변수는 크게 감소했으나 제조업의 경쟁력이 저하되는 조짐이 증대되고 있는 것으로 나타났다. 제조업의 경쟁력이 저하되면서 수출제품의 가격경쟁력(price competitiveness of export commodity)도 낮아져 수출단가가 크게 떨어지고 있는 것으로 조사되었다.

산업연구원의 보고서에 따르면 제품의 수출경쟁력을 나타내는 지표 중의 하나인 '무역특화지수'가 1996년 0.04에서 1998년에는 0.31까지 상승했다가 2000년과 2001년에는 각각 0.18과 0.17로 저하된 것으로 나타났다. 제조업수출경쟁력을 나타내는 또다른 지표인 '수출단가'도 2000년을 100으로 했을 때 1996년 140.6에서 2002년에는 83.9로 지속적으로 하락하고 있다.[10] 한국은 외환위기 이후 외환보유고의 증가, 단기외채의 감소, 기업지배구조의 투명성 제고 등으로 외환위기와

10) 무역특화지수는 수입이 전혀 없는 경우(지수 1)부터 수출이 전혀 없는 경우(지수 -1)를 수치로 표현한 것으로 지수가 1에 가까울수록 제품의 수출경쟁력이 높은 것을 의미한다. 국내 제조업 제품의 경우 품목별로는 무선통신이 1996년 -0.11에서 2002년에는 0.76으로 크게 개선되었으나 반도체는 오히려 동 기간동안 0.18에서 -0.02로 하락하였다. 가전과 섬유류도 동 기간동안 각각 0.67에서 0.57, 0.53에서 0.47 등으로 하락하였다.

같은 상황을 다시 겪을 가능성은 작다고 할 수 있으나 정부가 기업지배구조 개선이나 재무건전성 등에 집중하면서 실물부문 제조업의 경쟁력을 제고시키는 데 소홀히 한다면 경쟁력의 저하를 가져와 외환위기보다 더욱 심각한 경제위기(economic crisis)를 경험할 가능성이 큰 것으로 지적되고 있다. 반도체를 비롯한 핵심수출제품을 중심으로 제조업제품의 수출경쟁력(export competitiveness)이 지속적으로 하향추세에 있다는 것은 일시적인 외환위기보다 훨씬 심각하다는 점에서 실물산업의 경쟁력 강화를 위한 대책 마련이 시급하다고 할 수 있다.

〈표 26-32〉 수출단가추이(2000년 = 100 기준)

| 1996 | 1997 | 1998 | 1999 | 2000 | 2001 | 2002 |
|---|---|---|---|---|---|---|
| 140.6 | 127.9 | 102.0 | 99.5 | 100.0 | 86.9 | 83.9 |

주 : 2002년은 10월 까지의 평균임
자료 : 한국은행, 조사통계월보, 2002. 12.

〈표 26-33〉 국내 제조업의 무역특화지수 추이

| 1996 | 1997 | 1998 | 1999 | 2000 | 2001 | 2002 |
|---|---|---|---|---|---|---|
| 0.04 | 0.11 | 0.31 | 0.22 | 0.18 | 0.18 | 0.17 |

자료 : 산업연구원(KIET)

## 1. 국가리스크 현황

일본의 투자정보센터인 R&I의 조사결과에 따르면 북한 핵개발과 이라크사태 등의 영향으로 한국, 일본 등 동아시아국가와 중동국가의 컨트리리스크(country risk, 국가위험도)가 높아지고 있는 것으로 나타났다.

R&I가 2003년 3월 6일 발표한 일본을 제외한 '세계 100개국 및 지역의 컨트리리스크' 보고서에 따르면 한국의 컨트리리스크 평점은 10점 만점에 7.7점으로 2002년 7월 조사 때 보다 0.2점 하락했는 데 R&I의 컨트리리스크 수치는 점수가 높을수록 국가위험도가 낮다는 것을 의미한다. 이라크 사태의 영향으로 사우디아라비아와 쿠웨이트, 이스라엘 등 중동국가의 컨트리리스크 평점도 0.3~0.4점 높아졌는 데 이라크전쟁과 직접적인 관계가 없는 국가의 경우(아일랜드, 모로코, 헝가리 등)에는 국가위험도가 개선된 것으로 나타났다.[11]

11) 니혼게이자이신문(日本經濟新聞)은 한국은 물론 일본도 북한 핵문제 등으로 인해 한반도정세가 악화되면서 주식과 채권시장에 불안심리가 확산되어 지정학적 리스크가 강하게 작용하고 있다고 분석했다.

〈표 26-34〉 이라크 및 북한 핵문제로 인한 컨트리리스크 변화 추이

| 국 가 명 | 평점 | 변화폭 |
|---|---|---|
| 한 국 | 7.7 | -0.2 |
| 사우디아라비아 | 5.7 | -0.4 |
| 이 스 라 엘 | 5.7 | -0.3 |
| 쿠 웨 이 트 | 5.6 | -0.3 |
| 베 네 수 엘 라 | 3.2 | -0.5 |

국가위험도를 증대시키는 요인을 다음 3가지로 살펴보고자 한다.

### 1.1 가계부채의 증대

한국의 가계부채(household debt) 총액은 2002년말 기준 438조원으로 1년 동안 무려 30%(100조원) 가량 증가하였다. 가구당 가계부채(4인 기준)는 2,915만원에 이르고 있으며 통계에 잡히지 않는 사채(私債)까지 포함시킬 경우 가계부채 규모는 500조원에 이를 것으로 추정된다. 경제전문가들 사이에 적정한 가계부채의 규모에 대해 다소 논란이 있기는 하나 우리의 경우 최근에 가계부채가 급속히 증가하고 있어서 경제 전반에 위기감이 커지고 있다는 데에는 대체로 의견이 일치하고 있다.

가계부채가 이처럼 급증한 데는 적절한 투자대상을 찾지 못한 은행들이 가계의 부동산담보대출에 주력해온 데다 무절제한 신용카드 사용 등을 지적할 수 있다. 가계 빚이 지나치게 증가하게 되면 상환부담이 커지게 되어 연체율의 증가를 가져오고 이는 곧 개인파산(personal bankruptcy)을 증가시켜 금융기관의 부실화로 이어지는 금융위기(financial crisis)를 야기시킬 수 있다. 특히, 이러한 상황에서 부동산 가격이 급락하고 시중금리가 상승하게 되면 부채를 상환하지 못하는 가계가 크게 증가하면서 신용경색(credit crunch) 현상이 발생하게 되어 경제전반에 위기감이 커지게 된다.

### 1.2 미국-이라크 전쟁

미국-이라크 전쟁에 대해 세계 주요 분석기관들은 미국이 압도적인 군사적 우위(military superiority)를 배경으로 단기간에 일방적인 승리를 거둘 것으로 예측한 바 있으며 실제로 전쟁은 단기간에 종료되었다. 그러나 전쟁 이후 국제유가 안정과 미국경제의 회복에 대해서는 낙관론과 비관론이 양존하고 있다. 미국의 국제전략문제연구소(CSIS)는 이라크전 조기종결 이후 미국과 동아시아의 2003년 경제성장률이 당초 전망치보다 각각 0.5%포인트, 0.2%포인트 상승하고 국제유가도 안정될 것으로 전망한 바 있다. 이는 원유선물시장에서 장기선물유가(6월, 12월 인도

물)가 현물가보다 낮은 수준을 유지하고 있기 때문이다.12)

현재의 미국 경기침체가 내부의 구조적문제로 인해 야기된 것이기 때문에 이라크전 결과와 관계없이 장기화될 것이라는 비관적인 분석도 제기되고 있다. 이는 이라크전쟁 종전 이후 미국의 이라크 주둔비용, 정부재정 악화, 금리상승에 따른 주택경기 둔화 등 이라크전쟁이 종료되더라도 상기한 요인으로 인해 미국 경기회복을 낙관하기 어렵다는 데 근거하고 있다. 모건스탠리(Morgan Stanley)의 경제분석가 스티븐 로치도 1990년대 후반의 신경제거품이 충분히 해소되지 않아 가계소비와 기업들의 설비투자가 쉽게 회복되지 못할 가능성이 있음을 지적하고 있다. 이러한 미국경제의 침체지속 가능성이 커지게 되면 수출 등 미국경제에 의존적인 국내경제에도 지대한 영향을 미치게 된다.

미국이 UN 승인없이 이라크전쟁을 시작함에 따라서 UN은 창설이후 최대위기를 맞고 있다. 세계평화와 안보를 위해 무력사용을 승인하는 권한이 있는 유일한 다자간 국제기구인 UN의 승인을 거치지 않은 미국의 일방적인 전쟁은 UN을 중심으로 한 집단안보체제에 치명적인 영향을 미치게 되었다. 미국이 UN체제를 무시한 이번 전쟁은 북한 핵문제의 평화적 해결에 대한 국제사회의 명분을 약화시킴으로써 북핵 역시 UN의 틀을 벗어나 군사력으로 해결할 수 있다는 논리를 미국에 제공할 수 있다는 우려가 제기되고 있다.13)

〈표 26-35〉 걸프전 · 이라크전 비교

| 1991년 걸프전 | 구분 | 2003년 이라크전 |
|---|---|---|
| 대(對)이라크 군사행동 결의(687호) 승인 | 유엔 승인 | 유엔 승인 없이 공격 |
| 미국 · 영국 · 프랑스 등 33개 다국적군 78만명 | 참전국 | 미국 · 영국 · 호주 등 3개국 38만명 |
| 병력 1백만명/탱크 5천5백대, 전투기 1천1백여대 | 이라크군 전력 | 병력 43만여명/탱크 2천2대, 전투기 3백여대 |
| 사막의 폭풍(desert storm) | 작전명 | 충격과 공포(shock & awe) |
| 달이 뜨지 않는 그믐밤 | 개전시점 | 보름달이 보이는 새벽 |
| 토마호크 미사일, F-15E 전폭기 등 | 주력무기 | 위성, 레이저유도탄, e-폭탄 등 스마트탄 및 B-2 스텔스폭격기 등 |
| 39일간 공습 후 이라크 남부로 지상군 투입 | 지상군 투입시점 | 공습 후 이라크 북부 및 남 · 서부로 지상군 투입 |

자료 : 중앙, 2003. 3. 19.

12) 1990년대 이후 세계경제를 이끌고 있는 미국경제가 전쟁종료 후 회복세를 보일 경우 국내경제도 수출증대와 설비투자 활성화로 5%대 성장이 가능할 것으로 기대되며 국제유가 안정으로 국내 소비자물가가 안정되면 안정적 성장(stable growth)이 가능할 것으로 예상된다(동아, 2003. 3. 18. 참조).

13) 중앙, 2003. 3. 19. 참조

2003년 3월 17일 미국의 개전승인 결의안 철회에 대한 코피아난 UN 사무총장의 우려는 이라크사태로 권위를 상실한 UN의 위상을 그대로 나타내고 있다. 아난 사무총장은 2003년 3월 17일 오늘은 UN과 안전보장이사회에 매우 슬픈날 이라며 미국이 안전보장이사회의 결의없이 무력을 사용할 경우 적법성(適法性)에 대한 논란이 이어질 것이며 국제사회의 지원을 받지 못할 것임을 경고한 바 있다.

사실상 미국이 안전보장이사회의 승인없이 타 국가를 침공한 것은 이번이 처음은 아니며 지난 코소보전쟁과 아프가니스탄 전쟁을 '인도적 개입'과 '자위권 발동'을 내세워 안전보장이사회의 결의없이 수행하였다. 또한, 미국의 일방주의(unilateralism) 행태는 교토의정서와 국제형사재판소(ICC) 불참 등에서도 나타난 바 있다. 미국은 제2차 세계대전 이후 북대서양조약기구(NATO)와 UN 등을 통해 외교정책목표를 구현해 왔으나 이번 이라크전에는 프랑스, 독일 등 전통적인 우방과의 불화로 과거체제에서 벗어나 자유를 극대화하는 새로운 시대로 들어섰다고 할 수 있다. 이번 이라크전쟁은 미국이 마지막 순간까지 UN을 통한 외교노력을 전개하다 상황이 불리해지자 안전보장이사회의 표결을 포기했다는 점이 특징이라고 할 수 있다.

대다수 국제문제전문가들의 견해는 미국이 세계의 모든 문제를 혼자 해결할 수는 없으며 UN 등 국제기구나 동맹국들의 협조를 받아야 하는 현실을 무시한 독자적인 이라크 공격은 결코 바람직한 선택이 아니라는 것이 지배적이라 할 수 있다. 1991년의 걸프전때와는 달리 이번 이라크 전쟁의 경우 UN의 승인없이 수행함으로써 전쟁수행과 전후복구에 필요한 막대한 자금수요에 있어서 타 국가들의 도움을 얻기가 훨씬 어려워졌다고 할 수 있다.

뉴스위크 국제판 편집장인 파리드 자카리아는 향후에도 미국은 필요에 의해 UN의 틀을 유지하겠지만 이라크전을 계기로 갈등관계를 표출한 UN과 미국의 관계는 전쟁으로 폐허가 된 이라크를 복구하는 것보다 더욱 어려운 과제가 될 것임을 지적하였다.

〈표 26-36〉 국제분쟁과 UN의 대응

| 구 분 | 미국의 대응 | 유엔 안보리의 대응 |
|---|---|---|
| 걸프전 (1991년 1월) | 미국 주도의 다국적군이 안보리결의 제678호에 기초해 이라크 공격 | 1990년 11월 다국적군의 무력행사를 인정하는 결의 제678호 채택 |
| 유고 공습 (1999년 3월) | '인도적 개입'을 이유로 북대서양조약기구(나토)가 안보리 승인없이 공습 개시 | 1999년 6월 유고군 철수 합의 후 유엔 치안부대 파견과 잠정행정기구 설치 인정하는 결의 채택 |
| 아프가니스탄전쟁 (2001년 10월) | 미국과 영국군이 '개별적 및 집단적 자위권'을 주장하며 공격 | 2001년 9월 테러 비난 결의 채택. 12월 유엔 치안지원부대를 파견하는 결의채택 |

한편, 이라크전쟁이 국내경제에 미치게 될 영향은 전쟁이 얼마나 신속하게 종결되느냐에 달려

있다고 할 수 있다. 사실상 전쟁이 단기간에 종료되면서 다수의 경제분석가들은 유가가 안정되고 불확실성이 크게 감소되어 긍정적인 영향을 미치는 것으로 분석하고 있으나 이라크 재건사업 등을 포함하여 전후처리가 어떻게 전개되느냐에 따라서 국내경제에 미치는 영향은 달라질 수 있다.

### 1.3 북한 핵문제

북한 핵문제는 국내경제에 대한 전망을 불확실하게 하는 우리자체의 힘으로 조절할 수 없는 외부적 조건인 대표적인 외생변수(external variable)라고 할 수 있다. 한반도문제 전문가들은 대체적으로 북핵문제가 향후 어떻게 진전되느냐에 따라서 국내경제, 특히 금융시장의 불안정(instability of financial market)이 재발할 수 있음을 지적하고 있다. 북핵문제란 지정학적 리스크가 심화되면 국가신용등급의 하락과 환율 및 금리급등이 파생되어 금융시장의 불안정이 커지게 되는 것을 의미한다.

북한 핵문제와 관련하여 모건스탠리(Morgan Stanley)와 스탠더드 앤드 푸어스(S&P)의 분석을 간략히 소개하면 다음과 같다.

#### (1) 모건스탠리

모건스탠리의 환율담당 애널리스트 스티븐 젠은 북한 핵문제 진전에 따른 한국경제에의 영향을 원-달러 환율과 관련하여 설명하고 있는데 스티븐 젠은 북핵과 관련하여 3가지 시나리오를 제시하고 있다.

① 북한이 은둔상태로 들어가고 무기개발을 중지하는 것
② 북한이 동북아시아 국가의 특정도시를 목표로 미사일을 발사하는 것
③ 미국의 선제공격에 따라 북한이 붕괴하는 것

위 3가지 시나리오 중 첫 번째 시나리오는 원화가치를 유지하기 위한 최적의 환경이지만 현실성이 없으며 최악의 시나리오는 세 번째 경우로서 통독 당시 서독이 부담한 것 보다 더욱 많은 비용이 소요될 뿐만 아니라 엄청난 외부의 지원이 필요하기 때문에 원화가치는 재평가, 즉 폭락하게 된다는 것이다.

#### (2) 스탠더드 앤드 푸어스

세계적인 신용평가회사인 스탠더드 앤드 푸어스의 다카히라 오가와 아태지역 국가신용평가담당이사는 북한 핵문제로 인한 동북아지역의 긴장이 향후 기대 이상으로 커지게 되면 국가신용등급에 리스크가 추가된다는 것을 강조하기 위해 2003년 3월 6일 보고서(S&P가 한국의 신용등

급을 'A-, 안정적'으로 유지한다는 내용임)를 작성했다고 밝힌 바 있다. 북한 핵문제와 관련한 다카히라 이사의 시나리오는 3가지로 정리될 수 있다.

① 평화적 타협과 상호체면이 유지되는 방식을 통해 국제사회가 북한에 충분한 도움을 주는 대신, 북한은 테러집단이나 적대국에 무기를 수출하지 않는 것으로 이 경우에는 한국의 신용등급은 유지되게 된다.

② 북한의 핵 개발이 더욱 진행됨에 따라 한국의 외교적 교섭력이 저하되지만 동북아시아의 힘의 균형(power balance of Northeast Asia)에 큰 변화가 없고 북한의 붕괴에 따른 통일비용의 지출 가능성도 낮은 상태로 이 경우에는 신용등급의 변화 가능성이 존재하게 된다.

③ 무력충돌이 발생하고 결과적으로 엄청난 인명손실과 북한의 붕괴가 현실화되는 상태로 신용등급의 변화가 발생하게 된다.

### 1.4 국제금융시장의 반응

1990년대 이후 세계화의 급추진에 따른 금융자유화(financial liberalization)가 세계 각국에 확산되면서 국제금융시장은 모든 위험에 즉각적으로 반응하고 있다. 일국의 국가신용등급이 투자부적격으로 추락하게 될 경우 해당국은 국제금융시장에서 냉혹하리만큼 혹독한 대가를 치르게 된다. 1997년 외환위기 당시 한국의 신용등급이 급강등하게 되자 국제채권단들은 한국과 관련된 채권에 대해 일제히 정부보증, 고금리, 만기연장거부, 조기상환을 요구해 왔으며 한국 정부, 기업 및 금융기관 등은 국제금융시장에서 신규자금을 차입하기가 극히 어려워지게 되었다.

국가신용등급은 해당국의 모든 위험을 반영하므로 국제투자자들에게는 매우 핵심적인 투자기준인 동시에 투자대상국에 대해서는 경제실상을 적나라하게 나타내는 역할을 한다고 할 수 있다. Moody's, Standard & Poor's, Fitch 등 세계 유수의 신용평가기관들에 의해 결정된 신용등급은 국제금융거래(international financial transactions)에 즉각적으로(instantaneously) 반영된다. 국가신용등급이 한 단계 하락하면 일반적으로 외자조달금리가 0.05% 상승하게 된다. 위험 축적은 몇 가지 경제지표를 통해서도 어느 정도 파악할 수 있다. 2002년말 대부분의 국내외 경제전망기관은 2003년 한국의 경제성장률을 5%대로 예상했지만 최근에는 가계부채 증가, 북핵문제, 이라크전 등 한국경제가 직면하고 있는 대내외상황의 급변으로 경제성장률을 3~4%대로 낮춘 바 있다.

일부 경제전문가들은 현재 우리의 외환보유고를 감안할 때 한국경제의 대외지불능력이 충분하고 기업부채(corporate debt)도 크지 않아서 정부가 리스크의 총량관리를 효과적으로 한다면 현 위기는 충분히 극복할 수 있다고 지적하고 있다.

북한 핵문제에 따른 지정학적 리스크(geopolitical risk)가 고조되면서 국가신용위험을 나타내는 '국가부도스와프금리(CDSS : Country Default Swap Spread)'가 급등하고 외화차입금리도 상승하여 기업 및 금융기관의 해외자금조달에 차질이 생기게 되었다. 이러한 상황을 반영하여 홍콩시장에서 한국의 국가부도스와프금리는 2002년 11월 말에는 0.70%였으나 2003년 3월 5일에는 1.17%로 급등하여 3개월만에 무려 67%나 올랐다.[14] 홍콩, 싱가포르 등 국제금융시장에서 한국계 은행들이 미국 달러를 차입할 때 부담하는 외화차입가산금리도 2002년 12월 북한 핵 문제가 발생된 이후 0.1~0.15%포인트 가량 상승했다. 국책산업은행의 경우 2002년 12월에는 리보(런던은행간거래금리) 기준금리에다 0.35%(3년 만기)의 가산금리를 더한 수준에 외화를 차입할 수 있었으나 북핵사태 이후 금리가 급등하여 가산금리가 0.1%포인트 상승한 0.45%(일부 유럽계 은행은 0.5%선을 요구함)를 기록한 바 있다.

산업은행이 발행하는 달러표시채권의 발행금리도 2002년 7월 24일 5년만기 미국 국채 기준금리에 0.90%의 가산금리가 더해지던 것이 2003년 3월 3일에는 1.41%까지 급등하였다. 2003년에 국내은행들은 150억~160억 달러 정도의 외화차입을 계획 중인 것으로 알려지고 있는데 가산금리가 1%포인트 상승할 때마다 해외에 지급하는 이자부담은 1,500만 달러(약 180억원)가 증가한다고 볼 수 있다.

한편, 이라크전쟁 및 북핵사태가 첨예한 문제로 대두되면서 단기외채 비중이 다시 증가하고 이로 인해 외국환평형기금채권의 가산금리가 상승하고 있다. 단기외채의 증가는 아직은 일시적 현상으로 볼 수 있지만 향후 한반도를 둘러싼 긴장이 더욱 고조되어 국가신인도가 하락할 경우 기업이나 금융기관들이 국제금융시장에서 자금, 특히 장기자금을 차입하기가 힘들어져서 외채의 단기화 추세가 가속화 될 가능성이 커지게 된다. 재정경제부가 2003년 3월 7일 발표한 '2003년 1월말 기준 총대외지불부담(총외채)·대외채권현황'에 따르면 총외채는 1,323억 달러로 2002년 12월에 비해 13억 달러 증가한 것으로 나타났는 데 이 가운데 단기외채는 507억 달러로 2002년 12월에 비해 9억 달러 늘어 총외채에서 차지하는 비중이 38.3%에 이르렀다. 총외채에서 단기외채가 차지하는 비중은 2002년 8월 39.9%에서 9월에는 40.7%로 증가한 이후 10월(40.5%), 11월(39.8%), 12월(38.0%) 3개월 연속 하락하였으나 4개월만에 상승세로 돌아섰다.

단기외채의 증가는 이라크전에 따른 달러화 약세가 크게 작용했는 데 외국인들이 달러 약세로 선물환 매도 주문을 내자 현금지급액이 부족한 국내은행과 외환은행 지점들이 이를 상환하기 위해 3억 달러씩 차입한 것이다. 또한, 국제유가 상승에 따라 정유사들이 해외에서 단기로 1

14) 국가부도스와프금리란 특정국가의 채권을 매입한 해외투자자들이 국가부도 때 채권금액 전부를 상환받는 조건으로 제3자와 계약을 하고 채권액의 일정비율을 지불하는 일종의 보험료로 이것이 상승했다는 것은 국가경제가 그만큼 어려워졌다는 것을 의미한다.

억 1,000만 달러를 차입하는 등 무역신용에 3억 달러를 차입한 것으로 나타났다.

단기대외지급능력을 나타내는 외환보유고 대비 유동외채와 단기외채의 비율은 각각 52.6%, 41.3%로 아직은 국제적 안정수준인 100% 미만과 60% 미만을 유지하고 있다. 단기자금의 해외 차입기준이 되는 10년만기 외평채가산금리는 2003년 3월 6일 미국 뉴욕시장에서 1.53%까지 상승하였다. 이는 전날보다 0.16%포인트 상승한 것으로 2002년 1월 31일(1.55%) 이후 14개월만의 최고치를 기록하였다.

## 2. 경제위기의 발생과정

경제위기는 다수의 요인이 복합적으로 작용하여 발생한다고 할 수 있다. 1990년대 이후 세계화(globalization)가 급추진되면서 외국과의 경제교류가 활발해져서 국내외 경제요인이 상호작용하여 발생한다고 할 수 있다. 또한, 세계화의 중심기능을 금융자본이 수행하면서 금융시장은 시장참가자들의 심리적 요인에 따라 아주 민감하게 반응하여 경제전반에 지대한 영향을 미친다고 할 수 있다. 국내경제에 영향을 미쳐 경제위기를 야기시킬 수 있는 대내외적 요인을 간략히 살펴보고자 한다.

### 2.1 대내적 요인

우리경제에 대한 부정적 영향에 있어서 현재 가장 심각한 영향을 미칠 수 있는 요인으로는 가계부채를 지적할 수 있다. 가구당 가계부채가 3,000여만원에 이르는 상황에서 경기침체는 전반적인 가계소득의 감소를 파생시키게 된다. 실제로 국내경제는 내수, 소비, 기업의 설비투자 위축이 2003년 3월부터 뚜렷이 나타나고 있어 경기가 급속히 하락하는 추세를 나타내고 있다. 가계소득이 감소하게 되면 은행과 카드회사의 연체율이 상승하고 금융회사의 건전성에 직접적인 영향을 주게 된다.

은행권의 주택담보대출 연체율은 아직 3%대를 나타내고 있지만 카드회사의 신용대출은 이미 10%를 초과하여 위험수위를 보이고 있다. 금융회사의 자산건전성이 위협을 받게 되면 기업 및 개인에 대한 신규대출을 축소시키게 되고 기존의 대출은 급히 회수하게 되므로 시중에 자금이 제대로 순환하지 않게 되는 신용경색현상이 발생하게 된다. 또한, 대기업은 대내외경제여건의 불확실성으로 인해 설비투자를 꺼리게 되고 중소기업들은 자금난에 처하게 되어 기업의 부도율이 커지고 경제의 전반적인 위기감은 제고된다.

국내 대표적 기업인 SK글로벌의 분식회계는 외국인 투자자들에게 국내기업의 경영투명성

(business transparency)에 대해 부정적 시각을 제공하게 되어 증시침체로 이어질 수 있다는 점에서 또 다른 대내요인으로 지적할 수 있다.

### 2.2 대외적 요인

국내경제에 영향을 미치는 대외적 요인으로는 북한 핵문제가 가장 직접적인 것으로 지적할 수 있다. 북한 핵사태가 악화될 경우 국내에 투자된 외국자금이 국내시장에서 이탈하는 현상이 발생하게 된다. 현재 외환보유고는 2,000억 달러를 초과하고 있어 지난 1997년과 같은 외화부족으로 인한 외환위기는 겪지 않겠지만 환율의 급등상황(원화가치의 하락, depreciation)이 발생할 수 있다. 이 경우 은행 및 기업의 해외자금조달에 차질이 생겨 해외부채의 상환부담이 커지게 되고 전체적인 수익성 악화로 이어지게 된다.

## 3. 외환위기의 교훈

1997년 11월 한국의 외환위기를 야기시킨 직접적인 계기는 1997년 7월 태국 바트화의 폭락으로 시작된 동남아시아의 금융위기라고 할 수 있다. 1997년 10월 인도네시아가 국제통화기금(IMF : International Monetary Fund)에 자금지원을 요청하고 10월 23일 홍콩증시는 하루만에 10.4% 폭락하였다.

동남아시아로부터 촉발된 이러한 금융위기로 인해 한국에 투자된 외국자금도 급속히 이탈하게 되고 국내기업들의 해외자금차입은 극히 어렵게 되었다. 1997년 11월 21일 한국 정부가 IMF에 구제금융신청을 전격 발표하게 되면서 한국의 외환위기는 시작되었다고 할 수 있다.

동남아시아의 외환위기 여파가 한국의 외환위기를 초래시킨 주요 요인 중의 하나이기는 하나 이미 한국경제는 부실한 기업 재무구조, 관치금융(官治金融), 정부의 위기대응능력 부족 등 대내외적 요인이 복합적으로 작용하여 발생한 것으로 분석할 수 있다. 재정경제부는 최근에 발표한 'IMF 5년의 성과와 과제'라는 보고서에서 1997년의 외환위기는 지난 30여년간 이룩한 고도성장의 이면에 누적된 경제, 사회 각 부문의 구조적 문제가 근본원인이라고 지적한 바 있다. 특히, 1990년대 이후 세계경제환경의 변화, 즉 신자유주의(neoliberalism)라는 세계화의 흐름에 신속하게 대처하지 못해 국가경쟁력(national competitiveness)이 약화된 것으로 보고 있다.

국내기업들은 당시에 은행돈을 차입하여 외형확대경쟁을 전개하였으며 이로 인해 기업부실은 심화되었고 기업부실의 심화는 곧 금융부실로 이어졌다. 이런 허약한 기초위에 1994년 이후 경상수지 적자는 급증하였다. 특히, 1996년에는 반도체가격의 폭락으로 한 해 동안에만 230억 달러의 대규모 경상수지 적자(current account deficit)가 발생하였다. 1997년 9월말 당시 환율은 915원으로 경제현실을 반영하지 못해 경상수지 적자를 더욱 심화시킨 요인이 되었다. 이러한 경상수지 적자의 누적에 따라 1997년 9월에 224억 달러였던 가용외환보유고는 11월에는 39억 달러로 급감하였다.

1997년의 외환위기는 대내외적 경제요인에다 정치적 리더십(political leadership)의 부재에도 근거하고 있었다. 당시 한보, 기아의 부도로 경제시스템에 위기가 초래되었지만 정치권은 이해관계에 치우쳐 이의 처리를 지연시켰으며 노동법개정과 관련한 일련의 경제개혁정책들은 실효를 거두지 못하고 있었다. 결국 무디스는 한국의 국가신용등급을 A1에서 Ba1으로 6단계, 스탠더드 앤드 푸어스는 AA-에서 B+로 무려 10단계나 급강등시켰다.

## 4. 과제 및 대응방안

### 4.1 과제

#### (1) 경제개혁의 지속

한국은행은 2003년 3월 18일 발표한 '우리경제의 중장기 발전과제 보고서'에서 우리경제가 직면하고 있는 경제, 사회적 문제들을 개혁하지 못할 경우 향후 10년간 연평균경제성장률이 3.5%로 추락하고 물가상승률이 5%대까지 급등하며 경상수지 적자는 최대 250억 달러에 이르게 되나 경제성장기반 확충 등 개혁과제를 효과적으로 수행한다면 연평균 5.6%의 경제성장으로 1인당 소득이 27,000달러에 달해 세계 25위를 나타낼 것으로 전망하였다.

이를 보다 상세히 살펴보면 한국은행은 한국경제의 취약점으로 다음 4가지 측면을 지적하였다.

① 대외의존적 경제구조

우리경제의 대표적인 취약성으로 대외의존적 경제구조가 지적되고 있다. 원유·석유가스의 100%를 수입에 의존하고 있고 수출·입 비중이 국내총생산(GDP : Gross Domestic Product)의 80%를 초과하고 있다.

대외의존적 경제구조 외에 범용제품생산, 가공·조립 등에서는 선진국과 대등한 기술력을 보유하고 있지만 설계·디자인개발 등 고부가가치 기술이 뒤처지는 데다 생명공학(BT), 나노기술(NT) 등 신기술분야 수준도 상대적으로 낮아 성장동력이 약화될 수 있다.[15)]

② 북핵문제로 상징될 수 있는 북한 불확실성 증대

15) 경향, 2003. 3. 19. 참조

③ 경제협력개발기구(OECD) 1위의 사교육비 지출에도 불구하고 국가가 필요한 인재는 제대로 양성하지 못하는 사회시스템, 특히 대학교육의 질적저하로 교육경쟁력의 약화
④ 단기성과를 중시하는 민간 및 정부의 단견주의(短見主義)

한국은행은 상기한 취약점을 극복하지 못할 경우 연평균경제성장률은 2004~2006년 4%대, 2007~2009년 3%대, 2012년에는 2% 수준으로 낮아질 것으로 예측했으며 소비자물가상승률은 원화약세와 임금상승, 기업의 생산성 저하가 상승작용하여 2~3년 내 3%대 후반으로 높아진 뒤 2008년 부터는 5%대로 상승할 것으로 보았다. 특히, 이러한 과정에서 유가급등 등 대외충격(external shock)이 발생하고 이로 인해 인플레이션 기대심리가 확산될 경우 일부 중남미국가와 같이 초(超)인플레이션(hyperinflation)에 직면할 가능성도 배제하기 어려울 것으로 전망하고 있다. 경상수지의 경우 적자폭이 GDP의 3% 수준(250억 달러)까지 확대되고 1인당 국민소득은 2012년에 12,300달러로 증가하는 데 그쳐 세계 58위로 추락할 것으로 전망하였다.

〈표 26-37〉 한국경제의 향후 10년간 경제전망(개혁성공시)

(단위 : %)

| 구분 | 2002 | 2003 | 2005 | 2007 | 2009 | 2012 | 2003~2012(평균) |
|---|---|---|---|---|---|---|---|
| GDP 성장률 | 6.2 | 5.7 | 5.6 | 5.6 | 5.6 | 5.4 | 5.6 |
| 소비자물가상승률 | 2.7 | 3.4 | 3.3 | 2.9 | 2.6 | 2.1 | 2.8 |
| 경상수지 (명목 GDP비율) | 1.51 | 0.90 | 0.95 | 1.00 | 1.05 | 1.13 | 1.02 |

자료 : 한국은행

〈표 26-38〉 한국경제의 향후 10년간 경제전망(개혁실패시)

(단위 : %)

| 구분 | 2002 | 2003 | 2005 | 2007 | 2009 | 2012 | 2003~2012(평균) |
|---|---|---|---|---|---|---|---|
| GDP 성장률 | 6.2 | 5.5 | 4.3 | 3.3 | 3.0 | 2.5 | 3.5 |
| 소비자물가상승률 | 2.7 | 3.5 | 3.9 | 4.8 | 5.1 | 5.2 | 4.6 |
| 경상수지 (명목 GDP비율) | 1.53 | 0.90 | -0.40 | -1.27 | -2.13 | -3.00 | -1.40 |

자료 : 한국은행

따라서 이러한 상황을 극복하기 위해서는 경제안정기조를 유지하면서 연구개발(R&D) 투자를 선진국 수준으로 확대하고 BT, NT 등 신산업분야의 기술을 적극 개발하는 등 경제성장기반을 확충해야 한다. 또한 정부, 기업, 금융, 노동부문을 포함한 전체 경제시스템의 선진화를 도모하는

한편 교육제도를 비롯한 사회시스템을 획기적으로 개선해야 한다.

### (2) 기술경쟁력 제고

전국경제인연합회가 2003년 1월 29일 국내 400개 제조업체를 대상으로 설문조사해 내놓은 '한·중·일 기술경쟁력 비교조사'에 따르면 현재 우리의 기술경쟁력(technological competitiveness)은 일본에 비해 3.36년 뒤처지고 중국에 비해서는 3.08년 앞선 것으로 평가되었다.

업종별로는 조선, 건설 등 일부업종만이 5년 후에도 기술경쟁력을 유지할 것으로 예상되었고 정보통신, 전자산업 등은 5년 후 우열을 가리기 힘든 치열한 경쟁관계에 직면할 것으로 전망되었다. 이에 반해 자동차(부품포함)산업을 비롯한 대부분의 업종은 중국에 비해 기술경쟁력을 상실할 것으로 분석되었고 현재도 일본에 비해 기술경쟁력 열세에 있는 비금속, 기계산업 등은 획기적인 기술개발전략을 수립하여 실시하지 않는 한 기술경쟁력 회복을 기대하기는 힘든 것으로 조사되었다.

〈표 26-39〉 한·중·일 3국의 주요 업종별 경쟁력 비교

(단위 : 년)

| 주요 업종 | 일 본 | 중 국 |
|---|---|---|
| 종 합 | 3.36 | -3.08 |
| 자동차·부품 | 4.10 | -3.17 |
| 조 선 | 3.30 | -7.67 |
| 전 자 | 2.53 | -3.06 |
| 정보통신 | 2.57 | -2.05 |
| 기 계 | 3.23 | -2.78 |
| 건 설 | 2.30 | -4.50 |
| 철 강 | 3.53 | -1.80 |
| 비금속 | 6.67 | -6.00 |
| 유 화 | 3.32 | -2.15 |
| 섬 유 | 0.97 | -2.53 |
| 식·음료 | 3.92 | -2.25 |
| 제 약 | 5.25 | -5.17 |

주 : 한국기술수준과 비교할 때의 수치임
자료 : 전국경제인연합회

전국경제인연합회의 보고서는 이처럼 중국의 기술경쟁력이 가속화되고 있는 데는 다국적기업들(MNCs : Multinational Corporations)이 중국에 집중적으로 투자하면서 다양한 기술들이 중국으로 이전되고 있는 데다 중국연구인력이 양과 질에서 우수하기 때문인 것으로 분석하고 있다.

인적경쟁력의 경우에도 정보통신과 바이오산업에서는 이미 중국이 한국을 앞선 것으로 평가되었다.

일본의 경우 우수한 인프라시설과 기초과학이, 중국은 최고경영자의 강력한 기술드라이브와 정부차원의 투자지원책이 R&D의 구심점이 되고 있는 반면에 우리기업은 R&D 구심점이 미흡한 실정이어서 적극적인 R&D 전략책이 필요하다고 할 수 있다. 정부의 역할로는 이공계인력의 대폭확충, 산학연 활성화를 위한 제도정비, 기초핵심기반기술 습득을 위한 정부프로젝트의 발주, R&D 세제 및 금융지원 확대 등을 지적할 수 있다. 또한, 중국으로의 기술유출을 방지하기 위한 제도확립도 필요하다. 이는 중국 내 교두보를 확보하기 위해 국내 기업들이 기술유출을 감수하면서까지 과당경쟁을 펼치고 있기 때문이며 결국 지적재산권(intellectual property rights)을 보호하기 위한 제도적 장치가 필요하다고 할 수 있다.

### 4.2 대응방안

현재 한국경제를 둘러싸고 있는 위험의 심각성은 전술한 바와 같이 대내외적 요인이 복합적으로 작용하고 있다는 데 있다. 대외적인 요인으로는 북한 핵문제, 세계경제의 회복지연 등이며 대내적 요인으로는 기업의 회계부정, 가계부채의 급증을 비롯한 금융부실, 정부의 경제정책 불확실성(uncertainty of economic policy) 등을 지적할 수 있다. 다수의 경제전문가들은 대외적 요인은 우리가 통제할 수 없지만 대내적 요인들은 정부나 해당 경제주체들이 효과적으로 대응한다면 충분히 극복할 수 있다고 지적하고 있다. 한국경제의 위기상황에 효과적으로 대응하기 위한 몇 가지 방안을 모색해 보고자 한다.

#### (1) 정부부문

① 리스크분산정책의 실시

최근의 한국경제 위기 가능성 대두는 다수의 대내외적 위험요인이 복합적으로 동시에 발생하고 있기 때문이라고 할 수 있다. 한국경제는 2002년 하반기 이후 소비, 투자, 무역수지 등 주요 경제지표가 일제히 하강추세를 보이고 있다. 여기에 SK글로벌의 분식회계파문으로 인해 상당수의 외국인 투자자들이 한국기업의 회계부정이 SK글로벌만의 일이 아닌 것으로 보고 있다. 1997년 외환위기 이후 기업과 금융부문의 구조조정이 상당 폭 진행되고 있어 시장에 지나친 충격을 주는 정책을 회피해야 될 것으로 판단된다. 즉, 국내경제에 영향을 미치는 리스크를 효과적으로 분산할 수 있는 정책의 수립이 필요하다. 또한 법인세 인하, 경기침체에 대한 적자재정 논란, 노사문제의 해결방식에 대한 정부정책의 혼선도 시급히 해결해야 될 과제가 되고 있다.

② 북한 핵사태의 불안감 해소

북한 핵사태의 진전과 관련하여 우리 정부는 직접적인 이해당사자임에도 불구하고 대부분의 경우 해결과정에서 제외되고 있다. 북한은 미사일발사시험으로, 미국은 한반도주변의 전력증강배치로 맞서고 있는 상황이다.

따라서 한미 정책공조를 통해 평화해결의지를 지속적으로 추구하는 것이 무엇보다 중요하다고 할 수 있다. 다시 말해 대테러 전쟁과 유가불안이라는 글로벌 리스크(global risk)와 북핵위기 고조에 따른 컨트리 리스크(country risk)가 상승작용하여 한국경제의 위기가 점증하고 있는데 정부는 국제금융시장에서 외국인 투자자들의 불안감을 해소하기 위해서 북핵 사태를 평화적으로 해결하기 위해 모든 정책적수단을 강구해야만 할 때이다.

### (2) 민간부문

① 금융시장의 안정성 제고

다수의 경제전문가들은 현재 국내경제 상황은 외환위기를 경험했던 지난 1997년말 상황과 유사하여 경제주체들이 초기 대응을 효과적으로 못할 경우 또 다시 경제위기에 직면할 가능성이 크다고 지적하고 있다.

삼성경제연구소는 2003년 3월 19일 '금융시장동요와 안정화방안' 보고서를 통해 이라크전쟁과 북한 핵문제, SK분식회계 파문 등 대내외적 불안요인이 중첩되어 있는 현 국내경제상황은 1997년 말과 유사하다며 대외정세가 불안정한 가운데 실물경제가 급속히 위축되고 한반도 긴장고조와 가계부채 급증 등은 오히려 1997년말 상황보다 더욱 악화되어 있다고 지적한 바 있다.

삼성경제연구소의 보고서는 국내외 자본의 해외유출이 동시에 발생하여 금융불안이 가중되면 경제위기는 현실화될 가능성이 큼을 경고하고 있다. 따라서 정부는 대외신인도를 개선시키기 위해 해외에서 한국투자설명회(road show)를 적극 개최하고 외국인투자(foreign investment)와 관련한 정책을 일관성 있게 추진하는 한편 외환유동성 위기에 대비하여 아시아국가간 통화스와프계약(currency swap contract)을 정립하고 그 규모를 더욱 확대해야 한다.

② 효과적 위기관리를 위한 기업경영시스템의 구축

기업경영에 있어서도 내수 위축과 금융시장 불안, 원유 등 원자재가격의 급등락으로 그 어느 때보다 불확실한 상황에 처해 있다. 이 경우 기업이 능동적이고 효율적인 위험관리시스템을 구축한다면 경영위험을 상당 폭 감소시킬 수 있게 된다. 최근 국내기업이 처한 위험의 특징은 대외, 내수, 금융 등 여러 부문에서 복합적으로 발생하고 있다는 점인데 기업 내 각각의 사업부문들이 최선을 다하는 것만으로는 부족하고 최고경영자(CEO)가 중심이 되어 전사적(全社的)으로 위험을 관리해야 한다. 따라서 이러한 대내외적 경영환경의 불확실성이 증대되는 상황에서 기업 경영의 핵심은 대외, 내수, 금융부문에서 발생할 수 있는 부정적 시나리오를 토대로 현금흐름(cash flow)을 예측해야 하며 만일 일시적인 유동성 부족으로 인해 자금부족현상이 초래될 가능성이 크다면 자금유출입 시기를 미리 조정해야 한다.

또한 선물환, 옵션 등 파생금융상품(financial derivatives)을 이용한 위험회피(hedge)도 적극적으로 활용해야 하는데 금융시장에 헤지를 할 만한 적절한 금융상품이 없을 시에는 금융기관이 제공하는 '맞춤형 헤지 서비스'도 이용할 필요가 있다. 1997년 외환위기 당시 대부분의 한국기업들은 환율 급상승(원화가치의 급격한 하락)에 따른 환차손을 고스란히 떠안아 심한 경우에는 파산에 처하는 기업도 상당수 있었으나 일부 기업들은 환위험 헤지를 통해 수백억원의 차익을 보기도 하였다.

일부 경제전문가들은 현재 우리경제의 경우 침체가 예상보다 빠르게 진행되고 있기 때문에 내수 위축의 속도가 가속화될 가능성에 대비해 축소경영도 고려할 필요가 있음을 지적하고 있다. 체감경기에 이어 최근 주요 통계지표상의 경기도 하강국면 조짐이 나타나고 있어 본격적인 경기침체가 발생할 가능성이 커지고 있다. 그러나 경기침체의 장기화 가능성에 대비하여 축소경영도 위기 극복의 한 방편이 될 수 있으나 인적자원(human resources)과 기술에 대한 투자 등 기업경쟁력(corporate competitiveness)과 직결되는 부문의 투자는 장기적 경쟁력 제고 측면에서 현상유지 내지는 확대할 필요가 있다.

## 제 7 절 동북아 경제중심국가의 건설

2003년 2월말에 출범한 참여정부는 동북아 경제중심국가 건설을 핵심국정과제의 하나로 제시했다. 이는 지정학적으로 동북아의 중심에 위치한 장점과 1990년대 이후 세계경제의 새로운 중심축으로 급부상하고 있는 중국과 인접해 있는 기회를 활용하여 우리경제를 재도약시키겠다는 구상으로 해석할 수 있다.

현실적으로 동북아 경제중심국가 건설이라는 과제는 중국의 급속한 경제발전에 따라 우리의 주력산업이 위기의식을 인식하면서 비롯되었다고 할 수 있다. 국내외 주요 경제분석기관의 발표자료에 따르면 향후 5~10년 내에 중국은 대부분의 산업에서 우리의 경쟁력과 필적하거나 오히려 추월할 가능성이 큰 것으로 지적되고 있다.

동북아 경제중심지 구상과 실현방안, 지역 내 협력과제, 그리고 투자자금수요 급증에 다른 금

융허브의 필요성 및 육성전략에 대해 살펴보고자 한다.[16)]

# 1. 동북아 경제중심지 구상과 실현방안

## 1.1 동북아 경제중심지 구상의 배경

우리의 국가경쟁력이 거의 향상되지 않고 있는데 반해 중국, 대만 등 경쟁국들의 국가경쟁력이 우리보다 나은 상황에서 동북아 경제중심국가의 건설은 우리경제의 생존전략이자 미래가 달려있는 절박한 과제일 수밖에 없다. 그러나 일부 경제학자들은 우리가 과연 동북아의 경제중심국가가 될 수 있는지에 대해 근본적인 의문을 제기하고 있다. 일본의 경우 1990년대 이후 10년 넘게 장기불황에 처해 있지만 여전히 미국에 이어 세계 제2위의 경제대국이자 아직도 제조업에 관한 한 세계 제1의 경쟁력을 보유하고 있다. 중국 역시 세계에서 가장 역동적으로 경제성장을 하고 있으며 국내총생산(GDP : Gross Domestic Product)과 교역규모에서 이미 세계 6~7위를 나타내는 인구 13억의 거대시장을 보유한 경제강국으로 부상하고 있다.

이들 두 국가를 극복하고 우리가 이 지역의 경제중심국가가 되겠다는 목표는 일견 공허하게 여겨질 수도 있으나 여기서 경제중심국가가 의미하는 바는 기능적인 측면(functional aspect)에서의 중심이지 규모나 경쟁관계에서의 중심을 지향하는 것은 아니다. 즉, 경제란 인간과 제품, 그리고 자본의 흐름이기 때문에 이러한 흐름에서 우리가 중심지가 되고자 하는 것이다. 동북아 국가들 간에 경제적 네트워크를 통해 효율적인 분업체제(efficient system of division of labor)를 형성함으로써 상호 win-win 하는 시스템을 구축하여 우리가 그 중심적인 역할을 하는 의미로도 해석할 수 있다.

## 1.2 정부의 구상 및 추진전략

### (1) 구상

동북아 경제중심국가를 실현하는 방안으로서 정부는 3가지 방안(물류중심지, 비즈니스 거점, IT 등 첨단산업 집적화)을 제시하고 있다. 정부의 실현방안은 2002년 7월에 발표한 '동북아 비즈니스 중심국가 실현방안'과 2003년 3월에 발표된 '우리 정부의 경제운용방향' 등에 구체적인 내용이 포함되어 있다.

우선 이들 3가지 방안에 대해 간략히 지적하면 '물류중심지 추진전략'은 인천공항과 부산・광양항을 확충하여 동북아 중심공항과 항만으로 개발하고 국내외 물류네트워크의 구축, 국제물류

16) 전국경제인연합회, 전경련, 2003. 4. 참조

지원센터 건립 등 관련제도를 정비함으로써 물류전반의 경쟁력을 제고시킨다는 것이다. '비즈니스 거점 추진전략'은 인천공항 인근지역과 부산신항·광양항 배후지역을 경제특구로 지정하여 해외직접투자(FDI : Foreign Direct Investment)를 적극적으로 유치함으로써 복합비즈니스 중심지로 만든다는 것이며 'IT 등 첨단산업 집적화전략'은 특정지역에 첨단산업의 연구개발(R&D : Research and Development) 센터를 집중시켜 이를 중심으로 특정한 산업클러스터(industry cluster)를 창출한다는 것이다.

이들 3가지 방안 중 'IT 등 첨단산업 집적화 전략'은 아직은 준비가 되어 있지 않아 단기적 전략으로는 부적합하여 중장기적 전략으로 추구하여야 하는 것으로 평가되고 있어서 비교적 여건이 조성되어 있고 단기적으로 가시적인 성과를 거둘 수 있는 '물류중심지 추진전략'과 '경제특구 추진전략'에 대해 구체적으로 살펴보고자 한다.

### (2) 추진전략

① 물류중심지 추진전략

상기한 3가지 방안 중 현재로서 가장 가능성이 높다고 볼 수 있는 것이 바로 물류중심지전략이라고 할 수 있다. 특정지역 또는 국가가 물류중심지가 되기 위해서는 우선적으로 지정학적 위치가 가장 중요하다고 할 수 있다. 이러한 맥락에서 볼 때 현재 동북아 전지역은 세계에서 가장 역동적으로 경제성장을 시현하고 있는 지역으로 역내교역이 지속적으로 확대되고 있으며 이에 따라 역내 물동량도 크게 증가하고 있다. 이러한 상황에서 우리가 바로 동북아 중심에 위치하고 있어 최상의 지리적 조건을 갖추고 있는 것이다.

특히, 세계의 생산기지로서 입지를 확고히 구축하고 인구 13억의 세계 최대의 소비시장으로 부상하고 있는 중국이 우리와 인접해 있다는 것이 최상의 조건을 갖출 수 있는 여건이 되고 있다. 2002년 중국의 수출규모는 약 3,200억 달러, 수입규모는 약 2,900억 달러로 총교역규모가 6,000억 달러를 초과하였다. 중국의 교역규모는 매년 큰 폭의 증가세를 시현하고 있어 향후 물동량이 크게 증가할 것으로 예상된다.

이러한 양호한 조건을 바탕으로 이미 우리는 동북아 물류의 상당부분을 담당하고 있다. 부산항은 컨테이너 화물처리량이 세계항만 중 3위를 기록하고 있고 대한항공은 항공화물처리량이 세계항공사 중 2위를 나타내고 있다. 부산·광양항과 인천공항은 세계해운과 항공의 주요 간선항로를 연결하는 위치에 있다. 즉, 부산·광양항은 미국·일본과 중국을, 그리고 인천공항은 중국·동남아와 미국을 연결하는 위치에 자리잡고 있다.[17]

17) 또한, 한국은 물류기반시설이 동북아지역의 어느 국가보다도 양호한 편이라고 할 수 있다. 특히, 세계 최고의 보급률을 자랑하는 초고속통신망, 높은 인터넷이용률 등 잘 발달된 IT인프라와 통신시스템이 타 지

항만이나 공항의 하드웨어적인 인프라나 입지 등에 있어서는 우리가 다른 경쟁국들보다 양호한 조건을 갖추고 있지만 한편으로 취약한 부분도 다수 존재하는 것이 사실이다. 특히, 동북아 국가들 중 가장 불안정한 노사관계나 높은 물류비용, 교육시스템의 후진성, 열악한 외국인 거주 환경, 복잡한 행정절차와 규제 등은 우리가 물류중심지를 지향하는 데 있어서 시급히 개선해야 될 과제로 지적되고 있다.

② 경제특구 추진전략

물류중심지와 함께 동북아 중심국가 건설에 주요한 실현방안으로 채택된 것이 '비즈니스 거점화 전략'인데 그 구체적인 방법이 경제특구지정이라고 할 수 있다. 경제특구는 2002년 11월에 '경제자유구역의 지정 및 운영에 관한 법률'이라는 명칭으로 국회를 통과하였고 현재 시행되고 있다.[18)]

경제특구는 일국의 경제전체를 대상으로 개방화나 규제완화를 추진하기 어려울 때 우선 특정 지역부터 적용한 뒤 차츰 타 지역으로 확대시켜 나가기 위해 채택하는 방법이다. 경제특구의 대표적인 예로는 중국이 1980년대에 심천 등 4개 도시(후에 해남도를 추가)를 대상으로 지정한 것을 들 수 있다. 중국의 경제특구정책은 이후 중국의 대외개방을 견인하면서 결과적으로 성공을 하였다고 평가할 수 있다.

경제특구가 성공하기 위해서는 기업하기 좋은 환경을 만드는 것이라고 할 수 있다. 여기에는 제도나 인프라, 배후시장의 존재 등과 같이 기업경영과 관련된 요소, 그리고 주거 · 교육 · 문화 · 의료시설 등 기업에 근무하는 직원들의 생활환경과 관련된 요소들이 모두 포함된다. 이 중에서도 특히 제도적인 측면에서는 국제기준, 소위 글로벌 스탠더드(Global Standard)가 제대로 통용되는지가 중요한 요소로 작용한다.

경제특구제도가 국제기준에 적합하게 설정되기 위해서는 특구에서만 적용되는 제도에 대해서 국민, 특히 이해관련집단의 협조가 필수적이라고 할 수 있다. 경제특구의 취지를 고려하지 않은 채 특구와 특구 외 지역에 적용되는 제도 간의 형평성문제가 논의의 대상이 된다면 경제특구의 성공가능성은 어렵게 된다. 이번 '경제자유구역법'이 제정되는 과정에서도 이러한 문제가 제기되

---

역에 비해 강점을 보이는 부분이라고 할 수 있다.

18) 정부는 2003년 8월 5일 '경제자유구역위원회'를 개최하여 인천 송도와 영종도, 청라지구(김포 매립지) 6,366만평에 대한 경제자유구역 지정안을 심의하여 2020년까지 14조 7,600억원을 투입하여 인구 49만명의 계획도시로 개발하기로 최종 의결하였다. 지정안에 따르면 송도지구는 국제업무와 정보기술(IT) 등 첨단산업단지로, 영종지구는 항공산업과 국제물류산업 중심단지로, 청라지구는 관광 · 레저 및 국제금융의 중심지로 2008년까지 1단계, 2020년까지 2단계로 나누어서 건설된다. 이곳에 입주하는 외국인 투자기업에 대해서는 입주 후 3년간 소득세와 법인세 등이 완전 면제되고, 이후 2년간 50%가 감면된다. 재정경제부는 개발이 완료되면 생산과 부가가치 유발액이 76조원에 이르고 13만명의 고용유발효과가 발생할 것으로 예상하고 있다.

었는 데 가장 핵심적인 두 이슈는 노동관련 및 외국교육기관 설립에 관한 조항과 국내기업에 대한 역차별 문제이다.

가. 노동관련 및 외국교육기관 설립에 관한 조항

노동관련조항에서는 당초 파견근로자의 범위와 기한에 대해 제한을 두지 않기로 했다가 전문업종에 한해 적용하는 것으로 수정하였다. 외국교육기관은 국내외 법인을 막론하고 자유롭게 설립할 수 있게 하려 했으나 최종적으로는 외국법인만 가능하도록 하였다.

나. 국내기업에 대한 역차별 문제

경제특구에 진출하는 외국기업에 대한 특혜는 기존의 '외국인투자촉진법'에서 적용되는 수준과 거의 유사하지만 경제자유구역의 개념 자체를 '외국인투자기업의 경영환경과 외국인의 생활여건을 개선하기 위한 지역'으로 한정하고 있어 기본적으로 국내기업과의 연계성이 배제되어 있다고 할 수 있다. 외국의 유사한 특구 운영사례에 비추어 볼 때 외국기업만을 대상으로 한 특구개발이 어느 정도 효과를 발휘할 수 있을지는 의문시되고 있다고 할 수 있다.

한편, 정부의 경제특구설치계획과 관련하여 전국경제인연합회는 최근에 주한외국기업 61개사를 대상으로 '경제특구의 실효성에 관한 주한외국기업인 의식조사'를 실시한 바 있다. 동 보고서에 따르면 한국경제특구의 종합경쟁력 수준은 동아시아 5개 주요 경쟁국(지역)과 비교해 싱가포르는 물론이고 홍콩과 상해에도 크게 뒤져 4위에 그친 것으로 나타났다.[19]

〈표 26-40〉 주요 경쟁국(또는 경쟁국 특구)과 입지비교

| | 싱가포르 | 홍콩 | 상해(중국) | 한국 | 탄정(말레이시아) |
|---|---|---|---|---|---|
| 종합경쟁력 | 100.0 | 75.0 | 73.5 | 54.4 | 16.2 |
| · 항목별 경쟁력 | | | | | |
| -세 제 | 100.0 | 83.1 | 49.2 | 50.8 | 35.6 |
| -영어사용 | 100.0 | 76.1 | 14.1 | 20.7 | 22.8 |
| -고용조건 | 57.6 | 50.8 | 100.0 | 62.7 | 49.2 |
| -행정서비스 | 100.0 | 63.2 | 11.5 | 32.2 | 13.8 |
| -교육여건 | 100.0 | 86.3 | 21.9 | 43.8 | 6.8 |
| -주거 · 생활 · 인프라 | 100.0 | 67.2 | 37.5 | 68.8 | 25.0 |
| -비즈니스 인프라 | 100.0 | 64.9 | 28.6 | 58.4 | 10.4 |

주 : 1) 한국은 인천(영종도 및 송도), 김포 등 수도권 지역 기준임
2) 종합경쟁력은 각 평가 항목별 1~3위까지 역순으로 3, 2, 1의 가중치를 부여하여 합산한 후 최우수 국가(지역)를 100으로 산정하여 나머지 국가(지역)의 수준을 지수화한 것임

주한외국기업이 평가한 동아시아 주요 경쟁국(지역)별 입지조건 종합경쟁력은 최우수지역인

19) 전국경제인연합회, 전경련, 2002. 12. 참조

싱가포르를 100으로 할 경우 말레이시아의 탄정(Tanjung, 16.2), 한국의 경제특구(54.4), 상해(73.5), 홍콩(75.0), 싱가포르(100)의 순으로 나타났다. 이번 조사에서 싱가포르는 고용조건을 제외한 전분야(고용조건 최우수지역은 상해임)에서 최우수 입지조건을 보유한 것으로 평가되었다.

항목별로는 한국의 경제특구 입지조건이 고용조건과 주거·생활 인프라만 중상위로 평가된 반면, 여타 항목(세제, 영어사용, 행정서비스, 교육여건, 비즈니스 인프라)에서는 경쟁국 대비 매우 낮은 수준으로 평가되었다. 특히 영어사용, 행정서비스, 교육여건 수준은 싱가포르에 크게 뒤떨어져 있고 홍콩과 비교해서도 절반수준 정도로 인식하고 있는 것으로 조사되었다. 이번 설문결과는 Fortune Global 100대 기업의 동북아 지역본부가 홍콩, 싱가포르에 각각 22개, 21개 분포되어 있는데 반해 서울은 1개뿐인 현실에서도 잘 나타나고 있다.

주한외국기업들이 경제특구 입주에 관심을 갖는 주요 이유로는 세제혜택(40%)이 가장 큰 것으로 나타났으며 관련기업 및 인프라 집적효과(25%), 고용유연성(25%), 행정서비스(10%)의 순으로 조사되었다.[20)]

경제특구 중 최대 선호지역은 김포(30.2%)와 영종도(29.1%)로 나타났으며 송도(24.4%), 부산(15.1%) 광양항(1.2%)은 선호도가 다소 떨어지는 것으로 조사되었다. 특구별로는 영종도의 경우 물류 및 관련기업 집적효과 등 3개 항목, 김포의 경우 인력공급, 교육여건, 주거·생활 인프라 등 4개 항목이 타 지역에 비해 상대적으로 가장 우수할 것으로 답하였다.

〈표 26-41〉 경제특구 중 최대 선호지역 및 선호요인

(단위 : 빈도수)

| | 영종도 | 송 도 | 김 포 | 부 산 | 광양만 |
|---|---|---|---|---|---|
| ·물 류 | 15 | 5 | 7 | 6 | 1 |
| ·인력공급 | 7 | 9 | 11 | 3 | - |
| ·기타 비즈니스 인프라 | 9 | 7 | 9 | 3 | - |
| ·교육여건 | 5 | 7 | 9 | 4 | - |
| ·주거·생활 인프라 | 5 | 8 | 11 | 4 | - |
| ·관련기업 집적효과 | 8 | 5 | 5 | 6 | 1 |
| ·기타 | 1 | 1 | - | - | - |
| 총 계 | 50 | 42 | 52 | 26 | 2 |

주한외국기업은 한국 정부의 경제특구 설치계획안에 대해서 67.3%가 긍정적으로 평가했다. 정부계획안의 전반적 평가에 대한 설문에서 주한외국기업인들은 다소 만족(53.9%), 다소 미흡(30.8%), 매우 만족(13.5%) 순으로 응답하였다. 항목별로도 대체적으로 긍정적인 평가가 우세하

20) 이번 조사에서는 입주계획은 미정이나 관심있는 업체도 응답하였는 데 우선순위별로 2개를 기재한 업체에 대해서는 1순위 응답에 가중치를 100% 부여하였다.

나 만족도는 전반적 평가의 경우에 비해 떨어진 것으로 나타났다. 항목별 만족도는 행정서비스 67.9%, 고용조건 63.8%, 교육여건 61.0%, 영어사용 60.3%, 세제 59.3%, 주거·생활 인프라 58.6%로 조사되었다.[21] 그러나 현 시점에서 경제특구에 입주할 의사가 없거나 미정이라고 응답한 기업이 57개사로 95%로 나타났고 입주의사가 있다고 응답한 기업은 3개사로 5%에 불과하여 경제특구 지정에도 불구하고 주한외국기업의 참여도는 저조할 것으로 조사되었다.[22]

주한외국기업들은 현재 추진되고 있는 경제특구의 실효성을 제고시키기 위해서는 세제혜택(24.8%), 노동유연성 확대(16.6%), 영어 인프라 추가확충(11.5%), 주거·생활 인프라 개선(10.8%) 등 경제특구의 인센티브 개선의 필요성을 지적하였다. 또한, 경제특구와 관계없이 기업규제의 원칙적인 폐지(15.9%)를 비롯하여 비즈니스 인프라의 획기적 확충(14.0%)이 필요하다는 응답도 상대적으로 높게 나타나 국내기업 경영환경의 전반적인 개선이 경제특구의 성공적 추진을 위한 핵심사항이 될 것으로 보인다.

## 2. 동북아지역 내 협력과제

### 2.1 동북아지역 경제협력강화의 필요성

북미지역, 유럽연합과 더불어 세계경제의 3대 축으로 지칭되는 동아시아지역이 1997년 동아시아외환위기(EAFEC : East Asian Foreign Exchange Crisis) 이후 경제통합(economic integration)을 추진하고 있다. 일본, 중국 등 동북아는 물론이고 미국, 인도 등과의 자유무역협정(FTA : Free Trade Agreement) 체결을 추진 중이다. 또한, 'ASEAN + 3 정상회의'와 관련된 회의(EAVG, EASG)에서는 동아시아 차원의 FTA를 검토 중에 있다. 이러한 경제협력 동향 중 우리에게 있어 가장 중요한 것은 동아시아 경제의 약 90%를 차지하는 동북아의 한·중·일 3국이 지역주의(regionalism)에 공식 참여하였고 3국간 FTA의 체결가능성도 검토하였다는 점이다. 한·중·일 3국의 FTA 정책은 향후 동아시아 경제통합의 방향을 결정지울 것으로 기대된다.

동아시아의 FTA는 다양한 채널을 통해 달성될 수 있지만 다수의 경제학자들은 동북아의 한·중·일 3국간 FTA를 체결하고 이를 동남아의 AFTA와 연계시키는 것이 가장 바람직한 것으로 지적하고 있다.

동북아의 역사적 관계를 간단히 살펴보면 한국은 일본의 한반도 강점에 따라 주권을 오랜 기

21) 항목별 만족도는(매우 만족 + 다소 만족)/전체응답수로 측정하였다.
22) 입주의사가 없는 경우에 그 이유로는 현 사업장의 입지에 만족하기 때문이라는 응답이 56.3%로 과반수 이상을 차지했으나 관련기업 및 비즈니스 인프라 집적효과를 기대하기 어렵다는 응답도 29.2%에 달해 경제특구의 성공적 운영에 의문을 제기하였다.

간 상실한 바 있으며 중국은 중·일전쟁을 통해 일본의 직접적인 피해국으로 고통을 당한 바 있다. 그러나 제2차 세계대전 이후 냉전시대(Cold War Era)에는 정치 및 이념의 차이(political and ideological difference)로 인해 한국과 일본은 중국과 대립·갈등관계에 놓여 있었으며 지역 내 패권경쟁, 영토분쟁, 과거사 문제, 중국의 사회주의적 경제체제, 경제적 격차 지속 우려 등으로 동북아 3국간 경제통합에 대한 논의는 사실상 불가능하였다. 그러나 구소련의 붕괴로 인해 냉전이 종식된 후 정치 및 군사적 대립관계가 약화되고 동아시아 금융위기 이후 인근국가와의 경제협력 강화 필요성을 각국이 인식하게 되면서 3국간 FTA 논의가 시작되었다.

동북아 한·중·일 3국간 지역경제협력 강화의 필요성을 다음 4가지 측면에서 살펴보고자 한다.

#### (1) 동북아 3국의 긴밀한 경제협력의 직·간접효과가 매우 큼

경제발전단계 및 인적·물적 자원의 차이에 따른 보완성(complementarity)에 비추어 이들 국가 간에 경제협력이 강화되면 동북아는 NAFTA, EU에 필적하는 경제블록이 될 수 있을 것으로 전망되고 있다. 이는 역내국 상호간 무역장벽의 제거(removal of trade barriers)를 통해 무역자유화(trade liberalization)를 실현함으로써 지속가능한 경제성장(sustainable economic growth)을 도모할 수 있기 때문이다.

① 경제적 효과

동북아 및 동아시아 전역이 FTA 체결을 통해 단일시장(single market)을 형성할 경우 이로부터 파생되는 경제적 이익(economic benefit)은 실로 막대하다 할 수 있다. 이는 또한 세계경제의 블록화 추세에 대응하고 동아시아경제를 북미, 유럽과 더불어 세계 3대 경제중심축의 하나로 발전시키기 위한 시금석이 될 수 있다.

한국, 중국, ASEAN의 1990~2001년 연평균 교역증가율은 전세계 교역증가율보다 높게 나타났다. 특히, 고도성장을 지속하고 있는 중국은 1990년 교역량 1,166억 달러에서 2001년에는 401.7% 증가한 5,868억 달러를 기록했으며 연평균 교역증가율은 36.7%로 고도성장세를 나타내고 있다.

② 경제외적 효과

WTO 체제 하에서도 세계적으로 확대, 심화되고 있는 지역주의 추세에서 제외된 역외국가로서 당면할 수 있는 불확실성(uncertainty)에 대한 대비와 불이익의 최소화, 통상현안에 대해 역내국가 간의 해결방안 모색, 국제사회에서 필요에 따른 정치적 및 외교적 유대강화에 따른 대외협상력 제고 등을 지적할 수 있다.

〈표 26-42〉 동아시아지역 교역신장 추이

(단위 : 십억 달러, %)

| 국가·지역 | 1990 | 1995 | 2000 | 2001 | 연평균증가율 |
|---|---|---|---|---|---|
| 한 국 | 142.2 | 266.4 | 337.5 | 296.8 | 9.9 |
| 일 본 | 523.0 | 779.1 | 857.7 | 767.5 | 4.3 |
| 중 국 | 116.6 | 281.1 | 486.4 | 586.8 | 36.7 |
| 아 세 안 | 307.6 | 683.2 | 793.0 | 749.4 | 13.1 |
| 동아시아(A) | 1,089.4 | 2,009.8 | 2,474.6 | 2,400.5 | 10.9 |

주 : 1990~2001년 기준임

한·중·일 3국의 경제성장에도 불구하고 사실상 역내 경제협력의 수준은 북미, 유럽 등에 비해 낮은 수준을 보여왔다. 동북아 핵심국가들인 한국, 일본, 중국간 교역 및 직접투자는 지속적으로 증가해 왔다. 3국간 역내교역의 비중은 1990년 11.3%에서 2000년에는 19.8%로, 역내직접투자의 비중은 1990년 2.3%에서 2000년에는 6.1%로 증가하였다. 2001년의 경우 한국, 중국, 일본의 대동북아 역내교역비중은 각각 25.1%, 17.2%, 20.3%에 불과하나 북미와 유럽은 50~60%선을 유지하고 있다. 만약 이들 국가 간에 FTA와 같은 제도적 통합과 역내 무역자유화가 이루어진다면 역내교역량은 큰 폭으로 증가하게 된다.

〈표 26-43〉 동아시아 국가들의 역내교역현황

(단위 : 백만 달러, %)

| 국 가 | | 대동북아 (A) | 비중 (A/D) | 대아세안 (B) | 비중 (B/D) | 대동아시아 (C) | 비중 (C/D) | 대세계 (C) |
|---|---|---|---|---|---|---|---|---|
| 한 국 | 수 출 | 34,695 | 22.6 | 16,459 | 10.7 | 51,154 | 33.4 | 153,218 |
| | 수 입 | 39,936 | 27.8 | 15,916 | 11.1 | 55,852 | 38.9 | 143,608 |
| | 계 | 74,631 | 25.1 | 32,376 | 10.9 | 107,007 | 36.1 | 296,826 |
| 일 본 | 수 출 | 56,240 | 13.8 | 54,273 | 13.3 | 110,513 | 27.1 | 408,528 |
| | 수 입 | 75,747 | 21.1 | 56,045 | 15.6 | 131,792 | 36.7 | 358,984 |
| | 계 | 131,987 | 17.2 | 110,318 | 14.4 | 242,305 | 31.6 | 767,512 |
| 중 국 | 수 출 | 60,057 | 18.7 | 19,467 | 6.1 | 79,524 | 24.7 | 321,615 |
| | 수 입 | 58,878 | 22.2 | 22,469 | 8.5 | 81,347 | 30.7 | 265,154 |
| | 계 | 118,935 | 20.3 | 41,935 | 7.1 | 160,870 | 27.4 | 586,769 |

주 : 2001년 기준임

### (2) 역내의 정치적 안정이 제고됨

한·중·일 FTA는 역내의 정치적 안정(political stability)을 위해서도 필요하다. 한·중·일 3

국간 갈등관계를 협력의 동반자관계로 발전시키는 데는 경제적 협력의 강화(intensification of economic cooperation)가 필수적이라고 할 수 있다. 최근 일본과 중국이 동남아지역의 국가들과 경쟁적으로 FTA 체결을 추진하는 배경에는 경제적인 측면 외에 지역적 패권확보를 위한 정치적 목적과 깊이 연관되어 있다. 또한, 일본이 한국과 FTA를 체결하려는 것도 중국의 부상을 견제하면서 동아시아 경제통합의 주도권을 확보하려는 전략으로 해석할 수 있다. 한·중·일 FTA는 중국을 역내국으로 포함시킴으로써 일·중간 지역패권경쟁보다는 동북아, 넓게는 동아시아 공존번영을 위한 협력의 관계로 발전시킴으로써 지역의 발전과 안정(regional development and stability)을 도모할 수 있다.

#### (3) 역내 시장잠재력이 가장 큰 중국시장에 대한 효율적 접근을 가능하게 함

한·중·일 FTA는 1990년대 이후 세계에서 가장 역동적인 경제성장세를 시현하고 있는 중국시장에의 효율적 접근을 가능하게 한다. 향후 중국경제의 지속적인 고성장 전망으로 인해 우리의 수출 및 경제성장에 중국시장의 중요성이 더욱 커질 것으로 예상된다. 향후 20여년간 중국경제가 연평균 7%대의 성장세를 실현할 경우 구매력(purchasing power)기준으로 평가할 때 2020년에는 중국의 GDP가 19조 6,000만 달러로 세계 1위의 경제대국으로 부상할 것이란 분석도 제기되고 있는 실정이다.

향후 중국경제는 세계무역기구(WTO) 가입 이후 중국의 수출시장 접근확대, 2008년 북경올림픽 및 2010년 세계박람회 개최, 서부대개발사업 추진 등으로 외형적인 경제성장의 지속이 예상된다. 중국경제의 이러한 고성장 유지는 해외직접투자(FDI : Foreign Direct Investment)의 유입과 주요 선진경제권의 활발한 기술이전(technology transfer), 저렴하고 우수한 노동력, 세계최대의 내수시장 규모, 급속한 기술발전 등에 기인한다. 중국경제는 국유기업의 비효율성, 사회주의 체제의 한계, 금융부실, 급속한 경제발전에 따른 빈부격차의 심화 등 다수의 성장제약 요인을 가지고 있지만 향후 경제개혁 및 개방정책의 지속으로 고도성장의 잠재력이 세계에서 가장 높은 국가임에는 재론의 여지가 없다.

또한, 중국은 2001년말 세계무역기구(WTO) 가입을 계기로 시장개방(market opening)을 확대하고 있으며 지속적으로 통상제도를 개선시켜 나가고 있다. 자본주의 시장경제체제(capitalist market economic system)로의 전환과 세계경제체제(global economic system)로의 편입이 가속화되고 있는 가운데 양적인 경제성장(quantitative economic growth)에서 질적인 경제성장(qualitative economic growth), 즉 투입물의 효율성 증대를 추구하고 있다. 경제성장으로 인한 세계최대 인구의 소득증가로 소비수요가 증대됨으로써 이러한 내수가 안정적 경제성장을 가능하게 할 것으로 기대된다.

〈표 26-44〉 중국과 세계 주요 국가의 경제성장 속도 예측치 비교

(단위 : %)

| 국가명 | 1950~1998 | 1913~1998 | 2000~2020[1)] |
|---|---|---|---|
| 독일 | 3.62 | 2.16 | 3.60 |
| 미국 | 3.44 | 3.18 | 3.00 |
| 일본 | 5.95 | 4.31 | 3.00 |
| 중국 | 5.97 | 3.32 | 7.10 |
| 세계 | 3.92 | 3.01 | 3.90 |

주 : 1)은 예측치임

세계적 경영컨설팅기관인 A. T. Kearney가 1,000개의 기업을 대상으로 조사하여 발표한 '2002년 FDI 신뢰지수(2002 FDI Confidence Index)'에 따르면 중국은 세계 1위의 투자대상국가로 조사되었다. 1998~2001년 조사에서는 미국이 세계 1위 자리를 유지하였으며 중국은 미국의 뒤를 이어 가장 투자하고 싶은 국가로 평가된 바 있다.

한편, 일부 경제분석기관들은 중국경제의 미래에 대한 지나친 낙관을 경계하는 분석을 제기하고 있어 주목을 끌고 있다. 이들 분석기관은 중국경제의 리스크 요인으로 금융기관 및 국유기업의 개혁지연, 노동력의 질적 효율성 제고 부진, 민간의 저축률 하락으로 인한 투자부진, 노령화 사회진입으로 인한 재정적자의 증가, 민주화 요구 증대로 인한 사회불안정 심화 등을 지적하고 있다. 그러나 다수의 경제분석기관들은 중국의 이러한 경제성장 제약요인들에도 불구하고 경제개혁·개방정책이 중국 지도부의 강력한 리더십 하에 차질없이 추진되고 있어서 중국경제는 향후 20여년간 연평균 7%대의 고도성장을 지속할 수 있을 것으로 예상하고 있다.

최근 중국에 대한 수출증가에도 불구하고 중국의 수입규제조치 강화, 수입시장 다변화 전략 등의 영향으로 중국시장 내에서 한국상품의 점유율은 오히려 하락하고 있어 중국경제의 성장속도를 한국의 대중국 수출증가가 따라가지 못하는 양상을 보이고 있다. 한국의 중국수입시장 점유율은 1998년 10.7%에서 2000년에는 10.3%로 낮아졌고 2002년에는 9%대로 하향추세를 보이고 있다.

#### (4) 역내 수요창출기반이 확대됨

한·중·일 3국간 FTA가 체결되면 세계경제의 침체에 대비한 역내수요창출기반이 확대된다. 한·중·일을 포함한 동아시아 지역의 경제는 미국 등 역외국가의 수입수요에 크게 의존하고 있는 것이 사실이며 경제발전 추진전략에 있어서 산업 및 기술수준이 가장 앞서있는 일본이 경제발전단계의 선두에 서고 한국·싱가포르·대만 등 선진개도국들(advanced developing countries)이 일본을 잇고 그 다음에 후발개도국들이 위치하는 기러기형 경제발전 모델(flying-geese economic development model)을 채택하였다.

그러나 중국이 전통적인 가공산업에서부터 최첨단 IT제품까지 전영역의 공산품을 생산하고 이 지역 최선진국인 일본이 10년 이상 장기적인 경제침체 상태에 있으며 이로 인해 신산업 개발이 지연되고 있다. 또한, 제조업의 급속한 해외이전으로 인해 산업공동화 현상이 발생하고 있고 이로 인한 실업률 상승으로 이 지역 후발개도국에 대한 산업 및 기술이전이 부진해짐으로써 역내 산업구조조정이 지연되고 있다. 특히, 일본은 고령화사회 진전으로 노동인력의 부족을 겪고 있으며 IT, 서비스, 금융 등 고부가가치 산업으로의 재편이 절실히 필요하나 아직도 전기, 전자, 자동차 등 제조업이 산업의 핵심을 구성하고 있다.

따라서 동북아지역은 자동차, 반도체, 기계류, 석유화학, 조선 등에서 과잉설비의 문제를 내포하고 있다. 한국과 일본의 경우 석유화학업계의 통폐합이 극히 부진한 편이며 자동차 및 부품업계는 국내업체보다는 구미업체 주도로 산업재편이 이루어지고 있다. 이러한 산업협력을 효율적으로 달성하고 국가간 분업시스템을 제고하기 위해서 경제관계가 밀접한 국가간 FTA가 유효한 수단임은 주지의 사실이다.

한편, IT산업의 급속한 발전과 정보통신혁명으로 다국적기업들(MNCs : Multinational Corporations)의 활동이 강화되고 기업의 합병 및 퇴출이 용이해졌으며 첨단기술(high-tech)은 물론이고 기존제품에 대한 지적재산권(intellectual property rights) 보호, 표준화(standardization) 필요성 대두, 경쟁정책(competition policy)의 국제적 조화 등을 위한 지역 내 협력 필요성이 대두되고 있다. 동북아지역은 한자문화권과 불교문화권의 공유 및 지리적 인접성 등으로 3국기업간 협력의 잠재성과 상기한 산업협력의 필요성에도 불구하고 그동안 역내기업들 간에는 협력이 제대로 이루어지지 못하였다고 평가할 수 있다.

동북아 3국간 FTA 체결은 역내기업들이 상호협력하면서 협력의 인센티브(cooperational incentive)를 제공할 수 있기 때문에 산업구조조정 및 산업협력의 원활화를 도모하고 인적・물적 교류를 활발히 추진함으로써 역내기업들이 지역경제의 환경변화에 적응할 수 있는 역량을 강화하도록 유도할 수 있을 것으로 기대되고 있다.

### 2.2 동북아지역 경제통합의 주요 이슈

한・중・일간 경제협력을 공식적・제도적으로 뒷받침하는 역내경제통합과 관련한 주요 이슈를 정리해 본다.

### (1) FTA에 대한 3국간 입장차이

① 한국의 입장

한국은 아직 동북아 내 한일 양자간 FTA와 한·중·일 3자간 FTA에 대한 입장을 확고히 정리하고 있지 않은 것으로 보인다. 이미 일본과의 FTA 논의가 수년간 지속되고 있는 상황에서 현실적으로 일본의 협상논의 요구를 지연시키기 어려운 데다 한일 FTA의 경제적 혜택에 대한 국내 경제분석기관 간에 전망이 엇갈리고 있고 FTA에 대한 국민적 공감대 형성도 부족한 실정이다. 또한, 한국의 산업계에서는 일본과의 FTA 보다는 한·중·일 FTA를 더 선호하고 있으며 동북아에서 중국이 배제된 가운데 한일 양국이 FTA를 실현할 수 있을지에 대해서도 의문이 제기되고 있다.[23)]

② 일본의 입장

일본은 최근에 싱가포르와 FTA를 체결한 데 이어 한일 FTA를 다음으로 진행시키는 전략을 구상 중에 있다. 즉, 일본은 한·중·일 FTA 논의가 진행될수록 중국의 부상을 견제하기 위한 차원에서 한일 FTA를 진전시키기 위한 방안을 보다 적극적으로 모색하고 있다.

③ 중국의 입장

중국은 양자간 FTA보다는 한·중·일 3국간 FTA를 선호하고 있다. 중국은 2002년에 한·중·일 3국간 FTA의 타당성 검토를 제안한 바 있다. 이는 일본이 주도하는 한일 FTA에 참여하기보다는 처음부터 3국이 동등한 입장에서 추진하는 FTA를 선호하고 있는 입장을 반영하였다고 할 수 있다.

### (2) 한·중·일 FTA의 대상범위

FTA의 대상범위를 2가지 측면(경제적 측면, 비경제적 측면)에서 살펴본다.

① 경제적 측면

한·중·일 FTA를 경제적 측면에서 고려할 때 협정의 형태는 무역, 투자 및 서비스, 무역규범 등이 포함되는 포괄적인 것이 되어야 한다. 여기서의 핵심사항은 농·어업과 취약제조업의 포함여부, 즉 무역자유화의 범위를 어떻게 설정하는가이다. 이미 일본은 한국과의 FTA 논의에서 농산물에 대한 자유화의 난점에 대해 지적한 바 있으며 한국과 중국은 일부 제조업에 대한 예외조치를 요청할 수도 있다. 경제통합효과의 극대화(maximization of economic integration

23) 한국의 입장으로서는 산업계, 학계, 관계의 공동연구를 통해 일본과의 FTA를 지속적으로 논의하는 한편 중국이 제안한 한·중·일 FTA를 동시에 검토하는 것이 보다 현실적인 대처방안이 될 것으로 보인다.

effect)를 이루기 위해서는 각국이 극히 민감한 일부 품목을 제외하고는 모든 품목을 무역자유화의 대상으로 포함시켜야 한다.

② 비경제적 측면

한・중・일 FTA가 보다 성공적이 되기 위해서는 경제통합 이외에도 사회문화적 통합까지도 이룰 수 있게 중장기적인 관점에서 추진되어야 한다. 경제통합만으로도 각국은 상당한 실익을 얻을 수 있지만 경제통합을 기초로 하여 동북아의 정체성(identity)이 제고되고 지역안정(regional stability)이 이루어질 때 경제통합의 시너지효과(synergy effect)가 배가된다.

이러한 예는 유럽통합과정을 통해 살펴볼 수 있다. 당초 제1, 2차 세계대전을 경험한 독일과 프랑스는 유럽에서의 전쟁을 근본적으로 방지할 수 있는 방안으로 군비산업인 유럽석탄철강공동체(ECSC)를 발족시켰고 이를 점진적으로 확대하여 유럽공동체(EC), 유럽연합(EU)을 탄생시켰으며 화폐, 사회문화적 통합과 더불어 정치통합(political integration)까지도 이루려 하고 있다. 이러한 결과 서유럽은 역사상 유래가 없는 전후 50년 이상을 전쟁없이 지낼 수 있었다.

이에 비해 동북아는 정치 및 이념적 차이가 여전히 상존하고 있어서 경제통합의 주요 장애요인이 될 수 있으나 이러한 불안요인을 완화시키기 위해서는 사회문화적 통합(sociocultural integration)을 목표로 중장기적 시각 하에 경제통합을 추진해야 한다.

#### (3) 중심추진국가의 선정

한・중・일 FTA의 추진에 있어서 어느 국가가 중심국가가 되느냐 하는 것도 일본과 중국 간에 첨예하게 이해관계가 대립되어 있는 문제이다. 일본과 중국은 이 지역에 있어서 패권경쟁을 치열하게 전개하고 있어 어느 한 국가가 주도하는 것을 원치 않고 있다. 이러한 상황에서 한국이 동북아 경제통합에서 조정자(coordinator)의 역할을 수행할 수 있다. 조정자의 역할을 담당하기 위해서는 개방과 개혁 및 합리적인 사고를 지닌 인적자원의 육성, 투명한 경제제도의 정착, 국제협상에서의 정치외교적인 능력함양 등이 선결조건이라고 할 수 있다.

## 제 8 절 10대 차세대 성장동력 산업의 육성

정부는 2003년 8월 22일 '10대 차세대 성장동력산업 육성계획'을 발표한 바 있다. 동 계획은 미래성장잠재력을 확충하여 국민소득 2만달러 달성 시기를 앞당기기 위한 전략의 일환으로 마련되었다. 10대 차세대 성장동력산업(10 Next-Generation Growth Engine Industries)의 육성전략은 과거의 성장전략과는 달리 생산시스템의 혁신(innovation of production system)과 부가가치의 제고(increase of value added)에 초점을 두고 있다. 이는 더 이상 노동, 자본 등 생산요소 투입량을 증대시키는 것이 아니라 연구개발(R&D) 투자 확대, 전문인력 양성 등을 통해 질적 발전을 모색하겠다는 것으로 이해할 수 있다. 특히, 이러한 전략을 효과적으로 추진하기 위해 예산, 세제, 금융 등 정책수단을 유기적으로 연결하여 조정할 수 있는 체제도 정비할 계획을 세우고 있다.[24)]

## 1. 부처별 성장동력산업 추진전략

과학기술부, 산업자원부, 정보통신부 등 성장동력산업 관련 부처들의 성장동력산업 추진 전략은 다음과 같다.

### 1.1 산업자원부

산업자원부는 차세대 성장동력 추진전략과제로 3가지(기술혁신역량 강화, 기업친화적 환경조성, 국가균형발전 등 유관국정과제와의 연계추진)를 제시했다.

① 기술혁신역량 강화

산업자원부는 우선 과학기술부와 정보통신부가 추진하는 사업과 연계하여 상용화 기술개발에 대한 투자를 확대할 계획이다. 10대 성장동력산업의 기술개발에 2007년까지 4,000억원을 투입하는 한편 각 산업별로 산업계 중심의 추진사업단을 구성할 방침이며 기업이 필요로 하는 인력을 확충할 계획이다.[25)]

② 기업친화적 환경조성

차세대 성장동력의 주체인 기업의 투자활성화와 기업가정신이 적극 발휘될 수 있는 기업친화적 환경을 조성하기로 했다. 이를 위해 차세대 성장동력과 관련된 대기업에 대해서는 출자총액제한의 적용을 배제하는 방안을 모색하기로 했다. 즉, 시장 규제기능 강화를 통해 대기업의 무분별한 사업다각화는 방지하되 신기술이나 기술융합분야에 대한 출자는 자유롭게 허용한다는 것이다.

24) 성장동력 추진주체가 과학기술부, 산업자원부, 정보통신부 등 여러 부처로 나뉘어져 종합적인 조정에 문제가 발생될 수 있어 추진전략의 효과를 제고시키기 위해서는 이에 대한 보완책 마련이 수반되어야 한다(서경, 2003. 8. 23. 참조).

25) 산업자원부는 이를 위해 2004년부터 5년간 총 1,500억원을 투입하여 산업단지 인근대학의 시설 및 연구기반구축을 지원하는 등 산·학 협력 프로그램을 확대할 예정이다.

③ 유관국정과제와의 연계추진

차세대 성장동력 육성 및 국가균형발전 방안을 동시에 추진하기 위해서 지역별 특화산업과 연계된 차세대 성장동력산업의 집적지를 조성하고 지역혁신시스템을 구축하는 방안을 추진할 예정이다.

### 1.2 과학기술부

과학기술부는 차세대 성장동력 육성에 필요한 원천기술개발을 담당하고 있는데 이의 추진전략 과제로 3가지(핵심과제의 종합조정기능 강화, 핵심연구인력 양성, 효율적 연구혁신시스템 구축)를 제시했다.

① 핵심과제의 종합조정기능 강화

과학기술부는 80개 핵심과제의 전략적 우선순위를 설정하고 2004년부터 연구역량을 집중시킬 방침인데 2004년부터 정부 총연구개발비의 19%를 이들 분야에 투입하고 2012년까지 50%로 확대할 예정이다. 또한, 차세대 성장동력 핵심과제에 대한 종합조정기능과 추진상황모니터링 기능도 강화할 계획으로 있다.

② 핵심연구인력 양성

2012년까지 1만명의 핵심연구인력을 양성하기 위해 2003년 말까지 '과학기술인력 양성 마스터플랜'을 수립한 후 지방 이공계 연구중심대학을 집중적으로 육성하여 지역핵심연구인력의 양성거점으로 활용하기로 했다. 특히, 창의적 연구인력이 기초과학부문에서 활동하는 것을 지원하기 위해 정부의 총 연구개발비에서 기초연구비가 차지하는 비중을 2003년 19.5%에서 2007년에는 25%까지 높여나가기로 했다.

③ 효율적 연구혁신시스템 구축

과학기술부는 차세대 성장동력의 핵심기술 창출 및 확산을 위해 연구시스템의 효율화를 추진할 계획인데 2003년 하반기부터 '국제테크노 로드쇼'를 통해 해외연구개발센터를 국내로 유치할 방침이다. 이를 위해 현재 파스퇴르, 카벤디시, 노바티스 등 세계 유수의 연구센터와 협력을 추진 중에 있다.

### 1.3 정보통신부

정보통신부도 차세대 성장동력 추진전략 과제로 3가지(해외시장의 개척, 광대역 통합망 구축, IT Complex 건립)를 제시했다.

① 해외시장의 개척

정보통신부는 정보기술(IT) 분야에서 국민소득 1만달러 증가분 중 3,500달러를 창출할 계획이다. 인터넷장비, 컴퓨터, 컨텐츠, 소프트웨어 등 주요 IT품목들이 우수한 기술력에도 불구하고 세계시장 점유율이 5% 미만인 점을 감안하여 해외시장 진출을 적극적으로 추진할 방침이다.

〈표 26-45〉 10대 차세대 성장동력 산업현황

| | 주요 구성품목 | 2012년 경쟁력 목표 | 2012년의 경제가치<br>(부가가치/수출/고용창출) |
|---|---|---|---|
| 디지털 TV/방송 | 디지털TV, 셋톱박스, 방송시스템, 복합기기 | 세계시장 20% 석권 | 24.3조원/447억 달러/58만명 |
| 디스플레이 | LCD, LED, PDP, 유기EL, 전자종이 | 세계 1위 | 24.2조원/370억 달러/18만명 |
| 지능형 로봇 | 가정용 서비스로봇, 의료지원용 로봇, 극한 작업용 로봇 | 세계 3위/<br>세계시장 10% 점유 | 8.0조원/100억 달러/2만명 |
| 미래형 자동차 | 지능형 자동차, 친환경 자동차 | 세계 4대 자동차 강국 | 74조원/365억 달러/27만명 |
| 차세대반도체 | 차세대메모리, SoC, 나노전자소자 | 메모리 1위/<br>SoC 3위 | 50조원/500억 달러/5만명 |
| 차세대이동통신 | 4G단말기, 텔레매틱스 | 글로벌리더십 확보 | 25.8조원/327억 달러/89만명 |
| 지능형 홈 네트워크 | 지능형 정보가전, 홈 네트워킹, 홈서버, 유비쿼터스 컴퓨팅 | 세계 2위 | 37조원/822억 달러/88만명 |
| 디지털콘텐츠/<br>SW솔루션 | 문화컨텐츠, 임베디드SW, 지능형 종합물류시스템 | 세계 5대 강국, 동북아 허브국가 | 38.8조원/126억 달러/67만명 |
| 차세대전지 | 2차전지, 연료전지, 관련소재 | 2차전지 세계 1위, 연료전지 세계시장 15% | 14.6조원/255억 달러/7.6만명 |
| 바이오신약/장기 | 신약, 바이오장기, 바이오칩 | 세계 7위,<br>세계 시장점유율 12% | 15.9조원/97.4억 달러/9.7만명 |

② 광대역 통합망 구축

정보, 통신, 방송 등을 하나의 망으로 통합하는 광대역 통합망(BcN : Broadband Convergence Network) 구축을 통해 2003년부터 2007년까지 5년간 600조원의 매출을 달성할 계획이다. 이를 위해 정보통신부는 BcN분야에 이 기간 동안 2조 4,000억원의 연구개발비를 투입하여 원천기술 개발 및 인력양성에 나서는 한편 휴대인터넷 등 차세대 서비스를 최대한 조기에 도입할 방침이다.

③ IT Complex 건립

국내 IT기업의 해외진출을 위해 수출금융지원을 확대하고 선진 IT기업의 국내유치를 위해 서울에 원스톱 서비스 체제를 갖춘 IT Complex를 건립하기로 했다.

## 2. 차세대 성장산업 현황

차세대 성장산업의 현 주소와 전망을 간략히 살펴본다.[26]

### 2.1 디지털 TV 방송

디지털 TV 방송시대가 본격화되면서 세계시장은 2012년까지 25.7%의 고성장을 거듭하여 시장규모가 2,136억 달러에 이를 것으로 전망된다. 구성품목은 방송시스템, DTV, DMB(디지털 멀티미디어 방송), 셋톱박스, 복합기기 등이다. 한국은 1994년 이후 기술개발을 적극적으로 추진하여 디지털 TV뿐만 아니라 메모리 반도체, TFT-LCD(초박막액정표시장치) 등 일부 핵심부품에서 이미 세계적인 경쟁력을 보유하고 있다.

### 2.2 디스플레이

디스플레이의 세계시장 규모는 2003년 616억 달러에서 2007년 906억 달러, 2012년 1,400억 달러로 급성장할 것으로 기대된다. 구성품목은 LCD, LED(발광다이오드), PDP, 유기 EL(면발광체), 3D, 전자종이 등이다. 한국은 TFT-LCD 분야 세계 1위, 유기EL은 일본에 이어 세계 2위인 데다 Digital TV, 컴퓨터 휴대전화 등 전방산업이 세계적 수준에 이르고 있어 경쟁력 확보가 용이한 편이나 핵심부품소재, 관련장비분야의 경쟁력은 미흡한 수준을 보이고 있다.

### 2.3 지능형 로봇

로봇산업은 기계, 전자, 제어산업의 핵심으로 반도체 및 LCD 분야와 결합되어 2012년까지 연평균 18.6%의 성장이 예상된다. 시장규모는 2003년 1,000억 달러에서 2012년에는 2,500억 달러로 증가할 것으로 보인다. 한국은 원천기술에 있어 아직 선진국과 5~8년의 격차를 보이고 있으나 선도적인 IT(정보기술) 산업기반을 바탕으로 산업규모가 세계 6위, 사용대수 세계 5위, 로봇밀도 세계 2위 수준을 나타내고 있다.

### 2.4 미래형 자동차

에너지문제와 환경규제(environmental regulation) 강화로 세계 자동차 강국들은 이미 수소 및

26) 대한매일, 2003. 8. 23. 참조

연료전지자동차 개발에 박차를 가하고 있다. 여기에 인공지능과 IT기술을 접목시킨 운전자 편의 정보 서비스 시장의 규모가 커져 2012년 시장규모는 1조 714억 달러로 예상된다. 구성품목은 지능형 자동차, 친환경 자동차 등이다. 한국은 세계 6위의 자동차 생산국으로서 자동차산업은 수출과 고용에 지대한 영향을 미치는 대표적인 국가기간산업이라고 할 수 있다. 이미 일부 선진국의 기술개발 움직임이 가시화 되고 있어 이 분야의 경쟁력 제고가 시급한 상황이다.

### 2.5 차세대 반도체

2005년부터 PC 이외의 전자제품을 위한 차세대 메모리시장의 경쟁이 치열할 것으로 예상된다. 2012년 시장규모는 4,179억 달러로 추정되는 데 한국의 경우 메모리분야는 세계적인 수준의 경쟁력을 갖추고 있지만 반도체의 핵심설계기술, 시스템온칩(SoC) 등 비메모리분야는 매우 취약한 상황이다. 메모리분야 시장도 5~6년 후 중국에 추월당할 가능성이 높아 차세대 메모리분야의 경쟁력 확보가 긴요하다. 구성품목은 차세대 메모리, SoC, 나노전자소자 등이 있다.

### 2.6 차세대 이동통신

통신시장의 추세는 IMT-2000 등을 기반으로 하는 멀티미디어 서비스(multimedia service)를 고속·고품질로 제공하는 광대역 유·무선 통합망 구조로 전환되고 있다. 모바일 이동통신시장도 형성되어 운전자에 대한 교통안내, 원격차량진단, 인터넷 등을 제공하는 텔레매틱스 서비스기술이 자동차 산업의 핵심경쟁요소로 등장할 것으로 전망된다. 구성품목은 4G(4세대) 단말기 및 시스템, 텔레매틱스 등이다. 한국은 CDMA(코드분할다중접속) 상용화를 통해 이미 경쟁력을 확보했고 탄탄한 내수시장을 바탕으로 체계적인 지원정책이 시행되면 세계시장의 선점이 가능한 것으로 분석된다.

### 2.7 지능형 홈 네트워크

가전, 통신, 건축, 휴먼인터페이스 등 첨단기술과 서비스가 융합된 종합서비스 추세가 가속화되고 있다. 삶의 질(quality of life) 향상에 대한 욕구가 커져 연평균 22.4%의 고성장이 기대된다. 구성품목은 홈서버, 홈게이트웨이, 홈네트워킹, 지능형 정보가전, 유비쿼터스 컴퓨팅(컵, 안경, 신발 등 일상적인 사물에 제 각각의 역할에 부합되는 컴퓨터를 결합시켜 사물끼리도 상호 커뮤니케이션을 가능하도록 하는 시스템) 등이다.

### 2.8 디지털 컨텐츠·소프트웨어 솔루션

이들 분야는 한계비용(marginal cost)이 제로이면서도 시장규모가 무한대인 신산업으로 부상하고 있는 분야라고 할 수 있다. 다양한 수익모델을 개발하면 지식정보화사회를 이끌 원동력이 될 것으로 예상된다. 2012년 시장규모는 2,563억 달러로 추산된다. 구성품목은 디지털 컨텐츠 제작·이용·유통 시스템, 문화컨텐츠, 임베디드 SW(가정·산업용기기를 작동시키는 데 필요한 소프트웨어), 지능형 통합물류시스템 등이다. 한국은 이미 온라인 게임 등에서 최고의 경쟁력을 확보하고 e-Business 분야에서도 상당한 기술력을 지니고 있는 만큼 발전가능성이 큰 분야이다.

### 2.9 차세대 전지

에너지 고갈 및 환경문제로 무공해 차세대 전지산업의 수요가 증대되고 있다. 차세대 전지는 자동차 산업과의 연관성이 크고 대체에너지로 새롭게 부상하고 있는데 시장규모는 2003년 63억 달러에서 2012년에는 1,340억 달러로 급증할 것으로 예상된다. 구성품목은 2차전지, 연료전지 등이다. 한국은 2차전지의 경우 1999년 상용화로 초기경쟁력을 확보해 둔 상태에서 일본과 경쟁관계에 있지만 연료전지는 선진국과 5년 정도의 기술격차를 보이고 있다.

### 2.10 바이오신약 · 장기

인터페론 5g의 가치가 순금의 500배에 이를 정도로 부가가치가 높은 산업이다. 고용창출효과와 보건, 환경, 농업 등 타 산업에 미치는 기술파급효과도 매우 크다. 특히, 신약개발은 IT분야와 결합되어 바이오칩 등의 개발도 유망하다. 2012년 시장규모는 1,331억 달러로 예상된다. 구성품목은 신약, 바이오 장기, 바이오칩 등이다. 현재 한국의 신약개발수준은 선진국의 60~70%에 불과하지만 바이오 장기 분야의 경우 동물복제기술이 세계 최고 수준에 진입했다고 할 수 있다. 2012년 바이오산업 세계 7위권 진입 및 세계시장점유율 12% 달성을 목표로 하고 있다.

## 제 9 절 국가경쟁력 강화를 위한 과제

현재 세계 각국은 세계화의 추세 속에서 각국마다 세계화에 적응해가고 있지만 그 적응속도는 상이하다고 할 수 있다. 세계화는 여러 측면에서 파악될 수 있지만 크게 경제적 측면, 경영적 측면, 그리고 비경제적 측면으로 나누어 살펴볼 수 있다.

우선 경제적 측면으로는 세계화는 상품과 자본의 이동을 통하여 시장의 효율성을 제고시키기 위한 것이지만 자본이동의 불규칙성과 금융시장의 취약성으로 외환·금융위기를 초래할 수도 있다. 한국이 당면하고 있는 글로벌 이코노믹 리스크(global economic risk)는 크게 2가지 측면

에서 파악될 수 있다.[27]

① 글로벌 금융거래리스크에의 노출

글로벌 금융시장은 파생금융상품((financial derivatives)의 활발한 도입 등 고도의 위험관리기법을 동원하여 위험을 거래함으로써 수익을 올리는 시장으로 급변하고 있기 때문에 한국도 글로벌 금융거래의 리스크에 직접 노출되어 있다.

② 미국경제에의 과도한 의존성

1990년대 이래 세계경제는 미국의 주도 하에 진행되고 있는데 미국경제의 경착륙(hard landing) 가능성이 높아지고 있는 가운데 한국경제도 직접적인 영향을 받게 된다.

경영적 측면으로는 한국기업의 경쟁력 제고를 위해 외국기업과의 전략적 제휴의 강화와 고부가가치 제품의 개발능력 및 상업적 제품 개발능력의 제고가 필요하다. 비경제적 측면으로는 교육·사회질서·문화적 측면에서 세계화에 대비해야 한다.

## 1. 경제적 측면

세계화의 경제적 측면에서의 대응은 시장의 효율성을 제고시키면서 지속적으로 세계화를 추진시켜야 하는데 이렇게 될 경우 한국은 글로벌 리스크에 적절히 대응하면서 세계화를 성공적으로 추진하게 된다. 시장의 효율성을 제고시키기 위한 몇 가지 방안을 모색해 보면 다음과 같이 요약될 수 있다.

### 1.1 경제의 안정성장 기조의 유지

글로벌 경제 하에서는 일국의 경제안정 기조가 흔들릴 때 국제자본, 특히 투기적 성격이 강한 단기성 국제자본이 신속히 이동함으로써 해당국가의 금융시장이 혼란을 겪을 수 있기 때문에 개방경제 하에서는 건전한 정책의 운용이 이루어져야 한다.

### 1.2 금융과 기업부문의 건전성 및 투명성의 제고

글로벌 금융시장의 충격에 견디기 위한 구조조정이 시급하게 이루어져야 한다. 1997년의 외환위기도 우리기업 및 금융부문이 투명성을 상실한 데서 비롯되었음을 잊지 말아야 한다. 투명성과 관련하여, 특히 회계정보(accounting information) 및 경영정보(business information)의 투명

27) 박원암, '글로벌리스크와 한국의 대응과제', 국제경제학회 하계정책 세미나 논문집, 2000. 6. 23. 참조

성이 제고되어야 한다.

### 1.3 해외자본의 이동에 대한 견제장치의 마련

금융시장이 여전히 취약한 상황에서 자본자유화(capital liberalization)를 가속화시키는 것은 금융시장의 안정에 결코 바람직하지 않다. 국제자본이동의 안정성을 제고시키기 위하여 국제금융체제(international financial architecture)의 개편논의가 활발하게 이루어지고 있지만 우리의 경우 국제금융체제의 개편논의와는 관계없이 국제자본의 유출입에 대한 국내금융시장의 안정성을 제고시키기 위하여 자본자유화의 속도를 조절하고 적절한 자본규제조치를 강구해야 한다.

### 1.4 지역경제통합의 모색

우리에게 가장 가능한 경제통합지역으로는 동북아지역을 지적할 수 있다. 동북아지역은 상대적으로 타 지역권에 비해 수요구조의 유사성(similarity of demand structure)이 존재하고 있고 마케팅측면에서도 성공가능성이 크다고 할 수 있다. 즉, 중국의 양질의 노동력과 거대한 수요시장, 한국의 제조기술과 지리적 위치상의 이점, 일본의 핵심기술과 풍부한 자본이 효율적으로 결합된다면 동북아 경제협력은 규모의 경제(economies of scale) 및 산업간·산업내 유기적인 분업체계를 형성하여 이들 국가 모두에게 경제적 이익을 파생시킬 수 있다.

## 2. 경영적 측면

세계화는 기업측면에서는 그야말로 적자생존(適者生存)의 법칙(the law of the survival of the fittest)이 적용되는 현상으로 파악할 수 있다. 세계화는 자본이 많거나 첨단기술을 보유하거나 또는 국제마케팅이 상대적으로 우위에 있는 기업에게는 유리하게 작용하지만 그렇지 못한 기업에게는 기업의 생존이 달려있는 문제라 할 수 있다. 즉, 고품질의 경쟁력 있는 제품을 생산할 수 있는 자본과 기술을 보유하지 못한 기업들은 치열하게 전개되는 세계화의 추세에 도태될 수 밖에 없다.

### 2.1 전략적 제휴의 강화

외국기업과의 전략적 제휴는 외국기업의 자본·기술·상표(brand) 인지도·경영자의 경영능력 등이 우리기업과 비슷하면서도 서로의 시너지효과(synergy effect)를 극대화시킬 수 있는 경우에 효과를 발휘할 수 있다. 예를 들면, 우리기업이 상기한 부문에서 열등할 경우 외국기업과의 전략적 제휴는 서로에게 이득이 될 수 있는 가능성이 크지 않기 때문에 용이하지 않다.

따라서 전략적 제휴의 강화는 바람직하나 우리기업의 자체 기술개발능력과 마케팅능력이 외국의 제휴기업과 비슷한 수준에서 서로의 경쟁우위부문을 극대화할 수 있는 기업 및 사업부문을 선택해야 한다.

### 2.2 고부가가치 제품의 개발능력 및 상업적 제품개발 능력의 제고

세계화시대의 기업경쟁력 제고는 기술개발의 양 측면, 즉 고부가 하이테크(high-tech) 제품 및 하이터치(high-touch) 제품의 개발에 총력을 기울임으로써 가능할 수 있다. 정보통신·생명공학 분야의 고기술 및 거대자본이 소요되는 하이테크 제품의 개발도 중요하지만 기존의 기술을 가지고 소비자들의 구매욕구를 자극할 수 있는 하이터치 제품의 개발에도 주력하여야 한다.

## 3. 비경제적 측면

세계화에 대응하기 위한 비경제적 측면은 교육·사회질서·문화적 측면에서 살펴볼 수 있다.[28)]

### 3.1 교육개혁

교육개혁(educational reform)은 세계화의 성공적 추진을 위한 중요 관건이라고 할 수 있다. 따라서 교육개혁에 최우선을 두는 세계화전략이 긴요하다. 교육개혁은 세계화시대에 필요한 인재를 양성하고 평생학습기회를 제공하며 수준 높은 시민사회의 건설 및 도덕공동체의 기반을 형성한다는 측면에서 우리가 당면한 중차대한 사명이라고 할 수 있다.

교육개혁의 기본정신은 자율과 개방, 창의와 경쟁에 입각한 교육체제와 세계화·정보화 시대에 합당한 창의적 인재와 세계시민을 양성하는 방향으로 교육의 목표를 정해야 한다.

진취적이고 창의적인 인재를 양성하기 위한 교육개혁은 다음 2가지 측면에서 진행되어야 한다.

① 지식정보화사회에 적합한 인재의 양성

단편적이고 주입식인 지식 위주의 입시중심 교육에서 탈피하여 창의력·자율성·문제발견 및 해결능력·협동적 사고를 길러주는 교육으로 전환되어야 한다.

---

28) 신경환 외, 세계화와 국제통상, 도서출판 두남, 1997, pp. 256~262 참조

② 지적 · 도덕적으로 성숙한 세계시민의 양성

도덕성이 결여된 시민들로 구성된 국가는 결코 세계 일류국가가 될 수 없다. 따라서 세계표준(global standard)이 적용되는 세계화시대에 부합되는 시민적 덕성과 문화적 소양, 그리고 도덕적 자질을 갖춘 세계시민을 양성하는 교육이 되어야 한다. 또한, 무엇보다도 교육이 효과를 발휘하기 위해서는 사회지도층의 솔선수범(率先垂範)하는 자세가 긴요하다고 할 수 있다. 일례로 사회지도층의 부정부패 만연, 경제 및 사회정책의 오류로 인해 최근 경제위기로 치닫고 있는 아르헨티나 사태는 우리에게 타산지석(他山之石)이 될 수 있다.

### 3.2 경제 및 사회질서의 확립

사회적 신뢰와 안정을 이루는 데 있어서 기초질서는 기본이라 할 수 있으며 기초질서의 확립 없이 일류국가가 될 수는 없다. 이를 위해서는 공정한 행위의 준칙으로서 사회규범이 정립되어 있어야 하며 사회 내에 법의 지배(ruling of law)가 정착되어야 한다.

경제질서도 세계화되어야 하며 모든 경제거래가 실명화되고 투명해야 하며 공정하고 자유로운 경쟁질서 하에서 이루어져야 한다. 즉, 불필요한 행정규제를 과감히 폐지해야 하며 금융이 자율화되고 소비자주권(consumer sovereignty)이 존중되며 조세관련 행정이 공평하고 투명해야 한다. 이러한 기초 하에서 경제정의의 확립(establishment of economic justice)이 필요하다. 예를 들면, 세계화의 추구에서 초래된 빈익빈 부익부 현상의 제도적 개선을 위해 사회복지제도를 비롯한 사회개발분야의 효율성을 제고하는 정책적 개선이 이루어져야 하며 우리사회가 생산적 복지체제를 확립할 수 있어야 한다.

또한, 기업을 비롯한 경제의 구조개혁을 위해서는 노사관계도 세계화되어야 한다. 집단적 이기주의를 바탕으로 한 노사 간의 극한적인 대립과 갈등은 더 이상 세계화시대에 국가경쟁력의 제고에 기여하지 못한다. 기업발전에 대한 노사 양측의 책임의식을 바탕으로 생산적이고 협력적인 파트너십(productive and cooperative partnership)을 강화해야 하며 노사 간에 민주적 타협의 제도화를 확립시켜야 한다.

### 3.3 선진문화의식의 제고

문화의 세계화를 이루기 위해서는 폭넓은 문화개혁과 의식개혁이 필요하다. 즉, 경제적 풍요(economic affluence)의 부작용인 향락적 문화가 지배하지 않고 국민의 생활속에 학습적 · 자아실현적 문화가 확립될 수 있도록 해야 하며 인성과 도덕성을 중시하는 사회풍조의 확립이 이루어져야 한다. 또한, 세계화 시대에 폐쇄적 사고방식을 탈피하여 타 문화의 장점을 보다 건설적으로 수용할 수 있는 개방적이고 다원적이며 합리적인 세계시민으로서의 소양과 자질을 갖출 수 있도록 사회전체가 노력해야 하며 이러한 의식운동이 사회화(socialization)되어야 한다.

우리의 문화적 정체성(cultural identity) 확립과 더불어 세계문화와의 접목도 대단히 중요하다. 이를 위해서는 우리 것에 대한 자긍심(pride)과 타 문화에 대한 이해도의 증진을 통해 열린 마음으로 세계의 타 문화권 시민들과 당당하고 대등하게 교류할 수 있어야 된다.

또한, 문화산업이 새로운 고부가가치를 창출하는 경제영역임을 분명히 인식하여 문화산업의 육성과 문화 인프라스트럭처(infrastructure)의 구축에 힘써야 한다. 지식정보시대, 문화우위시대의 경쟁력 원천은 문화산업의 육성에서 비롯된다고 할 수 있다.

제6편

# 남북 경제협력과 과제

27
chapter

# 남북 산업협력

## 제 1 절 남북한 산업지도

전국경제인연합회는 2001년 5월 27일 산학연 공동으로 통일한국의 입지여건을 감안하여 효율적인 산업배치 방안을 연구한 '통일한국을 향한 남북한산업지도'란 보고서에서 남북경제협력이 본격화될 때 북한에서 가장 유망한 투자지역은 평양이며 동해안의 청진과 원산도 우수한 투자지역으로 밝히고 있다. 또한 출판, 인쇄, 기계, 전지, 전자산업이 북한에서 성공가능성이 높은 것으로 지적하고 있다.

전국경제인연합회가 이번에 발표한 남북한 산업지도는 국토의 균형발전을 위한 산업마스터플랜이라고 할 수 있는데 한반도가 동북아 경제의 중심축으로 역할을 하기 위해서는 남북한간 보완형 산업발전전략이 중요하다는 인식 하에서 작성되었다고 할 수 있다. 전국경제인연합회는 북한에 시장경제메커니즘(market economic mechanism)을 인식시키고 투자재원을 마련하는 데 다수의 난관이 있겠지만 남북한간 신뢰가 구축될 경우 남북한의 바람직한 경제발전을 위한 산업지도의 실현가능성은 높다고 분석하고 있다.[1]

---

1) 한경·서경, 2001. 5. 28. 참조

## 1. 북한투자 유망업종

이번 산업지도는 남북산업의 연계발전, 환경부문, 북한고용유발과 수입대체효과, 북한자원활용과 식량난 완화, 인프라스트럭처(infrastructure) 구축, 지리적 위치 등을 참고하여 작성되었다. 업종별로는 인쇄 · 기계 · 전기전자 · 출판 등이 남북경협의 유망업종으로 지적되었고 석유정제, 담배, 플라스틱 · 조립금속 등은 적절하지 않은 것으로 조사되었다. 전기전자의 경우 중기적으로 가전제품 부품 · 사무용품 · 무선호출기, 장기적으로는 VTR · 휴대전화 · 2차전지 등이 유망하다. 비제조업에서는 물류 · 금융업을 비롯하여 관광 · 환경 · 영상 등 문화관련산업이 유망업종으로 분석되었다.

남북경제통합 후 중점육성산업은 반도체 · 컴퓨터 등 전자분야이며 북한에서는 가전 및 사무용제품 등 기술집약적 경공업 또는 일부 중공업 분야가 유망하나 안보적인 측면에서 군용(軍用)으로의 전용가능성이 있는 방산(防産)물자, 즉 신소재 · 전자장비 · 전기통신 · 레이저 · 정보보안센서 · 항공전자공학 분야 등의 진출에 있어서는 신중해야 한다고 보고하고 있다.

남북한 산업기술의 격차와 관련하여서는 북한의 산업기술이 업종에 따라 남한과는 최소 5년에서 30년까지 격차가 나타난다고 분석하고 있다. 특히, 자동차 · 전력 · 화학섬유 · 조선 · 방직 · 제지산업의 기술은 남한의 1960년대 후반 정도 수준으로 가장 취약한 부문이며 사회간접자본시설도 매우 열악한 것으로 지적되었다. 반면 컴퓨터는 남한의 1980년대 중반 수준, 비철금속은 1990년대 초반 정도로 비교적 기술격차가 작은 것으로 나타났다.

산업입지와 관련하여서는 북한에서 가장 양호한 입지는 평양으로 음식료품 · 섬유 · 봉제 · 가죽신발 · 유리 · 시멘트 · 철강금속 · 전기전자 · 자동차 · 운송장비 등의 육성투자가 바람직하며 동해안공업지구 내 청진공업지대의 경우 금속산업 및 자동차 제조업이, 북한의 역점지구인 김책공업지대는 펄프 및 종이제조업이 우위에 있고 원산공업지대는 컴퓨터와 사무기기 · 전자 · 통신장비 등 첨단산업단지로 개발이 가능하다. 서해안 안주공업지대는 화학제품 · 자동차 · 트레일러가 해주공업지대는 반도체를 포함한 전자 · 통신장비 제조업과 정밀기계 등 첨단산업이 유리하다.

## 2. 투자재원조달

투자재원조달에 있어서 단기적으로는 남한기업이 남한의 은행컨소시엄을 통해 북한에 자금을 융자하는 방식을 모색해야 하는데 동서독의 경우 이러한 상업차관 방식을 통해 동서독의 경제협력을 추진한 바 있다. 중장기적으로는 일본 정부 및 기업들과 배상금 지불조건에 대해 협의해야 할 과제가 남아 있기는 하나 북일수교시 일본이 북한에 대해 지급할 것으로 기대되는 현물출자를 포함하여 50억~100억 달러의 식민지 배상금 활용방안을 생각할 수 있다.

〈표 27-1〉 단계별 대북한 진출 유망업종

| 구분 | 중 기 | 장 기 | 군용전용가능성이 높은 업종 |
|---|---|---|---|
| 전 기 전 자 | 가전제품, 1차전지, 인쇄회로, 팩시밀리, 복사기, PC 및 주변기기, 무선호출기 | VCR, 이동전화단말기, 2차전지, 변압기, 발전기, 전선 | |
| 자 동 차 | 시트, 백미러, 와이퍼, 피스톤, 알루미늄휠, 라디에이터, 에어컨 | 완성차, 트럭, 특장차, 램프, 안전유리, 브레이크시스템, 타이어 | 트럭, 특장차 |
| 조 선 | 어선, FRP선, 수리·해체조선 | 각종 선박 건조, 선박 기자재 | 선박용 프로펠러 항법장치 |
| 금 속 | 주물, 배관자재, 철선, 철못, 비철금속, 배관자재, H형강, 와이어로프 등 | 판재, 선재, 생산시설, 비철금속, 특수강 | 특수강 |
| 기 계 | 농업용기계, 범용공작기계, 밸브, 시계, 건설용 기계, 프레스 | 연삭기, NC공작기계, 산업용로봇, 베어링, MRI 등 | 연삭기, NC공작기계, 프레스 |
| 화 학 | 플라스틱가공, 합성세제, 의약품, 화장품, 도료, 농약 | 석유화학, 일관 생산설비, 화학비료, 촉매 | |
| 건 자 재 | 콘크리트파일, 레미콘, 아스콘, 위생도기, 타일, 점토벽돌, 합판, 내화물, 강화유리, 복층유리, 석고보드, 중밀도섬유판 | 시멘트, 판유리, 접합유리 | |
| 음 식 료 품 | 육가공, 수산가공, 제빵, 장류, 두부류, 과즙음료, 먹는 샘물, 식용유지, 유가공, 제분, 제당, 서양제과, 라면, 커피 등 | 식품첨가물 | |
| 섬 유 | 화섬직물, 면·모·마직물, 편물, 의류, 신발, 면·모사, 부직포, 염색가공 | 화학원사(탄소섬유, 극세섬유, 산업용고강력사, 폴리에스터 섬유, 아크릴 섬유, 나일론 섬유), 인공피혁 등 | 탄소섬유 산업용 고강력사 |
| 제 지 | 박엽지(담배용지, 식품포장지용), 라이너지, 골심지, 골판지 상자 | 신문용지, 백판지, 백상지, 아트지, 크라프트지, 펄프 | |

일본 정부는 현금지원은 최소화하고 일본기업의 진출을 전제로 남한기업의 일부 협조 하에 대북(對北)투자를 진행한다는 계획을 가지고 있는 것으로 알려지고 있다. 또한, 미국의 대북정책 수립 및 향후 북미관계의 진전에 따라 국제금융기관의 차관을 적극 활용해야 할 것으로 보인다.

전국경제인연합회는 현재 북한경제상황을 고려할 때 50억 달러의 투자가 효율적으로 이루어진다면 북한의 국내총생산(GDP)이 9.7% 정도 성장할 수 있으나 이를 위해 농림수산업에 27.1%, 광업에 38.7%를 투자해야 한다고 보고 있다. 그러나 남한과의 산업협력이 보완적인 관계에서 이루어지지 못하면 남북한 모두 산업의 침체를 가져올 수 있다. 이를 위해 우선 북한의 기업, 특히 국영기업부터 자본주의 시장경제 마인드를 가질 수 있도록 유도해야 한다. 예를 들면, 중국의 대형 국영기업들이 미국의 월스트리트(Wall Street)에 진출하여 자본주의 시장경제를 학습하였듯이 북한기업들에게 시장마인드를 인식시키기 위해 남한기업들의 지도가 절대적으로 필요하다.

## 제 2 절　에너지협력

일국의 경제발전은 에너지의 원활한 공급과 밀접한 상관관계를 가지고 있다고 할 수 있다. 즉, 에너지는 일국의 산업활동에 필수적인 요소가 되며 따라서 에너지의 안정적 공급이 수반되지 않고서는 경제발전을 기대할 수가 없게 된다. 주지하는 바와 같이 최근 북한은 극심한 경제난을 경험하고 있는데 이러한 극심한 경제난은 에너지의 원활한 공급이 이루어지지 못한데 가장 크게 기인하고 있다고 할 수 있다. 북한은 에너지난으로 인해 공장의 가동률이 저하되고 있고 공장의 가동률 저하로 인해 상품생산이 제대로 이루어지지 않고 있으며 이러한 상품생산의 부진으로 대외수출이 감소되어 외화난과 원·부자재난을 겪고 있다. 이러한 외화난 및 원·부자재난은 다시 공장의 가동률을 더욱 저하시켜 북한경제에 빈곤의 악순환(vicious circle of poverty)을 가져오고 있다. 결국 북한의 경제난은 에너지난에서 비롯되기 때문에 2000년 6월 개최된 남북정상회담 이후 무르익기 시작한 남북경제협력사업이 북한에 실질적인 경제혜택을 주기 위해서는 에너지 부문의 협력이 우선적으로 이루어져야 한다.

북한 에너지난의 근본원인은 자력갱생의 폐쇄적인 경제정책과 구소련을 비롯한 사회주의권의 붕괴로 인한 원조성 원유 공급의 급감에 있다고 할 수 있다. 즉, 에너지 공급부문에서 북한은 자력갱생의 원칙 하에 에너지원에 있어서 북한 내 부존자원에 의존한 주탄종유(主炭從油), 에너지 공급방법에 있어서 수력발전위주의 수주화종(水主火從) 정책으로 인해 급변하는 에너지 공급시장의 환경변화에 제대로 대응하지 못하였다. 이 중에서도 산업용 전력부문이 시급히 보강되어야 할 부문으로 지적되고 있다. 실제로 우리 기업들이 대북진출을 고려하는 데 있어 북한의 전력난은 커다란 장애요인이 되고 있다. 북한의 발전설비 용량은 1998년 기준 739만KW로 남한의 15% 수준에 그치고 있고 그나마 가동률이 전체발전소의 26%(1998년말 기준)에 불과한 실정이며 설비의 노후성, 송배전 손실률 등을 감안할 때 실질전력 소비량은 남한의 6% 수준에 불과한 것으로 추정된다. 현재 남한측이 고려할 수 있는 대북 전력공급의 방안으로는 단기적으로 남한의 재고석탄(약 1천만톤에 달함)을 북한에 발전연료용으로 제공해 주는 방안, 남에서 북으로 송전을 해주는 방안, 북한의 기존 발전소 설비를 보수·교체해주는 방안 등이 있다. 장기적으로는 북한 진출 남한기업들의 전용공단에 새로운 발전소를 건설하는 방법 등이 있으나 이 역시 막대한 투자재원이 소요될 것으로 기대된다. 대북 전력송전 문제는 해주공단 등 휴전선에 가까운 지역에 남한의 기존선로를 연장설치하여 전기를 공급해주는 방법 등이 있으나 북한의 송배전망이 낡고 전류의 흐름도 일정치 않아 전기 품질이 떨어지고 전력손실이 크며 따라서 송배전망의 신규건설 필요성이 대두되고 있다. 한편, 한전은 향후 북한이 전력난을 극복할 수 있는 협력방안을 요청할 것으로 기대하고 전력협력준비팀을 구성하여 여유전력 송전과 북한 내 신규발전소 건설, 낡은 발전소 보수 등 대북 전력지원 대책을 논의하는 등 발 빠르게 대응하고 있다. 에너지경제연구원은 경협차원에서 북한의 전력난을 해소하기 위해 화력발전소 건설을 지원할 경우 2015년까지 7조 1,953억원(유연탄기준)의 자금이 필요할 것으로 추산한 바 있다.

북한 에너지난의 원인을 2가지 측면(① 공급적 측면, ② 관리적 측면)으로 나누어서 살펴본 후 바람직한 남북한 에너지 협력방안을 모색해 보고자 한다.[2)]

## 1. 북한 에너지난의 원인

### 1.1 공급적 측면

북한 에너지난의 공급적 측면을 에너지원별로 살펴보면 크게 석탄과 원유로 분류할 수 있다.

#### (1) 석탄

석탄 생산의 부진은 다음 3가지 측면에서 파악할 수 있다.

① 구조적 요인으로서 기존탄광의 장기채굴에 따른 석탄재원의 고갈, 원시적 채탄방법, 투자재원 부족에 따른 채탄장비의 노후화와 기존탄광의 심부화에 대한 대비책으로서 신규 탄광 개발에 대한 투자의 부족 등을 들 수 있다.

② 사회주의 계획경제시스템 하에서 목표달성 위주의 석탄증산 일변도 정책으로 인해 석탄의 질이 저하되고 근로자의 근로의욕의 감퇴를 들 수 있다.

③ 1995~1996년의 자연재해(집중호우 등)로 인해 탄광의 복구가 지연되고 식량난에 따른 광부들의 생산성 저하를 지적할 수 있다.

#### (2) 원유

원유의 경우에는 냉전체제가 유지되던 1990년 이전까지는 북한의 우방인 구소련과 중국으로

---

2) 전국경제인연합회, 전경련, 2001. 5. 참조

부터 국제가격보다 30~50% 저렴한 가격으로 제공받았으며 교역의 형태도 구상무역으로 이루어졌다. 그러나 1980년대 말 이후 냉전체제가 종식되어 북한과 이들 국가 간의 관계는 정치적 혈맹관계에서 냉엄한 경제논리에 따른 시장경제관계로 전환되면서 원유의 공급이 시장가격에 의한 경화결제방식으로 변한 것이 원유공급난을 초래한 주요 요인이 되었다고 할 수 있다.[3)]

### 1.2 관리적 측면

상기(上記)한 주요 에너지원(석유·석탄 등)의 공급부족, 가격상승과 더불어 송배전시설의 노후화에 따른 에너지 전달 중간단계에서의 비효율성에 따른 전력 손실과 저질탄 양산에 따른 낮은 열효율, 지하에 소재한 군수공장의 운영(지하공장은 지상공장에 비해 30% 정도의 추가전력이 소요됨) 등이 전력난을 더욱 심화시키고 있다.

따라서 북한의 에너지난은 에너지 사용의 비효율성, 투자재원의 부족에 의한 수력발전 및 송배전 시설의 낙후와 신규시설 투자의 부족에 따른 생산시설 확대의 한계성, 채탄설비의 낙후 및 기존탄광의 심부화에 따른 자원고갈, 화력석탄용 석탄의 공급부족 및 경제난에 따른 외화부족에 의한 원유도입의 감소 등으로 인해 초래되었다고 할 수 있다.

북한당국은 극심한 에너지난 해결을 위해 석탄 증산과 풍력·태양열·소수력 등 에너지 획득원의 다양화, 중·소형발전소(100~1,000kw급)의 건설 및 노후화된 에너지설비의 개·보수 등을 통한 에너지 공급확대 방안을 나름대로 모색하고 있으나 경제난에 따른 외화의 고갈로 인해 현대화계획(새로운 발전소 건설과 생산설비의 도입 및 대체 등)은 불가능한 실정이다.

## 2. 남북한 에너지 협력 방안

남북한 에너지협력문제를 시기적 관점에서 살펴보고자 한다.

### 2.1 단기적 관점

북한이 현재 처하고 있는 경제난에 따른 에너지 부족현상을 감안할 때 남북한 간의 에너지 협력에 있어서 북한은 단기적으로 남한의 일방적인 지원에 의존할 수밖에 없는 상황이다. 따라서 단기적인 관점에서 효과를 거두기 위한 남북한 에너지 협력은 남한이 비축하고 있는 석탄지원이라고 할 수 있다. 1990년말 기준 남한이 비축하고 있는 석탄은 총 1,073만톤(정부 보유분 : 780만톤, 산지 : 193만톤, 소비지 재고탄 : 100만톤)에 이르고 있다. 이러한 석탄공급으로 가능한

3) 1990년대 이후 북한의 원유도입 가격은 그 이전에 비해 크게 상승하였다. 1993년의 경우에는 1990년에 비해 약 2~3배로 급등하였다. 또한, 1993년부터는 러시아와 이란으로부터의 원유수입이 중단되었다.

전력생산은 36억kw로 추정된다.4)

### 2.2 중장기적 관점

북한이 남한에 비해 상대적으로 풍부하게 보유하고 있는 부존자원인 석탄과 수력조차 최근에는 북한 내 수요를 충당할 수가 없게 되었다. 남한의 북한에 대한 일방적인 에너지지원에도 한계가 있는 만큼 남북한 간의 에너지 협력이 지속적인 효과를 발휘하기 위해서는 남북 양측이 생산적인 공동협력을 통해 상호이익(mutual benefit)이 증대되도록 노력해야 한다.

따라서 중장기적 관점에서는 남북 양측이 상대적으로 우위가 있는 요소를 결합하는 방향으로 추진되어야 한다. 남북에너지 상호협력 가능성을 발전설비 건설분야에서 찾아보면 우선 남한은 발전 및 송배전설비를 건설하기 위한 토지를 확보하는 것이 급선무일 수 있고 북한은 연료의 확보 및 발전설비를 건설할 수 있는 자본 및 기술이 문제라고 할 수 있다. 따라서 남한은 발전소 건설과 운영, 연료조달 등과 관련된 자본과 기술을 투입하며 북한은 전력공급설비를 건설할 수 있는 부지와 인력을 제공하여 남북이 공동으로 이용하는 발전소를 건설할 수 있다. 이렇게 될 때 남북 모두 상호이익이 증대되는 경협의 바람직한 모델이 될 수 있다.

남북 양측이 상대적으로 우위가 있는 요소를 결합하는 방향으로 추진되어야 한다. 즉 남한의 자본, 기술과 북한의 인력이 결합하여 천연자원(석유와 천연가스 등)의 공동개발, 해외에너지 개발에의 공동참여, 북한경유의 가스관 건설 등의 방안을 생각해 볼 수 있다. 특히, 천연자원의 공동개발과 관련하여 현재 외국기업의 북한연안 일부 대륙붕에 대한 시험탐사작업이 이루어지고 있는 점을 감안할 때 유전탐사작업과 관련하여 남한기업도 해외기업과 공동협력기구를 구성하여 적극적으로 참여하는 방안이 모색될 수 있다.

결국 북한이 당면하고 있는 에너지난을 해결하기 위해서는 에너지공급의 안정화, 에너지 수급체계의 효율화, 에너지원의 다양화를 지향해야 하며 남북 양측은 이러한 문제를 인식하여 장기적인 관점에서 서로에게 이익이 되는 방향으로 에너지협력사업을 추진하여야 한다.

4) 남한의 비축석탄(1,073만톤)은 북한의 발전용 석탄보다 품질이 우수하기 때문에 남한에서 제공되는 석탄으로 전력생산이 이루어질 경우 북한 내의 전력효율성은 크게 증가할 것으로 기대된다.

〈표 27-2〉 북한의 에너지 공급추이

| | 단위 | 1990 | 1993 | 1995 | 1999 |
|---|---|---|---|---|---|
| 에너지공급[2)] | 만 TOE[1)] | 2,394.6 | 1,901.3 | 1,728.0 | 1,495.5 |
| - 석 탄 | (%) | (69.2) | (71.3) | (68.6) | (70.2) |
| - 석 유 | (%) | (10.5) | (7.2) | (6.4) | (5.9) |
| - 수 력 | (%) | (15.6) | (17.5) | (20.5) | (18.7) |
| - 기 타 | (%) | (4.7) | (4.1) | (4.5) | (5.2) |
| 1인당공급량 | TOE | 1.18 | 0.90 | 0.80 | 0.67 |
| 석 탄 생 산 | 100만 M/T | 33.2 | 27.1 | 23.7 | 21.0 |
| 원 유 도 입 | 만 배럴 | 1,847 | 997 | 806 | 233 |

주 : 1) TOE는 Ton of Equivalent의 약자로 원유 1톤이 갖는 열량(107kcal)임
2) 에너지 공급은 1차 에너지 기준으로, ( )안은 각 에너지 공급원별 구성비임
자료 : 통계청, 남북한 경제·사회상 비교, 각년 각호

이상 살펴본 바와 같이 북한의 SOC 개발사업에는 막대한 자금이 소요된다. SOC 투자사업의 초기에는 정부의 재원이 많이 투입되겠지만 투자가 진행됨에 따라서 한계를 보일 것이며 결국 민간기업들의 투자가 상당한 몫을 차지해야 할 것으로 전망된다. 투자재원의 조달방법으로는 여러 가지가 모색될 수 있으나 프로젝트 파이낸싱(project financing) 등 다양한 금융조달 방안을 전향적으로 도입해야 하며 외국자본과의 합작·합영에 의한 대북진출도 강구될 수 있다. 특히 민간기업과 한전, 도로공사, 토지공사 등 공기업의 합작진출을 적극 추진하면 국제금융시장에서의 자금조달에 유리할 것으로 보인다.

또한, 사업의 진출방식에 있어서 동시다발적으로 사업을 진행하는 것보다는 북한경제에 파급이 큰 SOC 시설 중 철도, 발전, 항만, 산업단지 개발 등을 우선적으로 추진하고 도로, 공항, 건설사업, 정보통신부문 등을 점차 연계해 가는 전략이 더욱 효과가 클 것으로 기대된다. 한편, 2000년 9월 5일 한국은행이 발표한『대북 SOC 투자의 산업연관효과』보고서에 따르면 건설용 골재나 시멘트 등은 북한에서 공급받되 나머지를 국내에서 조달하여 북한 SOC에 1조를 투자하면 국내경제에 부가가치 6,126억원 등 1조 5,264억원의 생산유발효과가 나타나는 것으로 분석되었다. 또한, 고용이 2만 1,398명 늘어나고 수입도 1,850억원 증가하는 것으로 나타났다. 따라서 대북 SOC 투자는 전체적으로 남한경제에도 긍정적인 영향을 주는 것으로 파악할 수 있다.

# 제3절 IT협력

북한은 김정일 국방위원장의 중국 상하이 방문을 계기로 IT산업을 경제발전의 새로운 원동력으로 간주하여 우리기업들과의 협력에 상당히 우호적인 자세를 보이고 있다. 이를 계기로 국내 닷컴업체 등이 북한과 IT협력을 활발히 논의하고 있어 남북한 IT협력사업이 가시화되고 있다.[5)]

## 1. 남북 IT협력의 배경

남북 IT협력이 추진되고 있는 배경에는 북한의 경우 서방국가의 대(對)공산권 수출통제를 위한 '바세나르 협정' 등으로 인해 첨단기술을 도입하기 어려운 상황에서 남한 기업들과의 협력을 통해 IT부문의 기술이전(technology transfer) 및 외화획득 효과를 모색하고 있다고 볼 수 있다. 남한도 북한의 저렴한 IT인력을 활용하여 음성·문자인식 분야나 다국어 번역프로그램 등의 공동개발을 추진하고 있어 이 부문에 있어서 남북의 상호이해관계가 어느 정도 작용하고 있다고 볼 수 있다. 특히, 북한의 적극적인 태도가 남북간 IT산업 협력이 활발히 논의되고 있는 주요 배경이라고 할 수 있다.[6)]

한편, 북한의 IT산업 육성과 관련한 이 같은 움직임에 대해 일부 전문가들은 북한이 외자유치를 통한 IT산업 집중육성으로 유럽 IT산업의 메카(mecca)가 된 아일랜드의 성장모델을 지향(指向)하고 있는 것으로 평가하고 있다. 아일랜드는 1970년대 경제위기를 극복하기 위해 IT산업 발전전략을 수립하여 세계 10대 주요 소프트웨어사의 국내집중투자를 유치한 바 있다. 이러한 전략의 성공적인 추진으로 최근 8년 동안 8~10%의 고도성장을 기록하고 있다.

## 2. 남북 IT협력 현황

하나비즈닷컴, 우암닷컴, 기가링크, 큐빅테크 등 7개 IT업체 대표들은 2001년 2월 7일 북한을 방문하여 북·중 경제특구 가능성이 큰 단둥~신의주지역에 북한과 정보기술단지를 조성하는

5) 매경, 2001. 2. 12. 참조
6) 김 위원장은 IT산업의 중요성을 인식하여 2000년 5월 중국 베이징 IT산업단지, 2001년 1월 상하이 IT단지 등 중국 정보산업시설을 방문한 바 있으며 조명록 차수도 2000년 미국 실리콘 밸리를 방문한 바 있다. 이를 반영하여 북한은 현재 각도에 '조선컴퓨터센터'와 같은 기구의 설립을 추진하고 있다.

데 의견을 교환한 바 있다. 이들은 북측과 이산가족을 위한 영상 면회사업, 북한 IT인력도입, 한의학 정보교류, 남북 소프트웨어 공동개발 등에 대해 논의하였다.

주요 대북 'e-비즈' 추진현황을 사례별로 간략히 살펴보면 다음과 같다.[7] 남북 IT협력이 가장 활발한 분야로 소프트웨어(software)분야를 지적할 수 있다. 삼성전자는 북한 조선컴퓨터센터와 제휴하여 소프트웨어를 공동개발하기로 하였다. 특히, 이동전화용 게임 및 음성인식 소프트웨어 개발에 중점을 두고 있다.

북한 내 우수 IT인력은 10만여명에 달하고 있고 음성·문자인식 분야 등 일부부문은 기술력도 우수한 것으로 알려지고 있어서 IT부문은 남북간 협력사업 중 가장 성장성이 클 것으로 기대되고 있다.

## 3. 남북 IT협력의 과제

남북한 IT협력이 남북당국 및 기업이 기대하고 있는 효과를 거두기 위해서는 현실적 제약이 크다고 할 수 있다.[8] 우선 북한의 경제상황을 고려할 때 정보통신산업의 각종 인프라스트럭처가 매우 취약(脆弱)하여 남북기업이 협력하여 우수한 소프트웨어 및 정보통신 관련장비 등을 개발한다고 해도 이를 소화할 수 있는 북한의 내수시장이 형성되어 있지 않다. 특히, 기업 및 일반인의 인터넷 이용은 북한내부의 정치적인 상황으로 인해 북한당국이 앞으로도 상당기간 수용하기 어려울 것으로 예상된다. 이러한 상황을 감안한다면 북한 IT산업은 주문자상표 부착생산(OEM) 방식위주의 수출산업화 할 가능성이 크다고 할 수 있다.

또한, 경제발전의 전략적인 측면에서 살펴볼 때 IT산업의 육성을 적극 추진하고 있는 북한의 발전전략선택에 대한 의문이 제기될 수 있다. 주지하는 바와 같이 IT산업은 기술집약산업(technology-intensive industry)이나 북한은 현재 기술집약산업이 아닌 풍부한 저임의 양질노동력에 의존하는 노동집약산업(labor-intensive industry)에 비교우위를 가지고 있다. 따라서 이러한 비교우위를 무시한 부문에 제한된 자원을 집중 투입할 경우 결과적으로 경제구조의 왜곡(歪曲) 및 자원의 비효율적 사용으로 인한 경제난을 경험하게 될 것은 자명하다고 할 수 있다. 비교우위를 무시한 경제발전전략의 채택으로 심각한 경제구조의 왜곡현상을 보인 예는 구사회주의권 국가와 남미제국을 들 수 있다. 따라서 이러한 역사적, 현실적 제약 하에서 북한이 현재 추구하고 있는 정보통신산업에의 투자는 북한의 경제적 역량을 무시한 발전전략이라고 볼 수 밖

7) 한경, 2000. 6. 17. 참조
8) 매경, 2001. 5. 26. 참조

에 없다는 지적이 강하게 제기되고 있다. 이러한 맥락 하에서 한국 정부 및 민간기업들의 북한 IT산업에의 지원 및 투자는 보다 진지하게 접근되어야 할 것으로 판단된다.

한편, 남북한 IT협력사업이 급추진되고 있는 가운데 2001년 5월 1일 미국이 북한을 테러지원국으로 지정함에 따라 남북 IT협력은 대외적인 문제에 의해 제동이 걸리게 되었다. 테러국으로 지정되면 전자·통신기술 등을 포함한 군수물자 기술은 물론 군용이나 민간용으로 이중사용이 가능한 물자에 대해서도 반입이 금지된다. 따라서 전자·통신기술의 교류가 주축이 될 수 밖에 없는 남북간 IT협력은 당분간 소강국면을 보일 것으로 전망된다.[9]

9) 특히, 분쟁국가나 테러국가에 대한 다자간 전략물자 수출통제체제인 '바세나르 협정'의 경우 486급 이상 컴퓨터의 반출도 제한하고 있어 국내기업들이 추진 중인 남북 IT협력사업은 상당한 난관에 직면할 것으로 보인다(서경, 2001. 5. 2. 참조).

28
chapter

# 남북 금융협력

2000년 6월 15일 역사적인 '남북정상회담' 이후 남북경협은 정치적 요인에 의해 소강국면을 보인 적도 있지만 일부부문에서는 가시적인 성과도 거두면서 나름대로 진행되어 왔다고 평가할 수 있다. 그러나 대북정책에 관한 한 클린턴 행정부 때와는 달리 강경책을 표방하고 있는 부시 행정부 출범 이후 악화된 북미관계로 인해 남북경협은 활성화되지 못하고 어느 정도 위축되어 왔던 것이 사실이다.

최근 북한이 핵무기 보유 시인과 재처리 등으로 다시금 한반도의 긴장을 고조시키고 있다. 2003년 5월에 개최된 '한미 정상회담'에서 두 정상은 국제협력에 기반하여 평화적인 수단으로 북한의 핵무기 개발 프로그램을 완전하고 검증가능하며 불가역적인 방법으로 제거하기 위해 공동노력 할 것임을 합의한 바 있다. 노무현 정부는 이전 김대중 정부의 일관된 햇볕정책과는 달리 핵문제 해결에 있어서 전향적인 자세를 보이고 있다. 즉, 노 대통령은 향후 남북교류와 협력을 북한 핵문제의 전개상황에 비추어 추진할 것임을 언급한 바 있다. 따라서 북한이 핵문제에 대해 전향적인 자세를 취하지 않는 한 남북협력관계와 북한의 대외관계에 영향을 미칠 수 밖에 없게 되었다. 향후 북핵문제를 해결하기 위해 한국과 국제사회는 김대중 정부와는 상이한 경제협력수단을 강구할 필요가 있다. 김대중 정부의 대북지원 방식이 긍정적 경제협력이었다면 앞으로는 경제적 압박에 대한 고려가 필요하다.

사실 그동안 대북경협방식은 국민적인 합의가 이루어지지 않았음에도 불구하고 한반도의 긴장완화와 북한의 시장경제체제를 유도해서 궁극적으로 통일비용을 줄인다는 명분 하에 추진되어 왔다고 할 수 있다. 그러나 최근의 대내외적인 여건변화로 인해 대북경협은 입지가 상당히 좁아져 있으며 북한이 이 문제를 성실하고도 신뢰성 있게 해결하지 않는다면 향후 남북교류 및 경제·금융협력은 심각한 차질을 입게 될 것이 분명하다. 최근 북한은 계획경제 틀 내에서 개혁을 추진하고 있는 것으로 알려지고 있다. 이는 경제운영에 있어서 시장경제적 요소를 도입하는 것으로 해석할 수 있으나 현재까지 가시적인 성과는 거두지 못하고 있는 것으로 나타나 남북경협은 새로운 전기를 맞이하게 될 것으로 기대되고 있다.1)

남북경협에 있어서 새로운 전기가 마련되면서 남북경협이 효과적인 결실을 맺기 위해서는 남북금융협력이 어느 때보다 중요하게 부각되고 있다. 남북한간 금융부문의 협력사항은 1992년의 '남북부속합의서'에 명문화되어 있음에도 불구하고 아직까지 가시적인 진전은 없었다고 평가할 수 있다. 따라서 남북한간 경협이 실질적인 성과를 거두기 위해서는 남북한간 금융부문의 교류가 시급하며 북한금융제도와 남북한금융협력에 대한 여러 측면 및 진출방안에 대한 심도있는 논의가 학계·업계·정계 간에 이루어져야 한다.

남북한 금융협력에 대한 거시적 및 미시적 분석과 더불어 제도적 측면의 보완과제에 대해 살펴보고자 한다.

## 제1절 남북한 금융협력의 거시적 및 미시적 분석

분단이후 55년만에 이루어진 역사적인 '남북정상회담' 이후 그동안 답보상태에 있었던 남북경협이 본격화되었다고 평가할 수 있다. 주지하는 바와 같이 남북경협의 활성화는 남한의 유휴설비 및 사양산업의 설비, 자본, 우수한 기술력을 북한의 풍부하고도 저렴한 노동력과 결합시켜 동남아와 중국 등 후발개도국들에 비해 국제경쟁력이 저하되고 있는 남한의 노동집약적산업의 경쟁력을 제고시키는 긍정적인 역할을 할 것으로 기대되고 있어 중장기적으로 남북한 모두에게 이익이 되는 윈윈 게임(win-win game)이 될 것이다.

결국 이러한 실물부문의 남북경협이 본 궤도에 진입하기 위해서는 북한의 열악한 투자여건, 과다한 물류비, 투자와 관련한 제도적 장치 및 대금결제체제의 미비 등에 대한 남한금융기관의 지원이 필수적이라고 할 수 있다. 즉, 남북경협에 참여하고 있는 남한기업의 고물류비용, 남북간 청산결제시스템 미비로 인한 추가적인 비용부담 및 기타 남북관계의 변화에 따른 리스크 증대

1) 재일본조선인총연합회의 기관지인 조선신보(朝鮮新報)는 2002년 7월 26일자에서 북한이 7월 들어 물가와 임금을 대폭 인상하는 등 일련의 경제개혁을 단행하였다고 보도하였다. 조선신보는 이번 경제개혁이 시장경제원리 도입이라는 일부 평가에 대해 국가가격제정국에서 실무를 담당하고 있는 이번 개혁은 철저하게 사회주의원칙에 기초하여 단행된 조치라고 밝히고 있으나 영국의 경제주간지 이코노미스트는 북한의 이번 경제개혁조치에 대해 시장경제체제를 향한 작지만 의미있는 첫걸음을 내디딘 것으로 평가하고 있다.

등과 관련하여 실물부문에 대한 자금지원과 남북당국이 수긍하는 제도적 장치의 마련뿐만 아니라 진출기업에 대한 재정적 지원도 절실히 요구되고 있다. 이와 관련하여 은행을 포함한 국내 금융기관들은 남북교역에 따르는 대금결제시스템의 구축과 대북진출기업에 대한 자금제공기능을 효과적으로 수행해야 한다.

한편, 남북한 금융협력을 모색함에 있어서 동서독의 금융통합사례는 중요한 시사점을 제공하게 된다. 1989년 11월 베를린 장벽이 무너지면서 독일통일은 가능하게 되었는 데 이 때까지만 해도 동서독 간의 금융부문에서의 협력은 거의 존재하지 않았다.[2] 그러나 동서독은 베를린 장벽 붕괴 직후 금융통합에 착수하여 1990년 3월에 동독은 독일신용은행을 설립하여 동독의 중앙은행인 독일국립은행의 대출업무를 이관하는 등 서독의 은행제도인 이원적 은행제도를 도입하였으며 1990년 7월 1일 동서독간 '통화 · 경제 · 사회통합조약'을 발효시키면서 금융개혁을 본격적으로 추진하게 되었다. 그러나 동서독의 금융협력은 점진적인 과정이 아닌 급진적으로 추진되어 금융시장에 다수의 부정적인 문제점들(동독기업에 대한 시장가치기준에서의 기업평가의 불가능 문제, 시장에서 유통되지 않는 무담보 유동화 증권 발생, 신용경색으로 인한 역금리구조의 발생)이 발생되어 금융시장의 불안정이 상당기간 지속되었다. 따라서 독일의 경험에 비추어 볼 때 남북한 금융협력은 급진적 과정이 아닌 점진적 과정에 의해 추진되어야 되며 여러 요인들(남북간 경제력 격차 문제, 남북간 경제체제의 이질성 문제, 경제적 통합과 정치적 통합 간의 조화 및 우선순위 문제, 남북통화간 태환성 문제 등)을 고려하여 신중히 접근하여야 한다.

남북한 금융협력과 관련하여 최근 활발하게 논의되고 있는 국내외적 이슈를 거시적 및 미시적 측면으로 나누어서 살펴보고자 한다.[3]

## 1. 거시적 분석

### 1.1 북한개발지원을 위한 자금조달

북한의 경제개발을 지원하기 위해서는 남한의 역할이 중요할 수 밖에 없는데 만성적인 경제난으로 생산시설 및 사회간접자본시설(SOC)이 매우 낙후되어 있고 비효율적인 경제구조를 지니고 있는 북한경제의 현실 하에서 남한의 경제력만으로는 무리일 수 밖에 없다. 남한의 경제현실 역시 지난 1997년말 외환위기 이후 금융 및 기업구조조정에 투입된 막대한 공적자금으로 인

2) 분단 당시 서독은 이원적 은행제도(two-tier banking system)를, 동독은 단일은행제도(mono-bank system)를 각각 채택하고 있었다(한국은행, 통일경험에 비추어 본 남북한 금융통합 방향, 2002. 5. 10. 참조).

3) 전국은행연합회, 금융, 2000. 10. pp. 18~31 참조
장형수 외, 국제협력체 설립을 통한 북한개발지원방안, 대외경제정책연구원, 2000. 12. pp. 21~51 참조

해 공공부문의 부채를 상환하기 위한 국채이자지급 비용만도 연간 국내총생산(GDP)의 3~4%에 이르고 있어 재정운영에 부담을 주고 있는 실정이다.

이러한 남북한의 경제적 현실을 고려할 때 자금조달은 해외에 의존할 수 밖에 없다. 해외자금조달은 국제민간 상업베이스에 의한 조달, 원조국 지원자금, 국제금융기구의 장기저리자금 등 국제공적자금을 통한 조달로 분류할 수 있다. 우선 북한의 국제민간상업베이스에 의한 해외자금조달 가능성을 살펴보면 북한은 1970년대 중반 이후 서방차관에 대한 채무불이행(default) 상태에 있기 때문에 북한의 현재 대외신용도 하에서 국제사회로부터 상업차관을 제공받는 것은 불가능한 일이며 한국이 참여할 경우 국제금융기관으로부터 상업차관 도입, 외화채권 발행, 프로젝트 파이낸싱(project financing) 등의 방식이 고려될 수 있다.

#### (1) 상업차관

북한에 대한 투자자금조달을 위해 국내금융기관을 중심으로 컨소시엄을 구성하여 국제금융시장에서 상업차관을 차입하고 한국 정부가 지급보증을 서는 방안이 고려될 수 있으나 북한의 현 경제상황을 고려할 때 국내금융기관이 해외에서 자금조달을 하려고 하면 상당한 가산금리를 요구받게 될 것으로 예상되며 한국 정부의 지급보증방안도 대북정책에 대한 국민적 합의(consensus) 등 여러 가지 국내정세를 고려할 때 난관에 부딪히게 될 것으로 보인다.

#### (2) 프로젝트 파이낸싱

프로젝트 파이낸싱이란 특정 프로젝트의 사업성과 자산, 사업주의 신용을 참고하여 자금을 지원하는 금융기법이므로 금융기관은 대여자금의 회수에 대한 위험부담이 크기 때문에 대여에 대해 고율의 이자율을 요구하게 되며 일반적으로 신디케이트 구성을 통해 위험을 분산하게 된다.

이 방법의 적용도 북한의 경제사정을 고려할 때 실현되기 힘들 것으로 보인다. 북한과 같이 세계경제체제에 편입되어 있지 않은 상황에서는 투자위험이 크고 투자의 수익성이 지극히 불투명하기 때문에 국제금융공사(IFC : International Finance Corporation) 등과 같이 공신력있는 국제금융기관의 참여가 필요하다. 북한은 현재 IFC의 비회원국으로서 비회원국에 대한 IFC의 프로젝트 파이낸싱 참여는 아직 전례가 없기 때문에 현실적으로 실현되기가 어렵다고 할 수 있다.

따라서 남북한의 현재 여건을 고려할 때 북한의 경제재건을 위한 외부자금조달은 북한에 대한 국제사회의 무상지원(grants) 또는 양허성(concessional) 자금지원 등 국제공적자금 조달이 중심이 되어야 된다. 국제민간자본의 제공에 있어서 실질적인 영향을 미치는 기관은 IMF, World Bank 등 국제금융기구이다. 결국 북한개발에 필요한 대규모 국제민간자본의 유치는 북한의 국제금융기구 가입이 선결되어야 가능하다고 할 수 있다.

### 1.2 북한의 국제금융기구 가입

북한에 대한 국제공적자금 지원을 위한 다자간 국제협력 방안 중 국제금융기구를 활용하는 방안이 중요하게 부각된다. 이는 이들 국제금융기구가 자금 및 기술지원 등의 직접적 효과 이외에도 국제민간부문의 북한지역에 대한 직접투자를 유도하는 간접적인 효과도 수반할 수 있을 것으로 기대되기 때문이다.4)

북한이 국제금융기구에 가입한다면 국제통화기금(IMF)으로 부터는 빈곤감소 및 성장지원제도(PRGF : Poverty Reduction and Growth Facility) 자금을, 세계은행(WB)으로 부터는 국제개발협회(IDA : International Development Association) 자금을, 아시아개발은행(ADB)으로 부터는 아시아개발기금(ADF : Asian Development Fund) 자금 등 양허성 자금지원을 받을 수 있을 것으로 예상되나 현재 북한이 이들 국제금융기구에 가입하는 데 가장 큰 문제가 되는 것은 미국이 북한을 테러지원국에서 배제시키지 않고 있다는 점이다. 미국 국내법은 테러지원국에 대한 국제금융기구의 자금지원에 대해 국제금융기구 의사결정회의에서 미국대표가 반드시 반대의사를 표명하도록 하고 있다. 부시 대통령은 이라크를 포함하여 북한을 '악의 축(axis of evil)'에 비유한 바 있어 이러한 상황은 개선되고 있지 않은 실정이다.

### 1.3 북한신탁기금의 설립

북한의 국제금융기구 가입은 한반도를 둘러싼 국제정치 · 외교 관련 변수에 의해 크게 영향을 받게 된다. 특히, 클린턴 행정부 때와는 달리 부시 행정부 등장이후 미국의 대북정책 방향이 기본적으로는 강경한 입장을 견지하고 있어서 조속한 시일 내에 실현될 가능성은 희박하다고 할 수 있다. 따라서 북한의 국제금융기구 가입 이전이라도 북한이 국제금융기구 또는 국제사회로부터 지원을 받을 수 있는 방안들이 강구될 필요가 있는데 그 중의 하나로서 '북한신탁기금(Trust Fund for DPRK)' 설립이 검토될 수 있다.

북한신탁기금은 일반적인 신탁기금과는 달리 세계은행의 비회원국에도 세계은행의 자금지원이 가능하게 하는 기능을 하고 있으며 비회원국에 대한 자금지원은 네 차례나 행해진 바 있다.5)

---

4) 국제민간자본의 북한 내 유치와 관련하여 국제금융기구의 북한경제에 대한 인정(endorsement)이 필수적이기 때문에 이들 기구에 대한 선가입이 국제민간자본의 유치에 효과를 유발시킬 것은 자명한 사실이다.

5) 일반신탁기금은 지원국이 자금을 기탁하여 세계은행이 운영하게 되는데 비해 특별신탁기금인 '북한신탁기금'은 세계은행 자체의 자금이 지원되며 일반신탁기금이 대부분의 경우 기술지원 등에 집중되는 데 비해 특별신탁기금은 도로, 항만 등 인프라 기반 확충에도 자금이 지원되는 특징을 가지고 있다. 세계은행의 비회원국에 대한 자금지원 사례는 팔레스타인신탁기금(Trust Fund for Gaza and West Bank), 동티모르신탁기금(Trust Fund for East Timor), 보스니아-헤르체고비나신탁기금(Trust Fund for Bosnia and Herzegovina), 코소보특별신탁기금(Special Trust Fund for Kosovo)이 있다.

그러나 '북한신탁기금' 역시 국제금융기구의 자금지원이 수반된다는 점에서 미국의 대북 테러리스트 지원국 지정에 의해 영향을 받게 될 수 밖에 없다는 점에서 북한의 국제금융기구 가입문제와 더불어 그 한계성은 가지고 있다고 평가할 수 있다.

### 1.4 동북아개발은행의 설립

최근 들어 아시아·태평양 지역의 경제협력을 위한 동북아개발은행(NEADB : Northeast Asian Development Bank) 설립의 필요성과 그 설립방안이 활발히 논의되고 있다.[6] 동북아개발은행 설립과 관련한 원래의 취지는 중국 동북부 및 연해주 개발을 위한 것이었으나 최근에는 북한지원을 위한 국제공적자금조달의 중요한 방안으로서 검토되고 있다. 북한에 대한 자금지원과 관련하여 동북아개발은행의 설립 전망에 대해서는 낙관론적 시각과 비관론적 시각이 공존하고 있는 실정이다.

#### (1) 낙관론적 시각

우선 동북아개발은행의 설립 필요성에 대해 언급할 필요가 있는데 동북아지역은 세계에서 가장 역동적인 경제성장을 하고 있는 지역으로서 전세계의 주목을 받고 있다. 이러한 동북아지역 국가들의 경제개발을 촉진하기 위해서는 막대한 자금이 필요한 상황이다. 따라서 국제투자자금을 동북아로 유치하기 위한 제도적 장치의 필요성이 그 어느 때보다 증대되고 있으며 결국 동북아개발은행의 설립이 필요하게 된다.[7]

동북아개발은행 설립의 가장 핵심적인 역할을 할 국가로 미국과 일본을 들 수 있으나 이들은 출자부담 및 기타 정치적인 상황을 고려하여 현재 어느 국가도 주도적인 역할을 하고 있지 않은 실정이다. 우선 출자부담과 관련하여 실제로 동북아개발은행의 설립에 대규모의 자금이 소요되는 것은 아니다. 아시아개발은행(ADB)의 경우 청약자본은 수 차례의 증자를 거쳐 약 478억 달러에 이르렀는 데 1999년 9월말까지 16개 회원국이 부담한 현금출자는 33억 달러에 불과하다.[8] ADB는 1966년 설립된 이후 불과 33억 달러의 현금자본을 가지고 1999년 9월까지 1,000억 달러 이상의 자금을 조달하여 역내국가들의 경제성장 및 경제안정을 위해 지원하였다. 일례로 ADB의 경우를 참작하면 동북아개발은행의 청약자본금을 400억 달러로 정할 경우 미국과 일본의 부담액은 5년간 매년 10억 달러 정도로 추정되며 한국과 중국의 출자부담은 5년간 3~4억

---

6) 아시아개발은행(ADB)이 세계은행(WB)과 더불어 아시아지역국가의 경제개발자금을 지원하고 있듯이 중국 동북부, 연해주, 몽고, 북한 등을 지원대상으로 하는 새로운 지역개발은행을 설립하자는 논의이다.

7) 한경, 2000. 10. 13. 참조

8) 아시아개발은행 16개 회원국이 부담한 현금출자가 33억 달러에 불과한 데는 청약자본이 5년 분할 납입의 현금자본과 은행이 위급한 상황에 처할 때 은행의 요구에 의해 요청받을 경우 납입약속을 하는 대기자본(callable capital)으로 구성되어 있는 상황 하에서 대기자본이 전체의 93%를 차지하고 있는데 기인하고 있다.

달러에 불과할 것으로 예상되고 있어 이들 국가의 경제여건을 고려할 때 출자부담이 동북아개발은행의 설립에 큰 문제가 되지는 않을 것으로 판단된다.

정치적 상황과 관련하여 일본의 경우 동북아지역에서 막대한 무역흑자를 시현하고 있기 때문에 과거에 이 지역 국가들에 대한 가해국(加害國)으로서 불행한 역사를 청산해야 하는 정치적 부채를 제거하기 위해서도 무역흑자의 일부분을 동북아지역에 지원해야 하는 충분한 명분이 있다. 또한, 향후 북일수교에 따른 전쟁배상금 문제와 더불어 유상원조의 경우에도 동북아개발은행을 통해 공여하는 것이 유리할 것으로 판단된다. 미국의 경우에도 이 지역에 대한 안보 등 정치적 이해관계가 지대하므로 은행설립에 참여함으로써 동북아지역에 제도적 거점을 확보하게 된다.

결국 동북아지역은행의 설립 및 북한에 대한 지원문제는 한국과 중국이 동북아개발은행 설립의 가장 중추적 역할을 하게 될 미국과 일본을 어떻게 끌어들이느냐에 달려있다고 할 수 있다.

#### (2) 비관론적 시각

일부 전문가들은 동북아개발은행의 설립방안은 현재로서는 북한에 대한 자금지원 측면과 관련하여 큰 도움이 되지 못할 것으로 예상하고 있다. 현재 북한의 소득수준(2004년 기준 1인당 국민소득은 약 914달러로 추정됨)을 감안할 때 IBRD, ADB 등 세계 주요 개발은행이 제공하는 정규차관을 받을 수는 없으며 세계은행의 국제개발협회, 아시아개발은행의 ADF 자금지원 등 양허성 자금지원만 받을 수 있는 국가에 속한다.[9]

북한자금지원과 관련한 동북아개발은행의 제약조건은 다음 4가지로 정리할 수 있다.

① 자본조달에 있어서 고비용이 초래될 가능성이 큼

동북아개발은행이 성공적이기 위해서는 최상위 신용등급(AAA)을 획득하여 국제금융시장에서 최상의 조건으로 자금을 조달할 수 있어야 한다. 동북아개발은행이 최상위 신용등급을 획득하기 위해서는 미국, 일본, EU 등이 은행의 설립에 적극적으로 참여하여 국제금융체제에 편입될 수 있도록 역할을 해 주어야 하는데 현재로는 이들 국가의 적극적인 지지를 얻기는 어려울 것으로 판단된다. 또한, 동북아개발은행의 경우 지역적 특성상 타 지역개발은행보다 참여국수가 제한적이기 때문에 실질적으로 국제금융시장에서 최상위 신용등급을 부여받기는 어려울 것으로 전망된다.

9) IDA 자금은 IBRD 차관(국제금융시장 금리수준으로 제공됨)과는 달리 대체적으로 1인당 국민소득이 매우 낮은 저소득국가에 제공되고 있는데 북한의 1인당 국민소득이 현재 이러한 수준에 이르고 있다.

② 국제금융체제의 개편논의 방향

1997년 동아시아외환위기(East Asian Foreign Exchange Crisis) 이후 국제금융체제(international financial architecture) 개편 논의 중의 하나는 국제개발은행의 역할 축소이다. 실제로 1990년대 중반이후 세계화가 급속도로 추진되면서 국제민간자본시장이 비약적으로 발전하고 있어 국제개발은행의 역할은 축소되어 가고 있다.

③ 동북아개발은행 자금제공의 주요 수혜국에서 배제될 가능성이 큼

동북아개발은행이 설립된다고 하더라도 최대수혜지역은 중국의 동북부지역, 러시아의 연해주 및 시베리아 지역이 될 가능성이 높으며 따라서 북한의 경우 상대적으로 불이익을 받게 될 가능성이 클 것으로 전망된다.

④ 동북아개발은행 내 양허성 자금지원창구의 설치 문제

동북아개발은행 설립 논의안에는 양허성 자금지원창구 설치문제가 포함되어 있지 않다. 북한의 경우 양허성 자금지원이 절대적으로 필요한 실정이어서 현 상황 하에서 동북아개발은행이 설립된다고 하더라도 실질적으로 북한에 대한 자금지원효과는 크지 않게 된다. 따라서 북한에 대한 경제개발자금 지원이 효과적으로 이루어지기 위해서는 세계은행의 IDA, 아시아개발은행의 ADF와 같은 양허성 자금지원창구가 동북아개발은행에도 설치되어야 한다.

### 1.5 북한의 외채

북한의 외채문제는 국제사회에서 경제개발자금을 조달하는 데 있어서 결정적 영향을 미칠 정도로 심각한 상황에 직면해 있다. 북한은 1970년대 이후 경제개발의 주요 재원으로 서방세계로부터 차관을 도입하여 왔으나 북한경제의 구조적인 비효율성과 1970년대 초기에 발생했던 석유파동(oil shock)으로 인해 1974년 이후 서방세계로부터 차입한 차관의 원리금 상환을 연체하기 시작하였다. 1989년 구소련이 붕괴된 이후에는 구소련으로부터 제공받던 원조가 중단되면서 이러한 상황은 더욱 더 악화되었으며 기존의 외화채무원리금을 거의 상환하지 못하고 있다. 현재 북한은 국제금융시장에서 담보나 보증이 없는 신규차입은 불가능한 실정에 있다. 따라서 북한경제가 대외자금을 제공받기 위해서는 외채문제의 해결이 무엇보다 시급하며 외채경감협의 채널을 위한 해결방안이 가장 현실성 있는 대안으로 부각되고 있다.

#### (1) 외채현황

한국은행이 발표한 자료에 의하면 북한의 외채는 2000년 기준 125억 달러에 달하는 것으로 추정되고 있으며 이 중 러시아와 중국에 대한 외채가 50%를 초과하고 있다.

북한의 상대적인 외채구성에 대해서 보다 정확한 추계가 가능했던 구소련 붕괴직전인 1989년 말을 기준으로 할 때 북한의 총채무는 67.8억 달러였다. 이 중 구소련에 대한 채무는 31.3억 달러로 전체의 46.2%를 차지하고 있었으며 서방세계에 대한 채무는 27.4억 달러로 40.4%, 중국에는 9억 달러(13.3%)의 채무를 가지고 있었다. 국제금융센터의 자료에 따르면 1995년 기준으로 북한의 대외채무는 러시아에 43억 달러, 111개 서방세계의 은행권에 23.3억 달러, 중국에 22억 달러, 일본에 9억 달러, 기타 채무 20.8억 달러 등 모두 약 118억 달러에 달하였으며 이후 지속적으로 증가하여 2000년에는 125억 달러에 이르고 있다.10)

〈표 28-1〉 북한의 외채현황

(단위 : 십억 달러)

| 연도 | 1975 | 1980 | 1986 | 1989 | 1992 | 1993 | 1994 | 1995 | 1996 | 1998 | 1999 | 2000 |
|---|---|---|---|---|---|---|---|---|---|---|---|---|
| 합계 | 2.10 | 3.46 | 4.06 | 6.78 | 9.72 | 10.32 | 10.66 | 11.83 | 12.0 | 12.1 | 12.3 | 12.5 |

### (2) 외채경감협의 채널의 활용

북한이 국제금융기구에 가입하여 IMF와 세계은행 개혁프로그램을 성실히 이행하였을 경우에는 이들 기관이 주도하는 중(重)채무국 외채문제해결전략(쾰른 이니셔티브 : Köln Initiative)을 활용하여 외채를 탕감받을 수 있는 방법이 존재한다.11) 그러나 현재 북한이 국제금융기구에 가입되어 있지 않은 여건을 고려할 때 보다 현실성 있는 방안으로 북한의 요청이 전제된 상황에서 파리클럽(Paris Club) 및 런던클럽(London Club)을 통한 외채상환조건조정(debt rescheduling)과 외채경감(debt reductions)을 위한 다자간 협의를 '다자간지원메커니즘'의 틀 안에서 논의하는 것이 필요하다. 즉, 공식적인 외채경감메커니즘을 이용하여 북한의 외채를 경감시키기 위한 노력을 기울여야 한다. 이를 위한 전제조건은 북한의 재건을 통해 남북간 화해분위기 조성에 대한 전향적인 태도, 이를테면 남북경협의 성실한 진행을 통해서 한반도의 평화정착에 실질적으로 기여하고 있다는 국제사회의 동의가 필수적이다.

이상 살펴본 남북한 금융협력의 거시적 측면을 종합적으로 분석할 때 북한에 대한 남한의 금융협력은 현실적으로 국제기구와의 협력에 의한 지원이 가장 실효성 있다고 평가할 수 있으나 북한의 국가신용도 문제, 최근의 한반도 긴장고조 등으로 인해 인도적인 지원조차도 제한받고 있는 상황이어서 극히 불투명한 실정이다. 남북한 금융협력, 나아가서는 경제협력에 있어서 최우

10) 국제금융센터, 국제기구가 집계한 북한대외채무현황, 2000. 6. 2. 참조
한국은행, 한은정보, 2001. 6. 참조

11) 장형수 · 박형곤, 빈곤국 외채탕감 논의와 우리의 대응, 대외경제정책연구원, 1999. 참조

선 고려요소는 한반도의 긴장완화를 위한 북한의 성실한 노력과 이러한 노력을 근거로 한 국가신용도 제고 및 시장경제체제로의 순조로운 이행이라고 할 수 있다.

## 2. 미시적 분석

### 2.1 국내금융기관의 대북진출현황 및 방안

#### (1) 은행권

은행권의 대북진출은 지난 1994년 북미 핵협상 타결과 정부의 남북경협활성화 조치로 남한기업들의 대북진출이 활발히 추진되면서 각 은행마다 북한전담팀(Task Force Team)을 구성하여 대북진출을 모색해 왔으나 남북관계의 교착상태 지속, 1997년 외환위기 등으로 은행의 대북진출은 정체상황을 보여 왔다. 그러나 분단 반세기만에 2000년 6월 15일 개최된 역사적인 '남북정상회담'의 성사로 남북경협은 새로운 전기를 맞이하게 되었다. '남북정상회담'을 계기로 국내은행들도 북한 내 합영·합작은행의 설립, 북한 내 금융전문가 양성, 북한의 국제금융기구 가입 등에 있어서 나름대로의 역할을 수행할 수 있으며 금융협력을 통해 궁극적으로 남북경제의 통합에도 기여할 수 있게 되었다. 이에 따라 각 은행들은 북한관련 정보의 수집, 지점 및 합작은행 설립추진, 코레스 업무제휴 등 다양한 부문에서 대북금융협력을 모색하고 있다.

#### (2) 보험권

남북금융협력과 관련하여 보험권에서는 경제협력 및 식량지원 등을 포함한 구상무역, 금강산관광, 여행, 각종 대규모 행사 등과 연관된 대북 보험시장이 형성되고 있다. 예를 들면, 금강산개발 및 관광과 관련하여 건설공사, 신변안전, 동산종합, 주민왕래 등에서 수십 건의 보험계약이, 한반도에너지개발기구(KEDO)의 경수로건설공사와 관련하여 건설공사 보험, 배상책임보험, 동산종합보험, 자동차보험 등에서 약 1,000억원 규모의 보험이 체결된 바 있다. 대북경협 및 금융협력이 본격적으로 추진되면 향후 10년간 200억 달러에 이를 것으로 전망되므로 이와 관련된 보험시장의 규모도 4,000~5,000억원 대에서 최대 수조원에 달할 것으로 기대되고 있다.

남북경협과 관련된 보험시장규모가 증가함에 따라 국내대형 보험사들은 대북보험사업에 대한 마케팅을 강화시키고 있다. 대북경협에 있어서 금강산관광을 비롯하여 각종사업을 추진 중인 현대를 비롯하여 삼성, LG, SK 등 대기업 계열 보험사를 중심으로 전담창구신설 및 북한 내 사무소 설치 등 다양한 진출방안을 모색 중에 있다.[12)]

---

12) 현대해상, 삼성화재, LG화재 등 국내 대형보험사들은 대북보험거래가 본격화되기 전에 북한과의 시장정

〈표 28-2〉 국내은행들의 대북사업 추진현황

| 은 행 | 주 요 내 용 |
|---|---|
| 산 업 | · 유엔공업개발기구(UNIDO)와의 업무제휴를 통해 대북공동사업 추진<br>- UNIDO와 협력하여 대북사회간접자본(SOC) 투자사업 타당성 평가<br>- 북한투자상담회를 개최하여 참가기업 선정 등 공동지원체제 구축 예정<br>· 북한 SOC 지원사업에 투자할 통일복권 발행 추진<br>· 국내기업의 대북투자 증대에 대비한 종합지원시스템 구축 예정 |
| 농 협 | · 농민협동조합이라는 특성을 살려 북한 내 진출 추진<br>- 향후 농축산물 유통과 신용사업 등 금융사업 확대 계획<br>· 국제농업개발기금(IFAD) 등 국제기구, 정부와 공동자금을 출연하여 북한 농민에게 저리 대출하는 업무 추진 |
| 수출입 | · 남북경제협력기금 및 경수로사업기금 수탁기관으로서 이를 활용한 대북사업 추진<br>- 대북 금융지원 및 구소련 등 사회주의 국가와의 풍부한 거래경험을 바탕으로 대북진출추진<br>· 북한 진출기업에 대한 유상대출 활성화<br>· 남한의 청산결제은행 역할 및 북한 내 사무소 설치 추진 |
| 조 흥 | · 북한 화려은행의 서울지점 개설 협력, 향후 합작은행 설립 검토<br>· 코레스 계약 추진<br>· 대북금융상품 개발 및 대북 교역관련 설명회 개최<br>· 북한관련 연구기관과의 제휴를 통해 북한 진출기업에 북한 경제관련 정보 및 경영컨설팅 제공 |
| 우 리 | · 북한 고려상업은행과 제3국 외국은행을 경유하는 3각 업무제휴 추진<br>· 코레스 계약 추진<br>· 유니온 커뮤니티사와 제휴하여 이산가족찾기 관련 대북 송금 추진<br>· 남북한 통일음악회 공동주최 등 다각적인 대북 교류사업 지원을 통해 이미지 제고 및 북한 내 점포 설치 추진 |
| 외 환 | · 한반도에너지개발기구(KEDO)의 경수로 사업과 관련하여 함경남포 신포에 국내은행 최초로 "금호출장소" 개설<br>- KEDO 직원 및 근로자 대상으로 송금·입출금, 결제업무 담당<br>· 코레스 계약 추진<br>· 남북경제협력관련 대금결제 방식 등에 대한 연구·조사 업무 강화 |

### (3) 남북경협과 관련한 금융기관의 역할

'남북정상회담'의 성사로 남북당국간 대화채널이 구축되었으며 이러한 대화국면의 조성으로 한반도 긴장완화, 경제·사회·문화 부문의 교류 활성화, 특히 이산가족의 상호방문 등 가시적인 결실을 거두고 있다. 따라서 이러한 남북당국자간 안정적이고도 지속적인 대화에 이은 정부 및 민간부문의 경협이 활성화되기 위해서는 무엇보다도 실물부문에 대한 자금지원을 하는 금융부문의 역할이 중차대하다고 할 수 있다.

이러한 측면에서 국내금융기관의 역할을 2가지 관점, 즉 대금결제체제의 구축과 자금지원이라는 관점에서 파악하고자 한다.

---

보교환, 인력교환 등 금융협력관계의 구축에 힘쓰고 있으며 남측 보험계약자에 대한 현지보험 서비스의 제공과 보험사고 조사, 북한보험기관과의 순조로운 업무협조를 위한 상주사무소의 개설을 추진 중에 있다.

〈표 28-3〉 국내보험사들의 대북협력사업 추진현황

| 회 사 명 | 주 요 내 용 |
|---|---|
| 현대해상 | · 대북관련 사업에 있어서 현대그룹의 주도적인 역할을 활용하여 보험업 진출<br>- 향후 북한 내에 조성될 공단(서해안, 신의주 등) 근처에 지점을 설치하여 이와 관련된 물건 및 근로자 대상 개인보험 인수 추진<br>· 현대생명의 경우 남북이산가족 상봉 관련 상품 개발 |
| 삼성화재 | · 북한진출에 앞서 중국 보험시장에 우선 진출하여 북한 진출 교두보로 활용<br>· 그룹의 대북경협과 연계하여 북한시장 진출을 위한 전담팀 구성<br>- 삼성전자 및 가전 등의 생산설비 관련 보험상품 개발에 주력 |
| LG화재 | · 그룹의 대북경협과 연계하여 북한 진출 예정<br>- 미국 보험그룹(JC Penny사)과 합작으로 북한에 보험대리점 진출 추진<br>· 경수로 건설의 보험주간사회사로 선정되어 대북관련 보험시장 선점 및 이를 북한 진출에 적극적으로 활용함<br>· 남북이산가족 상봉 및 대북사업관련 북한지역에 근무하는 남한근로자들의 각종 위험관련 보험상품 개발 |
| 동양화재 | · 민족자본으로 세워진 보험회사라는 점을 내세워 북한 진출 추진 |
| 외 국 계 | · 북한 보험시장 진출을 위해 국내 보험사와 합작 모색<br>· 북한진출에 있어 현재 알리안츠 등 일부 외국계보험사들이 활발하게 추진 중임 |

① 대금결제체제의 구축

대금결제체제의 구축과 관련하여 남북경협 투자자금 송금 등 자금결제 방식이 구축되어야 하며 이를 위해 청산결제방식 또는 환결제방식, 청산결제에 의한 대월제도의 도입 등이 검토될 수 있다. 또한, 대금결제의 효과를 극대화시키기 위해 남북한 은행간 직·간접의 환거래 계약을 체결할 필요가 있다.

② 자금지원

남북경협의 자금지원과 관련하여 국내외 금융기관을 이용한 다양한 방법이 모색될 수 있으나 보다 현실성있는 방법으로 '남북협력기금'에 의한 지원확대가 우선적으로 고려될 수 있으며 대북경협에 직접 참여하는 기업에 대한 특별자금 지원책도 필요하다. 또한, 국제금융기관과 연계하여 프로젝트 파이낸싱 등을 통한 자금지원책도 강구될 수 있다.

### 2.2 국내금융기관의 대북진출방안

국내금융기관의 대북진출은 향후 남북경협이 단순물자교역에서 생산부문 중심으로 경제협력단계가 발전되고 이산가족상봉 등 인적교류가 확대되게 되면 더욱 더 활발해 질 것으로 예상된다. 통일 전 동서독과 현재의 대만·중국 사례에서 알 수 있듯이 남북당국의 상호신뢰 증진과 경제협력에 실질적인 기여를 할 것으로 기대되나 국내금융기관의 대북진출은 한반도 정세변화와 같은 다수의 제약조건과 대북경협에 참여하는 국내기업의 진출형태 등에 크게 영향을 받는 만큼 신중하게 접근해야 한다. 국내금융기관의 대북진출방안을 2가지 측면, 즉 진출환경과 경제협력 유형으로 나누어서 살펴보고자 한다.

### (1) 대북진출환경

① 사전준비단계

사전준비단계란 북한의 개방정책은 지속되고 있으나 제도적 기반이 미비하여 금융지원의 필요성이 부각되는 단계라고 할 수 있다. 이러한 단계에서는 대북접촉창구의 확보 및 국내기업의 대북반출입 지원과 국내은행의 효과적인 북한진출을 위해 북한 금융기관과의 환거래 계약을 추진해야 하며 북한의 국제금융기구 가입에 나름대로의 역할을 수행해야 한다.[13)]

② 제한적 진출단계

제한적 진출단계란 북한의 개방정책이 경제의 여러 부문에서 진행되고 남북경협이 활성화되면서 금융지원이 본격화되는 단계라고 할 수 있다. 이러한 단계에서는 남북금융협력의 실효성을 제고시키기 위한 국내금융기관의 북한 내 출장소 및 지점이 설치되고 남북한 유망기업에 대한 자금지원이 확대되며 북한 내 남한기업의 자산운용에 참여하게 된다.

③ 본격적 진출단계

본격적 진출단계란 북한시장의 완전개방 및 이로 인한 남북의 다방면에 걸친 전면적인 교류가 이루어져서 경제통합(economic integration)의 분위기가 확산되는 단계라고 할 수 있다. 이 단계에서 국내금융기관의 진출형태는 단독 또는 합작 등 현지법인을 설립하여 북한 내의 금융관련 인적·물적 인프라를 구축하는 것이라고 할 수 있다.

### (2) 경제협력유형

① 단순교역

남북경협의 주된 형태가 단순물자교역에 머무를 때에는 국내은행의 진출방안은 북한에 기(旣) 진출 또는 진출예정인 기업의 주거래은행화 및 북한진출 외국금융기관 및 대기업과의 업무제휴 등을 통해 해당기업에 필요한 정보를 비롯하여 다수의 편의를 제공하는 데 주안점을 두어야 한다.

---

13) 현재 남북간 자금거래는 남북한이 해외은행(중국, 홍콩, 싱가포르 등)에 계좌를 개설하여 대금을 결제하는 원시적인 수준에 머무르고 있어 자금거래의 신속성 및 효율성을 제고시키기 위해 환거래 계약의 체결이 시급한 실정이다.

② 소규모 합작 또는 단독투자 형태

남한기업의 진출이 이러한 형태를 보일 때는 북한 진출기업의 현지금융업무를 취급하게 될 소규모 출장소 내지는 지점을 개설하여야 할 필요성이 증대된다. 북한진출 금융기관의 경영효율화를 위해 최소 인원으로 특화된 업무를 전담하는 방안이 강구되어야 하며 합작투자에 의한 대북진출을 통해 현지 적응력을 제고시켜야 한다.

③ 대규모 합작 및 대형단독투자 형태

이 경우에는 전액출자에 의한 자회사 형태의 현지법인 또는 합작은행의 설립이 바람직하며 프로젝트 파이낸싱 등 중장기업무에 대한 자금지원 또는 남북경협에 참여하고 있는 북한기업에 대한 직접투자도 고려될 만하며 장기적으로는 북한주민을 대상으로 한 리테일 뱅킹(retail banking)으로까지 업무를 확대할 수 있다.

## 제 2 절 남북한 금융협력의 과제

남북경협을 성공적으로 추진하기 위해 무엇보다 남북금융협력이 중요하게 부각되고 있으나 결제방식 등 경제적 요인과 더불어 북한 내 상황변화로 인한 한반도 정세의 변화 등 비경제적 요인에 의해 지대한 영향을 받게 된다. 향후 남북간 금융협력을 진행하는 데 있어서 당면하게 될 과제를 제도적 측면을 중심으로 살펴보고자 한다.

### 1. 북한의 국가신용도 문제

현재 북한은행의 자체신용만으로 발행된 신용장은 국제적으로 통용되지 못하고 있다. 즉, 대부분의 외국은행은 북한은행이 발행한 신용장에 대해 타국은행의 확인을 요구하고 있어서 남북금융협력이 실효를 거두기 위해서는 북한의 국가신용도 개선이 무엇보다 시급한 과제로 부각되고 있다. 북한에 대한 국제평가기관들의 신용평가에 따르면 북한은 평가대상 국가 중 최하위 수준을 기록하고 있어서 북한의 신용상태를 근거로 한 자료가 북한 내 장기투자재원의 조달자료로 활용될 가능성은 극히 희박하다고 할 수 있다.

북한의 신용도 개선은 경제 및 경제외적 요인들, 예를 들면 한반도의 긴장완화 및 평화정착에 관한 북한의 성실한 노력에 대한 남한 및 국제사회의 인정, 중국을 모델로 한 시장경제체제로의 순조로운 이행 등에 의해 크게 좌우되기 때문에 무엇보다도 북한 당국이 이에 대한 사실을 정확히 인지하고 적극적으로 이를 시행하여야 하며 이러한 노력이 가시적인 효과에 뒷받침될 때 국내외 금융기관 및 투자자들의 신뢰를 얻을 수 있다.

〈표 28-4〉 북한의 국가신용도 평가 현황

| 평가기관 | 평가일 | 평가순위 |
|---|---|---|
| ICRG (International Country Risk Guide) | 2000. 11. | 132(140) |
| | 2001. 10. | 136(140) |
| Euromoney | 2001. 3. | 185(185) |
| | 2001. 9. | 183(185) |
| I I (Institutional Investor) | 2001. 3. | 140(145) |
| | 2001. 9. | 144(145) |

주 : ( )안은 평가대상국가의 수를 나타냄

## 2. 결제방식

현재 남북경협에 있어서 남북간 결제는 직접결제가 아닌 다른 형태로 이루어지고 있다. 남북간 거래는 국가간 거래가 아닌 민족 내부간 거래임을 표시하기 위하여 '남북교류협력에 관한 법률' 제2조에 의거하여 남북간 물품이동에 대해 수출·수입이라는 용어 대신 반출·반입이라는 용어를 사용하고 있다. 2002년말 기준 남북간 결제방식은 북한으로부터의 반입의 경우 T/T방식(45.4%), 무상방식(26.9%), L/C방식(13.0%) 등이며, 반출의 경우에는 무상방식(52.5%), 위탁가공무역에 의한 임가공료 지급방식(16.4%) 등으로 이루어지고 있다.

이전에 북한은 2가지 결제방식(청산결제, 경화결제)을 사용하여 왔으나 구사회주의권의 붕괴 이후 청산결제 형태는 사용되지 않고 있다. 북한은 1987년 8월 영국, 오스트리아, 뉴질랜드, 일본 등 140개 서방은행 대표단에 의해 채무상환불이행(default) 국가로 공식 발표된 이후 국제신용도가 회복되지 않고 있으며 무역거래는 신용장 방식이 아닌 현금방식에 의해 주로 이루어지고 있는 실정이다.

남북 간에 이용되고 있는 신용장 및 송금 결제의 경로는 주로 중국, 홍콩, 마카오 소재 은행이 활용되고 있어서 거래의 신속성 및 정확성이 결여되어 있다. 따라서 2000년 12월 16일 남북당국간에 서명된 '남북사이의 청산결제에 대한 합의서'를 조속히 발효시켜 매 교역 시마다 대금결제를 하지 않아도 되는 체제를 구축하여 결제방식의 편리성 및 교역업체의 손실위험문제를 해소해야 한다.[14]

〈표 28-5〉 결제형태별 반입실적

(단위 : 천 달러, %)

| 결 제 형 태 | 2001 | | | 2002 | | |
|---|---|---|---|---|---|---|
| | 금액 | 구성비 | 증감률 | 금액 | 구성비 | 증감률 |
| 단순송금방식(T/T 등) | 98,303 | 55.8 | 32.0 | 123,281 | 45.4 | 25.4 |
| COD, CAD | 244 | 0.1 | -68.8 | 12 | 0.0 | -95.0 |
| D/A | 135 | 0.1 | -76.2 | 62 | 0.0 | -51.7 |
| D/P | 151 | 0.1 | -91.1 | 452 | 0.2 | 199.1 |
| 임가공료지급방식의 위탁가공무역 | 12,653 | 7.2 | 5.4 | 32,372 | 11.9 | 155.8 |
| 일람출급 L/C | 15,331 | 8.7 | 75.2 | 29,469 | 10.9 | 92.2 |
| 기한부 L/C | 4,387 | 2.5 | 42.4 | 5,638 | 2.1 | 28.5 |
| 기타무상 | 41,027 | 23.3 | -15.5 | 72,966 | 26.9 | 77.8 |
| 기타유상 | 3,939 | 2.2 | 62.2 | 7,321 | 2.7 | 85.8 |
| 총 계 | 176,170 | 100.0 | 15.6 | 271,575 | 100.0 | 54.2 |

자료 : 한국무역협회, KOTIS

〈표 28-6〉 결제형태별 반출실적

(단위 : 천 달러, %)

| 결 제 형 태 | 2001 | | | 2002 | | |
|---|---|---|---|---|---|---|
| | 금액 | 구성비 | 증감률 | 금액 | 구성비 | 증감률 |
| 단순송금방식(T/T 등) | 7,486 | 3.3 | 6.5 | 13,158 | 3.6 | 75.8 |
| COD, CAD | 4,169 | 1.8 | -71.3 | 2,533 | 0.7 | -39.2 |
| D/A | 170 | - | -81.5 | 21 | 0.0 | -87.9 |
| D/P | 210 | 0.1 | 451.8 | 144 | 0.0 | -31.4 |
| 임가공료지급방식의 위탁가공무역 | 39,944 | 17.6 | 7.9 | 60,890 | 16.4 | 52.4 |
| 일람출급 L/C | 2,620 | 1.2 | -15.8 | 1,395 | 0.4 | -46.8 |
| 기한부 L/C | 57 | - | -66.7 | 85 | 0.0 | 48.9 |
| 분할영수방식 | 1,532 | 0.7 | -62.5 | - | - | -100.0 |
| 계좌이체(상호계산방식) | 0 | - | -100.0 | - | - | - |
| 기타무상 | 164,316 | 72.5 | -17.1 | 194,239 | 52.5 | 18.2 |
| 기타유상 | 6,283 | 2.8 | -15.6 | 97,691 | 26.4 | 1,454.8 |
| 총 계 | 226,787 | 100.0 | -16.9 | 370,155 | 100.0 | 63.2 |

자료 : 한국무역협회, KOTIS

14) 북한은 2001년에 국제무역결제망인 SWIFT(Society for Worldwide Interbank Financial Telecommunication)의 정회원으로 가입한 바 있다. SWIFT에 가입한 북한은행으로는 조선무역은행, 황금의 삼각주은행, 조선대성은행, 금강은행, 창광신용은행, 조선통일발전은행, 조선합영은행 등이 있다. 향후 남북 당국간 합의가 있을 시에는 남북은행간 환거래 계약체결이 가능하여 남북간 환결제가 이루어질 수 있게 된다.

## 3. 남북협력기금 지원제도 개선

정부는 2001년 12월 20일 '제88차 남북교류 협력추진협의회'의 의결을 통해 대출비율의 상향조정, 대출기간 확대, 신용대출 실시, 대출이자율의 인하 등을 주요 내용으로 '남북경제교류협력에 대한 남북협력기금지원지침'을 개정한 바 있다. 이번 지원지침 개정은 시중금리의 하향추세, 교류협력촉진지원자금으로서의 성격 등을 참작하여 이루어졌다고 볼 수 있으나 최근 발생된 북핵사태 등에 따른 한반도정세의 변화 등 남북경협의 진전이 경제적 요인뿐만 아니라 경제외적 요인에 대해 크게 좌우되고 있어 그 어느 때보다 불확실성이 커지고 있다. 즉, 남북경협에 실질적으로 참여하고 있는 민간기업 및 이를 자금지원 측면에서 뒷받침해야 하는 금융기관의 입장에서는 투자의 리스크가 그 어떤 프로젝트보다 크며 투자의 회수기간도 극히 불투명하다고 할 수 있다.[15] 따라서 남북협력기금지원제도의 개선은 이러한 경협참여기업 및 금융기관의 사업추진에 실질적인 도움을 줄 수 있는 혁신적인 내용으로 대폭 개선되어야 한다.

이와 관련하여 정부는 2002년 12월 31일 '제108차 남북교류협력 추진협의회'의 의결을 통해 남북협력기금법시행세칙, 기금운용관리규정, 기금지원방침을 개정하고 2003년 2월 6일부터 시행하고 있다.[16] 개정된 남북협력기금 지원제도의 주요 내용을 요약하면 〈표 28-7〉과 같이 나타낼 수 있다.

## 4. 남북경협과 관련한 제도적 보장장치의 마련

남북경협관련 제도적 보장장치 문제는 2000년 12월 '제4차 장관급회담'에서 투자보장, 이중과세방지, 상사분쟁해결, 청산결제제도의 시행 등 남북경협관련 4개 분야에 대한 합의가 이루어진 바 있으나 이를 구체적으로 제도화시키고 실행시키기 위한 실무적 접촉이 답보상태에 있어 제도적 장치의 마련은 여전히 미비되어 있는 상황이다. 이러한 제도적 장치의 미비는 남북경협의

15) 한국개발연구원(KDI)이 대북교역업체 155개와 남북경협전문가 48명을 대상으로 2002년 5월 13~17일 실시한 '상반기 남북경협 설문조사' 결과 대북교역업체의 44.9%만이 이윤을 내고 있는 것으로 나타나서 남북경협에 참여하는 남한기업의 경영리스크가 그 만큼 크다는 것을 나타내고 있다.

16) 남북협력기금 대출제도는 그동안 1999년 10월 기금지원방침 제정과 함께 시작되어 2000년 11월 및 2001년 12월 두 차례에 걸쳐 개정되었다. 이번 관련법규 전반에 대한 개정을 통하여 대출절차의 간소화, 대출신청창구 다변화, 교역실적에 따른 포괄금융방식 도입, 신용대출 확대, 대출금리 인하, 대규모기업집단에 대한 대출제한 완화 등 지원절차와 조건이 대폭 개선됨으로써 향후 대북사업을 추진하는 민간기업의 자금확보가 한결 수월해질 것으로 예상된다(수출입은행, 수은정보, 2003. 3. 참조).

가장 주요한 장애요인 중의 하나가 되고 있다.

〈표 28-7〉 남북협력기금 지원제도의 개선내용

| 개선 부문 | 이전 내용 | 개선 내용 | 비고 |
|---|---|---|---|
| 대출절차 | · 신청 → 수출입은행심사 → 관계부처협의 → 협의회의결 → 통일부승인 | · 신청 → 수출입은행심사 → 통일부승인 | 대출절차의 간소화 |
| 대출상담 및 접수창구 | · 그동안 대출상담은 수출입은행에서 이루어지고 대출신청서는 통일부에서 접수하여 지방소재 대북사업 추진기업의 경우 정보입수와 신청서 제출에 애로를 겪었음 | · 기금수탁관리자인 수출입은행 창구에서 대출신청서 접수 처리가 가능해짐 | 대출상담 및 접수창구 다변화로 인해 대출편의가 크게 제고됨 |
| 교역실적 인정 | · 매 계약사업별로 대출신청을 하여 대출신청의 번거로움과 제출서류 부담이 가중되었음 | · 반출입자금 대출의 경우 교역실적을 기준으로 대출한도를 산정하여 6개월 소요자금을 포괄금융방식으로 제공함[17] | 실적한도대출 방식을 도입하여 남북경제협력기금의 자금사용이 보다 용이해질 것으로 기대됨 |
| 중소기업에 대한 신용대출 | · 중소기업에 대한 신용대출이 일반적인 상업금융과 동일하게 설정되었음 | · 신용대출 취급기준이 대폭 완화되었으며 신용평가절차도 체크리스트 방식에 의한 심사방식으로 바뀌어 한결 간편해졌음[18] | 신용대출 요건 완화 |
| 대출금리 결정방법 | · 대출금리는 3년물 국고채 유통금리를 기준금리로 하여 대출기간, 담보 등에 따른 차이를 두지 않고 단일금리가 적용되었음 | · 기준금리가 대출기간에 따라 차등화되고 담보력에 따라 가감되는 방식이 적용되었음[19] | 기업금리부담의 경감 효과 |
| 대기업집단에 대한 경제협력사업 자금 대출 | · 경제협력 사업자금대출에 있어서 대기업집단은 대출 제외대상으로 분류됨 | · 대기업집단이 일정분야의 경제협력사업을 추진하는 경우 이에 대한 지원근거 마련[20] | 대기업에 대한 지원 강화 |

## 5. 남북한의 금융협력을 담당할 통합기구의 창설

동서독 간의 금융협력과정은 금융시장의 통합단계를 거치지 않고 곧바로 금융제도의 통합이 이루어진 급진적 통합이었다고 할 수 있다. 이로 인해 앞에서 지적한 몇 가지 부작용이 발생한 바 있다. 따라서 남북한 간의 금융통합은 점진적인 통합이 바람직하며 이를 위해 적정환율시스템의 구축 등 세부사항들을 담당할 '통화금융정책기구'의 창설이 필요하다.

왜냐하면 한반도의 통일은 급진적으로 이루어지기 보다는 경제·금융협력, 경제적 통합 및 정치적 통합이라는 점진적이고도 장기적인 과정을 거치게 될 가능성이 크므로 상당기간 남북한이 공존하게 될 것으로 예상된다. 따라서 유럽연합(EU)의 경우처럼 남북한 전체의 금융 및 통화정책을 효과적으로 추진하기 위해서 이를 담당하게 될 새로운 정책협의기구의 창설이 시급히 요구된다고 할 수 있다.

역사적인 남북정상회담이 개최된지 7년이 흘렀다. 남북정상회담이 개최될 때만 해도 남북경협에 대한 관심이 크게 고조되었으나 조지 W. 부시 미국 대통령의 '악의 축'(axis of evil) 발언과 남북대화 중단, 북핵사태 등 최근 들어 한반도에 긴장분위기가 고조되면서 대북사업도 크게 위축되고 있는 실정이다.

최근에 북한은 임금 및 물가를 대폭 인상하고 생필품 배급제를 개편하는 등 시장경제도입을 위한 개혁을 추진하고 있어 전세계의 이목을 집중시키고 있다.[17] 이러한 상황 하에서 남북한 간의 화해무드가 조성될 경우 남북경협은 다시 활성화될 수 있을 것으로 전망되며 남북한 금융협력도 중요한 의미를 가지게 된다. 현재 남북한의 경제상황을 고려할 때 북한의 경제개발을 위한 자금은 국제사회로부터 자금을 지원받아 필요재원을 조성해야 한다. 주지하는 바와 같이 북한은 1970년대 중반 이후 서방차관에 대한 채무불이행으로 인해 국제금융시장으로부터 격리되어 있으며 Moody's, S&P, Fitch 등 주요 국제신용평가기관들의 신용평가대상 국가에 포함되어 있지 않은 상태이다. 따라서 이러한 현실을 감안할 때 북한에 대한 자금지원은 국제금융기구를 통할 수 밖에 없다. 북한은 1997년 아시아개발은행(ADB)을 위시하여 주요 국제금융기구에 가입을 신청하고 있으나 미국의 반대로 성사되지 못하였다.

한편, 북한의 핵개발과 관련하여 체제유지비용이 관심을 끌고 있는데 체제유지비용에 대한 개념이 명확하게 정의되어 있지 않기 때문에 북한 당국이 체제를 유지하기 위해 지출하는 비용을 계산하기는 현실적으로 어렵다고 판단된다. 그러나 북한의 총예산에서 군사비가 차지하는 비중을 살펴봄으로써 체제유지비용에 대해 어느 정도는 파악할 수 있다고 판단된다. 1999년 이후 해마다 예산의 14.5% 안팎을 방위비로 지출해온 북한은 최근 핵개발 프로그램 파문 속에 '선군정치'를 강조하면서 2002년 군사비 비중(14억 9,000만 달러)을 14.9%로 약간 증가하여 발표한 바 있다. 정부의 정보자료에 따르면 실제 군사비는 북한측의 발표와는 달리 전체예산(2002년 : 102억 8,000만 달러, 2003년 : 115억 달러)에서 차지하는 규모는 2002년 50억 달러(48.6%)에 이어 2003년에도 50억 달러(43.5%)로 파악되어 경제회생을 위해서 군사비 지출의 감축이 절실히 요구되고 있다.

결국 남북금융협력을 위해 필수적인 북한의 국제금융기구 가입은 국제금융기구의 양대 출자국인 미국과 일본이 공동으로 요구하고 있는 미사일 개발문제와 북핵사태의 해결 등 한반도 긴

---

17) 영국의 경제주간지 이코노미스트(The Economist) 보도에 의하면 북한은 2002년 7월부터 임금 및 물가 인상조치에 들어가 주요 생필품의 가격을 암시장에서 거래되는 가격과 비슷한 수준으로 현실화시키고 있는 것으로 나타났다.

장완화를 위한 실질적이고도 성의있는 북한의 태도에 달려 있다고 할 수 있는데 북한이 이러한 요구에 순순히 응할지는 불투명한 상황이다. 다만 남한의 입장에서는 북한의 국제금융기구 가입을 꾸준히 추진하되 북한의 국제금융기구 가입이전이라도 자금을 지원받을 수 있는 대내외적인 방안을 강구할 필요가 있다. 우선 대외적으로는 북한개발을 위한 특별기금 등을 활용할 필요가 있으며 대내적으로는 남북협력기금의 확충을 고려할 수 있다.

29
chapter

# 남북 경제협력의 과제

중소기업의 경우 1980년대 후반이후 생산성을 초과하는 임금상승 등으로 인해 주요 경쟁업종에서 생산제품의 가격경쟁력을 상실하여 후발개도국들의 강력한 도전에 직면하고 있음은 주지의 사실이다. 특히, 저임에 의존해온 섬유, 신발, 완구 등 노동집약적인 경공업 분야가 국제경쟁력을 급속도로 상실하고 있다고 볼 수 있다. 이에 대처하여 그간 중소기업들은 생산거점을 우리보다 상대적으로 임금이 저렴한 동남아, 중국 등으로 이전하여 왔다. 이 중에는 성공적인 생산거점의 이동을 이룬 기업들도 많지만 현지의 여러 정치·사회·경제·문화적 상황을 도외시한 채 단지 저임의 장점만을 고려하여 해외진출을 한 경우에는 많은 난관에 직면하고 있다. 이런 상황하에서 남북정상회담이 가져다 준 남북경협의 본격적인 추진은 향후 해결해야 할 다수의 제도적 장치들이 있기는 하나 우리 중소기업에게는 대북경협이 동일한 언어를 사용하는 저렴하면서도 양질의 노동력을 활용할 수 있다는 점에서 새로운 기회로 인식되고 있다.

특히, 중소기업은 대기업에 비해 정보와 자금력 등에서 취약하기 때문에 향후 전개되는 남북경협의 제반여건의 변화속도와 폭을 주시하면서 대북사업 업종, 진출형태, 진출지역 등을 결정하여 단기적·중장기적 전략을 마련하여야 한다. 단기적으로는 남북한의 비교우위 생산요소(남한 : 자본·기술, 북한 : 저임의 노동력·토지·풍부한 천연자원)를 적극 활용하면서 투자의 위험도와 자금부담을 최소화하는 전략이 바람직하며 중장기적으로는 성장성을 고려하여 투자규모, 업종, 진출지역을 확대하고 다양화하는 전략이 필요하다.

중소기업의 대북진출 형태 및 규모에 있어서는 투자규모 및 리스크를 감안할 때 우리 기업들이 원·부자재를 북한 공장에 제공하고 이를 가공한 다음 다시 남한으로 완제품을 반입하는 위탁가공 방식, 특히 생산설비를 북한에 제공하는 생산설비형 위탁가공방식이 주류를 이루어야 하며 경협의 진전상황에 따라서 합작 또는 컨소시엄, 단독투자 등으로 규모를 확대시키는 것이 바람직하다. 홍콩은 1978년 중국이 개혁·개방조치를 취함에 따라 중국과 활발한 경제협력을 추진하였다. 특히, 광동성과는 위탁가공방식의 경제협력이 이루어졌다. 홍콩 임금의 1/5~1/10 수준인 광동성의 저임을 십분 활용하여 홍콩은 광동성에 생산설비 및 부품·원재료를 제공하고 광동성측은 이를 가공하여 다시 홍콩에 반입시키는 위탁가공방식이 이루어졌는 데 서로가 가지고 있는 비교우위를 활용한 이러한 경협으로 양측은 상당한 성과를 거두었다.

위탁가공은 지난 1992년 처음으로 실현된 이후 급속한 증가추세를 보이고 있는데 1999년의 경우 남북한 거래성 교역의 52.7%를 차지하고 있다. 특히, 위탁가공의 경우는 단기적인 시각에서 남북한 모두에 이익을 가져다줄 수 있다. 북한의 입장에서는 풍부한 노동력을 이용하여 비교적 수월하게 외화를 획득할 수 있으며, 남한의 입장에서도 비교적 저렴한 북한의 숙련 노동력을 이용하여 다른 투자부문에 비해 수익을 올릴 수 있는 가능성이 크다. 위탁가공의 품목에 있어서는 의복과 같은 섬유류가 1999년 반출의 70%, 반입의 84%로 제일 큰 비중을 차지하고 있으며 최근에는 전기·전자 분야로 점차 다변화되고 있는 추세를 나타내고 있다.

〈표 29-1〉 남북한 임가공비의 비교

(단위 : 원)

| 구 분 | 롱코트 | 반코트 |
|---|---|---|
| 남 한 | 28,000 | 25,000 |
| 북 한 | 14,400 | 12,200 |
| 차 액 | 13,600 | 12,800 |

〈표 29-2〉 중소기업의 대북진출 유망분야

| 업 종 | 단 기 | 중장기 | 고려요인 |
|---|---|---|---|
| 섬 유 | ·아동복, 중저가 브랜드로 차별화<br>·봉제에서 시작, 방직·방적으로 확대 | ·고급신사복, 숙녀복 등 고가 브랜드 | ·중장기적으로 기술자 상주 여부가 관건<br>·위탁가공 생산 의류의 경쟁력 제고 |
| 신발·완구 | ·중저가 제품부터 시작(남한 내 생산비중이 낮은 제품 중심) | ·고가제품으로 확대 | ·중장기적으로 기술자 상주 여부가 관건 |
| 전기·전자 | ·조립공정부터 시작<br>·TV, 음향기기 등 일부 가전 제품<br>·전화기 등 일부 통신장비 | ·VCR, 냉장고, 세탁기 등의 가전제품<br>·시스템·단말기 등 통신 장비분야<br>·전자복합공단 | ·중장기적으로 원·부자재의 북한 내 조달비율 확대 여부가 관건 |
| 농 업 | ·비료, 농약, 소농기구<br>·고부가가치농산물의 재배 협력 | ·합영·합작농장 | |

한편, 북한에 진출하고 있는 위탁가공업체들은 수익성면에 있어서 아직까지는 만족스럽지 못한 성과를 보여주고 있다. 섬유류분야에 있어서는 비교적 대북투자에 경험이 축적된 일부 업체만이 약간의 수익을 올리고 있는 상황이며 전기・전자 부문은 철저한 공정관리와 기술지도를 통해 생산성을 제고함으로써 이익을 실현하고 있는 기업도 있으나 대부분의 경우 아직까지는 당장의 이익의 실현보다는 중・장기적인 관점에서 대북투자를 진행하고 있는 실정이다.

중소기업으로서는 진출지역의 선정에 있어서도 신중(愼重)을 기하여야 한다. 이는 북한지역의 특성을 고려한 투자가 효과적이기 때문이다. 따라서 기업들의 대북투자는 경제특구 형식으로 특정지역에 집중되는 것이 바람직하다. 이러한 투자입지로는 다음 2가지 조건이 고려될 수 있다.

① 단기적으로 남북 협력사업이 위탁가공분야가 주종을 이룬다고 볼 때 가능한 한 남한과 인접하여 물류비용을 절감할 수 있는 지역이 바람직하다고 할 수 있다.

② 산업기반과 풍부한 노동력을 갖추고 있는 대도시 또는 대도시 근교가 진출지역으로 유망하다.

북한의 실정으로 볼 때 위의 두 조건을 갖추고 있는 지역으로는 남포, 평양, 해주, 개성 등 서부 해안지역이 거론될 수 있다. 북한의 동해안의 경우는 지하자원이 풍부한 중화학 공업지구로 지하자원 개발과 중화학공업이 유망협력지구인 데 투자 성격상 대규모 자본이 소요되고 장기적이다. 따라서 중소기업의 경우에는 해주, 개성 등 북한의 서해안지역이 상대적으로 농수산・식료품의 생산과 가공이 유리한 경공업 지구로서 유망하다고 할 수 있다.[1)]

상기한 다수의 관련사항들의 맥락 하에서 중소기업을 중심으로 대북한 진출시 고려해야 될 과제 및 전반적인 정책적 과제를 나누어서 살펴보고자 한다.

## 제 1 절 대북진출과 관련한 중소기업의 과제

### 1. 철저한 사업성 검토 및 수익성 분석

중소기업은 대북진출을 결정하기에 앞서 무엇보다도 관심있는 분야에 대한 철저한 사업성 검토, 즉 수익성에 대한 분석이 이루어져야 한다. 향후 투자보장, 이중과세방지, 청산결제 등 제도적인 면이 해결된다고 하더라도 아직 북한은 도로, 전력, 통신수단 등 기본적인 인프라가 열악한

1) 중소기업협동조합중앙회가 실시한 한 조사에 따르면 중소기업들은 사회간접자본 등이 비교적 잘 발달된 평양 인근을 투자지역으로 선호하고 있는 것으로 나타났다.

실정이어서 투자의 위험도가 매우 높다고 할 수 있다. 현재 삼성전자와 LG전자가 평양 대동강 애국천연색텔레비전 공장에서 조립해서 들여와 판매하는 20인치급 TV의 경우 모델이나 생산물량에 따라 다르지만 평균적으로 이익률이 노마진 또는 2~3%에도 못 미치는 것으로 나타났다. 가장 주된 이유는 물류비용의 과다에 있다고 할 수 있다. 북한 조립TV가 인건비면에서는 유리하나 현재 운송수단은 배편으로 인천에서 북한 남포로 부품을 보낸 뒤 다시 남포에서 인천으로 들여오는 해로운송을 이용하고 있어 물류비용이 전체 제조원가의 30% 이상을 차지하고 있는 현실이다. 한편, 현대의 경우는 1998년 11월부터 1999년 말까지 금강산관광사업을 하면서 2억 4,000만 달러 이상의 적자를 보고 있다. 현대측은 금강산관광사업에 시설투자액 9,984만 달러를 포함해 총 3억 584만 2,000달러를 투자하였는 데 수입은 6,228만 4,000달러에 그쳐 적자액은 2억 4,355만 8,000달러에 달하였다. 현대측이 금강산관광사업을 통해 서해공단 조성 등 대북투자의 독점적 위치를 확보한 점을 감안하면 이 같은 출혈투자는 상쇄될 수 있지만 지금 현대의 어려운 자금사정을 감안할 때 막대한 손실을 감수하고 있다고 지적할 수 있다. 또한, 1999년 8월말 기준 현대가 금강산관광개발 사업대가로 북한에 지급한 1억 7,400만 달러 가운데 상당액이 군사비로 전용될 수 있다는 가능성도 존재하므로 경협의 본질적인 측면을 벗어난 경제외적인 이슈를 제기시키고 있다. 현재 대기업들의 대북 사업은 당장의 수익성보다는 성장 가능성에 더 큰 비중을 두고 접근하고 있다고 볼 수 있다.

따라서 현지방문을 통한 공장의 입지조건(인적, 물적 여건의 구비여부)에 대한 분석, 북한 파트너와의 협력조건 등을 철저히 분석하여야 하며 효과적인 분석을 위해서 중소기업협동조합중앙회나 관련전문 연구기관, 단위조합 등의 협조를 구하는 방안도 강구하여야 한다.

## 2. 단위조합 차원의 대북진출 모색

남북정상회담의 성과로 우리기업들의 대북진출 가능성은 그 어느 때보다 증대되었다. 그러나 대북교섭력 등에 있어서 대기업에 비해 크게 떨어지는 중소기업이 독자적으로 대북 진출을 추진하는 것은 그만큼 위험부담이 크다고 할 수 있다. 중소기업협동조합중앙회는 남북경협을 추진하는 데 있어서 대기업보다 중소기업이 주축이 되는 것이 바람직하다는 입장이며 휴전선 부근에 '남북한 중소기업 전용공단'을 조성하여 북한측과 공동운영하는 것을 추진하고 있다.

따라서 중소기업협동조합중앙회나 개별단위조합차원의 진출이 바람직하며 독자적인 진출을 시도하고자 할 때에는 보다 철저한 현지조사가 요구된다. 또한, 일시에 집중적인 투자를 하기보다는 점진적으로 투자의 규모를 늘려나가는 단계적인 투자가 필요하다.

### 3. 경공업 중심의 남북경협사업 추진

남북경협에 있어서 대기업의 투자가 SOC 투자를 비롯한 대규모의 장기적인 성격을 띠고 있다면 중소기업의 대북경협은 중소기업의 특성상 저임의 북한 노동력의 활용측면이 강한 것은 부인할 수 없는 사실이다. 따라서 중소기업의 경우 당분간은 위탁가공을 중심으로 한 경공업부문에 주안점을 두고 경협을 추진해야 한다. 중소기업의 대북진출은 현실적으로 경공업 중심으로 이루어져야 한다. 이 경우 북한 노동자의 임금과 기술수준 및 생산성에 대한 분석이 반드시 선행되어야 하는데 이 분야에 대한 자료가 절대 부족한 실정에서 객관적인 평가가 이루어지기는 어려운 실정이다. 실제로 북한의 임금이 중국이나 베트남에 비해 높은 편인데도 불구하고 노동의 생산성은 이러한 임금의 차이를 상쇄시킬 정도로 양질은 아니라는 평가도 나오고 있는 상황하에서 북한진출 중소기업의 수익성과 관련하여 북한 당국이 요구하고 있는 임금수준이 과연 북한 노동자의 생산성에 적합한 수준인가에 대한 체계적인 연구가 시급하다고 할 수 있다.

정부는 지난 1994년 위탁가공용 시설재의 대북 반출과 기술자의 방북을 허용하였는 데 남북정상회담으로 인해 남북한 위탁가공이 단순한 임가공에서 탈피하여 본격적인 산업협력으로 발전될 수 있는 계기가 마련되고 있다고 할 수 있다. 특히 봉제, 완구, 신발, 섬유 등의 노동집약형 산업에서는 총설비의 10~20%까지 추정되는 유휴설비의 대북반출을 통한 위탁가공이 더욱 활성화될 경우 남북한 경협은 새로운 차원에서 전개될 수 있고 위탁가공의 범위 및 협력사업의 질적 내용도 확대 및 향상될 수 있을 것으로 기대되며 경쟁력 상실로 어려움을 겪고 있는 우리 중소기업들의 구조조정도 보다 순조롭게 이루어질 수 있을 것으로 기대된다.

### 4. 대기업과의 동반진출 강화

중소기업의 경우 대북경협에 있어서 대기업에 비해 상대적으로 정보부족, 경험부족, 자본부족으로 인해 규모의 영세성을 보일 수밖에 없는 것이 사실이다. 따라서 독자적으로 북한에 진출하는 것은 위험성이 크므로 위험의 분산화 차원에서 대기업과 협력하여 동반 진출하는 방안을 적극적으로 강구해야 한다. 대기업과 중소기업 간의 동반진출에 있어서 대기업이 전용공단을 건설하고 중소기업이 생산설비를 투자하는 방안이 강구될 수 있다. 한편, 삼성전자와 LG전자의 컬러 TV 등 전자제품 생산에 있어서 대기업의 조립생산과 중소기업의 부품공급이 대기업과 중소기업 간의 협력관계의 한 모델이 될 수도 있다.

## 5. 북한 투자장려업종을 중심으로 한 대북 진출

중소기업은 북한진출업종의 선택에 있어서 북한측이 필요로 하는 분야, 즉 북한의 투자장려업종을 중심으로 진출하는 것이 바람직하다. 이렇게 될 때 북한측의 관심 및 지원을 수월하게 받아낼 수가 있으며 우리측의 요구사항도 다른 업종보다 상대적으로 용이하게 관철시킬 수 있다. 북한의 김정일 국방위원장은 최근 방중기간 중 베이징의 실리콘 밸리(Silicon Valley)로 불리는 '중관촌'을 방문하였는 데 컴퓨터 회사인 렌상의 공장을 들러 컴퓨터 연산처리장치와 서버 및 최근의 기술개발 상황 등에 큰 관심을 표명하였다.

이러한 사실에 비추어 볼 때 최근 북한은 향후 컴퓨터를 비롯한 하이테크 산업을 적극적으로 유치할 것으로 전망된다. 이와 관련하여 북한측이 최근 삼성전자의 컴퓨터 조립, IMRI의 모니터 조립, 성남전자공업의 콤팩트전구 생산을 적극적으로 반기는 것도 이러한 맥락에서 해석할 수 있다.

〈표 29-3〉 북한의 투자장려 부문

| 구 분 | 내 용 |
|---|---|
| 투자장려부문 | · 첨단 및 현대적 기술과 국제경쟁력이 높은 제품 생산부문<br>· 자원개발 및 인프라스트럭처 건설부문<br>· 과학연구 및 기술개발부문<br>· 현대적 설비 및 첨단기술 투자부문<br>· 세계적 수준의 품질을 갖춘 제품의 생산부문 |

## 6. 전용공단 설립

중소기업의 경우 생산의 효율성, 생산의 안정성 등 경제적 이점(economic benefit)이 큰 전용공단을 설립하는 것이 바람직하다. 전용공단 방식에 의한 진출은 남북경협을 특정지역 및 부문에 한정시킬 수 있어서 생산의 효율화를 기할 수 있고 법 개정 등 제도적 장치의 적용에 있어서도 제한적인 적용이 가급적 수월하게 될 수 있고 물류, 전력 등 SOC 투자 시에도 효율적으로 집중시킬 수 있게 되어 생산활동의 안정화에도 기여하게 된다. 또한, 전용공단이 설립되면 입주기업들 간의 정보교환을 통한 기업간 상호협조로 북한진출 중소기업들의 여러 애로사항의 문제해결에 있어서도 큰 도움이 될 것으로 기대된다.

### 7. 북한 생산제품의 마케팅 강화

북한에서 생산된 제품의 품질제고를 통해 국내내수 및 수출을 증대시키기 위한 적극적인 마케팅 노력이 필요하다. 현재 북한에서 중소기업들이 생산하는 제품 중 의류 등 임가공 제품의 경우는 품질이 비교적 양호하나 이 경우에도 제품의 품질은 생산공장이 위치해 있는 입지여건에 크게 좌우되고 있다. 일부 품목의 경우에는 생산설비의 낙후, 북한 근로자들에 대한 기술지도 미흡, 전력공급의 불안정 등으로 인해 품질이 떨어지는 것으로 나타나고 있다. 따라서 제품의 품질제고를 위해서는 북한 근로자에 대한 철저한 기술지도, 원부자재의 안정적 공급, 전력 등 에너지 문제를 해결해야 하며 이를 바탕으로 국내 내수 및 해외 판매망을 적극적으로 개척하여 수익구조를 건실하게 만들어야 한다.

## 제 2 절 정책적 과제

남북정상회담 이후 남북경협의 활성화를 위해서 해결해야 할 정책적 과제는 산적해 있다.[2) ] 향후 남북경협이 활성화되어 본격적인 협력사업이 성공적으로 추진되기 위해서는 각종 경협관련제도의 정비, 남북한간 효율적인 물류체계의 구축, 투자 및 교역의 안정성 확보 등이 이루어져야 하며 고비용·저효율·저속도로 특징지어질 수 있는 남북경협환경이 저비율·고효율·고속도의 생산적인 환경으로 전환되어야 한다.

남북경협의 활성화에 대한 정책적 과제를 2가지 측면(① 경제적 측면, ② 비경제적 측면)으로 나누어서 살펴보고자 한다.[3)]

### 1. 경제적 측면

#### 1.1 남북경협에 필수적인 제도적 장치의 마련

남북당국은 경협의 효율적인 수행과 남한 기업들의 북한에 대한 투자촉진을 위해 투자보장,

2) 정책적 과제로서 삼성경제연구소 김영철 연구원은 '제도적 장치 마련, 공적투자재원 마련, 수출환경 개선, 규제완화 및 경협의 인식전환'을 지적하였으며 중앙대 이상만 교수는 이외에도 '지속적인 정경분리원칙'을 시급한 정책적 과제로 열거하였다.

3) 전국경제인연합회, 전경련, 2001. 7. 참조

이중과세방지, 분쟁조정, 청산계정, 산업재산권 보호 등과 같은 제도적 장치를 조속히 마련해야 된다. 2000년 9월 1일 평양에서 열린 '제2차 남북장관급회담'에서 투자보장협정, 이중과세방지협정 등이 체결되어 있지 않아 그동안 대북투자에 한계를 느꼈던 남한기업들의 애로사항을 실무접촉을 통해 논의하자고 합의하였는 데 이는 매우 고무적이라 할 수 있다.

한편, 남북한은 2000년 11월 11일 투자보장·이중과세방지·청산결제·상사분쟁 해결절차 등 남북경협 4개 부문 합의서에 가서명하였는 데 향후 북한에 진출하는 우리기업들이 제도적으로 보호받을 수 있는 조치가 마련되었다는 점에서 큰 의미를 부여할 수 있다. 북한은 현재도 외국인투자법이나 합영법·합작법 등 외국기업들을 보호하는 법을 가지고는 있으나 남한기업에는 상기법(上記法)의 적용여부가 불투명하여 우리기업들의 대북진출에 한 장애요인이 되어왔다. 특히, 투자보장과 관련하여 북한에 진출한 남한기업들의 자산을 북한당국이 임의로 수용하지 못하도록 한 것은 대북진출을 고려하고 있는 남한기업들의 불안감을 상당히 제거시킬 수 있을 것으로 기대된다.

### 1.2 북한의 상환능력을 감안한 투자실행

북한에 대한 사회간접자본(SOC) 투자는 북한의 상환능력을 감안하여 투자가 이루어져야 한다. 북한에 대한 SOC 투자는 향후 10년간 73조원이 소요될 것으로 예상된다. 지난 1991년 말부터 추진해 온 나진·선봉 자유무역지구의 경우도 투자재원의 부족으로 답보상태에 놓여 있어서 대북 SOC 투자는 막대한 소요자금의 필요성으로 인해 향후 많은 난관에 직면할 것으로 전망된다.

### 1.3 경협제도의 효율성 제고

경협제도의 효율성을 제고시키기 위해서는 기존의 경협절차를 더욱 더 간소화하고 경협품목의 제한을 완화하기 위한 사전검토와 준비작업이 철저히 선행되어야 한다. 또한, 남북 간에 이미 합의를 본 바 있는 청산결제제도 도입에 관한 후속조치, 즉 청산거래상품·청산한도·청산계정의 신용한도·청산결제은행의 지정 등이 조속히 이루어져야 한다.

### 1.4 남북당국간 의사소통의 원활화를 위한 인프라 구축

남북간 경협확대를 위해서 3통(통상, 통행, 통신)의 원활화가 시급하다고 할 수 있다. 현재 남북간 경협은 해운위주로 이루어지고 있는데 해운을 통한 남북간 교류는 기타 다른 수송수단에 비해 막대한 비용과 시간을 소비시키고 있다. 이러한 해운위주의 비효율적 운송체계를 육로운송으로 확대해야 하며 항공운수도 이용할 수 있는 방안이 모색되어야 한다. 또한, 남한의 경협참여기업과 북한의 경협창구인 민족경제연합회 간에 북경을 경유하지 않고 직접적인 통신이 가능하도록 남북한간 통신망 연결사업이 신속히 실행되어야 한다.

〈표 29-4〉 남북경협 4대 부문 합의서

| 분 야 | 주 요 내 용 |
|---|---|
| 투자보장 | · 투자의 대우 : 상대편 투자자 · 투자자산 · 수익금 · 기업활동에 최혜국대우 보장<br>· 수용 및 보상 : 상대측 투자에 대해 공공목적의 수용이나 국유화 원칙적으로 금지, 수용시에는 법에 위반되지 않고 내외국인 무차별하게 대우<br>· 송금보장 : 투자와 관련된 모든 자금에 대해 자유태환성(다른 통화와 전환되는) 통화에 의해 지체없고 자유로운 송금보장<br>· 투자자 대 당국간 분쟁해결 : 당사자간 협의를 우선하고 해결되지 않을 경우 한쪽의 요청으로 남북 공동 중재기구에 회부해 해결 |
| 이중과세방지 | · 투자소득 : 이자 · 배당 · 로열티 등 투자소득에 대해 소득발생지에서 10% 이하의 낮은 세율로 과세, 정부(지자체 포함) 및 중앙은행 수취이자에 대해서는 면세<br>· 사업소득<br>-기업이 상대지역에 지점 · 사무소 등 고정사업장을 갖고 있지 않으면 상대지역에서 사업소득에 비과세, 건설사업장의 경우 6개월 미만 단기 사업활동에 대해서는 비과세<br>-항공기 · 선박 · 철도 등 남북간 수송수단을 이용한 사업소득에 대해서는 소득발생지와 거주지에서 각각 과세, 단 소득발생지에서는 세액의 50% 감면<br>· 직종별 용역 제공 대가<br>-연예인 · 체육인이 당국간 합의 또는 승인절차를 거쳐 활동할 경우 용역 수행지에서는 비과세<br>-변호사 · 회계사 등 전문 인적용역 제공에 따른 소득은 지점 · 사무소 등 고정 사업시설을 갖고 있지 않거나 시설이 있더라도 183일 미만 단기체류 할 경우에는 용역 수행지에서는 비과세<br>-상대지역 파견근로자는 1년 중 183일 미만 단기체류 시에는 용역 수행지에서 비과세<br>· 이중과세 방지방법 : 세액공제 방식을 채택하지 않고 소득면제 방식을 채택, 단 이자 · 배당 · 로열티 등 수동적 소득에 대해서는 국제관례에 따라 세액공제 방식 적용 |
| 청산결제 | · 청산결제 대상 및 한도 : 남과 북이 정하는 거래상품의 대금과 이에 따르는 용역거래대금<br>· 일반결제의 대상 및 방법 : 남과 북이 각기 지정하는 은행을 통해 일반결제방식으로 결제<br>· 청산은행과 청산계정 운용<br>-결제통화는 미 달러화로 하되, 남북이 합의하는 다른 화폐로도 가능<br>· 합의서 이행 : 서명일로부터 6개월 이내에 청산결제 방식으로 거래할 상품과 한도, 청산계정의 신용한도를 정하고 각자 청산은행을 정해 상대측에 통보 |
| 상사분쟁조정 | · 상사분쟁 해결 원칙 : 당사자가 해결하는 것을 원칙으로 하되 그렇지 않은 분쟁은 남북한 공동으로 구성된 '남북상사중재위원회'의 중재로 해결<br>· 중재위원회 구성 및 기능<br>-구성 : 남과 북이 각각 위원장 1명 · 위원 4명을 선정해 총 10명으로 구성, 중재위원회의 쌍방은 각각 30명의 중재인 선정<br>· 중재절차 : 신청인이 자기측 중재위원장에게 중재 신청 → 상대방 중재위원장에게 통보 →중재인 3명으로 구성된 중재판정부 구성 후 중재판정<br>· 중재판정부 구성 : 양 당사자가 1명씩 중재인 선정 후 중재인 합의에 의해 의장중재인 선정, 중재인이 합의하지 못할 경우 쌍방 중재위원장이 합의해 의장중재인 선정, 중재위원장이 합의 하지 못할 경우 '국제투자분쟁해결기구(ICSID)'가 중재위의 의뢰에 따라 의장중재인 선정 |

자료 : 조선, 2000. 11. 13.

### 1.5 남북경제의 상호의존성 확대

남북경협은 궁극적으로 남북경제공동체의 형성에 기여하는 방향으로 이루어져야 한다. 이를 위해서는 남북경제의 상호의존성(interdependence)이 확대되도록 경협이 이루어져야 한다. 남북경제의 상호의존성이 심화되는 경우 남북공동체가 순조롭게 실현될 수 있는 여건이 조성되어질 수 있다. 『남북공동선언』에서도 제시되었듯이 남북한 균형발전을 위해서는 투자에 대한 인식도 전환할 필요가 있다. 단기적으로는 남한이 북한의 저렴한 노동력과 자원을 활용할 수 있는 업종에서 대북투자를 하는 것이 유리하겠지만 남한의 대북투자가 사양화되고 낙후된 업종에만 집중되면 남북간 균형발전은 요원해지며 향후 남북 간의 경협활성화에 장애요인이 될 수 있다는 점에 유의해야 한다. 이러한 맥락에서 저임금을 활용한 단순임가공형 업종뿐만 아니라 중장기적으로는 전자나 자동차, 석유화학 등 자본·기술집약적인 분야에도 적극적으로 투자가 이루어져야 된다. 이 분야의 투자는 북한의 고용증대와 성장잠재력을 제고시키는 효과를 가져다주어서 결국 경협의 파급효과를 확대시키게 된다. 남북한의 균형발전이 순조롭게 진행될 때 결국 남북경제의 상호의존성이 바람직하게 증대된다고 할 수 있다.

### 1.6 남북교역기업의 수익성 제고

북한과 거래하는 남한기업 중 남북교역으로 실제 이윤을 얻고 있는 기업은 전체의 약 1/3에 불과한 것으로 조사되어 남북교역의 지속적 발전을 위해서는 남북교역에 참여하는 기업의 수익성 제고가 시급한 것으로 판단된다. 한국개발연구원(KDI)은 2001년 11월 29일 남북교역업체 115개와 북한경제 및 남북경협관련 전문가 27명을 대상으로 설문조사한 결과 설문에 응답한 대북교역업체 중 북한과의 거래로 경제적 이익을 본 업체는 전체의 33.0%에 그쳤다고 밝힌 바 있다.[4]

대북교역업체 중 위탁가공 교역업체는 전체 평균보다 높은 절반(50.0%)의 기업이 이익을 실현했다고 답하였으며 단순물품거래를 하는 업체들은 31.3%만이 이윤을 얻고 있다고 답하였다. 남북교역업체의 수익성은 전체 매출액 중 대북교역비중이 높은 업체(20% 이상)일수록, 대북사업기간이 단기인 업체(3년 미만)일수록 큰 것으로 조사되었다.

4) 한국개발연구원, 북한경제리뷰, 2001. 11. 참조

〈표 29-5〉 남북경협관련 주요 설문조사 결과(KDI)

| | 남북교역전망지수 | 대북교역에서 가장 필요한 정보 | 남북경협에 가장 필요한 것 |
|---|---|---|---|
| 대북교역업체 (115개) | 118.0 | 북한의 무역상사 및 취급품목 | 교역사업 추진절차의 간소화 |
| 북한문제 전문가 (27명) | 114.8 | 북한의 무역상사 및 취급품목 | 남북한의 상이한 교역관련법제도의 보완 |

주 : 전망지수는 현 상황을 100으로 두고 향후 전망이 최상이면 200, 최악이면 0으로 설정한 수치임

## 1.7 경협분야의 확충

### (1) 금융협력 도모

금융협력 방안으로 우선 남북간 직접결제제도의 도입을 추진해야 한다. 남북간 직접결제제도의 도입은 현행 간접교역방식에 의한 물자교역을 직접교역방식으로 전환하기 위한 필수적 절차라고 할 수 있다. 직접결제시스템이 구축되면 남북교역업체간 직접적인 상거래계약의 체결과 남북한 은행을 통한 대금결제가 가능해져 간접교역 시보다 리스크 및 경비부담이 축소되는 장점이 있다. 남북간 직접결제는 청산결제방식과 환결제방식의 혼용이 가능하다.

이와 관련하여 '남북사이의 청산결제에 관한 합의서'(제4차 남북장관급회담, 2000. 12. 16)에서는 쌍방간 합의된 일정품목에 대해서는 청산결제방식을 적용하되 그렇지 않은 품목에 대해서는 다른 결제방식을 적용토록 함으로써 2가지 결제방식이 모두 이용될 수 있게 하고 있다.

① 청산결제방식

남북한 양 지역의 청산결제은행이 지정되면 남북교역 당사자들은 자기지역 소재 청산결제은행을 통해 건별로 대금을 수수하지만, 청산결제은행 간에는 건별로 대금결제를 하지 않고 일정기간(통상 1년) 동안 채권·채무를 기장해 두었다가 정해진 결제시점에서 채권·채무의 잔액을 상계하고 차액만을 합의된 통화로 결제하는 것을 의미한다.

② 환결제방식

남북한 양 지역의 환거래계약체결은행(코레스은행)이 지정되면 남북교역 당사자들은 자기지역 소재 코레스은행에 신용장을 개설하여 이 은행을 통해 건별로 대금을 수수하고, 남북 코레스은행 간에도 건별로 대금을 결제하는 방식을 의미한다.

남북간 직접결제제도가 일단 실행되면 남북경협의 진전 상황 및 북한의 호응도 등을 종합적으로 감안하여 남북합작은행의 설립 등 금융면에서 협력 확대를 전향적으로 검토해 볼 수 있다. 예를 들면, 남북 공동출자에 의해 설립되는 은행은 남북경협 관련 자금지원 및 지급보증, 남북주

민들 사이의 송금 및 환전, 북한경제 개발에 소요되는 외자도입 등 대북 금융지원 업무를 전담하게 된다.

### (2) 대북 SOC개발 지원

육상운송, 항만시설 등 열악한 북한의 사회간접시설 개선 문제는 북한경제의 효율성 제고뿐만 아니라 남한기업의 대북투자 촉진을 위해서도 중요한 사안인 만큼 북한의 SOC개발 지원을 중장기적으로 검토해야 한다. 대북 SOC개발은 경의선 연결공사, 개성공단 건설 등 남북한이 이미 합의한 사업부터 단계적으로 추진하는 것이 효과적이다.

한편, 대북 SOC투자 실행을 위해서는 재원조달이 선결되어야 할 것이므로 이에 대한 대책도 강구할 필요가 있다. 동 방안으로 남북협력기금을 통한 금융지원(전대차관 방식 등)이나 국내외 민간자본의 합작투자 등을 검토할 수 있다.

〈표 29-6〉 남북한 SOC현황 비교

| | 단위 | 북한(A) | 남한(B) | B/A(배) |
|---|---|---|---|---|
| ① 발전 능력 | 만kw | 755 | 4,845 | 6.4 |
| 발전량 | 억kwh | 194 | 2,664 | 13.7 |
| ② 도로 | | | | |
| 도로(4급 이상) 총 연장 | km | 23,633 | 88,775 | 3.8 |
| 고속도로 총연장 | km | 724 | 2,131 | 2.9 |
| ③ 철도 | | | | |
| 철도 총연장 | km | 5,214 | 6,706 | 1.3 |
| 전철 총연장<br>(전철화율) | km<br>% | 4,189<br>(80.3) | 667.5<br>(21.4) | 0.2<br>- |
| 지하철 총연장 | km | 34 | 393.4 | 11.6 |
| ④ 항만 하역 능력 | 만톤 | 3,530 | 43,044 | 12.2 |
| ⑤ 철도차량 보유 | | | | |
| 기관차 | 량 | 1,119 | 563 | 0.5 |
| 객 차 | 량 | 1,041 | 1,675 | 1.6 |
| 화 차 | 량 | 17,932 | 13,224 | 0.7 |
| ⑥ 자동차 등록대수 | 천대 | 262 | 12,059 | 46.0 |
| ⑦ 민용항공기 보유 | 대 | 20 | 262 | 13.1 |
| ⑧ 선박 보유 | 만톤 | 85 | 615 | 7.2 |

주 : 2000년 기준임
자료 : 통계청

### (3) 북한기업의 대남(對南)투자 유도

북한기업의 대남투자는 북한당국의 소극적 태도 등으로 인해 단기간 내 실현되기는 어려운 점이 있으나 장차 남북경협에 있어 균형성 확보 및 신뢰관계 구축 등에 도움이 될 것으로 보인다.

예를 들면, 남한지역에서의 음식점(옥류관, 통일관, 청류관 등), 특산물 판매점, 여행사 등 개설이나 현재 어느 정도 경쟁력을 갖춘 것으로 보이는 음성인식 시스템, 의료정보, 각종 컴퓨터 소프트웨어 프로그램, 애니메이션 등 IT분야의 상업화가 가능할 것으로 판단된다. 이를 위해 남한의 관련 법・제도를 정비하는 등 적절한 대비책을 마련해 둘 필요가 있다.

현재 북한기업의 대남투자와 관련해서는 '남북교류협력에 관한 법률'(제26조)상에 다른 법률을 준용하도록 규정하고 있을 뿐 구체적인 사항이 명시되어 있지 않으므로 특례 등을 별도로 마련하여 보완하는 방안 등을 모색할 수 있다.[5]

## 2. 비경제적 측면

### 2.1 다자간 국제협력방식의 추구

막대한 남북경협재원을 조달하기 위해서는 전술한 바와 같이 남한만의 지원으로는 크게 부족한 실정이다. 따라서 재원의 효율적인 조달을 위해서는 다자간 국제협력방식을 추구해야 한다. 즉, 국제통화기금(IMF), 세계은행(IBRD), 아시아개발은행(ADB), 국제식량농업기구(FAO), 일본의 공적개발원조(ODA), 국제금융공사(IFC) 등과 같은 국제기구의 기금이나 원조를 활용하는 것이다.

이를 위해 해당국제기구의 회원으로 가입하는 것이 선결조건이나 북한에 대한 국제사회의 신뢰도 상실로 인해 당장 실현될 가능성은 희박하다. 이 때문에 국제기구 가입이전에도 단기적으로 활용가능한 재원대책을 모색해야 한다. 예를 들면, 국제금융기구 가입이전단계의 재원조달 방안으로는 세계은행의 특별신탁기금(Trust Fund) 등을 이용할 수 있으며 신탁기금 외에도 비정부기구(NGO)를 활용할 수도 있다.[6] NGO가 북한에서 개발프로젝트를 수행할 경우 필요한 재원을 우회적으로 NGO를 활용해서 국제기구나 각국 정부로부터 공동지원을 얻을 수 있다.

북한의 국제기구 가입 이후에 모색될 수 있는 장기적인 방안으로는 국제통화기금(IMF)의 빈

5) 다른 법률에 대한 예로는 외국환거래법, 외국인투자촉진법, 한국수출입은행법, 수출보험법, 대외경제협력기금법, 법인세법, 소득세법, 조세감면규제법, 수출용원재료에 대한 관세 등 환급에 관한 특례법 등이 있다.

6) 세계은행은 지난 1993년 회원에 가입하지 못한 팔레스타인에 경제발전자금 명목으로 5,000만 달러를 지원한 바 있으며 팔레스타인 외에도 동티모르, 보스니아, 코소보 등에도 국제금융기구 가입이전에 자금지원을 한 바 있다.

곤감소 및 성장지원제도자금(PRGF), 세계은행의 국제개발협회(IDA) 자금, 아시아개발은행의 아시아개발기금(ADF)의 지원을 검토할 수 있으며 국제민간투자를 활성화할 목적으로 설립된 국제금융공사(IFC)가 참여하는 프로젝트 파이낸싱(project financing) 방식을 통해 북한에 대한 해외민간투자를 유치할 수도 있다. 또한, 북한이 국제금융기구에 가입해 IMF와 세계은행의 개혁 프로그램을 성실히 이행한다면 선진국들이 일부 개도국들에 대해 적용시켰던 외채(1998년 기준 120억 달러로 추정됨)를 탕감받을 수 있는 기회가 주어질 수도 있다.

〈표 29-7〉 북한지원에 활용 가능한 국내외 자금

| 구 분 | 용 도 | 규 모 | 사 용 조 건 |
|---|---|---|---|
| 대외협력기금 | 개도국지원, 중소기업 국외투자 | 7,000억원 | 법개정 내지 일시전용 |
| 남북협력기금 | 중소기업 경협지원 | 2,180억원 | 용도 변경 |
| 북한의 대일 청구권 | 전후 배상 | 50억~100억 달러 | 북일수교 |
| 세계은행 · ADB 지원금 | 개도국 공적차관 | 사업규모별 | 북한의 회원국 가입 |
| UNDP | 빈곤퇴치, 환경 재건 등 | 소규모 | UNDP는 현재 진행 중 (농업지원) |
| 국제식량농업기구 (FAO) | 농업개선작업 | 50만 달러 | 농업개량 부문 |

### 2.2 남북공동협력기구의 설치 · 운영

남북경협을 안정적인 관계로 유지, 발전시켜 나가기 위해 남북 공동으로 협력기구를 설치하여 경협관련 각종 실무사항을 지원하는 방안을 강구해야 한다. 현행 '남북경제협력추진위원회' 산하에 상설기구로 '민족경제발전센터'(가칭)를 설치하고 다음의 경협지원 서비스를 제공할 수 있다.

(1) 남북한 기업 및 외국인투자가들에 대한 경협관련 정보(유망사업 목록, 사업 절차, 관련 법규, 현지 시장정보 등) 제공, 투자유치 상담, 컨설팅 서비스 등이 있으며 외국인투자가에 대한 경협정보 제공을 위해서는 현재 대한무역투자진흥공사(KOTRA)에서 운영하고 있는 외국인투자지원센터(KISC)의 투자정보 제공, 투자유치 및 투자홍보 업무 등을 원용하여 센터 내에 정보제공시스템을 구축할 수 있다.

(2) 남북한 당국이 요구하는 경협관련 각종 승인사항에 대한 원스톱서비스지원체제를 마련해야 한다.

또한, 동 센터는 경협의 중장기 발전방향을 연구하고 경협의 미래 청사진을 작성 · 제시하는 등의 역할을 수행하게 된다.

# 부 록

Ⅰ. 국내산업의 구조변화와 경쟁력 분석

Ⅱ. 국내산업의 문제점 및 발전전략

# Ⅰ. 국내산업의 구조변화와 경쟁력 분석

## 1. 성장추이 및 산업구조 변화

### 1.1 생산추이

#### (1) 서비스업 및 중화학공업 비중의 상승

1990년대 이후 국내산업의 업종별 생산비중 추이를 살펴보면 농림어업과 광업의 비중은 하락하고 제조업은 큰 변화가 없는 반면에 서비스업은 상승추세를 보이고 있다. 이는 우리경제가 성장하면서 산업이 소프트화·서비스화되고 있기 때문으로 분석된다.

주요 업종별 생산비중 추이를 살펴보면 2000~2004년 중 제조업은 29.4%에서 28.7%로 소폭 하락한 반면에 서비스업은 65.3%에서 67.3%로 상승하였다. 제조업 내에서는 중화학공업의 강세와 경공업의 약세가 뚜렷하게 나타났다. 양 부문의 제조업 내 생산비중은 각각 2000년 77.6%, 22.4%에서 2004년 82.2%와 17.8%로 변하였다. 중화학공업 비중이 급상승한 것은 중화학공업이 정보통신(IT) 산업 등 고부가가치 산업으로 급속히 재편되고 있기 때문으로 판단되며 경공업의 위축은 설비의 해외 이전과 중국 등 후발 경쟁국의 급부상에 따른 것으로 보인다.

〈표 1〉 국내산업의 업종별 생산비중 추이

(단위 : %)

| | 1990 | 1995 | 2000 | 2001 | 2002 | 2003 | 2004 | 2005. 1~9 |
|---|---|---|---|---|---|---|---|---|
| 농림어업 | 8.9 | 6.3 | 4.9 | 4.5 | 4.1 | 3.8 | 3.7 | 2.6 |
| 광업 | 0.8 | 0.6 | 0.4 | 0.4 | 0.3 | 0.3 | 0.3 | 0.3 |
| 제조업 | 27.3 | 27.6 | 29.4 | 27.6 | 26.9 | 26.4 | 28.7 | 28.7 |
| (경공업) | (30.7) | (24.9) | (22.4) | (22.6) | (22.2) | (20.7) | (17.8) | (16.1) |
| (중화학공업) | (69.3) | (75.1) | (77.6) | (77.4) | (77.8) | (79.3) | (82.2) | (83.9) |
| 서비스업 | 63.0 | 65.4 | 65.3 | 67.5 | 68.7 | 69.5 | 67.3 | 68.4 |
| 합계 | 100.0 | 100.0 | 100.0 | 100.0 | 100.0 | 100.0 | 100.0 | 100.0 |

주 : 1) 명목 GDP 기준이며 경공업과 중화학공업은 제조업 내에서의 비중임
2) 서비스업은 전기가스 및 수도사업, 건설업, 도소매 및 음식숙박업, 운수창고 및 통신업, 금융보험업, 부동산 및 사업서비스업, 공공행정국방 및 사회보장, 교육서비스업, 보건 및 사회복지사업, 기타서비스업임

자료 : 한국은행, 국민계정, 각 연도

### (2) 제조업 중 섬유 등은 역(逆)성장, 전기전자 등은 급성장 추세

제조업의 세부 업종별 성장추이를 살펴보면 2000년 이후 섬유·가죽제품 등은 마이너스 성장한 반면에 전기전자 및 산업용기계 등은 급성장한 것으로 나타났다.

① 경공업

경공업의 경우 섬유·가죽제품의 생산증가율은 2001년 이후 지속적으로 마이너스를 기록하였는 데 2003년에는 12.7% 하락하였다.

〈표 2〉 제조업의 세부 업종별 생산증가율 추이

(단위 : %)

| | 2000 | 2001 | 2002 | 2003 | 2004 | 2005. 1~9 |
|---|---|---|---|---|---|---|
| 제조업 | 17.0 | 2.2 | 7.6 | 5.5 | 11.4 | 5.9 |
| 경공업 | (7.2) | (-2.4) | (0.2) | (-5.6) | (-1.3) | (-2.5) |
| 음식료·담배 | 7.2 | 5.2 | -0.3 | -2.8 | 1.8 | -0.8 |
| 섬유·가죽제품 | 8.9 | -4.2 | -1.4 | -12.7 | -4.6 | -3.4 |
| 중화학공업 | (19.8) | (3.3) | (9.4) | (8.0) | (13.9) | (7.4) |
| 산업용화합물 | 9.1 | 9.6 | 7.4 | 2.9 | 4.6 | 3.4 |
| 비금속광물 | 12.5 | 3.5 | 1.6 | 4.8 | -0.8 | -6.1 |
| 금속제품 | 11.9 | -0.2 | 1.9 | 0.2 | 3.1 | 1.2 |
| 산업용기계 | 29.8 | -1.8 | 7.2 | 5.1 | 14.2 | 1.5 |
| 전기전자 | 34.5 | 4.0 | 17.3 | 17.1 | 25.3 | 12.5 |
| 운수장비 | 16.7 | -0.6 | 8.2 | 5.6 | 14.6 | 12.6 |
| 정보통신산업 | 33.8 | 10.5 | 17.6 | 14.2 | 20.4 | 10.1 |
| 비정보통신산업 | 10.4 | -1.8 | 2.3 | 0.2 | 5.0 | 2.6 |

주 : 2000년 불변가격 GDP 및 전년동기 대비 기준임
자료 : 한국은행, 국민계정, 각 연도

② 중화학공업

중화학공업의 경우 전기전자, 산업용기계 및 운수장비 등이 중화학공업의 성장을 견인하였다. 특히, 전기전자의 경우 2001년을 제외하고는 연평균 10~30%대의 높은 생산증가율을 기록하였다. 한편, 정보통신산업은 2000~2004년 중 두 자리 수의 생산증가율을 보였으나 비(非)정보통신산업은 낮은 증가율을 기록하였다.

## 1.2 무역추이

### (1) 개관

1990년대 연평균 8.7%의 증가율을 보였던 수출은 2000~2004년 중에는 연평균 10.2% 증가한 것으로 나타났다. 2001년에는 세계적인 경기침체(recession)로 전년 대비 12.7% 감소하였으나

2003년 이후에는 세계경기의 회복세에 힘입어 두 자리 수의 증가율을 보이고 있다. 이에 따라 수출은 2000년 1,723억 달러에서 2004년 2,538억 달러로 약 1.5배 증가하였다. 수입은 2000~2004년 중 수출증가율보다 다소 낮은 연평균 8.7%의 증가율을 기록하였다. 이에 따라 무역수지는 동기간 중 연평균 25.6% 증가하여 2004년에는 294억 달러를 기록하였다.[1)]

〈표 3〉 연도별 수출입 추이

(단위 : 억 달러)

| | 2000 | 2001 | 2002 | 2003 | 2004 | 2005. 1~9 |
|---|---|---|---|---|---|---|
| 수 출 | 1,723 | 1,504 | 1,625 | 1,938 | 2,538 | 2,077 |
| 수 입 | 1,605 | 1,411 | 1,521 | 1,788 | 2,244 | 1,902 |
| 무역수지 | 118 | 93 | 104 | 150 | 294 | 175 |

자료 : 한국무역협회(www.kita.net)

〈표 4〉 품목별 수출비중 추이

(단위 : %)

| | 2000 | 2001 | 2002 | 2003 | 2004 | 2005. 1~9 | 연평균 증가율 | | |
|---|---|---|---|---|---|---|---|---|---|
| | | | | | | | 2000~2002 | 2002~2004 | 2000~2004 |
| 제 조 업 | 97.2 | 97.3 | 97.5 | 97.3 | 97.3 | 98.6 | -2.7 | 24.8 | 10.2 |
| 중화학 공업 | 81.0 | 80.9 | 82.7 | 84.8 | 87.2 | 89.4 | -1.9 | 28.4 | 12.2 |
| 석 유 화 학 | 5.6 | 5.6 | 5.7 | 6.1 | 6.7 | 7.5 | -2.1 | 35.5 | 15.2 |
| 철 강 | 4.6 | 4.6 | 4.3 | 4.8 | 5.3 | 6.0 | -5.2 | 37.6 | 14.2 |
| 전 기 전 자 | 40.0 | 36.1 | 39.1 | 40.0 | 39.5 | 37.6 | -4.0 | 25.6 | 9.8 |
| ·산업용전자 | 14.0 | 15.2 | 17.3 | 18.5 | 18.4 | 16.3 | 7.9 | 28.9 | 17.9 |
| (컴 퓨 터) | (8.5) | (7.5) | (8.0) | (7.7) | (6.7) | (5.0) | (-6.1) | (15.0) | (3.9) |
| (통신기기) | (5.0) | (7.0) | (8.8) | (10.0) | (10.7) | (10.0) | (28.9) | (37.9) | (33.4) |
| ·가 전 | 5.9 | 6.4 | 6.6 | 6.5 | 6.1 | 5.3 | 3.0 | 20.0 | 11.2 |
| ·전자 부품 | 18.7 | 12.8 | 13.7 | 13.5 | 13.5 | 14.3 | -16.9 | 24.3 | 1.6 |
| (반 도 체) | (15.1) | (9.5) | (10.2) | (10.1) | (10.4) | (10.8) | (-20.0) | (26.3) | (0.5) |
| 일 반 기 계 | 4.6 | 5.2 | 5.3 | 5.5 | 5.6 | 6.2 | 4.4 | 28.3 | 15.8 |
| 자 동 차 | 7.7 | 8.9 | 9.1 | 9.9 | 10.5 | 10.2 | 5.7 | 34.1 | 19.1 |
| 선 박 | 4.6 | 6.2 | 6.1 | 5.5 | 5.4 | 5.7 | 11.8 | 17.5 | 14.6 |
| IT 제 품 | 32.0 | 27.0 | 30.0 | 30.7 | 30.5 | 29.0 | -5.9 | 26.1 | 8.9 |
| 비IT 제 품 | 49.0 | 53.9 | 52.7 | 54.1 | 56.7 | 60.4 | 0.6 | 29.7 | 14.2 |
| 경 공 업 | 16.2 | 16.4 | 14.8 | 12.5 | 10.1 | 9.2 | -7.0 | 2.9 | -2.2 |
| 플 라 스 틱 | 1.2 | 1.3 | 1.4 | 1.3 | 1.3 | 1.3 | 2.9 | 20.8 | 11.5 |
| 섬 유 류 | 10.9 | 10.7 | 9.6 | 7.9 | 6.0 | 5.1 | -8.7 | -1.5 | -5.2 |
| 1 차 산 품 | 2.8 | 2.7 | 2.5 | 2.7 | 2.7 | 1.4 | -8.7 | 31.5 | 9.6 |
| 전 산 업 | 100.0 | 100.0 | 100.0 | 100.0 | 100.0 | 100.0 | -2.9 | 25.0 | 10.2 |

자료 : 한국무역협회(www.kita.net)

1) 2004년 무역수지 흑자(trade surplus) 규모는 1998년 외환위기(foreign exchange crisis) 상황 하의 수입감소에 의한 비정상적인 무역흑자(390억 달러)를 제외할 경우 사실상 사상최대 규모이며 우리의 무역수지 흑자는 1998년 이후 7년 연속 지속되고 있다(산업은행, 산은조사월보, 2006. 1. pp. 9~24 요약·재구성).

① 수출

가. 품목별 수출비중

품목별 수출비중 추이를 보면 중화학공업의 경우 컴퓨터와 반도체 등을 제외한 자동차, 선박, 철강, 일반기계, 통신기기, 석유화학 등 대부분의 품목이 상승한 반면에 경공업의 경우 섬유류가 크게 하락하였다. 이에 따라 총수출에서 중화학공업이 차지하는 비중은 2000년 81.0%에서 2004년 87.2%로 상승한 반면에 경공업 비중은 16.2%에서 10.1%로 하락하였다.

나. 지역별 수출비중

지역별 수출비중 추이를 보면 2000~2004년 중 아시아와 유럽지역에 대한 수출비중은 각각 3.9%포인트, 1.3%포인트 상승한 반면에 북미지역에 대한 비중은 5.0%포인트 하락하였다.[2] 아시아지역에 대한 수출비중은 일본 및 ASEAN으로의 수출부진[3]에도 불구하고 2001년말 중국의 세계무역기구(WTO) 가입 등 시장개방(market opening)에 힘입어 2000년 47.1%에서 2004년에는 51.0%로 상승하였다.

〈표 5〉 지역별 수출비중 추이

(단위 : %)

| | 2000 | 2001 | 2002 | 2003 | 2004 | 2005. 1~9 | 연평균 증가율 | | |
|---|---|---|---|---|---|---|---|---|---|
| | | | | | | | 2000~2002 | 2002~2004 | 2000~2004 |
| 아시아 | 47.1 | 46.5 | 47.6 | 51.2 | 51.0 | 51.9 | -2.3 | 29.4 | 12.4 |
| 중국 | 10.7 | 12.1 | 14.6 | 18.1 | 19.6 | 21.9 | 13.5 | 44.7 | 28.1 |
| 홍콩 | 6.2 | 6.3 | 6.2 | 7.6 | 7.1 | 5.3 | -2.7 | 33.7 | 14.1 |
| 일본 | 11.9 | 11.0 | 9.3 | 8.9 | 8.5 | 8.5 | -14.0 | 19.7 | 1.5 |
| ASEAN | 11.7 | 10.9 | 11.3 | 10.4 | 9.5 | 9.9 | -4.4 | 14.3 | 4.5 |
| 유럽 | 16.3 | 15.9 | 16.6 | 16.5 | 17.6 | 18.4 | -2.0 | 28.5 | 12.2 |
| EU | 13.6 | 13.0 | 13.4 | 12.8 | 14.9 | 15.2 | -3.8 | 32.1 | 12.7 |
| 북미 | 23.2 | 22.1 | 21.6 | 19.0 | 18.2 | 15.7 | -6.3 | 14.7 | 3.7 |
| 미국 | 21.8 | 20.7 | 20.2 | 17.7 | 16.9 | 14.5 | -6.6 | 14.3 | 3.3 |
| 중남미 | 5.4 | 6.5 | 5.5 | 4.5 | 4.6 | 5.1 | -2.7 | 14.2 | 5.4 |
| 기타 | 7.9 | 9.0 | 8.7 | 8.7 | 8.6 | 8.9 | 1.9 | 24.5 | 12.6 |
| 브릭스 | 12.9 | 14.7 | 16.9 | 21.0 | 22.7 | 25.7 | 11.0 | 44.8 | 26.7 |
| 세계 | 100.0 | 100.0 | 100.0 | 100.0 | 100.0 | 100.0 | -2.9 | 25.0 | 10.2 |

주 : 1) EU는 2004년 5월부터 15국에서 25국으로 확대되었음
2) 브릭스(BRICs)는 브라질, 러시아, 인도 및 중국의 합계임
자료 : 한국무역협회(www.kita.net)

2) 아시아지역에 대한 수출비중 상승세와 북미지역에 대한 수출비중 하락세는 1980년대 중반 이후 지속되고 있다. 1985년의 대아시아, 유럽 및 북미 수출비중은 각각 28.8%, 14.8%, 39.6%였다.

3) 이는 일본은 버블붕괴(bubble collapse)에 따른 경기침체기에 있었으며 ASEAN은 급속한 산업화(industrialization)를 보이고 있기 때문으로 분석된다.

② 수입

용도별 수입구조를 보면 세계적인 경기침체(recession)로 2002년 40.4%까지 하락하였던 수출용 수입의 비중이 2003년 이후에는 세계경기의 점진적인 회복세에 힘입어 상승세를 보이고 있다. 품목별 수입구조를 보면 2003년 하반기 이후 원유, 철강 등 국제원자재 가격이 급등하면서 원자재 수입비중이 2002년 48.6%에서 2004년에는 50.7%로 상승하였으며 2005년에 들어와서도 고유가 지속 등으로 상승세가 지속되고 있다. 자본재의 수입비중은 설비투자의 부진으로 인해 2000년 40.8%에서 2004년에는 37.5%로 하락하였다.

〈표 6〉 용도별 · 품목별 수입비중 추이

(단위 : %)

| | | 2000 | 2001 | 2002 | 2003 | 2004 | 2005. 1~9 | 연평균 증가율 | | |
|---|---|---|---|---|---|---|---|---|---|---|
| | | | | | | | | 2000~2002 | 2002~2004 | 2000~2004 |
| 용도 | 내수용 | 55.0 | 57.0 | 59.6 | 58.4 | 58.5 | 59.4 | 1.3 | 20.4 | 10.4 |
| | 수출용 | 45.0 | 43.0 | 40.4 | 41.6 | 41.5 | 40.6 | -7.7 | 23.1 | 6.6 |
| 품목 | 원자재 | 49.2 | 51.0 | 48.6 | 48.3 | 50.7 | 54.0 | -3.3 | 24.1 | 9.6 |
| | 자본재 | 40.8 | 37.2 | 38.1 | 38.5 | 37.5 | 35.8 | -5.9 | 20.5 | 6.5 |
| | 소비재 | 10.0 | 11.8 | 13.3 | 13.2 | 11.8 | 10.2 | 12.2 | 14.4 | 13.3 |
| 전산업 | | 100.0 | 100.0 | 100.0 | 100.0 | 100.0 | 100.0 | -2.6 | 21.5 | 8.8 |

자료 : 관세청

### 1.3 고용추이

#### (1) 경제활동인구 · 실업률

1997년말 외환위기(foreign exchange crisis) 직후 감소 내지 증가세가 둔화되었던 경제활동인구는 2002년과 2004년 각각 전년 대비 2.1%, 2.0% 증가하였으나 증가세는 외환위기 이전 수준에는 아직 못 미치고 있다(1995~1997년의 경제활동인구의 전년 대비 증가율은 2.1~2.4%를 유지하였음). 경제활동 참가율은 완만한 상승세를 보이고 있다. 성별로 보면 자녀수의 감소, 핵가족화, 결혼연령 상승 등에 따라 여자의 경제활동 참가율의 상승폭이 남자의 상승폭보다 조금 높게 나타나고 있다. 한편, 취업자수 증가율은 2001년 이후 경기부진에 따라 둔화 내지 감소세를 보이고 있다. 1998년 7.0%를 기록하였던 실업률(unemployment rate)은 2002년 3.1%까지 지속적으로 하락하였으나 최근 경기부진이 지속되면서 2005년 1~9월에는 3.8%로 상승하였다.

〈표 7〉 고용관련지표의 추이

(단위 : 천명, %)

| | | 2000 | 2001 | 2002 | 2003 | 2004 | 2005. 1~9 |
|---|---|---|---|---|---|---|---|
| 경제활동인구 | 수 | 22,069 | 22,417 | 22,877 | 22,916 | 23,370 | 23,706 |
| | 증가율 | 1.9 | 1.6 | 2.1 | 0.2 | 2.0 | 1.5 |
| 경제활동 참가율 | | 61.0 | 61.3 | 61.9 | 61.4 | 62.0 | 62.0 |
| | 남 자 | 74.2 | 74.2 | 74.8 | 74.6 | 74.8 | 74.7 |
| | 여 자 | 48.6 | 49.2 | 49.7 | 48.9 | 49.8 | 50.0 |
| 취업자수 증가율 | | 4.3 | 2.0 | 2.8 | -0.1 | 1.9 | 1.3 |
| 실 업 | 실업자수 | 913 | 845 | 708 | 777 | 813 | 907 |
| | 실 업 률 | 4.1 | 3.8 | 3.1 | 3.4 | 3.5 | 3.8 |

주 : 1) 경제활동인구(economically active population)란 만 15세 이상 인구 중 조사대상주간 동안 상품이나 서비스를 생산하기 위하여 실제로 수입이 있는 일을 한 취업자와 일을 하지 않았으나 구직활동을 한 실업자를 의미함

2) 경제활동참가율 = (경제활동인구수/만 15세 이상 인구수)×100

자료 : 통계청, 경제활동인구연보, 각 연도

### (2) 산업별 고용비중

산업별 고용비중 추이를 보면 1980년대 후반 이후 지속되고 있는 농림어업과 제조업 비중의 하락과 서비스업 비중의 상승은 2000년대에 들어서도 지속되고 있다(농림어업, 제조업 및 서비스업의 취업자 수 비중은 각각 1988년 20.6%, 27.7%, 50.9%, 1995년에는 11.8%, 23.6%, 64.5%를 기록하였음). 이 같은 제조업 취업자 수 비중의 하락은 외환위기 이후 채용인력의 축소, 상시인력 구조조정체제의 정착 등에 기인한 것으로 판단되며 서비스업 비중의 상승은 국내경제의 서비스화 진전 등에 기인한 것으로 보인다.

〈표 8〉 산업별 고용비중의 추이

(단위 : %)

| | 2000 | 2001 | 2002 | 2003 | 2004 | 2005. 1~9 |
|---|---|---|---|---|---|---|
| 농 림 어 업 | 10.6 | 10.0 | 9.3 | 8.8 | 8.1 | 8.0 |
| 광 업 | 0.1 | 0.1 | 0.1 | 0.1 | 0.1 | 0.1 |
| 제 조 업 | 20.3 | 19.8 | 19.1 | 19.0 | 19.0 | 18.6 |
| 서 비 스 업 | 69.0 | 70.1 | 71.5 | 72.1 | 72.8 | 73.3 |
| 합 계 | 100.0 | 100.0 | 100.0 | 100.0 | 100.0 | 100.0 |

자료 : 통계청, 경제활동인구연보, 각 연도

## 2. 국내 및 해외직접투자 추이

### 2.1 국내투자 추이

#### (1) 총고정투자 추이

1990년대 연평균 5.8% 증가하였던 총고정투자(gross fixed investment)는 2000년대에 들어와서는 이보다 낮은 연평균 4.8%의 증가율을 보이고 있다. 2001년 세계경기의 침체로 마이너스 성장을 보인 총고정투자는 2002년에는 전년 대비 6.6% 증가하였으나 2003년 이후에는 내수부진 지속 등에 따른 투자환경(investment environment)의 악화로 둔화세를 보이고 있다. 부문별로 보면 설비투자는 기계류 및 운수장비 부문의 투자위축으로 2001년과 2003년에 각각 전년 대비 9.0%, 1.2% 감소하는 등 부진 양상을 보였다.[4] 건설투자도 사회간접자본(SOC) 시설에 대한 투자 부진 등으로 2004년 이후 둔화되고 있다.

〈표 9〉 총고정투자 증가율 추이

(단위 : %)

| | 2000 | 2001 | 2002 | 2003 | 2004 | 2005. 1~9 |
|---|---|---|---|---|---|---|
| 총고정투자 | 12.2 | -0.2 | 6.6 | 4.0 | 1.9 | 1.5 |
| 설비투자 | 33.6 | -9.0 | 7.5 | -1.2 | 3.8 | 3.4 |
| 건설투자 | -0.7 | 6.0 | 5.3 | 7.9 | 1.1 | 0.0 |
| 총고정투자/GDP | 31.1 | 29.9 | 29.8 | 30.0 | 29.3 | 28.4 |

주 : 2000년 불변가격 및 전년동기 대비 기준임
자료 : 한국은행, 국민계정, 각 연도

국내 주요 민간기업의 설비투자는 2000~2004년 중 연평균 4.8% 증가하여 2004년에는 56조원을 기록하였다.

① 업종별 설비투자

업종별 설비투자 추이를 보면 제조업의 설비투자는 동 기간 중 연평균 11.6% 증가한 반면에 비제조업은 연평균 4.7% 감소하였다. 이에 따라 전산업에서 제조업이 차지하는 비중이 2000년 52.3%에서 2004년에는 67.3%로 상승하고 비제조업의 비중은 47.7%에서 32.7%로 하락하였다. 제조업 내에서는 중화학공업 · IT산업 · 수출기업 · 대기업의 설비투자 비중이 상승하였으며 경공

4) 국내 설비투자가 부진한 것은 외환위기 이후 국내기업이 이전처럼 양적 확대에 치중하기보다는 수익성을 중시하여 투자를 결정하고 있기 때문인 것으로 분석된다.

업·비IT산업·내수기업·중소기업의 설비투자 비중은 하락한 것으로 나타났다. 이는 주로 2003년 이후 세계경기의 회복세로 IT를 중심으로 한 수출경기가 호조세를 보이고 있는 반면에 내수경기는 지속적인 부진을 보이고 있기 때문으로 판단된다.

〈표 10〉 주요 업종별 설비투자 추이

(단위 : 억원, %)

| | 2000 | 2001 | 2002 | 2003 | 2004 | 2005. 1~9 | 연평균 증가율 | |
|---|---|---|---|---|---|---|---|---|
| | | | | | | | 2000~2004 | 2004~2005 |
| 제 조 업 | 244,239<br>(52.3) | 213,299<br>(52.6) | 211,762<br>(54.7) | 264,383<br>(60.9) | 378,663<br>(67.3) | 431,392<br>(67.0) | 11.6 | 13.9 |
| 경 공 업 | 11.3 | 10.9 | 13.1 | 11.5 | 8.4 | 7.4 | 3.6 | 0.1 |
| 중화학공업 | 88.7 | 89.1 | 86.9 | 88.5 | 91.6 | 92.6 | 12.5 | 15.2 |
| I T 산 업 | 54.0 | 41.8 | 38.2 | 47.3 | 57.1 | 53.5 | 13.2 | 6.8 |
| 비IT 산업 | 46.0 | 58.2 | 61.8 | 52.7 | 42.9 | 46.5 | 9.6 | 23.4 |
| 내수 기업 | 31.8 | 44.3 | 44.2 | 32.9 | 23.1 | 25.3 | 2.9 | 24.9 |
| 수출 기업 | 68.2 | 55.7 | 55.8 | 67.1 | 76.9 | 74.7 | 15.0 | 10.6 |
| 대 기 업 | 95.0 | 94.3 | 91.8 | 93.6 | 95.4 | 95.9 | 11.7 | 14.5 |
| 중소 기업 | 5.0 | 5.7 | 8.2 | 6.4 | 4.6 | 4.1 | 9.6 | 2.3 |
| 비 제 조 업 | 222,597<br>(47.7) | 192,057<br>(47.4) | 175,466<br>(45.3) | 169,551<br>(39.1) | 183,945<br>(32.7) | 212,306<br>(33.0) | -4.7 | 15.4 |
| 통 신 업 | 41.3 | 36.2 | 37.0 | 34.1 | 31.9 | 29.8 | -10.6 | 7.5 |
| 합 계 | 466,836<br>(100.0) | 405,356<br>(100.0) | 387,228<br>(100.0) | 433,934<br>(100.0) | 562,608<br>(100.0) | 643,698<br>(100.0) | 4.8 | 14.4 |

주 : 1) 2000~2004년은 실적치, 2005년은 전망치임
2) ( )안은 구성비이며 제조업 및 비제조업 내 각 부문의 수치는 제조업 또는 비제조업 내에서 각 부문이 차지하는 비중임
3) IT산업은 전기전자, 내수기업은 매출액 중 수출비중이 50% 미만인 기업기준임
자료 : 산업은행, 설비투자계획조사, 각호

② 동기별 설비투자

국내 주요 민간기업의 동기별 설비투자는 2000~2004년 중 설비능력 증가를 위한 투자가 크게 확대되었다. 설비능력 증가를 위한 투자는 신제품 생산과 수출수요 증가에 대비한 투자를 중심으로 증가하고 있는데 제조업 전체에서 차지하는 비중이 2000년 60.3%에서 2004년에는 71.2%로 상승하였다. 반면에 설비의 유지보수, 자동화, 에너지 절약 등을 위한 합리화 투자의 비중은 동기간 중 21.6%에서 19.3%로 하락한 것으로 나타났다. 연구·개발(R&D) 투자의 점유율도 하락세를 보여 2004년에는 3.8%를 기록하여 2000년 대비 3.3%포인트 하락하였다.

〈표 11〉 제조업의 동기별 설비투자비중 추이

(단위 : %)

| | 2000 | 2001 | 2002 | 2003 | 2004 | 2005. 1~9 | 연평균 증가율 | |
|---|---|---|---|---|---|---|---|---|
| | | | | | | | 2000~2004 | 2004~2005 |
| 설비능력 증가 | 60.3 | 60.8 | 58.7 | 64.3 | 71.2 | 68.1 | 16.3 | 9.1 |
| 합 리 화 투자 | 21.6 | 22.8 | 23.2 | 19.7 | 19.3 | 19.7 | 8.5 | 16.4 |
| 공 해 방 지 | 2.0 | 1.3 | 1.5 | 1.3 | 1.1 | 1.2 | -4.7 | 26.0 |
| 연 구 개 발 | 7.1 | 5.9 | 6.8 | 5.9 | 3.8 | 5.1 | -4.5 | 53.2 |
| 기 타 | 9.1 | 9.2 | 9.8 | 8.8 | 4.7 | 5.9 | -5.4 | 42.3 |
| 합 계 | 100.0 | 100.0 | 100.0 | 100.0 | 100.0 | 100.0 | 11.6 | 13.9 |

주 : 2000~2004년은 실적치, 2005년은 전망치임
자료 : 산업은행, 설비투자계획조사, 각호

〈표 12〉 외국인직접투자의 추이

(단위 : 백만달러, %)

| | | 2000 | 2001 | 2002 | 2003 | 2004 | 2005. 1~9 | 연평균 증가율 (2000~2004) |
|---|---|---|---|---|---|---|---|---|
| 신 고 액(A) | | 15,219<br>(-2.0) | 11,286<br>(-25.8) | 9,093<br>(-19.4) | 6,469<br>(-28.9) | 12,786<br>(97.7) | 7,697<br>(-8.7) | -4.3 |
| 도 착 액(B) | | 10,228<br>(-5.7) | 4,908<br>(-52.0) | 3,749<br>(-23.6) | 5,121<br>(36.6) | 8,635<br>(68.6) | 4,314<br>(6.7) | -4.1 |
| 도 착 률(B/A) | | 67.2 | 43.5 | 41.2 | 79.2 | 67.5 | 92.9 | |
| 산업 | 제 조 업 | 6,848 | 2,911 | 2,337 | 1,698 | 6,210 | 2,079 | -2.4 |
| | (부품 · 소재) | (5,843) | (1,353) | (1,210) | (1,288) | (4,282) | (1,481) | (-7.5) |
| | 서비스업 | 8,113 | 7,230 | 5,122 | 4,132 | 6,141 | 5,451 | -6.7 |
| | 기 타 | 258 | 1,145 | 1,634 | 639 | 435 | 167 | 13.8 |
| 지역 | 미 국 | 2,921 | 3,886 | 4,491 | 1,242 | 4,718 | 1,350 | 12.7 |
| | 일 본 | 2,448 | 776 | 1,404 | 541 | 2,258 | 972 | -2.0 |
| | E U | 4,396 | 3,052 | 1,680 | 3,064 | 3,009 | 3,778 | -9.0 |
| | 기 타 | 5,454 | 3,572 | 1,518 | 1,622 | 2,801 | 1,597 | -15.3 |
| 유형 | M&A | 2,865 | 2,649 | 2,084 | 2,943 | 6,167 | 4,091 | 21.1 |
| | Greenfield | 12,354 | 8,637 | 7,009 | 3,526 | 6,619 | 3,606 | -14.4 |

주 : 1) ( )안은 전년동기 대비 증가율임
2) 2005년 1~9월 도착액 및 도착률은 상반기 실적 기준임
3) 산업 · 지역 · 유형별 외국인직접투자는 신고액 기준임
4) M&A는 구주 취득과 인수 · 합병 목적의 신주 취득을, Greenfield는 공장 또는 사업장 설립 목적의 투자를 의미함
자료 : 산업자원부, 외국인투자 Data

### (2) 외국인직접투자 추이

외환위기 이후 정부와 민간의 적극적인 투자유치 노력으로 급증세를 보였던 외국인직접투자(신고 기준)(1998~2000년 중 외국인직접투자는 총 396억 달러를 기록하였는 데 이는

1962~1997년의 총 유치금액(246억 달러)의 약 1.6배에 달하는 규모임)는 2001~2003년 중 세계경기의 침체 및 이라크 사태 등에 따라 크게 감소하였으나 2004년에는 다시 증가세로 전환되었다.[5] 신고기준으로 볼 때 2000년 152억 달러였던 외국인직접투자는 2003년 65억 달러로 감소하였으나 2004년에는 128억 달러로 전년 대비 97.7% 증가하였다. 2004년 외국인직접투자가 급증한 것은 세계적인 경기회복세, 국내 산업경기의 호전, 외국인투자제도의 개선(조세감면 수혜대상 확대, 현금보상제도(Cash Grant) 도입 등의 제도적인 인센티브와 더불어 프로젝트 매니저(PM)제도 등을 시행하였음) 및 유치활동 강화 등에 기인한 것으로 분석된다.

산업별 투자 누계금액(신고 기준) 비중은 2000~2004년 중 제조업 36.5%, 서비스업 56.0%로 나타났다. 동 기간 중 지역별 비중을 보면 미국 30.9%, 일본 13.3%, 유럽연합(EU) 27.2% 등으로 조사되었다.

〈표 13〉 국내기업의 해외직접투자 추이

(단위 : 개, 백만달러, %)

| | | 2000 | 2001 | 2002 | 2003 | 2004 | 2005. 1~9 | 연평균 증가율 (2000~2004) |
|---|---|---|---|---|---|---|---|---|
| 총신고 | 건수 | 2,289 | 2,330 | 2,754 | 3,087 | 3,925 | 3,256 | 14.4 |
| | 금액 | 6,089 | 6,378 | 6,341 | 5,910 | 8,055 | 6,541 | 7.2 |
| 총투자 | 건수 | 2,079 | 2,149 | 2,487 | 2,806 | 3,772 | 3,165 | 16.1 |
| | 금액 | 5,065 | 5,150 | 3,687 | 4,027 | 5,942 | 4,598 | 4.1 |
| 회수 | 건수 | 109 | 138 | 157 | 188 | 256 | 147 | 23.8 |
| | 금액 | 1,506 | 3,277 | 1,101 | 693 | 823 | 447 | -14.0 |
| 순투자 | 건수 | 1,970 | 2,011 | 2,330 | 2,618 | 3,516 | 3,018 | 15.6 |
| | 금액 | 3,559 | 1,873 | 2,586 | 3,334 | 5,119 | 4,152 | 9.5 |
| 순투자 누계 | 건수 | 11,414 | 13,425 | 15,755 | 18,373 | 21,889 | 24,907 | 17.7 |
| | 금액 | 27,003 | 28,876 | 31,462 | 34,796 | 39,915 | 44,067 | 10.3 |

주 : 순투자 = 총투자 - 회수

자료 : 수출입은행, 해외투자통계 Data

### 2.2 해외직접투자 추이

한국의 해외직접투자는 1994년 이후 급증하다가 1990년대 후반 외환위기를 경험하면서 국내기업의 구조조정과 자금여력 부족 등으로 감소세를 보였다. 그러나 최근에는 세계경기의 회복세, 기업의 글로벌 경영전략(global business strategy), 해외자원개발 활성화 등으로 인해 증가세를 보이고 있다.[6] 해외직접투자(순투자 기준) 추이는 2000~2004년 중 건수는 2000년 이후 지속적

5) 그러나 2005년 1~9월 중 외국인직접투자(신고 기준)는 세계적인 FDI 감소 추세, 고유가, 원화강세 지속, 2004년 3분기(71.2% 증가)의 상대적 영향으로 전년동기 대비 8.7% 감소하였다.

으로 증가하여 2004년에는 3,516개를 기록하였다. 투자액은 동 기간 중 연평균 9.5% 증가하여 2004년 51억 달러로 나타났다(2001년의 순투자액은 전년 대비 48.7% 감소하였는 데 이는 전자통신업종의 일부 대기업들의 해외투자회수에 기인하였음).

#### (1) 업종별 해외직접투자

업종별 해외직접투자 누계비중(2000년~2005년 9월)을 보면 제조업이 건수와 금액 면에서 각각 총 해외직접투자의 58.2%, 51.4%를 차지하여 가장 높게 나타났다. 제조업의 투자금액 비중이 투자건수 비중에 비해 상대적으로 낮아 제조업의 투자가 도소매업 등 기타 업종에 비해 소규모로 이루어지고 있는 것으로 판단된다.

〈표 14〉 국내산업의 업종별 해외직접투자 추이

(단위 : 개, 백만달러, %)

| | | 2000 | 2001 | 2002 | 2003 | 2004 | 2005. 1~9 | 합계 | 비중 |
|---|---|---|---|---|---|---|---|---|---|
| 농림어업 | 건 수 | 13 | 10 | 29 | 41 | 50 | 41 | 184 | 1.2 |
| | 금 액 | 12 | 4 | -16 | 22 | 27 | 21 | 70 | 0.3 |
| 광 업 | 건 수 | 11 | 6 | 8 | 16 | 27 | 14 | 82 | 0.5 |
| | 금 액 | 39 | 59 | 181 | 298 | 299 | 241 | 1,117 | 5.4 |
| 제조업 | 건 수 | 1,019 | 1,205 | 1,526 | 1,703 | 2,099 | 1,453 | 9,005 | 58.2 |
| | 금 액 | 916 | 1,500 | 1,274 | 1,696 | 2,923 | 2,287 | 10,596 | 51.4 |
| 도소매업 | 건 수 | 247 | 278 | 299 | 327 | 424 | 591 | 2,166 | 14.0 |
| | 금 액 | 461 | 224 | 824 | 841 | 985 | 792 | 4,127 | 20.0 |
| 기 타 | 건 수 | 680 | 512 | 468 | 531 | 916 | 919 | 4,026 | 26.1 |
| | 금 액 | 2,131 | 86 | 323 | 477 | 885 | 811 | 4,713 | 22.9 |
| 합 계 | 건 수 | 1,970 | 2,011 | 2,330 | 2,618 | 3,516 | 3,018 | 15,463 | 100.0 |
| | 금 액 | 3,559 | 1,873 | 2,586 | 3,334 | 5,119 | 4,152 | 20,623 | 100.0 |

주 : 순투자(= 총투자 - 회수) 기준임
자료 : 수출입은행, 해외투자통계 Data

2000년 이후 제조업의 세부 업종별 해외직접투자 누계비중을 보면 경공업이 19.2%, 중화학공업은 80.8%를 차지하였다. 경공업은 섬유의복을 중심으로 증가하고 있으며 중화학공업은 전자통신, 석유화학, 수송기계 등이 큰 비중을 차지한 것으로 나타났다.

6) 한국의 해외직접투자의 증가는 임금상승, 빈번한 노사분규와 노동력 부족 등 주로 국내 경영환경의 악화에 기인한 것으로 분석된다.

〈표 15〉 제조업의 세부 업종별 해외직접투자 추이

(단위 : 백만달러, %)

| | 2000 | 2001 | 2002 | 2003 | 2004 | 2005. 1~9 | 합 계 | 비 중 |
|---|---|---|---|---|---|---|---|---|
| 경 공 업 | 167 | 230 | 279 | 389 | 528 | 443 | 2,036 | 19.2 |
| 섬 유 의 복 | 79 | 156 | 153 | 222 | 283 | 217 | 1,110 | 10.5 |
| 중화학공업 | 749 | 1,270 | 995 | 1,307 | 2,395 | 1,844 | 8,560 | 80.8 |
| 석 유 화 학 | 167 | 166 | 161 | 196 | 284 | 288 | 1,262 | 11.9 |
| 기 계 장 비 | -16 | 71 | 125 | 186 | 260 | 131 | 757 | 7.1 |
| 전 자 통 신 | 360 | 841 | 270 | 310 | 1,117 | 495 | 3,393 | 32.0 |
| 수 송 기 계 | 24 | 50 | 185 | 186 | 328 | 446 | 1,219 | 11.5 |
| 기 타 | 214 | 142 | 254 | 429 | 406 | 484 | 1,929 | 18.3 |
| 합 계 | 916 | 1,500 | 1,274 | 1,696 | 2,923 | 2,287 | 10,596 | 100.0 |

주 : 1) 순투자(= 총투자 - 회수) 기준임

2) 경공업은 음식료, 섬유의복, 신발가죽, 목재가구, 종이인쇄 등임

자료 : 수출입은행, 해외투자통계 Data

#### (2) 지역별 해외직접투자

지역별 해외직접투자(순투자 기준)(2000년~2005년 9월)를 살펴보면 아시아 · 북미 · 유럽에 집중되어 있다. 특히, 중국으로의 투자 급증으로 아시아에 편중되어 있다.[7] 아시아의 건수와 금액 비중은 각각 2000년 58.1%, 23.4%에서 2005년 1~9월 69.3%, 59.5%로 크게 상승하였다. 반면에 북미 · 유럽 등 기타 지역의 비중은 하락세를 보이고 있다.

## 3. 국제경쟁력 추이와 실태

### 3.1 국제경쟁력 추이

#### (1) 무역특화지수 추이

국내산업의 국제경쟁력[8] 추이(2000~2004년)를 무역특화지수[9]로 보면 부품 · 소재산업의 부

7) 2000~2005년 9월 중 해외직접투자(순투자 기준)의 지역별 건수와 금액 비중을 보면 아시아 70.6%, 43.9%, (중국 54.7%, 30.4%), 유럽 2.7%, 17.7%, 북미 23.0%, 중남미 1.0%, 11.7%, 기타 2.7%, 3.3% 등으로 나타났다.

8) 산업의 국제경쟁력 측정은 가격 및 비가격 요소의 국가간 비교를 통해 가능하다. 그러나 국가간 가격비교가 용이하지 않고 비가격 요소도 객관적이고 일관된 기준으로 측정하기가 매우 어려운 실정이다. 따라서 실제 국제경쟁력의 평가는 대부분 무역성과나 시장점유율 등의 대용변수를 통해 간접적으로 이루어지고 있다.

9) 무역특화는 Grubel과 Lloyd의 '산업내 무역지수(Intra-Industry Trade Index)'가 변형된 것으로 상품이나 산업에 대한 국가 간의 경쟁력 수준을 측정하는 지표로 활용되고 있다. 무역특화지수는 해당상품의 순수출액이 동 상품의 무역총액에서 차지하는 비율, 즉 {(수출액 - 수입액)/(수출액 + 수입액)} × 100을 의미

진에도 불구하고 정보통신산업의 약진 등에 힘입어 다소 강화된 것으로 나타났다. 경쟁력이 강화된 업종은 일반기계, 컴퓨터, 통신기기, 자동차부품, 석유화학 등이며 경쟁력이 약화된 업종은 자동차, 조선, 가전, 전자부품, 철강, 섬유 등이다.

〈표 16〉 주요 산업의 무역특화지수 추이

| | 2000 | 2001 | 2002 | 2003 | 2004 | 2005. 1~9 | 경쟁력수준 |
|---|---|---|---|---|---|---|---|
| 자 동 차 | 95.3 | 92.9 | 88.1 | 88.1 | 90.1 | 89.3 | 수출특화 |
| 조 선 | 95.4 | 92.6 | 92.3 | 91.3 | 87.4 | 88.2 | 수출특화 |
| 일반기계 | -9.6 | 0.8 | 1.4 | 0.4 | 0.0 | 1.6 | 수출강균형 |
| (전통주력) | (39.7) | (51.0) | (49.6) | (47.6) | (48.9) | (47.8) | (수출우위) |
| 컴 퓨 터 | 30.1 | 30.7 | 39.0 | 45.1 | 46.0 | 30.0 | 수출우위 |
| 통신기기 | 32.6 | 53.0 | 64.0 | 71.0 | 75.0 | 74.0 | 수출특화 |
| 가 전 | 62.3 | 58.9 | 56.3 | 56.6 | 59.1 | 56.1 | 수출우위 |
| (정보통신) | (39.2) | (45.8) | (52.6) | (58.0 | (61.5) | (56.2) | (수출우위) |
| 자동차부품 | 18.3 | 22.0 | 19.6 | 35.2 | 45.7 | 55.4 | 수출우위 |
| 전자부품 | 12.3 | -0.9 | 0.6 | -0.7 | 7.0 | 12.2 | 수출강균형 |
| (반도체) | (13.2) | (-4.3) | (-2.5) | (-4.4) | (5.8) | (9.8) | (수출강균형) |
| 철 강 | 5.8 | 7.9 | -0.9 | -0.6 | -7.9 | -7.1 | 수입강균형 |
| 석유화학 | 42.6 | 46.1 | 47.2 | 51.5 | 56.5 | 59.9 | 수출우위 |
| 섬 유 | 59.4 | 53.6 | 46.7 | 44.2 | 41.0 | 36.6 | 수출우위 |
| (부품 · 소재) | (24.3) | (19.4) | (16.1) | (14.9) | (16.3) | (19.0) | 수출강균형 |
| 제 조 업 | 18.0 | 18.4 | 17.0 | 17.4 | 19.5 | 19.2 | 수출강균형 |

주 : 1) 수출특화(70~ 100), 수출우위(30~70 미만), 수출강균형(0~30 미만),
수입특화(-70~-100), 수입우위(-30~-70 미만), 수입강균형(0~-30 미만)
2) 상기 주요 산업의 제조업상 2004년 무역비중(수출 : 81.0%, 수입 : 55.8%, 합계 : 70.9%)
자료 : 한국무역협회(www.kita.net)

주요 산업별 국제경쟁력(international competitiveness) 추이를 간략히 살펴본다. 자동차와 조선은 경쟁력이 다소 약화되기는 하였으나 수출특화 상태를 유지하고 있다. 일반기계는 핵심기술(core technology)이 미흡하고 내수산업의 성격상 수출비중이 상대적으로 낮아 수출강균형 상태를 보이고 있다. 컴퓨터는 2000~2004년 중 수출우위(export advantage) 상태에 있었으나 생산설비의 해외이전 등에 따라 2005년에 들어와서는 경쟁력이 크게 하락하였다. 통신기기는 수출우위 품목에서 무선통신기기의 수출확대에 힘입어 2003년 수출특화 품목으로 전환되었다. 가전은 수출우위 상태를 유지하고 있으나 중국 등 후발 경쟁국의 추격으로 경쟁력이 다소 약화되고 있다. 자동차부품은 국내 완성차의 수출 증가에 힘입어 2003년 수출강균형에서 수출우위 품목으로 전환되어 경쟁력이 지속적으로 강화되고 있다. 전자부품은 2001년 이후 세계 반도체경기의 침체에 따른 수출급감으로 경쟁력 수준이 악화되었으나 2004년 이후에는 반도체경기의 회복세에 따

한다. 지수의 값이 0~100인 경우에는 해당상품이 무역흑자(trade surplus)를 기록하여 국제경쟁력이 있음을 뜻하며, 0~-100이면 무역적자(trade deficit)를 기록하여 경쟁력이 약함을 의미한다.

른 메모리 반도체 수출증가로 경쟁력 수준이 제고되고 있다. 철강은 후발 경쟁국의 급성장과 내수산업의 성격상 수출비중이 낮아 2002년 이후 수입강균형 상태를 유지하고 있다. 석유화학은 수출우위 상태에서 경쟁력이 지속적으로 강화되고 있다. 반면에 섬유는 후발 경쟁국의 급성장으로 수출우위의 경쟁력이 지속적으로 약화되고 있다.

#### (2) 시장점유율 추이

시장점유율로 본 국내산업의 수출경쟁력 추이(2000년 이후)를 살펴보면 조선, 자동차, 통신기기, 가전, 자동차부품 등은 제품의 고급화·차별화 및 인지도 제고 등으로 인해 해외시장 점유율이 상승하고 있어 수출경쟁력이 강화되고 있는 것으로 나타났다. 그러나 일반기계, 컴퓨터, 전자부품, 섬유, 철강, 석유화학 등의 해외시장 점유율은 중국 등 후발 경쟁국의 급속한 추격 등으로 하락하고 있어 수출경쟁력이 약화되고 있는 것으로 판단된다.

〈표 17〉 주요 산업의 해외시장 점유율 추이

(단위 : %)

| | | 품 목 | 2000 | 2001 | 2002 | 2003 | 2004 | 2005. 1~6 |
|---|---|---|---|---|---|---|---|---|
| 세계시장 | 조 선 | 건조량 기준 | 32.3 | 30.5 | 31.3 | 32.0 | 33.6 | 40.9 |
| 미국시장 | 자 동 차 | 승용차 | 4.4 | 5.9 | 5.9 | 6.9 | 8.2 | 8.3 |
| | 일반기계 | 내연기관 외 | 4.1 | 3.1 | 3.0 | 2.9 | 2.7 | 2.7 |
| | 컴 퓨 터 | 전체(HS 8471) | 8.7 | 6.6 | 5.5 | 4.1 | 2.7 | 2.1 |
| | 통신기기 | 무선통신기기 | 28.8 | 35.1 | 31.4 | 35.9 | 38.4 | 25.1 |
| | 가 전 | 칼러TV | 1.3 | 2.4 | 2.7 | 5.9 | 6.0 | 4.3 |
| | 자동차부품 | 전체(HS 8708) | 1.2 | 1.4 | 1.6 | 1.6 | 1.8 | 2.4 |
| | 전자부품 | 전 체 | 7.7 | 5.8 | 6.6 | 6.9 | 7.6 | 6.5 |
| | (반도체) | (집적회로) | (17.4) | (13.1) | (15.0) | (15.6) | (17.0) | (14.3) |
| | 섬 유 | 인조장섬유 | 15.0 | 13.8 | 12.9 | 11.4 | 10.3 | 10.9 |
| 중국시장 | 철 강 | 전 체 | 17.9 | 15.6 | 13.7 | 13.8 | 16.9 | 16.7 |
| | 석유화학 | 전 체 | 26.1 | 23.1 | 17.7 | 17.1 | 18.0 | 19.5 |

주 : 일반기계는 내연기관, 냉동공조, 머시닝센터, 선반, 건설기계, 산업용 로봇의 합계임

자료 : 한국무역협회(www.kita.net)

### 3.2 요소별 경쟁력 실태10)

#### (1) 가격경쟁력

① 개관

국내산업의 가격경쟁력(price competitiveness)은 최근 환율 하락, 후발 경쟁국의 급성장 등으로 약화되고 있는 것으로 판단된다. 국내 제조업의 가격경쟁력(실질실효환율)은 명목환율 하락에 따라 2002년 이후 약화되고 있다. 특히, 2004년 중에는 크게 약화되어 2004년 12월에는 전년 동월 대비 약 11.2%나 약화된 것으로 나타났다. 가격경쟁력 수준은 선진국과 후발 경쟁국의 중간정도에 위치하고 있는 것으로 보인다.

〈표 18〉 주요 산업의 가격경쟁력 현황

| | 가격경쟁력 현황 | 평 가 |
|---|---|---|
| 자 동 차 | ·승용차의 경우 소·중·대형은 미국 등 선진국 대비 다소 우위, SUV(Sports Utility Vehicle)는 선진국 대비 다소 열위 | 상위 |
| 조 선 | ·일본 및 중국 대비 다소 우위, 유럽 대비 절대 우위 | 최상위 |
| 일반기계 | ·일본에 비해서는 전반적으로 우위<br>·중국 등 후발 경쟁국에 비해 열위(중국 대비 30~40% 열세) | 상위 |
| 컴 퓨 터 | ·데스크톱 및 노트북 PC의 가격경쟁력은 선진국 대비 열위 | 중위 |
| 통신기기 | ·고급 제품은 선진국 수준, 중저가 제품은 중국 대비 열위 | 상위 |
| 가 전 | ·일본 등 선진국 대비 다소 우위, 중국 대비 열위 | 중위 |
| 자동차부품 | ·가격경쟁력은 일본 대비 우위, 중국 대비 열위 | 중위 |
| 전자부품 | ·메모리 반도체, TFT-LCD 분야는 세계최고 경쟁력 보유<br>·비메모리 반도체 등 기타 전자부품은 경쟁 열위 | 중위 |
| 반도체 | ·D램 등 메모리 분야는 세계최고, 비메모리는 경쟁 열위 | 중위 |
| 철 강 | ·재료비 및 금융비용은 경쟁국보다 열위이나 저렴한 인건비와 고효율 설비보유로 보통강 부문에서 우위 | 중위 |
| 석유화학 | ·납사 베이스 설비 중심으로 유럽, 중동 대비 원가수준 열위<br>·최대시장인 중국과의 지리적 인접으로 수송비 면은 양호 | 중위 |
| 섬 유 | ·인건비 수준이 후발 경쟁국들에 비해 높고 빠르게 상승 | 중위 |
| 제 조 업 | ·선진국 대비 우위, 후발 경쟁국 대비 열위 | 중위 |

주 : 평가는 선진국 및 후발 경쟁국의 가격경쟁력을 기준으로 한 국내산업의 수준이며 최상위, 상위, 중위, 하위, 최하위로 분류함

10) 산업의 종합적인 경쟁력을 구성하는 요소에는 여러 가지가 존재한다. 전통적인 분류방법으로는 2가지 요인(① 가격경쟁력 요인, ② 비가격경쟁력 요인)으로 분류할 수 있다. 가격경쟁력은 생산비용, 환율 등에 의해 결정되며 비가격경쟁력은 기존 상품의 생산과 관련하여서는 품질, 납기, 유연성, 서비스 등, 신상품 개발과 관련하여서는 혁신성, 상품기획력, 개발시간 등에 의해 결정된다. 이전에는 가격경쟁력이 중요하였으나 최근에는 제품의 다양화·차별화의 진전과 기술개발에 따른 제품의 라이프사이클(life cycle)의 단축 등으로 비가격경쟁력이 중요해지고 있다. 특히, 기술혁신이 가속화되면서 오늘날에는 비가격경쟁력 요인 중에서도 신상품 개발경쟁력이 산업경쟁력(industrial competitiveness)을 크게 좌우하고 있다.

② 주요 산업의 가격경쟁력

주요 산업의 가격경쟁력 수준을 보면 조선은 재료비와 인건비 면에서의 경쟁우위(competitive advantage)로 경쟁국 대비 가격경쟁력이 최상위를 유지하고 있다. 가격경쟁력이 상위 수준에 있는 업종은 자동차, 일반기계, 통신기기이며 컴퓨터, 가전, 자동차부품, 철강, 석유화학, 섬유 등은 중위 수준을 나타내고 있다.

### (2) 비가격경쟁력

① 개관

국내산업의 비가격경쟁력도 선진국과 후발 경쟁국의 중간 수준인 것으로 판단된다. 이는 제품 생산 기술, 메모리 반도체기술 등 일정 분야에서는 세계적인 수준에 있으나 기초·핵심기술 및 고부가가치화 기술, 해외마케팅 등의 분야는 선진국에 비해 열세를 보이고 있기 때문이다.

〈표 19〉 주요 산업의 비가격경쟁력 현황

| | 비가격경쟁력 현황 | 평 가 |
|---|---|---|
| 자 동 차 | ·기술경쟁력은 일본보다 다소 열위, 중국보다는 크게 우위<br>·품질과 성능이 개선되고 있으나 마케팅 능력은 열위 | 상위 |
| 조 선 | ·기술경쟁력은 일본보다 다소 열위, 중국보다는 크게 우위 | 상위 |
| 일반기계 | ·핵심분야의 기술력 취약으로 일본 등 선진국에 비해 우위<br>·중국 대비 우위(중국 기술력은 한국의 85% 수준) | 중위 |
| 컴 퓨 터 | ·기술경쟁력은 일본보다 다소 열위, 중국보다는 우위 | 상위 |
| 통신기기 | ·핵심칩 개발능력은 선진국의 80%, 생산기술은 선진국 수준 | 상위 |
| 가 전 | ·디지털 가전 기술은 일본보다 다소 열위, 중국보다 우위 | 상위 |
| 자동차부품 | ·기술경쟁력은 일본보다 열위, 중국보다 크게 우위 | 중위 |
| 전자부품 | ·메모리 반도체, TFT-LCD 분야는 세계최고 경쟁력 보유<br>·비메모리 반도체 등 기타 전자부품은 경쟁 열위 | 중위 |
| 반도체 | ·D램 등 메모리 분야는 세계최고, 비메모리는 경쟁 열위 | 상위 |
| 철 강 | ·보통강 부문에서는 최고 수준의 조업기술 보유<br>·특수강 부문은 기술 및 제품개발 능력에서 선진국 대비 열위 | 중위 |
| 석유화학 | ·범용수지의 기술력은 선진국 수준<br>·공정 및 원천기술은 선진국 대비 크게 열위 | 중위 |
| 섬 유 | ·기술경쟁력은 일본보다 열위, 중국보다는 우위<br>·OEM 수출에 의존하여 수출마케팅 및 연구·개발 능력 미흡 | 중위 |
| 제 조 업 | ·선진국 대비 열위, 후발 경쟁국 대비 우위 | 중위 |

주 : 평가는 선진국 및 후발 경쟁국의 비가격경쟁력을 기준으로 한 국내산업의 수준이며 5가지(① 최상위, ② 상위, ③ 중위, ④ 하위, ⑤ 최하위)로 분류함

② 주요 산업의 비가격경쟁력

주요 산업의 비가격경쟁력 수준을 보면 자동차, 조선, 컴퓨터, 통신기기, 가전 등은 상위 수준에 있으며 일반기계, 자동차부품, 전자부품, 철강, 석유화학, 섬유 등은 중위 수준을 나타내고 있다.

### (3) 종합평가

무역특화지수로 본 국내산업의 국제경쟁력은 중간 수준에 있는 것으로 평가되며 미래경쟁력은 후발 경쟁국의 급속한 추격 등으로 가변적일 것으로 판단된다.

주요 산업의 국제경쟁력 수준을 보면 자동차, 조선, 통신기기는 매우 양호한 편이나 통신기기의 경우 중국의 급성장 등으로 경쟁력 유지가 가변적이다. 컴퓨터, 가전, 자동차부품, 석유화학, 섬유 등은 양호하나 자동차부품을 제외하고는 모두 후발 경쟁국의 급속한 추격 등으로 경쟁력 유지가 가변적인 것으로 판단된다. 일반기계, 전자부품 및 철강은 중간 수준의 경쟁력을 보유하고 있으나 전자부품과 철강의 경우 후발 경쟁국의 추격속도가 매우 신속하여 현 상태의 유지가 유동적인 것으로 판단된다.

〈표 20〉 주요 산업의 경쟁력 종합평가

| | 세계시장 지배력 | 경쟁력 | | 후발경쟁국 추격속도 | 종 합 평 가 | |
|---|---|---|---|---|---|---|
| | | 가 격 | 비가격 | | 현 상태 | 변동성 |
| 자 동 차 | 중위 | 상위 | 상위 | 빠름 | 매우 양호 | 안정적 |
| 조 선 | 최상위 | 최상위 | 상위 | 보통 | 매우 양호 | 안정적 |
| 일 반 기 계 | 중위 | 상위 | 중위 | 보통 | 보통 | 안정적 |
| 컴 퓨 터 | 중위 | 중위 | 상위 | 매우 빠름 | 양호 | 가변적 |
| 통 신 기 기 | 상위 | 상위 | 상위 | 빠름 | 매우 양호 | 가변적 |
| 가 전 | 중위 | 중위 | 상위 | 매우 빠름 | 양호 | 가변적 |
| 자동차부품 | 중위 | 중위 | 중위 | 빠름 | 양호 | 안정적 |
| 전 자 부 품 | 중위 | 중위 | 중위 | 매우 빠름 | 보통 | 가변적 |
| ( 반 도 체 ) | (상위) | (중위) | (상위) | (매우 빠름) | (보통) | (가변적) |
| 철 강 | 중위 | 중위 | 중위 | 매우 빠름 | 보통 | 가변적 |
| 석 유 화 학 | 중위 | 중위 | 중위 | 빠름 | 양호 | 가변적 |
| 섬 유 | 중위 | 중위 | 중위 | 매우 빠름 | 양호 | 가변적 |
| 제 조 업 | 중위 | 중위 | 중위 | 빠름 | 보통 | 가변적 |

주 : 1) 경쟁력평가는 선진국 및 후발 경쟁국 대비 국내산업의 수준임
2) 종합평가(현 상태)는 2004년 무역특화지수 기준임

# Ⅱ. 국내산업의 문제점 및 발전전략

## 1. 국내산업의 문제점

### 1.1 성장잠재력 약화

한국경제의 성장잠재력(growth potentials)은 1990년 들어 하락하였으며 외환위기(foreign exchange crisis) 이후에는 크게 약화되고 있는 것으로 나타났다. 외환위기 이전(1991~1997년) 6.9%를 기록하였던 한국의 잠재성장률(potential growth rate)은 외환위기 직후 크게 하락하여 1990년대 전체적으로 6.1%를 기록하였다.[11] 2000년대 들어서도 잠재성장률은 크게 하락하였는 데 2001~2004년 중 잠재성장률은 4.8%로 1991~2000년에 비해 1.3%포인트 하락한 것으로 나타났다.

〈표 21〉 한국의 잠재성장률 추이 및 전망

| | 1991~2000 | 1991~1997 | 2001~2004 | 2005~2014 |
|---|---|---|---|---|
| 잠재성장률 | 6.1 | 6.9 | 4.8 | 4.6 |

주 : 2005~2014년은 중립적 시나리오 기준이며 낙관적 전망의 경우 5.2%, 비관적 전망의 경우에는 4.0%임
자료 : 한국은행, 조사통계월보, 2005. 9.

최근 한국경제의 성장잠재력이 약화되고 있는 가장 큰 요인으로 기업의 설비투자 위축을 지적할 수 있다.[12] 한국의 설비투자는 외환위기 전후인 1997년과 1998년에 각각 전년 대비 9.6%, 42.3% 감소하였으나 1999년과 2000년에는 각각 전년 대비 36.8%, 33.6%로 크게 증가하였다. 그러나 2001년 이후의 설비투자 증가율은 국내총생산 증가율에도 미치지 못하는 저조한 양상을 보였다(한국의 설비투자 연평균 증가율(2001~2004년)은 0.3%에 그쳐 동 기간 중 평균 GDP 성장률(4.6%)을 크게 하회하였음). 설비투자가 부진한 주요 원인은 경기전망의 불확실성, 내수부진 등으로 기업들이 설비투자보다는 유동성(liquidity) 확보와 수익성(profitability) 위주의 경영을 시행하고 있기 때문인 것으로 판단된다.

---

11) 잠재성장률은 일국의 자본·노동·토지 등의 자원을 충분히 활용하면서도 인플레이션(inflation)을 유발하지 않고 달성할 수 있는 최대 성장률을 의미한다. 잠재성장률은 장기적 시각에서 일국의 성장잠재력을 평가하는 유용한 지표로 활용되고 있다(산업은행, 산은조사월보, 2006. 1. pp. 25~46 요약·재구성).

12) 이 밖에 고령화 등에 따른 노동력 공급 둔화, 부품·소재산업의 취약, 글로벌 경쟁(global competition)의 심화, 금융중개기능 약화, 경제의 불안정성(economic instability) 증대 등도 지적되고 있다.

국내산업의 설비투자 부진은 해외직접투자(FDI) 증가와 관련된다. 즉, 국내기업은 설비투자의 부진을 해외투자로 보완하고 있다. 국내산업, 특히 제조업의 해외직접투자 확대는 국내산업의 공동화 우려를 야기시키고 있다. 제조업 생산설비의 해외 이전 증가는 국내생산의 감소뿐만 아니라 고용감소 등 다수의 문제를 초래할 수 있다. 제조업 기반기술 축적의 저해, 기술혁신(technological innovation) 정체 등이 현실화된다면 한국경제의 성장잠재력이 현저하게 약화될 것으로 판단된다.

### 1.2 산업의 양극화 심화

외환위기 이후 경공업과 중화학공업간, 내수와 수출간, IT산업과 비IT산업간, 완제품 산업과 부품・소재산업간, 대기업과 중소기업간 등에서 국내산업의 양극화 현상이 심화되고 있다. 경제 양극화는 대내외 환경변화 등에 대한 대응과정에서 경제주체들이 가지고 있는 이질적 특성(heterogeneous characteristics)에 의해 경제적 성과(economic performance)가 양 극단으로 분화되는 현상을 의미한다. 이는 기본적으로 경제환경 급변에 따른 개별 경제주체의 적응능력 차이로 인해 발생한다. 경제양극화는 1990년대 이후 지속되어 온 현상이나 경제환경 요인(세계화, 중국경제의 부상, IT산업의 성장 등), 구조적 요인(부품・소재산업 취약, 산업인프라 미흡 등)과 경기적 요인(내수 부진 등)이 복합적으로 작용하면서 심화되고 있다. 경제양극화는 분배구조의 악화로 사회통합(social integration) 기반을 저해할 뿐만 아니라 낙후 부문의 인적・물적자본 등의 공급기반을 약화시켜 성장잠재력을 잠식시킬 가능성이 크다.

#### (1) 경공업과 중화학공업

경공업과 중화학공업간 양극화 현상을 살펴보면 경공업의 제조업상 생산비중은 1997년 23.7%에서 2004년 17.8%로 하락하였으나 중화학공업은 동 기간 중 76.3%에서 82.2%로 상승하였다. 양 부문 간의 수출 양극화는 더욱 심화된 것으로 나타났다. 이 같이 양극화가 심화되고 있는 것은 중화학공업의 경우 IT등 고부가가치 산업으로 급속히 재편되고 있는 반면에 경공업의 경우 설비의 해외이전과 후발 경쟁국의 급부상 등으로 경쟁력이 크게 저하되고 있기 때문인 것으로 분석된다.

〈표 22〉 경공업 · 중화학공업의 제조업상 생산 · 수출비중 추이

(단위 : %)

| | | 1997 | 1998 | 1999 | 2000 | 2001 | 2002 | 2003 | 2004 | 2005. 1~9 |
|---|---|---|---|---|---|---|---|---|---|---|
| 생산비중 | 경 공 업 | 23.7 | 23.4 | 24.3 | 22.4 | 22.6 | 22.2 | 20.7 | 17.8 | 17.1 |
| | 중화학공업 | 76.3 | 76.6 | 75.7 | 77.6 | 77.4 | 77.8 | 79.3 | 82.2 | 82.9 |
| 수출비중 | 경 공 업 | 21.9 | 20.3 | 18.8 | 16.7 | 16.9 | 15.2 | 12.8 | 10.4 | 9.4 |
| | 중화학공업 | 78.1 | 79.7 | 81.2 | 83.3 | 83.1 | 84.8 | 87.2 | 89.6 | 90.6 |

자료 : 1) 한국은행, 국민계정, 각 연도
2) 한국무역협회(www.kita.net)

### (2) 내수와 수출

내수와 수출간 양극화 현상도 심화되고 있다. 1999년과 2001년의 내수증가율이 수출증가율을 상회하였을 뿐 나머지 기간 중에는 수출증가율이 내수증가율을 크게 추월한 것으로 나타났다. 이에 따라 명목 GDP 대비 내수(내수는 민간소비와 설비투자의 합계 기준임) 비중은 1997년 64.9%에서 2004년 60.7%로 하락하였다. 명목 GDP 대비 수출비중도 동 기간 중 32.4%에서 44.1%로 상승하였다.[13] 이 같은 양극화는 수출부문의 호조가 투자 및 소비 등 내수의 확대로 연결되지 못하고 있기 때문으로 풀이된다. 이는 수출부문에 투입되는 부품 · 소재의 해외의존도가 커지고 기업의 해외 아웃소싱(outsourcing)이 확대된 데 기인한 것으로 판단된다.[14]

〈표 23〉 내수 및 수출증가율 추이

(단위 : %)

| | 1997 | 1998 | 1999 | 2000 | 2001 | 2002 | 2003 | 2004 | 2005. 1~9 |
|---|---|---|---|---|---|---|---|---|---|
| 수출증가율 | 21.6 | 12.7 | 14.9 | 19.1 | 2.3 | 13.3 | 15.6 | 19.7 | 8.2 |
| 내수증가율 | 0.6 | -18.9 | 14.6 | 12.5 | -2.7 | 7.8 | -1.2 | 0.2 | 2.8 |

주 : 내수는 민간소비와 설비투자의 합계 기준임
자료 : 한국은행, 국민계정, 각 연도

### (3) IT산업과 비IT 산업

IT산업은 1997~2004년 중 연평균 21.8% 성장하여 동 기간 중 국내총생산(GDP) 증가율(4.1%)의 약 5.3배를 기록하였다. 이에 따라 IT산업/GDP 비중도 1997년 4.2%에서 2004년에는

---

13) 1997~2004년 중 명목 GDP 대비 내수 및 수출비중(%)은 다음과 같다. 1997년(64.9, 35.3), 1998년(57.7, 46.2), 1999년(62.2, 39.1), 2000년(66.8, 40.8), 2001년(66.2, 37.8), 2002년(66.1, 35.3), 2003년(63.3, 37.9), 2004년(60.7, 44.1), 2005년 1~6월(63.1, 42.8)

14) 주요 수출품목의 1995년, 1998년 및 2000년의 수입유발계수를 보면 다음과 같다. 컴퓨터 및 주변기기(0.536, 0.585, 0.551), 무선통신 및 방송장비(0.393, 0.472, 0.506), 반도체(0.332, 0.566, 0.503), 선박(0.332, 0.303, 0.317), 자동차(0.251, 0.279, 0.271)

12.6%로 상승하였다. IT산업과 비IT산업간 양극화는 외환위기 이후 기업의 구조조정과정이 전자·정보통신을 중심으로 진행되면서 이들 산업에 대한 집중적인 투자와 지원이 이루어지고 국내경제가 세계경제의 분업체제로 급속히 편입되면서 수출의존도가 증대된 데 그 원인을 찾을 수 있다.[15] 또한, 전통 제조업 부문에서 IT 등 신기술 접목을 통한 경쟁력 제고와 신규수요의 적극적인 창출 노력이 미진한 것도 IT산업과 비IT산업간 격차 확대를 유발한 것으로 판단된다.

〈표 24〉 IT산업의 성장률 추이

(단위 : %)

| | 1997 | 1998 | 1999 | 2000 | 2001 | 2002 | 2003 | 2004 | 2005. 1~9 |
|---|---|---|---|---|---|---|---|---|---|
| GDP 증가율 | 4.7 | -6.9 | 9.5 | 8.5 | 3.8 | 7.0 | 3.1 | 4.6 | 3.5 |
| IT산업 성장률 | 11.6 | 23.0 | 35.3 | 33.8 | 10.5 | 17.6 | 14.2 | 20.4 | 10.1 |
| IT산업/GDP 비중 | 4.2 | 5.5 | 6.8 | 8.4 | 9.0 | 9.9 | 10.9 | 12.6 | 13.4 |

주 : 2000년 불변가격 및 전년동기 대비 기준임
자료 : 한국은행, 국민계정, 각 연도

### (4) 완제품과 부품·소재산업

완제품과 부품·소재산업 간에도 양극화 현상이 발생하고 있다. 즉, 완제품 산업의 무역흑자(trade surplus) 규모를 보면 1998년 이후 전반적으로 400억 달러 이상을 나타내고 있다. 그러나 부품·소재산업의 무역흑자 규모는 2001년 이후 지속적으로 증가하여 2004년 152억 달러를 보였으나 아직 완제품 산업의 25%에도 못 미치는 수준이다. 국내 부품·소재산업은 기업규모가 영세하여 자금조달, 전문생산체제 구축, 연구·개발(R&D), 설비투자 및 해외시장 개척 등에 어려움이 많다. 이에 따라 한국은 대부분의 핵심 부품·소재를 미국과 일본 등으로부터 수입하고 있는 실정이다.

이 같이 부품·소재산업이 취약한 것은 그동안 국내산업이 완제품을 중심으로 물량위주의 성장을 지속해왔기 때문으로 분석된다. 이는 대기업 중심의 성장으로 인해 부품·소재를 생산하는 중소기업의 기반이 취약함을 의미한다. 국내 제조업의 수입의존도(= (수입중간재/총산출) × 100)를 보면 1990년, 1995년, 2000년 각각 18.0%, 18.0%, 21.8%로 나타났다. 그 결과 국내산업의 구조고도화와 부가가치화를 지연시킬 뿐만 아니라 무역수지 흑자기조를 구축하는 데도 최대 장애요인이 되고 있다.

---

15) 1999년과 2000년의 IT 제조업의 설비투자 증가율은 각각 54.3%, 64.1%를 기록한 반면에 비IT 제조업은 각각 -17.8%, 15.8%를 기록하였다. 또한, 세계경기가 회복세를 보였던 2003년과 2004년의 IT 제조업의 설비투자 증가율은 각각 54.7%, 72.8%, 비IT 제조업은 6.4%, 16.7%를 기록하였다.

〈표 25〉 완제품 및 부품 · 소재산업의 무역수지 추이

(단위 : 억 달러)

| | 1997 | 1998 | 1999 | 2000 | 2001 | 2002 | 2003 | 2004 | 2005. 1~9 |
|---|---|---|---|---|---|---|---|---|---|
| 완 제 품 | 210 | 385 | 410 | 418 | 428 | 431 | 496 | 654 | 497 |
| 부품 · 소재 | 34 | 187 | 93 | 94 | 27 | 29 | 62 | 152 | 164 |

자료 : 한국기계산업진흥회, 부품 · 소재통계시스템 외

#### (5) 대기업과 중소기업

대기업과 중소기업간 양극화 현상을 살펴보면 양 부문의 생산증가율 격차가 외환위기 이후 확대되었는 데 2001~2002년에 다소 축소되었다가 2003년 이후 다시 확대되고 있다. 대 · 중소기업 간의 양극화는 경영성과(제조업)에서도 잘 나타나 있다. 2000~2004년 중 대기업의 매출액 영업 이익률(평균 8.0%)이 중소기업(평균 4.9%)에 비해 지속적으로 높았으며 대기업은 상승세를, 중소기업은 하락세를 보였다.

이 같이 중소기업이 상대적으로 부진을 보이고 있는 것은 지난 10년간 세계경제의 글로벌화(globalization) 심화, 중국 등 후발 경쟁국의 급부상, IT 등 신기술의 보급 확대 등 산업환경(industrial environment)의 급변으로 내수시장 저임금, 하도급 생산 등 기존의 성장원천이 점차 약화되고 있기 때문인 것으로 판단된다.

〈표 26〉 대기업과 중소기업의 생산증가율 추이

(단위 : %)

| | 1997 | 1998 | 1999 | 2000 | 2001 | 2002 | 2003 | 2004 | 2005. 1~9 |
|---|---|---|---|---|---|---|---|---|---|
| 대 기 업 | 8.9 | 0.0 | 27.9 | 22.5 | 0.2 | 8.9 | 6.5 | 14.6 | 8.9 |
| 중소기업 | -2.6 | -18.4 | 18.5 | 4.4 | 0.4 | 6.9 | 2.7 | 5.1 | -1.7 |

주 : 전년동기 대비 기준임
자료 : 통계청, KOSIS Data

### 1.3 산업인프라의 미흡

#### (1) 기술역량의 부족

국내산업의 기술역량은 선진국에 비해 크게 미흡한 것으로 평가된다. 한국의 국내총생산(GDP) 대비 연구 · 개발(R&D) 투자비율은 선진국 수준에 도달하였으나 R&D 투자액의 절대규모는 선진국에 비해 매우 낮은 수준을 보이고 있다. 한국의 R&D 투자액은 미국의 1/15, 일본의

1/7, 독일의 1/3 수준에 불과한 실정이다. 또한, 한국의 인구 1인당 R&D 투자액은 403달러인데 반해 일본은 1,076달러, 미국은 978달러, 독일은 763달러를 보이고 있다. 이 같이 한국은 R&D 투자액의 절대부족으로 산업기술개발을 위한 기초연구 수준이 낮을 뿐만 아니라 부족한 R&D 자원도 특정분야에 편중되어 있어 문제의 심각성을 더하고 있다. 주요 국가의 연구단계(기초·응용·개발)별 R&D 비중을 보면 한국(2004년)의 기초연구, 응용연구, 개발연구의 비중은 각각 15.3%, 21.2%, 63.5%로 미국(2003년)(19.1%, 23.9%, 57.1%), 일본(2002년)(13.4%, 22.2%, 64.4%), 프랑스(2002년)(23.4%, 35.7%, 40.9%) 등에 비해 기초연구비중이 낮고 개발연구비중이 큰 것으로 나타났다.

〈표 27〉 R&D 투자액의 국제비교

| | 미국 | 일본 | 독일 | 프랑스 | 영국 | 한국 | 중국 |
|---|---|---|---|---|---|---|---|
| R&D 투자액 (억 달러) | 2,846 | 1,353 | 644 | 381 | 329 | 194 | 184 |
| GDP 대비 R&D 비율(%) | 2.60 | 3.15 | 2.55 | 2.19 | 1.89 | 2.85 | 1.31 |
| 인구 1인당 R&D 투자액(달러) | 978 | 1,076 | 763 | 625 | 586 | 403 | 14 |

주 : 한국은 2004년, 기타 국가는 2003년 기준임
자료 : 1) OECD, Main Science and Technology Indicators(MSTI), 2005/1
2) 과학기술부, 2005년 과학기술연구개발활동조사 결과, 2005. 7.

스위스 IMD의 연구결과에 따르면 2005년 한국의 과학인프라 부문의 경쟁력 순위는 15위로 나타났다. 이를 부문별로 보면 연구·개발 투자액과 인력에 비해 과학환경과 지적재산권(intellectual property rights) 등의 순위가 더욱 낮은 것으로 나타났다.[16] 연구·개발 인력의 경우 조사대상 60개국 중 '인구 1,000명 당 연구·개발 인력'은 23위, '인구 1,000명당 민간기업 연구·개발 인력'은 22위 수준을 보이고 있다. 과학환경의 경우 '기초연구가 장기경제개발에 기여하는 정도'가 전년 대비 크게 하락하였으며 연구·개발 투자액의 절대규모에 비해 낮은 순위를 나타내었다. 지적재산권의 경우 특허 획득 건수의 순위는 높은 편이나 법적보호(legal protection) 정도가 취약하여 기술개발 유인이 낮은 것으로 평가된다.

16) IMD(International Institute for Management Development)는 스위스 로잔에 있는 국제경영대학원이다. IMD의 세계경쟁력센터(World Competitiveness Center)는 매년 60여개 국가 및 지역의 경쟁력을 평가하여 세계경쟁력연감(World Competitiveness Yearbook)을 발표하고 있다.

〈표 28〉 한국 과학인프라 부문의 세계 순위

| 주 요 항 목 | | 2004 | | 2005 | |
|---|---|---|---|---|---|
| | | 지표 | 순위 | 지표 | 순위 |
| 연구 · 개발 투 자 액 | 총연구 · 개발비 지출(백만 달러) | 13,849 | 7 | 16,011 | 8 |
| | 국민 1인당 연구 · 개발비 지출(달러) | 290.7 | 25 | 334.0 | 24 |
| | GDP 대비 연구 · 개발비 비중(%) | 2.532 | 10 | 2.64 | 8 |
| | 민간기업 연구 · 개발비 지출(백만 달러) | 10,152 | 6 | 12,183 | 6 |
| | 기업의 1인당 연구 · 개발비 지출 | 213.11 | 22 | 254.18 | 21 |
| 연구 · 개발 인 력 | 총연구 · 개발인력(천명) | 189.89 | 7 | 186.2 | 6 |
| | 인구 1,000명당 연구 · 개발인력(명) | 3.986 | 24 | 3.89 | 23 |
| | 민간기업 총연구 · 개발인력(천명) | 118.16 | 7 | 128.4 | 7 |
| | 인구 1,000명당 민간기업 연구 · 개발인력(명) | 2.480 | 23 | 2.68 | 22 |
| 과학환경 | 기초연구가 장기경제개발에 기여하는 정도* | 6.96 | 14 | 5.53 | 31 |
| | 이공계 학사학위자 중 과학분야 비율(%) | 44.67 | 14 | 46.18 | 8 |
| | 과학기술 논문 수(개) | 6,675 | 16 | 11,037 | 14 |
| 지 적 재 산 권 | 내국인 특허 획득 수(개) | 29,363 | 3 | 24,984 | 4 |
| | 해외특허 획득 수(개) | 7,157 | 12 | 8,673 | 12 |
| | 지적재산권의 보호 정도* | 5.63 | 37 | 5.62 | 37 |
| | 법적환경이 과학연구를 지원하는 정도* | 5.71 | 38 | 6.18 | 25 |
| 종 합 순 위 (60개 국가 및 지역 중) | | 19위 | | 15위 | |

주 : *는 설문항목이며 최상위 지표가 10.00임(10점 만점)
자료 : IMD, IMD World Competitiveness Yearbook, 2004. 6. 및 2005. 6.

한편, 산업기술 인력 수급의 불일치 등으로 기술인력 부족현상이 심화되고 있다. 특히, 중소기업의 인력난이 심각한 것으로 나타났다. 이는 사회적으로 기술자를 우대하는 사회풍토의 미흡 및 미래에 대한 불안감 등으로 청소년이 대학 이공계에 진학하기를 꺼려하고 대학 이공계 학생들도 자퇴 또는 휴학하는 경우가 증가하고 있기 때문으로 풀이된다. 2004년 10월 기준 한국의 산업 기술 인력의 전체 부족률은 6.77%(부족인원 29,048명)이며, 사업서비스업(8.03%), 부동산임대업(7.25%), 제조업(5.97%) 순으로 나타났다.[17] 제조업 중 자동차 · 조선 등 8대 주력산업의 산업기술 인력 부족률은 5.39%로 나타났다. 이는 전년(부족률 5.15%)에 비해 0.24%포인트 상승한 것으로 주력 산업의 기술인력 확보난이 심화되고 있음을 알 수 있다. 규모별로 보면 근로자 수 10~29인 업체는 14.50%, 30~99인 업체는 6.96%의 부족률을 기록하여 소규모 업체일수록 기술인력 부족 현상이 더욱 심한 것으로 조사되었다.

이 같이 한국은 기술역량의 부족으로 1996년 이후 매년 20억 달러 이상의 기술무역수지 적자를 기록하고 있다. 2004년 기술 수출입액은 각각 14억 달러, 41억 달러로 27억 달러의 기술무역수지 적자를 기록한 바 있다.

17) 사업서비스업의 부족률이 높은 것은 정보처리 및 기타 컴퓨터 운영관련업의 부족률이 11.50%로 높게 나타났기 때문으로 풀이된다.

〈표 29〉 산업·규모별 산업기술 인력 부족현황

(단위 : 명, %)

| | 10~29인 | | 30~99인 | | 100~299인 | | 300~499인 | | 500인 이상 | | 합 계 | |
|---|---|---|---|---|---|---|---|---|---|---|---|---|
| | 부족 인원 | 부족률 | 부족 인원 | 부족률 | 부족 인원 | 부족률 | 부족 인원 | 부족률 | 부족 인원 | 부족률 | 부족 인원 | 부족률 |
| 제 조 업 | 7,835 | 16.44 | 3,111 | 6.20 | 1,467 | 2.45 | 550 | 2.16 | 2,678 | 3.39 | 15,642 | 5.97 |
| 주력산업 | 5,506 | 16.43 | 2,001 | 5.31 | 1,121 | 2.35 | 440 | 2.12 | 2,484 | 3.32 | 11,553 | 5.39 |
| 자동차 | 1,136 | 17.62 | 183 | 2.69 | 134 | 1.46 | 164 | 2.96 | 454 | 2.77 | 2,070 | 4.67 |
| 조 선 | 168 | 20.82 | 86 | 19.54 | 0 | - | 0 | - | 0 | - | 254 | 3.96 |
| 기 계 | 2,764 | 24.56 | 894 | 11.65 | 251 | 2.93 | 28 | 0.97 | 50 | 1.08 | 3,987 | 11.39 |
| 전 자 | 741 | 10.73 | 377 | 4.92 | 301 | 2.46 | 101 | 1.85 | 713 | 4.93 | 2,233 | 4.78 |
| 반도체 | 61 | 9.31 | 91 | 8.02 | 34 | 3.65 | 40 | 6.61 | 171 | 1.23 | 397 | 2.29 |
| 철 강 | 54 | 11.71 | 43 | 3.14 | 67 | 3.26 | 12 | 0.89 | 933 | 15.62 | 1,109 | 9.91 |
| 화 학 | 481 | 8.29 | 247 | 2.09 | 37 | 0.31 | 95 | 2.77 | 143 | 1.29 | 1,003 | 2.27 |
| 섬 유 | 102 | 8.69 | 80 | 10.50 | 298 | 13.94 | 0 | - | 20 | 0.52 | 501 | 5.44 |
| 기타제조업 | 2,329 | 16.44 | 1,110 | 8.86 | 346 | 2.85 | 111 | 2.35 | 194 | 4.66 | 4,089 | 8.57 |
| 부동산임대업 | 35 | 14.64 | 3 | 1.32 | 0 | - | 0 | - | 0 | - | 38 | 7.25 |
| 사업서비스업 | 7,577 | 12.93 | 3,891 | 7.75 | 1,579 | 6.17 | 149 | 0.92 | 173 | 1.09 | 13,368 | 8.03 |
| 합계 | 15,447 | 14.50 | 7,005 | 6.96 | 3,046 | 3.56 | 700 | 1.68 | 2,851 | 3.01 | 29,048 | 6.77 |

주 : 1) 2004년 10월 1일 기준 국내 6,873개 사업체를 대상으로 조사함
2) 산업기술 인력은 기업에서 연구·개발 및 기술업무에 종사하고 있는 전문대졸 이상의 학력을 가진 이공계 전공자를 의미하며 제조업 및 제조업지원 서비스업 전체 상용근로자수 320만 5,000명의 12.5%에 해당하는 400,000명임
3) 부족률 = {부족인원/(현재인원 + 부족인원)} × 100

자료 : 산업자원부, 2004년도 산업기술인력 수급실태조사 결과, 2005. 5.

### (2) 물류인프라의 취약

한국의 물류인프라는 미국, 일본, 싱가포르 등에 비해 크게 낮은 수준을 보이고 있어 국내산업의 경쟁력을 저하시키는 요인으로 작용하고 있는 것으로 판단된다. 한국의 국가물류비 총액은 87조 320억원(국제화물수송비 제외)으로 GDP의 12.7%를 차지하고 있다.[18] 국가물류비는 지속적으로 증가하고 있으나 GDP의 증가율이 상대적으로 커서 GDP 대비 국가물류비 비율은 3년 연속 하락하고 있다(한국의 GDP 대비 국가물류비 비율은 2000년 13.3%, 2001년 13.0%, 2002년 12.7%로 하락하고 있음). 그러나 미국, 일본 등 선진국에 비해서는 여전히 높은 수준으로 평가할 수 있다(미국의 GDP 대비 국가물류비 비율은 2000년 10.2%, 2001년 9.6%, 2002년 8.7%이며, 일본은 1991년 10.5%, 1995년 9.5%, 2000년 8.6%, 2001년 8.4%임).

IMD에 의하면 2005년 한국의 물류인프라 수준은 2004년에 비해 전반적으로 향상되었으나 아직까지 미국, 일본, 싱가포르, 홍콩 등에 비해서는 상당히 낮은 수준으로 평가된다. 부문별로 보면 항공부문이 13위이며 도로, 철도, 항만·운하 부문은 각각 24위, 26위 27위를 차지하였으며

18) 이 중 수송비가 63조 2,650억원으로 전체 물류비의 72.7%를 차지하여 가장 큰 비중을 점하고 있다.

물류시설은 33위로 매우 낮은 수준을 보이고 있다.

〈표 30〉 주요 국가별 물류인프라 부문 세계 순위

(단위 : 위)

| | 한 국 | | 미 국 | | 일 본 | | 싱가포르 | | 홍 콩 | | 중 국 | | 대 만 | |
|---|---|---|---|---|---|---|---|---|---|---|---|---|---|---|
| | 2004 | 2005 | 2004 | 2005 | 2004 | 2005 | 2004 | 2005 | 2004 | 2005 | 2004 | 2005 | 2004 | 2005 |
| 기본인프라 | 33 | 23 | 1 | 1 | 14 | 18 | 3 | 2 | 2 | 4 | 16 | 24 | 36 | 22 |
| 도 로 | 25 | 24 | 34 | 33 | 4 | 4 | 2 | 2 | 10 | 8 | 46 | 45 | 23 | 23 |
| 철 도 | 27 | 26 | 32 | 32 | 20 | 23 | 3 | 2 | 1 | 1 | 45 | 45 | 29 | 28 |
| 항 공 | 11 | 13 | 1 | 1 | 2 | 2 | 24 | 26 | 26 | 28 | 3 | 3 | 7 | 9 |
| 항만·운하 | 33 | 27 | 11 | 11 | 25 | 24 | 1 | 7 | 6 | 1 | 39 | 47 | 21 | 18 |
| 물류시설 | 41 | 33 | 10 | 9 | 22 | 21 | 1 | 2 | 7 | 3 | 46 | 53 | 17 | 19 |

주 : 1) 기본인프라(Basic Infrastructure)는 국토 면적, 경작지 면적, 인구, 도시화, 도로, 항공, 에너지 인프라 등을 의미하며, 표의 세부항목은 기본인프라 중에서 물류인프라 관련 항목을 발췌한 것임

2) 조사대상은 60개 국가 및 지역임

자료 : IMD, IMD World Competitiveness Yearbook, 2004. 6. 및 2005. 6.

한편, 국내기업의 매출액 대비 물류비 비율은 1990년대 후반 12%대를 보였으나 그동안 사회간접자본(SOC) 투자와 물류혁신 노력 등으로 인해 2003년 들어 9%대로 하락하였으나 아직까지 일본(5.0%), 미국(7.5%)에 비해 높은 수준에 있어 고비용 물류구조가 지속되고 있는 것으로 나타났다. 이는 한국의 물류인프라의 절대 부족, 전문 물류기업·인력의 부족(국내 물류기업들은 운송, 보관, 하역 등 각 부문별 서비스를 제공하고 있는 반면에 글로벌 물류기업들은 각 부문을 결합한 종합물류서비스를 제공하고 있음) 및 물류 표준화·정보화 미흡 등에 기인한 것으로 판단된다.[19)]

〈표 31〉 한·미·일의 매출액 대비 물류비 비율 추이

(단위 : %)

| | 1997 | 1998 | 1999 | 2000 | 2001 | 2002 | 2003 |
|---|---|---|---|---|---|---|---|
| 한 국 | 12.9 | - | 12.5 | - | 11.1 | - | 9.9 |
| 미 국 | 9.0 | 9.0 | 7.3 | 9.4 | 9.2 | 7.7 | 7.5 |
| 일 본 | 6.5 | 5.8 | 6.1 | 5.9 | 5.5 | 5.3 | 5.0 |

자료 : 1) 대한상공회의소, 2004 기업물류비 실태조사, 2004. 11.

2) 일본로지스틱스시스템협회(JILS), 2003년도 물류코스트 조사보고서, 2004.

3) Herbert W. Davis & Company, Logistics Cost and Service 2003, Annual Conference Proceedings(CLM), 2004.

19) 한국의 물류 표준화율은 1992년 10.9%에서 1997년 16.8%, 2004년 30%로 높아졌으나 EU(90%), 미국(60%), 일본(45%) 등에 비해서는 아직까지 크게 미흡한 것으로 나타났다. 또한, 물류정보화 수준도 물류정보망 구축 및 이용도 면에서 홍콩, 싱가포르 등에 비해 열위에 있는 것으로 판단된다.

### 1.4 서비스산업의 낙후

국내 서비스산업은 경제의 서비스화 진전 등에 따라 생산, 고용 및 교역에서 차지하는 비중이 상승하고 있으나 아직까지 선진국에 비해서는 낮은 수준으로 평가할 수 있다.

#### (1) 생산

경제협력개발기구(OECD)에 의하면 한국의 GDP 대비 서비스산업 생산비중(2002년 기준)은 55.8%인 반면에 미국, 영국, 프랑스 등 주요 선진국은 대부분 70%를 상회하고 있다. 업종별로 보면 한국의 경우 금융·보험·부동산·사업서비스 부문과 공공·사회·개인서비스 부문 등 고부가가치 부문의 생산비중이 선진국에 비해 현저히 낮은 편이다.

〈표 32〉 주요 국가의 GDP 대비 서비스산업 생산비중(2002년)

(단위 : %)

| 한 국 | 미 국 | 영 국 | 프랑스 | 독 일 | 일 본 |
|---|---|---|---|---|---|
| 55.8 | 75.6 | 73.2 | 73.2 | 70.1 | 69.6 |

주 : STAN DB는 OECD 회원국들의 부문별 통계를 동일한 산업분류기준에 따라 집계한 자료로 국내의 산업분류와 차이가 있음

자료 : OECD, STructural ANalysis(STAN) DB

#### (2) 고용

고용의 경우도 주요 선진국의 서비스산업 고용비중은 60~70%대를 보이는 반면에 한국은 50%대 중반 수준을 보이고 있다. 특히, 생산의 경우와 마찬가지로 금융·보험·부동산·사업서비스 부문과 공공·사회·개인서비스 부문 등 고부가가치 부문의 비중이 크게 낮은 것으로 나타났다.

〈표 33〉 주요 국가의 서비스산업 업종별 생산 및 고용 비중

(단위 : %)

| | | 제 조 업 | 서비스업 | 도소매·음식숙박 | 운수·창고·통신 | 금융·보험·부동산·사업 | 공공·사회·개인서비스 |
|---|---|---|---|---|---|---|---|
| 생 산 | 한 국 | 29.5 | 51.3 | 12.0 | 6.6 | 18.0 | 14.6 |
| | 미 국 | 16.5 | 73.8 | 17.7 | 6.6 | 27.4 | 22.1 |
| | 일 본 | 22.1 | 64.7 | 14.0 | 6.4 | 24.3 | 20.0 |
| | 영 국 | 19.7 | 69.0 | 14.4 | 7.8 | 25.0 | 21.7 |
| 고 용 | 한 국 | 22.4 | 55.8 | 26.2 | 5.5 | 8.3 | 15.7 |
| | 미 국 | 13.7 | 77.4 | 24.8 | 4.9 | 15.4 | 32.2 |
| | 일 본 | 20.4 | 61.5 | 17.7 | 5.8 | 10.2 | 27.5 |
| | 영 국 | 15.7 | 74.8 | 23.0 | 5.8 | 17.3 | 28.6 |

주 : 1990~2001년 중 연평균 비중임

자료 : OECD, STructural ANalysis(STAN) DB

### (3) 대외거래

대외거래의 경우 국내 서비스산업의 국제수지는 상품수지와 달리 경쟁력이 취약하여 만성적인 적자상태를 보이고 있다. 부문별로 보면 운수서비스를 제외한 여행, 특허권 등 사용료와 사업서비스 등 대부분의 서비스부문 수지가 적자에 있으며 그 폭도 점차 확대되는 추세를 보이고 있다.

〈표 34〉 국내 서비스산업의 부문별 국제수지 추이

(단위 : 백만달러)

| | 2000 | 2001 | 2002 | 2003 | 2004 | 2005. 1~9 |
|---|---|---|---|---|---|---|
| 운 수 | 2,639 | 2,138 | 1,915 | 3,567 | 4,535 | 2,873 |
| 여 행 | -298 | -1,233 | -4,529 | -4,745 | -6,273 | -7,283 |
| 특허권 등 사용료 | -2,533 | -2,129 | -2,167 | -2,259 | -2,660 | -2,234 |
| 사업서비스 | -3,128 | -2,849 | -3,602 | -4,362 | -5,081 | -4,699 |
| 기 타 | 472 | 201 | 185 | 375 | 710 | 752 |
| 합 계 | -2,848 | -3,872 | -8,198 | -7,424 | -8,769 | -10,591 |

자료 : 한국은행, 국민계정, 각 연도

## 2. 국내산업의 발전전략

### 2.1 SWOT분석

국내산업에 대해 SWOT분석, 즉 강점과 약점, 기회요인과 위협요인을 간략히 살펴본다.[20] 우선 강점으로는 자동차, 조선 등 주요 산업의 성공경험, 선진국 수준의 생산기술, 세계최고 수준의 정보통신 인프라, 우수한 노동력 및 연구인력 등을 지적할 수 있다. 그러나 기업의 설비투자 부진에 따른 성장잠재력 약화, 산업의 양극화, 기술역량 등 산업 인프라 미흡, 서비스산업 낙후 등은 국내산업의 약점으로 지적되고 있다.

한편, 국내산업의 기회요인으로는 글로벌·디지털시대의 진전, IT(정보기술), BT(생명기술), NT(나노기술) 등 신기술 등장에 따른 신성장 기회, 거대시장인 중국과의 지리적 인접성(geographical vicinity) 등을 지적할 수 있다. 이에 반해 중국의 급부상, 선진국의 미래 유망산업에 대한 투자 가속화, 세계적인 공급과잉(oversupply)에 따른 보호무역주의(trade protectionism) 심화, 자원 부족 및 환경규제(environmental regulation) 강화 등은 국내산업을 위협하는 요인들로 작용하고 있다.

20) SWOT분석은 기업의 내부환경을 분석하여 강점과 약점을 파악하고 외부환경을 분석하여 기회요인과 위협요인을 찾아내어 이를 기반으로 강점은 강화시키고 약점은 보완하며 기회요인은 활용하고 위협요인은 억제하는 마케팅 전략(marketing strategy)을 수립하는 기법을 의미한다.

〈표 35〉 국내산업의 SWOT분석

| 강점(Strength)<br>· 1960년대 이후 지금까지의 성공경험<br>-자동차, 조선, 메모리 반도체 등에서의 세계적인 경쟁력 확보<br>· 선진국 수준의 생산기술<br>-기술개발, 설계기술 등은 취약하나 생산기술은 선진국 수준에 근접<br>· 세계최고 수준의 정보통신 인프라<br>-초고속 인터넷 접속망 구축 등<br>· 우수한 노동력 및 연구인력<br>-생산현장의 다양한 경험 축적 등 | 약점(Weakness)<br>· 성장잠재력의 약화<br>-기업의 설비투자 부진 등<br>· 산업의 양극화<br>-경공업/중화학공업, 내수/수출, IT산업/비IT산업, 완제품/부품 · 소재, 대기업/중소기업 등<br>· 산업인프라의 미흡<br>- 기술역량 부족, 물류인프라의 취약<br>· 서비스산업의 낙후<br>-고부가가치 부문 취약 및 무역적자 |
|---|---|
| 기회(Opportunity)<br>· 글로벌 · 디지털시대의 진전<br>-WTO DDA 협상 진행<br>-IT산업의 성장견인차 역할 지속<br>· 신기술 등장에 따른 신성장 기회<br>-IT, BT, NT 등 신기술 급속 발전에 따른 새로운 성장잠재력 확보 기회<br>· 거대시장인 중국과의 지리적 인접성<br>-인구 : EU, 미국 및 일본의 1.5배 | 위협(Threat)<br>· 중국의 급부상<br>-개혁 · 개방정책 성공, 세계 생산기지화<br>-한중 간 기술격차 축소<br>· 선진국의 미래기술 개발 가속화<br>-미래 유망산업에 대한 대규모 투자<br>· BRICs의 성장에 따른 공급과잉<br>-보호무역주의와 통상마찰 심화<br>· 자원 부족 및 환경규제 강화<br>-화석에너지 고갈위기, 교토의정서 발효 |

## 2.2 발전전략

### (1) 기본방향

전술한 바와 같이 한국경제는 압축성장 과정에서 수출산업과 내수산업간, 완제품과 부품 · 소재간 등의 양극화 현상이 심화되었다. 국내기업의 설비투자 부진, 생산설비의 해외이전 등으로 한국경제의 성장잠재력 약화 가능성도 제기되고 있다. 더욱이 수출여건도 국가간 무역경쟁 심화, 중국 등 후발국의 급부상, 원유 등 국제원자재 가격의 상승 등으로 악화되고 있는 실정이다.

이 같은 국내외의 어려운 산업여건 하에서 한국경제가 선진경제로 도약하기 위해서는 국내산업의 강점을 확대시키고 약점을 보완하는 한편, 기회요인을 활용하고 위협요인을 억제하여 국내산업의 국제경쟁력을 제고시키고 성장잠재력(growth potentials)을 확대해야 한다. 이를 위해 주력산업의 국제경쟁력 강화, 부품 · 소재산업의 육성, 서비스산업의 육성, 차세대 성장동력산업의 육성, 산업인프라의 확충 및 저비용 · 고효율 · 친환경 산업구조체제 구축 등을 적극적으로 추진해야 한다.

### (2) 주력산업의 국제경쟁력 강화

국내 주력산업의 향후 경쟁력은 세계적인 공급과잉, 중국 등 후발 경쟁국의 추격 등으로 불투명한 상황에 놓여 있다. 국내 주력산업의 고부가가치화를 이루기 위해서는 연구·개발(R&D) 투자 확대 및 IT, BT, NT 등 신기술의 접목 등을 통한 제품의 고급화·차별화, 신제품 개발 등을 적극적으로 추진할 필요가 있다.

주요 주력산업의 국제경쟁력 강화방안을 살펴보면 자동차산업은 자유무역협정(FTA)의 확산에 대응하여 통상정책 및 해외 선진업체와의 전략적 제휴(strategic alliance)를 강화하여야 한다. 또한, 핵심기술 및 미래형 자동차 개발을 위하여 정부는 지원을 강화하고 업계는 연구·개발 투자 등을 확대해야 한다. 조선산업은 안정적인 후판 공급처 확보를 위해 국내 철강업체와의 협력을 강화하고 선형 개량, 품질 개선 및 국제협력 등을 통해 고부가가치 선에 대한 투자를 확대하여야 한다. 일반기계산업은 수출주력 품목의 경쟁력을 강화하고 해외 신시장 개척 등을 통해 수출기반을 공고히 해야 한다. 컴퓨터산업은 생산부문보다는 연구·개발 부문에 역량을 집중하고 제품차별화(product differentiation), 신제품 개발, 시장 다변화(market diversification) 등을 추진하여야 한다. 통신기기산업은 현재 국내업계가 선도하고 있는 DMB(Digital Multimedia Broadcasting, 디지털 멀티미디어방송), 휴대인터넷, BcN(Broadband convergence Network, 광대역통합망) 관련기술을 확대 발전시켜 세계표준화(global standardization)를 도모하고 통신과 방송의 융합 등 환경변화에 부응한 신제품을 개발하여야 한다. 가전산업은 후발 경쟁국의 추격에 대응하여 고부가가치 프리미엄 제품 생산에 집중하고 해외 유수 IT업체 및 협회와의 협력을 강화하여 우리 기술의 국제표준화 등을 추진해야 한다.

#### (3) 부품·소재산업의 육성

국내 부품·소재산업의 국제경쟁력[21]을 강화하기 위한 방안은 다음 3가지로 정리할 수 있다.

① 핵심부품·소재의 국산화와 차세대 부품·소재의 개발

이를 위해 단기적으로는 수입의존도(import dependence)가 높고 글로벌 소싱(global sourcing)이 가능한 기존 핵심 부품·소재의 국산화를 추진할 필요가 있다. 장기적으로는 시장성과 기술 파급 효과가 큰 차세대 수출유망 부품·소재의 원천기술 확보를 위한 기술개발을 적극적으로 추진해야 한다. 개별기업 단위의 연구·개발은 물론 부품·소재기업간 또는 완제품 생산 대기업과의 공동연구도 활성화할 필요가 있다.

21) 일국의 산업경쟁력(industrial competitiveness)은 해당 국가의 부품·소재산업의 수준에 의해 결정된다. 미국, 일본, 독일 등 선진국은 1980년대 이미 조립·완제품 산업구조에서 핵심 부품·소재 중심의 산업구조로 전환한 바 있다. 이처럼 산업구조의 패러다임(paradigm)이 조립·완제품에서 부품·소재 중심으로 전환되면서 부품·소재산업의 중요성이 더욱 증대되고 있다.

② 세계적인 부품 · 소재의 글로벌 소싱 확대 추세에 부응하기 위한 전문화 및 대형화

부품 · 소재기업의 전문화를 추진하기 위해서는 중저가 범용제품보다는 고부가가치 핵심제품에 역량을 집중하고 부품 · 소재기업을 위한 투자펀드(investment fund)를 확대하여야 한다. 또한, 기업의 대형화를 위해서는 기업간 자율적인 합병, 분할 및 다른 기업의 부품 · 소재 사업부문의 양수 등의 구조조정 및 전략적 제휴를 적극적으로 추진하여야 한다.

③ 부품 · 소재산업의 국제화 및 수출산업화의 적극적 추진

부품 · 소재산업단지를 조성하여 선진 외국기업과 국내의 전문기업들을 적극적으로 유치하여야 한다. 대기업들은 해외의 전문 중소기업들과 전략적 제휴를 하거나 대형 프로젝트에 대해 외국 대기업과 공동개발을 추진할 필요가 있다. 또한, 부품 · 소재기업들은 조립생산 담당 대기업들과 공동 해외마케팅을 추진하는 등 국산부품의 장착비율을 제고시켜야 한다.

### (4) 서비스산업의 육성

서비스산업의 발전은 일반적으로 경기변동 완화, 고용문제 해소, 지역격차 해소, 경상수지 개선, 제조업 등 타 산업 발전 등의 경제적 효과를 발생시키게 된다. 국내 서비스산업을 육성하기 위한 방안으로 다음 3가지를 모색할 수 있다.

① 서비스산업의 발전을 저해하는 각종 규제의 폐지 · 개선 및 시장의 점진적 개방

제조업에 비해 불리한 제도적인 규제를 폐지 또는 완화시키고 외국 선진기술을 적극적으로 도입하여 서비스산업의 생산성을 제고시켜야 한다.

② 지식기반서비스산업의 강화

지식기반서비스산업(knowledge-based service industry)은 지식을 창출, 가공, 활용, 유통시키거나 지식이 체화된 중간재(intermediate goods)를 생산활동에 집약적으로 활용함으로써 고부가가치의 지식서비스를 제공하는 산업이다. 동 산업은 지식 · 정보서비스업(정보통신서비스, 소프트웨어, e-Business 등), 제조업지원서비스업(사업서비스, 연구 · 개발 및 엔지니어링, 광고, 디자인, 유통 · 물류 등), 문화서비스업(영상 · 음반, 출판, 관광 등)으로 구분된다. 지식기반서비스산업을 강화시키기 위해서는 우선 제조업의 경쟁력과 직결되는 분야인 사업서비스, 연구 · 개발, 디자인, 유통 등에 대한 투자 확대와 구조 고도화를 추진하여야 한다. 이를 위해서 내국인 투자는 물론 선진 경영기업을 가진 외국인의 투자유치 등을 통해 기업의 대형화와 전문화를 도모할 필요가 있다. 또한, 최근 급성장세를 보이고 있는 문화산업에 대한 투자를 확대할 필요가 있다. 음반 · 비디오 · 게임, 영화, 방송, 출판 등의 문화산업은 IT기술의 발달로 융 · 복합화되면서 상품이 다

양화되고 시장도 급성장하고 있다. 이들 분야에 대한 연구·개발과 창의적인 아이디어(creative idea)의 창출이 경쟁력을 좌우하게 되므로 R&D 투자를 확대하여야 한다.

③ 지역별 비교우위 서비스산업의 육성

지역간 격차를 해소하기 위해 제조업이 미발달한 지역에 고부가가치 서비스산업을 육성할 필요가 있다. 관광자원이 풍부한 지역의 경우 해외에서 흡수되는 여가서비스를 국내에서 흡수하기 위해 관광·레저산업을 개발하는 등 각 지역별로 비교우위(comparative advantage)를 가진 서비스산업을 적극적으로 개발하고 육성하여야 한다.

**(5) 차세대 성장동력산업의 육성**

한국경제가 궁극적으로 선진경제(advanced economy)로 도약하기 위해서는 차세대 성장동력산업을 적극적으로 육성하여야 한다.[22] 차세대 성장동력산업의 성장전략을 노동·자본 주도형에서 기술혁신 주도형으로 전환하고 연구·개발(R&D) 투자, 전문인력 양성 등을 통한 제품의 고부가가치화에 주력하여야 한다. 또한, 정부와 민간 상호간 전략적 협조체제(strategic cooperative system)를 구축하여야 한다.

① 정부의 역할

정부는 예산, 세제, 금융 등 정책수단을 유기적으로 연계하여 조정하고 연구·개발 인프라를 개선하는 등 효율적이고 체계적인 지원체제를 구축해야 한다.

② 민간의 역할

민간은 신기술개발 및 초일류 상품 생산에 주력하여 차세대 성장동력을 조속히 새로운 수출주력산업으로 육성해야 할 필요가 있다.

**(6) 산업인프라의 확충**

국내 산업인프라를 확충하기 위해서는 기술역량 및 물류기반시설 부문의 강화에 중점을 두어야 한다.

① 기술역량의 제고

기술역량을 제고하기 위한 방안으로 다음 3가지를 지적할 수 있다.

---

22) 정부는 2003년 8월 경제성장 둔화, 산업경쟁력 저하 등에 따른 한국경제의 불확실성(uncertainty)을 해소하고 국민소득 20,000달러 시대를 구현하기 위한 핵심전략으로서 10대 차세대 성장동력을 발굴한 바 있다. 10대 산업(① 디지털TV/방송, ② 디스플레이, ③ 지능형 로봇, ④ 미래형 자동차, ⑤ 차세대 반도체, ⑥ 차세대 이동통신, ⑦ 지능형 홈 네트워크, ⑧ 디지털 컨텐츠·SW솔루션, ⑨ 차세대 전지, ⑩ 바이오신약·장기)은 세계시장 규모, 전략적 중요성(strategic importance), 기술변화 추이, 경쟁력 확보 가능성, 경제·산업 파급효과 등을 고려하여 선정되었다.

〈표 36〉 10대 차세대 성장동력산업의 발전전략

| | | 주요 발전전략 |
|---|---|---|
| 디지털 TV/방송 | | · 방송인프라의 조기 완성 및 신개념 서비스 제공<br>· PDP · LCD 등 대형 · 고가제품 인지도의 극대화<br>· 양방향 디지털TV 활용을 통한 T-Government 구축<br>· 디지털방송 전문인력 양성 |
| 디스플레이 | | · 장기적인 기술개발 추진 등 적극적인 정부의 지원 지속<br>· 산 · 학 · 연 기술협력을 통한 원천 · 핵심기술 확보<br>· 디스플레이 · 부품 · 장비 업체간 부품 · 소재 · 장비 국산화 적극 협력 |
| 지능형 로봇 | | · 기업간 공동 연구 · 개발로 부품 모듈 공유 및 기술의 표준화<br>· 기술개발사례, 인력 · 사용자 정보교류 전문 사이트 운영<br>· 로봇 적용분야의 확대(기존 자동차산업용 중심에서 탈피) |
| 미래형 자동차 | | · 산업현장 수요에 맞는 인적자원 확충<br>· 저공해 자동차에 대한 세제, 보조금 지원 및 관련 인프라 구축<br>· 기술력이 취약한 부문에 대한 외국자본 유치 및 전략적 제휴 확대 |
| 차세대 반도체 | | · 『시스템IC 2010』, 『IT SoC 사업단』, 『IT SoC 캠퍼스』, 『테라급 나노소자 기술개발사업』 등 산 · 학 · 연 · 관 연계 프로젝트 강화<br>· SoC산업 발전의 필수요소인 설계 · 파운드리 부문 확충<br>· 장비 및 재료의 국산화율 제고 |
| 차세대 이동통신 | | · 기술의 융합발전에 따른 법 · 제도 정비 및 신기술 전문인력 육성<br>· 산 · 학 · 연 협력을 통한 국내 IPR의 국제표준 채택 확대<br>· 국내 우수 상품화기술 심화 연구 및 핵심부품 국산화 |
| 지능형 홈네트워크 | | · 필수기술의 확보, 자체개발 곤란 기술의 국제 공동연구 또는 도입<br>· 홈 네트워크 시범단지 선정 등으로 저가형 정보가전기기의 보급 확대 및 저비용 홈네트워크 이용 확산 |
| 디지털 컨텐츠/ SW솔루션 | | · 디지털컨텐츠 전문 집적단지 설립 및 디지털 영상투자 전문조합 결성<br>· 해외진출 활성화를 위한 현지화 및 수출지원<br>· ETRI 중심의 임베디드 소프트웨어 표준 플랫폼 개발 및 보급<br>· 대학, 학원 등에 인력양성 과정 확대 |
| 차세대 전지 | 2차전지 | · 개방형 협력체제로의 전환 및 일본 중심의 전지시장을 재편할 수 있는 차세대 2차전지 개발 |
| | 연료전지 | · 재료 및 구성품 기술개발을 통한 상용화 기반기술 확보<br>· 단기적으로 소형, 장기적으로 대형 연료전지 개발 지원 |
| 바이오 신약/장기 | | · 기초과학 투자 확대, 연구인력 양성 · 공급 기반 확보<br>· 중점 유치대상 기술분야에 대한 외국인투자 유치노력 집중 |

가. R&D 투자규모를 선진국 수준으로 확대함

이를 위해 정부는 연구 · 개발 투자재원을 확대하는 종시에 기업들은 설비경쟁을 지양하고 가용자원을 연구 · 개발 투자에 집중하여 장기 생존기반을 확보하여야 한다.

나. 기술인력의 양성

이를 위하여 범국가적 차원에서 산업발전 전망에 기초한 장기적인 산업기술 인력 양성계획을 마련하여야 한다. 대학 이공계의 정원을 산업기술의 변화에 적절하게 조정하고 대학 기술교육의 질도 제고시켜야 한다. 또한, 산업현장에서 필요한 기술인력이 원활히 공급될 수 있도록 수요자 중심의 기술인력 양성체제를 구축해야 할 필요가 있다. 중소기업의 기술인력난 해소를 위해 신기술 습득 등을 위한 상시 재교육체제 구축, 작업환경 개선 등을 추진하고 여성, 고령 및 외국인 기술인력을 적극적으로 활용하는 방안 등을 강구하여야 한다.

다. 기술개발 효과를 극대화하기 위한 기업·대학·정부 간의 역할 분담과 연계화의 적극적 추진

대학은 기업과 연계하여 기초연구에 집중하고 기업은 이를 적극적으로 활용하는 응용연구에 집중하는 등 역할분담을 통해 연구의 효율성을 극대화하여야 한다. 정부는 기술개발지원체제를 일원화하고 각 분야별·단계별로 연구기금(research fund)을 효율적으로 배분하여야 한다.

② 물류기반시설의 확충

물류기반시설을 확충하기 위한 방안으로 다음 3가지를 지적할 수 있다.

가. SOC 투자확대

세계 물동량 증가에 따른 물류인프라의 대형화에 대응하여 사회간접자본(SOC)에 대한 투자를 지속적으로 확대하여야 한다. 특히, 거점 항만을 조기 확충하고 내륙과 연계되는 복합화물터미널 등을 확대하여야 한다.

나. 경쟁력이 있는 종합물류 전문기업의 육성

이를 위해 물류 전문인력 양성, 종합물류 전문기업 인증제도의 조기 정착, 전문기업에 대한 지원 확대 등을 추진하여야 한다.

다. 물류효율성 제고

물류설비 등의 표준화 및 시스템의 정보화를 지속적으로 추진하여 물류효율성을 제고시켜야 한다.

**(7) 저비용·고효율·친환경 산업구조체제 구축**

국내산업이 고유가와 국제적 환경규제 등을 극복하고 지속적으로 성장하기 위해서는 다음 3가지 측면을 고려해야 한다.

① 장기적이고 안정적인 에너지 및 원자재 조달체제의 구축

이를 위하여 에너지 및 원자재의 장기적인 도입계약의 확대, 조달지역 편중 완화, 해외자원 개발 확대 등을 적극적으로 추진하여야 한다.

② 자원 저소비형·고효율 산업구조로의 전환

에너지 등 자원 다소비형 산업의 경우 IT, NT 등 신기술의 접목을 통한 생산설비의 자동화(automation of production facilities), 생산공정의 개선 등으로 생산원가의 절감을 적극적으로 추

진하여야 한다.

③ 환경친화적 산업구조로의 개편

이를 위하여 환경친화적인 신·재생에너지의 개발에 주력하여야 한다. 또한, 성장 가능성이 큰 수소·연료전지, 태양광, 풍력 등의 분야를 집중적으로 육성할 필요가 있다. 특히, 기후변화협약에 정부, 학계, 산업계가 공동으로 대처하여 온실가스 감축 기술을 개발하고 시스템을 구축하여 에너지시스템 선진화를 이룩할 수 있는 기회로 활용해야 한다.

# 찾아보기

[ㄱ]

[ㄷ]



[ㄹ]



[ㅁ]



[ㅂ]

[ㅇ]

## 〈기타〉

〈주요 저서〉

『국제통상환경론』(2005), 『현대중국경제론(2005)』, 『21세기 글로벌 기업론』(2006), 『APEC · ASEM · ASEAN+3 Focus』(2006 ), 『21세기 글로벌 금융의 이해』(2006), 『21세기 글로벌 무역의 이해』(2006), 『현대일본경제론』(2007), 『현대동남아경제론』(2007), 『21세기 글로벌 통상의 이해』(2007), 『21세기 글로벌 투자의 이해』(2007), 『국제경영과 경제의 이해』(2007), 『현대한국무역론』(2007), 『FTA의 경제학』(2007), 『Post-BRICs 경제의 이해』(2007), 『글로벌 산업과 국가경쟁력』(2007), 『세계화 · 세계포럼 · 신경영 포커스』(2007), 『북미경제론』(2008), 『신유럽경제론』(2008), 『신중국경제론』(2008), 『현대러시아경제론』(2008) 외 다수

〈주요 논문〉

- "미국과 일본의 거시경제적 충격이 한국경제에 미치는 상대적 영향", 경제학연구, 제43집 제3호, 한국경제학회, 1995.
- "Empirical Test of The Market-oriented CAPM and January Effect", LSU Working Paper, 1997.
- "Money Demand Model of Inflation : Reexamined", LSU Working Paper, 1997.
- "Cointegration Test of Purchasing Power Parity", Western Social Science Association, 40th Annal Conference Proceeding, 1998.
- "A VAR Analysis of the Influence of the U.S. Economic Disturbances on the Korean Economy", Journal of Korea Trade, Vol. 3, 1999.
- "Economic Interdependence between Korea and Japan : Empirical Inquiry", Journal of Korea Trade, Vol. 4, No. 2, 2000.
- "교육용 유사주문형 비디오에 대한 지불의사액 분석", 경제학연구, 제48집 제13호, 한국경제학회, 2000.
- "산업연관 분석을 이용한 전파통신산업의 산업파급효과 분석", 중소기업연구, 제22권 제2호, 한국중소기업학회, 2000.
- "남북경협과 중소기업의 대북한 진출방안", 무역학회지, 제26권 제1호, 한국무역학회, 2001.
- "Modeling Zero Response Data from Willingness to Pay Surveys", Economics Letters, Vol. 71, No. 2, 2001.
- "Real Exchange Rate-Interest Rate Differentials : Empirical Inquiry", Journal of Korea Trade, Vol. 5, No. 1, 2001.
- "International Transmission of Economic Disturbances : Reexamined", 국제통상연구, 제7권 제1호, 한국국제통상학회, 2002.
- "An Empirical Analysis of Economic Linkages between Korea and U.S.", 산업경제연구, 제16권 제5호, 2003.
- "남북한 금융협력에 관한 연구", 국제통상연구, 제8권 제3호, 한국국제통상학회, 2003.
- "동북아허브 발전전략에 대한 고찰", 한국항만경제학회지, 제19집 제2호, 한국항만경제학회, 2003.
- "An Empirical Analysis of Economic Linkages between Korea and Germany", 유럽연구, 제21권(2005년 여름), 한국유럽학회, 2005.
- "동북아 금융허브 발전전략에 관한 연구", 국제지역연구, 제10권 제3호, 국제지역학회, 2006. 외 다수

신한국경제론

2008년 1월 25일 초판인쇄
2008년 1월 30일 초판발행

저 자 이 재 기
발행인 유 성 렬
발행처 청목출판사
서울특별시 영등포구 신길동 233-96
전화 (02) 849-6157(代) · 2820
FAX (02) 849-0817
등록 제318-1994-000090호

파본은 바꾸어 드립니다. 값 32,000원

http : //www.chongmok.co.kr





ISBN 978-89-5565-227-7